Das Informationssystem der Verschmelzung
unter Beteiligung von Aktiengesellschaften

Europäische Hochschulschriften
Publications Universitaires Européennes
European University Studies

**Reihe II**
**Rechtswissenschaft**

Série II Series II
Droit
Law

**Bd./Vol. 4078**

PETER LANG
Frankfurt am Main · Berlin · Bern · Bruxelles · New York · Oxford · Wien

Jan Schumacher

# Das Informationssystem der Verschmelzung unter Beteiligung von Aktiengesellschaften

PETER LANG
Europäischer Verlag der Wissenschaften

**Bibliografische Information Der Deutschen Bibliothek**
Die Deutsche Bibliothek verzeichnet diese Publikation in der Deutschen Nationalbibliografie; detaillierte bibliografische Daten sind im Internet über <http://dnb.ddb.de> abrufbar.

Zugl.: Köln, Univ., Diss., 2004

D 38
ISSN 0531-7312
ISBN 3-631-53387-X



www.peterlang.de

## Vorwort

Die vorliegende Arbeit wurde im Sommersemester 2004 von der Juristischen Fakultät der Universität zu Köln als Dissertation angenommen. Rechtsprechung und Literatur konnten für die Veröffentlichung bis August 2004 berücksichtigt werden.

Mein besonderer Dank gebührt zunächst Frau Prof. Dr. Barbara Grunewald, die das Thema der Untersuchung angeregt und die Arbeit durch hervorragende Betreuung und ständige Diskussionsbereitschaft maßgeblich gefördert hat. Bedanken möchte ich mich bei ihr zudem für die überaus schnelle Durchsicht und Bewertung der Arbeit.

Für die ebenfalls zügige Anfertigung des Zweitgutachtens bin ich Herrn Prof. Dr. Joachim Hennrichs zu Dank verpflichtet.

In besonderer Weise gilt mein Dank auch meinen Eltern für ihre fortwährende Unterstützung sowie insbesondere meinem Vater für die mühevolle Korrektur und die konstruktive Kritik bei der Durchsicht des Manuskripts. Nicht unerwähnt bleiben sollen schließlich auch meine Arbeitskollegen an der Universität zu Köln, denen ich für ihre ständige Gesprächsbereitschaft sowie ganz allgemein für die schöne Zeit danken möchte.

Köln, im August 2004 — Jan Schumacher

# Inhaltsverzeichnis

# Schrifttumsverzeichnis


| | |
|---|---|
| Adler, Hans<br>Düring, Walther<br>Schmaltz, Kurt | Rechnungslegung und Prüfung der Unternehmen<br>6. Auflage, Stuttgart<br>Teilband 4, 1997<br>Teilband 7, 2000 |
| Aerssen, Rick van | Die Antragsbefugnis im Spruchstellenverfahren des Aktiengesetzes und im Spruchverfahren des Umwandlungsgesetzes<br>AG 1999, 249 – 257 |
| Aha, Christof | Aktuelle Aspekte der Unternehmensbewertung im Spruchstellenverfahren AG 1997, 26 - 36 |
| Aha, Christof | Welche Fakten müssen in den Unternehmensvertragsbericht?<br>Frankfurt a. M., Berlin, Bern, New York, Paris, Wien, 1996; zugl.: Frankfurt a. M., Univ., Diss., 1995<br>(zit.: Aha, Unternehmensvertragsbericht) |
| Albrecht, Achim | Das Spruchverfahrensneuordnungsgesetz<br>NWB 2003, Fach 18, S. 3997 - 4002 |
| Altmeppen, Holger | Zum richtigen Verständnis der neuen §§ 293 a – 293 g AktG zu Bericht und Prüfung beim Unternehmensvertrag<br>ZIP 1998, 1853 - 1866 |
| Ammon, Ludwig | Rechtsprechungsübersicht zum aktienrechtlichen Spruchstellenverfahren<br>FGPrax 1998, 121 - 124 |
| Ansoff, Harry Igor | Management-Strategie<br>München 1966 |
| App, Michael | Das Spruchstellenverfahren bei der Abfindung von Gesellschaftern nach einer Umwandlung<br>BB 1995, 267 - 269 |
| Arbeitskreis Umwandlungsrecht | Vorschläge zum Referentenentwurf eines Umwandlungsgesetzes<br>ZGR 1993, 321 - 333 |
| Arens, Peter | Streitgegenstand und Rechtskraft im aktienrechtlichen Anfechtungsverfahren<br>Bielefeld, 1960; zugl.: Frankfurt a. M., Univ., Diss., 1958<br>(zit.: Arens, Streitgegenstand und Rechtskraft) |

| | |
|---|---|
| Bärwaldt, Roman | Anmerkung zu BGH, Urteil vom 29.01.2001 – II ZR 368/98<br>GmbHR 2001, 251 - 252 |
| Ballwieser, Wolfgang | Aktuelle Aspekte der Unternehmensbewertung<br>WPg 1995, 119 - 129 |
| Baums, Theodor | Der unwirksame Hauptversammlungsbeschluß<br>ZHR 142 (1978), 582 - 588 |
| Baums, Theodor | Verschmelzung mit Hilfe von Tochtergesellschaften<br>in Festschrift für Wolfgang Zöllner<br>Köln, Berlin, Bonn, München, 1998, S. 65 – 86<br>(zit.: Baums, in FS Zöllner) |
| Baums, Theodor | Empfiehlt sich eine Neuregelung des aktienrechtlichen Anfechtungs- und Organhaftungsrechts, insbesondere der Klagemöglichkeiten von Aktionären? - Gutachten F für den 63. Deutschen Juristentag in Leipzig 2000<br>München, 2000<br>(zit.: Baums, Gutachten F für den 63. DJT) |
| Baums, Theodor | Bericht der Regierungskommission Corporate Governance: Unternehmensführung, Unternehmenskontrolle, Modernisierung des Aktienrechts<br>Köln, 2001 |
| Baums, Theodor<br>Vogel, Hans-Gert<br>Tacheva, Maja | Rechtstatsachen zur Beschlusskontrolle im Aktienrecht<br>ZIP 2000, 1649 - 1655 |
| Bayer, Walter | Informationsrechte bei der Verschmelzung von Aktiengesellschaften<br>AG 1988, 323 – 331 |
| Bayer, Walter | Verschmelzung und Minderheitenschutz<br>WM 1989, 121 - 126 |
| Bayer, Walter | Kein Abschied vom Minderheitenschutz durch Information (Plädoyer für eine restriktive Auslegung des § 16 III UmwG)<br>ZGR 1995, 613 – 625 |
| Bayer, Walter | 1000 Tage neues Umwandlungsrecht – eine Zwischenbilanz<br>ZIP 1997, 1613 - 1626 |
| Bayer, Walter | Kapitalerhöhung mit Bezugsrechtsausschluß und Vermögensschutz der Aktionäre nach § 255 Abs. 2 AktG<br>ZHR 163 (1999), 505 - 553 |

| | |
|---|---|
| Bayer, Walter | Die Kontrollfunktion der aktienrechtlichen Anfechtungsklage in VGR (Hrsg.), Band 2, Gesellschaftsrecht in der Diskussion 1999 Köln, 2000, S. 35 -56 (zit.: Bayer, in VGR Bd.2 (2000)) |
| Becker, Helmut | Bezugsrechtsausschluß gemäß § 186 Absatz 4 Satz 2 des Aktiengesetzes in der Fassung der 2. EG-Richtlinie BB 1981, 394 - 396 |
| Becker, Robert | Die gerichtliche Kontrolle von Maßnahmen bei der Verschmelzung von Aktiengesellschaften AG 1988, 223 - 230 |
| Behnke, Thorsten | Anmerkung zu BVerfG, Beschluss v. 27.04.1999 - 1 BvR 1613/94 NZG 1999, 934 |
| Behnke, Thorsten | Das Spruchverfahren nach §§ 306 AktG, 305 ff. UmwG Frankfurt a. M., Berlin, Bern, Bruxelles, New York, Oxford, Wien, 2001; zugl.: Bayreuth, Univ., Diss., 2000 (zit.: Behnke, Spruchverfahren) |
| Beyerle, Konrad | Erfahrungen mit dem Spruchstellenverfahren nach § 306 AktG ZGR 1977, 650 - 661 |
| Bilda, Klaus | Zur Dauer der Spruchstellenverfahren NZG 2000, 296 - 301 |
| Bitzer, Klaus | Probleme der Prüfung des Umtauschverhältnisses bei aktienrechtlichen Verschmelzungen Pfaffenweiler, 1987; zugl.: München, Univ., Diss., 1987 (zit.: Bitzer, Prüfung) |
| Bockelmann, Gunther | Eintragung eines Beschlusses: Prüfungskompetenz des Registerrichters bei Nichtanfechtung, rechtsmißbräuchlicher Anfechtungsklage und bei Verschmelzung DB 1994, 1341 - 1349 |
| Böcking, Hans-Joachim | Das Verbundberücksichtigungsprinzip als Grundsatz ordnungsgemäßer Unternehmensbewertung in Festschrift für Adolf Moxter Düsseldorf, 1994, S. 1409 – 1434 (zit.: Böcking, in FS Moxter) |
| Börsensachverständigenkommission | Standpunkte der Börsensachverständigenkommission zur künftigen Regelung von Unternehmensübernahmen, 1999 |
| Böttcher, Conrad<br>Meilicke, Heinz | Umwandlung und Verschmelzung von Kapitalgesellschaften 5. Auflage, Berlin, Frankfurt a. M., 1958 |

| | |
|---|---|
| Bonke, Karl | Mängel der Verschmelzung von Aktiengesellschaften nach dem Aktiengesetz vom 6. September 1965<br>Bamberg, 1970; zugl.: Hamburg, Univ., Diss., 1970<br>(zit.: Bonke, Mängel der Verschmelzung) |
| Bork, Reinhard | Beschlußverfahren und Beschlußkontrolle nach dem Referentenentwurf eines Gesetzes zur Bereinigung des Umwandlungsrechts<br>ZGR 1993, 343 – 365 |
| Bork, Reinhard | Zuständigkeitsprobleme im Spruchverfahren<br>ZIP 1998, 550 - 554 |
| Bork, Reinhard | Gerichtszuständigkeit für Spruchverfahren bei Verschmelzung<br>NZG 2002, 163 - 164 |
| Boujong, Karlheinz | Rechtsmißbräuchliche Anfechtungsklagen vor dem Bundesgerichtshof – Eine Zwischenbilanz<br>in Festschrift für Alfred Kellermann<br>Berlin, New York, 1991, S. 1 – 14<br>(zit.: Boujong, in FS Kellermann) |
| Brandes, Helmut | Die Rechtsprechung des Bundesgerichtshofs zur Aktiengesellschaft<br>WM 1994, 2177 - 2189 |
| Brause, Christian | Stimmrechtslose Vorzugsaktien bei Umwandlungen<br>Köln, 2002; zugl.: Mainz, Univ., Diss., 2001<br>(zit.: Brause, Stimmrechtslose Vorzugsaktien) |
| Büchel, Helmut | Neuordnung des Spruchverfahrens<br>NZG 2003, 793 - 804 |
| Bungert, Hartwin | Unternehmensvertragsbericht und Unternehmensvertragsprüfung gemäß §§ 293a ff. AktG<br>DB 1995, 1384 - 1392 (Teil I) und 1449 – 1456 (Teil II) |
| Bungert, Hartwin | Zuständigkeit des Landgerichts bei Bestellung des Verschmelzungsprüfers im neuen Umwandlungsrecht<br>BB 1995, 1399 - 1401 |
| Bungert, Hartwin | Anmerkung zu OLG Karlsruhe, Urteil vom 13.11.1998 – 14 U 24/98<br>NZG 1999, 605 - 607 |
| Bungert, Hartwin | DAT/Altana: Der BGH gibt der Praxis Rätsel auf<br>BB 2001, 1163 – 1166 |

| | |
|---|---|
| Bungert, Hartwin<br>Eckert, Jan | Unternehmensbewertung nach Börsenwert: Zivilgerichtliche Umsetzung der BVerfG-Rechtsprechung<br>BB 2000, 1845 – 1849 |
| Bungert, Hartwin<br>Mennicke, Petra | BB-Gesetzgebungsreport: Das Spruchverfahrensneuordnungsgesetz<br>BB 2003, 2021 - 2031 |
| Burgard, Ulrich | Die Offenlegung von Beteiligungen, Abhängigkeits- und Konzernlagen bei der Aktiengesellschaft<br>Berlin, 1990; zugl.: Darmstadt, TH., Diss., 1989/90<br>(zit.: Burgard, Offenlegung von Beteiligungen) |
| Busse von Colbe, Walther | Zur Maßgeblichkeit des Börsenkurses für die Abfindung der bei einer Umwandlung ausscheidenden Aktionäre<br>AG 1964, 263 - 267 |
| Busse von Colbe, Walther | Berücksichtigung von Synergien versus Stand-alone-Prinzip bei der Unternehmensbewertung<br>ZGR 1994, 595 - 609 |
| Butzke, Volker | Obermüller/Werner/Winden<br>Die Hauptversammlung der Aktiengesellschaft<br>4. Auflage, Stuttgart, 2001<br>(zit.: Obermüller/Werner/Winden) |
| Bydlinski, Franz | Juristische Methodenlehre und Rechtsbegriff<br>Wien, New York, 1982<br>(zit.: Bydlinski, Methodenlehre) |
| Canaris, Claus-Wilhelm | Die Feststellung von Lücken im Gesetz<br>2. Auflage, Berlin, 1983<br>(zit.: Canaris, Feststellung von Lücken) |
| Canaris, Claus-Wilhelm | Die richtlinienkonforme Auslegung und Rechtsfortbildung im System der juristischen Methodenlehre<br>in Festschrift für Franz Bydlinski<br>Wien, New York, 2002<br>(zit.: Canaris, in FS Bydlinski) |
| Casper, Matthias | Die Heilung nichtiger Beschlüsse im Kapitalgesellschaftsrecht<br>Köln, 1998; zugl.: Heidelberg, Univ., Diss., 1998<br>(zit.: Casper, Heilung nichtiger Beschlüsse) |
| DAV (Handelsrechtsausschuss) | Stellungnahme des Handelsrechtsausschusses des Deutschen Anwaltsvereins e. V. zum Referentenentwurf eines Gesetzes zur Bereinigung des Umwandlungsrechts<br>WM 1993, Sonderbeilage 2 |

DAV (Handelsrechtsausschuss) — Vorschläge des Handelsrechtsausschusses des Deutschen Anwaltsvereins e. V. zur Änderung des UmwG
NZG 2000, 802 - 808

DAV (Handelsrechtsausschuss) — Stellungnahme des Deutschen Anwaltsvereins e.V. durch den Handelsrechtsausschuss zum Referentenentwurf eines Gesetzes zur Neuordnung des gesellschaftsrechtlichen Spruchverfahrens (Spruchverfahrensneuordnungsgesetz)
NZG 2002, 119 - 124

DAV (Handelsrechtsausschuss) — Stellungnahme des Deutschen Anwaltsvereins e. V. durch den Handelsrechtausschuss zum Regierungsentwurf eines Gesetzes zur Neuordnung des gesellschaftsrechtlichen Spruchverfahrens (Spruchverfahrensneuordnungsgesetz
ZIP 2003, 552 - 556

DAV (Handelsrechtsausschuss) — Handelsrechtsausschuss des DAV: Stellungnahme zum Referentenentwurf eines Gesetzes zur Unternehmensintegrität und Modernisierung des Anfechtungsrechts (UMAG)
NZG 2004, 555 - 567

Decher, Christian — Information im Konzern und Auskunftsrecht der Aktionäre gem. § 131 Abs. 4 AktG
ZHR 158 (1994), 473 – 494

Decher, Christian — Die Überwindung der Registersperre nach § 16 Abs. 3 UmwG
AG 1997, 388 – 396

Decher, Christian — Bedeutung und Grenzen des Börsenkurses bei Zusammenschlüssen zwischen unabhängigen Unternehmen
in Festschrift für Herbert Wiedemann
München, 2002, S. 787 – 807
(zit.: Decher, in FS Wiedemann)

Dehmer, Hans — Umwandlungsgesetz, Umwandlungssteuergesetz
2. Auflage, München, 1996
1. Auflage, München, 1994 (Umwandlungsrecht, Umwandlungssteuerrecht)

Deuss, Peter — Das Auskunftsrecht des Aktionärs in der Hauptversammlung der Aktiengesellschaft nach § 112 AktG und als Problem der Aktienrechtsreform
München, Berlin, 1962; zugl.: Köln, Univ., Diss., 1961
(zit.: Deuss, Auskunftsrecht)

Deutsches Anwaltsinstitut — Jahrbuch der Fachanwälte für Steuerrecht 2001/2002
Herne, Berlin, 2002
(zit.: Diskussionsteilnehmer, in JbFfSt 2001/2002)

| | |
|---|---|
| Deutscher Juristentag | Beschlüsse des 63. Deutschen Juristentages Leipzig 2000: Wirtschaftsrecht<br>DB 2000, 2108 – 2110 |
| Diekmann, Hans<br>Leuering, Dieter | Der Referentenentwurf eines Gesetzes zur Unternehmensintegrität und Modernisierung des Anfechtungsrechts (UMAG)<br>NZG 2004, 249 - 257 |
| Dirrigl, Hans | Die Angemessenheit des Umtauschverhältnisses bei einer Verschmelzung als Problem der Verschmelzungsprüfung und der gerichtlichen Überprüfung<br>Teil I, WPg 1989, 413 – 421<br>Teil II, WPg 1989, 454 - 462 |
| Dirrigl, Hans | Synergieeffekte beim Unternehmenszusammenschluß und Bestimmung des Umtauschverhältnisses<br>DB 1990, 185 - 192 |
| Dörfler, Wolfgang<br>Gahler, Wolfgang<br>Unterstraßer, Stefan<br>Wirichs, Robert | Probleme bei der Wertermittlung von Abfindungsangeboten: Ergebnisse einer empirischen Untersuchung<br>BB 1994, 156 - 162 |
| Dörschell, Andreas<br>Schulte, Jörn | Bewertung von Beteiligungen für bilanzielle Zwecke<br>DB 2002, 166 - 1675 |
| Dreher, Meinrad | Treuepflichten zwischen Aktionären und Verhaltenspflichten bei der Stimmrechtsbündelung<br>ZHR 157 (1993), 150 - 171 |
| Drukarczyk, Jochen | Zum Problem der angemessenen Barabfindung bei zwangsweise ausscheidenden Anteilseignern<br>AG 1973, 357 - 365 |
| Drukarczyk, Jochen | Unternehmensbewertung<br>4. Auflage, München 2003<br>(zit.: Drukarczyk, Unternehmensbewertung) |
| Drygala, Anja | Die Reichweite der arbeitsrechtlichen Angaben im Verschmelzungsvertrag<br>ZIP 1996, 1365 - 1371 |
| Duden, Konrad | Gleichbehandlung bei Auskünften an Aktionäre<br>in Festschrift für Ernst von Caemmerer<br>Tübingen, 1978, S. 499 – 515<br>(zit.: Duden, in FS Caemmerer) |

Ebenroth, Carsten-Thomas | Das Auskunftsrecht des Aktionärs und seine Durchsetzung im Prozeß
Bielefeld, 1970
(zit.: Ebenroth, Auskunftsrecht)

Ebenroth, Carsten-Thomas | Die Erweiterung des Auskunftsgegenstandes im Recht der verbundenen Unternehmen
AG 1970, 104 – 110

Ebenroth, Carsten-Thomas
Wilken, Oliver | Zum Auskunftsrecht des Aktionärs im Konzern
BB 1993, 1818 - 1823

Eisenführ, Franz | Preisfindung für Beteiligungen mit Verbundeffekt
ZfbF 1995, 467 - 479

Ehricke, Ulrich | Die richtlinienkonforme und die gemeinschaftsrechtskonforme Auslegung nationalen Rechts
RabelsZ 59 (1996), 598 - 644

Emde, Raimond | Einstweiliger Rechtsschutz im Auskunftserzwingungsverfahren nach §§ 51a, 51b GmbHG?
ZIP 2001, 820 - 824

Emmerich, Volker
Habersack, Mathias | Aktien- und GmbH-Konzernrecht
3. Auflage, München, 2003
(zit.: Bearbeiter, in Emmerich/Habersack, Aktien- und GmbH-Konzernrecht)

Emmerich, Volker
Sonnenschein, Jürgen
Habersack, Mathias | Konzernrecht
7. Auflage, München, 2001

Engelmeyer, Cäcilie | Die Spaltung von Aktiengesellschaften nach dem neuen Umwandlungsrecht
Köln, 1995; zugl.: Bielefeld, Univ., Diss., 1995
(zit.: Engelmeyer, Spaltung von Aktiengesellschaften)

Engelmeyer, Cäcilie | Die Wirtschaftsprüfer im Rahmen der Verschmelzungs- und Spaltungsprüfung
WPg 1996, 732 - 737

Engelmeyer, Cäcilie | Die Informationsrechte des Betriebsrats und der Arbeitnehmer bei Strukturänderungen
DB 1996, 2542 - 2546

Engelmeyer, Cäcilie | Informationsrechte und Verzichtsmöglichkeiten im Umwandlungsgesetz
BB 1998, 330 - 335

| | |
|---|---|
| Erb, Günther | Der Börsenkurs als Untergrenze der Abfindung auch in Verschmelzungsfällen<br>DB 2001, 523 - 534 |
| Fischer, Robert | Fragen aus dem Recht der GmbH<br>JZ 1956, 362 - 364 |
| Fleischer, Holger | Die Barabfindung außenstehender Aktionäre nach den §§ 305 und 320 b AktG: Stand-alone-Prinzip oder Verbundberücksichtigungsprinzip?<br>ZGR 1997, 368 - 400 |
| Fritzsche, Michael<br>Dreier, Peter | Spruchverfahren und Anfechtungsklage im Aktienrecht: Vorrang oder Ausnahme des Anfechtungsausschlusses gemäß § 14 Abs. 2 UmwG?<br>BB 2002, 737 - 744 |
| Ganske, Joachim | Änderungen des Umwandlungsrechts<br>- Zur Dritten gesellschaftsrechtlichen EG-Richtlinie, Gedanken zu ihrer Umsetzung in deutsches Recht -<br>DB 1981, 1551 - 1559 |
| Ganske, Joachim | Berufsrelevante Regelungen für Wirtschaftsprüfer im neuen Umwandlungsrecht<br>WPg 1994, 157 - 162 |
| Gansweid, Wolfgang | Zur gerichtlichen Überprüfung der angemessenen Barabfindung nach § 305 AktG<br>AG 1977, 334 - 341 |
| Geißler, Markus | Der aktienrechtliche Auskunftsanspruch im Grenzbereich des Missbrauchs<br>NZG 2001, 539 - 545 |
| Geßler, Ernst | Auskunftsrecht des Aktionärs – Gedanken zur Aktienrechtsreform<br>DB 1957, S. 1254 - 1259 |
| Geßler, Ernst | Nichtigkeit von Hauptversammlungsbeschlüssen und Satzungsbestimmungen<br>ZGR 1980, 427 - 454 |
| Geßler, Ernst<br>Hefermehl, Wolfgang<br>Eckardt, Ulrich<br>Kropff, Bruno | Aktiengesetz<br>München<br>Band 2, §§ 76 – 147, 1973, 1974<br>Band 4, §§ 179 – 240, 1989, 1993, 1994<br>Band 5, §§ 241 – 290, 1984, 1986<br>Band 6, §§ 291 – 410, 1976, 1991, 1993, 1994<br>(zit.: Bearbeiter, in G/H/E/K) |

| | |
|---|---|
| Geßler, Jörg H. | Aktiengesetz<br>Der Wirtschaftskommentator, Loseblattsammlung, Frankfurt a. M., Stand: November 1986<br>(zit.: J.H. Geßler, in Wirtschaftskommentator) |
| Gleichenstein, von | Zum Auskunftsrecht des Aktionärs<br>AG 1958, 255 - 259 |
| Gleichenstein, von<br>Stallbaum, Michael | Zum Informationsrecht nach § 175 Abs. 2 AktG<br>AG 1970, 217 - 219 |
| Godin, Reinhard Freiherr v.<br>Wilhelmi, Hans | Aktiengesetz vom 6. September 1965, Kommentar<br>4. Auflage, Berlin, New York, 1971<br>(zit.: Godin/Wilhelmi, AktG) |
| Goette, Wulf | Anmerkung zu OLG Stuttgart, Urteil v. 07.05.1992 – 13 U 140/91 und BGH, Beschluss v. 15.03.1993 – II ZR 118/92<br>DStR 1993, 733 - 734 |
| Goutier, Klaus<br>Knopf, Rüdiger<br>Tulloch, Anthony | Kommentar zum Umwandlungsrecht<br>Heidelberg, 1996<br>(zit.: Bearbeiter, in Goutier/Knopf/Tulloch) |
| Götz, Hans Norbert | Entschädigung von Aktionären abseits der Kapitalmarktbewertung?<br>DB 1996, 259 – 265 |
| Götz, Hans Norbert | Anmerkung zu LG Dortmund, Beschl. v. 7.4.2000 – 20 AktE 3/00<br>DB 2000, 1165 - 1166 |
| Grage, Katja | Das Auskunftsrecht des Aktionärs unter besonderer Berücksichtigung von Minderheitsbeteiligungen als Gegenstand aktienrechtlicher Auskunftsbegehren<br>Lohmar, Köln, 1999; zugl.: Köln, Univ., Diss., 1998<br>(zit.: Grage, Auskunftsrecht) |
| Groß, Wolfgang | Vorbereitung und Durchführung von Hauptversammlungsbeschlüssen zu Erwerb oder Veräußerung von Unternehmensbeteiligungen<br>AG 1996, 111 - 119 |
| Groß, Wolfgang | Informations- und Auskunftsrecht des Aktionärs<br>AG 1997, 97 – 107 |
| Groß, Wolfgang | Anmerkung zu BayObLG, Beschluss vom 9. September 1996 – 3 Z BR 36/94<br>in WuB II A. § 131 AktG 1.97, S. 134 -136 |

Großfeld, Bernhard — Unternehmensbewertung als Rechtsproblem
JZ 1981, 641 – 647

Großfeld, Bernhard — Bewertung von Anteilen an Unternehmen
JZ 1981, 769 - 775

Großfeld, Bernhard — Börsenkurs und Unternehmenswert
BB 2000, 261 - 266

Großfeld, Bernhard — Unternehmens- und Anteilsbewertung im Gesellschaftsrecht
4. Auflage, Köln, 2002
(zit.: Großfeld, Unternehmens- und Anteilsbewertung)
3. Auflage, Köln, 1994
(zit.: Großfeld, Unternehmens- und Anteilsbewertung, 3. Aufl.)

Großkommentar — Großkommentar zum Aktiengesetz
(hrsg. von Hopt, Klaus J. und Wiedemann, Herbert)
4. Auflage, Berlin, New York
§§ 121-130, 1993
§§ 131-132, 2001
§§ 150-176, 1993
§§ 179-191, 1995
§§ 241-255, 1995
(zit.: Bearbeiter, in Großkomm. AktG)
3. Auflage, Berlin, New York
Bd. 1/2, §§ 76 – 147, 1973
Bd. 4, §§ 179 – 290, 1973
Bd. 4, §§ 291 – 410, 1975
(zit.: Bearbeiter, in Großkomm. AktG, 3. Aufl.)

Grundmann, Stefan — Information und ihre Grenzen im Europäischen und neuen englischen Gesellschaftsrecht
in Festschrift für Marcus Lutter
Köln, 2000, S. 61 – 82
(zit.: Grundmann, in FS Lutter)

Grundmann, Stefan — Europäisches Gesellschaftsrecht
Heidelberg, 2004

Grunewald, Barbara — Austrittsrechte als Folge von Mischverschmelzungen und Verfügungsbeschränkungen (§ 29 UmwG)
in Festschrift für Karlheinz Boujong
München, 1996, S. 175 - 201
(zit.: Grunewald, in FS Boujong)

Grunewald, Barbara — Die neue Squeeze-out-Regelung
ZIP 2002, 18 - 22

| | |
|---|---|
| Grunewald, Barbara<br>Müller, Hans-Friedrich | Die Entwicklung des Gesellschaftsrechts in den Jahren 1999 und 2000<br>JZ 2001, 1120 - 1131 |
| Günther, Walter | Konzernverschmelzung und Schutz außenstehender Aktionäre<br>AG 1968, 98 - 107 |
| Habersack, Mathias | Europäisches Gesellschaftsrecht<br>2. Auflage, München, 2003 |
| Habersack, Mathias<br>Mayer, Christian | Die überschießende Umsetzung von Richtlinien<br>JZ 1999, 913 - 921 |
| Habersack, Mathias<br>Verse, Dirk A. | Zum Auskunftsrecht des Aktionärs im faktischen Konzern<br>AG 2003, 300 - 307 |
| Hachenburg, Max | Gesetz betreffend die Gesellschaft mit beschränkte Haftung (GmbHG), Großkommentar<br>Band 2 (§§ 35–52), 8. Auflage, Berlin, New York, 1997<br>(zit.: Bearbeiter, in Hachenburg, GmbHG)<br>Band 3 (§§ 53-85), 7. Auflage, Berlin, New York, 1984<br>(zit.: Bearbeiter, in Hachenburg, GmbHG, 7. Aufl.) |
| Hanau, Hans | Der Bestandsschutz der Mitgliedschaft anlässlich der Einführung des „Squeeze Out" im Aktienrecht<br>NZG 2002, 1040 - 1047 |
| Heckschen, Heribert | Verschmelzung von Kapitalgesellschaften<br>Stuttgart, 1989 |
| Heckschen, Heribert | Das Verschmelzungsrecht auf dem Prüfstand<br>ZIP 1989, 1168 - 1173 |
| Heckschen, Heribert | Fusion von Kapitalgesellschaften im Spiegel der Rechtsprechung<br>WM 1990, 377 - 389 |
| Heckschen, Heribert | Die Entwicklung des Umwandlungsrechts aus der Sicht der Rechtsprechung und Praxis<br>DB 1998, 1385 – 1399 |
| Heckschen, Heribert | Beschränkung des Klagerechts im Umwandlungsverfahren<br>NotBZ 2001, 206 - 208 |
| Heckschen, Heribert<br>Simon, Stefan | Umwandlungsrecht<br>Gestaltungsschwerpunkte der Praxis<br>Köln, Berlin, Bonn, München, 2003<br>(zit.: Bearbeiter, in Heckschen/Simon, Umwandlungsrecht) |

Hellwig, Hans-Jürgen — Der Auskunftsanspruch des Aktionärs nach unrichtiger Auskunftserteilung
in Festschrift für Wolfgang Dieter Budde
München, 1995, S. 265 - 286
(zit.: Hellwig, in FS Budde)

Henn, Günter — Handbuch des Aktienrechts
7. Auflage, Heidelberg, 2002
(zit.: Henn, Hdb. d. Aktienrechts)

Hennrichs, Joachim — Unternehmensbewertung und persönliche Ertragssteuern aus (aktien-)rechtlicher Sicht
ZHR 164 (2000), 453 - 478

Henze, Hartwig — Die Berücksichtigung des Börsenkurses bei der Bemessung von Abfindung und variablem Ausgleich im Unternehmensvertragsrecht
in Festschrift für Marcus Lutter
Köln, 2000, S. 1101 – 1111
(zit.: Henze, in FS Lutter)

Henze, Hartwig — Rechtsschutz bei Verletzung von Auskunfts- und Informationsrechten im Umwandlungs- und Verschmelzungsrecht
in RWS-Forum 20, Gesellschaftsrecht 2001, S. 39 – 53
Köln, 2001
(zit.: Henze, in RWS-Forum Gesellschaftsrecht 2001)

Henze, Hartwig — Aktienrecht – Höchstrichterliche Rechtsprechung
5. Auflage, Köln, 2002
(zit.: Henze, Aktienrecht)

Henze, Hartwig — Aspekte und Entwicklungstendenzen der aktienrechtlichen Anfechtungsklage in der Rechtsprechung des BGH
ZIP 2002, 97 - 108

Henze, Hartwig — Pünktlich zur Hauptversammlungssaison: Ein Rechtsprechungsüberblick zu Informations- und Auskunftsrechten
BB 2002, 893 - 903

Hirte, Heribert — Bezugsrechtsausschluß und Konzernbildung
Köln, Berlin, Bonn, München, 1985; zugl.: Köln, Univ., Diss., 1985
(zit.: Hirte, Bezugsrechtsausschluß)

Hirte, Heribert — Berufshaftung
München, 1996; zugl.: Köln, Univ., Habil.-Schr., 1993/94
(zit.: Hirte, Berufshaftung)

Hirte, Heribert — Grenzen der Vertragsfreiheit bei aktienrechtlichen Unternehmensverträgen
ZGR 1994, 644 - 664

Hirte, Heribert — Kapitalgesellschaftsrecht
3. Auflage, Köln, 2001

Hirte, Heribert — Informationsmängel und Spruchverfahren
ZHR 167 (2003), 8 - 34

Hoffmann-Becking, Michael — Das Verschmelzungsrecht in der Praxis
in Festschrift für Hans-Joachim Fleck
Berlin, New York, 1988, S. 105 – 124
(zit.: Hoffmann-Becking, in FS Fleck)

Hoffmann-Becking, Michael — Der materielle Gesellschafterschutz: Abfindung und Spruchverfahren
ZGR 1990, 482 - 502

Hoffmann-Becking, Michael — Das erweiterte Auskunftsrecht des Aktionärs nach § 131 Abs. 4 AktG
in Festschrift für Heinz Rowedder
München, 1994, S. 155 – 170
(zit.: Hoffmann-Becking, in FS Rowedder)

Hoffmann-Becking, Michael (Hrsg.) — Münchener Handbuch des Gesellschaftsrechts
Band 4, Aktiengesellschaft
2. Auflage, München, 1999
(zit.: *Bearbeiter*, in Münch. Hdb. GesR, AG)

Hoffmann-Becking, Michael — Rechtsschutz bei Informationsmängeln im Unternehmensvertrags- und Umwandlungsrecht
in RWS-Forum 20, Gesellschaftsrecht 2001, S. 55 – 78
Köln, 2001
(zit.: Hoffmann-Becking, in RWS-Forum Gesellschaftsrecht 2001)

Hommel, Michael; Braun, Inga — Marktorientierte Unternehmensbewertung – der Börsenkurs auf dem Prüfstand
BB Spezial, Beilage 6, 2002, S. 10 – 17

Hommelhoff, Peter — 100 Bände BGHZ - Aktienrecht
ZHR 151 (1987), 493 - 516

Hommelhoff, Peter — Zur Kontrolle strukturändernder Gesellschafterbeschlüsse
ZGR 1990, 447 - 476

Hommelhoff, Peter — Minderheitenschutz bei Umstrukturierungen
ZGR 1993, 452 - 473

| | |
|---|---|
| Hommelhoff, Peter | Anlegerinformation im Aktien-, Bilanz- und Kapitalmarktrecht<br>ZGR 2000, 748 - 775 |
| Hüchting, Hans-Jochen | Abfindung und Ausgleich im aktienrechtlichen Beherrschungsvertrag<br>Köln, Berlin, Bonn, München, 1972; zugl.: Bochum, Univ., Diss., 1972<br>(zit.: Hüchting, Abfindung) |
| Hüffer, Uwe | Anfechtungsbefugnis und Mindestanteilsbesitz – Vorschläge und Überlegungen zu einer gesetzlichen Neuorientierung<br>in Festschrift für Hans Erich Brandner<br>Köln, 1996, S. 57 - 72<br>(zit.: Hüffer, in FS Brandner) |
| Hüffer, Uwe | Beschlussmängel im Aktienrecht und im Recht der GmbH – eine Bestandsaufnahme unter Berücksichtigung der Beschlüsse von Leitungs- und Überwachungsorganen<br>ZGR 2001, 833 - 874 |
| Hüffer, Uwe | Aktiengesetz<br>6. Auflage, München, 2004<br>(zit.: Hüffer, AktG) |
| Hüffer, Uwe<br>Koch, Jens | Anmerkung zu Stuttgart, Beschluss vom 04.02.2000 – 4 W 15/98<br>NZG 2000, 748 - 749 |
| Hügel, Hanns F. | Verschmelzung und Einbringung: Unternehmensübertragung auf verbandsrechtlicher Grundlage im österreichischen und deutschen Gesellschafts-, Bilanz- und Ertragssteuerrechts der Kapitalgesellschaften<br>Köln, Wien, 1993<br>(zit.: Hügel, Verschmelzung und Einbringung) |
| Hülsmann, Christoph | Gesellschafterabfindung und Unternehmensbewertung nach der Ertragswertmethode im Lichte der Rechtsprechung<br>ZIP 2001, 450 - 455 |
| Hüttemann, Rainer | Unternehmensbewertung als Rechtsproblem<br>ZHR 162 (1998) S. 563 – 593 |
| Hüttemann, Rainer | Börsenkurs und Unternehmensbewertung<br>ZGR 2001, 454 - 478 |
| Institut der Wirtschaftsprüfer<br>(Hauptfachausschuss) | Stellungnahme HFA 6/1988<br>Zur Verschmelzungsprüfung nach § 340 b Abs. 4 AktG<br>WPg 1989, 42 - 44 |

| | |
|---|---|
| Institut der Wirtschaftsprüfer (Hrsg.) | Reform des Umwandlungsrechts<br>Düsseldorf, 1993<br>(zit.: Bearbeiter/Diskussionsteilnehmer, in IDW (Hrsg.), Reform des Umwandlungsrechts) |
| Institut der Wirtschaftsprüfer | IDW-Prüfungsstandard : Grundsätze zur Durchführung von Unternehmensbewertungen (IDW S 1)<br>Düsseldorf, 2001 |
| Institut der Wirtschaftsprüfer (Hrsg.) | Wirtschaftsprüferhandbuch 2002<br>Handbuch für Rechnungslegung, Prüfung und Beratung<br>Band II, 12. Auflage, Düsseldorf, 2002<br>(zit.: Bearbeiter, in WP-Handbuch 2002) |
| Joost, Detlev | Arbeitsrechtliche Angaben im Umwandlungsvertrag<br>ZIP 1995, 976 - 986 |
| Joussen, Peter | Auskunftspflicht des Vorstandes nach § 131 AktG und Insiderrecht<br>DB 1994, 2485 - 2489 |
| Joussen, Peter | Der Auskunftsanspruch des Aktionärs<br>AG 2000, 241 - 257 |
| Kallmeyer, Harald | Die Auswirkungen des neuen Umwandlungsrechts auf die mittelständische GmbH<br>GmbHR 1993, 461 - 465 |
| Kallmeyer, Harald | Das neue Umwandlungsgesetz<br>ZIP 1994, 1746 - 1759 |
| Kallmeyer, Harald | Umwandlungsgesetz<br>2. Auflage, Köln, 2001<br>(zit.: Bearbeiter, in Kallmeyer) |
| Kallmeyer, Harald | Anmerkung zu BGH, Urteil vom 18.12.2000 – II ZR 1/99<br>GmbHR 2001, 204 |
| Kann, Jürgen van<br>Hirschmann, Jörn | Das neue Spruchverfahrensgesetz – Konzentration und Beschleunigung einer bewährten Institution<br>DStR 2003, 1488 - 1494 |
| Keidel, Theodor<br>Kuntze, Joachim<br>Winkler, Karl | Freiwillige Gerichtsbarkeit<br>15. Auflage, München, 2003<br>(zit.: Bearbeiter, in Keidel/Kuntze/Winkler, FGG) |
| Keil, Tilo | Kurzkommentar zu OLG Karlsruhe, Urteil vom 30.06.1989 – 15 U 76/88<br>EWiR § 340a AktG 1/89, S. 847- 848 |

| | |
|---|---|
| Keil, Tilo | Der Verschmelzungsbericht nach § 340a AktG<br>Köln, 1990; zugl.: Gießen, Univ., Diss., 1989/90<br>(zit.: Keil, Verschmelzungsbericht) |
| Keil, Tilo | Kurzkommentar zu OLG Düsseldorf, Beschluss vom 15.03.1999 – 17 W 18/99<br>EWiR § 8 UmwG 1/99, S. 1185 - 1186 |
| Keul, Thomas | Anfechtungsklage und Überwindung der Registersperre im Rahmen eines Squeeze-out<br>ZIP 2003, 566 - 569 |
| Kiem, Roger | Die schwebende Umwandlung<br>ZIP 1999, 173 – 181 |
| Kirchner, Jörg<br>Sailer, Viola | Rechtsprobleme bei Einbringung und Verschmelzung<br>NZG 2002, 305 - 314 |
| Kleindiek, Detlef | Abfindungsbezogene Informationsmängel und Anfechtungsausschluss<br>NZG 2001, 552 - 555 |
| Klöhn, Lars | Der Abfindungsanspruch des Aktionärs als Aufopferungsanspruch<br>AG 2002, 443 - 452 |
| Kölner Kommentar | Kölner Kommentar zum Aktiengesetz<br>(hrsg. von Zöllner, Wolfgang)<br>1. Auflage, Köln, Berlin, Bonn, München<br>Band 1, §§ 1 – 147, 1985<br>Band 2, §§ 148 – 290, 1985<br>Band 3, §§ 291 – 410, 1985<br>2. Auflage, Köln, Berlin, Bonn, München<br>Band 4, Rechnungslegung der Aktiengesellschaft, 1989<br>Band 5/1, §§ 179 – 240, 1995<br>Band 6, §§ 291 – 328, 1987<br>Band 7, §§ 339 – 361, 1990<br>(zit.: *Bearbeiter*, in Kölner Kommentar) |
| Körner, Julia<br>Rodewald, Jörg | Bedingung, Befristung, Rücktritts- und Kündigungsrechte in Verschmelzungs- und Spaltungsverträgen<br>BB 1999, 853 - 857 |
| Kollhosser, Helmut | Probleme konkurrierender aktienrechtlicher Gerichtsverfahren<br>AG 1977, 117 - 129 |
| Koppensteiner, Hans-Georg | Unternehmensverträge de lege ferenda. Eine Skizze<br>in Festschrift für Rolf Ostheim<br>Wien, 1990, S. 403 – 435<br>(zit.: Koppensteiner, in FS Ostheim) |

Kort, Michael | Kurzkommentar zu OLG München, Urteil vom 14.1.1994 – 23 U 4638/90
EWiR § 293 AktG 1/94, S. 317 - 318

Kort, Michael | Das Informationsrecht des Gesellschafters der Konzernobergesellschaft
ZGR 1987, 46 – 75

Kort, Michael | Kurzkommentar zu LG Frankenthal, Urteil vom 05.10.1989 – 2 (HK) O 80/89
EWiR § 340a AktG 1/90, S. 229 - 230

Kort, Michael | Bestandsschutz fehlerhafter Strukturänderungen im Kapitalgesellschaftrecht
München 1998; zugl.: München, Univ., Habil.-Schr., 1996/97
(zit.: Kort, Bestandsschutz fehlerhafter Strukturänderungen)

Kort, Michael | Ausgleichs- und Abfindungsrechte (§§ 304, 305 AktG) beim Beitritt eines herrschenden Unternehmens zu einem Beherrschungsvertrag
ZGR 1999, 402 - 426

Krebs, Jürgen | Gestaltung von Synergien durch Kooperations- und Konzentrationsstrategien
Frankfurt a. M., Berlin, Bern, New York, Wien 1996; zugl.: Siegen, Univ., Diss., 1995
(zit.: Krebs, Gestaltung von Synergien)

Kremer, Arnold | Steuermaßstab für die Börsenumsatzsteuer bei der Einbringung von Wertpapieren im Rahmen einer Verschmelzung
DB 1989, 2146

Kreß, Simone | Gerichtliche Beschlusskontrolle im Kapitalgesellschaftsrecht: eine rechtsver- gleichende Untersuchung zum deutschen, französischen und englischen Recht
München, 1996; zugl.: Köln, Univ., Diss., 1994/95
(zit.: Kreß, Beschlusskontrolle)

Kreuznacht, Frank | Wirkung der Eintragung fehlerhafter Verschmelzungen von Aktiengesellschaf- ten und Gesellschaften mit beschränkter Haftung nach § 20 Abs. 2 UmwG
Münster, 1998; zugl.: Münster (Westfalen), Univ., Diss., 1997
(zit.: Kreuznacht, Eintragung fehlerhafter Verschmelzungen)

Krieger, Gerd | Der Konzern in Fusion und Umwandlung
ZGR 1990, 517 - 543

Krieger, Gerd — Aktionärsklage zur Kontrolle des Vorstands- und Aufsichtsratshandelns
ZHR 163 (1999), 343 - 363

Krieger, Gerd — Squeeze-Out nach neuem Recht: Überblick und Zweifelsfragen
BB 2002, 53 – 62

Kropff, Bruno — Aktiengesetz, Textausgabe des AktG vom 6.9.1965 und des EGAktG vom 6.9.1965 mit Begründung des Regierungsentwurfs und Bericht des Rechtsausschusses des Deutschen Bundestags
Düsseldorf, 1965
(zit.: Kropff, Aktiengesetz 1965)

Kruse, Tobias — Das „kalte" Delisting börsennotierter Aktiengesellschaften
Frankfurt a. M., 2003; zugl.: Köln, Univ., Diss., 2002
(zit.: Kruse, Delisting)

Kubis, Dietmar — Die „formunwirksame" schriftliche Auskunftserteilung nach § 131 AktG
in Festschrift für Bruno Kropff
Düsseldorf, 1997, S. 171 - 189
(zit.: Kubis, in FS Kropff)

Küting, Karlheinz — Zur Bedeutung und Analyse von Verbundeffekten im Rahmen der Unternehmensbewertung
BFuP 1981, 175 - 189

Kuthe, Thorsten — Die Fortsetzung der Aktienrechtsreform durch den Entwurf eines Gesetzes zur Unternehmensintegrität und Modernisierung des Anfechtungsrechts
BB 2004, 449 - 452

Lamb, Jochen; Schluck-Amend, Alexandra — Die Neuregelung des Spruchverfahrens durch das Spruchverfahrensneuordnungsgesetz
DB 2003, 1259 - 1264

Lamla, Michael — Grundsätze ordnungsmäßiger Umwandlungsprüfung
Wiesbaden, 1997; zugl.: Östrich-Winkel, Business School, Diss., 1997
(zit.: Lamla, Umwandlungsprüfung)

Larenz, Karl; Canaris, Claus-Wilhelm — Methodenlehre der Rechtswissenschaft
3. Auflage, Berlin, Heidelberg, New York, 1995
(zit.: Larenz/Canaris, Methodenlehre)

Leinekugel, Rolf — Die Ausstrahlungswirkungen des Umwandlungsgesetzes
Köln, Berlin, Bonn, München, 2000; zugl.: Bonn, Univ., Diss., 2000
(zit.: Leinekugel, Ausstrahlungswirkungen)

| | |
|---|---|
| Leuering, Dieter | Die Erteilung von Abschriften an Aktionäre<br>ZIP 2000, 2053 - 2059 |
| Limmer, Peter | Handbuch der Unternehmensumwandlung<br>2. Auflage, Recklinghausen, 2001<br>(zit.: Bearbeiter, in Hdb. d. Unternehmensumwandlung)<br>1. Auflage, Herne, 1996 (hrsg. v. Neye, Hans-Werner u.a.)<br>(zit.: Bearbeiter, in Hdb. d. Unternehmensumwandlung, 1. Aufl.) |
| Lüke, Gerhard | Anmerkung zu OLG Frankfurt a. M., Beschluss v. 8.10.1965 – 5 W 33/65<br>NJW 1966, 838 - 839 |
| Lüke, Wolfgang | Das Verhältnis von Auskunfts-, Anfechtungs- und Registerverfahren im Aktienrecht<br>ZGR 1990, 657 - 681 |
| Lutter, Marcus | Die Eintragung anfechtbarer Hauptversammlungsbeschlüsse im Handelsregister<br>NJW 1969, 1873 - 1879 |
| Lutter, Marcus | Die entgeltliche Ablösung von Anfechtungsrechten – Gedanken zur aktiven Gleichbehandlung im Aktienrecht<br>ZGR 1978, S. 347 - 372 |
| Lutter, Marcus | Materielle und förmliche Erfordernisse eines Bezugsrechtsausschlusses – Besprechung der Entscheidung BGHZ 71, 40 (Kali + Salz)<br>ZGR 1979, 401 - 418 |
| Lutter, Marcus | Zur inhaltlichen Begründung von Mehrheitsentscheidungen<br>ZGR 1981, S. 171 - 182 |
| Lutter, Marcus | Zur Abwehr räuberischer Aktionäre<br>in Festschrift 40 Jahre Der Betrieb<br>Stuttgart, 1988, S. 193 - 221<br>(zit.: Lutter, in FS Der Betrieb) |
| Lutter, Marcus | Zur Vorbereitung und Durchführung von Grundlagenbeschlüssen in Aktiengesellschaften<br>in Festschrift für Hans-Joachim Fleck<br>Berlin, New York, 1988, S. 169 – 190<br>(zit.: Lutter, in FS Fleck) |
| Lutter, Marcus | Anmerkung zu LG Frankfurt a. M., Urteil vom 4. Juli 1990 – 3/7 O 137/89<br>WuB II A. § 221 AktG 1.91, S. 139 - 142 |

| | |
|---|---|
| Lutter, Marcus | Kölner Umwandlungsrechtstage: Verschmelzung, Spaltung, Formwechsel nach dem neuen Umwandlungsrecht und Umwandlungssteuerrecht<br>Köln, 1995<br>(zit.: *Bearbeiter*, in Lutter, Umwandlungsrechtstage) |
| Lutter, Marcus | Aktienerwerb von Rechts wegen: Aber welche Aktien?<br>in Festschrift für Ernst-Joachim Mestmäcker<br>Baden-Baden, 1996, S. 943 - 954<br>(zit.: Lutter, in FS Mestmäcker) |
| Lutter, Marcus | Umwandlungsgesetz<br>2. Auflage, Köln, 2000<br>(zit.: Bearbeiter, in Lutter, UmwG)<br>1. Auflage, Köln, 1996<br>(zit.: Bearbeiter, in Lutter, 1. Aufl.) |
| Lutter, Marcus | Aktionärs-Klagerechte<br>JZ 2000, 837 - 841 |
| Lutter, Marcus<br>Bezzenberger, Tilman | Für eine Reform des Spruchstellenverfahrens im Aktien- und Umwandlungsrecht<br>AG 2000, 433 - 447 |
| Lutter, Marcus<br>Hommelhoff, Peter | GmbH-Gesetz<br>15. Auflage, Köln, 2000<br>(zit.: Lutter/Hommelhoff, GmbHG)<br>13. Auflage, Köln, 1991<br>(zit.: Lutter/Hommelhoff, GmbHG, 13. Aufl.) |
| Luttermann, Claus | Zum Börsenkurs als gesellschaftsrechtliche Bewertungsgrundlage<br>ZIP 1999, 45 - 52 |
| Luttermann, Claus | Bewertungsrecht im Internetzeitalter<br>AG 2000, 459 - 469 |
| Luttermann, Claus | Der „durchschnittliche" Börsenkurs bei Barabfindung von Aktionären und Verschmelzungswertrelation<br>ZIP 2001, 869 – 872 |
| Luttermann, Claus | Kurzkommentar zu OLG Düsseldorf, Beschl. v. 6.12.2000 – 19 W 1/00 AktE<br>EWiR 2001, § 29 UmwG 1/01, S. 291 - 292 |
| Luttermann, Claus | BB-Kommentar zu BGH, Urteil vom 18.12.2000 – II ZR 1/99<br>BB 2001, 382 - 385 |

| | |
|---|---|
| Mack, Barnd Matthias | Anfechtbarkeit von Hauptversammlungsbeschlüssen unter besonderer Berücksichtigung des Verschmelzungsbeschlusses, dargestellt am deutschen und amerikanischen Recht<br>Frankfurt a. M., 1993; zugl.: Mainz, Univ., Diss., 1991<br>(zit.: Mack, Anfechtbarkeit von Hauptversammlungsbeschlüssen) |
| Maier-Reimer, Georg | Verbesserung des Umtauschverhältnisses in Spruchstellenverfahren<br>ZHR 164 (2000), 563 – 588 |
| Maier-Reimer, Georg<br>Kolb, Franz-Josef | Abfindung und Börsenkurs – Verfassungsrecht vs. Aktienrecht?<br>in Festschrift für Welf Müller<br>München, 2002, S. 93 – 112<br>(zit.: Meier-Reimer/Kolb, in FS Welf Müller) |
| Marsch, Reinhard | Zum Bericht des Vorstands nach § 186 Abs. 4 Satz 2 AktG beim genehmigten Kapital<br>- Urteilsanmerkung zu LG Frankfurt a. M. vom 21.1.1981 –<br>AG 1981, 211 - 215 |
| Marsch-Barner, Reinhard | Anmerkung zu LG Mannheim, Urteil vom 3. März 1988 – 24 O 75/87<br>WuB II A. § 340a AktG 1.88, S. 1003 - 1005 |
| Marsch-Barner, Reinhard | Anmerkung zu BGH, Urteil vom 18.12.2001 – II ZR 1/99<br>LM UmwG Nr. 9, 5/2001 |
| Martens, Klaus-Peter | Mißbrauch des Auskunfts-, Frage- und Rederechts sowie im Spruchstellenverfahren<br>in, Timm (Hrsg.), Mißbräuchliches Aktionärsverhalten<br>Köln, 1990<br>(zit.: Martens, in Timm (Hrsg.), Mißbräuchliches Aktionärsverhalten) |
| Martens, Klaus-Peter | Verschmelzung, Spruchstellenverfahren und Anfechtungsklage in Fällen eines unrichtigen Umtauschverhältnisses<br>AG 2000, 301 - 308 |
| Matschke, Manfred Jürgen | Funktionale Unternehmensbewertung, Bd. 2, Der Arbitriumwert der Unternehmung<br>Wiesbaden, 1979<br>(zit.: Matschke, Arbitriumwert) |
| Mayer, Dieter | Erste Zweifelsfragen bei der Unternehmensspaltung<br>DB 1995, 861 - 866 |
| Meilicke, Heinz<br>Heidel, Thomas | Das Auskunftsrecht des Aktionärs in der Hauptversammlung (Teil II)<br>DStR 1992, 113 - 117 |

| | |
|---|---|
| Meilicke, Wienand | Die Barabfindung für den ausgeschlossenen oder ausscheidungsberechtigten Minderheits-Kapitalgesellschafter<br>Berlin, 1975; zugl.: Bonn, Univ., Diss., 1974<br>(zit.: Meilicke, Barabfindung) |
| Meilicke, Wienand | Insolvenzsicherung für die Abfindung außenstehender Aktionäre?<br>DB 2001, 2387 - 2389 |
| Meilicke, Wienand<br>Heidel, Thomas | Verweigerung des Rechtsschutzes für außenstehende Aktionäre verstößt gegen Europäische Menschenrechtskonvention<br>BB 2003, 1805 – 1806 |
| Meilicke, Wienand<br>Heidel, Thomas | UMAG: „Modernisierung" des Aktienrechts durch Beschränkung des Eigentumsschutzes der Aktionäre<br>DB 2004, 1479 - 1487 |
| Merkt, Hanno | Unternehmenspublizität: Offenlegung von Unternehmensdaten als Korrelat der Marktteilnahme<br>Tübingen, 2001; zugl.: Hamburg, Univ., Habil.-Schr., 2000<br>(zit.: Merkt, Unternehmenspublizität) |
| Mertens, Hans-Joachim | Die Gestaltung von Verschmelzungs- und Verschmelzungsprüfungsbericht<br>AG 1990, 20 - 32 |
| Mertens, Hans-Joachim | Zur Geltung des Stand-alone-Prinzips für die Unternehmensbewertung bei der Zusammenführung von Unternehmen<br>AG 1992, 321 - 335 |
| Mertens, Kai | Universalsukzession und neues Umwandlungsrecht<br>AG 1994, 66 - 78 |
| Messer, Herbert | Die Kausalität von Mängeln des Verschmelzungsberichts als Voraussetzung für die Anfechtbarkeit des Verschmelzungsbeschlusses<br>in Festschrift für Karlheinz Quack,<br>Berlin, New York, 1991, S. 321 – 334<br>(zit.: Messer, in FS Quack) |
| Meyer-Ladewig, Jens | Der Kommissionsvorschlag für eine Dritte Richtlinie des Rates zur Koordinierung des Gesellschaftsrechts (Nationale Fusion)<br>BB 1970, 1517 - 1520 |
| Meyer zu Lösebeck, Heiner | Zur Verschmelzungsprüfung - Anmerkung zum Beitrag von Dirrigl -<br>WPg 1989, 499 - 501 |

Möller, Thomas — Der aktienrechtliche Verschmelzungsbeschluss: Rechtmäßigkeitsvoraussetzungen und Geltendmachung der Rechtswidrigkeit
Berlin, 1991; zugl.: Münster (Westfalen), Univ., Diss., 1990
(zit.: Möller, Verschmelzungsbeschluß)

Möllers, Thomas M. J. — Anlegerschutz durch Aktien- und Kapitalmarktrecht
- Harmonisierungsmöglichkeiten nach geltendem und künftigem Recht –
ZGR 1997, 334 -367

Mülbert, Peter O. — Aktiengesellschaft, Unternehmensgruppe und Kapitalmarkt
2. Auflage, München, 1996; zugl.: München, Univ., Habil.-Schr., 1994

Mülbert, Peter O. — Abschwächung des mitgliedschaftlichen Bestandsschutzes im Aktienrecht
in Festschrift für Peter Ulmer
Berlin, New York, 2003, S. 433 – 450
(zit.: Mülbert, in FS Ulmer)

Müller, Klaus — Unterzeichnung des Verschmelzungsberichts
NJW 2000, 2001 - 2003

Müller, Welf — Kurzkommentar zu LG Mannheim, Urt. v. 03.03.1988, ZIP 1988, 773
in EWiR § 340a AktG 1/88, S. 949 - 950

Münchener Kommentar — Münchener Kommentar zum Aktiengesetz
(hrsg. von Kropff, Bruno und Semler, Johannes)
2. Auflage, München
Band 2, §§ 53a – 75 AktG, 2003
Band 4, §§ 118 – 147 AktG, 2004
Band 7, §§ 222 – 277 AktG, 2001
Band 8, §§ 278 – 328 AktG, 2000
Band 9/1, §§ 327a – 327f AktG, WpÜG (erscheint demnächst)
(zit.: Bearbeiter, in Münchener Kommentar)

Münchener Kommentar — Münchener Kommentar zum Bürgerlichen Gesetzbuch
Band 1, §§ 1- 240, AGB-Gesetz, 4. Auflage, München, 2001
(zit.: Bearbeiter, in Münchener Kommentar zum BGB)

Münchener Kommentar — Münchener Kommentar zum Handelsgesetzbuch
Band 4, §§ 238-342a HGB, München, 2001
(zit.: Bearbeiter, in Münchener Kommentar zum HGB)

Mutter, Stefan — Anmerkung zu BGH, Urteil vom 18.12.2000 – II ZR 1/99
BGH-Report 2001, 204

Neye, Hans-Werner — Die Änderungen im Umwandlungsrecht nach den handels- und gesellschaftsrechtlichen Reformgesetzen in der 13. Legislaturperiode
DB 1998, 1649 - 1655

Neye, Hans-Werner — Anmerkung zu BGH, Urteil v. 01.03.1999 – II ZR 205/98
EWiR Art. 14 GG 2/99, S. 751 - 752

Neye, Hans-Werner — Auf dem Weg zu einem neuen Spruchverfahren - Ein Zwischenbericht -
in Festschrift für Herbert Wiedemann
München, 2002, S. 1127 – 1139
(zit.: Neye, in FS Wiedemann)

Neye, Hans-Werner — Die Reform des Spruchverfahrens
NZG 2002, 23 - 31

Neye, Hans-Werner — Spruchverfahrensneuordnungsgesetz
ZIP 2002, 2097 - 2108

Nirk, Rudolf — Der Verschmelzungsbericht nach § 340 a AktG
in Festschrift für Ernst Steindorff
Köln, 1990, S. 187 – 200
(zit.: Nirk, in FS Steindorff)

Noack, Ulrich — Der Widerspruch des Aktionärs in der Hauptversammlung
AG 1989, 78 - 87

Noack, Ulrich — Das Freigabeverfahren bei Umwandlungsbeschlüssen – Bewährung und Modell
ZHR 164 (2000), 274 - 294

Nonnenmacher, Rolf — Das Umtauschverhältnis bei der Verschmelzung von Kapitalgesellschaften
AG 1982, 153 - 158

Ossadnik, Wolfgang — Zur Angemessenheit des Umtauschverhältnisses bei der Verschmelzung von Aktiengesellschaften
BB 1985, 1953 - 1957

Ossadnik, Wolfgang — Die „angemessene" Synergieverteilung bei der Verschmelzung
DB 1997, 885 - 887

Paschos, Nikolaos — Die Maßgeblichkeit des Börsenkurses die Verschmelzungen
ZIP 2003, 1017 - 1024

Peemöller, Volker H. — Grundsätze der Unternehmensbewertung – Anmerkung zum Standard IDW S 1
DStR 2001, 1401 - 1408

| | |
|---|---|
| Peter, Karl<br>Crezelius, Georg | Gesellschaftsverträge und Unternehmensformen<br>6. Auflage, Herne, Berlin, 1995<br>(zit.: Bearbeiter, in Peter/Crezelius, Gesellschaftsverträge und Unternehmensformen) |
| Petersen, Jens | Der Gläubigerschutz im Umwandlungsrecht<br>München, 2001; zugl.: München, Univ., Habil.-Schr., 2000/2001<br>(zit.: Petersen, Gläubigerschutz) |
| Pflugradt, Michael | Leistungsklagen zur Erzwingung rechtmäßigen Vorstandsverhaltens in der Aktiengesellschaft<br>München, 1990; zugl.: Köln, Univ., Diss., 1989<br>(zit.: Pflugradt, Erzwingung rechtmäßigen Vorstandsverhaltens) |
| Picot, Gerhard | Kauf und Restrukturierung von Unternehmen<br>Handbuch zum Wirtschaftsrecht<br>München, 1995<br>(zit. *Bearbeiter*, in Picot, Kauf und Restrukturierung von Unternehmen) |
| Picot, Gerhard<br>Mentz, Alexander<br>Seydel, Eberhard | Die Aktiengesellschaft bei Unternehmenskauf und Restrukturierung<br>München, 2003<br>(zit.: Bearbeiter, in Picot/Mentz/Seydel, Unternehmenskauf und Restrukturierung) |
| Piltz, Detlev Jürgen | Die Unternehmensbewertung in der Rechtsprechung<br>3. Auflage, Düsseldorf, 1994<br>(zit.: Piltz, Unternehmensbewertung) |
| Piltz, Detlev | Unternehmensbewertung und Börsenkurs im aktienrechtlichen Spruchstellenverfahren<br>ZGR 2001, 185 - 213 |
| Pötzsch, Thorsten | Das neue Übernahmerecht: Texte, Materialien, Erläuterungen<br>Köln, 2002<br>(zit.: Pötzsch, Übernahmerecht) |
| Prasse, Christian | Die Barabfindung ausscheidender Minderheitsgesellschafter bei der Umwandlung von Kapital- in Personengesellschaften im Spannungsfeld des Zivil- und Steuerrechts<br>Hamburg, Univ., Diss., 2000<br>(zit.: Prasse, Barabfindung) |
| Priester, Hans-Joachim | Das neue Verschmelzungsrecht<br>NJW 1983, 1459 - 1467 |
| Priester, Hans-Joachim | Strukturänderungen – Beschlussvorbereitung und Beschlussfassung<br>ZGR 1990, 420 – 446 |

| | |
|---|---|
| Priester, Hans- Joachim | Das neue Umwandlungsrecht aus notarieller Praxis<br>DNotZ 1995, 427 - 455 |
| Puszkajler, Karl Peter | Diagnose und Therapie von aktienrechtlichen Spruchverfahren<br>ZIP 2003, 518 - 522 |
| Quack, Karlheinz | Unrichtige Auskünfte und das Erzwingungsverfahren des § 132 AktG<br>in Festschrift für Karl Beusch<br>Berlin, New York, 1993, S. 663 – 673<br>(zit.: Quack, in FS Beusch) |
| Quick, Reiner | Die Haftung des handelsrechtlichen Abschlussprüfers<br>BB 1992, 1675 – 1685 |
| Raiser, Thomas | Recht der Kapitalgesellschaften<br>3. Auflage, München, 2001<br>(zit.: Raiser, Kapitalgesellschaften) |
| Rebmann, Volker | Die Ausweitung des aktienrechtlichen Spruchstellenverfahrens<br>Baden-Baden, 1995; zugl.: Tübingen, Univ., Diss., 1995<br>(zit.: Rebmann, Spruchstellenverfahren) |
| Reichert, Jochem | Folgen der Anteilsvinkulierung für Umstrukturierungen von Gesellschaften mit beschränkter Haftung und Aktiengesellschaften nach dem Umwandlungsgesetz 1995<br>GmbHR 1995, 176 - 195 |
| Rettmann, Stephanie | Die Rechtmäßigkeitskontrolle von Verschmelzungsbeschlüssen: das Unbedenklichkeitsverfahren nach § 16 Abs. 3 UmwG<br>Köln, 1998; zugl.: Hamburg, Univ., Diss., 1997<br>(zit.: Rettmann, Rechtmäßigkeitskontrolle) |
| Riegger, Bodo | Der Börsekurs als Untergrenze der Abfindung?<br>DB 1999, 1889 - 1891 |
| Riesenhuber, Karl | Die Verschmelzungsrichtlinie: „Basisrechtsakt für ein Europäisches Recht der Strukturmaßnahmen“<br>NZG 2004, 15 - 22 |
| Rodewald, Jörg | Zur Ausgestaltung von Verschmelzungs- und Verschmelzungsprüfungsbericht<br>BB 1992, 237 - 241 |
| Röhricht, Volker | Die aktuelle höchstrichterliche Rechtsprechung zum Gesellschaftsrecht<br>in VGR (Hrsg.), Band 5, Gesellschaftsrecht in der Diskussion 2001<br>Köln, 2002, S. 3 – 37<br>(zit.: Röhricht, in VGR Bd. 5 (2002)) |

| | |
|---|---|
| Ross, Leon | Materielle Kontrolle des Verschmelzungsbeschlusses bei der Verschmelzung von Aktiengesellschaften<br>Frankfurt a. M.; 1997; zugl.: Hamburg, Univ., Diss., 1996<br>(zit.: Ross, Materielle Kontrolle des Verschmelzungsbeschlusses) |
| Rühland, Philipp | Die Abfindung von aus der Aktiengesellschaft ausgeschlossenen Minderheitsaktionären<br>WM 2000, 1884 - 1888 |
| Sagasser, Bernd<br>Bula, Thomas<br>Brünger, Thomas R. | Umwandlungen<br>3. Auflage, München, 2002<br>(zit.: Bearbeiter, in Sagasser/Bula/Brünger) |
| Schaaf, Andreas | Die Praxis der Hauptversammlung<br>2. Auflage, Köln, 1999<br>(zit.: Schaaf, Hauptversammlung) |
| Schaal, Christoph | Der Wirtschaftsprüfer als Umwandlungsprüfer<br>Düsseldorf, 2001; zugl.: Jena, Univ., Diss., 2000<br>(zit.: Schaal, Umwandlungsprüfer) |
| Schaub, Bernhard | Das Abfindungsangebot nach § 29 UmwG<br>NZG 1998, 626 - 629 |
| Schaumburg, Harald<br>Rödder, Thomas | UmwG, UmwStG<br>Strukturierte Textausgabe des Umwandlungsgesetzes und Umwandlungssteuergesetzes mit Materialien und ergänzenden Hinweisen<br>Köln, 1995 |
| Schedlbauer, Hans | Sonderprüfungen: Ein Handbuch der gesetzlichen und freiwilligen aperiodischen Prüfungen<br>Stuttgart, 1984<br>(zit.: Schedlbauer, Sonderprüfungen) |
| Schedlbauer, Hans | Sonderprüfungen im Zusammenhang mit Verschmelzungen<br>Teil I, WPg 1984, 33 – 43<br>Teil II, WPg 1984, 70 - 74 |
| Schiessl, Maximilian | Ist das deutsche Aktienrecht kapitalmarkttauglich?<br>AG 1999, 442 - 452 |
| Schiessl, Maximilian | Die Kontrollfunktion der aktienrechtlichen Anfechtungsklage<br>in VGR (Hrsg.), Band 2, Gesellschaftsrecht in der Diskussion 1999<br>Köln, 2000, S. 57 -80<br>(zit.: Schiessl, in VGR Bd. 2 (2000)) |

| | |
|---|---|
| Schindler, Darius Oliver<br>Witzel, David | Bedarf es einer neuen gesetzlichen Regelung des Anfechtungsrechts zur Bekämpfung räuberischer Aktionäre? – Stellungnahme zu den Empfehlungen der wirtschaftlichen Abteilung des 63. DJT<br>NZG 2001, 577 - 584 |
| Schindler, Hendrik | Das Austrittsrecht in Kapitalgesellschaften<br>München, 1999; zugl.: Köln, Univ., Diss., 1998<br>(zit.: Schindler, Austrittsrecht) |
| Schmidt, Harry | Ausschluss der Anfechtung des Squeeze-out-Beschlusses bei abfindungswertbezogenen Informationsmängeln<br>in Festschrift für Peter Ulmer<br>Berlin, New York, 2003, S. 543 – 556<br>(zit.: H. Schmidt, in FS Ulmer) |
| Schmidt, Karsten | Informationsrechte in Gesellschaften und Verbänden: ein Beitrag zur gesellschaftsrechtlichen Institutionenbildung<br>Heidelberg, 1984<br>(zit.: K. Schmidt, Informationsrechte) |
| Schmidt, Karsten | Gläubigerschutz bei Umstrukturierungen - Zum Referentenentwurf eines Umwandlungsgesetzes –<br>ZGR 1993, 366 - 395 |
| Schmidt, Karsten | Zur gesetzlichen Befristung der Nichtigkeitsklage gegen Verschmelzungs- und Umwandlungsbeschlüsse<br>DB 1995, 1849 – 1851 |
| Schmidt, Karsten | Gesellschaftsrecht<br>4. Auflage, Köln, Berlin, Bonn, München, 2002 |
| Schmitt, Joachim<br>Hörtnagl, Robert<br>Stratz, Rolf-Christian | Umwandlungsgesetz; Umwandlungssteuergesetz<br>3. Auflage, München, 2001<br>(zit.: Bearbeiter, in Schmitt/Hörtnagl/Stratz) |
| Schmitz, Joachim-Peter | Die Verschmelzungsprüfung gem. § 340b AktG: Untersuchung einer neuen Prüfung unter besonderer Berücksichtigung des entscheidungsorientierten Ablaufes des Fusionsprozesses und sonstiger aktienrechtlicher Verschmelzungsprüfungen<br>Bergisch Gladbach, Köln, 1987; zugl.: Köln, Univ., Diss., 1987<br>(zit.: Schmitz, Verschmelzungsprüfung) |
| Schneider, Uwe H. | Der Auskunftsanspruch des Aktionärs im Konzern<br>in Festschrift für Marcus Lutter<br>Köln, 2000, S. 1193 – 1205<br>(zit.: Schneider, in FS Lutter) |

| | |
|---|---|
| Schöne, Torsten | Das Aktienrecht als „Maß aller Dinge" im neuen Umwandlungsrecht?<br>GmbHR 1995, 325 - 335 |
| Schöne, Torsten | Die Klagefrist des § 14 Abs. 1 UmwG: Teils Rechtsfortschritt, teils „Aufforderung" zu sanktionslosen Geheimbeschlüssen?<br>DB 1995, 1317 - 1321 |
| Scholz, Franz | Kommentar zum GmbH-Gesetz<br>Band 2, §§ 45-87, 9. Auflage, Köln, 2002<br>(zit.: Bearbeiter, in Scholz, GmbHG)<br>Band 2, §§ 41-85, 7. Auflage, Köln, 1988<br>(zit.: Bearbeiter, in Scholz, GmbHG, 7. Aufl.) |
| Schröer, Thomas | Sicherheitsleistungen für Ansprüche aus Dauerschuldverhältnissen bei Unternehmensumwandlungen<br>DB 1999, 317 - 324 |
| Schubert, Werner<br>Hommelhoff, Peter | Hundert Jahre modernes Aktienrecht, eine Sammlung von Texten und Quellen zur Aktienrechtsreform 1884 mit zwei Einführungen<br>ZGR-Sonderheft 4 (1985)<br>(zit.: Schubert/Hommelhoff, in Hundert Jahre modernes Aktienecht) |
| Schütz, Carsten | Neuerungen im Anfechtungsrecht durch den Referentenentwurf des Gesetzes zur Unternehmensintegrität und Modernisierung des Anfechtungsrechts (UMAG)<br>DB 2004, 419 - 426 |
| Schulenberg, Matthias | Die Antragsberechtigung gemäß §§ 15, 305 ff. UmwG und die „Informationslast" des Antragstellers im Spruchstellenverfahren<br>AG 1998, 74 - 82 |
| Schultze, Wolfgang | Methoden der Unternehmensbewertung<br>Düsseldorf, 2003 |
| Schwarz, Günter Christian | Empfiehl sich eine Neuregelung des aktienrechtlichen Anfechtungs- und Organhaftungsrechts, insbesondere der Klagemöglichkeiten von Aktionären?<br>ZRP 2000, 330 - 337 |
| Schwarz, Hans-Detlef | Das neue Umwandlungsrecht<br>DStR 1994, 1694 - 1702 |
| Schwarze, Jürgen | EU-Kommentar<br>Baden-Baden, 2000<br>(zit.: Bearbeiter, in Schwarze, EU-Kommentar) |

| | |
|---|---|
| Seetzen, Uwe | Die Bestimmung des Verschmelzungswertverhältnisses im Spruchstellenverfahren<br>WM 1994, 45 - 51 |
| Seetzen, Uwe | Spruchstellenverfahren und Unternehmensbewertung im Wandel<br>WM 1999, 565 - 574 |
| Seibert, Ulrich<br>Schütz, Carsten | Der Referentenentwurf eines Gesetzes zur Unternehmensintegrität und Modernisierung des Anfechtungsrechts – UMAG<br>ZIP 2004, 252 - 258 |
| Selchert, Friedrich W. | Prüfungen anläßlich der Gründung, Umwandlung, Fusion und Beendigung von Unternehmungen<br>Düsseldorf, 1977<br>(zit.: Selchert, Prüfungen) |
| Semler, Johannes<br>Volhard, Rüdiger | Arbeitshandbuch für die Hauptversammlung<br>2. Auflage, München, 2003<br>(zit.: Bearbeiter, in Semler/Volhard, ArbHdb. HV) |
| Semler, Johannes<br>Stengel, Arndt | Umwandlungsgesetz<br>München, 2003<br>(zit.: Bearbeiter, in Semler/Stengel) |
| Sethe, Rolf | Die Berichtserfordernisse beim Bezugsrechtsausschluß und ihre mögliche Heilung am Beispiel der Emission junger Aktien und Genußrechte<br>AG 1994, 342 - 363 |
| Siebel, Ulf R.<br>Gebauer, Stefan | Prognosen im Aktien- und Kapitalmarktrecht – Lagebericht, Zwischenbericht, Verschmelzungsbericht, Prospekt u.s.w. –<br>Teil I, WM 2001, 118 - 134 |
| Sinewe, Patrick | Keine Anfechtungsklage gegen Umwandlungsbeschlüsse bei wertbezogenen Informationsmängeln<br>DB 2001, 690 - 691 |
| Spitze, Peter Alexander<br>Diekmann, Hans | Verbundene Unternehmen als Gegenstand des Interesses von Aktionären<br>ZHR 158 (1994), 447 - 472 |
| Steindorff, Ernst | Politik des Gesetzes als Auslegungsmaßstab im Wirtschaftsrecht in Festschrift für Karl Larenz<br>München, 1973, S. 217 - 244<br>(zit.: Steindorff, in FS Larenz) |
| Steiner, Klaus | Die Hauptversammlung der Aktiengesellschaft<br>München, 1995<br>(zit.: Steiner, Hauptversammlung) |

| | |
|---|---|
| Steinhauer, Carsten | Der Börsenpreis als Bewertungsgrundlage für den Abfindungsanspruch von Aktionären<br>AG 1999, 299 - 308 |
| Stilz, Eberhard | Börsenkurs und Verkehrswert<br>ZGR 2001, 875 - 900 |
| Streck, Michael<br>Mack, Alexandra<br>Schwedhelm, Rolf | Verschmelzung und Formwechsel nach dem neuen Umwandlungsgesetz<br>GmbHR 1995, 161 - 175 |
| Thomas, Heinz<br>Putzo, Hans | Zivilprozessordnung<br>26. Auflage, München, 2004<br>(zit.: Bearbeiter, in Thomas/Putzo) |
| Timm, Wolfram | Der Bezugsrechtsausschluß beim genehmigten Kapital<br>DB 1982, 211 - 217 |
| Tomson, Christian<br>Hammerschmitt, Susanne | Aus alt mach neu? Betrachtungen zum Spruchverfahrensneuordnungsgesetz<br>NJW 2003, 2572 - 2576 |
| Trescher, Karl | Die Auskunftspflicht des Aufsichtsrats in der Hauptversammlung<br>DB 1990, 515 - 516 |
| Tröger, Tobias | Vorbereitung von Zustimmungsbeschlüssen bei Strukturmaßnahmen<br>ZIP 2001, 2029 – 2042 |
| Tröger, Tobias | Neues zur Anfechtung bei Informationspflichtverletzungen - Die Entscheidung des BGH vom 13.11.2001 - Sachsenmilch<br>NZG 2002, 211 - 213 |
| Trouet, Klaus | Die Hauptversammlung – Organ der Aktiengesellschaft oder Forum der Aktionäre?<br>NJW 1986, 1302 - 1307 |
| Veil, Rüdiger | Umwandlung einer Aktiengesellschaft in eine Gesellschaft mit beschränkter Haftung<br>Berlin, Baden-Baden, 1996; zugl.: Berlin, Humboldt-Univ., Diss., 1995<br>(zit.: Veil, Umwandlung) |
| Vetter, Eberhard | Anmerkung zu BVerfG, Beschl. v. 27.04.1999 – 1 BvR 1613/94<br>AG 1999, 569 – 572 |
| Vetter, Eberhard | Die Entschädigung der Minderheitsaktionäre im Vertragskonzern erneut vor dem Bundesverfassungsgericht<br>ZIP 2000, 561 - 568 |

| | |
|---|---|
| Vetter, Eberhard | Börsenkurs und Unternehmensbewertung<br>DB 2001, 1347 – 1353 |
| Vetter, Eberhard | Abfindungswertbezogene Informationsmängel und Rechtsschutz<br>in Festschrift für Herbert Wiedemann<br>München, 2002, S. 1323 – 1347<br>(zit.: Vetter, in FS Wiedemann |
| Vollrath, Hans-Joachim | Grenzen des Minderheitenschutzes bei der verschmelzungsbedingten Realisierung einer Gesellschafterbeteiligung<br>in Festschrift für Siegfried Widmann<br>Bonn, 2000, S. 117 – 132<br>(zit.: Vollrath, in FS Widmann) |
| Wasmann, Dirk | Gesellschaftsrechtliches Spruchverfahren: Wann gilt altes, wann neues Recht?<br>DB 2003, 1559 - 1560 |
| Weiler, Lothar<br>Meyer, Ingo | Heranziehung des Börsenkurses zur Unternehmensbewertung bei Verschmelzungen<br>ZIP 2001, 2153 - 2159 |
| Weiler, Lothar<br>Meyer, Ingo | Berücksichtigung des Börsenkurses bei Ermittlung der Verschmelzungswertrelation<br>NZG 2003, 669 - 671 |
| Weißhaupt, Frank | Kompensationsbezogene Informationsmängel in der Aktiengesellschaft<br>Frankfurt a. M., 2003; zugl.: Mainz, Univ., Diss., 2003<br>(zit.: Weißhaupt, Informationsmängel) |
| Wenger, Ekkehard<br>Hecker, Renate<br>Knoesel, Jochen | Abfindungsregeln und Minderheitenschutz bei börsennotierten Kapitalgesellschaften<br>in Finanzmärkte, Tübingen, 1997, S. 93 – 143<br>(zit.: Wenger/Hecker/Knoesel, in Finanzmärkte, 1997) |
| Wenger, Ekkehard<br>Kaserer, Christoph<br>Hecker, Renate | Konzernbildung und Ausschluss von Minderheiten im neuen Übernahmerecht: Eine verpasste Chance für einen marktorientierten Minderheitenschutz<br>ZBB 2001, 317 - 334 |
| Wenger, Ekkehard | Kurzkommentar zu BGH, Urteil vom 18.12.2000 – II ZR 1/99<br>EWiR § 210 UmwG 1/01, S. 331 - 332 |
| Werner, Winfried | Anfechtungsklage und Auskunftserzwingungsverfahren<br>in Festschrift für Carl Hans Barz<br>Berlin, 1974, S. 293 – 314<br>(zit.: Werner, in FS Barz) |

| | |
|---|---|
| Werner, Winfried | Zur Treuepflicht des Kleinaktionärs<br>in Festschrift für Johannes Semler<br>Berlin, New York, 1993, S. 419 – 437<br>(zit.: Werner, in FS Semler) |
| Werner, Winfried | Fehlentwicklungen in aktienrechtlichen Auskunftsstreitigkeiten – zugleich ein Beitrag über die Zulässigkeit negativer Feststellungsanträge im Auskunftserzwingungsverfahren<br>in Festschrift für Theodor Heinsius<br>Berlin, New York, 1991, S. 911 - 930<br>(zit.: Werner, in FS Heinsius) |
| Westerfelhaus, Herwarth | IDW-Unternehmensbewertung verkennt Anforderungen der Praxis<br>NZG 2001, 673- 679 |
| Westermann, Harm Peter | Individualrechte und unternehmerische Handlungsfreiheit im Aktienrecht<br>ZHR 156 (1992), 203 - 226 |
| Westermann, Harm Peter | Die Zweckmäßigkeit der Verschmelzung als Gegenstand des Verschmelzungsberichts, der Aktionärsentscheidung und der Anfechtungsklage<br>in Festschrift für Johannes Semler<br>Berlin, New York, 1993, S. 651 – 670<br>(zit.: Westermann, in FS Semler) |
| Westermann, Harm Peter<br>Biesinger, Karl Benedikt | Die Aktiengesellschaft im Streit mit ihren Aktionären<br>DWiR 1992, 13 - 22 |
| Widmann, Siegfried<br>Mayer, Dieter | Umwandlungsrecht, Kommentar<br>Bonn, Loseblatt, Stand: November 2003<br>(zit.: Bearbeiter, in Widmann/Mayer) |
| Wiedemann, Herbert | Rechtsethische Maßstäbe im Unternehmens- und Gesellschaftsrecht<br>ZGR 1980, 147 – 176 |
| Wiedemann, Herbert | Gesellschaftsrecht, Band 1<br>München, 1980 |
| Wiedemann, Herbert | Zu den Treuepflichten im Gesellschaftsrecht<br>in Festschrift für Theodor Heinsius<br>Berlin, New York, 1991, S. 949 – 966<br>(zit.: Wiedemann, in FS Heinsius) |
| Wilde, Christian | Informationsrechte und Informationspflichten im Gefüge der Gesellschaftsorgane<br>ZGR 1998, 423 - 465 |

Wilhelm, Jan | Inkompetenz des Aktionärs und Auskunfts- und Klagerecht
DB 2001, 520 - 522

Wilken, Oliver | Anmerkung zu BVerfG, Beschl. v. 27.04 1999 – 1 BvR 1613/94
ZIP 1999, 1443 - 1444

Wilm, Daniel | Abfindung zum Börsenkurs – Konsequenzen der Entscheidung des BVerfG
NZG 2000, 234 - 240

Wilm, Daniel | Nochmals: Abfindung zum Börsenkurs – Kommentar zu OLG Düsseldorf, NZG 2000, 1075
NZG 2000, 1070 - 1073

Wilsing, Hans-Ulrich
Kruse, Tobias | Maßgeblichkeit der Börsenkurse bei umwandlungsrechtlichen Verschmelzungen?
DStR 2001, 991 - 997

Wilsing, Hans-Ulrich
Kruse, Tobias | Anfechtbarkeit von Squeeze-out- und Eingliederungsbeschlüssen wegen abfindungswertbezogener Informationsmängel?
DB 2002, 1539 - 1543

Wilsing, Hans-Ulrich | Neuerungen des UMAG für die aktienrechtliche Beratungspraxis
ZIP 2004, 1082 - 1091

Windbichler, Christine | Mißbräuchliche Aktionärsklagen einschließlich Abfindungsregelungen
in, Timm (Hrsg.), Mißbräuchliches Aktionärsverhalten
Köln, 1990
(zit.: Windbichler, in Timm (Hrsg.), Mißbräuchliches Aktionärsverhalten)

Wirth, Gernot | Spaltungen einer eingetragenen Genossenschaft
Stuttgart, München, Berlin, Hannover, Weimar, Dresden, 1998; zugl.: Jena, Univ., Diss., 1997
(zit.: Wirth, Spaltung einer eG)

Witt, Carl-Heinz | Anmerkung zu BGH, Urteil vom 18.12.2001 – II ZR 1/99
WuB II N. § 210 UmwG 1.01, S. 289 - 290

Witt, Carl-Heinz | Anmerkung zu BGH, Urteil vom 29.01.2001 – II ZR 368/98
WuB II N. § 210 UmwG 2.01, S. 426 - 427

Würdinger, Hans | Aktien- und Konzernrecht
3. Auflage, Karlsruhe, 1973

Wüsthoff, Andreas | Der Auskunftsanspruch des Aktionärs nach § 131 Aktiengesetz zwischen Insider-Verboten und Ad-hoc-Publizität nach dem Wertpapierhandelsgesetz
Aachen, 2000; zugl.: Tübingen, Univ., Diss., 1999
(zit.: Wüsthoff, Auskunftsanspruch)

Zeidler, Finn | Anmerkung zu KG, Urteil vom 27.11.1998 – 14 U 2892/97
NZG 1999, 510 - 511

Zimmermann, Klaus | Verschmelzungsprüfung bei der GmbH-Verschmelzung
in Festschrift für Hans Erich Brandner
Köln, 1996, S. 167 – 182
(zit.: Zimmermann, in FS Brandner)

Zöllner, Wolfgang | Die Schranken mitgliedschaftlicher Stimmrechtsmacht bei den privatrechtlichen Personenverbänden
München, 1963; zugl.: München, Univ., Habil.-Schr., 1960
(zit.: Zöllner, Schranken mitgliedschaftlicher Stimmrechtsmacht)

Zöllner, Wolfgang | Bemerkungen zu allgemeinen Fragen des Referentenentwurfs eines Umwandlungsgesetzes
ZGR 1993, 334 - 342

Zöllner, Wolfgang | Kontrollrechte des einzelnen Aktionärs: Beschränkung, Erweiterung und Missbrauchsbekämpfung
Reformbedarf im Aktienrecht, ZGR Sonderheft 12 (1994), S. 147 – 166
(zit.: Zöllner, in Reformbedarf im Aktienrecht)

Zöllner, Wolfgang | Zur Problematik der aktienrechtlichen Anfechtungsklage
AG 2000, 145 – 157

# Abkürzungsverzeichnis

| | |
|---|---|
| a. A. | anderer Ansicht |
| ABl. | Amtsblatt |
| Abs. | Absatz |
| a. F. | alte Fassung |
| AG | Die Aktiengesellschaft / Aktiengesellschaft |
| AktG | Aktiengesetz |
| Alt. | Alternative |
| Anh. | Anhang |
| Anm. | Anmerkung |
| Art. | Artikel |
| Aufl. | Auflage |
| BayObLG | Bayerisches Oberstes Landesgericht |
| BB | Der Betriebs-Berater |
| Bd. | Band |
| Begr. | Begründung |
| Beschl. | Beschluss |
| BFuP | Betriebswirtschaftlichen Forschung und Praxis |
| BGB | Bürgerliches Gesetzbuch |
| BGBl. | Bundesgesetzblatt |
| BGH | Bundesgerichtshof |
| BörsG | Börsengesetz |
| BR-Drucks. | Bundesrats-Drucksache |
| BT-Drucks. | Bundestags-Drucksache |
| BVerfG | Bundesverfassungsgericht |
| bzw. | beziehungsweise |
| ca. | circa |
| DAV | Deutscher Anwaltsverein |
| DAX | Deutscher Aktienindex |
| DB | Der Betrieb |
| ders. | derselbe |
| dies. | dieselbe |
| d. h. | das heißt |
| Dig. | Digesten |
| DiskE | Diskussionsentwurf |
| Diss. | Dissertation |
| DJT | Deutscher Juristentag |
| DNotZ | Deutsche Notar-Zeitschrift |
| DStR | Deutsches Steuerrecht |
| DWiR | Deutsche Zeitschrift für Wirtschaftsrecht |
| EG | Europäische Gemeinschaft |
| EGKS | Europäische Gemeinschaft für Kohle und Stahl |
| EGMR | Europäischer Gerichtshof für Menschenrechte |
| EGV | Vertrag zur Gründung der Europäischen Gemeinschaft |
| EMRK | Europäische Menschrechtskonvention |

| | |
|---|---|
| etc. | et cetera |
| EuGRZ | Europäische Grundrechte-Zeitschrift |
| EWIR | Entscheidungen zum Wirtschaftrecht |
| f./ff. | folgende/fortfolgende |
| ff. | fortfolgende |
| FGG | Gesetz über die Angelegenheiten der freiwilligen Gerichtsbarkeit |
| FGPrax. | Praxis der Freiwilligen Gerichtsbarkeit |
| Fn. | Fußnote |
| GbR | Gesellschaft bürgerlichen Rechts |
| GenG | Genossenschaftsgesetz |
| GG | Grundgesetz |
| GmbH | Gesellschaft mit beschränkter Haftung |
| GmbHG | GmbH-Gesetz |
| GmbHR | GmbH-Rundschau |
| Großkomm. | Großkommentar |
| GVG | Gerichtsverfassungsgesetz |
| GWB | Gesetz gegen Wettbewerbsbeschränkungen |
| HFA | Hauptfachausschuss |
| HGB | Handelsgesetzbuch |
| h. M. | herrschende Meinung |
| Hrsg. | Herausgeber |
| Hs. | Halbsatz |
| IdW | Institut der Wirtschaftsprüfer |
| i. d. R. | in der Regel |
| i. E. | im Ergebnis |
| i. e. S. | im engeren Sinn |
| i. S. d. | im Sinne des/der |
| i. V. m. | in Verbindung mit |
| JbFfSt | Jahrbuch der Fachanwälte für Steuerrecht |
| JW | Juristische Wochenschrift |
| JZ | Juristenzeitung |
| KapErhG | Gesetz über die Kapitalerhöhung aus Gesellschaftsmitteln |
| KG | Kammergericht |
| KGaA | Kommanditgesellschaft auf Aktien |
| KonTraG | Gesetz zur Kontrolle und Transparenz im Unternehmensbereich |
| LG | Landgericht |
| LM | Lindenmaier-Möhring, Nachschlagewerk des Bundesgerichtshofs |
| m. E. | meines Erachtens |
| m. w. N. | mit weiteren Nachweisen |
| NaStraG | Gesetz zur Namensaktie und zur Erleichterung der Stimmrechtsausübung |
| n. F. | neue Fassung |
| NJW | Neue Juristische Wochenschrift |
| NJW-RR | Neue Juristische Wochenschrift - Rechtsprechungsreport |
| NotBZ | Zeitschrift für die notarielle Beratungs- und Beurkundungspraxis |
| Nr. | Nummer |
| NWB | Neue Wirtschaftsblätter |
| NZG | Neue Zeitschrift für Gesellschaftsrecht |
| OHG | Offene Handelsgesellschaft |

| | |
|---|---|
| OLG | Oberlandesgericht |
| RabelsZ | Rabels Zeitschrift für ausländisches und internationales Privatrecht |
| RefE | Referentenentwurf |
| RegE | Regierungsentwurf |
| RG | Reichsgericht |
| RGZ | Entscheidungen des Reichsgerichts in Zivilsachen |
| RL | Richtlinie |
| Rn. | Randnummer |
| S. | Seite / Satz |
| scil. | scilicet |
| Slg. | Sammlung |
| s. o. | Siehe oben |
| sog. | so genannte (r/s) |
| SpruchG | Spruchverfahrensgesetz |
| UMAG | Gesetz zur Unternehmensintegrität und Modernisierung des Anfechtungsrechts |
| UmwG | Umwandlungsgesetz |
| Urt. | Urteil |
| VAG | Versicherungsaufsichtsgesetz |
| Verf. | Verfasser |
| vgl. | vergleiche |
| VGR | Gesellschaftsrechtliche Vereinigung |
| WM | Wertpapiermitteilungen, Zeitschrift für Wirtschafts- und Bankrecht |
| WPg | Die Wirtschaftsprüfung |
| WPO | Wirtschaftsprüferordnung |
| WpHG | Wertpapierhandelsgesetz |
| WpÜG | Wertpapiererwerbs- und Übernahmegesetz |
| WuB | Entscheidungssammlung zum Wirtschafts- und Bankrecht |
| z. B. | zum Beispiel |
| ZBB | Zeitschrift für Bankrecht und Bankwirtschaft |
| ZfbF | Schmalenbachs Zeitschrift für betriebswirtschaftliche Forschung |
| ZGR | Zeitschrift für Unternehmens- und Gesellschaftsrecht |
| ZHR | Zeitschrift für das gesamte Handels- und Wirtschaftsrecht |
| ZIP | Zeitschrift für Wirtschaftsrecht |
| zit. | zitiert |
| ZPO | Zivilprozessordnung |
| ZRP | Zeitschrift für Rechtspolitik |
| zugl. | zugleich |

# § 1 Einleitung

- „Auskunfts- und Einsichtsrechte zählen zu den mitgliedschaftlichen Grundrechten, da eine sinnvolle Ausübung der Mitverwaltungs- wie Lösungsbefugnisse ohne ausreichende Information nicht möglich ist." -

Herbert Wiedemann[1]

- „Vorstandsberichte werden [...] weniger als Informationsquelle genutzt, denn als Steinbruch, um aus angeblichen Lücken Anfechtungsgründe zu machen." -

Maximilian Schiessl[2]

Mit diesen beiden Aussagen, deren jeweilige Berechtigung sich im Kern jedenfalls kaum ernsthaft bestreiten lässt, ist bereits das Spannungsfeld umzeichnet, innerhalb dessen sach- und interessengerechte Ergebnisse für die Verschmelzung zu finden die vorliegende Untersuchung einen Beitrag leisten soll.

Als Mittel der Konzentration wirtschaftlicher Kapazitäten spielt die Verschmelzung eine zunehmend wichtige Rolle in der unternehmerischen Praxis. Die seit den 60er Jahren ständig steigende Anzahl der Verschmelzungen ist Ausdruck eines weltweit sich beschleunigenden Konzentrationsprozesses des Unternehmensmarktes.[3] Zunehmende Bedeutung in der Praxis hat das Recht der Unternehmenszusammenschlüsse in den 90er Jahren durch die Fortentwicklung des europäischen Binnenmarktes sowie durch die Verabschiedung des Umwandlungsgesetzes 1994 (UmwG) gewonnen, das am 1. Januar 1995 in Kraft getreten ist. Die Einführung der europäischen Aktiengesellschaft (Societas Europae; SE) durch die am 8. Oktober 2004 in Kraft tretende SE-Verordnung wird diese Bedeutung noch weiter steigern, da das im UmwG normierte, auf der EU-

---

1 *Wiedemann*, Gesellschaftsrecht, S. 374.
2 *Schiessl*, in VGR Bd. 2 (2000), S. 57, 67.
3 Siehe die statistischen Angaben bei *Lutter*, in Lutter, UmwG, § 2 Rn. 14.

Verschmelzungsrichtlinie beruhende Zusammenschlussverfahren insoweit Vorbild- und Ergänzungswirkung hat.[4]

Die Gründe für eine Fusion bislang rechtlich selbständiger Unternehmen sind vielfältig. Antriebsfeder für die Planung und Durchführung einer Verschmelzung ist häufig der Wunsch, eine vollkommene Einheit von unternehmerischer Leitungsmacht und haftender Vermögensmasse herbeizuführen.[5] Vor dem Hintergrund eines sich zunehmend verstärkenden Konkurrenzkampfes auf nationaler wie internationaler Ebene lässt sich durch eine gezielte Wachstumsstrategie eine nachhaltige Stärkung der Marktpositionierung des Unternehmens erreichen. Die Stärkung der Konkurrenzfähigkeit soll dabei durch die Rationalisierung der Unternehmensorganisation, die Verbesserung vorhandener Betriebswege, günstigere Einkaufs- und Transportmöglichkeiten, die Koordination von Forschung und Entwicklung oder die gemeinsame Nutzung von Know-how und Patenten erzielt werden. Weitere Vorteile sind etwa in Folge der Verschmelzung eintretende Erleichterungen bei der Umsetzung von Arbeitnehmern sowie bei der Verschiebung von Vermögensmassen. Insbesondere bei einem geplanten Börsengang des Unternehmens spielt auch der Gesichtpunkt einer übersichtlicheren und gestrafften Unternehmensstruktur eine nicht unerhebliche Rolle.[6]

Wie jede andere Erscheinungsform der Strukturänderung ist auch die Verschmelzung keine allein dem Leitungsorgan der Gesellschaft überantwortete Maßnahme der Geschäftsführung. Als Maßnahme auf der Ebene des Gesellschaftsstatuts ist sie vielmehr der Letztentscheidung durch die Anteilseigner zugewiesen.[7] Um diese Entscheidung sinnvoll und verantwortlich treffen zu können, sind die Anteilsinhaber auf die Erteilung von Informationen über Inhalt und Auswirkungen der geplanten Verschmelzung angewiesen. Angesprochen ist hiermit der eingangs zitierte Befund von *Wiedemann*, dessen Quintessenz sich auch in den Gesetzgebungsmaterialien zum AktG 1965 wieder findet. Dort heißt es bezüglich des allgemeinen Auskunftsrechts nach § 131 AktG treffend, der

---

4 Über die durch Art. 9 SE-VO angeordnete abgestufte Verweisung unterliegt die SE zunächst den Bestimmungen der Verordnung selbst. Soweit diese keine Regelung trifft, ist zunächst das speziell für die SE erlassene nationale Recht anwendbar, ergänzend schließlich das Recht des Sitzstaats, das für nationale Aktiengesellschaften gilt, womit auch auf die Vorschriften des UmwG Bezug genommen ist; vgl. hierzu *Habersack*, Europäisches Gesellschaftsrecht, Rn. 396; *Heckschen*, in Heckschen/Simon, Umwandlungsrecht, § 1 Rn. 33 ff.

5 So *Heckschen*, Verschmelzung von Kapitalgesellschaften, S. 8.

6 Zu den unternehmerischen Gründen für eine Unternehmensverschmelzung siehe auch *Heckschen*, Verschmelzung von Kapitalgesellschaften, S. 8 f.; *Hügel*, Verschmelzung und Einbringung, S. 25 ff.; *Ross*, Materielle Kontrolle des Verschmelzungsbeschlusses, S. 4 ff. sowie die Ausführungen über die Bewertungsrelevanz von Synergieeffekten unter § 3 A. III. 2. c) ee) und § 3 A. III 3. e. c) dd).

7 *Hommelhoff*, ZGR 1993, 452, 453.

Aktionär könne „*von seinen Mitgliedschaftsrechten nur dann einen sinnvollen Gebrauch machen, wenn er die Umstände kennt, die für die Ausübung der Rechte wesentlich sind.*“ Das Informationsrecht[8] ist damit dem Anteilseigner nicht um seiner selbst willen gegeben, es korrespondiert vielmehr mit den vermögensrechtlichen Ansprüchen, die dem Gesellschafter kraft seiner Beteiligung zustehen, und ist wie diese auch von der Eigentumsgarantie des Art. 14 Abs. 1 S. 1 GG umfasst.[9]

Wenn man sich diese Beziehung vor Augen führt, liegt es auf der Hand, dass das Gewicht der beschlussvorbereitenden Information proportional zu dem Gewicht des Beschlussgegenstandes ansteigt. Angesichts der erheblichen Auswirkungen einer Strukturänderungsmaßnahme auf die Mitgliedschaft- und Vermögensrechte der Anteilseigner statuiert daher das UmwG 1994 ein umfassendes Informationssystem, das im Interesse der Gesellschafter bereits im Vorfeld der beschlussfassenden Versammlung eine eingehende und qualifizierte Unterrichtung über die zu beschließende Maßnahme vorsieht und dergestalt als Grundlage einer fundierten Entscheidungsfindung zu dienen bestimmt ist. Gerade im Rahmen einer konzerninternen Verschmelzung kommt der Informationserteilung an die Minderheitsgesellschafter die Aufgabe zu, den Informationsvorsprung des Mehrheitsgesellschafters auszugleichen und so für eine weitgehend symmetrische Informationsverteilung innerhalb des Verbandes zu sorgen.[10]

Auf der anderen Seite gilt es zu beachten, dass gerade die (behauptete) Verletzung von Informationsrechten in der Praxis häufig zu langwierigen Anfechtungsverfahren geführt hat. In rechtstatsächlicher Hinsicht nehmen dabei Rügen unzureichender Information über Bewertungsfragen eine Spitzenstellung ein.[11] Unabhängig von dem Gewicht der geltend gemachten Rechtsverletzung löst nach der Konzeption des Umwandlungsgesetzes allein die Erhebung der Anfechtungsklage die Eintragungssperre gemäß § 16 Abs. 2 UmwG aus. Auch wenn hierdurch die Verschmelzung nicht gänzlich vereitelt wird, so sind die Folgen einer solchen Blockade der Strukturänderung für die betroffenen Unter-

8 Zu der Unterscheidung zwischen kollektiven und individuellen Informationsrechten grundlegend *K. Schmidt*, Informationsrechte, S. 15 ff.; *Wilde*, ZGR 1998, 423 ff.; bei den kollektiven Informationsrechten ist die Erteilung der Information dem Verband bzw. der Gesamtheit seiner Mitglieder geschuldet, das individuelle Informationsrecht dagegen steht dem einzelnen Gesellschafter als unabdingbarer Bestandteil seiner Verbandsmitgliedschaft zu.

9 BVerfG, ZIP 1999, 1798 (Daimler-Benz); BVerfG, ZIP 1999, 1801 (Scheidemantel).

10 Zur asymmetrischen Informationsverteilung zwischen Mehrheits- und Minderheitsgesellschaftern siehe *Wiedemann*, in Großkomm. AktG, § 186 Rn. 117; *Preisenberger*, Heilbarkeit fehlerhafter Vorstandsberichte, S. 26.; zur Informationspflicht als einem ausgleichenden Instrument zum Schutz der Minderheit auch *Hommelhoff*, ZGR 1993, 453 ff.

11 Siehe hierzu die Ergebnisse der empirischen Untersuchung bei *Baums/Vogel/Tacheva*, ZIP 2000, 1649, 1650 ff.

nehmen oftmals katastrophal, die durch die Verzögerung entstehenden Kosten astronomisch. Die Ungewissheit über das Zustandekommen der Fusion führt zu einer Verunsicherung des Marktes bis hin zu einem Vertrauens- und Imageverlust im Wettbewerb. Die im Zuge der Verschmelzung erwarteten Synergiepotentiale können häufig erst mit einer Verzögerung um wertvolle Zeitabschnitte realisiert werden. Ebenso kann durch den bestehenden Schwebezustand die erforderliche Flexibilität der Unternehmensführung beeinträchtigt sein, wenn etwa das Unternehmen bei notwendigen Kooperationsgesprächen mit Mitbewerbern nicht mehr in der Lage ist, seinen Gesprächen eine rechtlich gesicherte Konzernstruktur zugrunde zu legen.[12] Soll die Verschmelzung zur Vorbereitung des Gangs an die Börse dienen, so kann eine nicht absehbare Verzögerung dazu führen, dass die Erstnotierung zu einem aus Sicht des Kapitalmarktes ungünstigen Zeitpunkt erfolgt. Ist das Unternehmen dagegen bereits börsennotiert, so führt die Unsicherheit über das Zustandekommen der Verschmelzung in aller Regel zu nicht unerheblichen Kursverlusten. Leidtragende sind damit letztlich alle Mitaktionäre.[13]

Angesichts dieser Gefahren sowie der Tatsache, dass Urheber solcher Blockaden oftmals Anteilseigner sind, die lediglich über eine Kleinstbeteiligung an dem Rechtsträger verfügen, erklären sich die aktuellen Bestrebungen zu einer Einschränkung des Anfechtungsrechts von selbst. In diesem Zusammenhang sind auch die – durch die Beschlüsse der Abteilung Wirtschaftsrecht des 63. Deutschen Juristentages im Jahre 2000 in Leipzig vorbereiteten[14] – Entscheidungen des Bundesgerichtshofs in Sachen „MEZ“ und „Aqua Butzke-Werke AG“[15] zu sehen. Ging das Gericht bislang in Übereinstimmung mit der herrschenden Meinung im Schrifttum davon aus, dass abfindungs- und bewertungsrelevante Informationsdefizite ein Anfechtungsrecht begründen, so entschied es unter ausdrücklicher Aufgabe seiner bisherigen Rechtsprechung zum Formwechsel, dass derartige Rügen in Ausdehnung des Anfechtungsausschlusses nach § 210

[12] Vgl. den Fall OLG Stuttgart, ZIP 1997, 75, 77.

[13] Auch bei erfolgreich durchgeführten Unbedenklichkeitsverfahren nach § 16 Abs. 3 UmwG tritt regelmäßig eine Verzögerung der Eintragung um mehrere Monate oder Jahre eine, was nicht zuletzt an der Zurückhaltung der Gerichte bei Erteilung der Unbedenklichkeitserklärung liegt. Darüber hinaus führt auch die Praxis mancher Registergerichte, das Verfahren bei schwebenden Anfechtungsklagen bis zum Erlass jedenfalls einer erstinstanzlichen Entscheidung auszusetzen, zu einer „faktischen Registersperre“, vgl. die Nachweise bei *Kiem*, ZIP 1999, 173, 174; *Schiessl*, in VGR Bd. 2 (2000), S. 57, 63.

[14] Vgl. Beschluss Nr. 11 b) des 63. DJT, abgedruckt in DB 2000, 2108, 2109: „In allen Fällen, in denen die Bewertungsrüge in das Spruchverfahren verwiesen ist, sollte die Anfechtungsklage für Rügen unzureichender Information über Bewertungsfragen ausgeschlossen sein.“ Beeinflusst haben diese Vorschläge die Entscheidung des Bundesgerichtshofs allerdings nicht, da jedenfalls die Beratungen des Senates bereits vor ihrer Veröffentlichung stattgefunden hatten, vgl. *Röhricht*, in JbFfSt 2001/2002, 274, 275.

[15] BGH, ZIP 2001, 199 (MEZ); BGH, ZIP 2001, 412 (Aqua Butzke).

UmwG ausschließlich im Spruchverfahren geltend gemacht werde können. Durch diese Judikatur wird die Verletzung eines überaus bedeutsamen Kernbereichs umwandlungsrelevanter Informationserteilung von der Sanktion der Anfechtbarkeit ausgenommen. In der rechtwissenschaftlichen Literatur ist die neue Rechtsprechungslinie ganz überwiegend auf Zustimmung, teilweise aber auch auf Kritik oder gänzliche Ablehnung gestoßen. Im Rahmen dieser Arbeit soll sie zum Anlass genommen werden, die Zusammenhänge des verschmelzungsrechtlichen Informationssystems aufzuzeigen und unter Einbeziehung der divergierenden Interessenlagen eine angemessene Lösung zu finden.

Der Gang der vorliegenden Untersuchung gliedert sich im Wesentlichen in zwei Hauptabschnitte. Nach einem kurzen Überblick über der rechtlichen Grundlagen der Verschmelzung soll zunächst das verschmelzungsrechtliche Informationssystem in seinen einzelnen Bestandteilen sowie den zwischen diesen bestehenden Zusammenhängen und Wechselwirkungen eine eingehende Darstellung erfahren. Hieran schließt sich im zweiten Teil eine Betrachtung der Möglichkeiten an, die dem Aktionär für die Geltendmachung der Rechtswidrigkeit der Verschmelzung zur Verfügung stehen, wobei der Schwerpunkt auch hier auf den Folgen einer Verletzung von verschmelzungsspezifischen Informationsrechten liegt.

Der das Informationssystem des Verschmelzungsrechts betreffende erste Teil der Arbeit orientiert sich in der Darstellung an dem zeitlichen Ablauf der Strukturänderung. Er beginnt mit einer eingehenden Betrachtung der an den Verschmelzungsvertrag zu stellenden Anforderungen. In diesem Kontext sollen vor allem die Grundlagen der Berechnung von Umtauschverhältnis und Barabfindung näher beleuchtet werden, da diese aufgrund ihrer fundamentalen Bedeutung für die von der Strukturänderung betroffenen Anteilseigner den zentralen Gegenstand der verschmelzungsrechtlichen Informations- und Auskunftsrechte bilden. Hierbei wird auch auf die „DAT/Altana“ - Rechtsprechung von Bundesverfassungsgericht und Bundesgerichtshof zur Berücksichtigung des Börsenkurses bei der aktienrechtlichen Abfindungsbemessung sowie auf die Übertragbarkeit dieser Grundsätze auf die Ermittlung von Umtauschrelation und Barabfindung bei der Verschmelzung einzugehen sein. Hieran anschließend sollen mit Verschmelzungsbericht und Verschmelzungsprüfungsbericht die praktisch bedeutsamsten Bausteine des informationellen a-priori-Schutzes der Anteilseigner im Vorfeld der Beschlussfassung dargestellt werden. Besonderes Augenmerk ist hierbei auf die an den konkreten Inhalt dieser Berichte zu stellenden Anforderungen sowie auf das Verhältnis der Berichte zueinander zu legen. Abgerundet wird die Untersuchung der Vorabinformation durch die Darstellung der die Hauptversammlungsvorbereitung flankierenden Bekanntmachungs-, Mitteilungs- und Auslegungspflichten des Leitungsorgans. Den Abschluss des ersten Teils bildet eine eingehende Untersuchung der den Aktionären während der beschlussfassenden Hauptversammlung zustehenden Informationsrechte. Untersucht werden sollen vor allem die gegenständliche Reichweite dieser Rechte sowie das Zusammenspiel zwischen dem allgemeinen aktienrechtlichen Auskunftsanspruch und den spezialgesetzlich angeordneten, verschmelzungsspezifischen Informationspflichten.

Der zweite Teil der Arbeit befasst sich mit den Folgen einer Verletzung der den Anteilseignern zustehenden (Informations-) Rechte. Er beginnt mit einer Betrachtung des zum 1. September 2003 reformierten Spruchverfahrens. Dargestellt werden sollen insbesondere Voraussetzungen und Ablauf des Verfahrens sowie die verfahrensrechtliche Stellung der betroffenen Anteilseigner. Eingehend betrachtet werden soll sodann die Anfechtungsklage als der (bislang) wichtigste Rechtsbehelf, mit dem der einzelne Aktionär die Verletzung von Gesetz oder Satzung der Gesellschaft gegenüber geltend machen kann. In diesem Zusammenhang stellt sich die grundsätzliche Frage, in welchen Fällen die mangelhafte oder unvollständige Erteilung bestimmter Informationen die klageweise Vernichtung eines Hauptversammlungsbeschlusses zu rechtfertigen vermag. Die Untersuchung schließt mit einer kritischen Beleuchtung der eingangs erwähnten neuen Rechtsprechungslinie des Bundesgerichtshofes bezüglich der Behandlung kompensationsbezogener Informationsdefizite in Sachen „MEZ“ und „Aqua Butzke“. Angesprochen sind damit insbesondere die Problematik der Übertragbarkeit dieser Rechtsprechung auf die Verschmelzung sowie die maßgebliche Frage, ob - und vor allem inwieweit - eine derartige Beschneidung des aktienrechtlichen Anfechtungsrechts vor dem Hintergrund eines zu wahrenden effektiven Minderheitenschutzes zulässig ist.

# § 2 Rechtliche Grundlagen der Verschmelzung

Die Verschmelzung im Sinne des Umwandlungsgesetzes (sog. technische Verschmelzung) lässt sich grundlegend als die Vereinigung des Vermögens zweier oder mehrerer Rechtsträger ohne deren Liquidation bezeichnen. Vor Inkrafttreten des Gesetzes zur Bereinigung des Umwandlungsrechts am 1. Januar 1995 fanden sich die gesetzlichen Vorschriften über die Verschmelzung rechtsformspezifisch in verschiedenen Gesetzen verstreut (§§ 339 ff. AktG, §§ 19 ff. KapErhG, §§ 63e ff., 93a ff. GenG, §§ 44a, 53a VAG). Daneben war in den §§ 1 ff., 20 S. 1, 23 f. UmwG 1969 die sog. verschmelzende Umwandlung normiert. Durch das UmwG 1994 wurde die „Zersplitterung und Unübersichtlichkeit des Umwandlungsrechts“[16] durch eine systematische und geschlossene Normierung sämtlicher Umwandlungsvorgänge für alle umwandlungsfähigen Rechtsträger ersetzt. Als weitere Ziele, die durch das Reformvorhaben verwirklicht werden sollten, nennt die Gesetzesbegründung ausdrücklich die Schließung von Lücken des bis dahin bestehenden Umwandlungsrechts durch die Eröffnung weiterer Umstrukturierungsmaßnahmen sowie die Verbesserung des Minderheitenschutzes insbesondere durch eine Erweiterung des die Verschmelzung flankierenden Informationssystems.[17] Die Grundlagen der Verschmelzung finden sich nunmehr rechtsformübergreifend in den §§ 2 bis 38 UmwG geregelt, während abweichende oder ergänzende Bestimmungen, die nur bestimmte Rechtsformen betreffen, in einem „Besonderen Teil“ (§§ 39 bis 122 UmwG) enthalten sind.

## A. Arten der Verschmelzung

Ausgehend von eingangs genannter Definition, sieht das Umwandlungsgesetz für die Verschmelzung zwei verschiedene Formen vor, zum einen die Verschmelzung durch Aufnahme (§ 2 Nr. 1 UmwG), zum anderen die Verschmelzung durch Neugründung (§ 2 Nr. 2 UmwG). Der durch das Umwandlungsgesetz 1994 erheblich erweiterte Kreis der verschmelzungsfähigen Rechtsträger ergibt sich aus § 3 Abs. 1 und 2 UmwG, wobei im Rahmen der vorliegenden Arbeit jedoch nur die Verschmelzung unter Beteiligung von Aktiengesellschaften eine eingehende Betrachtung finden soll.

---

16 So ausdrücklich die Begr. RegE (Allgemeiner Teil) zum UmwG 1995, abgedruckt bei *Schaumburg/Rödder*, S. 6; zur Entwicklungsgeschichte des Umwandlungsrechts instruktiv *K. Schmidt*, Gesellschaftsrecht, S. 340 ff.

17 Begr. RegE (Allgemeiner Teil) zum UmwG 1995, abgedruckt bei *Schaumburg/Rödder*, S. 2.

Bei der vom Gesetz als Grundform geregelten Verschmelzung durch Aufnahme wird das gesamte Vermögen eines oder mehrerer (übertragender) Rechtsträger auf einen anderen, bereits bestehenden (übernehmenden) Rechtsträger übertragen. Unter Vermögen sind hierbei nicht nur die Aktiva, sondern auch alle Verbindlichkeiten zu verstehen. Auf ihre Erfassung in der Bilanz kommt es nicht an. Dagegen ist die – in der Praxis schon aus (grunderwerb-) steuerrechtlichen Gründen seltenere[18] - Verschmelzung durch Neugründung dadurch gekennzeichnet, dass zwei oder mehr beteiligte (übertragende) Rechtsträger ihr gesamtes Vermögen auf einen gleichzeitig neu gegründeten Rechtsträger übertragen. Ihren Vorteil findet die Verschmelzung durch Neugründung in dem verringerten Risiko einer Blockade der Verschmelzung durch gegen sie erhobene Anfechtungsklagen. Zum anderen bietet sie eine Lösungsmöglichkeit in den Fällen, wo Streit darüber besteht, welcher von zwei gleich starken Rechtsträgern im Zuge der Verschmelzung erlöschen soll.[19]

In beiden Fälle erfolgt der Vermögensübergang uno actu im Wege der Gesamtrechtsnachfolge, also ohne rechtsgeschäftliche Übertragung der einzelnen Vermögensgegenstände, sondern kraft Gesetzes mit Eintragung der Verschmelzung in das Register am Sitz des übernehmenden bzw. neu gegründeten Rechtsträgers, §§ 20 Abs. 1 Nr. 1, 36 Abs. 1 UmwG. Dies geschieht zwingend unter Auflösung der übertragenden Rechtsträger ohne Liquidation. Die Anteilsinhaber (vgl. § 2 UmwG) der übertragenden Rechtsträger werden durch Anteilstausch, welcher als Gegenleistung für die Übertragung des gesamten Vermögens erfolgt, am übernehmenden bzw. neu gebildeten Rechtsträger beteiligt, § 20 UmwG.

## B. Ablauf der Verschmelzung[20]

Voraussetzung für die Wirksamkeit einer Verschmelzung ist gemäß §§ 4 ff. UmwG zunächst der Abschluss eines Verschmelzungsvertrages durch die Leitungsorgane der beteiligten Rechtsträger. Die inhaltlichen Mindestanforderun-

---

[18] So hätte die Durchführung der Fusion im Fall der Thyssen/Krupp AG als Verschmelzung durch Aufnahme statt durch Neugründung eine Reduzierung der Grunderwerbsteuer-Belastung um ca. 30 Millionen DM zur Folge gehabt, vgl. den Bericht über die Verschmelzung der Thyssen AG und der Fried. Krupp AG Hoesch-Krupp, 1998, Kap. 3.2.1., S. 60.

[19] Dieser Gedanke des *merger of equals* stand etwa bei der Verschmelzung Daimler/Chrysler – zumindest der offiziellen Lesart nach - im Vordergrund, vgl. Gemeinsamer Bericht der Vorstände der Daimler-Benz Aktiengesellschaft und der DaimlerChrysler AG, 1998, Kap. III 1.2, S. 34.

[20] Ausführlich zum zeitlichen Ablauf der verschiedenen Vorbereitungs- und Durchführungsphasen einer Verschmelzung *Sagasser/Ködderitzsch*, in Sagasser/Bula/Brünger, Rn. J 9 ff.

gen an den Verschmelzungsvertrag, der gemäß § 6 UmwG der notariellen Beurkundung bedarf, ergeben sich für die Verschmelzung dabei aus § 5 Abs.1, 29, 36 UmwG (in Verbindung mit den für die jeweilig beteiligten Rechtsträger geltenden Sondervorschriften). Hervorzuheben ist hierbei vor allem die Bestimmung der verschmelzenden Gesellschaften, des Verschmelzungsstichtages, von zu gewährenden Sonderrechten sowie die Bestimmung des Verhältnisses, nach dem der Umtausch der Beteiligungen der Anteilsinhaber des übertragenden Rechtsträgers zu erfolgen hat.

Darüber hinaus haben die Vertretungsorgane einen ausführlichen Bericht über den Verschmelzungsvorgang zu erstellen. Gemäß § 8 UmwG muss dieser Verschmelzungsbericht die Strukturänderungsmaßnahme unter rechtlichen und wirtschaftlichen Gesichtspunkten erläutern und begründen.

Als zweite Stufe des Prüfungsinstrumentariums erfolgt die Verschmelzungsprüfung durch gerichtlich bestellte Verschmelzungsprüfer, §§ 9 bis 12 UmwG. Bei Aktiengesellschaften ist die Verschmelzungsprüfung unabhängig davon durchzuführen, ob ein Aktionär diese verlangt, § 60 UmwG. Das Ergebnis der Prüfung ist in einem schriftlichen Prüfungsbericht festzuhalten, der den inhaltlichen Anforderungen von § 12 UmwG entspricht.

In Anbetracht der erheblichen Auswirkungen auf die Rechtsstellung der Anteilseigner ist wesentliche Voraussetzung für die Wirksamkeit des Verschmelzungsvertrages nach § 13 UmwG die Zustimmung der Hauptversammlung jeder beteiligten Aktiengesellschaft. Der notariell zu beurkundende Zustimmungsbeschluss bedarf gemäß § 65 Abs. 1 UmwG grundsätzlich einer Hauptversammlungsmehrheit von drei Vierteln des bei der Beschlussfassung vertretenen Grundkapitals. Eine Ausnahme von dem Grundsatz des Zustimmungserfordernisses statuiert § 62 Abs. 1 UmwG. Zu Erleichterung von Konzernverschmelzungen ist ein Verschmelzungsbeschluss der übernehmenden Aktiengesellschaft entbehrlich, wenn diese mindestens 90 % des Grund- oder Stammkapitals der übertragenden Gesellschaft hält. Um jedoch einen hinreichenden Minderheitenschutz zu gewährleisten, können Aktionär, die zusammen mit mindestens 5 % am Grundkapital der Zielgesellschaft beteiligt sind, auch in diesem Fall gemäß § 62 Abs. 2 UmwG eine Beschlussfassung über die Verschmelzung verlangen.

Abschließend ist die Verschmelzung unter Beifügung der in § 17 UmwG bezeichneten Dokumente durch die Vertretungsorgane der beteiligten Gesellschaften beim Handelsregister des jeweiligen Gesellschaftssitzes anzumelden, § 16 UmwG. Gemäß § 66 UmwG ist danach zunächst eine gegebenenfalls durchgeführte Kapitalerhöhung bei der übernehmenden Aktiengesellschaft in das Handelsregister einzutragen. Erst wenn die Kapitalerhöhung auf diese Weise gemäß § 189 AktG wirksam geworden ist, darf die Eintragung der Verschmelzung in das Register am Sitz der übertragenden Gesellschaft erfolgen. Abgeschlossen ist der Umstrukturierungsvorgang schließlich mit der konstitutiven Eintragung im Handelsregister des übernehmenden Rechtsträgers, welche die oben genannten Rechtswirkungen der Verschmelzung auslöst, § 20 UmwG.

## C. Abgrenzung zu artverwandten Zusammenschlussmodellen

Abzugrenzen ist die sog. technische Verschmelzung im Sinne der §§ 2 ff. UmwG von sonstigen Gestaltungsformen fusionsähnlicher Unternehmensverbindungen außerhalb des Umwandlungsgesetzes. Solche Umstrukturierungsmaßnahmen, die ebenfalls eine Konzentration von Kapital und Wirtschaftskraft zur Zielsetzung haben, werden auch als wirtschaftliche Verschmelzungen bezeichnet.[21] Als solche artverwandte Konstruktionen, die eine mehr oder weniger starke wirtschaftliche Verflechtung der beteiligten Unternehmen unter Bündelung ihrer Ressourcen bewirken, sind etwa der (qualifizierte) Beteiligungserwerb, die Kapitalerhöhung gegen Sacheinlage in Form des Unternehmensbetriebs oder von Gesellschaftsanteilen, der Abschluss eines Beherrschungs- und Gewinnabführungsvertrages (§§ 291 ff. AktG), die Eingliederung (§§ 319 ff. AktG) sowie die Vermögensübertragung (§ 179a AktG) oder die übertragende Auflösung[22] zu nennen.[23] Von den genannten Konzentrationsformen unterscheidet sich die technische Verschmelzung im Sinne des UmwG vor allem durch das ihr eigene Prinzip der Gesamtrechtsnachfolge und des liquidationslosen Untergangs des übertragenden Rechtsträgers.

Sämtliche Zusammenschlussmodelle stehen grundsätzlich als selbständige Alternativen der Unternehmensführung nebeneinander. In der Praxis stellt indes die Verschmelzung als „radikalste“[24] Form der Fusion oftmals den Endpunkt eines über verschiedene Zwischenstufen verwirklichten Konzentrationsprozesses dar. Dieser kann mit dem Erwerb eines Beteiligungspaketes beginnen, gefolgt von einem Mehrheitserwerb, welcher dann über eine faktische Konzernierung und den Abschluss eines Unternehmensvertrages bis hin zu einer vollständigen Aufhebung der rechtlichen Selbständigkeit der beteiligten Unternehmen durch eine konzerninterne Verschmelzung führt.

---

21 *Leinekugel*, Ausstrahlungswirkungen, S. 23.

22 Zur Zulässigkeit der übertragenden Auflösung siehe BVerfG, ZIP 2000, 1670 ff. (Moto Meter).

23 Zur Abgrenzung der einzelnen Rechtsinstitute ausführlich *Stengel*, in Semler/Stengel, § 2 Rn. 43 ff.; *Leinekugel*, Ausstrahlungswirkungen. S. 23 ff.

24 So *Lutter*, in Lutter, UmwG, § 2 Rn. 29.

# § 3 Das verschmelzungsrechtliche Informationssystem

Gegenstand der nachfolgenden Ausführungen ist das Informationssystem der Verschmelzung. Unter diesem Begriff sollen hier alle diejenigen „Bausteine“ zu verstehen sein, die in ihrer Gesamtheit im Rahmen eines Verschmelzungsvorhabens der Ermöglichung einer informierten Beschlussfassung der Anteilseigner über die geplante Strukturänderung zu dienen bestimmt sind. Die Reihenfolge ihrer Darstellung orientiert sich dabei in erster Linie an den zeitlichen Abläufen des Verschmelzungsverfahrens.

## A. Der Verschmelzungsvertrag

### I. Grundlagen

Gemäß § 4 UmwG ist Grundlage einer jeden Verschmelzung der Abschluss eines Verschmelzungsvertrages zwischen den beteiligten Rechtsträgern. Die Abschlusskompetenz ist den jeweiligen Vertretungsorganen, bei der Aktiengesellschaft also dem Vorstand zugewiesen. Zu seiner Wirksamkeit bedarf der Vertrag der notariellen Beurkundung, § 6 UmwG. Nach § 4 Abs. 2 UmwG genügt es, wenn der Vertrag im Zeitpunkt der nach § 13 UmwG erforderlichen Zustimmungsbeschlüsse lediglich als schriftlicher Entwurf vorliegt, der die Grundlage für die Entscheidung der Anteilseigner bildet.[25] Ist der Vertrag bereits vor den Verschmelzungsbeschlüssen geschlossen und notariell beurkundet, so ist er bis dahin schwebend unwirksam und wird erst durch die betreffenden Beschlüsse wirksam.[26] Verschmelzungsvertrag und Verschmelzungsbeschluss stehen damit in enger Abhängigkeit zueinander.

### II. Rechtsnatur des Verschmelzungsvertrages

Über die Rechtsnatur des Verschmelzungsvertrages besteht keine Einigkeit.[27] Vertreten wird - mit jeweiligen Abweichungen im Detail – eine Einordnung als

---

[25] Ob so verfahren werden kann, war vor Erlass des Verschmelzungsrichtliniengesetzes 1982 umstritten. Kritisch im Hinblick auf die alte Rechtslage etwa *Lutter*, AG 1977, 133 f.

[26] *Mayer*, in Widmann/Mayer, § 4 UmwG Rn. 8.

[27] Ausführlich hierzu *Mayer*, in Widmann/Mayer, § 4 UmwG Rn. 21 ff. mit weiteren Nachweisen.

körperschaftlicher Organisationsakt, als schuldrechtlicher Austauschvertrag, als dinglicher Vertrag sowie eine Kombination von Elementen der verschiedenen Vertragstypen. Verstärkt wird die Unübersichtlichkeit der verschiedenen Ansätze noch durch eine uneinheitliche Verwendung der Terminologie.[28] Die heute wohl vorherrschende Auffassung sieht in dem Verschmelzungsvertrag in erster Linie einen körperschaftlichen Organisationsakt mit (auch) schuldrechtlicher Wirkung.

### 1. Organisationsakt

Soweit ersichtlich nicht mehr bestritten ist die primäre Einordnung des Verschmelzungsvertrages als Organisationsakt körperschaftlicher Natur.[29] Dies folgt aus der Überlegung, dass prägendes Wirkungselement des Verschmelzungsvertrages die Neuordnung der Organisationsstruktur und der gesellschaftsrechtlichen Grundlagen der beteiligten Rechtsträger ist: Gegenstand des Verschmelzungsvorganges ist vor allem die Beendigung des einen Rechtsträgers und dessen Überführung in einen anderen.[30] Als Grundlage der Strukturänderung legt der Verschmelzungsvertrag die zukünftigen Beziehungen zwischen Anteilsinhabern und Gesellschaft fest; insbesondere bei der Verschmelzung zur Neugründung beinhaltet der Vertrag gemäß § 37 UmwG die Satzung des neu entstehenden Rechtsträgers und damit ihren körperschaftlichen Organisationsplan.[31]

### 2. Schuldrechtliche Wirkung

Darüber hinaus kommen dem Verschmelzungsvertrag auch schuldrechtliche Wirkungen zu. So verpflichtet er die beteiligten Rechtsträger zur Durchführung der Verschmelzung, insbesondere zur Übertragung des Vermögens.[32] Der übernehmende Rechtsträger dagegen ist verpflichtet, als Gegenleistung Anteile zu gewähren, eine ordnungsgemäße Handelsregistereintragung herbeizuführen und etwaige bestehende Eintragungshindernisse zu beseitigen. Hinsichtlich dieser schuldrechtlichen Bindungen stellt der Verschmelzungsvertrag einen gegenseiti-

---

[28] Vgl. etwa den Gebrauch der Begriffe „schuldrechtlicher Vertrag“ und „Austauschvertrag“ bei *Lutter*, in Lutter, § 8 UmwG Rn. 5 und *Mayer*, in Widmann/Mayer, § 4 UmwG Rn. 22 ff.

[29] *Bermel*, in Goutier/Knopf/Tulloch, § 4 UmwG Rn. 9 ff.; *Lutter*, in Lutter UmwG, § 2 Rn. 4; *Marsch-Barner*, in Kallmeyer, § 4 Rn. 2; *Mayer*, in Widmann/Mayer, § 4 UmwG Rn. 23 ff.; *Kraft*, in Kölner Kommentar, § 341 AktG Rn. 2 ff., alle m.w.N.

[30] So auch *Mayer*, in Widmann/Mayer, § 4 UmwG Rn. 25.

[31] *Marsch-Barner*, in Kallmeyer, § 4 Rn. 2.

[32] *Bermel*, in Goutier/Knopf/Tulloch, § 4 UmwG Rn. 16; *Lutter*, in Lutter, § 4 UmwG Rn. 5; *Stratz*, in Schmitt/Hörtnagl/Stratz, § 4 UmwG Rn. 8; *Schilling/Zutt*, in Hachenburg, GmbHG, 7. Aufl., § 77 Anh. II, § 21 KapErhG Rn. 2; a. A. dagegen *Würdinger*, Aktien- und Konzernrecht, S. 211.

gen Vertrag im Sinne der §§ 320 ff. BGB dar.[33] Zudem lässt auch die ausdrückliche Abbedingung von § 311b Abs. 2 BGB, der die Unwirksamkeit der Verpflichtung zur Übertragung zukünftigen Vermögens statuiert, in § 4 Abs. 1 S. 2 UmwG darauf schließen, dass das Gesetz selbst den Verschmelzungsvertrag als verpflichtenden schuldrechtlichen Vertrag qualifiziert.

Unklar ist indes, ob der Verschmelzungsvertrag darüber hinaus auch als Austauschvertrag angesehen werden kann.[34] Hiergegen wird angeführt, dass in der Gewährung von Anteilen an den übertragenden Rechtsträger keine Gegenleistung im eigentlichen Sinne für die Übertragung des Vermögens zu sehen sei, da der Vermögensübergang kraft Gesetz durch die Universalsukzession erfolge und die Beteiligung am übernehmenden Rechtsträger ebenfalls ipso iure entstehe.

Dies steht jedoch der Qualifikation als Leistungsaustauschvertrag m. E. nicht entgegen. Auch wenn die Rechtsfolgen der Verschmelzung erst durch die Eintragung ins Handelsregister nach § 20 UmwG bewirkt werden, so erfolgt die vertragliche Verpflichtung zur Gewährung der Anteile durch Herbeiführung der Eintragung (=Leistungshandlung) doch eben gerade im Gegenzug für die Vermögensübertragung. Sie stellt somit durchaus eine Gegenleistung dar, was die Einordnung des Verschmelzungsvertrages als Austauschvertrag zu rechtfertigen vermag.

### 3. Dingliche Wirkung

Entgegen teilweise vertretener Auffassung kommt dem Verschmelzungsvertrag dingliche Wirkung dagegen nicht zu.[35] Er ist zwar Voraussetzung und Rechtsgrundlage der dinglichen Rechtsänderung, diese tritt aber gemäß § 20 UmwG erst mit der konstitutiven Eintragung der Verschmelzung ins Handelsregister ein.[36] Auch die Annahme einer, zwar durch die Eintragung bedingten, aber dem

---

[33] RGZ 124, 355, 361; *Grunewald*, in G/H/E/K, § 341 AktG Rn. 2; *Marsch-Barner*, in Kallmeyer, § 4 Rn. 3; *Mayer*, in Widmann/Mayer, § 4 UmwG Rn. 26. Ausführlich zur Anwendung bürgerlich-rechtlicher Vorschriften auf Verschmelzungs- und Spaltungsverträge siehe *Körner/Rodewald*, BB 1999, 853 ff.

[34] Ablehnend BFH, DB 1989, 663 f. (zum Verschmelzungsvertrag nach § 93c GenG a.F.); *Mayer*, in Widmann/Mayer, § 4 UmwG Rn. 22; bejahend *Lutter*, in Lutter UmwG, § 4 Rn. 5; *Kremer*, DB 1989, 2146 f.

[35] So aber *Priester*, in Scholz, GmbHG, 7. Aufl., Anh. Umw. § 21 KapErhG Rn. 1; *Frenz*, in Hdb. d. Unternehmensumwandlung, 1. Aufl., Rn. 107; *Limmer*, in Peter/Crezelius, Gesellschaftsverträge und Unternehmensformen, Rn. 2429; wie hier dagegen *Bermel*, in Goutier/Knopf/Tulloch, § 5 UmwG Rn. 18; *Lutter*, in Lutter UmwG, § 4 Rn. 6; *Grunewald*, in G/H/E/K, § 341 Rn. 6; i.E. wohl auch *Widmann*, in Widmann/Mayer, § 4 UmwG Rn. 31, der von einer, zwar nicht dem Vertrag immanenten, aber doch „gewissen dinglichen Wirkung" im Zeitpunkt der Eintragung spricht.

[36] *Kallmeyer*, ZIP 1994, 1746, 1754.

Vertrag ansonsten unmittelbar zukommenden dinglichen Wirkung[37] vermag nicht zu überzeugen. Andernfalls ließe sich nur schwerlich erklären, warum der Vertrag, der den dinglichen Vermögensübergang unmittelbar bewirken soll, nicht gewisse Vermögensgegenstände von der Gesamtrechtsnachfolge ausnehmen können sollte, was aber gerade nicht der Fall ist.[38] Eine dingliche Wirkung des Verschmelzungsvertrages ist daher abzulehnen.

## III. Inhaltliche Anforderungen

### 1. Überblick

§ 5 Abs. 1 Nr. 1 – 9 UmwG enthält einen Katalog von Mindestangaben für den Verschmelzungsvertrag oder, falls den Anteilsinhabern nach § 4 Abs. 2 UmwG nur der Vertragsentwurf vorgelegt wird, für jenen. Ergänzt wird diese, für alle verschmelzungsfähigen Rechtsträger i.S.d. § 3 UmwG geltende Vorschrift durch rechtsformspezifische Sonderregelungen.[39] Weitere Erfordernisse statuieren etwa § 29 UmwG bei einer etwaig anzubietenden Barabfindung oder § 35 UmwG für den Fall, dass die Aktionäre des übertragenden Rechtsträgers dem Vorstand nicht namentlich bekannt sind. Durch die Pflicht zur Aufnahme der für die Verschmelzung wesentlichen Daten will das UmwG eine informierte Beschlussfassung der Anteilsinhaber[40] über die angestrebte Maßnahme ermöglichen.[41] Insoweit lässt sich von einer Doppelfunktionalität des Verschmelzungsvertrages sprechen. Zum einen bildet er als Organisationsvertrag erst die eigentliche Grundlage der durch den Gesellschafterbeschluss umgesetzten Strukturänderungsmaßnahme. Zum anderen fungiert er gleichzeitig als Informationsträger „anlässlich“ der Verschmelzung. Schließlich werden durch die Festlegung der Einzelheiten der Verschmelzung in dem Vertragswerk gleichlautende Beschlüsse der Anteilseigner der beteiligten Rechtsträger sichergestellt.[42]

Eine Selbstverständlichkeit stellt dabei die Aufnahme der Angaben nach Nr. 1 und Nr. 2 als Kernstück des Verschmelzungsvertrages in das Vertragswerk dar. Hiernach muss der Vertrag zur Bestimmung der beteiligten Rechtsträger Name/Firma und Sitz derselben angeben (Nr. 1) sowie klarstellen, dass es sich bei der geplanten Maßnahme um die Übertragung des gesamten Vermögens gegen

---

37 So *Limmer*, in Peter/Crezelius, Gesellschaftsverträge und Unternehmensformen, Rn. 2429.
38 So auch *Stratz*, in Schmitt/Hörtnagl/Stratz, § 4 UmwG Rn. 7.
39 Vgl. §§ 40, 45b, 46, 57, 71, 80, 110 UmwG.
40 Zu der Schutzrichtung des § 5 Abs. 1 Nr. 9 UmwG sogleich im Text.
41 Vgl. Begr. RegE zu § 340 AktG a.F., BT-Drucks. 9/1065, S. 15.
42 *Kallmeyer*, ZIP 1994, 1746, 1754.

die Gewährung von Anteilen oder Mitgliedschaften[43], und damit um eine Verschmelzung i.S.d. Umwandlungsgesetzes handelt (Nr. 2). Hierbei ist zu gewährleisten, dass sämtliche Vermögensgegenstände übertragen werden. Abweichende Bestimmungen im Verschmelzungsvertrag, durch die einzelne Gegenstände von der Übertragung ausgenommen werden, sind unwirksam, da sie nicht mit dem Prinzip der Gesamtrechtsnachfolge als einem wesentlichen Merkmal der Verschmelzung vereinbar sind.[44]

Daneben muss der Vertrag die Einzelheiten der Anteilsübertragung bzw. des Mitgliedschaftserwerbs festlegen (Nr. 4). Anzugeben sind hier etwa die Modalitäten des Erwerbs der Anteile an dem übernehmenden Rechtsträger sowie die Verteilung der mit dem Anteilstausch verbundenen Kosten.[45] Zu den „Einzelheiten für die Übertragung der Anteile“ im Sinne der Vorschrift wird man wohl auch Angaben darüber zu zählen haben, ob sich diese Anteile bereits im Besitz der übernehmenden Gesellschaft befinden oder ob sie erst noch im Wege einer Kapitalerhöhung geschaffen werden müssen.[46] Ist Zielrechtsträger eine AG oder KGaA, ist schließlich noch der Treuhänder zu bezeichnen, der die Aktien bzw. die baren Zuzahlungen für die künftigen Aktionäre in Empfang nimmt, §§ 71 Abs. 1, 73, 78 UmwG.[47]

Weiterhin in das Vertragswerk aufzunehmen sind Angaben über die Teilnahme am Bilanzgewinn (Nr. 5), über den Verschmelzungsstichtag (Nr. 6) sowie über die Einräumung etwaiger Sonderrechte (Nr. 7)[48] und sonstiger Vorteile, die Mit-

---

43 Mangels außenstehender Anteilsinhaber beim übertragenden Rechtträger entfällt bei der Verschmelzung einer 100%igen Tochtergesellschaft auf das Mutterunternehmen (sog. upstream-merger) der Anteilstausch, so dass für diesen Fall auch die Angaben nach Nr. 2 bis 5 entbehrlich sind, §§ 5 Abs. 2, 20 Abs. 1 Nr. 3 UmwG. Ausführlich hierzu und zu verwandten Konstellationen einer Konzernverschmelzung *Mayer*, in Widmann/Mayer, § 5 UmwG Rn. 25 ff.

44 *Lutter*, in Lutter, UmwG, § 5 Rn. 8; ebenso *Schröer*, in Semler/Stengel, § 5 Rn. 7 und *Marsch-Barner*, in Kallmeyer, § 5 Rn. 4, die aber eine Umdeutung der unwirksamen Vertragsbestimmung in eine schuldrechtliche Verpflichtung zur Aussonderung und Übertragung der betreffenden Vermögensgegenstände an einen Dritten für möglich halten.

45 *Lutter*, in Lutter, UmwG, § 5 Rn. 26; *Grunewald*, in G/H/E/K, § 340 AktG Rn. 11; ob auch die Höhe der Kosten angegeben werden muss, ist streitig, angesichts der Bedeutung für die Anteilsinhaber des übernehmenden Rechtsträgers aber wohl zu bejahen; ablehnend dagegen *Schröer*, in Semler/Stengel, § 5 Rn. 28 m. w. N. zum Streitstand.

46 Wie hier KG, WM 1999, 323, 325; *Lutter*, in Lutter, UmwG, § 5 Rn. 26; a. A. *Marsch-Barner*, in Kallmeyer, § 5 Rn. 16; *Mayer*, in Widmann/Mayer, § 5 UmwG Rn. 139.

47 *Schröer*, in Semler/Stengel, § 5 Rn. 30; *Stratz*, in Schmitt/Hörtnagl/Stratz, § 5 UmwG Rn. 30.

48 Hierdurch soll gewährleistet werden, dass die Aktionäre die Einhaltung des Gleichbehandlungsgrundsatzes gegenüber den Sonderrechtsinhabern überprüfen können, vgl. *Grunewald*, in G/H/E/K, § 340 AktG Rn.31; *Marsch-Barner*, in Kallmeyer, § 5 Rn. 40.

gliedern der Vertretungs- und Aufsichtsorgane sowie Verschmelzungs- und Abschlussprüfern gewährt werden (Nr. 8)[49].

Gemäß der durch das Umwandlungsreformgesetz 1994 erstmals eingefügten Vorschrift des § 5 Abs. 1 Nr. 9 UmwG muss der Verschmelzungsvertrag schließlich auch Angaben zu den Folgen der Verschmelzung für die Arbeitnehmer und ihre Vertretungen sowie die insoweit vorgesehenen Maßnahmen enthalten. Anzugeben sind in diesem Zusammenhang etwa die Auswirkungen der Verschmelzung auf die Arbeitsverhältnisse der jeweiligen Arbeitnehmer der zu verschmelzenden Rechtsträger, die Folgen der Strukturmaßnahme für bestehende Tarifverträge und Betriebsvereinbarungen oder die Auswirkungen auf die organisationsrechtliche Repräsentantenstruktur (Betriebsräte, Gesamt- und Konzernbetriebsräte, Sprecherausschüsse etc.).[50] Diese durch die Umwandlungsrechtsreform neu eingeführte Regelung dient ausweislich der Gesetzesbegründung in erster Linie der frühzeitigen Information der Arbeitnehmervertretungen, um bereits im Vorfeld der Strukturmaßnahme eine möglichst sozialverträgliche Durchführung der Verschmelzung zu erleichtern und so den sozialen Frieden zu sichern.[51] Nach zutreffender Auffassung befriedigen diese Angaben jedoch auch die Informationsinteressen der Anteilseigner, da beispielsweise die zur sozialverträglichen Durchführung der Verschmelzung vorgesehenen Maßnahmen im Hinblick auf ihre Kosten durchaus auch Bedeutung für die Entscheidung über das Für und Wider der geplanten Strukturänderung haben können.[52]

Die Richtigkeit dieser Auffassung unterstreicht meines Erachtens auch ein Seitenblick auf die unstreitig der Information der Anteilseigner dienende Vorschrift des § 8 UmwG, wonach der Vorstand die wirtschaftliche Zweckmäßigkeit des Verschmelzungsvorhabens erläutern und begründen muss. Dies lässt sich regelmäßig nicht ohne einen Ausblick auch auf die Folgen für die Arbeitnehmer bewerkstelligen. Überschneiden sich damit die jeweils erforderlichen Angaben ihrem Inhalt nach, so ist es nicht verständlich, warum derselbe Umstand im Rahmen des Verschmelzungsberichts nach § 8 UmwG dem Informationsbedürfnis

---

[49] Die Anteilseigener (nach *Stratz*, in Schmitt/Hörtnagl/Stratz, § 5 UmwG Rn. 43 auch die Gesellschaftsgläubiger) sollen anhand dieser Angaben beurteilen können, in welchem Umfang die vorgenannten Personen von der Verschmelzung profitieren und deshalb unter Umständen in ihrer Objektivität beeinträchtig sind, vgl. *Lutter*, in Lutter, UmwG, § 5 Rn. 36.

[50] Ausführlich zu den konkret erforderlichen Angaben *Lutter*, Lutter, UmwG, § 5 Rn. 40 ff.; *Willemsen*, in Kallmeyer, § 5 Rn. 47 ff.; *Joost*, ZIP 1995, 976, 979 ff.

[51] Vgl. Begr. RegE zu § 5 UmwG, abgedruckt bei *Schaumburg/Rödder*, S. 47 f.

[52] So etwa *Drygala*, ZIP 1995, 1365, 1367; *Engelmeyer*, DB 1996, 2542, 2544; *Grunewald*, in Lutter, Kölner Umwandlungsrechtstage, S. 19, 23 f.; ablehnend dagegen die überwiegende Literatur, vgl. *Bermel/Hannappel*, in Goutier/Knopf/Tulloch, § 5 UmwG Rn. 109; *Lutter*, in Lutter, UmwG, § 5 Rn. 92; *Mayer*, in Widmann/Mayer, § 5 UmwG Rn. 203; *Simon*, in Semler/Stengel, § 5 Rn. 80; *Willemsen*, in Kallmeyer, § 5 Rn. 57; *Joost*, ZIP 1995, 976, 978; *Priester*, DNotZ 1995, 435.

der Anteilseigner dienen, im Kontext des Verschmelzungsvertrages dagegen gerade nicht dieser Schutzrichtung unterfallen soll. Von daher ist festzuhalten, dass die Angaben nach § 5 Abs. 1 Nr. 9 UmwG entgegen der wohl überwiegenden Literaturansicht zumindest auch im Interesse der Gesellschafter in den Verschmelzungsvertrag aufzunehmen sind.

Besondere Bedeutung für die Vermögensposition der Anteilsinhaber hat vor allem die von § 5 Abs. 1 Nr. 3 UmwG geforderte Bestimmung des Umtauschverhältnisses und gegebenenfalls der baren Zuzahlung sowie einer nach § 29 UmwG anzubietenden Barabfindung. Da von dem Umtauschverhältnis der Erhalt des durch die Mitgliedschaft vermittelten Vermögenswertes der Gesellschaftsbeteiligung abhängt, werden die Vermögensinteressen der Aktionäre von seiner Festlegung am intensivsten berührt.[53] Das gleiche Gewicht kommt der Höhe der Barabfindung für die im Zuge der Verschmelzung ausscheidenden Gesellschafter zu. Diese Vertragsbestandteile stellen demnach regelmäßig auch das zentrale Problem der Vertragsverhandlungen dar.[54] Beide sind zudem Schwerpunkt der rechtlichen und wirtschaftlichen Erläuterung und Begründung im Verschmelzungsbericht[55] (§ 8 Abs. 1 S. 1 UmwG) sowie des Verschmelzungsprüfungsberichtes[56] nach § 12 UmwG, der mit einer Erklärung über Angemessenheit und Berechnung von Umtauschverhältnis und Barabfindung zu schließen hat, §§ 12 Abs. 2, 30 Abs. 2 UmwG. Die zu diesen Punkten von Leitungsorgan und Verschmelzungsprüfer gemachten Angaben haben maßgebliche Bedeutung im Rahmen des eine Verschmelzung begleitenden Informationsregimes, was sich nicht zuletzt in der Fülle hierzu ergangener gerichtlicher Entscheidungen widerspiegelt.[57] Die vorliegende Arbeit soll sich daher im Folgenden ausführlich mit der Problematik der ordnungsgemäßen Ermittlung und Festlegung des Umtauschverhältnisses und der Barabfindung befassen.

### 2. Die Bestimmung des angemessenen Umtauschverhältnisses

#### *a) Der Anteilstausch*

Mit dem Wirksamwerden der Verschmelzung durch die Eintragung im Handelsregister (§ 20 UmwG) erlöschen die übertragenden Rechtsträger und damit die

---

53 *Hirte*, Kapitalgesellschaftsrecht, Rn. 917.

54 *Stratz*, in Schmitt/Hörtnagl/Stratz, § 5 UmwG Rn. 5; *Heckschen*, Verschmelzung von Kapitalgesellschaften, S. 12.

55 Dazu unter § 3 B. IV. 4. und 5.

56 Dazu unter § 3 C. V. 3. b).

57 Vgl. aus neuerer Zeit BGH, ZIP 2001, 199; ZIP 2001, 412; OLG Düsseldorf, DB 2002, 781; OLG Karlsruhe, NZG 1999, 604; BayObLG, NZG 1998, 946; LG Frankfurt, AG 2002, 358; weitere Nachweise zur Rechtsprechung finden sich im Rahmen der Erläuterungen von Umtauschverhältnis und Abfindung.

Beteiligungen der Anteilseigner an diesen. Als Gegenleistung für das übergehende Vermögen sind ihnen Anteile am übernehmenden bzw. neu gegründeten Rechtsträger zu gewähren. Eine andere Art der Gegenleistung kommt grundsätzlich nicht in Betracht[58], der Anteilstausch ist damit begriffsnotwendiges Wesensmerkmal einer Verschmelzung im Sinne des Umwandlungsgesetzes.[59] Zuzahlungen, welche durch einen Spitzenausgleich in bar[60] praktikable Umtauschverhältnisse schaffen sollen, sind ihrer Höhe nach auf 10 % des Wertes der zu gewährenden Anteile begrenzt, §§ 54, 68, 87 UmwG.

Das Verhältnis, nach dem die Anteile umgetauscht werden sollen, ist im Verschmelzungsvertrag genau zu bestimmen. Dieser muss also exakt festlegen, wie viele Anteile am übernehmenden Rechtsträger auf einen Anteil (beziehungsweise ein Vielfaches davon) am übertragenden Rechtsträger entfallen (z.B. 1:4 oder 3:2). Abzustellen ist bei Aktiengesellschaften grundsätzlich auf den Nennbetrag, sind Stückaktien ausgegeben, so erfolgt die Angabe über den Tausch in Stücken.[61]

### b) *Angemessenheit des Umtauschverhältnisses*

#### aa) *Regelfall*

Bei der Verschmelzung von Aktiengesellschaften hat der Umtausch der Anteile in dem Verhältnis zu erfolgen, dass die im Austausch gegen die untergehenden Aktien gewährten Aktien der übernehmenden Gesellschaft denselben inneren Wert aufweisen, wie die untergegangenen Anteile am übertragenden Rechtträger. Hierbei gilt der Gleichbehandlungsgrundsatz: Weder die Aktionäre der übertragenden noch der übernehmenden Aktiengesellschaft dürfen benachteiligt werden bzw. durch die Festlegung im Verschmelzungsvertrag eine Vermögenseinbuße erleiden. Im Ergebnis muss sich die Verschmelzung für die beteiligten Anteilseigner als „Nullsummenspiel“[62] darstellen, jeder soll seinen bisherigen relativen Anteil an der entstehenden Summe der verschmolzenen Vermögensmassen behalten. Dieses Ergebnis wird durch die Zielvorgabe der *Angemessenheit* des Umtauschverhältnisses erreicht.

---

58 Kritisch hierzu *K. Mertens*, AG 1994, 66, 76 f.

59 Zur Ausnahme bei Konzernverschmelzungen siehe Fn. 43.

60 Zuzahlungen in Form von Sachleistungen sind nach ganz h. M. unzulässig, vgl. *Lutter*, in Lutter UmwG, § 5 Rn. Rn. 19; *Müller*, in Kallmeyer, § 5 Rn. 22; einschränkend dagegen *Stratz*, in Schmitt/Hörtnagl/Stratz, § 5 UmwG Rn. 28, der einen Ausgleich in Sachleistungen bei allseitigem Einverständnis für zulässig hält. Dem dürfte insoweit allerdings schon der klare Gesetzeswortlaut „Höhe der *baren* Zuzahlungen“ in § 5 Nr. 3 UmwG entgegenstehen.

61 *Müller*, in Kallmeyer, § 5 Rn. 19.

62 *Lutter*, in FS Mestmäcker, S. 943, 949.

Eine Vorschrift, die diese Angemessenheit der Umtauschrelation ausdrücklich und unmittelbar anordnet, enthält das Umwandlungsgesetz nicht. Insoweit bestimmt § 2 UmwG lediglich, die Verschmelzung habe durch Übertragung des Vermögens „gegen Gewährung von Anteilen oder Mitgliedschaften des übernehmenden oder neuen Rechtsträgers zu erfolgen." Ebenso wenig lässt sich § 5 Abs. 1 UmwG eine Aussage über die ordnungsgemäße Ausgestaltung des Umtauschverhältnisses entnehmen. Das Postulat der Angemessenheit folgt indes aus Sinn und Zweck der §§ 14 Abs. 2, 15 Abs. 1 UmwG. Diese Vorschriften schließen eine auf ein zu niedrig bemessenes Umtauschverhältnis gestützte Klage gegen die Wirksamkeit des Verschmelzungsbeschlusses aus und verweisen die entsprechende Rüge in ein gesondertes Spruchverfahren.[63] Würde aber ein zu niedrig bemessenes Umtauschverhältnis schon gar nicht die Fehlerhaftigkeit (und damit grundsätzlich auch die Anfechtbarkeit) des Verschmelzungsbeschlusses begründen, so bedürfte es auch keiner Vorschrift, die eine hierauf gestützte Anfechtungsklage ausschließt. Mittelbar lässt sich die Rechtmäßigkeitsvoraussetzung der Angemessenheit zudem auch der Vorschrift des § 12 Abs. 2 S. 1 UmwG entnehmen. Aber auch ohne Rückgriff auf die genannten Normen folgt das Erfordernis einer angemessenen Kompensationsleistung bereits aus verfassungsrechtlichen Vorgaben, da die Eigentumsgarantie des Art. 14 GG, die sich nach der Rechtsprechung des Bundesverfassungsgerichts „sowohl auf die mitgliedschaftliche Stellung als auch auf die vermögensrechtlichen Ansprüche, welche das Aktieneigentum vermittelt"[64], bezieht, grundsätzlich einen vollen Wertausgleich gebietet.[65]

Belastet ist die Ermittlung des ordnungsgemäßen Umtauschverhältnisses mit den erheblichen praktischen Schwierigkeiten der Unternehmensbewertung.[66] Dem trägt das Gesetz dadurch Rechnung, dass es, wie sich eben aus § 12 Abs. 2 UmwG für die Prüfung des Umtauschverhältnisses ergibt, lediglich die Festlegung eines „angemessenen" Umtauschverhältnisses fordert. Dies folgt aus der Erkenntnis, dass es einen einzig richtigen, exakten Unternehmenswert nicht gibt, die Bewertung vielmehr immer innerhalb einer prognoseabhängigen Bandbreite verbleiben wird.[67] Dies bedeutet allerdings nicht, dass dem Vorstand – wie es etwa im Rahmen der Beurteilung der wirtschaftlichen Zweckmäßigkeit der Verschmelzung der Fall ist - ein gerichtlich nur eingeschränkt überprüfbarer Ermessenspielraum im Hinblick auf die Frage zustünde, welche Kompensation als an-

---

63 Ausführlich zu diesem unter § 4 A.

64 BVerfG, BB 2000, 2011 (Moto Meter).

65 Vgl. BVerfG, WM 1999, 1666 (DAT/Altana); BVerfG, WM 1999, 435 (SEN); BayObLG, AG 1996, 127 (Paulaner) zu § 305 AktG.

66 Hierzu sogleich unter § 3 A. III. 2. c).

67 *Lutter*, in Lutter UmwG, § 5 Rn. 18; *Bula/Schlösser*, in Sagasser/Bula/Brünger, Rn. J 29; *Mertens*, AG 1990, 20, 26; vgl. jüngst BayObLG, BB 2003, 275, 280; OLG Stuttgart, DB 2003, 2429; LG Mannheim, AG 2002, 466, 467; LG München, ZIP 2001, 99, 100.

gemessen anzusehen ist.[68] Angemessen und damit den gesetzlichen Vorgaben genügend ist das Umtauschverhältnis vielmehr nur dann, wenn der objektive Wert der hingegeben Anteile dem der erhaltenen Anteile im Wesentlichen entspricht.[69] Der Beteiligungswert ist dabei nach ständiger Rechtsprechung des Bundesgerichtshofs[70] auf der Grundlage des wirklichen Unternehmenswertes unter Einschluss stiller Reserven und des inneren Firmenwertes zu ermitteln, weshalb etwa ein Abstellen auf den Buchwert als fehlerhaft anzusehen ist.

#### *bb) Ausnahme: „Nicht-verhältniswahrende Verschmelzung“*

Fraglich ist, ob die so verstandene Gleichwertigkeit der Anteile ein zwingendes Erfordernis jeder Verschmelzung ist, oder ob für den Fall, dass alle Anteilsinhaber aller beteiligten Rechtsträger dem zustimmen, von der Wertparität abgewichen werden kann. Die Zulässigkeit einer solchen nicht-verhältniswahrenden Verschmelzung wird nicht einheitlich beurteilt.

#### *(1) Erste Auffassung*

Zum Teil wird die Auffassung vertreten, dass es grundsätzlich den Anteilsinhabern überlassen sei, ein für sie ungünstiges Umtauschverhältnis zu akzeptieren. Im Falle einer freiwilligen Zustimmung aller Aktionäre zu einer solchen Verschiebung der Wertneutralität sei diese als Ausfluss der Vertragsfreiheit zulässig.[71] Das zeige sich unter anderem daran, dass die Richtigkeit der Bemessung des Umtauschverhältnisses nach ganz herrschender Meinung[72] nicht Gegenstand der registergerichtlichen Prüfung bei der Eintragung der Verschmelzung ist.[73]

#### *(2) Zweite Auffassung*

Die Gegenansicht hält die Gleichwertigkeit von Leistung und Gegenleistung für unabdingbar und verweist zur Begründung auf die Vorschriften über die Nach-

---

68 Hierauf wird an späterer Stelle noch genauer einzugehen sein.

69 *Grunewald*, in G/H/E/K, § 352c Rn. 19; *Lutter*, in Lutter UmwG, § 5 Rn. 18 m.w.N.; *Lutter/Hommelhoff*, GmbHG, 13. Aufl., Anh. Verschm. § 21 KapErhG Rn. 6.

70 Vgl. BGH, NJW 1955, 1025, 1027; DB 1978, 974, 976; NJW 1985, 192, 193; WM 1992, 264, 268.

71 *Grunewald*, in G/H/E/K, § 346 Rn. 7; *Lutter*, in Lutter UmwG, § 5 Rn. 18; *Kraft*, in Kölner Kommentar, § 340 AktG Rn. 19; *Stratz*, in Schmitt/Hörtnagl/Stratz, § 5 UmwG Rn. 6.

72 Die Angemessenheit des Umtauschverhältnisses ist nach der gesetzlichen Konzeption allein Gegenstand des Spruchverfahrens, § 14 Abs. 2 UmwG; vgl. *Bermel,* in Goutier/Knopf/Tulloch, § 19 UmwG Rn. 13; *Schwarz*, in Widmann/Mayer, § 19 UmwG Rn. 3.2.1; *Zimmermann*, in Kallmeyer, § 19 Rn. 5; *Priester*, in Scholz, GmbHG, 7. Aufl., Anh. Umw. § 24 KapErhG Rn. 17; a. A. nur *Schilling/Zutt*, in Hachenburg, GmbHG, 7. Aufl., § 77 Anh. II, § 24 KapErhG Rn. 19.

73 *Lutter*, in Lutter UmwG, § 5 Rn. 18.

gründung (§§ 52 Abs. 4, 34 Abs. 1 Nr. 2 AktG).[74] Diese erklärt § 67 UmwG bei der Verschmelzung unter Beteiligung von Aktiengesellschaften für entsprechend anwendbar, wenn der Verschmelzungsvertrag in den ersten zwei Jahren nach der Eintragung der übernehmenden Gesellschaft ins Handelsregister geschlossen wird und der Gesamtnennbetrag der zu gewährenden Aktien 10 % des Grundkapitals dieser Gesellschaft übersteigt. Unter diesen Bedingungen findet eine Nachgründungsprüfung statt, bei der zu untersuchen ist, ob der Wert der Sacheinlage, also in diesem Fall das Vermögen der übertragenden Gesellschaft, den Wert der im Gegenzug zu gewährenden Aktien erreicht, vgl. § 34 Abs. 1 Nr. 2 AktG. Wird hierbei festgestellt, dass letzterer gegenüber dem Einlagewert unangemessen hoch ist, so kann das Registergericht gemäß § 52 Abs. 7 AktG die Eintragung ablehnen. Den Vertretern der genannten Auffassung zufolge ergibt sich aus dieser Verweisung auf die Nachgründungsvorschriften das Postulat einer Gleichwertigkeit von Leistung und Gegenleistung, welches auch durch die Zustimmung aller Aktionäre nicht abbedungen werden kann.[75]

*(3) Stellungnahme*

Unter Berücksichtigung des Gesetzeszweckes ist der zuerst genannten Auffassung zuzustimmen. Die genannten Vorschriften ordnen lediglich an, dass der Wert der Sacheinlage nicht unter Nennwert der hierfür gewährten Aktien der übernehmenden Gesellschaft liegen darf. Ausweislich der Gesetzesbegründung soll die Vorschrift durch das Verbot einer unter-pari-Emission den Schutz der Gesellschaftsgläubiger gewährleisten.[76] Der Schutz des Leistenden ist dagegen nicht Gegenstand der Angemessenheitsprüfung durch die Gründungsprüfer.[77] Um den angestrebten Kapitalschutz zu verwirklichen, kommt es damit nicht unbedingt auf das Umtauschverhältnis an, sondern ausschließlich darauf, dass die übertragenen Vermögenswerte objektiv den Gesamtnennwert der gewährten Aktien erreichen.[78] Folglich findet sich in den betreffenden Vorschriften auch nirgends das Wort „gleichwertig". Aus dem Umstand, dass das Gesetz in Bezug auf das Umtauschverhältnis dagegen nur von dem Erfordernis der „Angemessenheit" spricht, lässt sich folgern, dass es den Aktionären nicht generell untersagen will, auch ein nicht-gleichwertiges Verhältnis als für sie angemessen zu akzeptieren. Ein Postulat unbedingter Gleichwertigkeit lässt sich jedenfalls weder dem Wortlaut noch der Intention des Gesetzes entnehmen. Bei Zustimmung

---

74 *Schilling*, in Großkomm. AktG, 3. Aufl., § 341 Rn. 4; *Henn*, Hdb. d. Aktienrechts, Rn. 1348; *Günther*, AG 1968, 98, 99; wohl auch *Würdinger*, Aktien- und Konzernrecht, S. 212.

75 *Schilling*, in Großkomm. AktG, 3. Aufl., § 341 Rn. 4.

76 So die Begr. RegE zu § 340b AktG a.F., BR-Drucks. 344/81, S. 54; nach der Gesetzesbegründung zu § 67 UmwG 1995 (abgedruckt bei *Schaumburg/Rödder*, S. 142) soll diese Vorschrift die geltende Rechtslage unverändert übernehmen.

77 Vgl. *Selchert*, Prüfungen, S. 36 f.

78 So auch *Nonnenmacher*, AG 1982, 153, 154.

aller betroffenen Anteilseigner ist daher auch ein nicht-verhältniswahrendes Umtauschverhältnis als Ausfluss privatautonomer Gestaltungsfreiheit für zulässig zu erachten.

### c) *Berechnung des Umtauschverhältnisses*

Das Umtauschverhältnis wird aus der Relation der Unternehmenswerte von übertragendem und übernehmendem Rechtsträger abgeleitet. Zu seiner Bestimmung ist damit regelmäßig eine Bewertung der beteiligten Unternehmen erforderlich. Bei der Berechnung des ordnungsgemäßen Umtauschverhältnisses kommt es allerdings – anders als bei der Ermittlung der angemessenen Barabfindung – naturgemäß nicht so sehr auf eine exakte Bestimmung der einzelnen, absoluten Unternehmenswerte an, als vielmehr auf eine richtige Festlegung der Relation beider Werte zueinander.[79]

Für die Unternehmensbewertung hat die Betriebswirtschaftslehre mehrere Bewertungsverfahren entwickelt.[80] Das Gesetz selbst enthält keine Regelung darüber, unter Anwendung welches Verfahrens die Ermittlung des inneren Wertes der Unternehmen zu erfolgen hat.[81] Auch die Rechtsprechung schreibt hierzu keine bestimmte Methode vor.[82] Paradigmatisch führt der Bundesgerichtshof in einer Entscheidung aus dem Jahre 1978 aus, es unterliege

> „dem pflichtmäßigen Urteil der mit der Bewertung befassten Fachleute, unter den in der Betriebswirtschaftslehre und der betriebswirtschaftlichen Praxis vertretenen Verfahren das im Einzelfall geeignet erscheinende auszuwählen“.[83]

Nicht zu verkennen ist jedoch, dass es sich bei der Unternehmensbewertung nicht etwa um eine ausschließlich betriebswissenschaftliche Problemstellung handelt. Durch das Spruchverfahren wird den Aktionären der übertragenden Gesellschaft die Möglichkeit eröffnet, die Angemessenheit des Umtauschverhältnisses (und/oder der Barabfindung nach §29 UmwG) in einem – durch das Spruchverfahrensneuordnungsgesetz kürzlich reformierten[84] - gerichtlichen Verfahren nachprüfen zu lassen. Dabei ist das Gericht nicht daran gehindert, die an-

---

79 *Bermel/Hannappel*, in Goutier/Knopf/Tulloch, § 5 UmwG Rn. 24; vgl. auch jüngst LG Mannheim, AG 2002, 466, 467; LG München, AG 2001, 99, 100.

80 Ausführlich zu den unterschiedlichen Verfahren zur Unternehmensbewertung *Drukarczyk*, Unternehmensbewertung, S. 119 ff.; *Großfeld*, Unternehmens- und Anteilsbewertung; *Piltz*, Unternehmensbewertung, S. 16 ff, 131 ff.; *Schultze*, Methoden der Unternehmensbewertung, S. 71 ff.

81 BGH, NJW 1978, 1316, 1319; NJW 1982, 2441; NJW 1991, 1547, 1548; ZIP 1993, 116, 1162; OLG Düsseldorf, WM 1984, 732, 733.

82 Vgl. nur BGH, DB 1977, 1248; NJW 1978, 1316, 1319; OLG Düsseldorf, WM 1984, 732, 733; BayObLG, WM 1995, 1580, 1582.

83 BGH, NJW 1978, 1316, 1319.

84 Hierzu ausführlich unter § 4 A.

gewandten Bewertungsmaßstäbe vollumfänglich nachzuprüfen und gegebenenfalls durch eigene zu ersetzen.[85] Von daher ist die Unternehmensbewertung nicht nur Sach-, sondern auch Rechtsfrage.[86]

Da die Gerichte bei der Überprüfung der Umtauschwertrelation in aller Regel auf die Einholung von Sachverständigengutachten und damit auf die Hilfe von Wirtschaftsprüfern angewiesen sind, bestimmen deren Gutachten die Bewertungspraxis. Zum Zuge kommt infolgedessen regelmäßig das von den Wirtschaftsprüfern favorisierte Ertragswertverfahren, jedoch befindet sich in neuerer Zeit auch das sog. Discounted-cash-flow-Verfahren (DCF-Verfahren) im Vordringen. Daneben finden sich zahlreiche weitere Verfahren, wie etwa die Substanzwertmethode[87] oder das sog. „Stuttgarter Verfahren"[88] (Kombination aus Substanz- und zeitlich begrenztem Ertragswert). Die Auswahl und Anwendung der Methode, nach der die Unternehmensbewertung im konkreten Einzelfall erfolgen soll, obliegt der pflichtgemäßen Entscheidung der Vertretungsorgane der beteiligten Rechtsträger. Im Folgenden sollen die Ertragswertmethode sowie dass DCF-Verfahren als die wichtigsten heute angewandten Bewertungsverfahren in ihren wesentlichen Grundzügen kurz dargestellt werden.

*aa) Ertragswertverfahren*[89]

Erfolgt die Unternehmensbewertung – wie in der Praxis üblich – nach der in Literatur[90] und Rechtsprechung[91] herrschenden Ertragswertmethode, so folgt sie in

---

85 Vgl. etwa BayObLG, WM 1996, 526 ff. (Paulaner); *Stratz*, in Schmitt/Hörtnagl/Stratz, § 5 UmwG Rn. 8. Bei der Überprüfung der Umtauschrelation ist freilich auch das Gericht in aller Regel auf die Einholung von Sachverständigengutachten angewiesen, vgl. BGH, NJW 1982, 2441; WM 1992, 264, 268; *Krieger*, in Lutter, Kölner Umwandlungsrechtstage, S. 287.

86 Vgl. BayObLG, WM 1996, 526, 529; *Großfeld*, Unternehmens- und Anteilsbewertung, S. 15 ff.; *ders.*, JZ 1981, 641, 643, *Hülsmann*, ZIP 2001, 450, 451; *Komp*, Abfindungsanspruch, S. 34 f.

87 Grundlage der Substanzwertmethode ist die Bewertung der Wirtschaftsgüter des Unternehmens mit ihren einzelnen Wiederbeschaffungswerten unter Abzug der Passiva (Nettosubstanzwert). Die Substanzwertmethode wird heute von der herrschenden Meinung in Theorie und Praxis als regelmäßig nicht ausreichend zur Bestimmung des Unternehmenswertes abgelehnt, da ein potentieller Käufer sich weniger an der vorhandenen Substanz, als vielmehr am Ertrag des Unternehmens orientieren wird, vgl. *Limmer*, in Hdb. d. Unternehmensumwandlung, Rn. 542. Lediglich in Ausnahmefällen wird ihre Anwendung anerkannt, so etwa für reine Holding-Gesellschaften ohne eigene geschäftliche Aktivitäten, vgl. *Seetzen*, WM 1994, 45, 46. Ausführlich zur Substanzwertmethode *Großfeld*, Unternehmens- und Anteilsbewertung, S. 220 ff.; *Piltz*, Unternehmensbewertung, S. 34 ff., 203 ff.

88 Näher hierzu *Großfeld*; Unternehmens- und Anteilsbewertung, S. 52 f., 260 f.

89 Unter dem Begriff Ertragswertverfahren werden mehrere Ansätze zusammengefasst, die alle auf den Ertrag des Unternehmens als maßgebliche Größe zu dessen Bewertung abstellen, sich jedoch in den einzelnen Berechnungsfaktoren unterscheiden.

der Regel den Grundsätzen des am 28. Juni 2000 in Kraft getretenen neuen Standard S 1 des Hauptfachausschusses des Instituts der Wirtschaftsprüfer zur Unternehmensbewertung.[92] Ausgangsüberlegung dieses Verfahrens ist, dass sich der Wert eines Unternehmens in erster Linie danach bestimmt, welche Gewinne es in Zukunft erwirtschaften können wird. Abgestellt wird dabei auf die künftigen Zahlungsströme zwischen Rechtsträger und Anteilsinhaber. Diese prognostizierten Ertragsüberschüsse werden mittels eines Kapitalisierungszinssatzes auf den Bewertungsstichtag abgezinst und so zum Ertragswert kapitalisiert.

Grundlage für die Berechnung der zukünftig erwartbaren Gewinne ist eine Analyse der in einem bestimmten Referenzzeitraum[93] erzielten Vergangenheitsergebnisse. Abzustellen ist dabei auf die ausschüttungsfähigen, nicht auf die tatsächlich ausgeschütteten Gewinne. Diese sind um außerordentliche und periodenfremde Einflüsse zu bereinigen.[94] Anhand der so ermittelten Vergangenheitswerte erfolgt durch deren bewertende Fortschreibung eine Schätzung der zukünftig zu erwartenden Einnahmen und Ausgaben. Diese Prognose erfolgt aus Sicht des Bewertungsstichtags.[95] Spätere Entwicklungen sind damit bei der Zukunftsschätzung nur dann zu berücksichtigen, wenn sie in ihren Ursprüngen be-

---

90 *Bermel/Hannappel*, in Goutier/Knopf/Tulloch, § 5 UmwG Rn. 15 ff.; *Mayer*, in Widmann/Mayer, § 5 UmwG Rn. 98 ff.; *Großfeld*, Unternehmens- und Anteilsbewertung, S. 152 ff., 36 ff.; *Piltz*, Unternehmensbewertung, S. 16 ff.; *Seetzen*, WM 1994, 45 ff; im Einzelnen ist hier jedoch vieles streitig, wie etwa die Frage nach der Einbeziehung persönlicher Ertragssteuern der Anteilseigner in die Unternehmensbewertung; siehe hierzu kritisch *Hennrichs*, ZHR 164 (2000), 453 ff.

91 BGH, DB 1978, 974, 976 f.; WM 1982, 17, 18; ZIP 1992, 237, 240; ZIP 1993, 1160, 116; BayObLG, AG 1996, 176, 177; OLG Düsseldorf, AG 1990, 397; AG 1992, 200, 203; WM 1998, 2058, 2060.

92 Abgedruckt in IdW-Fachnachrichten 2000, S. 415 ff. Der IdW-Standard S 1 hat die frühere Stellungnahme HFA 2/1983 des IdW zur Durchführung von Unternehmensbewertungen sowie die Stellungnahme HFA 6/1997 zur Bewertung kleiner und mittlerer Unternehmen ersetzt. Ausführlich zum IdW-Standard S 1 *Dörschell/Schulte*, DB 2002, 1669 ff.; *Peemöller*, DStR 2001, 1401 ff.; kritisch insbesondere *Westerfelhaus*, NZG 2001, 673 ff.

93 Im Regelfall wird ein Zeitraum von drei bis fünf Jahren angesetzt.

94 OLG Zweibrücken, AG 1995, 421, 422.

95 Für die Bemessung der Barabfindung nach § 29 UmwG bestimmt § 30 Abs. 1 S. 1 UmwG den Tag als Bewertungsstichtag, an dem die Hauptversammlung der übertragenden Gesellschaft über die Verschmelzung beschließt. Für das Umtauschverhältnis dagegen fehlt eine gesetzliche Vorgabe. So wird teilweise auf den Verschmelzungsstichtag i.S.d. § 5 Abs. 1 S. 6 UmwG abgestellt (so etwa *Bermel/Hannappel*, in Goutier/Knopf/Tulloch, § 5 UmwG Rn. 25). Nach anderer Ansicht soll entsprechend § 30 Abs. 1 S. 1 UmwG der Hauptversammlungsbeschluss des übertragenden Rechtsträgers maßgeblich sein (so *Hoffmann-Becking*, in IdW (Hrsg.), Reform des Umwandlungsrechts, S. 59). Schließlich wird aus dem Fehlen einer gesetzlichen Regelung gefolgert, der Bewertungsstichtag unterliege der vertragsfreiheitlichen Bestimmung der Parteien (OLG Düsseldorf, WM 1984, 732, 734; *Lutter*, in Lutter UmwG, § 5 Rn. 21 mit weiteren Nachw.). Für die letztgenannte Auffassung spricht die Tatsache, dass es der Gesetzgeber in § 15 UmwG im Gegensatz zu den Abfindungsvorschriften unterlassen hat, einen bestimmten Bewertungsstichtag festzuschreiben.

reits zu diesem Zeitpunkt angelegt und erkennbar waren. Zu ihrer tatsächlichen Realisierung kann es dagegen auch erst nach dem Bewertungsstichtag kommen (sog. Wurzeltheorie).[96] Folglich bleiben tatsächlich eintretende, jedoch nicht vorhersehbare Einflüsse bei der Ertragswertberechnung außer Betracht, gleichgültig ob sie für die Unternehmensentwicklung nun von Vor- oder Nachteil sind.[97] Die Zukunftsprognose kann dabei - wie in der Praxis üblich - für einen einheitlichen Zeitraum (etwa die nächsten 4 Jahre) unter Zugrundelegung eines jährlich gleich bleibenden Durchschnittserfolges angesetzt werden (Pauschalmethode) oder unter Einteilung in verschiedene Phasen berechnet werden, wobei die Schätzungsgenauigkeit mit größerer zeitlicher Entfernung abnimmt (analytische Methode oder Phasenmethode[98]).[99]

Die prognostizierten Erträge werden mittels des Kapitalisierungszinses auf den Bewertungsstichtag abgezinst, um so den Betrag zu ermitteln, der bei einem realistischen Zinssatz Erträge bringt, die den erwarteten Unternehmensgewinnen entsprechen. Hierdurch wird die Unternehmensbewertung mit alternativen Investitionen vergleichbar gemacht. Ausgangspunkt für den Kapitalisierungszinssatz ist stets der Basiszinssatz, der gewöhnlich aus der Rendite langfristiger Wertpapiere öffentlicher Remittenten abgeleitet wird[100], je nach Einzelfall modifiziert durch einen Zuschlag für das allgemeine Unternehmensrisiko[101] und einen Abschlag für das allgemeine Inflationsrisiko.[102] Die Höhe des angewandten Kapitalisierungszinses ist dabei von entscheidendem Einfluss auf den Unternehmenswert. Je niedriger der Zinssatz angesetzt wird, desto höher ist der ermittelte Wert des Unternehmens. Auch wenn es bei der Ermittlung des Umtauschver-

---

96 BGH, NJW 1973, 509, 511; NJW 1999, 283, 284; OLG Düsseldorf; AG 2000, 323 f.; OLG Frankfurt, AG 1989, 442; OLG Karlsruhe, AG 1998, 288, 289; OLG Celle AG 1999, 128, 129; im Gegensatz zu seinen früheren Entscheidungen fordert BGH, WM 1998, 867, 869 lediglich noch das objektive Angelegtsein, jedoch nicht mehr die Erkennbarkeit zum Bewertungszeitpunkt.

97 In Anwendung dieser Grundsätze hat etwa das OLG Celle, BB 1981, 8 f. entschieden, dass die Ölpreissteigerungen während der Ölkrise von 1973 mangels Vorhersehbarkeit für eine Mitte des Jahres 1972 vorgenommene Ermittlung der zukünftigen Erträge eines Unternehmens (und damit für Bemessung von Ausgleich und Abfindung nach dem AktG) ohne Einfluss waren.

98 Vgl. IdW-Standard S 1, Tz. 80 ff.

99 Die Rechtsprechung akzeptiert beide Berechnungsmethoden, vgl. OLG Frankfurt, AG 1989, 442, 443, OLG Düsseldorf, WPg 1991, 166, 171; ausführlich zu Pauschal- und Phasenmethode *Aha*, Unternehmensvertragsbericht, S. 39 ff.; *Seetzen*, WM 1994, 45, 46 ff.

100 Ausführlich zum Basiszinssatz *Siepe*, WP-Handbuch 2002, Bd. II, Rn. A 290 ff.

101 Vgl. OLG Düsseldorf, AG 1992, 200, 203; die Höhe des Risikozuschlages bemisst sich an der jeweiligen Risikostruktur des Geschäftsfeldes, in dem das betreffende Unternehmen tätig ist. Mit dem Risikozuschlag wird neben dem operativen Risiko insbesondere auch das Kapitalstrukturrisiko, das von dem Grad der Verschuldung des Unternehmens abhängig ist, abgegolten. Ausführlich hierzu *Siepe*, in WP-Handbuch 2002, Bd. II; Rn. A. 205 ff, 295 ff.

102 BayObLG, WM 1996, 526, 531; *Seetzen*, WM 1994, 45, 48 f.; *Hülsmann*, ZIP 2001, 450, 453.

hältnisses weniger auf die absoluten Unternehmenswerte ankommt als auf die Relation der Unternehmenswerte zueinander, so büßt der Kapitalisierungszins entgegen der Ansicht des *OLG Düsseldorf*[103] hierfür keineswegs an Bedeutung ein. Zu bedenken ist nämlich, dass sich etwa die Höhe des Risikozuschlages nach der jeweiligen Risikostruktur des Tätigkeitsfeldes des betreffenden Unternehmens richtet. Stimmen diese Risikostrukturen bei den beteiligten Rechtsträgern nicht überein, so spielt der Kalkulationszinsfuß in der Tat eine erhebliche Rolle für die Wertermittlung. Umgekehrt darf lediglich im Falle eines vergleichbaren Risikogrades der Bewertung der verschmelzungswilligen Unternehmen ein einheitlicher Risikozuschlage zugrunde gelegt werden.[104]

In dem dergestalt berechneten Ertragswert findet nur das betriebsnotwendige Vermögen seinen Niederschlag, da nur dieses zur Erzielung des prognostizierten zukünftigen Ertrages benötigt wird. Das betriebsneutrale Vermögen dagegen umfasst alle diejenigen Gegenstände, die ohne eine Schwächung der eigentlichen Ertragskraft ausgesondert werden können.[105] Hierzu gehören etwa Reservegrundstücke und -immobilien, die nicht der Produktion dienen, Beteiligungen außerhalb des Unternehmenswecks (z.B. Finanzanlagen), Überbestände bei Vorräten, stillgelegte Anlagen sowie unter Umständen auch steuerliche Verlustvorträge.[106] Das betriebsneutrale Vermögen ist mit seinem Liquidationswert, also mit dem erzielbaren Einzelveräußerungserlös, gesondert anzusetzen und dem Ertragswert hinzuzurechnen.[107] Aus dieser Summe ergibt sich der zu errechnende Unternehmenswert. Der Wert des einzelnen Anteils wird grundsätzlich als auf den Gesamtwert des Unternehmens bezogener quotaler Wert ermittelt.[108]

---

103 OLG Düsseldorf, WM 1984, 732, 733; dem folgend LG Frankfurt, AG 1987, 315, 317 (bei der Bestimmung der Wertrelation komme „der Höhe des Kapitalisierungszinssatzes in aller Regel kaum Bedeutung zu").

104 Hierzu ausführlich *Dirrigl*, WPg 1989, 454, 460 f.

105 Die Entscheidung, ob bestimmte Vermögensgegenstände zur Erwirtschaftung des prognostizierten Ertrages tatsächlich notwendig, und damit als betriebsnotwendiges Vermögen zu qualifizieren sind, ist richtiger Ansicht nach Rechtsfrage und unterliegt damit der wertenden Beurteilung der Gerichte, die dabei nicht an die tatsächliche Unternehmenspolitik gebunden sind; vgl. BayObLG, WM 1996, 526, 529; zustimmend *Hüttemann*, ZHR 162 (1998), 563, 592. Zugrundezulegen ist die Sichtweise eines objektiven, wirtschaftlich denkenden Beobachters. Abzulehnen ist daher die Auffassung, bei der Einordnung als (nicht-) betriebsnotwendiges Vermögen sei auf die tatsächliche Funktion des betreffenden Gegenstandes abzustellen, so etwa *Aha*, AG 1997, 26, 35 m.w.N.; offengelassen jetzt von OLG Düsseldorf, DB 2002, 781, 782.

106 Letzteres streitig, bejahend OLG Düsseldorf, WM 1988, 1052, 1056; ablehnend *Mertens*, AG 1992, 321, 334.

107 BayObLG, WM 1996, 526, 529; OLG Düsseldorf, WM 1995, 756, 761.

108 Zur Anteilswertermittlung eingehend *Großfeld*, Unternehmens- und Anteilsbewertung, S. 227 ff.

### *bb) Discounted-cash-flow-Verfahren (DCF-Verfahren)*

Das Discounted-cash-flow-Verfahren entstammt der angloamerikanischen Bewertungspraxis. Von seiner grundsätzlichen Konzeption her stellt es eine Variante des Ertragswertverfahrens dar, da es ebenfalls auf einer Bewertung der Einnahmeüberschüsse basiert. Anders als die Ertragswertmethode stellt das DCF-Verfahren jedoch nicht auf die erwarteten Nettoausschüttungen ab, der Wert des Unternehmens wird vielmehr auf der Grundlage der dem Unternehmen in Zukunft potentiell entziehbaren *cash-flows* gegründet. Der Unternehmenswert bestimmt sich bei dem DCF-Verfahren nach dem Wert des Eigenkapitals des Unternehmens, ermittelt aus der Differenz zwischen dem Gesamtkapitalwert und dem Marktwert des Fremdkapitals.[109]

Die Ermittlung des Gesamtkapitalwertes erfolgt mittels einer Prognose des zukünftig zu erwartenden *cash-flows*, also jener Zahlungsüberschüsse, die allen Kapitalgebern (Fremd- und Eigenkapitalgebern) von Seiten des Unternehmens gemeinsam zufließen. Dieser Prognose liegt regelmäßig eine detaillierte Planung für die (mindestens) fünf nächsten Geschäftsjahre zugrunde. Für die daran anschließende Zeit wird mangels zuverlässiger Planbarkeit entweder ein jährlich gleich bleibender *cash-flow* (sog. *perpetuity value*) unterstellt. Alternativ kann den prognostizierten Zahlungsüberschüssen der Wert hinzugerechnet werden, den das Unternehmen bei einer unterstellten Veräußerung zu Markt- oder Börsenpreisen am Ende des Planungszeitraumes verkörpern würde.[110]

Der so errechnete Wert wird mit einem gewogenen Kapitalkostensatz, der sich aus den Zinsforderungen der Fremdkapitalgeber sowie den Eigenkapitalrenditeforderungen[111] zusammensetzt, diskontiert. Der Eigenkapitalwert und damit der nach dem DCF-Verfahren maßgebliche Unternehmenswert ergibt sich schließlich dadurch, dass von dem so ermittelten Gesamtwert des Unternehmens der Wert des Fremdkapitals abgezogen wird.[112]

---

[109] Ausführlich IdW-Standard S 1, Tz. 106, 124 ff.; *Ballwieser*, WPg 1995, 119, 121 ff.; *Schultze*, Methoden der Unternehmensbewertung, S. 359 ff.

[110] *Bula/Schlösser*, in Sagasser/Bula/Brünger, Rn. J 54c.

[111] Die Renditeforderungen der Eigentümer werden regelmäßig nach dem *Capital Asset Pricing Model* (CAPM) berechnet, welches die Bestimmung insbesondere von unternehmensindividuellen Risikozuschlägen vom Kapitalmarkt her vornimmt; vgl. dazu *Großfeld*, Unternehmens- und Anteilsbewertung, S. 134 ff.; *Komp*, Abfindungsanspruch, S. 186 ff.; *Schultze*, Methoden der Unternehmensbewertung, S. 271 ff.

[112] Anders als beim hier dargestellten und in der amerikanischen Bewertungspraxis üblichen Brutto-Ansatz (Entity-Methode) wird beim Netto-Ansatz (Equity-Methode) der Barwert der den Unternehmenseigentümern zufließenden Zahlungsströme unmittelbar bestimmt. Hierfür wird der *cash-flow* bereits vor der Diskontierung mit der risikoadäquaten Eigenkapitalrendite um die Fremdkapitalkosten gemindert; vgl. hierzu eingehend *Drukarczyk*, Unternehmensbewertung, S. 301 ff.

### cc) *Liquidationswert als Wertuntergrenze*

Die Untergrenze des nach den genannten Verfahren ermittelten Unternehmenswertes bildet der Liquidationswert[113], also der Wert, der sich bei einer Veräußerung der einzelnen Vermögensgegenstände des Unternehmens nach Tilgung der Schulden ergeben würde, abzüglich der im Rahmen der Veräußerung anfallenden Aufwendungen und Steuern (sog. „Zerschlagungswert"). Der Liquidationswert geht damit allen anderen (Ertrags-) Werten vor, die gedanklich auf der Fortführung des Unternehmens basieren, wenn er höher als diese ist.[114] Ausgangspunkt hierfür ist die Überlegung, dass selbst ein Unternehmen, dessen Ertragsaussichten auf Dauer hin negativ sind, in der Regel zumindest doch immer noch so viel wert ist, wie die Summe seiner Vermögensgegenstände. Etwas anderes hat etwa dann zu gelten, wenn die in Rede stehenden Vermögensgegenstände im Falle der Stilllegung des Betriebs ihren eigenständigen Verkehrswert einbüßen. Folgerichtig hat daher das *LG Dortmund* in der Entscheidung „Zuckerfabrik Soest/Südzucker" aus dem Jahre 1999 die Einbeziehung der Zuckerquote bei der Ermittlung des Liquidationswertes einer stillgelegten Zuckerfabrik abgelehnt, weil sie ohne Fortführung des Betriebes „keinen handelbaren Verkehrswert" mehr hat.[115] Ebenfalls keine Berücksichtigung findet der Liquidationswert dann, wenn eine Stilllegung als Handlungsalternative zur Unternehmensfortführung aus tatsächlichen oder rechtlichen Gründen ausgeschlossen ist.[116]

Unbeachtlich ist dagegen, ob im konkreten Fall eine Liquidationsabsicht auch tatsächlich besteht.[117] Auch wenn das ertragsschwache Unternehmen tatsächlich fortgeführt werden soll, so ändert dies doch nichts an der Tatsache, dass ein wirtschaftlich denkender Unternehmensträger den Betrieb einstellen würde, wenn der Fortführungswert deutlich niedriger als der Liquidationswert ist. Sub-

---

113 BayObLG, WM 1995, 1580, 1582; OLG Düsseldorf, AG 1999, 321, 324; *Bilda*, in Münchener Kommentar, § 305 AktG Rn. 85; *Großfeld*, Unternehmens- und Anteilsbewertung, S. 203 f.; *Hüttemann*, ZHR 162 (1998), 563, 585 f.; zur Ermittlung des Liquidationswertes siehe *Piltz*, Unternehmensbewertung, S. 32 f., 193 ff.

114 Teilweise wird auch der Liquidationswert als Ertragswert in dem Sinne verstanden, dass der Ertrag in diesem Falle nicht durch die Fortführung, sondern eben durch die Liquidation des Unternehmens erzielt wird, vgl. *Piltz*, Unternehmensbewertung, S. 189.

115 LG Dortmund, AG 2000, 84, 85.

116 Vgl. *Piltz*, Unternehmensbewertung, S. 191 f., der beispielhaft testamentarische Auflagen, Vorschriften der Arbeitnehmermitbestimmung sowie öffentlich-rechtliche Bindungen anführt.

117 *Hüttemann*, ZHR 162 (1998), 563, 585 f.; *Komp*, Abfindungsanspruch, S. 215 ff.; so wohl auch OLG Düsseldorf, DB 1998, 1454, 1455; abweichend dagegen die Rechtsprechung des BGH (zum Familien- und Erbrecht), vgl. BGH, NJW 1973, 509; NJW 1982, 2441, zur Berechnung von Pflichtteil und Zugewinnausgleich; einschränkend auch OLG Düsseldorf, DB 2002, 781, 783 für dem Fall, dass das Unternehmen tatsächlich noch positive Erträge erwirtschaftet.

jektive Gründe, die im Einzelfall dennoch zu einer Fortführung veranlassen mögen, haben aber im Rahmen einer objektivierten Wertermittlung keinen Raum.

*dd) Bedeutung des Bewertungsverfahrens für die Ermittlung des Umtauschverhältnisses*

Die Verschmelzungswertrelation ergibt sich schließlich aus dem Verhältnis der Unternehmenswerte der an der Verschmelzung beteiligten Rechtsträger, wie sie unter Anwendung der dargestellten Bewertungsmethoden ermittelt wurden. Wie bereits dargelegt, kommt es hierfür weniger auf die exakte Berechnung der absoluten Unternehmenswerte als vielmehr auf die korrekte Bestimmung des relativen Verhältnisses der Werte zueinander an.[118] Entscheidend ist damit in erster Linie nicht, welche Bewertungsmethode im konkreten Fall gewählt wurde, sondern die Anwendung gleicher bzw. vergleichbarer Bewertungsgrundsätze bei allen beteiligten Gesellschaften. Grundsätzlich erfordert daher die Ermittlung des richtigen Umtauschverhältnisses die Bewertung von übertragender und aufnehmender Gesellschaft nach demselben Bewertungsverfahren.[119] Die ermittelte Relation der Unternehmenswerte zueinander kann regelmäßig nur dann angemessen sein, wenn gleiche Sachverhalte miteinander verglichen werden. Wird für beide Unternehmen beispielsweise die Ertragswertmethode angewandt, so wirkt sich die Festlegung eines vielleicht überhöhten, aber einheitlichen Kapitalisierungszinssatzes nicht auf das Verhältnis der Ertragswerte aus, da diese jeweils mit dem gleichen Zinssatz kapitalisiert werden.

Allerdings ist an dem Postulat gleicher Bewertungsgrundsätze nicht sklavisch festzuhalten, da dies in manchen Fällen durchaus zu einer Verzerrung der Wertrelation führen kann. So kann ein einheitlicher Kapitalisierungszinssatz etwa dann zu einer Verschiebung des Verschmelzungsverhältnisses führen, wenn bei den beteiligten Rechtsträgern die Gewichtung von Ertragswert und nichtbetriebsnotwendigem Vermögen erheblich differiert: Da der Zinssatz auf das mit seinem Liquidationswert anzusetzende betriebsneutrale Vermögen ohne Einfluss ist, wird dessen relatives Gewicht um so größer, je höher der Kapitalisierungszinssatz angesetzt wird, da dieser dann einen niedrigeren Ertragswert zu Folge hat. Von daher greift die Aussage des *LG Frankfurt* zu kurz, es komme bei der vergleichenden Unternehmensbewertung zur Feststellung der Verschmelzungswertrelation

---

[118] Zu berücksichtigen ist jedoch, dass für den häufigen Fall einer gleichzeitig anzubietenden Barabfindung nach § 29 UmwG (dazu unten) der ausscheidende Gesellschafter Anspruch auf vollen Wertersatz hat für seine Beteiligung hat, so dass Bewertungsverfahren, die den Verkehrswert nicht zuverlässig ermitteln, für die Praxis regelmäßig ungeeignet sind.

[119] *Mayer*, in Widmann/Mayer, § 5 UmwG Rn. 101.

> „der Höhe des Kapitalisierungszinssatzes in aller Regel kaum Bedeutung zu, weil nicht der absolute Wert des Unternehmens [...], sondern das Verhältnis des Wertes zweier Unternehmen zueinander gefunden werden muß.“[120]

Ziel kann somit nicht die formale Gleichheit der Bewertungsmethoden[121], sondern nur die Vergleichbarkeit der Ergebnisse sein. Sollte dies also aufgrund unterschiedlicher Unternehmensstrukturen sachlich gerechtfertigt bzw. geboten sein, so ist durchaus auch die Anwendung unterschiedlicher Wertermittlungsverfahren und Bewertungsfaktoren zulässig.[122] Dass dies nicht ausgeschlossen ist, folgt schon aus § 12 Abs. 2 S. 2 Nr. 3 UmwG. Denn wenn diese Vorschrift den Verschmelzungsprüfer zur Darlegung von Parallelrechnungen anhält, sofern mehrere Bewertungsmethoden angewendet wurden, so lässt sich hieraus *e contrario* folgern, dass letzteres grundsätzlich möglich sein muss. Augenfälligstes Beispiel ist das soeben angesprochene Zugrundelegen eines den Ertragswert übersteigenden Liquidationswertes als Mindestwert eines Unternehmens. Denn hier wird bei der Ermittlung der Verschmelzungswertrelation der Liquidationswert des einen Rechtsträgers mit dem Ertragswert des anderen verglichen.

#### *ee) Berücksichtigung von Verbundvorteilen*

##### *(1) Begriffsbestimmung und Bedeutung*

Eine nicht unwesentliche Rolle für ein Verschmelzungsvorhaben spielen auch die aus dem Zusammenschluss der Unternehmen resultierenden bzw. erwarteten Verbundvorteile oder Synergieeffekte. Hierunter versteht man allgemein diejenigen Veränderungen in der Wirtschaftskraft, die infolge der Schaffung bzw. Erweiterung des „Unternehmensverbundes“ eintreten.[123] Maßgeblicher Motivationsfaktor für die Durchführung der Strukturänderung sind dabei die positiven Verbundeffekte, die auftreten, wenn durch die Verbindung der Unternehmen eine Einheit entsteht, die als Folge insbesondere gemeinsamer Ressourcennutzung eine höhere Ertragspotenz aufweist, als die vormals unverbundenen Unter-

---

120 LG Frankfurt, AG 1987, 315, 317; kritisch hierzu auch *Dirrigl*, WPg 1989, 454, 460.

121 Zu eng daher *Mayer*, in Widmann/Mayer, § 5 UmwG Rn. 101.

122 In diesem Sinne auch *Bermel/Hannappel*, in Goutier/Knopf/Tulloch, § 5 UmwG, Rn. 23; *Dirrigl*, WPg 1989, 454, 459 f.

123 Vgl. *Küting*, BFuP 1981, 175; die in der Literatur jeweils verwendete Terminologie ist unterschiedlich. Gesprochen wird in diesem Zusammenhang auch von Ausstrahlungs-, Integrations-, Kombinations-, Kooperations- oder Synergieeffekten; vgl. hierzu die Nachweise bei *Fleischer*, ZGR 1997, 368, 376 und *Küting*, BFuP 1981, 175.

nehmen[124] („Das Ganze ist mehr als die Summe der Teile“[125]; „2 + 2 = 5 – Effekt“[126]). Damit stellt sich im Rahmen der Unternehmensbewertung die Frage nach den Auswirkungen des Zusammenschlusses auf die (zukünftigen) Erträge und damit auch auf den hieraus abgeleiteten Wert der beteiligten Unternehmen.

Als Vorteile, die aus der Unternehmensverbindung als solcher resultieren, sind die (echten) Verbundvorteile abzugrenzen von bloßen restrukturierungsbedingten Wertsteigerungen, welche das Unternehmen grundsätzlich auch alleine erzielen könnte.[127] Daneben kann die Zusammenführung bislang wirtschaftlich selbständiger Unternehmen aber auch negative Verbundeffekte[128] hervorbringen. In diesem Zusammenhang zu nennen sind neben den Kosten für organisatorische Umstellungsmaßnahmen, die infolge des Anpassungs- und Konzentrationsprozesses anfallen, etwa die Kosten eines anlässlich von Belegschaftsfreisetzungen aufgestellten Sozialplanes oder die Belastungen aus einer etwaigen Angleichung von Pensionsverpflichtungen. Zudem können sich auch Auswirkungen, die selbst nicht unmittelbare Folge des Zusammenschlusses sind, nachteilig auf die zukünftige Ertragslage auswirken. Denkbar ist etwa der Verlust von Kunden des bisher alleine operierenden Unternehmens, wenn diese in wirtschaftlicher Konkurrenz zu dem anderen, an der Verschmelzung beteiligten Rechtsträger stehen.

Bedeutung kommt den Verbundeffekten im Zuge eines Verschmelzungsvorhabens auf ganz unterschiedlichen Ebenen zu:

1) Zunächst einmal sind die aus dem zukünftigen Unternehmensverbund resultierenden (bzw. in seiner Folge erhofften) positiven Synergieeffekte häufig

---

124 *Küting*, BFuP 1981, 175, 176. Unterschieden wird häufig zwischen güterwirtschaftlichen Verbundeffekten und Verbundvorteilen im finanzwirtschaftlichen Bereich. Zu der ersten Gruppe zählen etwa Vorteile im Beschaffungs-, Produktions- und Absatzbereich, die aus einer höheren Auslastung von Transportwegen sowie von Maschinen- und Lagerkapazitäten, aus einer gemeinsamen Nutzung von Know-how und Forschungseinrichtungen oder allgemein aus der Rationalisierung betrieblicher Abläufe resultieren. Zu den finanzwirtschaftlichen Synergien gehören beispielsweise die Senkung der Kosten für Wertpapieremissionen, die Möglichkeit eines Finanzmittelausgleichs zwischen den einzelnen Produktionsbereichen, (körperschafts-)steuerliche Vorteile sowie Vorteile im Rahmen von Kapitalbeschaffungsmaßnahmen; vgl. hierzu die ausführliche Aufzählung weiterer Synergiewirkungen bei *Komp*, Abfindungsanspruch, S. 245 f. Zu anderen Ansätzen zur Systematisierung von Verbundvorteilen, etwa nach der jeweiligen rechtlichen Konzernierungsstufe bzw. im Hinblick auf das zeitliche Auftreten der Verbundwirkung siehe *Fleischer*, ZGR 1997, 368, 377 f.; *Krebs*, Gestaltung von Synergien, 152 ff.; *Küting*, BFuP 1981, 175, 178 ff.; alle mit weiteren Nachweisen.

125 *Großfeld*, Unternehmens- und Anteilsbewertung, S.63.

126 *Ansoff*, Management-Strategie, S. 97.

127 *Lamla*, Umwandlungsprüfung, S. 165 f.; zu den sog. unechten Verbundvorteilen siehe noch unten unter § 3 A. III. 3. c) dd) (1).

128 Zu diesen siehe *Küting*, BFuP 1981, 175, 182 ff.

das maßgebliche tatsächliche Antriebsmoment, eine entsprechende Strukturänderung überhaupt durchzuführen.[129]

2) Kommt es dann im Zuge der Verschmelzung zu der Ermittlung des Umtauschverhältnisses, so ist entsprechend den obigen Ausführungen eine Bewertung der beteiligten Rechtsträger erforderlich. In diesem Zusammenhang stellt sich die im Folgenden zu untersuchende Frage, inwieweit die aus der Verschmelzung resultierenden Verbundvorteile bei der Wertermittlung zu berücksichtigen sind bzw. auf welche Weise und in welchem Verhältnis die Aktionäre der beteiligten Gesellschaften an ihnen partizipieren sollen.

3) Misst man den Synergieeffekten Bedeutung für die Bemessung der Umtauschwertrelation bzw. der Barabfindung zu, so hätte dies schließlich auch Auswirkungen auf den Umfang des umwandlungsrechtlichen Informationsregimes. Erforderlicher Bestandteil des Verschmelzungsberichts ist die rechtliche und wirtschaftliche Erläuterung und Begründung von Umtauschverhältnis und Abfindung. Den Anteilsinhabern sind dabei grundsätzlich sämtliche Faktoren, die der durchzuführenden Unternehmensbewertung zugrunde liegen, mitzuteilen. Fänden nun die Verbundvorteile bei Festlegung von Anteilstausch und Barabfindung ihren Niederschlag, so wären folglich auch sie und ihre Ermittlung Gegenstand der umwandlungsbedingten Auskunftspflichten und -rechte. Konsequenz einer solchen Erweiterung von Berichts- und Auskunftspflicht wäre schließlich ihre erhöhte Fehleranfälligkeit, was insbesondere vor dem Hintergrund eines möglicherweise drohenden Anfechtungspotentials Bedeutung erlangen kann.

### *(2) Stand-alone-Prinzip oder Verbundberücksichtigungsprinzip?*

Ob, und gegebenenfalls auf welche Weise Synergieeffekte bei der Ermittlung des angemessenen Umtauschverhältnisses zu berücksichtigen sind, ist in Rechtsprechung und Literatur seit langem umstritten.

In der Judikatur der Oberlandesgerichte[130] und des Bundesgerichtshofs[131] wird die Berücksichtigung von Synergieeffekten im Rahmen der Unternehmensbewertung weitgehend generell abgelehnt. Synergieeffekte seien

---

129 Eine beispielhafte Aufzählung großer Fusionen der letzten Jahre sowie Angaben über die Größenordnung der hierdurch erwarteten finanziellen Vorteile findet sich bei *Lamla*, Umwandlungsprüfung, S. 165.

130 BayObLG, WM 1996, 526, 529; OLG Düsseldorf, WM 1984, 732, 735; ZIP 1990, 1333, 1340; NZG 2000, 693, 697; OLG Hamburg, AG 1980, 163, 165; OLG Stuttgart, NZG 2000, 744, 745; ganz überwiegend zum aktienrechtlichen Abfindungsanspruch nach § 305 AktG.

„in aller Regel subjektive Bestandteile der Unternehmensbewertung und [damit bei der Ermittlung des objektiven, wahren Unternehmenswertes] nicht zu berücksichtigen“[132].

Demgegenüber plädiert ein Teil des rechtswissenschaftlichen Schrifttums[133] (ebenso wie die überwiegende betriebwirtschaftwissenschaftliche Literatur[134]) für die Einbeziehung von Verbundeffekten auch bei der Festlegung des Umtauschverhältnisses. Jedes an der Verschmelzung beteiligte Unternehmen bringe ein bestimmtes wirtschaftliches Potential mit, das sich im Zuge der Verschmelzung in den erzielten Verbundvorteilen realisiert. Wolle man nun dieses Potential bei der Ermittlung der Verschmelzungswertrelation unberücksichtigt lassen, so würde das Verhältnis der den Anteilsinhabern des jeweiligen Rechtsträgers gewährten Aktien deren jeweiliges Potential nicht widerspiegeln. Die Gesellschafter des übertragenden Rechtsträgers erhielten gegenüber denen der Zielgesellschaft entweder zu viele oder zu wenige Anteile.

Zu bedenken ist jedoch, dass sich das Problem der Berücksichtigung von Verbundvorteilen bei der Berechnung des Umtauschverhältnisses nicht in einer solchen Dringlichkeit stellt, wie etwa im Rahmen der Abfindungsbemessung.[135] Die Gesellschafter des übertragenden wie des übernehmenden Rechtsträgers werden Anteilsinhaber des neuen Unternehmens und partizipieren damit an den eintretenden Synergieeffekten, und zwar nach dem Verhältnis der errechneten Unternehmens- bzw. Ertragswerte. In diesem Sinne führt auch das *OLG Düsseldorf* in einer vielzitierten Entscheidung aus dem Jahre 1984 aus, dass sich

„bei einer Aufteilung im Verhältnis der Unternehmenswerte [...] eine Beantwortung der Frage, ob Kooperationsvorteile anzurechnen sind [erübrige], weil sich dann zwar die absoluten Werte erhöhen würden, die Verschmelzungswertrelation aber gleichbliebe.“[136]

Bedeutung kommt damit einer Berücksichtigung der Synergieeffekte nur dann zu, wenn Anhaltspunke dafür bestehen, dass sich die Aufteilung der Verbundef-

---

[131] BGH, WM 1998, 867, 869. Siehe aber auch BGH, AG 2001, 417, 419 zur Berücksichtigung von Verbundeffekten, wenn sich diese aufgrund der Erwartungen der Marktteilnehmer bereits zum Zeitpunkt der Strukturänderungsmaßnahme im Börsenpreis der beteiligten Gesellschaften niedergeschlagen haben.

[132] BayObLG 1996, 526, 529; so auch OLG Celle, AG 1999, 128, 134; OLG Düsseldorf, AG 2000, 323, 324.

[133] *Fleischer*, ZGR 1997, 368, 378 ff. m.w.N.; *Großfeld*, JZ 1981, 769, 773.

[134] *Böcking*, in FS Moxter, S. 1407, 1409 ff.; *Busse von Colbe*, ZGR 1994, 595, 607; *Dirrigl*, DB 1990, 185, 191; *Küting*, BFuP 1981, 175, 189; *Nonnenmacher*, AG 1982, 153, 157; *Ossadnik*, DB 1997, 885, 886; vgl. auch die umfangreichen Nachweise zur rechtswissenschaftlichen und betriebwirtschaftlichen Literatur bei *Komp*, Abfindungsanspruch, S. 267 ff., 270 ff.

[135] Zu der Frage nach einer Berücksichtigung von Verbundvorteilen für die Ermittlung der Barabfindung nach § 29 UmwG siehe unter § 3 A. III. 3. c) dd).

[136] OLG Düsseldorf, WM 1984, 732, 735. Gleiches gilt grundsätzlich bei einer Abfindung in Aktien anlässlich eines aktienrechtlichen Unternehmensvertrages.

fekte bzw. ihre Zurechnung zu den beteiligten Unternehmen einmal abweichend von dem Verhältnis der Unternehmenswerte darstellen sollte.[137] Eine solche, sich nicht nach den Ertragswerten richtende Zuordnung von Kooperationseffekten zu den jeweiligen Rechtsträgern ist aber soweit ersichtlich bisher von keinem Gericht befürwortet worden. Eine derartige Vorgehensweise stieße letztlich wohl auch auf erhebliche praktische Probleme. Allein schon die Schätzung des Umfanges von Synergieeffekten wird mangels ihrer genauen Vorhersehbarkeit große Unsicherheit bereiten, da sich eine entsprechende Prognose noch schwieriger gestalten dürfte, als die im Rahmen der allgemeinen Unternehmensbewertung ohnehin erforderliche Schätzung der zukünftigen Ertragsentwicklung.[138] Wollte man nun noch eine von dem Verhältnis der Unternehmenswerte abweichende Zurechnung dieser Vorteile zu dem einen oder anderen Rechtsträger vornehmen, so wäre die Ermittlung des Umtauschverhältnisses mit erheblichen tatsächlichen Unsicherheiten belastet.[139] Von daher scheint es meines Erachtens vorzugswürdig, Verbundvorteile bei der Festlegung der Verschmelzungswertrelation grundsätzlich nicht zu berücksichtigen.[140] Ausnahmen könnten allenfalls dann zu machen sein, wenn aufgrund konkreter Umstände des Einzelfalls eine unternehmenswertorientierte Zurechnung von Synergieeffekten völlig unangemessen erscheint – zum Beispiel weil die Kooperationsvorteile ganz überwiegend auf dem Einsatz von Know-how, welches nur in einer der beteiligten Gesellschaften entwickelt wurde, beruhen - und sich darüber hinaus ein objektivierbarer Wert dieser Synergien ohne größeren Aufwand ermitteln lässt.

---

137 So wird teilweise eine hälftige Aufteilung der Synergiepotentiale für interessengerecht gehalten, andere Autoren plädieren dagegen für eine Aufteilung, die sich an dem Verhältnis der Ertragswertszuwächse orientiert, schließlich wird auch eine an den jeweiligen Verursachungsbeiträgen ausgerichtete Aufteilung diskutiert, vgl. dazu *Böcking*, in FS Moxter, S. 1407, 1424 ff.; *Eisenführ*, ZfbF 1971, 475 ff.; *Fleischer*, ZGR 1997, 368, 381 f. sowie die Ausführungen unter § 3 A. III. 3. c) dd).

138 *Seetzen*, WM 1999, 565, 572.

139 Vgl. (zur Abfindung nach § 305 AktG) *Koppensteiner*, in FS Ostheim, S. 403, 424 f.: „Nimmt man die gewaltigen, wenn nicht überhaupt unlösbaren Schwierigkeiten der Feststellung von Verbundwirkungen und ihrer Aufteilung hinzu, dann erscheint es insgesamt vorzugswürdig, von der Berücksichtigung solcher Wirkungen auch in Zukunft abzusehen.

140 Gegen die Berücksichtigung von Verbundvorteilen bei der Bemessung des Umtauschverhältnisses auch *Bayer*, ZIP 1997, 1613, 1617; *Großfeld*, Unternehmens- und Anteilsbewertung, S. 64; *Lutter*, in Lutter UmwG, § 5 Rn. 24; *Mertens*, AG 1992, 321 ff.; *Bula/Schlösser*, in Sagasser/Bula/Brünger, Rn. J 35; *Seetzen*, WM 1994, 45, 49; *ders.*, WM 1999, 565, 572; etwas unklar *Mayer*, in Widmann/Mayer, § 5 UmwG Rn. 107, der aber wohl auch nur unechte Verbundvorteile berücksichtigen will.

### 3. Die Bestimmung der angemessenen Barabfindung

#### *a) Allgemeines*

Die in den §§ 29 ff. UmwG geregelte Barabfindung ist gemäß § 29 Abs. 1 S. 1 Hs. 1 UmwG ebenso wie das Umtauschverhältnis inhaltlicher Bestandteil des Verschmelzungsvertrages bzw. seines Entwurfes. Die Vorschrift verpflichtet den übernehmenden bzw. den neu gegründeten Rechtsträger (vgl. § 36 Abs. 1 UmwG), den umwandlungsunwilligen Anteilsinhabern unter bestimmten Voraussetzungen eine Barabfindung anzubieten. Dissentierende Gesellschafter haben hiernach bei Mischverschmelzungen sowie bei Einführung vinkulierter Anteile ein Wahlrecht, ob sie die infolge der Verschmelzung gewährten Anteile am übernehmenden Rechtsträger behalten oder gegen eine angemessene Barabfindung aus der übernehmenden Gesellschaft[141] ausscheiden wollen. Die inhaltlichen Anforderungen an die anzubietende Barabfindung sowie die Modalitäten ihrer Annahme werden durch die §§ 30 und 31 UmwG näher konkretisiert. Im Gegensatz zur früheren Rechtslage, nach der eine Abfindung nur für den Ausnahmefall der Verschmelzung einer AG auf eine GmbH vorgesehen war[142], stellt die Regelung der §§ 29 ff. UmwG eine Ausweitung des Minderheitenschutzes dar, da sie grundsätzlich für sämtliche Verschmelzungsvorgänge Geltung beansprucht.[143]

#### *b) Voraussetzungen des Austrittsrechtes gegen Barabfindung*

##### *aa) Mischverschmelzungen*

Ein Austrittsrecht gegen Barabfindung wird den Minderheitsgesellschaftern des übertragenden Rechtsträgers durch § 29 Abs. 1 S. 1 UmwG in den Fällen gewährt, in denen der übernehmende Rechtsträger eine andere Rechtsform hat als der übertragende Rechtsträger (sog. Mischverschmelzung, vgl. § 3 Abs. 4 UmwG). Entsprechendes gilt nach § 36 Abs. 1 UmwG für die Verschmelzung durch Neugründung. Hierdurch trägt das Gesetz der Tatsache Rechnung, dass

---

[141] Auch die dissentierenden Gesellschafter werden zunächst Anteilsinhaber an dem übernehmenden Rechtsträger. Sie nehmen an der Verschmelzung teil, haben aber gegebenenfalls das Recht, durch die Annahme des Abfindungsangebotes aus der Gesellschaft auszuscheiden. Zum Haftungsgrund für den Anfindungsanspruch, welcher teils in einer Kompensation für den Verlust von Mitverwaltungs- und Vermögensrechten, teils in einem Ausgleich für das im Aktienrecht undurchführbare Einstimmigkeitprinzip oder aber in dem Aufopferungsgedanken gesehen wird, siehe *Klöhn*, AG 2002, 443, 446 f; *Weißhaupt*, Informationsmängel, S. 48 ff.

[142] § 33 Abs. 3 KapErhG i.V.m. §§ 369 Abs. 4, 375 Abs. 1 S. 1, Abs. 2 S. 1 AktG.

[143] Ausnahmen bestehen lediglich bei der Verschmelzung von Genossenschaften und gemeinnützigen Vereinen, §§ 90, 104a UmwG.

die sich für den Anteilsinhaber zugleich als Formwechsel darstellende Verschmelzung erhebliche Auswirkungen auf seine Rechtsstellung hat. In Anbetracht der sich aus der unterschiedlichen Fungibilität der Anteile (bzw. Mitgliedschaften) sowie den veränderten Risiken und Einflussmöglichkeiten des Gesellschafters ergebenden Interessenbeeinträchtigung[144] soll diesem die Mitgliedschaft in einem Rechtsträger neuer Rechtsform nicht ohne weiteres aufgezwungen werden können.[145]

Keine Anwendung finden die §§ 29 ff. UmwG daher insoweit auf Verschmelzungen unter ausschließlicher Beteiligung von Aktiengesellschaften. Keine unterschiedlichen Rechtsformen und damit kein Fall der Mischverschmelzung liegen nach § 78 S. 4 UmwG aber auch dann vor, wenn sich Aktiengesellschaft und KGaA gegenüberstehen. Aufgrund der Ähnlichkeit beider Gesellschaftsformen hielt es der Gesetzgeber[146] für vertretbar, von einem Austrittsrecht gegen Barabfindung in diesem Fall abzusehen, um so das unerwünschte Entstehen eigener Aktien als Folge der Anteilsübertragung an die übernehmende Gesellschaft zu vermeiden.[147]

*bb) Verfügungsbeschränkungen*

Auch bei einer Verschmelzung unter Beteiligung von Rechtsträgern gleicher Rechtsform besteht das Recht zum Austritt gegen Barabfindung gemäß § 29 Abs. 1 S. 2 UmwG dann, wenn die Anteile (oder Mitgliedschaften) an dem Zielrechtsträger Verfügungsbeschränkungen unterworfen sind. Denn der soeben im Zusammenhang mit der Mischverschmelzung erörterte Normzweck gebietet die Eröffnung eines Austrittsrechts auch in den Fällen, in denen es unabhängig von einem Wechsel der Rechtsform ebenfalls zu einer Reduktion der Fungibilität der Anteile kommt. Zum Ausdruck kommt hier der allgemeine Grundsatz, dass die nachträgliche Einschränkung der freien Veräußerlichkeit als einem Wesensbestandteil des Mitgliedschaftsrechtes der Zustimmungspflicht des Anteilsinhabers unterliegt.[148] Die Pflicht zur Barabfindung des austrittswilligen Gesellschafters

---

144 Diese Interessenbeeinträchtigung wird durch das Umwandlungsgesetz unwiderleglich vermutet, ob es im konkreten Einzelfall tatsächlich zu einer materiellen Beeinträchtigung der Gesellschafterstellung kommt, ist daher für das Bestehen eines Austrittsrechts ohne Bedeutung, vgl. *Schaub*, NZG 1998, 626.

145 *Vollrath*, in Widmann/Mayer, § 29 UmwG Rn. 11; *Grunewald*, in FS Boujong, S. 175, 176.

146 Vgl. Begr. RegE zu § 78 UmwG, abgedruckt bei *Schaumburg/Rödder*, S. 151 f.

147 Kritisch zu diesem Ausschluss des Austrittsrechts in den Fällen, in denen es infolge der Verschmelzung zu einem Delisting der bisher börsennotierten übertragenden AG/KGaA kommt, Handelsrechtsausschuss des DAV, NZG 2000, 802, 804.

148 Vgl. § 180 Abs. 2 AktG, der im Rahmen der Verschmelzung jedoch zugunsten der Aktionäre der übertragenden Gesellschaft keine Anwendung findet.

soll daher einen Ausgleich für dessen ansonsten erforderliche Zustimmung zur nachträglichen Anteilsvinkulierung herstellen.

*(1) Erfasste Verfügungsbeschränkungen*

Die Vorschrift erfasst jede Einschränkung der freien Übertragbarkeit oder Belastbarkeit der Gesellschaftsanteile, bis hin zum (wenn auch nur zeitlich befristeten) Ausschluss der Veräußerlichkeit. Abfindungspflichtig sind insbesondere auch Konstellationen, bei denen die Zustimmung einzelner oder aller anderen Anteilsinhaber[149] bzw. des Vertretungs- oder Aufsichtsorgans, oder aber des Rechtsträgers selbst zur Verfügung über den Anteil erforderlich ist.[150] Nicht erforderlich ist, dass die Verfügungsbeschränkung sämtliche Anteile erfasst. Sind nur einzelne Anteilsinhaber betroffen, so sind freilich auch nur diese abfindungsberechtigt.

Ursprünglich ordnete § 29 Abs. 1 S. 2 UmwG 1994 die Abfindungspflicht nur für solche Verfügungsbeschränkungen an, die in „dem Gesellschaftsvertrag, der Satzung oder dem Statut des übernehmenden Rechtsträgers" vorgesehen waren. Infolge dessen lösten gesetzliche Beschränkungen der Anteilsübertragung - wie etwa die Zustimmungspflicht der anderen Gesellschafter bei GbR oder OHG – nach dem Wortlaut des Gesetzes die Barabfindungspflicht nicht aus.[151] Insbesondere zur Verbesserung des Minderheitenschutzes bei übernehmenden Personengesellschaften[152] hat der Gesetzgeber diese Restriktion auf gesellschaftsvertragliche Verfügungsbeschränkungen durch das Erste Gesetz zur Änderung des UmwG vom 22.07.1998 aufgehoben, so dass nunmehr sämtliche Verfügungsbeschränkungen unabhängig von ihrer rechtlichen Grundlage zu der Notwendigkeit eines Barabfindungsangebots führen.

Ob dagegen auch sonstige Beeinträchtigungen der Mitgliedschaft bei dem übernehmenden Rechtsträger wie etwa Wettbewerbsverbote, Vorkaufsrechte, Optionen oder sonstige schuldrechtliche Nebenabreden unter § 29 Abs. 1 S. 2 UmwG

---

149 Zu beachten ist, dass das Aktienrecht eine Zustimmung einzelner Aktionäre zur Anteilsübertragung nicht kennt, § 68 Abs. 2 AktG.

150 *Grunewald*, in FS Boujong, S. 175, 178; *Schaub*, NZG 1998, 626, 627; Hauptanwendungsfall bei der Verschmelzung von Aktiengesellschaften dürfte damit die Verschmelzung einer AG mit Inhaberaktien auf eine AG mit vinkulierten Namensaktien sein.

151 Bereits unter der Geltung des § 29 Abs. 1 S. 2 UmwG wurde dies von der überwiegenden Literatur kritisiert, die auch gesetzliche Verfügungsbeschränkungen unter Hinweis auf den Normzweck als barabfindungspflichtig ansah, vgl. *Bermel*, in Goutier/Knopf/Tulloch, § 29 UmwG Rn. 15; *Grunewald*, in Lutter, UmwG, § 29 Rn. 4; *dies.*, in FS Boujong, S. 175, 178 f.; für eine strikte Orientierung am Wortlaut dagegen *Limmer*, in Hdb. d. Unternehmensumwandlung, 1. Aufl., Rn. 445.

152 Vgl. Begr. RegE zu § 29 Abs. 1 S. 2 UmwG n. F., BT-Drucks. 13/8808, S. 11; siehe zu der Gesetzesänderung auch *Neye*, DB 1998, 1649, 1651 f.

fallen, wird nicht einheitlich beurteilt.[153] In Anbetracht der Tatsache, dass § 29 UmwG durch die Verwendung des Begriffs „Verfügungsbeschränkungen" rechtstechnisch an § 137 S. 1 BGB anknüpft und sich somit schon terminologisch gegenüber Verpflichtungsgeschäften abhebt, scheint ein derartiges Normverständnis fragwürdig.[154] Nicht zu überzeugen vermag m. E. zwar das gegen eine Ausdehnung des § 29 UmwG vorgebrachte Argument, sonstige Bindungen beeinträchtigten die Mitgliedschaft weniger als Verfügungsbeschränkungen im engeren Sinn.[155] Denn das Maß der Belastung im jeweiligen Einzelfall wird sich kaum an der Frage orientieren, ob die konkrete Bindung nun schuldrechtlicher oder dinglicher Natur ist. So kann etwa eine zugunsten von Mitgesellschaftern konstituierte Vorkaufspflicht, die an einen bestimmten, unter dem Verkehrswert der Anteile liegenden Preis anknüpft, tatsächlich eine erheblichere Beschränkung darstellen als eine lediglich den Kreis möglicher Empfänger festlegende Verfügungsbeschränkung. Allerdings gebiete es auch diese Einsicht nicht, bei sämtlichen sonstigen Belastungen zwangsläufig einen Abfindungsanspruch nach § 29 UmwG (analog) zuzugestehen. Zum einen würde schon die Festlegung des Kreises abfindungspflichtiger Belastungen erheblichen praktischen Schwierigkeit begegnen und so die Handhabbarkeit der Norm auf Kosten der Rechtssicherheit erschweren. Zum anderen wird man in extremen Fällen auch auf einzelgesellschaftsrechtlicher Ebene drohenden Beschneidungen des Minderheitenschutzes im Wege einer Inhaltskontrolle der betreffenden Abreden begegnen können.[156] Von daher sollte der Anwendungsbereich von § 29 Abs. 1 S. 2 UmwG nicht entgegen seinem auf Verfügungsbeschränkungen im rechtstechnischen Sinne abzielenden Wortlaut überdehnt und damit der Verschmelzungsvorgang nicht unnötig erschwert werden.

---

[153] Den Begriff der Verfügungsbeschränkung weit auslegend etwa *Bermel*, in Goutier/Knopf/Tulloch, § 29 UmwG Rn. 12 f.; *Reichert*, GmbHR 1995, 176 ff; für ein restriktiveres Begriffsverständnis dagegen *Grunewald*, in Lutter, UmwG, § 29 Rn. 7 ff.; *Vollrath*, in Widmann/Mayer, § 29 UmwG Rn. 14 f.; *Schaub*, NZG 1998, 626, 627.

[154] Vgl. die Argumentation bei *Vollrath*, in Widmann/Mayer, § 29 UmwG Rn. 15.

[155] So *Schaub*, NZG 1998, 626, 627.

[156] *Vollrath*, in Widmann/Mayer, § 29 UmwG Rn. 15; vgl. auch *Grunewald*, in Lutter, Kölner Umwandlungsrechtstage, S. 24, die in solchen Fällen eine Befugnis zum Austritt aus der Gesellschaft aus wichtigem Grund („allgemeines Austrittsrecht") bejaht; zu der – meines Erachtens aufgrund der nicht vergleichbaren Interessenlage ebenfall zu verneinenden - Frage, ob für den Fall einer infolge der Verschmelzung von Aktiengesellschaften entfallenden Börsennotierung § 29 Abs. 1 S. 2 UmwG analog anzuwenden ist, siehe *Brause*, Stimmrechtslose Vorzugsaktien, S. 130 ff.

*(2) Wegfall der Barabfindungspflicht im Falle bestehender Verfügungsbeschränkungen beim übertragenden Rechtsträger?*

Nach zutreffender und ganz überwiegender Ansicht[157] besteht der Barabfindungsanspruch auch dann, wenn die bisherigen Anteile am übertragenden Rechtsträger ebenfalls Verfügungsbeschränkungen unterworfen waren.
Nach dem insoweit eindeutigen Wortlaut des § 29 Abs. 1 S. 2 UmwG setzt das Austrittsrecht nicht voraus, dass in dem übertragenden Rechtsträger keine vergleichbaren Verfügungsbeschränkungen bestanden. Für eine teilweise befürwortete teleologische Reduktion der Norm könnte zwar die Begründung des Regierungsentwurfs angeführt werden, wonach die Abfindungspflicht außer in den Fällen der Mischverschmelzung auch dann bestehen soll, „wenn aus einem frei veräußerbaren Anteil ein vinkulierter Anteil wird“[158]. Insoweit deckt sicht diese Aussage mit dem bereits oben erörterten Normzweck, durch den Barabfindungsanspruch Eingriffe in die Verfügungsgewalt des Minderheitsgesellschafters auszugleichen.[159]

Diesem Ansatz ist zunächst entgegenzuhalten, dass die Regierungsbegründung im Wortlaut des Gesetzes keinen Niederschlag gefunden hat.[160] Aber auch im Hinblick auf den Normzweck erscheint eine streng am Normtext orientierte Auslegung sachgerecht: So sind Verfügungsbeschränkungen beim Zielrechtsträger nicht notwendigerweise vergleichbar mit solchen beim Übertrager. Anführen lässt sich etwa der Fall, dass sich infolge der verschmelzungsbedingten Verwässerung der Beteiligung der Einfluss auf eine erforderliche Beschlussfassung über die Anteilsübertragung verringert. Zudem lässt sich aus der Tatsache, dass der Gesellschafter in der Ausgangsgesellschaft einer Vinkulierung zugestimmt hat, nicht folgern, dass er bereit ist, eine solche auch in einer neuen, möglicherweise in ihrer personellen Struktur veränderten Gesellschaft hinzunehmen.[161] Hält man sich dies vor Augen, so scheint eine den Gesetzeswortlaut einschränkende Auslegung der Norm auch nicht geboten. Da die Feststellung, ob die Verschmelzung nun zu einer Verschärfung der Verfügungsbeschränkungen geführt hat, in der Praxis erhebliche Probleme bereiten würde, sprechen schließlich auch Gesichtpunkte der Rechtssicherheit gegen eine teleologische Reduktion. Lediglich in den seltenen Ausnahmefällen, in denen die Vinkulierungsklauseln im übertra-

157 *Grunewald*, in Lutter, UmwG, § 29 Rn. 5 f.; *Marsch-Barner*, in Kallmeyer, § 29 Rn. 9; *Vollrath*, in Widmann/Mayer, § 29 UmwG Rn. 13; *Reichert*, GmbHR 1995, 176, 187 f.; *Schaub*, NZG 1998, 626, 627; a. A. *Streck/Mack/Schwedhelm*, GmbHR 1995, 161, 164; *Dehmer*, § 29 UmwG Rn. 8.
158 Begr. RegE zu § 29 UmwG, abgedruckt bei *Schaumburg/Rödder*, S. 93 f.
159 So *Dehmer*, § 29 UmwG Rn. 8.
160 *Schaub*, NZG 1998, 626, 627.
161 *Reichert*, GmbHR 1995, 176, 187 f.

genden und im aufnehmenden Rechtsträger in ihren konkreten Auswirkungen vollends identisch sind, ist ein Austrittsrecht gegen Barabfindung abzulehnen.[162]

### *cc) Widerspruch zur Niederschrift*

In verfahrensrechtlicher Hinsicht ist Voraussetzung des Austrittsrecht gegen angemessene Barabfindung, dass der Anteilsinhaber in der Hauptversammlung, die nach § 13 UmwG über die Verschmelzung beschließt, gegen den Verschmelzungsbeschluss Widerspruch zur Niederschrift des Notars erklärt, § 29 Abs. 1 S. 1 UmwG. Die bloße Stimmabgabe gegen den Hauptversammlungsbeschluss ersetzt diesen nicht. Mit dem – nicht begründungsbedürftigen – Widerspruch bringt der Anteilsinhaber zum Ausdruck, dass er nicht dauerhaft Gesellschafter des übernehmenden Rechtsträgers zu werden wünscht und dass er sich die Geltendmachung des ihm zustehenden Abfindungsanspruches vorbehält.[163] Ausnahmen von dem Widerspruchserfordernis bestehen nach § 29 Abs. 2 UmwG dann, wenn der Gesellschafter zu der Beschlussfassung zu Unrecht nicht zugelassen wurde, die Versammlung nicht ordnungsgemäß einberufen war bzw. die Beschlussgegenstände nicht ordnungsgemäß bekannt gemacht wurden.[164]

Umstritten ist, ob ein Widerspruch zur Niederschrift nach § 29 UmwG - in Anlehnung an § 245 Nr. 1 AktG[165] - und damit ein Ausscheiden aus der Zielgesellschaft auch dann möglich ist, wenn der Anteilsinhaber in der Hauptversammlung für die Verschmelzung gestimmt hat.[166] Dies ist im Anschluss an die herrschende Meinung[167] zu verneinen. Zwar lässt sich weder dem Wortlaut des Gesetzes noch den Gesetzesmaterialien die Notwendigkeit einer negativen Stimmabgabe als Voraussetzung des Barabfindungsanspruchs entnehmen.[168] Sie resultiert jedoch aus folgenden Erwägungen: Der Barabfindungsanspruch stellt einen zusätzlichen materiellen Anspruch als Alternative zu dem ohnehin vorgesehenen

---

162 Ob sich dieses Ergebnis im Wege einer teleologischen Reduktion des § 29 UmwG findet (so wohl *Grunewald*, in FS Boujong, S. 175, 180), oder sich auf die allgemeine gesellschaftsrechtliche Treuepflicht gründet (so *Reichert*, GmbHR 1995, 176, 188), soll hier dahingestellt bleiben.

163 Vgl. BGH, ZIP 1989, 1050, 1051 (zum Widerspruch nach § 375 Abs. 1 S. 1 AktG a.F.).

164 Zu gleichgestellten Fällen siehe *Grunewald*, in FS Boujong, S. 175, 184.

165 Die Zustimmung zu dem Beschlussantrag hindert den für die Anfechtungsbefugnis nach § 245 Nr. 1 AktG erforderlichen Widerspruch nicht.

166 So *Marsch-Barner*, in Kallmeyer, § 29 Rn. 13; *Veil*, Umwandlung, S. 114 ff.

167 *Bermel*, in Goutier/Knopf/Tulloch, § 29 UmwG Rn. 18; *Grunewald*, in Lutter, UmwG, § 29 Rn. 10, allerdings mit Ausnahmen für den Fall, dass der Anteilsinhaber aufgrund seiner gesellschaftsrechtlichen Treuepflicht an eine Stimmabgabe gegen die Verschmelzung gehindert ist; *Stratz*, in Schmitt/Hörtnagl/Stratz, § 29 UmwG Rn. 13; *Vollrath*, in Widmann/Mayer, § 29 UmwG Rn. 24; *Schaub*, NZG 1998, 626, 628; *Zimmermann*, in FS Brandner, S. 167, 179.

168 Hierauf gründet *Marsch-Barner*, in Kallmeyer, § 29 Rn. 13 seine abweichende Auffassung.

Anteilstausch dar und soll daher auch nur denjenigen Gesellschaftern zustehen, die ihr fehlendes Einverständnis mit der Strukturänderung deutlich gemacht haben.[169] Zudem kann nur so verhindert werden, dass eine große Anzahl von Anteilsinhabern zwar für die Verschmelzung stimmt, sich aber letztlich dennoch für die Abfindung entscheidet und so der übernehmende Rechtsträger aufgrund übermäßig hoher und nicht vorhersehbarer finanzieller Belastungen in seiner Existenz gefährdet wird. Dieser muss die auf ihn zukommenden Barabfindungsansprüche in etwa überschauen können. Geht es dem Anteilsinhaber lediglich um die Wahrung seiner Vermögensverhältnisse, ist er aber ansonsten mit der Strukturmaßnahme prinzipiell einverstanden, so kann er zudem den Schutz seines Integritätsinteresses durch die Überprüfung des Umtauschverhältnisses in einem von ihm angestrengten Spruchverfahren gemäß den § 15 Abs. 1 S. 2 UmwG i.V.m §§ 1 ff. SpruchG verfolgen. Die Stimmabgabe gegen den Verschmelzungsbeschluss ist daher als notwendige Voraussetzung des Austrittsrechtes gegen Barabfindung anzusehen.

#### *c) Das Barabfindungsangebot*

Das Barabfindungsangebot muss im Verschmelzungsvertrag oder dessen Entwurf aufgenommen werden und die Verpflichtung des übernehmenden Rechtsträgers zum Erwerb eigener Anteile oder Mitgliedschaften gegen Gewährung einer angemessenen Abfindung enthalten.[170] Ist der Zielrechtsträger eine Aktiengesellschaft, so muss dem ausscheidungswilligen Anteilsinhaber also der Erwerb der von ihm gehaltenen Aktien gegen Abfindung angeboten werden. Kommt dagegen die Übernahme eigener Anteile wegen der Rechtsform der Zielgesellschaft nicht in Betracht (Personenhandelsgesellschaften, Verein, Genossenschaft), so erfolgt die Barabfindung gegen das Ausscheiden des Anteilsinhabers aus dem übernehmenden Rechtsträger, § 29 Abs. 1 S. 3 UmwG. Sein Anteil (am gesamthänderischen Vermögen) wächst den übrigen Gesellschaftern nach den allgemeinen Regeln zu.[171]

Inhaltlich muss das Angebot hinreichend bestimmt sein, so dass das Zustandekommen des Barabfindungsanspruchs nur noch von der Annahmeerklärung des anspruchsberechtigten Anteilsinhabers anhängt. Neben der Festlegung der berechtigten Anteilseigner hat es daher insbesondere die konkrete Höhe der Abfin-

---

169 Vgl. *Hoffmann-Becking*, ZGR 1990, 482, 487.

170 Indem § 29 UmwG lediglich die Verpflichtung der Gesellschaft zur Abgabe eines Barabfindungs*angebotes* anordnet, weicht er von seiner Vorgängervorschrift § 375 Abs. 1 AktG a.F. insoweit ab, als dieser einen unmittelbar kraft Gesetzes entstehenden Barabfindungsanspruch normierte.

171 Siehe hierzu *Grunewald*, in Lutter, UmwG, § 31 Rn. 4 ff.; eingehend zu der – hier nicht näher zu behandelnden - Verschmelzung unter Beteiligung von Personengesellschaften *H. Schmidt*, in Lutter, Kölner Umwandlungsrechtstage, S. 59.

dung sowie die Angabe zu enthalten, dass die Abfindung gegen die Übertragung der Anteile des ausscheidenden Gesellschafters gezahlt wird.

### *aa) Inhalt des Anspruchs auf angemessene Barabfindung*

Der Anspruch ist grundsätzlich gerichtet auf eine Geldzahlung als Gegenleistung für den Erwerb der Anteile. Eine andere Form der Abfindung, etwa die Gewährung von Anteilen an einer anderen Gesellschaft, ist jedoch möglich, wenn sich der ausscheidungswillige Gesellschafter hiermit einverstanden erklärt und die Leistung nach den allgemeinen zivilrechtlichen Regeln an Erfüllungs Statt (§ 364 Abs. 1 BGB) annimmt.[172] Das Angebot kann sich jedoch auch dann nicht von vorne herein auf ein solches Surrogat beschränken. Jenes kann lediglich alternativ zu einer Barleistung angeboten werden. Schuldner des Anspruchs ist der übernehmende Rechtsträger.

Die anzubietende Barabfindung muss „angemessen"[173] sein, §§ 29 Abs. 1 S. 1, 30 Abs. 2 S. 1 UmwG. Seit dem richtungsweisenden „Feldmühle-Urteil" des Bundesverfassungsgerichts[174] entspricht es allgemeiner Auffassung[175], dass eine Abfindung nur dann den verfassungsrechtlichen Vorgaben des Art. 14 Abs. 1 GG genügt und daher nur dann als „angemessen" anzusehen ist, wenn sie den ausscheidenden Gesellschafter wirtschaftlich voll entschädigt. Die für seinen Rechtsverlust zu leistende Entschädigung hat dem wirklichen, inneren Wert seiner Beteiligung an dem lebenden Unternehmen zu entsprechen. Insoweit bestimmt auch § 30 Abs. 1 S. 1 UmwG, dass bei der Ermittlung der Höhe der Barabfindung die Verhältnisse des übertragenden Rechtsträgers zu berücksichtigen

---

172 *Marsch-Barner*, in Kallmeyer, § 29 Rn. 18.

173 Im Rahmen des Gesetzgebungsverfahrens hatte der Bundesrat in seiner Stellungnahme (abgedruckt bei *Schaumburg/Rödder*, S. 95) angeregt, den unbestimmten Rechtsbegriff der „angemessenen Barabfindung" im Regierungsentwurf zur Vermeidung von Auslegungsschwierigkeiten durch eine konkretere Formulierung zu ersetzen. Die Bundesregierung hielt in ihrer Gegenäußerung jedoch an dieser Begrifflichkeit fest, da die Angemessenheit ein im Gesellschaftsrecht etablierter Terminus sei und in ihrer Unbestimmtheit am besten der Erkenntnis gerecht werde, dass sich die Ermittlung der „richtigen" Barabfindung immer an den jeweiligen Umständen des konkreten Einzelfalls zu orientieren hat.

174 BVerfG, NJW 1962, 1667 (in Frage stand hier die Zulässigkeit einer Mehrheitsumwandlung nach § 15 UmwG 1956, durch die das herrschende Unternehmen das Vermögen der Untergesellschaft unter Ausschluss der außenstehenden Aktionäre auf sich selbst übertragen konnte); aus neuerer Zeit siehe BVerfG, ZIP 1999, 1804 (Hartmann&Braun); BVerfG, BB 2000, 2011 (Moto Meter).

175 *Bermel*, in Goutier/Knopf/Tulloch, § 30 UmwG Rn. 6; *Grunewald*, in Lutter, UmwG, § 30 Rn. 2; *Müller*, in Kallmeyer, § 30 Rn. 5; *Stratz*, in Schmitt/Hörtnagl/Stratz, § 30 UmwG Rn. 3 f.; *Vollrath*, in Widmann/Mayer, § 30 UmwG Rn. 6.

sind[176], was eine nach den dargestellten Grundsätzen durchgeführte Unternehmensbewertung erforderlich macht.

Nach Auffassung des Bundesgerichtshofs[177] entspricht eine volle Entschädigung dem objektivierten[178] „Grenzwert", der den Aktionären zu zahlen ist, damit sie ohne finanziellen Nachteil aus der Gesellschaft ausscheiden können. Zu gewähren ist danach der Betrag, der dem Aktionär bei einer Ersatzinvestition in öffentlichen Anleihen dieselbe wirtschaftliche Position zukommen ließe, wie wenn er weiterhin Gesellschafter seiner unabhängigen, nicht verschmolzenen Gesellschaft wäre. Unzulässig ist damit ein Abstellen auf den Buchwert der Gesellschaft, da dieser - insbesondere wegen der umfangreichen Möglichkeiten zur Bildung stiller Reserven - den tatsächlichen Unternehmenswert nur unzureichend widerspiegelt und die ausscheidenden Aktionäre somit von diesen Rückstellungen ausgeschlossen werden würden.

### *bb) Entbehrlichkeit des Barabfindungsangebotes*

Zur Unterbreitung eines Barabfindungsangebotes ist der übernehmende Rechtsträger grundsätzlich in all den Fällen verpflichtet, in denen ein Austrittsrecht besteht. Unzulässig ist damit ein Ausschluss der Abfindungspflicht im Verschmelzungsvertrag oder Verschmelzungsbeschluss. Ebenso wenig kann eine entsprechende Regelung in der Satzung der Zielgesellschaft getroffen werden.

#### *(1) Konzernverschmelzung*

Entbehrlich ist die Aufnahme eines Barabfindungsangebotes nach allgemeiner Ansicht[179] im Falle der Verschmelzung einer einhundertprozentigen Tochtergesellschaft auf das Mutterunternehmen, da ein Austrittsrecht – wie oben erörtert – nur demjenigen zusteht, der gegen die Verschmelzung stimmt.

---

[176] Die §§ 12 Abs. 1, 15 Abs. 1 S. 1 UmwG 1969 stellten noch auf die „Vermögens- und Ertragslage" der Gesellschaft ab. Hieraus wurde gelegentlich auf eine gesetzgeberische Entscheidung zugunsten einer Kombination von Substanz- und Ertragswert verfahren gefolgert. Durch die Streichung dieser Vorgabe sowie die nunmehrige Rekrutierung allgemein auf die „Verhältnisse der Gesellschaft" soll im neuen Recht klargestellt werden, dass von Gesetzes wegen nicht die Berücksichtigung bestimmter Bewertungsmethoden vorgegeben ist, vgl. Begr. RegE zu § 30 UmwG, abgedruckt bei *Schaumburg/Rödder*, S. 96 f.

[177] BGH, ZIP 1998, 690, 691 (Asea/BBC II).

[178] Teilweise wird auch ein subjektiver Grenzwert bzw. ein dazwischen liegender Schieds- oder Arbitriumwert favorisiert, vgl. hierzu *Großfeld*, Unternehmens- und Anteilsbewertung, S. 24 ff.; *Komp*, Abfindungsanspruch, S. 36 ff.

[179] *Grunewald*, in FS Boujong, S. 175, 185; *Marsch-Barner*, in Kallmeyer, § 29 Rn. 17 m.w.N.

#### (2) *Verzichtserklärung der Anteilsinhaber*

Fraglich ist dagegen, ob auch ein Verzicht der Anteilseigner auf das Barabfindungsangebot, etwa durch die vorherige Erklärung, das Austrittsrecht nicht wahrzunehmen, möglich ist. Eine ausdrückliche Verzichtsmöglichkeit sieht das Gesetz im Gegensatz zu den §§ 8 Abs. 3, 9 Abs. 3 UmwG, die die Verzichtbarkeit von Verschmelzungsbericht und Verschmelzungsprüfung normieren, nicht vor. Hieraus kann indes nicht im Wege eines *argumentum e contrario* der Schluss gezogen werden, dass ein Verzicht auf die Barabfindung unzulässig sei. Vielmehr zeigen die genannten Vorschriften, dass die gesetzliche Konzeption des umwandlungsrechtlichen Minderheitenschutzes dem Gedanken des *volenti non fit iniuria*[180] nahe steht und daher im Wege systemkonformer Gesetzesauslegung davon auszugehen ist, dass auch die Barabfindungspflicht nach § 29 UmwG, die ebenfalls dem ausschließlichen Schutz der Anteilsinhaber dient, zur Disposition derselben stehen sollte. Schließlich erscheint auch im Hinblick auf den praktischen und finanziellen Aufwand, den die Bestimmung der angemessenen Barabfindung erfordert, eine Verzichtsmöglichkeit sachgerecht.[181]

Der Verzicht muss mittels ausdrücklicher Erklärung erfolgen. Zudem ist in entsprechender Anwendung der §§ 8 Abs. 3, 9 Abs. 3 UmwG auch die notarielle Beurkundung der betreffenden Verzichtserklärungen zu fordern.[182] Zum einen folgt dies aus einem Vergleich mit der Wertung des § 30 Abs. 2 S. 3 UmwG. Ist danach sogar für den bloßen Verzicht auf die Prüfung des Barabfindungsangebotes die Beurkundung durch einen Notar vorgeschrieben, so muss dies erst recht für den Verzicht auf die Barabfindung selbst gelten.[183] Zum anderen wird hierdurch eine systemgerechte Übereinstimmung mit denjenigen Formvorschriften hergestellt, welche das Umwandlungsgesetz für die sonstigen, ausdrücklich geregelten Fälle eines Schutzverzichtes bereithält.[184]

### cc) *Die Annahme des Barabfindungsangebotes*

#### (1) *Annahmefrist*

Gemäß § 31 S. 1 UmwG kann das Barabfindungsangebot nur binnen einer Frist von zwei Monaten nach dem Tag angenommen werden, an dem die Eintragung der Verschmelzung in das Register des Zielrechtsträgers gemäß § 19 Abs. 3

---

180 Dig. 46.10.1.5 (*Ulpian*).

181 Ebenfalls für die Zulässigkeit eines Verzichts *Grunewald*, in Lutter, UmwG, § 29 Rn. 17; *Vollrath*, in Widmann/Mayer, § 29 UmwG Rn. 38; *Schaub*, NZG 1998, 626, 629.

182 Anderer Ansicht *Grunewald*, in Lutter, UmwG, § 29 Rn. 18, unter Hinweis auf die Formlosigkeit der Austrittserklärung.

183 *Schaub*, NZG 1998, 626, 629.

184 Siehe §§ 8 Abs. 3 S. 3, 9 Abs. 3, 12 Abs. 3, 16 Abs. 2 S. 2, 30 Abs. 2 S. 3, 176 Abs. 2 S. 3, 192 Abs. 3, 208 UmwG.

UmwG als bekannt gemacht gilt. Die ausscheidungswilligen Anteilsinhaber des Übertragers nehmen also zunächst an der Verschmelzung teil. Durch die Eintragung der Verschmelzung werden sie kraft Gesetz Anteilseigner des Übernehmers (§ 20 Abs. 1 Nr. 3 UmwG) und haben bis zum Ablauf der Frist die Wahl, Gesellschafter des übernehmenden Rechtsträgers zu bleiben oder gegen Barabfindung auszuscheiden. Die Zwei-Monats-Frist ist eine materiell-rechtliche Ausschlussfrist, ihre Versäumnis führt zum Wegfall des Abfindungsanspruchs, eine Wiedereinsetzung in den vorigen Stand ist nicht möglich.[185]

Ist ein Antrag auf gerichtliche Bestimmung der Barabfindung im Spruchverfahren nach den §§ 34 S. 1 UmwG, 1 ff. SpruchG gestellt worden, so beginnt die Ausschlussfrist gemäß § 31 S. 2 UmwG an dem Tag (erneut) zu laufen, an dem die Entscheidung im Bundesanzeiger bekannt gemacht worden ist, §§ 14 Nr. 4, 6 Abs. 1 S. 4 und 5 SpruchG. Unerheblich ist es dabei, ob der widersprechende Anteilsinhaber das gerichtliche Verfahren selbst betrieben hat. Ebenso wenig kommt es auf den Ausgang des Gerichtsverfahrens an, so dass auch im Falle einer Bestätigung der ursprünglich angebotenen Abfindung durch das Gericht der Lauf der Zwei-Monats-Frist erneut beginnt. Angesichts der zum Teil erheblichen Dauer der Spruchverfahren[186] kann es folglich dazu kommen, dass eine fristgerechte Annahme nach Satz 2 auch noch Jahre nach Ablauf der Frist des Satz 1 möglich ist.

*(2) Rechtsfolgen der Annahme, insbesondere der Erwerb eigener Anteile*

Eine besondere Form sieht das Gesetz für die Annahme des Barabfindungsangebotes nicht vor. Nach allgemeiner Ansicht[187] reicht daher jede Erklärung aus, durch die der Wille zur Annahme des Angebots bzw. zum Austritt aus der Gesellschaft nach außen deutlich gemacht wird. Folge der Annahme des Barabfindungsangebotes ist das Zustandekommen eines Anteilsübertragungsvertrages und damit die Verpflichtung des ausscheidenden Gesellschafters, seinen Anteil

---

185 *Marsch-Barner*, in Kallmeyer, § 31 Rn. 2.

186 Den bisherigen „Rekord“ hält wohl das über zwei Instanzen betriebene Spruchverfahren in Sachen „Sinalco“, das nach einer Dauer von über *17 Jahren* (!) mit einem Vergleich beendet wurde (Angabe nach *Lutter/Bezzenberger*, AG 2000, 433, 436 Fn. 17); siehe aus neuerer Zeit auch die (aktienrechtlichen) Spruchverfahren „Paulaner“ (BayObLG WM 1996, 526) - *13 Jahre* -, „Hoffmann's Stärkefabriken“ (OLG Düsseldorf, DB 2000, 81) - *12 Jahre* -, „Saint Gobain/Grünzweig + Hartmann“ (OLG Zweibrücken, AG 1995, 421) - *9 Jahre* -; zur Problematik einer solch langen Verfahrensdauer unter verfassungsrechtlichen, insbesondere rechtsstaatlichen Aspekten BVerfG, ZIP 1999, 999; allgemein zu den Gründen für die erhebliche Dauer von Spruchverfahren *Bilda*, NZG 2000, 296; zur Beschleunigung des Spruchverfahrens durch das Gesetz zur Neuordnung des gesellschaftsrechtlichen Spruchverfahrens siehe unter § 4 A. II.

187 *Bermel*, in Goutier/Knopf/Tulloch, § 31 UmwG Rn. 8; *Marsch-Barner*, in Kallmeyer, § 31 Rn. 4.

auf den übernehmenden Rechtsträger zu übertragen. Der Anteilserwerb vollzieht sich somit nicht etwa *ipso iure*, sondern im Wege rechtsgeschäftlicher Übertragung nach den für den jeweiligen Rechtsträger geltenden Vorschriften. Auch wenn das Barabfindungsangebot bereits zwingender Bestandteil des Verschmelzungsvertrages ist, so ist es nicht erforderlich, dass der Vertrag auch sämtliche weiteren, für die eigentliche Anteilsübertragung notwendigen Erklärungen und Modalitäten enthält. So können etwa die genauere Bestimmung der betroffenen Anteile sowie die dinglichen Verfügungserklärungen selbst der nachfolgenden Abwicklung überlassen werden. Ausreichend ist damit die Aufnahme eines allgemein gehaltenen Abfindungsangebotes in den Verschmelzungsvertrag.[188]

Der Erwerb eigener Anteile führt als Kapitalrückzahlung zu einer Gefährdung des Gesellschaftskapitals und kollidiert daher mit den Kapitalerhaltungsvorschriften. Ist der aufnehmende Rechtsträger eine Aktiengesellschaft, so bestimmt § 71 Abs. 2 S. 1 AktG, dass die infolge der Barabfindung erworbenen Anteile (vgl. § 71 Abs. 1 Nr. 3 AktG) zusammen mit den bereits von der Gesellschaft gehaltenen eigenen Aktien einen Betrag von zehn Prozent des Grundkapitals nicht übersteigen dürfen. Weitere Voraussetzung ist zudem, dass die durch § 272 Abs. 4 HGB für den Anteilserwerb vorgeschriebene Rücklage aus freien Mitteln gebildet werden kann. Die Pflicht zur Barabfindung widersprechender Aktionäre besteht jedoch auch dann, wenn die von ihnen gehaltenen Anteile zusammen mehr als zehn Prozent des Grundkapitals ausmachen. Zur Erleichterung des Verschmelzungsvorgangs räumt das Umwandlungsgesetz hier durch eine Lockerung der Kapitalgrenze dem Schutz der ausscheidungswilligen Aktionäre den Vorrang vor der Durchsetzung der Kapitalerhaltungsregeln ein[189]: So suspendiert § 29 Abs. 1 S. 1 Hs. 2 UmwG von der Sanktion des § 71 Abs. 4 S. 2 AktG, der bei Verstoß gegen die genannten Voraussetzungen die Nichtigkeit des schuldrechtlichen Erwerbsgeschäftes anordnet. Die Wirksamkeit des dinglichen Aktienerwerbs folgt aus § 71 Abs. 4 S. 2 AktG. Dies ermöglicht den gesetzlich geforderten Aktienerwerb gegen Barabfindung auch in den Fällen, in denen gegen § 71 Abs. 2 AktG verstoßen wird. Gewährleistet wird die Kapitalsicherung durch das Gebot zur Veräußerung der Aktien binnen Jahresfrist gemäß § 71c AktG.[190] In der Zahlung des Erwerbspreises an den ausscheidenden Aktionär liegt also auch keine verbotene und infolgedessen zurückzugewährende Leistung im Sinne der §§ 57 Abs. 1, 62 Abs. 1 AktG. Um das Austrittsrecht der dissentierenden Aktionäre nicht leer laufen zu lassen, gilt dies auch dann, wenn der Anteilserwerb unter Verstoß gegen § 72 Abs. 2 AktG erfolgt. Im Wege teleologischer Auslegung von § 29 Abs. 1 S. 1 UmwG ist trotz Nichteinhaltung der Kapi-

---

188 *Limmer*, in Hdb. d. Unternehmensumwandlung, Rn. 711.

189 Vgl. Begr. RegE zu § 29 UmwG, abgedruckt bei *Schaumburg/Rödder*, S. 93 f.

190 Auch stehen der Gesellschaft nach § 71b AktG keine Rechte aus den übernommenen Aktien zu.

talgrenze von einem „zulässigen Erwerb eigener Aktien“ i.S.d. § 57 Abs. 1 S. 1 AktG auszugehen.[191] Infolge der Übertragung seiner Anteile an den übernehmenden Rechtsträger Zug um Zug gegen Zahlung der Barabfindung scheidet der Anteilsinhaber aus der Gesellschaft aus.

*(3) Teilaustrittsrecht?*

Anzubieten hat der übernehmende Rechtsträger nach § 29 Abs. 1 S. 1 UmwG den Erwerb sämtlicher Anteile des abfindungsberechtigten Gesellschafters. Nach einer in Literatur und Rechtsprechung vertretenen Auffassung[192] hat letzterer jedoch das Recht, das Angebot nur teilweise, also im Hinblick auf den Erwerb einzelner seiner im Zuge der Verschmelzung erhaltenen Anteile anzunehmen. Hiergegen wenden sich namentlich *Bermel* sowie *Meister* und *Klöcker*.

Nach Auffassung von *Bermel*[193] spricht gegen ein solches Recht zum Teilaustritt der gegenüber seiner Vorgängervorschrift geänderte Wortlaut des § 29 UmwG. § 375 Abs. 1 S. 1 AktG a.F. normierte das Recht des widersprechenden Anteilsinhabers, von der Gesellschaft zu verlangen, „seinen Geschäftsanteil“ zu erwerben. Die hierzu herrschende Meinung ging von der Zulässigkeit einer teilweisen Annahme aus. Dagegen spricht § 29 Abs. 1 S. 1 UmwG vom Erwerb „seiner Anteile“. Durch die bewusste Verwendung des Plurals, so *Bermel*, stelle das Gesetz nunmehr klar, dass die Abfindung nur insgesamt angenommen werden könne. Meines Erachtens vermag es schon nicht recht zu überzeugen, allein aus dieser grammatikalischen Änderung auf die Unzulässigkeit eines Teilaustritts schließen zu wollen, zumal sich in der Regierungsbegründung zu § 29 UmwG keinerlei Anhaltspunkte für einen dahingehenden Regelungswillen des Gesetzgebers finden. Aber selbst im Wege einer streng wortlautorientierten Auslegung lässt sich eine diesbezügliche Aussage dem Gesetz nicht entnehmen. Denn § 29 UmwG normiert eine entsprechende Verpflichtung aus Sicht des Zielrechtsträgers. Dieser hat den Erwerb aller Anteile *anzubieten*. Über ein Recht zur Teilannahme dieses Angebotes aus Sicht des Gesellschafters ist damit aber noch nichts ausgesagt.

---

191 *Grunewald*, in FS Boujong, S. 175, 192; *Vollrath*, in Widmann/Mayer, § 29 UmwG Rn. 29; *ders.*, in FS Widmann, S. 117, 126 f.; beide ebenda auch zur Rechtslage bei der Verschmelzung auf eine GmbH.

192 OLG Düsseldorf, ZIP 2001, 158, 159; *Marsch-Barner*, in Kallmeyer, § 29 Rn. 19; *Stratz*, in Schmitt/Hörtnagl/Stratz, § 29 UmwG Rn. 19; *Veil*, Umwandlungen, S. 123 f.; einschränkend *Vollrath*, in Widmann/Mayer, § 29 UmwG Rn. 37, der ein Teilaustrittsrecht nur für den Fall eines entsprechend ausgestalteten Angebotes annimmt; zum alten Recht siehe *Zöllner*, in Kölner Kommentar, 1. Aufl., § 375 AktG Rn. 21.

193 *Bermel*, in Goutier/Knopf/Tulloch, § 29 UmwG Rn. 35.

Ebenfalls unter Zugrundelegung einer formalen Argumentation gehen auch *Meister* und *Klöcker*[194] davon aus, dass eine auf einzelne Anteile beschränkte Annahme nicht möglich ist. Eine solche stelle eine modifizierte Annahme dar und sei damit nach § 150 Abs. 2 BGB als neues Angebot des ausscheidungswilligen Aktionärs zu werten, was der Systematik des Umwandlungsgesetzes widerspreche. Dieses gehe eindeutig davon aus, dass das entsprechende Angebot von der übernehmenden Gesellschaft ausgehe. Letzteres ist freilich zutreffend, die gezogene Schlussfolgerung allerdings keinesfalls zwingend. Denn nach allgemeinen zivilrechtlichen Regeln ist es grundsätzlich dem durch Auslegung zu ermittelnden Parteiwillen überlassen, in Abweichung von § 150 Abs. 2 BGB auch eine Teilannahme als möglich und wirksam anzusehen.[195] Entsprechendes wird man insbesondere dann anzunehmen haben, wenn ein Recht zu einer solchen Teilannahme besteht, da ein rechtmäßiges Verhalten gegenüber dem Anbietenden regelmäßig nicht als unzulässige Annahme unter Einschränkungen i.S.d. § 150 Abs. 2 BGB zu werten sein dürfte. Vielmehr ist für diesen Fall ein allgemein formuliertes Barabfindungsangebot dahingehend auszulegen, dass es eine rechtmäßige Teilannahme ermöglicht, es also gerichtet ist auf den Erwerb eines vom Aktionär zu bestimmenden Teils seiner Anteile, bis hin zur vollständigen Übernahme. Aus diesem Grunde kommt es für die Frage, ob ein neues Angebot i.S.d. § 150 Abs. 2 BGB vorliegt, als Vorfrage gerade darauf an, ob ein Recht zum Teilaustritt besteht. Die oben genannte Auffassung verkehrt diese Argumentationslinie ins Gegenteil und geht daher von falschen Prämissen aus. Grundsätzliche gesetzessystematische Bedenken gegen einen Teilaustritt bestehen somit im Hinblick auf § 150 Abs. 2 BGB nicht.

Die Entscheidung über die Zulässigkeit eines Teilaustrittes hat in erster Linie unter Berücksichtigung des Normzweckes von § 29 UmwG zu erfolgen. Das Barabfindungsangebot dient ausschließlich dem Schutz des widersprechenden Anteilsinhabers. Ob er es annimmt oder nicht, liegt in seinem Ermessen.[196] Gleiches gilt für die Entscheidung des Aktionärs, ob er sich überhaupt durch einen Widerspruch die spätere Wahl der Barabfindung erhalten will. Von diesem Hintergrund ist es nicht einsichtig, warum ihm gerade die Möglichkeit, das Angebot nur teilweise anzunehmen, nicht gegeben sein soll, zumal eine höhere Belastung des Zielrechtsträgers hierdurch nicht zu erwarten ist. Lässt sich damit aus materiellen Erwägungen des Gesellschafterschutzes ein Recht zum Teilaustritt begründen, so verfangen auch die Bedenken von *Meister* und *Klöcker* aus den genannten Gründen nicht. Der Anteilsinhaber kann daher das Barabfindungsangebot auch lediglich im Hinblick auf einzelne Anteile annehmen mit der Folge,

---

194 *Meister/Klöcker*, in Kallmeyer, § 209 Rn. 7 zum Barabfindungsangebot beim Formwechsel.

195 Insoweit stellt § 150 Abs. 2 BGB lediglich eine *widerlegbare* Auslegungsregel auf, vgl. *Kramer*, in Münchener Kommentar zum BGB, § 150 Rn. 1 und 3.

196 Dies betont auch *Marsch-Barner*, in Kallmeyer, § 29 Rn. 19.

dass er bezüglich derselben abzufinden ist und im Übrigen entsprechend seinem gehaltenen Anteil Gesellschafter des Zielrechtsträgers bleibt.

### *dd) Berücksichtigung von Synergieeffekten*

Auch bei der Feststellung der angemessenen Barabfindung stellt sich die Frage nach der Berücksichtigung von Verbundeffekten. Und ebenso wie im Rahmen der Bemessung der Verschmelzungswertrelation stellt sich auch hier das Meinungsbild sehr unterschiedlich dar.

#### *(1) Unechte Verbundvorteile*

Weitgehende Einigkeit besteht heute noch darüber, dass jedenfalls die sog. unechten Verbundvorteile in die Unternehmensbewertung mit einzubeziehen sind. Darunter sind allgemein diejenigen Effekte zu verstehen, die nicht eigentliches Resultat des Bewertungsanlasses, also der konkreten Strukturänderungsmaßnahme als solcher sind, sondern die dem Unternehmen am Stichtag dergestalt immanent sind, dass sie mit nahezu jedem beliebigen Partner zu erzielen wären.[197] Führte noch das *BayObLG* in seiner „Paulaner"-Entscheidung aus dem Jahre 1995, in der es die Berücksichtigung von (echten) Verbundeffekten grundsätzlich abgelehnt hat, im Anschluss aus:

> „Anders *kann* es sein, wenn solche Effekte [...] bereits in der Form vorhanden sind, dass sie sich bei Verbindung mit nahezu jedem anderen Unternehmen der Branche positiv und objektivierbar auswirken"[198],

so stellt der Bundesgerichtshof in einer neueren Entscheidung aus dem Jahre 2001 lapidar fest:

> „Sog. unechte Verbundvorteile fließen ohnehin nach allgemeiner Meinung in den Ertragswert [...] ein."[199]

Diese Vorteile sind bei der Bewertung des Unternehmens richtigerweise zu berücksichtigen, da sie einen selbständigen werterhöhenden Faktor darstellen, der bereits am Stichtag in dem (noch eigenständigen) Unternehmen, und damit in der mitgliedschaftlichen Stellung des Anteilsinhabers angelegt ist. Insoweit folgt ihre Maßgeblichkeit schon aus der konsequenten Anwendung des Stichtagsprin-

---

[197] Die Abgrenzung von echten und unechten Verbundvorteilen kann im Einzelfall Schwierigkeiten bereiten, vgl. *Großfeld*, Unternehmens- und Anteilsbewertung, S. 66; das OLG Stuttgart, NZG 2000, 744, 745 zählt zu den unechten Verbundvorteilen etwa eine weitere Optimierung der Ablaufsteuerung oder die Verwendung bereits entwickelter Rezepturen, nach OLG Düsseldorf, ZIP 1988, 1555 ist ein Verlustvortrag, der mit den Gewinnen verrechnet werden kann, als allgemein verwertbarer Vorteil in Höhe des Barwertes der erzielten Steuervorteile (abzüglich eines Risikoabschlags) zu berücksichtigen.

[198] BayObLG, WM 1996, 526, 529; dem folgend OLG Celle, AG 1999, 128, 130.

[199] BGH, AG 2001, 417, 419.

zips, wonach die zu diesem Zeitpunkt bestehenden Verhältnisse der Gesellschaft zu berücksichtigen sind. Als objektiver gesellschafts- (und anteils-) immanenter Wert, der sich nicht erst aus einer speziellen zukünftigen Kooperation ableitet, fließt er in eine den ausscheidenden Gesellschafter für seinen Anteil voll entschädigende Abfindung mit ein.[200] Voraussetzung ist freilich auch hier, dass die werterhöhenden Maßnahmen am Stichtag bereits eingeleitet sind („Wurzeltheorie").[201]

### *(2) Echte Verbundvorteile*

Ob auch echte Verbundvorteile bei der Festlegung der Barabfindung ausscheidender Anteilsinhaber zu berücksichtigen sind, wird dagegen in Rechtsprechung und Literatur kontrovers diskutiert.

#### *(a) Die Auffassung der Rechtsprechung*

Von der Rechtsprechung wird die Einbeziehung von echten Verbundvorteilen ganz überwiegend abgelehnt.[202] Als subjektive Bestandteile der Unternehmensbewertung seien sie bei der Ermittlung eines objektivierten Wertes, wie er im Zuge der Abfindung einer Vielzahl von Anteilsinhabern benötigt wird, außer Acht zu lassen. Zudem stehe auch das Stichtagsprinzip ihrer Berücksichtigung entgegen. Weil echte Verbundvorteile sich erst aufgrund der durchgeführten Strukturänderung, und damit erst nach dem für die Abfindungsbemessung maßgeblichen Stichtag realisieren lassen, müssten sie folglich bei der Bewertung zum Stichtag unberücksichtigt bleiben.[203] Dieser Auffassung ist die Orientierung am Gesetzeswortlaut zugute zu halten. Nach § 30 Abs. 1 S. 1 UmwG hat „die Barabfindung die Verhältnisse des übertragenden Rechtsträgers" zu berücksichtigen (und damit augenscheinlich nicht die der bereits verschmolzenen Unternehmen), und zwar die Verhältnisse „im Zeitpunkt der Beschlussfassung über

---

200 So im Ergebnis auch *Mayer*, in Widmann/Mayer, § 5 UmwG Rn. 107; *Stratz*, in Hörtnagl/Schmitt/Stratz, § 5 UmwG Rn. 15; *Großfeld*, Unternehmens- und Anteilsbewertung, S. 66; *Kort*, ZGR 1999, 402, 418.

201 IdW-Standard S 1 Tz. 43; weniger eng *Großfeld*, Unternehmens- und Anteilsbewertung, S. 66.

202 Vgl. BGH, WM 1998, 867, 869; BayObLG, WM 1996, 526, 529; OLG Celle, AG 1979, 230, 233; NZG 1998, 987, 988; OLG Düsseldorf, ZIP 1990, 1333, 1340; DB 2000, 81; OLG Hamburg, AG 1980, 163, 165; OLG Köln, DB 1997, 2371, 2372; OLG Stuttgart, NZG 2000, 744, 745; siehe aber auch die abweichende Tendenz in BGH, WM 1995, 1410, 1412. In der Entscheidung OLG Hamm, AG 1963, 218, 219 will das Gericht die erwarteten Synergieeffekte im Rahmen von Billigkeitserwägungen bei der Abfindungsbemessung berücksichtigen. Bei der Festlegung einer an dem objektiven Unternehmenswert ausgerichteten Barabfindung sollte jedoch schon aus Erwägungen der Rechtssicherheit kein Einfallstor für konturlose Billigkeitserwägungen geschaffen werden. Kritisch zur Berücksichtigung von Billigkeitsgesichtpunkten auch *Hüttemann*, ZHR 162 (1998), 563, 578 f.

203 BGH, NZG 1998, 379, 380.

die Verschmelzung" (und eben nicht erst zu einem künftigen Zeitpunkt, zu dem sich die aus der Verschmelzung resultierenden Vorteile realisieren).

### *(b) Die Auffassung des Schrifttums*

Das Meinungsbild im juristischen Schrifttum stellt sich zu dieser Frage uneinheitlich dar. Ein Teil schließt sich unter Hinweis auf die eben genannten Argumente der Linie der Rechtsprechung an und lehnt die Einbeziehung echter Verbundeffekte in die Unternehmens- bzw. Anteilsbewertung grundsätzlich ab.[204] Ausgangspunkt dieser Auffassung ist, dass bei der Ermittlung des Unternehmenswertes bzw. der Abfindung von der Fiktion eines eigenständigen, (auch zukünftig) nicht verschmolzenen Unternehmens auszugehen ist. Die Angemessenheit der Abfindung ist folglich unter der gedanklichen Prämisse zu beurteilen, dass eine Verschmelzung nicht stattgefunden habe. Eine solche Bewertung auf Stand-alone-Basis ist nach dieser Auffassung Ausfluss eines grundlegenden Prinzips der Abfindungsbemessung, wonach der Auslöser des Rechts auf Abfindung und die aus ihm resultierenden Verbundeffekte bei der Berechnung der Abfindung keine Berücksichtigung finden können.[205]

Demgegenüber wollen andere Autoren – ebenso wie das überwiegende wirtschaftswissenschaftliche Schrifttum - Synergieeffekte allgemein als werterhöhende Faktoren bei der Ermittlung der angemessenen Barabfindung miteinbeziehen.[206] Angeführt wird, dass im Falle eines Unternehmenskaufes der Käufer einen Kaufpreis zahlen würde, der sich auch an den zukünftig zu erwartenden Synergieeffekten orientiert. Ein freiwillig ausscheidender Anteilsinhaber würde somit diesen „Marktwert" seines Anteils, und damit einen Preis erzielen, der die Verbundvorteile widerspiegelt. Dieser Maßstab müsse auch gelten, wenn der Anteilsinhaber unter dem Druck der Strukturänderungsmaßnahme ausscheidet, da nur in diesem Fall von einer vollen bzw. angemessenen Entschädigung gesprochen werden könne[207] und so „enteignungsgleiche Vorgänge unter Priva-

---

204 *Lutter*, in Lutter, UmwG, § 8 Rn. 23; *Marsch-Barner*, in Kallmeyer, § 8 Rn. 17; *Stratz*, in Schmitt/Hörtnagl/Stratz, § 5 UmwG Rn. 15; *Kort*, ZGR 1999, 402, 414 ff.; *Lamla*, Umwandlungsprüfung, S. 170 f.; *Mertens*, AG 1992, 321 ff.; *Seetzen*, WM 1994, 45, 49; *ders*. WM 1999, 565, 573, *Wilm*, NZG 2000, 1070, 1071; ein umfassender Überblick über die in der juristischen Literatur vertretenen Ansichten findet sich bei *Komp*, Abfindungsanspruch, S. 267 ff.

205 Vgl. *Kort*, ZGR 1999, 402, 415 f.

206 *Bayer*, ZIP 1997, 1613, 1617 f.; *Busse von Colbe*, ZGR 1994, 595 ff.; *Fleischer*, in ZGR 1997, 368 ff.; *ders*. ZGR 2001, 1, 27; *Gansweid*, AG 1977, 334, 338 f.; *Großfeld*, Unternehmens– und Anteilsbewertung, S. 67 f.; *Hüttemann*, ZHR 162 (1998), 563, 590; *Bula/Schlösser*, in Sagasser/Bula/Brünger, Rn. J 36.

207 *Großfeld*, Unternehmens- und Anteilsbewertung, S. 67 f.

ten"[208] verhindert würden. Zudem gelte es, anders als bei der Ermittlung des Umtauschverhältnisses, bei der – wie dargelegt – die verschmolzenen Aktionäre im Verhältnis der Ertragswerte ihrer alten Gesellschaften an den erzielten Synergien teilhaben, im Zusammenhang mit der Barabfindung zu bedenken, dass die betroffenen Anteilsinhaber im Zuge der Annahmeerklärung aus dem neuen Unternehmen ausscheiden und infolgedessen von dieser Partizipation ausgeschlossen sind. Die Nichtberücksichtigung von Verbundvorteilen bei der Ermittlung der Barabfindung führe daher zu einer Ungleichbehandlung der ausscheidenden Gesellschafter gegenüber denjenigen, die im Unternehmen verbleiben. Eine unter Verstoß gegen den Gleichbehandlungsgrundsatz (vgl. § 53a AktG) ermittelte Barabfindung könne aber nicht „angemessen" sein.[209]

*(c) Stellungnahme*

Sinn der Barabfindung ist es, den ausscheidenden Anteilsinhaber für den Verlust seiner Mitgliedschaft an dem bislang eigenständigen Unternehmen zu entschädigen. Ihm ist der Wert zu gewähren, den er benötigt, um aus der Gesellschaft ausscheiden zu können, ohne wirtschaftliche Nachteile zu erleiden. Das ist der Anteilswert zum Zeitpunkt des Wirksamwerdens der Verschmelzung. Zu diesem Zeitpunkt sind aber nur die unechten Verbundvorteile Bestandteil des Unternehmenswertes. Die echten Synergieeffekte dagegen treten definitionsgemäß erst später ein. *Großfeld*[210] sieht daher das werterhöhende Element, aufgrund dessen die Einbeziehung echter Synergieeffekte gleichwohl geboten ist, in der „im Unternehmen liegenden Chance, Baustein eines größeren Verbundes zu werden" Zuzugeben ist diesem Ansatz, dass ein potentieller Käufer sich in der Praxis durchaus von diesen Erwägungen auch bei der Preisbildung beeinflussen lassen kann. Bei der Abfindung geht es aber nicht um diese (subjektiv durchaus relevante) Chance, sondern um die Gewährung eines objektivierbaren Äquivalents für die mitgliedschaftliche Stellung bzw. die durch sie vermittelte Vermögensposition. Macht man sich bewusst, dass Umfang und Eintritt konkreter Kooperationseffekte in der Regel von der zukünftigen Leitung (und Leistung) der Zielgesellschaft abhängen, so scheint es problematisch, sie als in der Mitgliedschaft bereits angelegte Wertfaktoren anzusehen.

Zudem folgt aus dem Gebot, einen nachteilslosen Austritt zu gewährleisten, nicht die rechtliche Verpflichtung, den Aktionär von der Verschmelzung, an der er gerade nicht teilhaben will, auch noch profitieren zu lassen. Ist ihm an der Teilhabe an zukünftigen Entwicklungen gelegen, so kann er sein Wahlrecht dahingehend ausüben, dass er Anteilsinhaber des Zielrechtsträgers bleibt. Von da-

---

[208] *Großfeld*, Unternehmens- und Anteilsbewertung, S. 68; *Matschke*, Unternehmensbewertung, S. 124.
[209] *Bayer*, ZIP 1997, 1613, 1617 f.; *Bula/Schlösser*, in Sagasser/Bula/Brünger, Rn. J 36.
[210] *Großfeld*, Unternehmens- und Anteilsbewertung, S. 67.

her überzeugt es nicht, eine an die freie Wahl des Gesellschafters geknüpfte Folge als willkürliche Ungleichbehandlung desselben zu verstehen. Dem entspricht, dass es nach allgemeiner Auffassung[211] grundsätzlich zur Disposition des Anteilsinhabers steht, auf eine Gleichbehandlung zu verzichten.

Maßgeblich gegen die Berücksichtigung echter Verbundwirkungen sprechen schließlich auch die bereits angesprochen tatsächlichen Schwierigkeiten, die sich im Rahmen ihrer Messung ergeben. Schon die Frage, welche Synergien sich zukünftig in welchem Umfang wirklich einstellen werden, wird sich regelmäßig jeder sicheren Quantifizierung entziehen, so dass zu der ohnehin schon durch ihre Zukunftsbezogenheit belasteten Prognose der künftigen Erträge noch ein weiterer erheblicher Unsicherheitsfaktor hinzukäme. Auch wenn man nun dieser Tatsache unter Hinweis auf neuere, von der Betriebswirtschaftslehre entwickelte Modelle zur Bemessung von Verbundvorteilen beizukommen versucht[212], stellt sich die logisch nachrangige Anschlussfrage nach der richtigen Verteilung der ermittelten Verbundvorteile. Allein die Vielzahl wirtschaftswissenschaftlicher Ansätze, die zur Lösung dieses Problems entwickelt wurden, verdeutlicht die Schwierigkeit eines sachgerechten Vorgehens. Diskutiert wird unter anderem eine hälftige Teilung der Verbundeffekte, eine Aufteilung nach Ertragswerten, eine Teilung nach dem Verhältnis der Ertragswertezuwächse oder eine Orientierung an den jeweiligen Verursachungsbeiträgen.[213] Der Vorschlag, die durch den Zusammenschluss hervorgerufenen Vorteile nach dem starren Verhältnis einer Aufteilung je zur Hälfte zuzurechnen, vermag augenscheinlich nicht zu überzeugen, da die einzelfallabhängigen Umstände des konkreten Verschmelzungsvorhabens keinerlei Berücksichtigung finden und die Aufteilung somit ohne Bezug zur wirtschaftlichen Realität willkürlich wird. Dieser Realität gerecht würde dagegen grundsätzlich eine Aufteilung der Verbundwirkungen je nach Verursachungsbeitrag des jeweiligen Unternehmens. Die richtige Erfassung dieser Beiträge stößt jedoch in der Praxis auf erhebliche Probleme, da bislang repräsentative Aussagen über die Einwirkungsintensität einzelner Effekte fehlen, was auch von Befürwortern des Verbundberücksichtigungsprinzips eingeräumt wird.[214] Jedes andere Aufteilungsverfahren setzt sich aber bis zu einem gewissen Grade dem Vorwurf der Willkürlichkeit aus. Denn die wirtschaftlichen Kooperationsvorteile ergeben sich – das erkennt auch *Fleischer*[215] an – gerade aus dem Zusammenwirken der Kräfte im Verbund, und las-

---

[211] Vgl. nur *Hüffer*, AktG, § 53a Rn. 5 m.w.N.

[212] Vgl. die Hinweise bei *Fleischer*, ZGR 1997, 368, 383 und *Komp*, Abfindungsanspruch, S. 285.

[213] Zu den verschiedenen Modellen siehe *Böcking*, in FS Moxter, S. 1407, 1424 ff.; *Eisenführ*, ZfbF 1971, 475 ff.; *Ossadnik*, DB 1997, 885, 886 f.

[214] *Ossadnik*, DB 1997, 885, 887.

[215] *Fleischer*, ZGR 1997, 368, 382.

sen sich damit eben nicht einem einzelnen Unternehmen quantifizierbar zurechnen.

Nimmt man nun die rein tatsächlichen Probleme, die die Ermittlung von zukünftig erhofften Synergieeffekten bereitet, und die ungelöste Frage nach einer sachlich begründeten Aufteilung derselben zusammen, so sprechen schließlich auch diese Erwägungen der Rechtssicherheit m. E. letztendlich gegen ein rechtliches Gebot der Berücksichtigung von Verbundeffekten. Damit bleibt festzuhalten, dass nur die unechten Synergieeffekte (als unselbständige Rechnungsgrößen) in die Unternehmensbewertung und damit in die Bemessung der Barabfindung ausscheidender Aktionäre einfließen. Echte Verbundvorteile bleiben dagegen unberücksichtigt.[216]

## 4. Die Bedeutung des Börsenkurses für die Ermittlung von Umtauschverhältnis und Barabfindung

Erfolgt die Verschmelzung unter Beteiligung börsennotierter Aktiengesellschaften, so stellt sich die Frage, inwieweit anstelle bzw. neben der Unternehmensbewertung nach den dargestellten Bewertungsverfahren bei der Ermittlung von Umtauschverhältnis und Barabfindung auch auf den Börsenkurs abgestellt werden kann oder muss. Bedeutung kommt der zu findenden Antwort nicht nur für die Unternehmensbewertung an sich zu. Sie hat auch unmittelbare Auswirkungen auf das die Verschmelzung flankierende Informationsregime und seinen Umfang. Erachtete man den Börsenwert als (allein) maßgebliche Größe, so entfiele die Notwendigkeit umfangreicher Angaben über die zugrunde gelegten Rechnungsfaktoren wie Ertragsprognosen, Einzelplanzahlen, Vermögensaufstellungen oder Kapitalisierungszinssätze im Verschmelzungsbericht nach § 8 UmwG, der ja Umtauschverhältnis und Barabfindung rechtlich und wirtschaftlich zu erläutern und zu begründen hat. Äußerstenfalls genügte in diesen Zusammenhang die bloße Angabe des maßgeblichen Börsenkurses. Dies wiederum hätte Konsequenzen für die an ein Informationsdefizit zu knüpfenden Rechtsfolgen, wie etwa das Risiko einer Beschlussanfechtung nach § 243 AktG.

Das Spektrum der Meinungen in Rechtsprechung und Schrifttum zur Bedeutung des Börsenkurses ist weit gefächert. Spiegelt der Börsenkurs einer Aktie den Wert des Gesellschaftsanteils wieder, wie er der Barabfindung der ausscheidenden Aktionäre und der Verschmelzungswertrelation zugrunde zu legen ist? Ist er ein durch Spekulationen und sonstige äußere Faktoren bestimmter Wert, der

[216] Zu Recht weist *Kort*, ZGR 1999, 402, 417 darauf hin, dass andernfalls auch negative Verbundeffekte Berücksichtigung finden müssten, eine Schlussfolgerung, die aber von den Befürwortern der Verbundberücksichtigung regelmäßig nicht thematisiert oder sogar ausdrücklich abgelehnt wird, vgl. *Großfeld*, Unternehmens- und Anteilsbewertung, S. 68.

nichts mit dem wahren inneren Wert der Aktie zu tun hat und daher für die Ermittlung ohne Bedeutung ist? Oder bietet der Börsenkurs zumindest einen Ausgangs- bzw. Anhaltspunkt für die Bemessung von Abfindung und Umtauschverhältnis, der unter bestimmten Umständen einer weiteren Korrektur zugänglich ist? Ziel der vorliegenden Untersuchung kann es nicht sein, eine umfassende Auseinandersetzung mit der Frage nach der Bedeutung des Börsenkurses für die Unternehmensbewertung sowie mit den hierzu im Einzelnen vertretenen Auffassungen vorzunehmen.[217] Im Folgenden soll aber zumindest doch ein kritischer Überblick über die neuere Entwicklung der in diesem Zusammenhang kontrovers geführten Diskussion gegeben werden.

### *a) Bisherige Entwicklung*

Bis zum „DAT/Altana"-Beschluss[218] des Bundesverfassungsgerichts vom 27.04.1999 galt es als gesicherte herrschende Auffassung in Rechtsprechung[219] und Literatur[220], dass bei der im Rahmen von Strukturänderungsmaßnahmen erforderlichen Ermittlung von Barabfindungen und Umtauschverhältnissen dem Börsenkurs der betreffenden Aktiengesellschaften keine Bedeutung zukommt. Begründet wurde dies im wesentlichen mit dem Argument, der Börsenkurs habe als zufälliger, von vielen äußeren Faktoren beeinflusster und gezielten Manipulationen zugänglicher Wert nichts mit dem wahren, inneren Wert des Anteils zu tun, wie er Abfindung und Umtauschverhältnis zugrunde zu legen ist. So führt der Bundesgerichtshof in einer die Abfindung nach § 12 UmwG a. F. betreffenden Entscheidung aus dem Jahre 1967 aus, der Börsenkurs ergebe sich

217 Insoweit sei auf die umfangreiche aktuelle Literatur zu diesem Thema verwiesen; vgl. *Aha*, AG 1997, 26, 27 f.; *Bilda*, NZG 2000, 296; *Decher*, in FS Wiedemann, S. 787; *Emmerich*, in Emmerich/Habersack, Aktien- und GmbH-Konzernrecht, § 305 AktG Rn. 42 ff.; *Erb*, DB 2001, 523; *Großfeld*, BB 2000, 261; *ders.*, Unternehmens- und Anteilsbewertung, S. 180 ff.; *Hommel/Braun*, BB-Beilage 6 (Unternehmensbewertung), 2002, S. 10; *Hüttemann*, ZGR 2001, 454; *Komp*, Abfindungsanspruch, S. 350 ff.; *Luttermann*, ZIP 1999, 45; *ders.*, ZIP 2001, 869; *Maier-Reimer/Kolb*, in FS Welf Müller, S. 93 ff.; *Piltz*, ZGR 2001, 185; *Riegger*, DB 1999, 1889; *Steinhauer*, AG 1999, 299; *Wenger/Hecker/Knoesel*, in Finanzmärkte, 1997, S. 93, 129 ff.; *Wilm*, NZG 2000, 234.

218 BVerfG, ZIP 1999, 1436; eingehend zu dieser Entscheidung sogleich im Text.

219 BGH, AG 1967, 264; AG, 1978, 196, 198; BayObLG, WM 1996, 526, 528; OLG Düsseldorf, WM 1988, 1052, 1054; WM 1995, 756, 760; LG Frankfurt, AG 1983, 136, 137; AG 1987, 315, 316; LG Köln, DB 1993, 217 f.; zuletzt OLG Celle, AG 1999, 128, 129 und OLG Zweibrücken, EWIR § 320b AktG 1/99, 485.

220 *Bermel/Hannappel*, in Goutier/Knopf/Tulloch, § 5 UmwG Rn. 22; *Dehmer*, § 5 UmwG Rn. 24; *Geßler*, in G/H/E/K, § 305 AktG Rn. 34; *Koppensteiner*, in Kölner Kommentar, § 305 AktG Rn. 37; *Lutter*, in Lutter, UmwG, 1. Aufl., 1996, § 5 Rn. 23; *Würdinger*, in Großkomm. AktG, 3. Aufl., § 305 Rn. 13; *Großfeld*, Unternehmens- und Anteilsbewertung, 3. Aufl., S. 34 f.; *Henn*, Hdb. d. Aktienrechts, Rn. 359; *Hüchting*, Abfindung, S. 39 ff.; *Kort*, ZGR 1999, 402, 414 f.

> „aus dem im Augenblick der Kursbildung vorhandenen Verhältnis von Angebot und Nachfrage, das von der Größe oder Enge des Marktes, von zufallsbedingten Umsätzen, von spekulativen Einflüssen und sonstigen nicht wertbezogenen Faktoren wie politischen Ereignissen, Gerüchten, Informationen, psychologischen Momenten oder einer allgemeinen Tendenz abhängt. [...] Das schließt es aus, der Berechnung der angemessenen Abfindung den Börsenkurs zugrunde zu legen."[221]

Dieser Meinung haben sich in der Folgezeit nahezu alle anderen Gerichte angeschlossen.[222] So lehnte etwa das *OLG Düsseldorf* die Berücksichtigung des Börsenkurses mit der knappen Begründung ab, dieser habe als „außerordentlich zufälliger Wert" „mit dem wahren inneren Wert der Aktie nichts zu tun"[223]. Zuletzt trat das *OLG Celle* in einer Entscheidung vom 31.07.1998 für die Unmaßgeblichkeit des Börsenwertes bei der Bemessung der aktienrechtlichen Abfindung ein:

> „Denn der Börsenkurs wird von verschiedenen Faktoren beeinflusst und gibt den Unternehmenswert nicht zuverlässig wieder [...]. Ein unmittelbarer Zusammenhang zwischen dem Preis einzelner Aktien [...] und dem Wert des Unternehmens besteht daher nicht"[224].

Nach Ansicht des Gerichtes verstößt diese Sichtweise auch nicht gegen die vom Bundesverfassungsgericht in der „Feldmühle-Entscheidung" aufgestellten Grundsätze. Nur der „objektive Wert des Unternehmens" sei von der Eigentumsgarantie des Art. 14 I GG umfasst. Dagegen beeinträchtige die Nichtberücksichtigung des Börsenkurses das Eigentum der außenstehenden Aktionäre nicht, da

> „die in der Aktie enthaltene Möglichkeit, den in ihr verkörperten Wert des gehaltenen Unternehmensanteils an der Börse zu einem Kurs zu veräußern, der dem wahren Wert

---

221 BGH, AG 1967, 264; eine der Wortwahl nach fast identische Begründung findet sich bei OLG Düsseldorf, AG 1995, 85, 86.

222 Soweit ersichtlich die einzigen Ausnahmen bilden zwei Entscheidungen des OLG Hamm aus dem Jahre 1963. In AG 1963, 218 f. führt das Gericht aus: „[Bei der Abfindungsbemessung] ist einmal zu berücksichtigen, dass die Aktie eigene Wertbildungsfaktoren in sich trägt, und zum anderen, dass sie eine Beteiligung an einem Unternehmen ist, der Wert also auch vom Unternehmenswert beeinflusst oder bestimmt wird. [...] Wäre dem Hauptgesellschafter durch das Gesetz (hier: § 12 UmwG a. F., *Anm. d. Verf.*) nicht die Möglichkeit eröffnet worden, die ihm noch nicht gehörenden Aktien im Wege der Umwandlung zu erwerben, hätte er sie nicht unter Börsenwert kaufen können. [...] Daraus folgt, dass dieser Kurs der Aktie die Mindesthöhe der Entschädigung darstellt." In AG 1964, 41 findet sich die Aussage: „Die Kursentwicklung [...] ist daher als echter Ausdruck des Verkehrswertes der Aktien bei der Feststellung der Höhe der Abfindung [...] zu berücksichtigen". Abgesehen von diesen beiden Entscheidungen wird eine Berücksichtigung des Börsenkurses jedoch bis zu der Entscheidung BayObLG aus dem Jahre 1998 (NZG 1998, 946, dazu sogleich im Text) von der Rechtsprechung einhellig abgelehnt.

223 OLG Düsseldorf, WM 1984, 732, 733, zum aktienrechtlichen Barabfindungsanspruch.

224 OLG Celle, AG 1999, 128, 129, ebenfalls zum aktienrechtlichen Barabfindungsanspruch.

> des Anteils nicht entspricht, lediglich eine [nicht von Art. 14 I GG geschützte] Erwerbschance darstellt."[225]

Dieser Auffassung hat sich – mit zumeist ähnlicher Begründung - auch das ganz überwiegende juristische Schrifttum angeschlossen.[226]

Dementsprechend spielte der Börsenkurs auch in der Unternehmenspraxis, wenn überhaupt, eine untergeordnete Rolle. So heißt es etwa im Verschmelzungsbericht der *Daimler-Benz/Chrysler*-Fusion zur Berechnung des Umtauschverhältnisses:

> „Der Börsenkurs hängt von zahlreichen Sonderfaktoren wie der Größe und Enge des Marktes, von zufallsbedingten Umsätzen sowie von spekulativen und sonst nicht unmittelbar wertbezogenen Einflüssen ab und unterliegt damit kurzfristigen Schwankungen und Entwicklungen. [...] Vor diesem Hintergrund ist es für die Herleitung der Unternehmenswerte sachgerecht, allein auf den Ertragswert abzustellen."[227]

Mit knapper, fast wortgleicher Begründung wird auch bei der Verschmelzung *Thyssen/Krupp* eine Relevanz der Börsenkurse im Verschmelzungsbericht (S. 129) verneint. Da der Börsenwert somit „kein zuverlässiger Indikator für den Wert eines Unternehmens" sei, werde seine Berücksichtigung für die Ermittlung des Umtauschverhältnisses „von der herrschenden Meinung und den Gerichten zu Recht abgelehnt."[228]

---

225 OLG Celle, AG 1999, 128, 129.

226 Vgl. die in Fn. 220 Genannten; weitere Nachweise finden sich bei *Komp*, Abfindungsanspruch, S. 356, Fn. 79; dagegen schon früher kritisch gegenüber einer Nichtberücksichtigung des Börsenkurses *Aha*, AG 1997, 26, 27 f.; *Ammon*, FGPrax 1998, 121, 122; *Busse von Colbe*, AG 1964, 263, 264; *Drukarczyk*, AG 1973; 361 f.; *Hügel*, Verschmelzung und Einbringung, S. 200 ff.; *Wenger/Hecker/Knoesel*, in Finanzmärkte, 1997, S. 93, 129 ff.

227 Gemeinsamer Bericht der Vorstände der Daimler-Benz Aktiengesellschaft und der DaimlerChrysler AG, 1998, Kap. VIII 2.6, S. 89; siehe aber auch die Ausführungen unter Kap. III 2., S. 36.

228 Bericht über die Verschmelzung der Thyssen AG und der Fried. Krupp AG Hoesch-Krupp, 1998, Kap. 8.2.5., S. 129; siehe aber auch den Unternehmenszusammenschluss *Hoechst/Rhône-Poulenc*, bei dem die Bewertung nach Börsenkursen zum Ausgangspunkt genommen, das so gefundene Ergebnis aber zusätzlich anhand betriebswirtschaftlicher Bewertungsmethoden überprüft (und bestätigt) wurde, vgl. Bericht über den Unternehmenszusammenschluss von Hoechst und Rhône-Poulenc, Bericht des Vorstands der Hoechst AG, 1999, Abschn. VII 1., S. 102 ff.

### *b) Aktuelle Entwicklung in der Rechtsprechung*

#### *aa) Das Urteil des Bayerischen Obersten Landesgerichts vom 29.09.1998*

Eingeleitet wurde die Wende hin zu einem kapitalmarktorientierten Bewertungsansatz durch ein Urteil des Bayerischen Obersten Landesgerichts[229] vom 29.09.1998. Das Gericht, das über die Angemessenheit einer Abfindung nach § 305 AktG zu entscheiden hatte, griff hierzu auf den Börsenkurs zurück, da dieser heutzutage einen Marktpreis darstelle, der zeige, wie die Aktie bewertet wird. Zwar erkennt auch das Gericht an, dass „der Börsenkurs von vielen Faktoren und Zufälligkeiten beeinflußt sein kann“[230]. Zutreffend weist es aber gleichzeitig darauf hin, dass dies ein Umstand sei, den jeder Aktienerwerber auch bewusst in Kauf nehme[231], um im Anschluss die hier maßgebliche Aussage zu treffen:

> „Hat die Aktie, deren Wert festgestellt werden soll, einen Börsenkurs, der auch aussagekräftig ist, weil er nicht von einem zu engen Markt oder von Manipulationen beeinflußt wird, so wird er in der Regel den "Verkehrswert" mindestens ebenso zutreffend angeben, wie eine langwierige Berechnung des Unternehmenswertes durch Sachverständige nach der Ertragswertmethode [...].“[232]

Zu beachten ist allerdings, dass in dem zu entscheidenden Fall die Einholung eines (weiteren) Sachverständigengutachtens über den Unternehmenswert aus Kostengründen nicht möglich war. Daher ließ der erkennende Senat auch ausdrücklich offen, ob diese Ausführungen nur in dem speziellen Fall Geltung beanspruchen, dass andere Möglichkeiten der Wertermittlung nicht bestehen, oder „ob der Börsenkurs nicht allgemein zumindest in die Bewertung eines Unternehmens einzubeziehen ist, wenn es um die angemessene Barabfindung geht“[233].

#### *bb) Die „DAT/Altana“ - Entscheidung des Bundesverfassungsgerichts vom 27.04.1999*

Ins Zentrum der Abfindungsermittlung gerückt wurde der Börsenkurs schließlich durch die „DAT/Altana“ - Entscheidung des Bundesverfassungsgerichts vom 27.04.1999.[234] Hier entschied das Gericht, es sei mit der Eigentumsgarantie des Art. 14 I GG unvereinbar, bei der Bestimmung der Abfindung und des Aus-

---

[229] BayObLG, NZG 1998, 946.
[230] BayObLG, NZG 1998, 946, 948.
[231] BayObLG, NZG 1998, 946, 948.
[232] BayObLG, NZG 1998, 946, 948.
[233] BayObLG, NZG 1998, 946, 948.
[234] BVerfG, ZIP 1999, 1436; zum gleichen Themenkomplex siehe auch die ebenfalls aus dem Jahr 1999 stammenden Judikate BVerfG, ZIP 1999, 1804 (Hartmann & Braun) und BVerfG, ZIP 2000, 408 (EURAG).

gleichs für außenstehende oder ausgeschiedene Aktionäre nach den §§ 304, 305, 320b AktG den Börsenkurs außer Betracht zu lassen. Zwar sei es verfassungsrechtlich unbedenklich, zur Ermittlung des wahren inneren Wertes im Prinzip nach den Grundsätzen der Ertragswertmethode zu verfahren. Nach Ansicht des Gerichtes ist prägende Eigenschaft des Eigentums an (börsennotierten) Aktien jedoch „die Sphäre individueller Freiheit", die maßgeblich auf der – im Gegensatz zu anderen Unternehmensbeteiligungen gesteigerten – Verkehrsfähigkeit von Aktien beruht. Diese Verkehrsfähigkeit dürfe auch bei der Wertbestimmung nicht unberücksichtigt bleiben.[235] Ihre Wertbestimmung erhalte die an der Börse gehandelte Aktie regelmäßig aus dem dortigen Zusammenspiel von Angebot und Nachfrage. Insbesondere den Kleinaktionären, die regelmäßig nicht über sämtliche relevanten Informationen verfügen, stehe auch kein anderer Maßstab als der Börsenkurs zur Verfügung, anhand dessen sie den Wert ihrer Anteile bestimmen können.[236] Unter diesem Gesichtspunkt führt das Gericht aus:

> „Der Vermögensverlust, den der Minderheitsaktionär [...] erleidet, stellt sich für ihn als Verlust des Verkehrswerts der Aktie dar. *Dieser ist mit dem Börsenkurs regelmäßig identisch.* Da der Verkehrswert aber die Untergrenze der wirtschaftlich vollen Entschädigung bildet, die Art. 14 Abs. 1 GG [...] fordert, steht es mit diesem Grundrecht grundsätzlich nicht in Einklang, im aktienrechtlichen Spruchstellenverfahren eine Barabfindung festzulegen, die niedriger ist als der Börsenkurs.[237]

Eine Überschreitung des Börsenkurses aufgrund eines tatsächlich höheren Ertragswertes sei dagegen verfassungsrechtlich unbedenklich. Nach Auffassung des Bundesverfassungsgerichts ist eine Bewertung anhand der mathematisch-betriebswirtschaftlichen Verfahren damit nicht etwa obsolet, sie wird vielmehr flankiert durch das Postulat, den Börsenkurs regelmäßig als Wertuntergrenze zu beachten.[238] Maßgeblich hierfür ist von Verfassungs wegen nicht unbedingt der erzielbare Börsenkurs am Bewertungsstichtag.[239] Dies forderten weder Art. 14 Abs. 1 GG noch die einfachgesetzlichen Vorschriften. Letztere geben zwar vor, dass die Ermittlung der Höhe der Barabfindung „die Verhältnisse der Gesellschaft im Zeitpunkt der Beschlussfassung ihrer Hauptversammlung" (vgl.

---

235 BVerfG, ZIP 1999, 1436, 1440; meines Erachtens findet der Gedanke, dass der Verkehrsfähigkeit von Aktien ein eigenständiger Wert zuzumessen ist, seinen Niederschlag mittelbar auch in der Vorschrift des § 29 UmwG, welche schon an die bloße Einschränkung der Fungibilität der Anteile ein Austrittsrecht der betroffenen Anteilseigner knüpft.

236 BVerfG, ZIP 1999, 1436, 1441.

237 BVerfG, ZIP 1999, 1436, 1441 (Hervorhebung des Verfassers).

238 Unbeachtlich sind dagegen nach Ansicht des Gerichts außerhalb der Börse tatsächlich gezahlte (Paket-) Preise, da sie regelmäßig keine Beziehung dem zu Wert des Anteilseigentums in der Hand des Minderheitsaktionärs haben, BVerfG, ZIP 1999, 1436, 1441; kritisch dazu *Behnke*, NZG 1999, 934, da auch durch einen außerbörslichen Handel ein Marktwert zwischen den Teilnehmern ausgehandelt werde, der als „wahrer", und damit zu berücksichtigender Wert zu qualifizieren sei.

239 Zumindest missverständlich daher die Urteilskommentierung von *Riegger*, DB 1999, 1889.

§§ 305 Abs. 3 S. 2, 320b Abs. 1 S. 2 AktG) zu berücksichtigen hat. Zu diesen maßgeblichen Verhältnissen am Stichtag gehöre aber nicht nur der Tageswert der Aktien sondern auch „ein auf diesen Tag bezogener Durchschnittswert“[240]. Die Zulässigkeit einer Abweichung vom Stichtag (i.S.d. Tagekurses) begründet das Gericht meines Erachtens zutreffend mit der Eliminierung spekulativer Kursmanipulationen. Insbesondere während der einmonatigen Einberufungsfrist zur Hauptversammlung, in der die betreffende Konzernierungsmaßnahme ja bereits angekündigt ist, besteht die Gefahr, dass der Kurs durch gezielte Manipulationen zu Lasten des Mehrheitsaktionärs nach oben getrieben wird.[241] Von daher ist es nach Ansicht des Gerichts etwa zulässig, auf einen Durchschnitts-Börsenkurs im Vorfeld der Bekanntgabe der anstehenden Strukturänderung zu rekrutieren. Die Entscheidung eröffnet den Zivilgerichten damit einen Spielraum, durch die Wahl der maßgeblichen Referenzperiode einem Missbrauch durch die Beteiligten zu begegnen.[242]

Geht somit das Bundesverfassungsgericht von der grundsätzlichen Maßgeblichkeit des Börsenkurses als Untergrenze der Abfindung aus, so konzediert es in seiner Entscheidung jedoch, dass es in bestimmten Fällen durchaus auch gerechtfertigt sein kann, den Börsenkurs zu unterschreiten. Dies sei dann verfassungsrechtlich zulässig, wenn besondere Umstände den Schluss nahe legen, dass „der Börsenkurs ausnahmsweise nicht den Verkehrswert der Aktie widerspiegelt.“[243] Einen solchen Fall nimmt das Gericht beispielhaft bei bestehender Marktenge an, etwa wenn bei einer Eingliederung durch Mehrheitsbeschluss nach § 320 AktG mindestens 95 % der Aktien unverkäuflich, der Börsenkurs damit aufgrund des geringen gehandelten Volumens nicht als ein durch einen

---

240 BVerfG, ZIP 1999, 1436, 1442.

241 Auf diese Gefahr weist das BVerfG, ZIP 1999, 1436, 1442 ausdrücklich hin; vgl. auch *Maier-Reimer/Ko*lb, in FS Welf Müller, S. 93, 102: „Die Spekulation auf eine Abfindung im Zusammenhang mit erwarteten (ggf. bereits angekündigten) Konzernierungsmaßnahmen soll nicht zugleich den (Mindest-)Betrag dieser Abfindung liefern.“

242 Über die Ausfüllung dieses Spielraums kam es in der Folgezeit zu unterschiedlichen Ansichten in der obergerichtlichen Rechtsprechung. So präferierte das OLG Stuttgart, BB 2000, 1313, 1314 einen längeren Referenzzeitraum von zwei Jahren (erachtete im zu entscheidenden Fall aber auch eine Periode von 5 Monaten vor Bekanntgabe des Unternehmensvertrags als ausreichend), das OLG Düsseldorf, AG 2000, 422, 423 f. hielt sich aufgrund der Vorgabe des § 305 Abs. 3 S. 2 AktG an den Kurs am Tag der Beschlussfassung gebunden, sofern dieser nicht missbräuchlich beeinflusst worden sei. Aufgrund dieser Abweichung in der Rechtsauffassung legte das OLG Düsseldorf gemäß §§ 306 Abs. 2 (a.F.), 99 Abs. 3 S. 6 AktG i.V.m. § 28 Abs. 2 FGG die Frage dem BGH zur Entscheidung vor (dazu sogleich im Text). Einen Überblick über weitere abweichende Ansichten zur Dauer des maßgeblichen Referenzzeitraums bzw. zum maßgeblichen Stichtag in Rechtsprechung und Literatur bieten *Hommel/Braun*, BB-Beilage 6 (Unternehmensbewertung), 2002, S. 10, 14 f. und *Piltz*, ZGR 2001, 185, 200.

243 BVerfG, ZIP 1999, 1436, 1441; beweispflichtig ist aber das herrschende Unternehmen (beim Unternehmensvertrag) bzw. die Hauptgesellschaft (bei der Eingliederung).

funktionierenden Markt repräsentativ gebildeter Wert angesehen werden kann.[244] Kommt dem Börsenkurs also mangels Aussagekraft über den Verkehrswert des Anteils keine Indizwirkung zu, ist der „wahre" Wert vielmehr niedriger, so kann die Höhe von Abfindung und Ausgleich[245] den Börsenkurs auch unterschreiten. Zusammenfassend lässt sich sagen, dass auch das Bundesverfassungsgericht nicht allgemein eine Abfindung zum Börsenkurs fordert, sondern an dem Grundsatz einer vollen Abfindung zum wahren (Verkehrs-) Wert des Anteils festhält, den Börsenkurs jedoch als grundsätzlichen – aber eben auch widerleglichen – Anhaltspunkt zur Bestimmung dieses Verkehrswertes ansieht.[246]

In der rechtswissenschaftlichen Literatur hat die Entscheidung breite Zustimmung gefunden[247], die instanzgerichtliche Rechtsprechung legt sie seitdem ihren Judikaten[248] zugrunde. In der Praxis hat die Rechtsprechungsänderung insoweit ihren Niederschlag gefunden, als auch das Institut der Wirtschaftsprüfer in seinem Standard S 1 zur Unternehmensbewertung nun den Börsenkurs jedenfalls zur Plausibilisierung eines anhand der klassischen betriebswirtschaftlichen Bewertungsverfahren ermittelten Unternehmenswertes heranzieht. Sachlich nicht begründbare Abweichungen zwischen beiden Werten sollen zum Anlass ge-

---

244 BVerfG, ZIP 1999, 1436, 1442.

245 Diese Grundsätze gelten nach Auffassung des Gericht nicht nur für die Barabfindung, sondern betreffen auch die Abfindung in Aktien (§§ 305 Abs. 2 AktG, 320b Abs. 1 S. 2 AktG) sowie den variablen Ausgleich nach § 304 Abs. 2 S. 2, BVerfG, ZIP 1999, 1436, 1442. Im Rahmen der Bestimmung der Verschmelzungswertrelation und des angemessenen Umtauschverhältnisses bestehe aber kein verfassungsrechtliches Gebot, bei der Bewertung des herrschenden Unternehmens bzw. der Hauptgesellschaft deren Börsenkurs als Obergrenze der Bewertung heranzuziehen, BVerfG, ZIP 1999, 1436, 1442.

246 Etwas anders *Maier-Reimer/Kolb*, in FS Welf Müller, S. 93, 99, die dem Urteil wohl eine Hinwendung zum präsumtiven Veräußerungserlös als einem eigenständigen Abfindungsmaßstab entnehmen.

247 Vgl. *Bilda*, NZG 2000, 296; *Decher*, in FS Wiedemann, S. 787; *Emmerich*, in Emmerich/Habersack, Aktien- und GmbH-Konzernrecht, § 305 AktG Rn. 42 ff.; *Erb*, DB 2001, 523; *Großfeld*, BB 2000, 261; *Hommel/Braun*, BB-Beilage 6 (Unternehmensbewertung), 2002, S. 10; *Hüttemann*, ZGR 2001, 454; *Komp*, Abfindungsanspruch, S. 350 ff.; *Luttermann.*, ZIP 2001, 869; *Maier-Reimer/Kolb*, in FS Welf Müller, S. 93 ff.; *Piltz*, ZGR 2001, 185; *Steinhauer*, AG 1999, 299; *Stilz*, ZGR 2001, 874; *Wilm*, NZG 2000, 234; kritisch dagegen *Riegger*, DB 1999, 1889; *Henze*, in FS Lutter, S. 1101; zur Rezeption der BVerfG-Entscheidung durch Zivilgerichte und Literatur siehe auch die Nachweise bei *Bungert/Eckert*, BB 2000, 1845.

248 BayObLG, AG 2002, 390; OLG Düsseldorf, AG 2000, 421; OLG Frankfurt, AG 2002, 404; OLG Hamburg, NZG 2001, 471; OLG Stuttgart, BB 2000, 1313; LG Dortmund, ZIP 2001, 739; LG Frankfurt, AG 2002, 358; zur Wertermittlung in Verschmelzungsfällen LG München; AG 2001, 99, allerdings ließ es das Gericht hier letztlich offen, ob die „DAT/Altana"-Grundsätze auch im Rahmen einer Verschmelzung Geltung beanspruchen, da im vorliegenden Fall der Ertragswert höher war als der Börsenwert der Aktien; ebenfalls zur Verschmelzungswertrelation KG, NZG 2003, 644.

nommen werden, die der betriebswirtschaftlichen Bewertung zugrunde liegenden Prämissen einer kritischen Überprüfung zu unterziehen.[249]

### cc) *Der „DAT/Altana" – Beschluss des Bundesgerichtshofs vom 12.03.2001*

Aufgrund einer von der Ansicht des *OLG Stuttgart* abweichenden Rechtsauffassung über den maßgeblichen Referenzkurs legte das *OLG Düsseldorf* diese Rechtsfrage gemäß §§ 306 Abs. 2, 99 Abs. 3 S. 6 AktG i.V.m. § 28 Abs. 2 FGG dem Bundesgerichtshof zur Entscheidung vor.[250] In seinem Beschluss grifft der Bundesgerichtshof die Rechtsprechung des Bundesverfassungsgerichtes auf und weitete sie aus.[251] Seiner Auffassung nach ist der Börsenkurs Ausgangspunkt der Bewertung der Aktie. Wie das Bundesverfassungsgericht zieht auch der Bundesgerichtshof aus dem Postulat einer wirtschaftlich vollen Entschädigung den Schluss, dass außenstehende Aktionäre grundsätzlich jedenfalls zum Börsenwert der Aktien abzufinden sind, es sei denn, der Ertragswert (in der Diktion des Bundesgerichtshofs „Schätzwert") liegt über diesem.[252] Seine Begründung stützt er auf die seiner Auffassung nach zutreffende Bewertung der Aktien durch einen informierten Markt. Insoweit führt der Beschluss aus:

> „Die Gleichstellung von Börsen- und Verkehrswert beruht auf der Annahme, dass die Börse auf der Grundlage der ihr zur Verfügung gestellten Informationen und Informationsmöglichkeiten die Ertragskraft des Gesellschaftsunternehmens [...] zutreffend bewertet, der Erwerber von Aktien sich an dieser Einschätzung durch den Markt orientiert und sich daher Angebot und Nachfrage danach regulieren, so dass sich die Markbewertung in dem Börsenkurs der Aktien niederschlägt [...]."[253]

Diese Wertschätzung des Marktes müsse ein herrschendes Unternehmen akzeptieren und zur Grundlage bzw. Untergrenze der von ihm zu gewährenden Abfindung machen, sei sie in bar oder in Aktien zu leisten. Ausnahmen seien – in Übereinstimmung mit dem Bundesverfassungsgericht – nur dann zu machen, wenn der Börsenkurs den Verkehrswert der Aktien ausnahmsweise nicht widerspiegelt. Hieran stellt das Gericht jedoch strenge Anforderungen. Nach seiner Ansicht kommt ein Zurückbleiben hinter dem – über dem Schätzwert liegenden - Börsenwert nur unter drei (abschließend aufgezählten) Aspekten in Betracht, nämlich dann, wenn mit Aktien der Gesellschaft „über einen längeren Zeitraum

---

[249] IdW-Standard S 1 Tz. 14 ff. Für eine so verstandene Berücksichtigung des Börsenkurses wohl auch *Großfeld*, Unternehmens- und Anteilsbewertung, S. 192. Allerdings weist auch der IdW-Standard S 1, Tz. 16 darauf hin, dass bei „einigen speziellen Unternehmensbewertungsanlässen" entsprechend der höchstrichterlichen Rechtsprechung der „Börsenkurs als Mindestgröße heranzuziehen" sei.

[250] Zu den unterschiedlichen Ansichten beider Gerichte siehe die Darstellung in Fn. 242.

[251] BGH, AG 2001, 417.

[252] BGH, AG 2001, 417, 418.

[253] BGH, AG 2001, 417, 418.

[...] praktisch kein Handel stattgefunden hat", wenn der einzelne außenstehende Aktionär aufgrund einer Marktenge „nicht in der Lage ist, seine Aktien zum Börsenpreis zu veräußern" oder schließlich wenn es zu einer Manipulation des Börsenkurses gekommen ist.[254] In diesen Fällen stellt der Börsenkurs keinen zuverlässigen, durch einen effizienten Markt gebildeten (Verkehrs-) Wert dar. Sind hierfür jedoch keine Anhaltspunkte ersichtlich, so hat sich die Abfindungshöhe (mindestens) am maßgeblichen Börsenkurs zu orientieren, es sei denn, der Schätzwert liegt höher. In diesem Fall steht nach Aussage des Gerichts dem ausscheidenden Aktionär der quotal auf seine Aktien bezogene, höhere Schätzwert zu.[255] Vor diesem Hintergrund dürfte in der Praxis auch weiterhin eine Unternehmensbewertung anhand der betriebswirtschaftlichen Verfahren zur Gegenüberstellung beider Werte notwendig sein. Etwas anderes kann nach Ansicht von *Wilm*[256] dann gelten, wenn offensichtlich ist, dass der Schätzwert hinter dem Börsenwert des Unternehmens zurückbleibt. Ein so begründeter Verzicht auf die Erstellung von Bewertungsgutachten dürfte aber rein tatsächlich ein hohes Risiko darstellen. Schon in Anbetracht der Tatsache, dass in der Praxis auch Gutachten zu demselben Bewertungsobjekt in ihren Ergebnissen häufig erheblich voneinander abweichen, dürfte es recht schwierig sein, eine solche Offensichtlichkeit sicher (d. h. vor allem unangreifbar) festzustellen. Vor dem Hintergrund eines erhöhten Anfechtungspotentials wird dies wohl kaum jemals der Fall sein.

Was die Bewertung des herrschenden Unternehmens anbelangt, geht der Bundesgerichtshof einen Schritt weiter als das Bundesverfassungsgericht. Hatte dieses noch festgestellt, gegen den Ansatz eines höheren Ertragswertes bei der Obergesellschaft bestünden keine verfassungsrechtlichen Bedenken, so schränkt der Bundesgerichtshof diese Möglichkeit erheblich ein. Seiner Auffassung nach repräsentiert der Börsenkurs grundsätzlich den für die Ermittlung der Verschmelzungswertrelation maßgeblichen Verkehrswert. Ein Ausnahme zugunsten eines höheren Ertragswertes bedürfe – anders als bei der beherrschten Gesellschaft – der

> „Darlegung und des Beweises von Umständen, aus denen auf die Abweichung des Börsenkurses vom Verkehrswert zu schließen sei."

Eine Begründung, warum der Ansatz eines über dem Börsenkurs liegenden Ertragswertes beim herrschenden Unternehmen im Gegensatz zur der Rechtslage bei der Untergesellschaft nur unter erheblich engeren Voraussetzungen zulässig

---

[254] BGH, AG 2001, 417, 418; aus der Gegenüberstellung von „Börsenwert" und „Schätzwert" ist ersichtlich, dass auch der BGH einer Trennung von Börsenwert und einem „wahren" oder „inneren" Wert verhaftet bleibt. Für die – in der betriebswissenschaftlichen Literatur bereits weitgehend vollzogene - Aufgabe der Kategorie eines wahren Wertes im Gegensatz zum Börsen- bzw. Verkehrswert *Piltz*, ZGR 2001, 185, 193 ff.

[255] BGH, AG 2001, 417, 419.

[256] *Wilm*, NZG 2000, 234, 239.

sein soll, bietet das Gericht nicht. Die Vorgabe führt zu einer einseitigen Belastung der Aktionäre des herrschenden Unternehmens. Im Hinblick auf den Schutz des Art. 14 Abs. 1 GG, der die Anteilseigner sowohl des Übertragers als auch des Übernehmers in gleicher Weise umfasst, erscheint eine solche Ungleichbehandlung jedenfalls nicht unbedenklich.[257]

Hatte das Bundesverfassungsgericht lediglich eine grobe, weite Interpretationsspielräume lassende Vorgabe über die Bestimmung des maßgeblichen Referenzzeitpunktes gesetzt, so schafft die Entscheidung des Bundesgerichtshofes auch in diesem Punkt zumindest vorläufig Klarheit und beendet damit (vorerst) ein „munteres Rätselraten“[258] in der instanzgerichtlichen Rechtsprechung. Eine Absage erteilt das Gericht denjenigen Auffassungen, die für die Maßgeblichkeit des Börsenkurses an einem bestimmten Stichtag plädierten, sei es nun der Kurs am Tag der betreffenden Beschlussfassung der Hauptversammlung[259], sei es der Stichtagskurs am Tag der Ad-hoc-Mitteilung nach § 15 WpHG.[260] Aus Gründen der Rechtssicherheit sei auf einen auf den Stichtag bezogenen Durchschnittskurs abzustellen. Hierbei greift der Senat die Befürchtungen des Bundesverfassungsgerichtes auf, bei Zugrundelegung des Stichtagsbörsenkurses könne es zu interessengesteuerten Manipulationen der Marktteilnehmer kommen. Seiner Ansicht nach werden

> „solche Manipulationen [...] erheblich erschwert, mit einiger Wahrscheinlichkeit sogar ausgeschlossen, wenn ein durchschnittlicher Referenzkurs gewählt wird.“[261]

Da sich dieser Referenzkurs aber auf die Wertverhältnisse am Stichtag zu beziehen habe, hält es das Gericht für geboten, als Referenzperiode „einen relative kurzen Zeitrum zu wählen“, der zudem „in größtmöglicher Nähe zu diesem Stichtag liegt“[262]. Aus diesem Grunde sei ein Zeitraum „von drei Monaten, der unmittelbar vor der Hauptversammlung der beherrschten AG liegt“, „erforderlich, aber auch ausreichend“[263], um den Gefahren einer Kursbeeinflussung wirksam zu begegnen. Um einen aussagekräftigen, auf kontinuierlichen Entwicklungen beruhenden Referenzkurs zu erhalten, sind „ungewöhnliche Tagesausschlä-

---

[257] Vgl. auch die Kritik bei *Hüffer*, AktG, § 305 Rn. 24h; *Bungert*, BB 2001, 1163 f.; *Paschos*, ZIP 2003, 1017, 1021; *Vetter*, ZIP 2000, 561, 566; zustimmend dagegen *Hüttemann*, ZGR 2001, 454, 464; *Krieger*, in Münch. Hdb. GesR, AG. § 70 Rn. 106; *Piltz*, ZGR 2001, 184, 203 f.

[258] So *Hommel/Braun*, BB-Beilage 6 (Unternehmensbewertung), 2002, S. 10, 14.

[259] Hierfür OLG Düsseldorf, AG 2000, 422, 423 f.; *Bilda*, NZG 2000, 296, 299; *Weiler/Mayer*, ZIP 2001, 2151, 2156 f.

[260] Da der Markt zu diesem Zeitpunkt erstmals über die Strukturänderungsmaßnahme informiert wird, ist der Kurs bis zu diesem Tag als weitgehend manipulationsfrei anzusehen.

[261] BGH, AG 2001, 417, 419.

[262] BGH, AG 2001, 417, 419.

[263] BGH, AG 2001, 417, 419.

ge oder sprunghafte Entwicklungen binnen weniger Tage, die sich nicht verfestigen", unberücksichtigt zu lassen.[264]

#### *dd) Anmerkungen und Kritik*

#### *(1) Maßgeblicher Referenzkurs*

#### *(a) Durchschnittskurs*

Das Abstellen auf den Durchschnittskurs eines bestimmten Referenzzeitraumes anstelle eines Stichtagskurses ist richtig. Denn Bedeutung kann dem Börsenkurs für die Ermittlung der angemessenen Kompensationshöhe nur dann beigemessen werden, wenn er die Bewertung des Marktes repräsentiert und ihm damit Aussagekraft für den Anteilswert zukommt. Der Börsenverlauf ist aber ein dynamischer Prozess, kein punktueller bzw. statischer Zustand.[265] In Anbetracht der von vielfältigen äußeren Umständen beeinflussten, häufigen Schwankungen der Börsenkurse würde die Fixierung auf einen bestimmten Tageskurs zur Einbeziehung stark zufallsbedingter Elemente in die Anteilsbewertung führen. Zu einer möglichst weitgehenden Eliminierung (oder zumindest Neutralisierung) solcher aleatorischer Einflüsse ist daher schon aus Gründen der Rechtsicherheit ein Durchschnittskurs zugrunde zu legen. Insbesondere kann so auch der Gefahr gezielter Kursmanipulationen entgegengetreten werden.

Solchen Kursbeeinflussungen will da s *OLG Düsseldorf* begegnen, indem es zwar grundsätzlich von der Maßgeblichkeit des Stichtagskurses ausgeht, hilfsweise aber einen Durchschnittskurs dann heranziehen will, wenn sich der Börsenkurs am Stichtag als Folge „eines Missbrauchs der am Kapitalmarkt bestehenden Möglichkeiten darstellt"[266]. Dieser Ansatz hat jedoch meiner Auffassung nach den praktischen Nachteil, dass sich ein solcher Missbrauch wohl oftmals nur schwer eindeutig nachweisen lassen wird. Der Vorschlag von *Piltz*, zur Aufdeckung von Manipulationen einen Vergleich mit den Börsenkursen branchengleicher Unternehmen durchzuführen[267], vermag dieses Problem möglicherweise

---

[264] BGH, AG 2001, 417, 419.

[265] Hierzu vgl. *Großfeld*, Unternehmens- und Anteilswertung, S. 192 ff, 194; *Röhricht*, in VGR Bd. 5 (2002), S. 3, 23. Diesen Punkt vernachlässigt meines Erachtens *Piltz*, ZGR 2001, 185, 200 f., der grundsätzlich auf den Stichtagskurs abstellen und manipulationsbedingte Kursentwicklungen „herausschätzen" will. Angesichts der vielseitigen Interdependenzen zwischen verschiedenen Einflussgrößen dürfte die Feststellung eines „normalen", also bereinigten Kursverlaufes in der Praxis jedoch zu erheblichen Unsicherheiten und Schwierigkeiten führen, da insoweit festzulegen wäre, welche Bedeutung der Markt dem einen bzw. dem anderen Umstand beigemessen hat.

[266] OLG Düsseldorf, AG 2000, 422, 424.

[267] *Piltz*, ZGR 2001, 185, 201; ihm folgend *Hüttemann*, ZGR 2001, 454, 478.

in den Fällen zu entschärfen, in denen ein vergleichbare Unternehmen einbeziehender, repräsentativer Branchendurchschnitt tatsächlich besteht. Doch selbst dann kann die Feststellung einer divergierenden Kursentwicklung der verglichenen Unternehmen lediglich Indizwirkung für eine gebotene Korrektur haben. Einen hinreichend sicheren Anhaltspunkt vermag sie indes nicht zu bieten. Denn hier wäre wiederum der Nachweis zu fordern, dass die unterschiedliche Kursentwicklung der verschiedener Unternehmen (auch derselben Branche) nicht eben doch das Ergebnis regulärer Marktdynamik ist. Durch ein hier befürwortetes „präventives" Abstellen auf einen Durchschnittskurs lassen sich dagegen von vorne herein die Auswirkungen verdeckter Manipulationen erheblich glätten. Der gefundene Wert ist nicht mehr dem Verdikt ausgesetzt, ein „lotterieähnliches" Zufallsergebnis zu sein.

*(b) Dauer des Referenzzeitraums*

Legt man also richtigerweise einen Referenzzeitraum zugrunde, so stellt sich die Folgefrage nach seiner Länge sowie nach seiner zeitlichen Positionierung. Das Bundesverfassungsgericht hatte diese Frage in seiner „DAT/Altana"-Entscheidung bewusst offen gelassen[268], was freilich eine umfangreiche Diskussion im rechtswissenschaftlichen Schrifttum ausgelöst hat. Gefordert wird hier ein Zeitraum von 30 oder 100 Tagen[269], von drei[270] bzw. fünf Monaten[271], mindestens sechs Monate[272], ein „Zeitraum von einem Jahr [..], oder sogar noch darüber hinaus"[273] oder schließlich „mindestens ein Jahr, [...] möglichst [...] zwei bis drei Jahre"[274]. Der Bundesgerichtshof hat dagegen – wie oben angeführt - zugunsten einer relativ kurzen dreimonatigen Referenzperiode unmittelbar vor der Beschlussfassung entschieden.

Hinter der Forderung nach einer möglichst weiten Ausdehnung des Bewertungszeitraumes steht in erster Linie der Gedanke, den über Jahrzehnte hinweg gegen die Berücksichtigung des Börsenkurses vorgebrachten Einwänden seiner Beeinflussbarkeit und Schwankungsunterworfenheit dadurch entgegen zu treten, dass man die Konstanz seiner Entwicklung in den Vordergrund stellt. Dass ein längerer Zeitraum zu einer geringeren Bedeutung von (zufallsbedingten) Kursausschlägen und damit zu einer größeren „Neutralität" des Börsenkurses führt, lässt sich nicht von der Hand weisen. Zu bedenken ist jedoch auch, dass man sich

---

268 BVerfG, ZIP 1999, 1346, 1442: „Wie der Stichtag festzusetzen ist, gibt die Verfassung nicht vor".

269 *Wilken*, ZIP 1999, 1443, 1444.

270 *Krieger*, BB 2002, 53, 56.

271 *Hüffer/Koch*, NZG 2000, 748, 749.

272 *Vetter*, DB 2001, 1347, 1351.

273 *Wilm*, NZG 2000, 234, 239.

274 *Luttermann*, ZIP 2001, 869, 872; so auch schon *ders.*, ZIP 1999, 45, 51.

durch die Wahl eines übergroßen Zeitraums immer weiter von dem im AktG und UmwG niedergelegten Stichtagsprinzips entfernt.[275] Zugleich kommt es zu einer zunehmenden Ausblendung aktueller Kursentwicklungen. Die tatsächlich gezahlte Abfindung hätte immer weniger mit dem Betrag zu tun, den der Minderheitsaktionär bei zu unterstellender „freier Deinvestitionsentscheidung" zum Zeitpunkt der Strukturmaßnahme erzielt hätte. Diese Überlegungen gilt es im Auge zu behalten.

Ein weiterer konkreter Vorschlag zur Dauer der Referenzperiode soll an dieser Stelle nicht gemacht werden. Es erscheint schon zweifelhaft, ob die Festlegung eines einheitlichen Bewertungszeitraums in Anbetracht der unterschiedlichen tatsächlichen Ausgangsvoraussetzungen verschiedener Strukturmaßnahmen überhaupt wünschenswert ist. So ist zu bedenken, dass eine kurze Referenzperiode bei großen Unternehmen (etwa DAX-100) möglicherweise ausreicht, um einen aussagekräftigen Durchschnittswert festzustellen, in demselben Zeitraum dagegen bei Gesellschaften mit geringerer Liquidität die Ermittlung eines repräsentativen Verkehrswertes nicht möglich sein kann.[276] Beide Tendenzen, sowohl zu einer kürzeren als auch einer längeren Referenzzeit haben daher Vor-, aber auch Nachteile. Die teils geforderten Extremwerte von zwei bis drei Jahren sind meines Erachtens angesichts der oben dargestellten Erwägungen zu lang. Einen gesetzlich fixierten Anhaltspunkt könnte insoweit § 5 Abs. 1 der AngebotsVO zum WpÜG darstellen, wonach Übernahme- und Pflichtangebot (§§ 29 ff., 35 ff. WpÜG) als Mindestwert den gewichteten durchschnittlichen Börsenkurs der Zielgesellschaft während der letzten drei Monate[277] vor Veröffentlichung der Entscheidung zur Abgabe eines Angebotes (§ 10 Abs. 1 S. 1 WpÜG) bzw. vor Veröffentlichung der Kontrollerlangung nach § 35 Abs. 1 S. 1 WpÜG) berücksichtigen müssen.

*(c) Positionierung des Referenzzeitraums*

Spricht somit zugunsten der Vorgaben des Bundesgerichtshofs zur maßgeblichen Dauer des Bewertungszeitraums der Vergleich mit der gesetzlichen Regelung auf einem sachverwandten Rechtsgebiet, so ist jedoch die vom Gericht vorgenommene Positionierung der Referenzperiode kritisch zu hinterfragen. Zuzugeben ist auch hier, dass die Wahl der letzten drei Monate unmittelbar vor der Beschlussfassung am ehesten dem Stichtagsprinzip gerecht wird. Sie führt jedoch zu unterschiedlichen Problemen. Zum einen hat ein so gewählter Endzeit-

---

[275] Hierauf weist zu Recht auch *Röhricht*, in VGR Bd. 5 (2002), S. 3, 24 hin.

[276] So stellt etwa der IdW-Standard S 1 Tz. 16 lapidar fest: „Die Länge des Referenzzeitraumes hängt grundsätzlich von den konkreten Gegebenheiten des Einzelfalls ab."

[277] Die Börsensachverständigenkommission beim Bundesministerium der Finanzen hatte einen Zeitraum von sechs Monaten vorgeschlagen, siehe Börsensachverständigenkommission, Standpunkte zur künftigen Regelung von Unternehmensübernahmen, 1999, S. 17.

punkt den nicht zu unterschätzenden Nachteil, dass Kursmanipulationen, die infolge des Bekanntwerdens der geplanten Strukturmaßnahme auftreten, in den so berechneten Durchschnittskurs Eingang finden. Die Gefahr solcher Kursbeeinflussungen ist schon ab der Bekanntgabe der Maßnahme gegeben, der Großteil der vom Bundesgerichtshof befürworteten Periode liegt von diesem Zeitpunkt aus gesehen aber noch in der Zukunft. Von daher ist es wohl unzutreffend, mit dem Gericht davon auszugehen, der von ihm gewählte Zeitraum sei zur Abwehr von Manipulationsgefahren „erforderlich, aber auch ausreichend". Vor diesem Hintergrund scheint es sinnvoller, statt auf den Hauptversammlungstermin auf den Tag der Bekanntgabe der gesellschaftsrechtlichen Maßnahme als Enddatum abzustellen. Dies dürfte regelmäßig der Tag der Ad-hoc-Mitteilung nach § 15 WpHG sein.[278] Neben ihrer grundsätzlichen Kapitalmarktorientierung hat eine solche Bezugnahme auf den Zeitpunkt des Bekanntwerdens der Maßnahme auch wieder den Vorteil, mit der soeben erwähnten gesetzlichen Vorgabe aus § 5 Abs. 1 AngebotsVO zum WpÜG in Einklang zu stehen.

Zum anderen steht die Vorgabe des Bundesgerichtshofs offensichtlich im Widerspruch zu den gesetzlich vorgesehenen Informationspflichten, die Aktien- und Umwandlungsrecht im Zuge der Strukturmaßnahmen statuieren.[279] So schreibt § 124 Abs. 2 S. 2 AktG vor, dass bei Einberufung der Hauptversammlung der wesentliche Inhalt des (Unternehmens-) Vertrages bekannt zu machen ist, wozu auch die Höhe von Abfindung und Ausgleich bzw. das Umtauschverhältnis gehörten. Ab diesem Zeitpunkt müssen auch die betreffenden Vorstandsberichte zur Einsicht der Aktionäre ausliegen, welche ebenfalls eine rechtliche und wirtschaftliche Erläuterung dieser Informationen zum Gegenstand haben. Das Gesetz geht also von der Prämisse aus, dass bei Einberufung der Hauptversammlung die Höhe einer anzubietenden Abfindung bestimmt ist. Zu diesem Zeitpunkt ist aber etwa erst die Hälfte der nach Ansicht des Bundesgerichtshofs für die Ermittlung eben dieser Abfindung maßgeblichen Referenzperiode abgelaufen.[280] Zudem wird auch der Vertragsprüfer die Angemessenheit einer Abfindung, deren Berechnungsgrundlagen er noch gar nicht kennt, nicht prüfen können. Von daher scheint es geboten, nicht auf den Hauptversammlungstermin,

---

278 *Vetter*, DB 2001, 1347, 1348; *Wilken*, ZIP 1999, 1443, 1444; *Wilm*, NZG 2000, 234, 239; vgl. auch die diesbezüglichen Überlegungen des BVerfG, ZIP 1999, 1436, 1442; siehe auch den Hinweis von *Bungert*, BB 2001, 1163, 1165, dass es in der Praxis typischerweise nach Bekanntgabe der Höhe von Abfindung und Ausgleich zu einer sprunghaften Kursveränderung komme, dieser Kurs aber im Folgenden auf neuem Niveau konstant bleibe. Dieser Teil der Referenzperiode falle aber wohl kaum unter die nach Ansicht des BGH unbeachtlich bleibenden „sprunghafte(n) Entwicklungen binnen weniger Tage, die sich nicht verfestigen".

279 Vgl. *Bungert*, BB 2001, 1163, 1165; *Krieger*, BB 2002, 53, 56; *Vetter*, DB 2001, 1347, 1349 f.

280 Die praktische Unmöglichkeit dieses Ansatzes hebt auch BayObLG, BB 2003, 275, 279 hervor.

sondern auf den Tag der Bekanntgabe als Endtermin des Bewertungszeitraumes abzustellen.

### (2) *Börsenkurs als maßgeblicher Wert*

Die Abwendung von dem Dogma des Börsenkurses als einem Wert, der nichts mit dem „wahren" Wert der Aktie zu tun hat, ist grundsätzlich begrüßenswert. Es ist nun mal eine Tatsache, dass der Börsenkurs dem Preis entspricht, der in der Praxis regelmäßig für eine Aktie bezahlt bzw. für sie gefordert wird. Insbesondere der Kleinaktionär bemisst den Wert seiner Gesellschaftsbeteiligung in der Regel anhand der veröffentlichen Börsenkurse. Der Börsenkurs stellt für ihn diejenige Größe dar, an der er ermessen kann, welchen geldwerten Vorteil ihm sein Anteil (im Falle eines Verkaufs) gewährt. Von daher scheint es in der Tat an den wirklichen Gegebenheiten vorbeizugehen, von einer „vollen" Abfindung zu sprechen, wenn diese Abfindung deutlich hinter dem Börsenwert der Aktie zurückbleibt.

Die Aktiengesellschaft ist, wie *Luttermann*[281] zu Recht betont, ihrem Wesen nach eine marktwirtschaftliche „Börsenveranstaltung". Aus dem Marktgeschehen bezieht das Unternehmen über Angebot und Nachfrage seinen Marktwert. Der Börsenkurs des Unternehmens ist dabei das Resultat eines „tatsächlichen Preisbildungsprozesses am Markt"[282]. Er stellt (zugegebenermaßen idealiter) einen repräsentativen Mittelwert der auf das betreffende Unternehmen bezogenen Wertvorstellungen der Gesamtheit der Marktteilnehmer dar. Mit ihm vergüten die Marktteilnehmer den Wert des Unternehmens als einen - insoweit in Gleichlauf zur Ertragswertmethode – aus den erwarteten zukünftigen Zahlungsüberschüssen auf den aktuellen Bewertungsstichtag diskontierten Barwert.[283] Die Börse ist damit in unserer Wirtschaftsordnung für Aktiengesellschaften diejenige Institution, an der ihre Wertbestimmung erfolgt. Parallel zu der zunehmenden gesetzlichen Reglementierung des Börsenhandels sowie der Verbesserung der Informationsgrundlagen (und damit der Effizienz) des Marktes hat sich auch das frühere verbreitete gesellschaftliche Verständnis von der Börse als einer unseriösen, glücksspielartigen Veranstaltung „in der Nähe von Spiel und Wette"[284] gewandelt. Stellt damit der Börsekurs den Inbegriff des Wertes dar,

---

281 *Luttermann*, AG 2000, 459, 461; *ders.*, ZIP 2001, 869, 871.

282 *Hüttemann*, ZGR 2001, 454, 468; ähnlich *Steinhauer*, AG 1999, 299, 303: Der Börsenkurs repräsentiere „den größtmöglichen Konsens unter den Anlegern über den Wert einer Aktie".

283 Ist bereits ein (Weiter-)verkauf der Aktie geplant, so ist den während des Planungszeitraumes prognostizierten, auf den gegenwärtigen Zeitpunkt abgezinsten Erträgen (also i. d. R. die Dividenden) noch der (diskontierte) potenzielle Weiterveräußerungspreis hinzuzurechnen, vgl. dazu *Hommel/Braun*, BB-Beilage 6 (Unternehmensbewertung), 2002, 10 f.

284 Der Veränderung in der gesellschaftlichen Sichtweise ist nach Ansicht von *Piltz*, ZGR 2001, 185, 189 f. einer der wesentlichen Gründe für die Wende in der Rechtsprechung.

den der Markt einer Aktiengesellschaft zuweist, so kann es tatsächlich nicht angehen, eben diesen aus den „Verhältnisse(n) der Gesellschaft" kategorisch auszublenden. Genau diese Verhältnisse sind aber nach den §§ 305 Abs. 3 S. 2, 320b Abs. 1 S. 5 AktG, §§ 30 Abs. 1 S. 1, 208 UmwG bei der Bemessung der Abfindung an ausscheidende Anteilseigner zu berücksichtigen. Im Streitfalle hat letztlich auch der Richter nach §§ 286, 287 ZPO „unter Würdigung aller Umstände", und damit eben auch unter Würdigung des Börsenkursen zu befinden.

Im Rahmen dieser Würdigung hat der Richter schließlich auch darüber zu befinden, ob der Börsenkurs tatsächlich auch den Wert der Aktie widerspiegelt, denn nur dann kann er auch zur Grundlage der Abfindungsbemessung gemacht werden. Keine Aussagekraft kommt dem Börsenkurs in den Fällen zu, in denen er nicht als (aktuelles) Ergebnis einer Bewertung des Unternehmens durch einen effizienten Markt erscheint. Voraussetzung ist grundsätzlich das Vorliegen eines bestimmten Handelsumfangs bzw. einer gewissen Handelsfrequenz.[285] Findet ein Handel etwa nur vereinzelt und auch nur mit einem äußerst geringen Teil der Aktien überhaupt statt, so kann der so zustande gekommene Börsenkurs nicht als Ausdruck einer repräsentativen Durchschnittswertbestimmung durch einen funktionierenden Markt angesehen werden. Das Gleiche gilt selbstverständlich dann, wenn der Kurs eben nicht Ergebnis eines regulären Handels ist, sondern manipulativ beeinflusst wurde. Allein die abstrakte Gefahr, dass es zu Kursbeeinflussungen kommen kann, rechtfertigt aber noch nicht die generelle Ablehnung des Börsenkurses als Bewertungsfaktor, zumal auch (insbesondere parteiveranlasste[286]) Sachverständigengutachten in der Praxis nicht zwingend Ausdruck unbedingter Neutralität sein müssen. Liegen allerdings diese an das Zustandekommen eines repräsentativen Börsenkurses zu stellenden Voraussetzungen tatsächlich nicht vor, so ist auf den anhand der bereits vorgestellten Bewertungsverfahren ermittelten (Ertrags-) Wert zurück zu greifen.

Diese Erwägungen, die den Börsenkurs als (Mindest-) Höhe der Abfindung stützen, gelten gleichermaßen für die aktienrechtliche Abfindungsbemessung sowie

---

[285] Hierzu vgl. *Bungert*, BB 2001, 1163, 1164 („Über die konkreten Zahlen kann man mit Fug und Recht streiten."); *Luttermann*, ZIP 1999, 45, 51; welche Mindestwerte man im einzelnen an das gehandelte Aktienvolumen bzw. an die Anzahl der Handelstage anzulegen hat, soll hier nicht weiter erörtert werden. Ebenso offen bleiben soll hier die Frage, ob es nicht noch weitere Fallgruppen als die vom BGH genannten gibt, in denen dem Börsenkurs seine Aussagekraft abzusprechen ist. Vor dem Hintergrund der dramatischen Entwicklung der letzten Jahre an den Börsen, insbesondere am neuen Markt lässt sich – in Anklang an BVerfG, ZIP 1999, 1436, 1442 an eine Fallgruppe der „schlechten Verfassung der Kapitalmärkte" denken. Die Frage, was hierunter zu fassen ist (vgl. die diesbezügliche Kritik von *Großfeld*, Unternehmens- und Anteilsbewertung, S. 191), bedarf aus Gründen der Rechtssicherheit jedoch einer weiteren Konkretisierung durch die Wissenschaft.

[286] Zu der Neuregelung der Bestellung der Verschmelzungsprüfer durch das Spruchverfahrensneuordnungsgesetz siehe unter § 3 C. II.

auch für die umwandlungsrechtlichen Abfindungsansprüche. Auch wenn die Ausführungen von Bundesverfassungsgericht und Bundesgerichtshof ausschließlich Abfindungsfälle bei Abschluss von Unternehmensverträgen bzw. im Rahmen von Mehrheitseingliederungen zum Gegenstand hatten, so sind die angestellten Erwägungen doch auf Verschmelzungsfälle übertragbar.[287] In beiden Fallgruppen kommt es, wie *Vollrath*[288] zutreffend feststellt, zu einer Beeinträchtigung der grundrechtlich geschützten Herrschafts- bzw. Vermögensrechte des Minderheitsaktionärs, dessen Rechtsposition durch eine von ihm nicht zu verhindernde Maßnahme nachteilig berührt wird. In beiden Fällen verliert der abzufindende Aktionär die Gesellschafterstellung in seinem bisherigen Rechtsträger. Eine grundsätzlich geringere Belastungsintensität von Umwandlungsvorgängen etwa gegenüber dem Abschluss eines Beherrschungs- und Gewinnabführungsvertrags ist nicht ersichtlich.[289].

Auch wenn sich das Verhältnis der Gesellschaften bei Abschluss eines Gewinnabführungs- und Beherrschungsvertrages regelmäßig als Über-Unterordnungsverhältnis darstellen wird, wohingegen eine Verschmelzung durchaus auch zwischen gleichberechtigten Partnern[290] stattfindet, ändert dies doch nichts Wesentliches an der Schutzwürdigkeit des Minderheitsaktionärs, der die Strukturänderung nicht zu verhindern vermag. In beiden Fällen wird die Eigentümerposition des außenstehenden Aktionärs erheblich tangiert. Die qualitativen und quantitativen Veränderungen der Mitgliedschaft, die den Anteilseigner im Zuge einer Verschmelzung treffen (veränderte Ausgestaltung und Fungibilität seiner Anteilsrechte, Verwässerung seiner Mitgliedschaft, veränderte Haftungsrisiken) lassen es auch hier geboten erscheinen, den ausscheidenden Gesellschafter nicht unter dem Börsenkurs abzufinden. Das Umwandlungsgesetz billigt - wie oben dargelegt - dem von einer Verschmelzung betroffenen Aktio-

---

287 *Vollrath*, in Widmann/Mayer, § 30 UmwG Rn. 16 ff.; *Erb*, DB 2001, 523; *Wilm*, NZG 2000, 234, 237 f.; a.A. *Bungert/Eckert*, BB 2000, 1845, *Riegger*, DB 1999, 1889, 1890 f.

288 *Vollrath*, in Widmann/Mayer, § 30 UmwG Rn. 16; *ders.*, in FS Widmann, S. 117, 124 f.

289 Von einer geringeren Eingriffsintensität bei Abschluss eines Verschmelzungsvertrages geht auch der Gesetzgeber nicht aus. Im Gegenteil findet sich etwa in der Regierungsbegründung zu § 293a Abs. 3 AktG (BT-Drucks. 12/6699, S. 178), der einen gegenüber der Verschmelzung erleichterten Verzicht auf den Unternehmensvertragsbericht ermöglicht, die gesetzgeberische Einschätzung wieder, dass der „*Eingriff in die Rechte der Aktionäre [...] hier (scil.: beim Unternehmensvertrag) auch nicht so schwer [wiege] wie bei einer Verschmelzung.*“ Eine solche pauschale Behauptung erscheint jedoch ebenfalls zweifelhaft, da der außenstehende Aktionär durch den - i. d. R. aus steuerlichen Gründen (siehe hierzu *Emmerich/Sonnenschein/Habersack*, Konzernrecht, S. 158, 177 ff.) kombinierten - Abschluss von Gewinnabführungs- und Beherrschungsverträgen ebenfalls elementarer Aktionärsrechte verlustig geht. Kritisch zu der angeblich geringeren Eingriffsqualität auch *Aha*, Unternehmensvertragsbericht, S. 26 ff.

290 So wird etwa die Daimler-Chrysler-Fusion in dem sie betreffenden Verschmelzungsbericht ausdrücklich als ein „Merger of Equals“ bezeichnet, vgl. den Verschmelzungsbericht (Fn. 19), Kap. I., S. 13.

När die Möglichkeit zu, gegen eine wirtschaftlich vollwertige Abfindung aus der Gesellschaft auszuscheiden, da ihm eine Umgestaltung seiner Rechtsposition gegen seinen Willen nicht zuzumuten ist. Um ihn voll zu entschädigen, muss er aber den realisierbaren Verkehrswert seines Anteils erhalten. Dieser wiederum entspricht, wie die vorangegangenen Ausführungen zeigen, regelmäßig dem Wert, der dem Gesellschaftsanteil durch einen effektiven Markt zugewiesen wird, mithin dem Börsenkurs.

Nicht zu überzeugen vermag auch der Einwand von *Hügel*[291], dass für Verschmelzungsvorgänge der Börsenkurs deshalb irrelevant sei, weil den Gesellschaftern des übertragenden Rechtsträger – anders als den außenstehenden Aktionären im Fall der §§ 305, 320b AktG – keine Entschädigung für den Verlust der Anteilsrechte an der „eigenen" Gesellschaft zustehe. Zu entschädigen sei vielmehr die Vorenthaltung der Beteiligung an den „vereinigten Unternehmen", also dem Zielrechtsträger. Für diesen bestehe jedoch zum maßgeblichen Zeitpunkt überhaupt noch kein Börsenkurs. Hiergegen ist einzuwenden, dass es auch bei der verschmelzungsrechtlichen Abfindung sehr wohl um eine Entschädigung für den Wert der Mitgliedschaft an der *übertragenden* Gesellschaft geht. Der Aktionär ist so zu stellen, als ob die betreffende Verschmelzung unterblieben wäre bzw. wie er bei freier Deinvestitionsentscheidung zum Zeitpunkt der Verschmelzung stünde. Der Wert seines Anteils richtet sich in diesem Falle aber eben nach seiner „bisherigen" Beteiligung. Hierfür ist ihm Entschädigung zu leisten. Insoweit kann auch hier auf die Ausführungen zur Nichtberücksichtigung von echten Synergieeffekten verwiesen werden. Diese Sicht wird zudem durch den Wortlaut des Gesetzes bestätigt. Diejenigen Vorschriften, die die Bemessung einer anzubietenden Barabfindung regeln – sei sie nun umwandlungsrechtlicher (§§ 30 Abs. 1 S. 1, 208 UmwG) oder aktienrechtlicher Natur (§§ 305 Abs. 3 S. 2, 320b Abs. 1 S. 5 AktG) – fordern hierfür sämtlich eine Berücksichtigung der Verhältnisse der bisherigen Gesellschaft des abzufindenden Anteilseigners (§ 30 UmwG spricht ausdrücklich von den „Verhältnisse(n) des übertragenden Rechtsträgers", bei den aktienrechtlichen Vorschriften ergibt sich die Bezugnahme auf die beherrschte bzw. eingegliederte Gesellschaft aus dem systematischen Kontext der Norm). Damit ist eben nicht das vorenthaltene Anteilsrecht zu entschädigen. Dessen fehlende Börsennotierung ist mithin unerheblich, maßgeblich ist der Wert der bisherigen Beteiligung bzw. der sie betreffende Börsenkurs.

Unterstützend lässt sich meiner Auffassung nach auch die Gesetzesbegründung zu § 31 WpÜG anführen. Nach dieser Vorschrift hat der Bieter im Falle eines Übernahmeangebotes den Aktionären für ihre Anteile eine „angemessene Gegenleistung anzubieten". Diese hat nach § 31 Abs. 1 S. 1 WpÜG den durch-

---

[291] *Hügel*, Verschmelzung und Einbringung, S. 202.

schnittlichen Börsenkurs der Zielgesellschaft zu berücksichtigen. Ausweislich der Gesetzesbegründung[292] waren für § 31 Abs. 1 WpÜG die umwandlungsrechtlichen Regelungen zur Barabfindung Vorbild. Zwar bezieht sich der Verweis auf die umwandlungsrechtlichen Vorschriften primär auf den von dort übernommenen unbestimmten Rechtsbegriff der „Angemessenheit" der Abfindung. Jedoch wird als Grund für diese Parallelität von der Gesetzesbegründung selbst im Folgenden die „Sachnähe" beider Rechtsgebiete angeführt, was letztlich auch eine Gleichbehandlung der abzufindenden Aktionäre nahe legt.

*(3) Maßgeblichkeit des Börsenkurses für die Ermittlung der Verschmelzungswertrelation*

Problematisch erscheint dagegen, ob die „DAT/Altana"-Grundsätze des Bundesverfassungsgerichts auch für die Berechnung des verschmelzungsrechtlichen Umtauschverhältnisses maßgeblich sind. Während eine Literaturmeinung dies bejaht[293], wird von anderen Stimmen ihre Übertragung auf Verschmelzungsfälle abgelehnt.[294] Eine vermittelnde Position differenziert für die Frage der Reichweite der „DAT/Altana"-Entscheidungen zwischen der Verschmelzung voneinander unabhängiger und konzernverbundener Unternehmen. Nur in letztgenannter Konstellation sei aufgrund des hier bestehenden Konzernkonfliktes eine Übertragung der neuen Judikatur auf die Verschmelzung sachgerecht.[295] In seiner „Hypo-Vereinsbank"-Entscheidung kommt nunmehr auch das *BayObLG* zu dem Ergebnis, dass jedenfalls bei einer Verschmelzung zweier Aktiengesellschaften, von denen keine beherrschenden Einfluss auf die andere ausübe, eine Berücksichtigung des Börsenkurses verfassungsrechtlich nicht geboten sei.[296] In der Unternehmenspraxis blieb dagegen die Frage nach der Maßgeblichkeit der „DAT/Altana"-Grundsätze für die Berechnung der Verschmelzungswertrelation zumeist dahingestellt, da entweder dem Börsenkurs seine Aussagekraft wegen bestehender Marktenge abgesprochen wurde[297] oder die ertragswertgestützte

---

292 Vgl. Begr. RegE zu § 31 WpÜG, abgedruckt bei *Pötzsch*, Übernahmerecht, S. 237 f.

293 *Lutter*, in Lutter, UmwG, § 5 Rn. 23c; *Behnke*, NZG 1999, 934; *Erb*, DB 2001, 523; *Hommel/Braun*, BB-Beilage 6 (Unternehmensbewertung), 2002, S. 10, 16; *Vetter*, AG 1999, 569, 572; *ders.*, ZIP 2000, 561, 566; *Weiler/Meyer*, ZIP 2001, 2153, 2155; wohl auch *Großfeld*, BB 2000, 261, 266; *Neye*, EWiR Art. 14 GG 2/99, 751, 752.

294 *Bungert*, BB 2001, 1163, 1166; *ders.*, BB 2003, 699; *ders./Eckert*, BB 2000, 1845; *Decher*, in FS Wiedemann, S. 787, 806 f.; *Hüttemann*, ZGR 2001, 454, 465; *Riegger*, DB 1999, 1890; *Wilm*, NZG 2000, 234, 237; wohl auch *Hüffer*, AktG, § 305 Rn. 24k.

295 *Kruse*, Delisting, S. 102 ff.; *Paschos*, ZIP 2003, 1017, 1019 ff.; *Wilsing/Kruse*, DStR 2001, 991, 994 ff.

296 BayObLG, ZIP 2003, 253; vgl. hierzu *Bungert*, BB 2003, 699; *Paschos*, ZIP 2003, 1817; *Weiler/Meyer*, NZG 2003, 669.

297 So etwa bei der Verschmelzung RWE/VEW, vgl. *Paschos*, ZIP 2003, 1017, 1018.

Unternehmensbewertung einen über dem jeweiligen Börsenkurs liegenden Anteilswert ermittelte.[298]

Beachtliche und jedenfalls im Ansatz zustimmungsfähige Argumente werde von den Kritikern einer börsenkursgestützten Ermittlung des Umtauschverhältnisses ebenso vorgebracht wie von ihren Befürwortern. Vorzugswürdig scheint meines Erachtens jedoch eine an der unterschiedlichen Interessenlage bei konzerninternen und konzernexternen Verschmelzungen orientierte differenzierende Sichtweise. Im Ausgangspunkt zu beachten gilt es, dass in gleicher Weise das Anteilseigentum der Gesellschafter sowohl des übertragenden wie auch des aufnehmenden Rechtsträgers dem Eigentumsschutz des Art. 14 Abs. 1 GG unterfällt. Eine Besserstellung der Aktionäre des einen Unternehmens wirkt sich unmittelbar zu Lasten der Anteilseigner der anderen Gesellschaft aus. Soweit also beispielsweise aufgrund eines den Ertragswert übersteigenden Börsenkurses dieser höhere Wert zugrunde gelegt wird, begünstigt dies die Aktionäre dieses Rechtsträgers. Hiermit geht zwangsläufig eine Benachteiligung der Aktionäre der aufnehmenden Gesellschaft einher, bei der der Börsenwert ihren Ertragswert nicht (in gleichem Maße) übersteigt, da ihre Mitgliedschafts- und Vermögensrechte im Vergleich zu der Unternehmensertragswertrelation proportional stärker absinken.[299]

### *(a) Verschmelzung voneinander unanhängiger Unternehmen*

Die Aussagen des Bundesverfassungsgerichts zur Berücksichtigung des Börsenkurses in Sachen „DAT/Altana“ sind vor dem Hintergrund der ihnen zugrunde liegenden Sachverhaltskonstellationen zu verstehen, die sich durch das Vorliegen eines „Konzernkonflikts“[300] auszeichneten. In Rede stand hier die Interessenlage der betroffenen Anteilsinhaber bei Abschluss eines Gewinnanführungs- und Beherrschungsvertrages bzw. bei der Mehrheitseingliederung. Beiden Strukturmaßnahmen ist gemeinsam, dass dem Großaktionär eine besondere Stellung eingeräumt wird, kraft derer er zu seinem einseitigen Vorteil in die grundrechtlich geschützte Rechtsposition der außenstehenden Aktionäre einzugreifen vermag. Bei der Eingliederung besteht diese Eingriffsbefugnis in dem Recht, die Minderheitsgesellschafter ganz aus der abhängigen Gesellschaft herauszudrän-

---

298 So etwa bei der Verschmelzung VEBA/VIAG, vgl. den Verschmelzungsbericht (Fn. 374), S. 139.

299 Vgl. *Paschos*, ZIP 2003, 1017, 1020; *Weiler/Meyer*, NZG 2003, 669, 670; *Wilsing/Kruse*, DStR 991, 993 f.; *Kruse*, Delisting, S. 102; aus ebendiesem Befund folgert *Riegger*, DB 1999, 1889, 1890 die Unübertragbarkeit der „DAT/Altana“-Rechtsprechung auf die Verschmelzung; ebenso *Bungert/Eckert*, BB 2000, 1845, 1846 f.

300 Vgl. BVerfG, ZIP 1999, 1436, 1439: „Der Gesetzgeber kann es vielmehr aus gewichtigen Gründen des Gemeinwohls für angebracht halten, *die Interessen der Minderheitsaktionäre an der Erhaltung der Vermögenssubstanz hinter die Interessen an einer freien Entfaltung der unternehmerischen Initiative im Konzern zurücktreten zu lassen*“.

gen, beim Unternehmensvertrag darin, die außenstehenden Aktionäre jedenfalls zukünftig von der wirtschaftlichen Ertragskraft ihres Unternehmens auszuschließen. In beiden Fällen ist zudem dem Vorstand des herrschenden Unternehmens mit Blick auf die Interessen seiner Anteilseigner daran gelegen, die Kompensation für die außenstehenden Aktionäre möglichst gering zu halten. Diese haben ihrerseits aufgrund der Stimmrechtsübermacht des Großaktionärs auch keine Möglichkeit, ihre Vermögensinteressen im Wege der Vertragsverhandlungen in angemessener Weise durchzusetzen. Auch eine Beschlussanfechtung kommt gemäß §§ 304 Abs. 3 S. 2, 320b Abs. 2 AktG nicht in Betracht. Angesichts dieses Interessenkonflikts und der besonderen Schutzbedürftigkeit der außenstehenden Aktionäre ist es gerechtfertigt, dem Großaktionär, in dessen Interesse die Strukturmaßnahme durchgeführt wird, aus Gründen des verfassungsrechtlich gebotenen Eigentumsschutzes eine Abfindung aufzuerlegen, die ihrer Höhe nach nicht unter dem Börsenkurs der abhängigen Gesellschaft liegt.

Demgegenüber stellt sich die Situation bei der Verschmelzung gleichberechtigter Unternehmen (Merger of Equals) anders dar. Ein Konflikt zwischen den Interessen des Großaktionärs und der Minderheitsaktionäre der jeweiligen Vertragspartei im oben beschriebenen Sinne besteht hier nicht. Soweit ein Mehrheitsaktionär an der Gesellschaft beteiligt ist, hat er das gleiche Interesse an einer für ihn möglichst günstigen Umtauschrelation, wie es die Minderheitsaktionäre haben. In diesem Sinne werden auch die Vorstände der beteiligten Unternehmen bei den Vertragsverhandlungen vorgehen. Setzen sie – oder über sie ein beteiligter Großaktionär - im Verhandlungsstadium ein günstiges Umtauschverhältnis durch, so kommt dieses gleichzeitig auch den Minderheitsgesellschaftern zugute. Anders als bei Unternehmensvertrag oder Mehrheitseingliederung sitzen hier die jeweiligen Aktionärsgruppen in aller Regel „in einem Boot“[301]. Ein Konzernkonflikt, wie er der „DAT/Altana“-Entscheidung des Bundesverfassungsgerichts zugrunde lag, ist somit bei der Verschmelzung voneinander unabhängiger Unternehmen nicht auszumachen, die Berücksichtigung eines über dem Ertragswert liegenden Börsenkurses in Übertragung dieser Grundsätze von Verfassungs wegen nicht geboten.

---

301 *Bungert/Eckert*, BB 2000, 1845, 1846; ebenso BayObLG, ZIP 2003, 253, 256; *Hüttemann*, ZGR 2001, 454, 465; *Kruse*, Delisting, S. 102; *Paschos*, ZIP 2003, 1017, 1023; *Wilm*, NZG 2000, 234, 235 f.; siehe aber auch Fn. 527.; zwar kann es freilich auch bei der Verschmelzung unabhängiger Unternehmen dazu kommen, dass eine bestimmte Aktionärsgruppe überstimmt wird, vgl. Riegger, DB 1999, 1890. Dem deutschen Aktienrecht ist jedoch – worauf *Wilm*, NZG 2000, 234, 236 zutreffend hinweist – eine Entschädigungspflicht für das bloße „Überstimmtwerden“ fremd.

### *(b) Verschmelzung konzernverbundener Unternehmen*

Demgegenüber ist das zwischen den beteiligten Interessen bestehende Spannungsverhältnis bei der Konzernverschmelzung ein anderes. Zuzugeben ist zwar, dass auch hier dem Mehrheitsaktionär kein der Rechtslage bei der Eingliederung vergleichbares Sonder*recht* zur einseitigen Beeinträchtigung der Minderheitsinteressen zusteht.[302] Nicht zu leugnen ist jedoch die Tatsache, dass sich die Situation für die Minderheitsaktionäre de facto nicht wesentlich anders darstellt, als es bei der Eingliederung und dem Abschluss eines Unternehmensvertrages der Fall ist.[303] Denn der im Rahmen der konzernexternen Verschmelzung dargestellt Interessengleichlauf besteht hier nicht. Der Vorstand des herrschenden Unternehmens wird vielmehr nur die Interessen seiner eigenen Gesellschafter im Blick haben. Diese sind naturgemäß auf ein Umtauschverhältnis gerichtet, durch das der Wert des übertragenden Rechtsträgers möglichst niedrig angesetzt wird. Da sich die (*upstream-*) Verschmelzung für die herrschende Zielgesellschaft als Kapitalerhöhung gegen Sacheinlage darstellt, vermindert sich mit dem festgestellten Wert des Übertragers auch die Anzahl der Aktien, die dessen Gesellschaftern als Gegenleistung gewährt werden müssen. Wird umgekehrt die Obergesellschaft auf das abhängige Unternehmen verschmolzen (sog. *downstream merger*), so richten sich die Interessen der Aktionäre der Muttergesellschaft darauf, im Wege des Anteilstauschs eine höhere Beteiligungsquote zu erlangen, als ihnen nach der Unternehmenswertrelation zusteht. Die Interessen von Groß- und Minderheitsaktionär stehen sich somit diametral entgegen.[304] Auch ein Verhandlungsgleichgewicht zwischen den Vertragspartnern ist als Regulativ nicht mehr gegeben, da der Großaktionär kraft seines Stimmrechts in der Lage ist, seine Interessen zu Lasten der Minderheitsaktionäre, die auf die Vertragsgestaltung keinen Einfluss nehmen können, einseitig durchzusetzen. Faktisch stellt sich die Position der Minderheitsaktionäre damit ähnlich der bei Eingliederung und Unternehmensvertrag dar.

Diesem Befund wird von manchen Stimmen in der Literatur entgegengehalten, die Verschmelzung weise keine der Eingliederung vergleichbare „Eigentumsrelevanz" auf, so dass auch der Minderheitsgesellschafters nicht in gleichem Umfang schutzbedürftig sei.[305] Durch den Eingliederungsbeschluss verliere der ausscheidende Aktionär sein durch die Aktie verkörpertes Anteilseigentum und werde „aus der Gesellschaft gedrängt". Auch der Abschluss eines Beherrschungs- und Gewinnabführungsvertrages führe zu einem Eingriff in die Ver-

---

302 Ihm steht lediglich aufgrund seiner Stimmrechtmacht die faktische Durchsetzungsmöglichkeit zu. Auf diese Feststellung gründet *Wilm*, NZG 2000, 234, 236 seine abweichende Auffassung.

303 So auch *Paschos*, ZIP 2003, 1017, 1023.

304 *Paschos*, ZIP 2003, 1017, 1023; *Wilsing/Kruse*, DStR 2001, 991, 995.

305 *Bungert/Eckert*, BB 2000, 1845, 1846; *Bungert*, BB 2003, 699, 703.

waltungs- und Vermögensrechte des außenstehenden Aktionärs, der in seiner Intensität dem Verlust der formalen Eigentümerposition zumindest wirtschaftlich gleichsteht. In beiden Fällen seien die Aktionäre im Gegensatz zu der durch § 20 Abs. 1 Nr. 3 UmwG für die Verschmelzung vorgegebenen Rechtslage darauf angewiesen, dass ihnen durch die Vertragsparteien Ausgleichsansprüche nach §§ 304, 320b AktG eingeräumt werden.[306]

Hieraus jedoch eine geringere Eingriffsqualität der Verschmelzung herleiten zu wollen, erscheint meines Erachtens nicht überzeugend. Zwar werden die Anteilsinhaber der übertragenden Gesellschaft gemäß § 20 Abs. 1 Nr. 3 UmwG Gesellschafter des übernehmenden Rechtsträgers. Sie scheiden folglich nicht aus der Gesellschaft aus, ihre Beteiligung setzt sich vielmehr kraft Gesetz an dem Zielrechtsträger fort. Vom Ergebnis her betrachtet besteht indes kein Unterschied. Konsequenz sowohl der Verschmelzung als auch der Eingliederung ist, dass die Minderheitsaktionäre letztlich nicht mehr an ihrer Ausgangsgesellschaft, sondern an einem anderen Rechtsträger beteiligt sind. Auch ist ein geringeres Schutzbedürfnis auf der einen oder anderen Seite nicht zu erkennen, da sich die grundrechtsrelevante Gefährdungslage nicht daran orientiert, ob sich der Anteilserwerb nun – wie bei der Verschmelzung – *ipso iure* vollzieht oder ob er – wie bei der Eingliederung - von der Geltendmachung eines gesetzlich eingeräumten *schuldrechtlichen* Anspruchs abhängt. Eine grundsätzlich unterschiedlichen Eigentumsrelevanz der verschiedenen Strukturänderungen kann hieran nicht geknüpft werden.[307]

Stützen lässt sich die hier aufgezeigte Vergleichbarkeit von aktien- und umwandlungsrechtlichen Maßnahmen schließlich auch auf die Wertung des Gesetzgebers, wie sie in den §§ 305 Abs. 3 S. 1; 320b Abs. 1 S. 4 AktG ihren Niederschlag gefunden hat. Hiernach hat die Berechnung der Abfindung in Aktien des herrschenden Unternehmens bzw. der eingliedernden Hauptgesellschaft unter Berücksichtigung der (potentiellen) *Verschmelzungs*wertrelation zu erfolgen. Das Gesetz selbst bringt auf diese Weise deutlich zum Ausdruck, dass sich die Kompensationsbemessung bei Eingliederung, Unternehmensvertrag und Verschmelzung nach einem gemeinsame Grundprinzip vollzieht.[308]

Festhalten lässt sich daher, dass Konzernverschmelzung und Eingliederung sowohl in ihren Auswirkungen auf die Rechtsposition des Minderheitsaktionärs und seine Schutzbedürftigkeit als auch im Hinblick auf die faktische Durchsetzbarkeit der gegenläufigen Interessen des Großaktionärs letztlich rechtlich und wirtschaftlich vergleichbar sind. Vor diesem Hintergrund scheint es nicht sach-

---

306 *Bungert/Eckert*, BB 2000, 1845, 1846.
307 Ebenso *Paschos*, ZIP 2003, 1017, 1020; *Kruse*, Delisting, S. 105.
308 So zu Recht *Behnke*, NZG 1999, 934; *Erb*, DB 2001, 523, 524.

gerecht, den Börsenkurs lediglich in Eingliederungsfällen als Bewertungsuntergrenze heranzuziehen, eine Übertragung der „DAT/Altana"-Grundsätze auf die Verschmelzung dagegen abzulehnen. Vielmehr wird man es auch hier aus Gründen des verfassungsrechtlichen Eigentumsschutzes für geboten halten müssen, dem Minderheitsaktionär entsprechend den Vorgaben des Bundesverfassungsgerichts eine nicht unter dem Börsenwert seines Anteils liegende Entschädigung für die einseitige Beeinträchtigung seiner Rechtsposition zuzubilligen. Zustimmung verdient dagegen die Feststellung des *BayObLG*, dass einer bloß geringfügigen Abweichung von Börsenkurs und Ertragswert keine Bedeutung für die Frage nach der Angemessenheit der Verschmelzungswertrelation zukommt. Wie schon an anderer Stelle erörtert, lässt sich der Wert eines Unternehmens nicht im Sinne eines punktgenauen Ergebnisses bestimmen. Aufgrund der Unsicherheiten einer jeden Prognose zukünftiger Ertragsentwicklungen sowie der Volatilität des Börsenkurses wird die Bewertung immer innerhalb einer gewissen Bandbreite verbleiben, ein Ergebnis sich lediglich als Näherungswert finden lassen. Vor diesem Hintergrund vermag eine unerhebliche Abweichung – eine solche wird man bei einer Größenordnung von unter 10 % annehmen können - eine Korrekturbedürftigkeit des Umtauschverhältnisses „von Verfassungs wegen" nicht zu rechtfertigen.[309]

## B. Der Verschmelzungsbericht, § 8 UmwG

Kommt dem Verschmelzungsvertrag entsprechend den obigen Ausführungen Informationswirkung lediglich in begrenztem Umfang und quasi als Reflex der konstituierenden Festlegung der Parameter der geplanten Strukturänderung bei, so stellt der nach § 8 UmwG zu erstattende Verschmelzungsbericht die tragende Säule des verschmelzungsrechtlichen Informationssystems dar.

### I. Grundlagen

Nach § 8 UmwG haben die Leitungsorgane der an der Verschmelzung beteiligten Rechtsträger einen ausführlichen schriftlichen Verschmelzungsbericht zu

---

309 Vgl. BayObLG, ZIP 2003, 253, 257 f.; ebenso LG München, ZIP 2000, 1055, 1057; *Bungert*, BB 2003, 699, 701; *Bungert/Eckert*, BB 2000, 1845, 1847; *Luttermann*, ZIP 1999, 45, 47; *Stilz*, ZGR 2001, 875, 885 f.; *Wilm*, NZG 2000, 234, 237.

erstatten.[310] Dieser hat die Verschmelzung, den Verschmelzungsvertrag (bzw. den Vertragsentwurf) im Einzelnen[311] und insbesondere das Umtauschverhältnis sowie die Höhe einer anzubietenden Barabfindung rechtlich und wirtschaftlich zu erläutern und zu begründen, § 8 Abs. 1 S. 1 UmwG. Der Bericht hat dabei den Anforderungen einer gewissenhaften und getreuen Rechenschaft im Sinne des § 131 Abs. 2 AktG zu entsprechen. Durch die so übermittelten Vorabinformationen sollen die Anteilsinhaber in die Lage versetzt werden, sich ein genaueres Bild über die geplante Strukturmaßnahme machen zu können, in der Hauptversammlung ihr Fragerecht sinnvoll zu nutzen und in Kenntnis aller für die Verschmelzung wesentlichen Umstände sachgerecht über diese Beschluss zu fassen.[312] Der Verschmelzungsvertrag allein bietet den an den Vertragsverhandlungen nicht beteiligten Aktionären keine ausreichende Informationsgrundlage, da in ihm nur das Verhandlungsergebnis festgehalten ist, eine hinreichende Erläuterung seines Inhaltes sowie eine Darstellung der für die Verschmelzung maßgeblichen Beweggründe jedoch fehlt.[313] Der Verschmelzungsbericht dient damit ausschließlich dem Schutz der betroffenen Anteilsinhaber[314]. Mittelbar bildet er daneben die Grundlage der Verschmelzungsprüfung nach den §§ 9 ff. UmwG[315], so dass die Bestimmung des notwendigen Inhaltes des Verschmelzungsberichts sich in der Konsequenz auch auf den Umfang der Verschmelzungsprüfung auswirkt.

Im alten Recht war die Pflicht zur Erstellung eines Verschmelzungsberichts nur für die Verschmelzung von Aktiengesellschaften und Kommanditgesellschaften auf Aktien (KGaA) sowie die Verschmelzung einer Gesellschaft mit beschränk-

---

310 Eingeführt wurde die Pflicht zur Erstattung des Verschmelzungsberichts (ebenso wie die Verschmelzungsprüfungspflicht) durch das seit 1983 geltenden Verschmelzungsrichtlinie-Gesetz, BT-Drucks. 9/1065, durch welches die Vorgaben des Artikel 9 der dritten gesellschaftsrechtlichen Richtlinie des Rates der Europäischen Gemeinschaft betreffend die Verschmelzung von Aktiengesellschaften vom 9.10.1978 (RL 78/855/EWG, ABl. EG Nr. L 295/36, abgedruckt bei *Lutter*, UmwG, S. 2815 ff.) – im Folgenden 3. Verschmelzungsrichtlinie – in nationales Recht umgesetzt wurden; siehe hierzu jüngst *Riesenhuber*, NZG 2004, 15 ff.

311 Ob dem gegenüber § 340a AktG a.F. neu eingefügten Merkmal der Erläuterung „*im einzelnen*" eine eigenständige, über das Erfordernis des *ausführlichen* Berichts hinausgehende Bedeutung zukommt, ist zweifelhaft, vgl. dazu *Bork*, ZGR 1993, 343, 350 und *M. Winter*, in Lutter, Kölner Umwandlungsrechtstage, 19, 28; siehe auch unten unter § 3 B. IV. 3.

312 BGH, ZIP 1989, 980, 982 (Kochs-Adler); ZIP 1990, 168, 169 (DAT/Altana); *Mayer,* in Widmann/Mayer § 8 UmwG Rn. 9; siehe zu § 340a AktG a.F auch die Begr. RegE, BT-Drucks. 9/1065, S. 15.

313 Vereinzelt geblieben ist die von *J. Geßler*, in Wirtschaftskommentator, § 340a AktG Rn. 2 vertretene Ansicht, der zufolge der Verschmelzungsbericht „im Grunde überflüssig [ist], weil der Verschmelzungsvertrag(sentwurf) bereits ‚alles Notwendige' für die Verschmelzung enthalten muß."

314 *Lutter*, in Lutter, UmwG, § 8 Rn. 5; *Stratz*, in Schmitt/Hörtnagl/Stratz, § 8 UmwG Rn. 1; *K. Schmidt*, ZGR 1993, 366, 374 f.

315 *Dirrigl*, WPg 1989, 413, 418.

ter Haftung (GmbH) auf eine AG oder eine KGaA vorgesehen, §§ 340a, 354 Abs. 2, 355 Abs. 2, 356 Abs. 2 AktG a.F. Vor dem Hintergrund, dass die Anteilsinhaber eines jeden Rechtsträgers unabhängig von dessen Rechtsform ein berechtigtes Interesse an einer ausführlichen Information über die anstehende Verschmelzung haben[316], wurde jedoch die Beschränkung auf die genannten Gesellschaftsformen durch das UmwG 1994 aufgehoben, so dass sich die Berichtspflicht nach § 8 UmwG nunmehr als allgemeines Erfordernis jeder rechtlich möglichen Verschmelzung (vgl. § 3 UmwG) darstellt.[317]

---

316 Vgl. Begr. RegE zu § 8 UmwG, abgedruckt bei *Schaumburg/Rödder,* S. 52. In diesem Zusammenhang führt die Gesetzesbegründung aus, dass ein „solch formalisiertes Informationsrecht [...] einen größeren Wert als die allgemeinen Unterrichtungs- und Einsichtsrechte" habe, was insbesondere „für Unternehmensträger mit großem Gesellschafter- oder Mitgliederkreis" gelte. Aus dieser Formulierung ist jedoch nicht zu folgern, dass sich der Umfang der Berichtspflicht generell nach der Größe des Unternehmens zu richten hat. Hiergegen spricht zum einen, dass der Situation bei kleineren Gesellschaften schon durch die – für sie eher zu realisierende – Verzichtsmöglichkeit nach § 8 Abs. 3 UmwG Rechnung getragen wird (so auch *Aha*, Unternehmensvertragsbericht, S. 28). Zum anderen ließe sich kaum sinnvoll bestimmen, welcher Gesellschafterumfang welche Informationsdichte erfordert.

317 Diese Erweiterung des Kreises berichtspflichtiger Rechtsträger wird in der Literatur durchaus unterschiedlich beurteilt. So lässt sich nach *Schöne*, GmbHR 1995, 325, 333 f. („Der Verschmelzungsbericht ist ein „Kind" des Aktienrechts") die dem alten Recht zugrundeliegende Wertung, durch eine eingehende und vollständige Informationsgrundlage eine legitimierte Beschlussfassung der Aktionäre sicherzustellen, zwar auf eine Verschmelzung unter Beteiligung von Genossenschaft oder Verein übertragen, da auch für diese Gesellschaftsformen eine strikte Trennung zwischen Vorstand und General- bzw. Mitgliederversammlung ähnlich der Kompetenzverteilung in der AG kennzeichnend ist. Dagegen trage die Ausdehnung der Berichtspflicht den besonderen Verhältnissen etwa der personalistisch strukturierten GmbH, bei der die Gesellschafter selbst die maßgeblichen Entscheidungsträger sind, nicht ausreichend Rechnung. In Anbetracht des umfassenden Auskunftsrechts nach 51a GmbHG und der regelmäßigen Einbindung der Gesellschafter in die Verschmelzungsvorbereitungen stelle die Berichtspflicht letztlich einen „eher formalistischen Aufruf zur „Selbst-Information" dar". Kritisch auch *Kallmeyer*, GmbHR 1993, 461, 463 f. unter Hinweis auf die mit einer Erweiterung der Berichtspflicht einhergehende gesteigerte Angreifbarkeit des Verschmelzungsbeschlusses durch Minderheitsgesellschafter. *Lutter*, in Lutter UmwG, § 8 Rn. 7 ist dagegen der Auffassung, dass auch bei der GmbH eine gesonderte Information im Vorfeld der Gesellschafterversammlung dazu dienen kann, Streitigkeiten zu verhindern. Ähnlich schon *Hommelhoff*, ZGR 1993, 452, 463 unter Hinweis auf die Notwendigkeit einer wirtschaftlichen und rechtlichen Gesamtinformation über die Umstrukturierungsmaßnahme. Zugegeben wird jedoch, dass die zur Verschmelzung unter Beteiligung von Aktiengesellschaften gewonnenen Erfahrungen nicht unreflektiert auf personalistisch strukturierte Gesellschaften übertragen werden dürfen, sondern bei der Bestimmung des Umfangs der Berichtspflicht auf die Besonderheiten der jeweiligen Rechtsform zu achten ist, vgl. *Lutter*, in Lutter UmwG, § 8 Rn. 7; ihm folgend *Mayer*, in Widmann/Mayer, § 8 UmwG Rn. 4.

## II. Schuldner und Form der Berichtspflicht

Die Pflicht zur Erstattung eines Verschmelzungsberichtes wird durch § 8 Abs. 1 S. 1 UmwG den Vertretungsorganen eines jeden an der Verschmelzung beteiligten Rechtsträgers in seiner Gesamtheit zugewiesen, d. h. jedes Mitglied ist zur Mitwirkung an der Abfassung des Berichts verpflichtet.[318] Der Schriftform (§ 126 Abs. 1 BGB) ist hierbei nur dann genügt, wenn alle Organmitglieder den Bericht eigenhändig unterschrieben haben.[319] Eine Vertretung ist unzulässig, da es sich bei dem Verschmelzungsbericht nicht um eine Willens-, sondern um eine Wissenserklärung handelt.[320] Von daher ist auch eine Unterzeichnung des Berichts durch Organmitglieder in zur Vertretung berechtigter Zahl nicht ausreichend.[321]

Auch wenn § 8 Abs. 1 S. 1 Hs. 1 UmwG an der Erstattung getrennter Berichte für jeden an der Verschmelzung beteiligten Rechtsträger als gesetzlichem Grundfall festhält, so wird durch § 8 Abs. 1 S. 1 Hs. 2 UmwG nunmehr klargestellt, dass der Bericht von den Vertretungsorganen auch gemeinsam erstellt werden kann. Dies entspricht der schon zum alten Recht überwiegend vertretenen Auffassung[322], die trotz fehlender Regelung in § 340a AktG a.F. von der Zulässigkeit eines gemeinsamen Verschmelzungsberichtes ausging, da hierdurch keine Beeinträchtigung des Informationsinteresses der Anteilsinhaber gegenüber getrennter Berichterstattung zu befürchten ist und nicht zuletzt auch Kosten- und Zweckmäßigkeitserwägungen die Zulässigkeit der Erstellung eines einzigen, gemeinsamen Berichtes für die Praxis vorzugswürdig erscheinen lassen.[323]

---

318 *Marsch-Barner,* in Kallmeyer, UmwG, § 8 Rn. 2; *Mayer,* in Widmann/Mayer § 8 UmwG Rn. 13; vgl. zu § 340a AktG a.F. *Grunewald,* in G/H/E/K, § 340a AktG Rn. 18; *Keil*, Verschmelzungsbericht, S. 31.

319 Allg. Ansicht, wenn auch mit unterschiedlicher Begründung im Einzelnen, vgl. *Mayer*, in Widmann/Mayer, § 8 UmwG Rn. 13 ff; *Lutter*, in Lutter, UmwG, § 8 Rn. 8; *Bermel*, in Goutier/Knopf/Tulloch, § 8 UmwG Rn. 4; jüngst LG Berlin, DB 2004, 589.

320 *Bermel*, in Goutier/Knopf/Tulloch, § 8 UmwG Rn. 3.; *Kraft*, in Kölner Kommentar, § 340a AktG Rn. 5; *Lutter*, in Lutter, UmwG, § 8 Rn. 9; *Stratz*, in Schmitt/Hörtnagl/Stratz, § 8 UmwG Rn. 5; LG Berlin, DB 2004, 589; a. A. *Mayer*, in Widmann/Mayer, § 8 UmwG Rn. 14, der aber infolge einer Qualifikation der Berichtspflicht als „*persönliche* Willenserklärung" ebenfalls von der Unzulässigkeit einer Stellvertretung ausgeht.

321 Anderer Ansicht soweit ersichtlich nur *Müller*, NJW 2000, 2001 f.

322 LG Frankenthal, ZIP 1990, 232, 233; LG Frankfurt, WM 1990, 592, 594; *Kraft*, in Kölner Kommentar, § 340a AktG Rn. 8; *Mertens*, AG 1990, 20 f.; *Grunewald*, in G/H/E/K, § 340a AktG Rn. 19 f. m. w. N.; ablehnend *Kort*, EWiR § 340a AktG 1/90, 229, 230; tendenziell auch OLG Karlsruhe, WM 1989, 1134, 1139; offengelassen von BGH, WM 1990, 1372, 1379 (SEN); siehe auch die Übersicht über den Meinungsstand bei *Keil*, Verschmelzungsbericht, S. 9 ff.

323 *Kraft*, in Kölner Kommentar, § 340a AktG Rn. 8; vgl. auch *Lutter*, in Lutter, UmwG, § 8 Rn. 10.

## III. Verzicht auf den Verschmelzungsbericht

### 1. Anforderungen an die Verzichtserklärung

Nach § 8 Abs. 3 S. 1 Alt. 1 UmwG entfällt die Pflicht zur Erstellung eines Verschmelzungsberichts dann, wenn alle Anteilsinhaber aller beteiligten Rechtsträger auf ihn verzichten.[324] Nach Abs. 3 S. 2 sind die Verzichtserklärungen notariell zu beurkunden (§§ 8 ff. BeurkG). Dabei kann, insbesondere aus Gründen der Kostenersparnis, der Verzicht auch in der Hauptversammlung, welche über die Verschmelzung beschließt, protokolliert und beurkundet werden, da der Verschmelzungsbeschluss nach § 13 Abs. 3 S. 1 UmwG ohnehin der Pflicht zur notariellen Beurkundung unterliegt.[325]

Nach dem insoweit eindeutigen Gesetzeswortlaut hat das Vertretungsorgan den Bericht auch dann zu fertigen, wenn nur ein einziger Anteilsinhaber, und sei er Gesellschafter des anderen Rechtsträgers, sich weigert, eine Verzichtserklärung abzugeben. Auch der Verzicht aller Anteilsinhaber einer beteiligten Gesellschaft genügt also noch nicht für den Wegfall der diese treffenden Berichtspflicht.[326] Aus diesen Gründen wird ein Verzicht in der Praxis höchstens bei personalistisch strukturierten Kapitalgesellschaften mit überschaubarem Gesellschafterkreis, dagegen wohl kaum jemals bei Publikumsgesellschaften vorkommen.[327]

### 2. Europarechtskonformität der Verzichtsmöglichkeit im deutschen UmwG

In der Literatur wird die Europarechtskonformität der Verzichtsmöglichkeit nach § 8 Abs. 3 UmwG teilweise verneint. Insoweit führt *Engelmeyer*[328] an, dass im Gegensatz zur Sechsten Spaltungsrichtlinie[329], welche in Art. 10 einen einstimmigen Verzicht auf den Spaltungsbericht ausdrücklich zulässt, in der Dritten Verschmelzungsrichtlinie (RL 78/855/EWG) eine Verzichtsmöglichkeit für den nationalen Gesetzgeber im Hinblick auf den Verschmelzungsbericht gerade nicht vorgesehen sei. Hieraus folgert sie im Umkehrschluss, das Gemeinschafts-

---

[324] Der zum alten Recht geführte Streit über die Verzichtbarkeit des Verschmelzungsberichts in der AG hat sich durch die Klarstellung erledigt.

[325] Zu den zeitlichen Grenzen eines Verzichts *Mayer*, in Widmann/Mayer, § 8 UmwG Rn. 59 ff.

[326] Zur rechtspolitischen Kritik an dieser Regelung siehe *Lutter*, in Lutter, UmwG, § 8 Rn. 48; *Altmeppen*, ZIP 1998, 1953, 1861 ff.

[327] So auch *Kallmeyer*, ZIP 1994, 1746, 1755; *M. Winter*, in Lutter, Kölner Umwandlungsrechtstage, S. 26.

[328] *Engelmeyer*, BB 1998, 330, 333.

[329] Sechste Richtlinie des Rates der Europäischen Gemeinschaften betreffend die Spaltung von Aktiengesellschaften vom 17.12.1982, ABl EG Nr. L 378/47 (RL 82/891/EWG), abgedruckt bei *Lutter*, UmwG, S. 2830 ff.

recht lasse nur im Rahmen einer Spaltung einen Verzicht auf den Vorstandsbericht zu. Von daher stelle die Regelung des § 8 Abs. 3 S. 1 Alt. 1 UmwG einen Verstoß gegen die Dritte Verschmelzungsrichtlinie dar. Nicht hinreichend wird bei dieser Argumentation jedoch der Umstand berücksichtigt, dass das vorgesehene Informationsverfahren ausschließlich dem Schutz der betroffenen Anteilseigner dient.[330] Verzichtet nun jeder einzelne, durch das Erfordernis notarieller Beurkundung hinreichend gewarnte Aktionär auf den Verschmelzungsbericht, so besteht keine Veranlassung, ihm diesen Rechtsschutz gleichwohl aufzudrängen.[331] Zudem begegnet auch der dargestellte Umkehrschluss selbst Bedenken. Zu beachten ist nämlich, dass die Spaltungsrichtlinie in zeitlicher Hinsicht nach der Verschmelzungsrichtlinie erlassen wurde. Eine vom europäischen Gesetzgeber gewollte Abweichung von der Rechtslage bei der Verschmelzung kann daher nicht unterstellt werden. Insofern ist aufgrund des Gesagten davon auszugehen, dass der ausdrücklichen Erwähnung der Verzichtsmöglichkeit in Art. 10 der Spaltungsrichtlinie lediglich klarstellende Bedeutung zukommt. Zweifel an der Gemeinschaftsrechtskonformität des § 8 Abs. 3 UmwG bestehen daher nicht.

## IV. Inhalt des Verschmelzungsberichtes

### 1. Notwendige Informationsdichte

Der ausführlich und schriftlich zu erstattende Verschmelzungsbericht hat rechtliche und wirtschaftliche Erläuterungen und Begründungen im Hinblick auf die Verschmelzung, den Verschmelzungsvertrag (bzw. seinen Entwurf), das Umtauschverhältnis, eine anzubietende Barabfindung sowie schließlich hinsichtlich der Folgen für die zukünftige Anteilsbeteiligung am aufnehmenden Rechtsträger zu enthalten, § 8 Abs. 1 S. 1, 2 UmwG. Durch diese weite Umschreibung des erforderlichen Inhalts konkretisiert § 8 UmwG ebenso wenig wie seine Vorgängerschrift des § 340a AktG a.F.[332], welche Mindestangaben im Einzelnen der Verschmelzungsbericht beinhalten muss. Von daher blieb es auch nach der Umwandlungsrechtsreform weiterhin Rechtsprechung und Literatur überlassen, unter Berücksichtigung ihrer Funktion für die Anteilseigner Grundsätze für die nähere inhaltliche Ausgestaltung der Berichtspflicht aufzustellen.

---

330 Den Aktionärsschutz betont auch der vierte Erwägungsgrund der 3. Verschmelzungsrichtlinie, abgedruckt bei *Lutter*, UmwG, S. 2815.

331 Dies entspricht dem Rechtsgedanken *volenti non fit iniuria* (Dig. 47.10.1.5, *Ulpian*); für eine Verzichtsmöglichkeit auch *Lutter*, in Lutter, UmwG, § 8 Rn. 49.

332 Zu den Schwierigkeiten bei der Anwendung dieser Norm durch die Gerichte siehe *Grunewald*, in G/H/E/K, § 340a AktG Rn. 1.

Im Ansatzpunkt erfolgt die Konkretisierung der inhaltlichen Anforderungen anhand einer Abwägung zwischen Gesellschafts- und Gesellschafterinteressen[333], also in erster Linie zwischen dem Bedürfnis der Gesellschaft, sensible Daten nicht offen legen zu müssen, und dem berechtigten Interesse des Aktionärs an umfassender Informationserteilung. Besondere Berücksichtigung hat hierbei der Normzweck der Berichtspflicht zu finden. Im System des gesetzlich angeordneten Gesellschafterschutzes der §§ 5, 8 und 9 ff. UmwG dient sie, wie bereits angedeutet, dazu, den Verschmelzungsvorgang und seine Hintergründe für die Anteilseigner transparent zu gestalten, damit sie sich ein Bild über die Gesetzmäßigkeit sowie über die wirtschaftliche Zweckmäßigkeit der angestrebten Strukturmaßnahme machen können. Als die tatsächlichen Entscheidungs- und Vermögensträger sollen die Gesellschafter in Kenntnis aller wesentlichen Umstände über das Für und Wider der Verschmelzung entscheiden können.[334] Der Bericht soll hierbei eine „zuverlässige Beurteilungsgrundlage“[335] schaffen, indem er alle diejenigen Tatsachen darlegt, welche ein vernünftig denkender und wirtschaftlich interessierter Aktionär als Grundlage seines Abstimmungsverhaltens erwarten darf. Er dient dagegen nicht dem Zweck, den Aktionär durch eine bis ins kleinste Detail gehende Übermittlung einer umfassenden Datenfülle in die Lage zu versetzen, gleichsam als „privater Prüfer“ der Verschmelzung die ihr zugrundeliegende Unternehmensbewertung selbst durchzuführen.[336]

Vor diesem Hintergrund geht die heute (fast) einhellige Auffassung hinsichtlich des erforderlichen Informationsumfanges davon aus, dass die im Verschmelzungsbericht mitgeteilten Informationen die rechtlichen und wirtschaftlichen Faktoren der Strukturmaßnahme, insbesondere die Ergebnisse der Unternehmensbewertung für die Aktionäre lediglich nachvollziehbar machen müssen. Ausreichend, aber auch erforderlich ist damit, dass die Gesellschafter anhand des Berichts eine Plausibilitätskontrolle vornehmen können.[337] Ihnen sind diejenigen Informationen zu übermitteln, die aus der Sicht eines wirtschaftlich interessierten Anteilseigners für eine sachgerechte Beurteilung des geplanten Verschmelzungsvorhabens von Bedeutung sind.

---

333 Vgl. nur *Lutter*, in Lutter UmwG, § 8 Rn. 14 und *Mayer*, in Widmann/Mayer, § 8 UmwG Rn. 17, wenn auch mit Unterschieden in der systematischen Begründung.

334 So schon BGH, ZIP 1989, 980, 982 (Kochs Adler) zu § 340a AktG a.F.

335 So OLG Düsseldorf, ZIP 1999, 793, 794; vgl. auch OLG Frankfurt, ZIP 2000, 1928, 1930.

336 *Kort*, Bestandsschutz fehlerhafter Strukturänderungen, S. 255.

337 OLG Karlsruhe, ZIP 1989, 988, 990; OLG Hamm, BB 1999, 1234, 1235; OLG Düsseldorf, DB 2002, 781; LG Frankenthal, ZIP 1990, 232, 234; *Lutter*, in Lutter UmwG, § 8 Rn. 14; *Marsch-Barner*, in Kallmeyer, § 8 Rn. 6; *Mayer*, in Widmann/Mayer, § 8 UmwG Rn. 17, 19.1; *Sagasser/Ködderitzsch*, in Sagasser/Bula/Brünger, Rn. J 86; *Kort*, Bestandschutz fehlerhafter Strukturänderungen, S. 255 f.; *Bayer*, ZIP 1997, 1613, 1619; zum alten Recht siehe *Kraft*, in Kölner Kommentar, § 340a AktG Rn. 15; *Grunewald*, in G/H/E/K, § 340a AktG Rn. 5; *Mertens*, AG 1990, 20, 22 f.; *Keil*, Verschmelzungsbericht, S. 76.

Entscheidend spricht für einen derart konkretisierten und begrenzten Berichtsumfang schon die Tatsache, dass die gesetzliche Konzeption des Aktionärsschutzes die Kontrolle der Strukturmaßnahme und insbesondere des angemessenen Umtauschverhältnisses auf ihre inhaltliche und rechtliche Richtigkeit der gesonderten Prüfung durch sachverständige Verschmelzungsprüfer zuweist.[338] Auch ist auf Seiten des Gesellschaftsinteresses zu bedenken, dass infolge übermäßiger Anforderungen an den Verschmelzungsbericht dieser fehleranfälliger, aufwendiger und schließlich auch kostspieliger werden würde. Zusätzliches Gewicht gewonnen hat letztere Überlegung insbesondere durch die Ausweitung der Berichtspflichtigkeit über Aktiengesellschaften hinaus auf sämtliche umwandlungsfähigen Rechtsträger, also auch etwa auf mittlere und kleinere Unternehmen, welche in Form einer Personenhandelsgesellschaft betrieben werden.[339]

Vor allem in Bezug auf die Erläuterung von Umtauschverhältnis und Barabfindung gilt es schließlich zu bedenken, dass die zu deren Ermittlung unerlässliche Prognose der zukünftigen Erträge des Unternehmens immer nur eine Schätzung sein kann, die zwar auf ihre Plausibilität hin überprüfbar ist, sich einer vollständigen Objektivierung aber verschließt.

Festhalten lässt sich damit, dass diejenigen Angaben im Verschmelzungsbericht, die zwar zur Basis einer inhaltlichen Richtigkeitskontrolle gemacht werden können, ohne jedoch (entsprechend den nachfolgenden Ausführungen) zwingende Grundlage einer Stichhaltigkeitskontrolle zu sein, keine notwendigen Mindestbestandteile des Verschmelzungsberichtes darstellen. Sind diese (zusätzlichen) Informationen fehlerhaft oder fehlen sie ganz, berührt dies daher grundsätzlich die Ordnungsmäßigkeit des Berichtes nicht. Etwas anderes hat meines Erachtens jedoch dann zu gelten, wenn die unzutreffenden Angabe zu einer Verzerrung des Bildes führen, welches sich die Anteilseigner unter Verwertung der *notwendigen* Informationen machen, wenn also der eigentlich unerhebliche „Fehler" auf den informationsrelevanten Bereich durchschlägt. Anders gewendet bedeutet dies, dass eine Information, die grundsätzlich nicht gegeben werden muss, jedenfalls dann zutreffend zu sein hat, wenn sie andernfalls Auswirkungen auf die Überlegungen der Anteilseigner zur Plausibilität der Angaben hat.

---

[338] BGH, WM 1990, 140, 142; OLG Düsseldorf, ZIP 1999, 793, 794; *Mayer*, in Widmann/Mayer, § 8 UmwG Rn. 17.

[339] In diesem Sinn auch *Lutter*, in Lutter, UmwG, § 8 Rn. 15, der zu Recht darauf hinweist, dass Verschmelzungsberichte von annähernd 200 Seiten wie etwa im Fall Thyssen/Krupp für ein mittelständisches Unternehmen schlicht eine Zumutung darstellen würden.

## 2. Erläuterung und Begründung der Verschmelzung

### *a) Bedeutung und inhaltliche Anforderungen*

Gemäß § 8 Abs. 1 S. 1 UmwG ist Gegenstand der rechtlichen und wirtschaftlichen Erläuterung und Begründung zunächst einmal die Verschmelzung an sich. Dieses Erfordernis soll nach gesetzgeberischer Vorstellung die Leitungsorgane der Gesellschaft zu der Darlegung veranlassen, welche Gründe die Verschmelzung als das – in Abgrenzung etwa zum Anteilskauf, zur Einbringung, zur Eingliederung nach §§ 319 ff. AktG oder aber zur Beibehaltung des strukturellen Status Quo - geeignete Mittel zur Verfolgung des Unternehmenszwecks erscheinen lassen.[340] Hierbei ist auch auf Alternativen zu der geplanten Verschmelzung und deren Konsequenzen einzugehen.[341] Die Angaben dienen auf diese Weise auch der Steigerung der Akzeptanz der Strukturänderung durch die Anteilseigner, die der Verschmelzung eher zustimmen werden, wenn sie durch den Vorstandsbericht von der Zweckmäßigkeit der geplanten Maßnahme überzeugt werden.[342]

Den Anteilsinhabern muss insbesondere dargelegt werden, welche betriebswirtschaftlichen Ziele und Verbesserungen mit der angestrebten Strukturmaßnahme erreicht werden sollen. Zur Schaffung der notwendigen Transparenz nicht erforderlich ist die Wiedergabe sämtlicher Erwägungen und Überlegungen, die in dem in der Regel mehrere Monate dauernden Entscheidungsprozeß irgendwann eine Rolle gespielt haben. Auf der anderen Seite nicht ausreichend ist jedoch die Verwendung von allgemeinen Behauptungen, die Nennung lediglich abstrakter Gründe für eine Verschmelzung oder gar die bloße Wiedergabe des Verschmelzungsvertrages. Erforderlich ist vielmehr die Darstellung von Faktoren, die einen konkreten Bezug zu der anstehenden Verschmelzung aufweisen bzw. als Folge gerade dieser Verschmelzung zu erwarten sind.[343]

Um eine entsprechende Plausibilitätskontrolle zu ermöglichen, ist den Aktionären zunächst einmal der potentielle Partner vorzustellen. Anzugeben sind dabei

---

340 Begr. RegE zu § 8 UmwG, abgedruckt bei *Schaumburg/Rödder*, S. 52; vgl. auch LG München, AG 2000, 86 f. und 87 f.

341 Vgl. LG München, AG 2000, 86, 87.

342 Vgl. *Bork*, ZGR 1993, 343, 350.

343 *Bermel*, in Goutier/Knopf/Tulloch, § 5 UmwG Rn. 14; *M. Winter*, in Lutter, Kölner Umwandlungsrechtstage, S. 28; *Marsch-Barner*, in Kallmeyer, § 8 Rn. 7; vgl. auch OLG Hamm, BB 1999, 1234, 1235; LG Essen AG, 1999, 329, 331; LG München, AG 2000, 87, 88.

vor allem dessen Tätigkeitsfeld, Umsatz, Marktstellung, wesentliche Beteiligungen sowie Kapital und Gesellschafterstruktur.[344]

Des Weiteren sind die durch die oder infolge der Verschmelzung angestrebten wirtschaftlichen Vorteile und Verbesserungen darzulegen. Zu erörtern sind in diesem Zusammenhang vor allem die erhofften Synergieeffekte, wie etwa bessere Einkaufs- und Produktionsmöglichkeiten, eine stärkere Wettbewerbsposition oder steuerliche Erleichterungen, sowie die Vorteile für die Arbeitnehmer und die Allgemeinheit, zum Beispiel die Sicherung von Arbeitsplätzen oder die Möglichkeiten umweltfreundlicherer Produktion.[345] Wie oben bereits ausführlich dargelegt, spielen die erwarteten Synergieeffekte zwar in aller Regel keine Rolle für die Bemessung von Umtauschverhältnis und Barabfindung, so dass der Verschmelzungsbericht keinen detaillierten Synergiefahrplan enthalten muss. Eine genaue Bezifferung der ohnehin nur schwer schätzbaren Synergien ist demnach entsprechend dem Sinn des § 8 Abs. 1 S. 1 UmwG, den Anteilseignern die für die Verschmelzung sprechenden Gesichtpunkte transparent zu machen, nicht erforderlich.[346] Da sie jedoch oft das entscheidende Motivationsmoment für die Durchführung der Verschmelzung darstellen, muss der Bericht zumindest eine grobe Schätzung derjenigen Synergie- und Einspareffekte beinhalten, die die Unternehmensleitung als Folge der Verschmelzung für realisierbar hält.

Soweit als Folge der Fusion auch Nachteile, wie etwa Betriebsstilllegungen, Abbau von Arbeitsplätzen sowie Kosten von Sozialplänen zu befürchten stehen, sind auch diese in den Bericht mit aufzunehmen.[347] Auch sie gehören zu den relevanten wirtschaftlichen Auswirkungen der Verschmelzung und bilden damit ebenfalls die Grundlage für eine informierte Strukturentscheidung der Anteilsinhaber, so dass der Vorstandsbericht nur dergestalt als vollständig und ausführlich i.S.d. § 8 Abs. 1 S. 1 UmwG angesehen werden kann.

Schließlich gehören hierhin auch Angaben über die wirtschaftliche Verfassung der Gesellschaft, die als Folge der vollzogenen Verschmelzung in bilanzieller und finanzwirtschaftlicher Hinsicht zu erwarten ist, sowie über deren voraussichtliche zukünftige Entwicklung in steuerlicher und gesellschaftsrechtlicher Hinsicht.[348] Bei börsennotierten Aktiengesellschaften ist zudem auf die Auswir-

---

344 *Mayer*, in Widmann/Mayer, § 8 UmwG Rn. 21; streitig ist, ob im Fall getrennter Vorstandsberichte die genannten Angaben lediglich bezüglich des anderen Unternehmens (so z.B. *Lutter*, in Lutter, UmwG, § 8 Rn. 16), oder auch in Bezug auf die eigene Gesellschaft zu machen sind (dafür *Grunewald*, in G/H/E/K, § 340a AktG Rn. 16.

345 Ausführlich hierzu *Mayer*, in Widmann/Mayer, § 8 UmwG Rn. 21.

346 OLG Düsseldorf, ZIP 1999, 793, 795; OLG Hamm, BB 1999, 1234, 1235.

347 *Gehling*, in Semler/Stengel, § 8 Rn. 17; *Lutter*, in Lutter, UmwG, § 8 Rn. 17; *Westermann*, in FS Semler, S. 651, 654; *M. Winter*, in Lutter, Kölner Umwandlungsrechtstage, S. 28.

348 *Lutter*, in Lutter, UmwG, § 8 Rn. 17.

kungen der Verschmelzung auf den Börsenhandel, wie etwa die Einstellung der Aktiennotierung hinzuweisen.[349]

### b) *Keine Normierung einer materiellen Beschlusskontrolle*

Die Erweiterung der Berichtspflicht um eine ausführliche Erläuterung und Begründung, warum die geplante Verschmelzung die geeignete Maßnahme zur Verfolgung des Unternehmenszwecks ist, ist jedoch nicht dahingehend zu verstehen, dass diese Begründungen und Erläuterungen nunmehr die Grundlage einer materiellen Beschlusskontrolle, wie sie von der Rechtsprechung für die Beschlussfassung über den Bezugsrechtsausschluss gemäß § 186 Abs. 3 und 4 AktG entwickelt worden ist[350], schaffen sollen.[351] In diesem Zusammenhang führt die Regierungsbegründung zu § 13 UmwG aus, der Gesetzesentwurf übernehme

> „nicht die Vorstellungen, die von Rechtsprechung und Schrifttum für eine materielle Kontrolle wichtiger Hauptversammlungsbeschlüsse von Aktiengesellschaften dahin entwickelt worden sind, dass der Beschluß im Interesse der Gesellschaft liegen, zur Verfolgung des Unternehmensgegenstandes erforderlich und das angemessene Mittel sein müsse."[352]

Entgegen einigen Stimmen in der Literatur[353] kann hieraus jedoch auch nicht der gegenteilige Schluss gezogen werden, der Gesetzgeber habe sich eindeutig gegen eine materielle Beschlusskontrolle im Verschmelzungsrecht entschieden. Als Grund für den Verzicht auf eine gesetzliche Fixierung der Beschlusskontrolle führt die Gesetzesbegründung nämlich im Folgenden aus, dass „dieses Grundsatzproblem des Gesellschaftsrechts" sinnvoll nur für alle wichtigen Beschlüsse von Anteilseignern, und nicht allein für „den besonderen Fall der Verschmelzung" geregelt werden könne.[354] Im Hinblick auf diese Begründung wird man wohl nicht von einer endgültigen Absage an das Erfordernis einer sachli-

---

349 *Mayer*, in Widmann/Mayer, § 8 UmwG Rn. 21.

350 Grundlegend BGH, NJW 1978, 1316 (Kali + Salz); BGH, NJW 1982, 2444; NJW 1994, 1410; OLG Stuttgart, AG 1998, 529, 531; einschränkend nun BGH, WM 1997, 1704, 1705 f. (Siemens/Nold), wonach bei genehmigtem Kapital der Bezugsrechtsausschluss lediglich noch „im wohlverstandenen Interesse" der Gesellschaft liegen muss; vgl. dazu *Hüffer*, § 186 AktG Rn. 25 ff. und *Hirte*, Bezugsrechtsausschluß, S. 20 ff.

351 Hierzu eingehend *Kort*, Bestandsschutz fehlerhafter Strukturänderungen, S. 259 ff.; ein Überblick über das Meinungsbild in Rechtsprechung und Literatur zur Frage einer materiellen Beschlusskontrolle bei Gesellschafterbeschlüssen im Allgemeinen findet sich bei *Kreß*, Gerichtliche Beschlusskontrolle, S. 25 ff.

352 Begr. RegE zu § 13 UmwG, abgedruckt bei *Schaumburg/Rödder*, S. 62 f.

353 *Gehling*, in Semler/Stengel, § 8 Rn. 36; *Picot/Müller-Eising*, in Picot, Kauf und Restrukturierung von Unternehmen, Rn. B 215; ebenso wohl auch der Handelsrechtsausschuss des DAV, Stellungsnahme zum Referentenentwurf eines Gesetzes zur Bereinigung des Umwandlungsrechts, WM 1993, Sonderbeilage 2, Rn. 7.

354 Begr. RegE zu § 13 UmwG, abgedruckt bei *Schaumburg/Rödder*, S. 62 f.

chen Rechtfertigung ausgehen können. Der Gesetzgeber hat das Problem vielmehr zur weiteren Klärung durch Wissenschaft und Rechtsprechung offengelassen.[355] Meines Erachtens kann jedoch aus der sprachlichen Fassung des wiedergegeben Passus der Regierungsbegründung zumindest auf eine vorsichtige Distanzierung des Gesetzgebers von dem Erfordernis einer Beschlusskontrolle geschlossen werden.[356]

Eine umfassende Auseinandersetzung mit der Frage, ob das Rechtsinstitut der materiellen Beschlusskontrolle über die Fälle des Bezugsrechtsausschlusses hinaus Anwendung auf weitere Grundlagenbeschlüsse findet[357], soll hier nicht vorgenommen werden.[358] Allein aus der Tatsache, dass das Umwandlungsgesetz für sämtliche Umwandlungen von Kapitalgesellschaften einen Mehrheitsbeschluss zulässt, kann jedenfalls noch nicht darauf geschlossen werden, dass diese Beschlüsse keiner sachlichen Rechtfertigung bedürfen, da auch der Beschluss über

---

355 So schon *Hommelhoff*, ZGR 1993, 452, 458 f. zum Referentenentwurf.

356 Anderer Ansicht *M. Winter*, in Lutter, Kölner Umwandlungsrechtstage, S. 19, 40, der die Ausführungen der Regierungsbegründung als wertneutralen Hinweis darauf ansieht, dass die Frage einer weiteren Klärung durch Rechtsprechung und Lehre überlassen bleiben soll. Zur Unterstützung seiner These führt er an, dass der zeitgleich eingeführte § 186 Abs. 3 S. 4 AktG nicht als Ausnahme von dem Grundsatz der sachlichen Rechtfertigung, sondern gerade als gesetzlich geregelter Sonderfall der Abwägung zu verstehen sei. Die materielle Beschlusskontrolle war jedoch bereits vor Einführung des § 186 Abs. 3 S. 4 AktG ein im Rahmen des Bezugsrechtsausschlusses ganz überwiegend anerkannter Kontrollmechanismus, so dass die gesetzliche Fixierung eines bestimmten Falles der Rechtfertigung nicht unbedingt Rückschlüsse auf die Haltung des Gesetzgebers zur Bedeutung dieses Rechtsinstituts über den konkreten Fall (=Bezugsrechtsausschluss) hinaus zulässt. Zudem ist die Interessenlage beim Bezugsrechtsausschluss nicht unbedingt mit der bei der Verschmelzung zu vergleichen, so dass aus der Regelung des § 186 Abs. 3 S. 4 AktG keine Rückschlüsse für die Verschmelzung gezogen werden können.

357 Für eine umfassende Beschlusskontrolle *Wiedemann*, ZGR 1980, 147, 156 ff.; *ders.*, Gesellschaftsrecht I, S. 445 ff.; *ders.*, in FS Heinsius, S. 949, 960 ff.: Strukturänderungsmaßnahmen als das „typische Einfallstor" für Eingriffe in die Rechtsposition der Minderheit erforderten im Recht der Personengesellschaften im Zweifel eine einstimmige Beschlussfassung. Bei Kapitalgesellschaften sei zwar ein Mehrheitsbeschluss möglich, dieser bedürfe aber der Einschränkung durch das Erfordernis der sachlichen Rechtfertigung. „Eine qualifizierte Beschlussfassung erhöht zwar die Richtigkeitschance, verbürgt sie indes nicht" (S. 961). Differenzierend nach übertragendem und aufnehmendem Rechtsträger *M. Winter*, in Lutter, Kölner Umwandlungsrechtstage, S. 19, 41; gegen eine Übertragung auf Umwandlungsbeschlüsse *Bermel*, in Goutier/Knopf/Tulloch, § 13 UmwG Rn. 24; *Gehling*, in Semler/Stengel, § 13 Rn. 36; *Heckschen*, in Widmann/Mayer, § 13 UmwG Rn. 219; *Zimmermann*, in Kallmeyer, § 13 Rn. 12; *Kort*, Bestandsschutz fehlerhafter Strukturänderungen, S. 259 ff., 262; grds. auch *Raiser*, Kapitalgesellschaften, § 46 Rn. 73; einschränkend *Mayer*, in Widmann/Mayer, § 8 UmwG Rn. 22, der in Anlehnung an die „Siemens/Nold"-Rechtsprechung des BGH fordert, die Verschmelzung müsse zumindest „im wohlverstandenen Interesse" der Gesellschaft liegen.

358 Umfassend zur Beschlusskontrolle bei Umwandlungen *Hirte*, Bezugsrechtsausschluß und Konzernbildung, S. 129 ff. und *Ross*, Materielle Kontrolle des Verschmelzungsbeschlusses, S. 55 ff.

den Bezugrechtsausschluss durch § 186 Abs. 3 S. 2 AktG als Mehrheitsbeschluss ausgestaltet ist.[359] Gegen das Erfordernis einer allgemeinen sachlichen Rechtfertigung wird jedoch zu Recht auf das strukturierte Schutzinstrumentarium des Umwandlungsgesetzes hingewiesen.[360] In der Tat scheint ein ausreichender Schutz der Anteilseigner gewährleistet durch die Mehrheits-[361] und Zustimmungserfordernisse[362], den ausführlichen Verschmelzungsbericht (§ 8 UmwG), die Verschmelzungsprüfung durch unabhängige Verschmelzungsprüfer (§ 9 UmwG), das Recht auf Austritt gegen Gewährung einer Barabfindung (§ 29 UmwG), das gerichtliche Spruchverfahren (§§ 1 ff. SpruchG) sowie durch die sonstigen Informationsrechte im Vorfeld und während der Gesellschafterversammlung[363]. Zu bedenken ist auch, dass der Umwandlungsbeschluss wie jeder andere Mehrheitsbeschluss den allgemeinen Schranken der gesellschaftsrechtlichen Treuepflicht, des Gleichbehandlungsgrundsatzes und des Willkürverbots unterliegt.[364] Eine darüber hinausgehende zusätzliche Beschlusskontrolle ist dagegen im Gesetz nicht angelegt und erscheint vor dem Hintergrund der genannten Schutzmechanismen auch nicht notwendig.

Anzumerken ist schließlich, dass die Frage nach dem Sinn bzw. der Notwendigkeit einer geplanten Strukturänderung eine originär unternehmerische Entscheidung ist, die oftmals durch vielfältige rechtliche und wirtschaftliche Faktoren motiviert ist. Von daher bestehen nicht unerhebliche Bedenken, ob es sich bei der Beschlussfassung über eine derartige Maßnahme nicht doch eher um eine Entscheidung innerhalb eines – natürlich durch die allgemeinen (Missbrauchs-) Schranken begrenzten – unternehmerischen Gestaltungs- bzw. Ermessensspielraumes handelt, der der richterlichen Beurteilung nur eingeschränkt zugänglich ist.

Von daher ist bei der Forderung nach einer über die gesetzlich geregelten Rechtmäßigkeitsanforderungen hinausgehenden Kontrolle der Strukturänderung

---

359 So zu Recht *Kort*, Bestandsschutz fehlerhafter Strukturänderungen, S. 261 f.

360 *Gehling*, in Semler/Stengel, § 13 Rn. 36; *Heckschen*, in Widmann/Mayer, § 13 UmwG Rn. 219 f.; *Stratz*, in Schmitt/Hörtnagl/Stratz, § 13 UmwG Rn. 21; *Zimmermann*, in Kallmeyer, § 13 Rn. 12.

361 Vgl. §§ 50 Abs. 1, 65 Abs. 1, 78, 84 S. 1, 103 S. 1 UmwG.

362 Vgl. §§ 13 Abs. 2, 50 Abs. 2, 51, 65 Abs. 2 UmwG; siehe auch den ausführlichen Überblick über die allgemeinen und besonderen Zustimmungserfordernisse im UmwG bei *Heckschen*, in Widmann/Mayer, § 13 UmwG, Rn. 233.

363 Vgl. §§ 47, 49, 62 Abs. 3, 63, 64, 82, 83, 101, 102 UmwG.

364 *Kort*, Bestandsschutz fehlerhafter Strukturänderungen, S. 64 ff., 262 f.; *Lutter*, ZGR 1981, 171, 178 qualifiziert diese Schranken als Beschlusskontrolle erster Stufe, die von der materiellen Beschlusskontrolle im engeren Sinne (Geeignetheit, Erforderlichkeit, Verhältnismäßigkeit) als zweiter Stufe zu unterscheiden ist.

auf ihre sachliche Rechtfertigung hin Zurückhaltung geboten.[365] Die Erläuterung der Verschmelzung nach § 8 Abs. 1 S. 1 UmwG bildet jedenfalls keine gesetzliche Grundlage hierfür. Sie dient vielmehr der Steigerung der Akzeptanz der Strukturänderung durch die Anteilseigner, die der Verschmelzung eher zustimmen werden, wenn sie durch den Vorstandsbericht von der Zweckmäßigkeit der geplanten Maßnahme überzeugt werden.

#### c) *Verhältnis zu der Berichtspflicht nach § 340a AktG a.F.*

Das Erfordernis der Erläuterung und Begründung der Verschmelzung als solcher stellt gegenüber dem alten Recht insoweit eine Erweiterung dar, als nach dem Gesetzeswortlaut des § 340a AktG a.F. nur der Verschmelzungsvertrag, nicht dagegen auch die Verschmelzung (als solche) Gegenstand der Erläuterungen im Verschmelzungsbericht war. Vorbild der Neuregelung war ausweislich der Begründung des Regierungsentwurfs die Vorschrift des § 186 Abs. 4 S. 2 AktG, der für die Kapitalerhöhung unter Ausschluss des Bezugsrechts ebenfalls die Angabe der konkreten Gründe für den Bezugsrechtsauschluss verlangt.[366] Indes entsprach es auch schon unter der Geltung des alten Rechts der ganz überwiegenden Meinung im rechtswissenschaftlichen Schrifttum, dass § 340a AktG a.F. dem Vorstand die Pflicht auferlege, den Aktionären die wirtschaftlichen Gründe, welche für und gegen die Verschmelzung sprechen, darzulegen.[367] Auch ohne eine ausdrückliche Erwähnung im Normtext wurde dieses Ergebnis zu Recht damit begründet, dass sich die wirtschaftliche Bedeutung des Verschmelzungsvertrages nicht ohne Ausblick auf seine tatsächlichen Auswirkungen, und damit eben auf die Verschmelzung an sich darstellen lasse.[368]

---

[365] Dies sollte auch für den Verschmelzungsbeschluss des übernehmenden Rechtsträgers gelten, selbst wenn zur Durchführung der Verschmelzung eine mit einem Bezugsrechtausschluss verbundene Kapitalerhöhung erforderlich ist. Gemäß § 69 Abs. 1 UmwG findet § 186 AktG hier gerade keine Anwendung. Die Kapitalerhöhung, die im Rahmen eines Verschmelzungsvorhabens lediglich einen Teilakt des Gesamtvorganges bildet, unterscheidet sich insoweit von der regulären Kapitalerhöhung, als der Bezugsrechtsausschluss von Gesetzes wegen als zulässig zu erachten ist. Sie ist, wie *Bermel*, in Goutier/Knopf/Tulloch, § 13 UmwG Rn. 25 m. E. zu Recht hervorhebt, „Konsequenz der jeder Verschmelzung wesensimmanenten Anteilsgewährungspflicht". Ist nun aber der Verschmelzungsbeschluss als solcher keiner sachlichen Rechtfertigungskontrolle unterworfen, so kann für die Kapitalerhöhung als einen Teilakt der gesamten Strukturänderung nichts anderes gelten; a. A. *Hirte*, Bezugsrechtsausschluß und Konzernbildung, S. 70 ff.

[366] Begr. RegE zu § 8 UmwG, abgedruckt bei *Schaumburg/Rödder*, S. 52.

[367] *Grunewald*, in G/H/E/K, § 340a AktG Rn. 6; *Kraft*, in Kölner Kommentar, § 340a AktG Rn. 14; *Bork*, ZGR 1993, 343, 349; offengelassen von LG Mannheim, ZIP 1988, 773, 775; ablehnend dagegen *Meyer-Ladewig*, BB 1970, 1517, 1519: „Wesentlich ist, dass nicht eine [...] Begründung der Fusion selbst verlangt wird."

[368] *Grunewald*, in G/H/E/K, § 340a AktG Rn. 6; *Priester*, NJW 1983, 1459, 1461.

### 3. Erläuterung des Verschmelzungsvertrages

Rechtlich und wirtschaftlich zu erläutern und zu begründen ist weiterhin der Verschmelzungsvertrag bzw. sein Entwurf, § 8 Abs. 1 S. 1 UmwG. Hierdurch sollen dem juristisch nicht vorgebildeten Anteilseigner die oftmals sehr technisch formulierten Bestimmungen des Verschmelzungsvertrages begreiflich gemacht werden.[369] Die Bedeutung des Vertragsinhalts ist soweit zu erklären, dass dieser dem durchschnittlichen Gesellschafter bei einer Parallelwertung in der Laiensphäre verständlich wird. Durch das Umwandlungsgesetz 1994 neu eingefügt wurde die Pflicht, den Verschmelzungsvertrag *im einzelnen* zu erläutern. Dies wird man klarstellend dahingehend interpretieren können, dass die Berichtspflicht über die bloße Paraphrase der wesentlichen Vertragsbestimmungen hinausgeht. Insoweit ergibt sich aber wohl keine inhaltliche Änderung gegenüber dem alten Recht.[370] Denn bereits zu § 340a AktG a.F. wurde aus dem Erfordernis der Erstattung eines *ausführlichen* Berichts gefolgert, dass die einzelnen Vertragsbestimmungen hinsichtlich ihres Inhalts und ihrer Tragweite zu erläutern sind.[371] An einer ausführlichen Darstellung im Einzelnen fehlt es etwa dann, wenn Anteilseigner gezwungen sind, von ihrem Auskunftsrecht (vgl. § 64 Abs. 2 UmwG, § 131 AktG) Gebrauch zu machen, um den Sinn der Ausführungen erfassen zu können.

Der Erläuterung bedürfen daher grundsätzlich sämtliche Vertragsbestimmungen, insbesondere diejenigen, die nicht aus sich selbst heraus verständlich sind oder die von der dispositiven gesetzlichen Regelung abweichen.[372] Standardklauseln, rein deklaratorische Bestimmungen sowie allgemein Selbstverständlichkeiten müssen dagegen nicht näher erklärt werden.[373]

### 4. Erläuterung des Umtauschverhältnisses der Anteile oder der Angaben über die Mitgliedschaft bei dem übernehmenden Rechtsträger

Gegenstand der rechtlichen und wirtschaftlichen Erläuterung und Begründung sind weiterhin das Umtauschverhältnis der Anteile oder die Angaben im Ver-

---

[369] *Lutter*, in Lutter, UmwG, § 8 Rn. 19.

[370] So auch der Handelsrechtsausschuss des DAV, WM 1993, Sonderbeilage 2, Rn. 31: „Diese Ermahnung ist überflüssig".

[371] *Keil*, Verschmelzungsbericht, S. 38; vgl. auch *Grunewald*, in G/H/E/K, § 340a AktG Rn. 6.

[372] Zu erläutern sind daher etwa Veränderungen der Rechtspositionen im alten und neuen Rechtsträger, die Einräumung von Sonderrechten, die Festlegung des Verschmelzungsstichtages oder abweichende Vereinbarungen zum Gewinnbezugrecht; vgl. hierzu *Sagasser/Ködderitzsch*, in Sagasser/Bula/Brünger, Rn. J 84.

[373] *Marsch-Barner*, in Kallmeyer, § 8 Rn. 9; *Mayer*, in Widmann/Mayer, § 8 UmwG Rn. 23; etwas weniger streng *Lutter*, in Lutter, UmwG, § 8 Rn. 23, demzufolge nur solche Bestimmungen zu erläutern sind, die aus Sicht eines Laien erklärungsbedürftig sind.

schmelzungsvertrag über die Mitgliedschaft im Zielrechtsträger, § 8 Abs. 1 S. 1 UmwG. Diese Ausführungen sind von zentraler Bedeutung für die wirtschaftlichen Interessen der Anteilseigner und bilden infolgedessen regelmäßig den Schwerpunkt[374] der Berichtspflicht, was auch bereits im Gesetzeswortlaut („insbesondere") zum Ausdruck kommt.

### *a) Verhältnis beider Informationspflichten zueinander*

Nach § 8 Abs. 1 S. 1 UmwG ist Gegenstand der Berichtspflicht das Umtauschverhältnis *oder* die Mitgliedschaft beim Zielrechtsträger. Damit trägt die Vorschrift dem Umstand Rechnung, dass es bei einigen verschmelzungsfähigen Rechtsträgern ihrer Rechtsform nach gar nicht zu einem Anteilstausch kommen kann, so dass Angaben hierzu sinnlos wären.[375] Ein Alternativverhältnis bzw. ein Wahlrecht besteht zwischen den beiden Varianten nicht. Soweit ein Anteiltausch stattfindet, ist auch eine Erläuterung des Umtauschverhältnisses geboten. In diesem Fall bedarf es jedoch entgegen der Ansicht von *Schöne*[376] und *Bermel*[377] an dieser Stelle keiner zusätzlichen Angaben über die Mitgliedschaft am übernehmenden Rechtsträger mehr. Nach Zweck und Systematik des Gesetzes sind dann, wenn ein Anteilstausch erfolgt, nur das Tauschverhältnis, wenn dagegen Mitgliedschaften erworben werden, allein diese zu erläutern.[378] In Ergänzung zu § 5 Abs. 1 Nr. 4 UmwG dient die Vorschrift als Auffangtatbestand für die Fälle, in denen es nicht zu einem Umtausch von Gesellschaftsanteilen kommt.[379] Zudem wäre im Falle einer kumulativen Berichtspflicht die Vorschrift des § 8 Abs. 1 S. 2 Alt. 2 UmwG obsolet. Hiernach ist im Verschmelzungsbericht auch auf die Folgen für die Beteiligungen der Anteilsinhaber hinzuweisen. Die hierunter fallenden Angaben wären aber stets schon in den Angaben zur Mitgliedschaft nach Abs. 1 S. 1 enthalten.[380] Dies widerspräche jedoch der Gesetzesbegründung, wonach die Informationspflicht des Abs. 1 S. 2 „insbesondere für Minderheiten von großer Bedeutung"[381] ist. Angaben über die Mitgliedschaft beim übernehmenden Rechtsträger sind daher nur bei Verschmelzungen auf Genossenschaften, genossenschaftliche Prüfungsverbünde,

---

374 So nehmen etwa die Ausführungen zum Umtauschverhältnis im Verschmelzungsbericht VEBA/VIAG fast 60 Seiten in Anspruch, vgl. Gemeinsamer Bericht der Vorstände der VEBA AG und der VIAG AG, S. 134 ff.

375 *Lutter*, in Lutter, UmwG, § 8 Rn. 30.

376 *Schöne*, GmbHR 1995, 325, 330 f.; i.E. ebenso *Gehling*, in Semler/Stengel, § 8 Rn. 46.

377 *Bermel*, in Goutier/Knopf/Tulloch, § 8 UmwG Rn. 23.

378 *Lutter*, in Lutter, UmwG, § 8 Rn. 30; *Marsch-Barner*, in Kallmeyer, § 8 Rn. 10; *Mayer*, in Widmann/Mayer, § 8 UmwG Rn. 39.

379 Vgl. Begr. RegE zu § 5 UmwG, abgedruckt bei *Schaumburg/Rödder*, S. 47 f.

380 Zutreffend *Lutter*, in Lutter, UmwG, § 8 Rn. 30.

381 Begr. RegE zu § 8 UmwG, abgedruckt bei *Schaumburg/Rödder*, S. 52.

Versicherungsvereine auf Gegenseitigkeit und eingetragene Vereine erforderlich.[382]

### *b) Erläuterung des Umtauschverhältnisses*

Das Gesetz bestimmt lediglich, dass das Umtauschverhältnis der Anteile ausführlich zu erläutern und zu begründen ist. Auf die Frage, welcher informatorische Gehalt als „ausführlich" im Sinne des § 8 UmwG anzusehen ist, gibt es dagegen keine Antwort. Eine positive Konkretisierung des Begriffs von Inhalt und Umfang der Berichtspflicht im Hinblick auf die Frage, welche Einzelplanzahlen, Wertansätze und Rechnungsfaktoren aufzuführen sind, ist dem UmwG nicht zu entnehmen.

#### *aa) Offenlegung konkreter Einzelzahlen?*

Maßgeblich für die Höhe des Umtauschverhältnisses sind, wie oben ausgeführt, Verfahren und Ergebnis der Bewertung des Gesellschaftsvermögens. Die Unternehmensbewertung bildet den Ausgangspunkt für die Bestimmung des Umtauschverhältnisses, ihrer Erläuterung ist damit besondere Aufmerksamkeit zu widmen. Bereits zum Verschmelzungsbericht nach § 340a AktG wurde diskutiert, ob sich der Vorstand darauf beschränken darf, lediglich abstrakt die Bewertungsmethoden zu beschreiben und das entsprechend ermittelte Ergebnis sowie das hieraus abgeleitete Umtauschverhältnis zu nennen, oder ob der Verschmelzungsbericht konkrete Einzelangaben und Zahlen enthalten muss. In diesem Punkt hat auch das UmwG 1994 keine größere Klarheit gebracht, da § 8 UmwG – ebenso wie § 340a AktG a.F. – sich jeglicher positiver Konkretisierung des Berichtsumfanges im Zusammenhang mit der Berechnung der Verschmelzungswertrelation enthält.[383] Insoweit gelten die zu § 340a AktG a.F. ergangenen gerichtlichen Entscheidungen ohne maßgebliche Einschränkungen fort.

---

[382] Der Umfang der Erläuterungen zu der Mitgliedschaft beim übernehmenden Rechtsträger richtet sich im Wesentlichen nach denselben Maßstäben wie die Berichtspflicht zu den Folgen für die Beteiligung der Anteilsinhaber nach § 8 Abs. 1 S. 2 Alt. 2 UmwG, so dass an dieser Stelle nur auf die nachfolgenden Ausführungen unter § 3 B. IV. 7 verwiesen werden soll.

[383] Auf Anregung der Literatur wurde in § 8 Abs. 2 UmwG lediglich die Begrenzung der Berichtspflicht durch das Geheimhaltungsinteresse der Gesellschaft nach dem Vorbild des (schon vorher entsprechend herangezogenen) § 131 Abs. 3 Nr. 1 AktG klargestellt.

Nach Auffassung des Bundesgerichtshofs[384] und einiger Instanzgerichte[385] folgt insbesondere aus dem Zweck der Berichtspflicht, die Aktionäre über alle für das Verschmelzungsvorhaben wesentlichen Umstände zu informieren und so den Verschmelzungsvorgang transparent zu machen, dass sich der Vorstand nicht auf die Mitteilung der angewandten Bewertungsgrundsätze beschränken könne. Vielmehr seien auch die tatsächlichen Bewertungsgrundlagen, d. h. die konkreten Faktoren und Einzelzahlen offen zu legen, anhand derer der Unternehmenswert ermittelt wurde. Nur so könne den Anteilseignern die Möglichkeit eröffnet werden, die vorgesehenen Umtauschwerte auf ihre Stichhaltigkeit hin zu überprüfen. Diese Auffassung hat sich heute fast allgemein durchgesetzt. Mit Ausnahme des *OLG Karlsruhe*[386] hat es auch diese Rechtsprechung jedoch durchweg vermieden, positiv zum Mindestinhalt des Verschmelzungsberichts Stellung zu nehmen.[387]

Demgegenüber vertritt die Gegenauffassung[388] den Standpunkt, die bloße Angabe der gewählten Bewertungsmethode reiche aus, rechnerisch nachprüfbare Werte seien dagegen nicht notwendig in den Verschmelzungsbericht aufzunehmen. Zur Begründung wurde vor allem auf das Geheimhaltungsinteresse des Unternehmens, auf den Schutz der Aktionäre durch die Möglichkeit der Überprüfung des Umtauschverhältnisses im Spruchverfahren sowie darauf hingewiesen, dass es Aufgabe der sachkundigen Verschmelzungsprüfer sei, das Umtauschverhältnis auf seine Richtigkeit bzw. Angemessenheit hin zu überprüfen.[389] Zudem sei die Messlatte für die inhaltlichen Anforderungen des Berichtes auch deshalb nicht allzu hoch anzulegen, weil der Aktionär gemäß § 131 Abs. 1 AktG i.V.m. § 64 Abs. 2 UmwG „die Möglichkeit [habe], in der Hauptversammlung weitergehende Erläuterungen zu verlangen.“[390]

---

[384] BGH, ZIP 1989, 980, 982 (Kochs Adler); BGH, ZIP 1990, 168 ff. (DAT/Altana II).

[385] OLG Hamm, ZIP 1988, 1051, 1053 f.; OLG Frankfurt, ZIP 2000, 1928, 1930; OLG Karlsruhe, ZIP 1989, 988, 989 ff.; OLG Köln, ZIP 1988, 1391, 1392 f.; LG Frankenthal, ZIP 1990, 232, 234; LG Köln, AG 1988, 145 f.

[386] OLG Karlsruhe, ZIP 1989, 988, 989 ff.; in der Literatur findet sich ein Versuch zur konkreten Bestimmung der anzugebenden Planzahlen bei *Keil*, Verschmelzungsbericht, S. 81 ff.

[387] Während dies in der Literatur überwiegend kritisch gesehen wird, begrüßt *Mertens*, AG 1990, 20, 23 ff. die Zurückhaltung der Rechtsprechung bei der Konkretisierung der Berichtspflicht. Dem liegt die Auffassung von *Mertens* zugrunde, dem Vorstand müsse ein nichtjustitiabler Gestaltungsspielraum bei der Berichterstattung zugestanden werden, die m. E. allerdings nicht zu überzeugen vermag; vgl. hierzu die Ausführungen unter § 4 B. I. 3 d).

[388] LG Bielefeld, Urt. v. 25.09.1987 - 17 O 127/87; LG Mannheim, ZIP 1988, 773, 775 f.; LG Frankfurt, Urt. v. 27.11.1987 - 3/7 O 115/87; *Rodewald*, BB 1988, 237, 239; *W. Müller*, EWiR § 340a AktG 1/88, 949, 950.

[389] Vgl. LG Mannheim, ZIP 1988, 773, 775.

[390] LG Frankfurt, Urt. v. 27.11.1987 – 3/7 O 115/87.

### *(1) Gesetzeswortlaut*

Bereits der Wortlaut des § 8 UmwG spricht wohl eher für eine umfänglich verstandene Berichtspflicht.[391] Die Vorschrift fordert eine *ausführliche* rechtliche und wirtschaftliche Erläuterung und Begründung des Umtauschverhältnisses. Hierunter ist augenscheinlich etwas anderes zu verstehen als die bloß verbale Erläuterung der angewandten Bewertungsverfahren. Eben nicht nur die Methode der Berechnung ist zu begründen, sondern das Umtauschverhältnis in der Sache. Dass das Umwandlungsgesetz sehr wohl zwischen dem Umtauschverhältnis als solchem und dem Verfahren zur Ermittlung desselben unterscheidet, folgt aus der Systematik des § 12 UmwG. Hiernach hat der Bericht der Verschmelzungsprüfer zum einen zu der Angemessenheit des Umtausch*ergebnisses* Stellung zu nehmen (§ 12 Abs. 2 S. 1 UmwG), zum anderen die angewandten Bewertungs*verfahren* zu nennen und ihre Wahl zu begründen (§ 12 Abs. 2 S. 2 UmwG).

Nicht überzeugend erscheint die Argumentation des *LG Bielefeld*, welches gerade aus dem Erfordernis einer *ausführlichen* Begründung darauf schließt, dass Einzelzahlen nicht offen zu legen sind. Nach Auffassung der Kammer lässt die Tatsache, dass das Gesetz

> „eine ausführliche Begründung des Umtauschverhältnisses erfordere, [...] die Notwendigkeit, rechnerisch nachprüfbare Werte anzugeben, als unrichtig erkennen; denn konkrete Zahlen bräuchten sicher nicht ‚ausführlich' erläutert werden"[392]

Wie *Keil*[393] zutreffend bemerkt, stützt schon der semantische Bedeutungsgehalt des Wortes „ausführlich" eine solche These nicht. Zudem ist auch die Argumentation des *LG Bielefeld* als solche nicht schlüssig. Es geht - entgegen der Auffassung der Kammer - nicht darum, ob die konkreten Zahlenangaben ihrerseits erläuterungsbedürftig sind, sondern darum, ob für eine ausführliche Erläuterung des Umtauschverhältnisses die Darlegung derjenigen Einzelzahlen notwendig

---

391 BGH, ZIP 1989, 980, 982 (zu § 340a AktG a.F.); ebenso, aber aus rechtspolitischer Sicht kritisch *Heckschen*, ZIP 1989, 1168, 1170, der dafür plädiert, im Zuge der Reform des Verschmelzungsrecht ein so umfassend verstandene Berichtspflicht zu überdenken. Die sprachliche Neuerung des § 8 UmwG, wonach die Erläuterung nicht nur „ausführlich", sondern auch „im einzelnen" zu erfolgen hat, stellt – wenn überhaupt (vgl. soeben unter § 4 B. IV. 3.) – eine Verschärfung der Anforderungen gegenüber § 340a AktG a.F. dar.

392 LG Bielefeld, Urt. v. 25.09.1987 - 17 O 127/87.

393 *Keil*, Verschmelzungsbericht, S. 38; vgl. auch *Preisenberger*, Heilbarkeit fehlerhafter Vorstandsberichte, S. 85, der von einer „rabulistisch anmutenden Begründung" der Kammer spricht.

ist, aus denen es abgeleitet ist. Dem Wortlaut ist damit keine Beschränkung auf die Darlegung der Bewertungsgrundsätze zu entnehmen.[394]

### *(2) Telos des § 8 UmwG*

Die Bestimmung des notwendigen Inhaltes des Verschmelzungsberichtes hat in erster Linie unter Berücksichtigung seiner Funktion zu erfolgen. In diesem Zusammenhang ist zu bedenken, dass es infolge der Verschmelzung zu weitreichenden Eingriffen in die wirtschaftliche und rechtliche Stellung der Anteilseigner insbesondere der übertragenden Gesellschaft kommt.[395] Dieser Rechtsträger erlischt, die Mitgliedschaftsrechte an ihm gehen unter. Die betroffenen Aktionäre werden Anteilseigner einer neuen Gesellschaft. Als Gegenleistung für die Übertragung des Gesellschaftsvermögens sind ihnen Anteile am Zielrechtsträger zu gewähren, und zwar in einem ihrem bisherigen Anteil wertmäßig entsprechendem Umtauschverhältnis, da die Aktionäre durch die Verschmelzung keinen Verlust erleiden dürfen.[396]

Diese Folgen der Verschmelzung für die betroffenen Aktionäre sind zum Ausgangspunkt der Überlegungen zu machen, welche Informationen für eine sachgemäße und verantwortliche Beschlussfassung notwendig sind. Die Aktionäre, die über die Verschmelzung zu befinden haben, können ihr Stimmrecht nur dann sinnvoll wahrnehmen, wenn ihnen durch eine hinreichende Vorab-Information die Möglichkeit verschafft wird, alle für die Verschmelzung wesentlichen Umstände auf ihre Nachvollziehbarkeit hin überprüfen zu können. Hierzu gehört im Wesentlichen auch, dass sie über das Umtauschverhältnis ihrer Anteile und seine Berechnung so weit Bescheid wissen, dass sie sich ein Bild über seine Angemessenheit machen können. Die kompensationsbezogene Informationserteilung im Verschmelzungsbericht dient damit –im Zusammenspiel mit den weiteren Vorlagen nach §§ 63, 64 UmwG – dazu, den Anteilseigner in die Lage zu versetzen, die für die Verschmelzungswertrelation maßgeblichen Wertverhält-

---

394 Ein Vergleich mit dem Wortlaut des § 186 Abs. 4 S. 2 AktG, der lediglich einen *schriftlichen Bericht* des Vorstandes über den Grund des Bezugsrechtsausschlusses fordert, verdeutlicht, dass an den von § 8 UmwG geforderten *ausführlichen* Bericht sicher keine geringeren, wohl aber eher strengere Anforderungen zu stellen sind. Auch hinsichtlich des Berichts nach § 186 AktG wird aber allgemein gefordert, dass den Aktionären sämtliche Tatsachen anzugeben sind, die der Entscheidung über den Bezugsrechtsausschluss zugrunde gelegt wurden. Auf diese Parallele weist zutreffen das OLG Hamm, ZIP 1988, 1051, 1053 hin; ebenso schon *Priester*, NJW 1983, 1459, 1461; ausführlich zu der Vergleichbarkeit beider Berichtspflichten *Keil*, Verschmelzungsbericht, S. 52 ff.

395 Auch bei dem aufnehmenden Rechtsträger kann es zu erheblichen Eingriffen in die Rechtsstellung seiner Mitglieder kommen, etwa wenn ein für sie nachteiliges Umtauschverhältnis zu einer Verwässerung ihrer Anteile führt oder wenn es infolge einer Verschiebung der Beteiligungsverhältnisse zu einem Verlust bestimmter Minderheitsrechte kommt.

396 Siehe oben § 3 A. III. 2.

nisse der beteiligten Rechtsträger auf ihre Stichhaltigkeit hin überprüfen zu können, um vor diesem Hintergrund entscheiden zu können, ob er dem Verschmelzungsvertrag zustimmt oder nicht.[397] Angesichts der erheblichen Bedeutung des Umtauschverhältnisses für die Vermögens- und Mitgliedschaftsrechte der Aktionäre hat sich also nicht nur der (durch das Spruchverfahren gewährleistete) materielle, sondern auch der informationelle Schutz der Anteilseigner auf ihr Interesse an einem angemessenen Gegenwert zu konzentrieren.

Vor diesem Hintergrund kann es aber nicht ausreichend sein, die angewandten Bewertungsmethoden abstrakt darzustellen und das ermittelte Ergebnis zu nennen.[398] Diese Angaben bieten zwar einen Anhaltspunkt, anhand dessen eine erste Beurteilung vorgenommen werden kann, ihre alleinige Darstellung ist indes nicht geeignet, entstandene Zweifel an der Angemessenheit der Umtauschrelation zu beseitigen (oder zu bestätigen). Die Kenntnis der Bewertungsgrundsätze ermöglicht dem Anteilseigner noch nicht die Beurteilung, ob das Tauschverhältnis sachlich angemessen ist.[399] Dieses wird letztlich nur dann für den Aktionär nachvollziehbar, wenn ihm aussagekräftige Einzelplanzahlen mitgeteilt werden, aus denen, etwa bei einer nach dem Ertragswertverfahren durchgeführten Unternehmensbewertung, die Ertragskraft und damit letztlich der Wert der beteiligten Gesellschaften abgeleitet wurde.

Dagegen ist es – dies sei hier noch einmal betont - nicht erforderlich, den Aktionären eine derart detaillierte Tatsachenfülle zu unterbreiten, dass sie in die Lage versetzt werden, kraft eigener oder unter Heranziehung fremder Sachkunde ein eigenes Gutachten über die sachliche und rechtliche Richtigkeit der Unternehmensbewertung zu erstellen.[400] Sofern Sachverständigengutachten vom Vorstand eingeholt wurden, sind diese nicht Teil des Verschmelzungsberichtes und müssen daher auch nicht in allen Einzelheiten im Bericht wiedergegeben werden. Soweit die diesbezügliche Stellungnahme von *Kort*[401], der Verschmel-

---

[397] Vgl. BGH, ZIP 1989, 980, 982 unter Hinweis auf den durch die Dritte Verschmelzungsrichtlinie (RL 78/855/EWG, abgedruckt bei *Lutter*, UmwG, S. 2815 ff.) intendierten Schutz der Aktionäre sowie auf die Begr. RegE des Verschmelzungsrichtlinie-Gesetzes vom 23.11.1981 (BT-Drucks. 9/1065, S. 14 f.); vgl. auch OLG Karlsruhe, ZIP 1989, 988, 990.

[398] Erst recht nicht genügend ist der Hinweis, das ermittelte Umtauschverhältnis sei durch ein anerkanntes Bewertungsverfahren und durch neutrale Prüfer festgestellt worden. Einen ähnlichen Hinweis hatte jedoch das LG Mannheim, ZIP 1988, 773, 775 als ausreichend erachtet.

[399] So ausdrücklich BGH, ZIP 1990, 168, 169.

[400] Vgl. OLG Düsseldorf, ZIP 1999, 793, 794; OLG Hamm, BB 1999, 1234, 1235; OLG Karlsruhe, ZIP 1989, 988, 990; LG Frankenthal, ZIP 1990, 232, 234; *Mertens*, AG 1990, 20, 23; im Ergebnis wohl ähnlich *Bayer*, AG 1988, 323, 327, der fordert, der Aktionär müsse die Grundlagen der Berechnung „auf Schlüssigkeit und ansatzweise auf Richtigkeit überprüfen können".

[401] *Kort*, EWiR § 340a AktG 1/90, 229, 230 (zu § 340a AktG); im vorgenannten Sinne einschränkend aber *ders.*, Bestandsschutz fehlerhafter Strukturänderungen, S. 255 f.

zungsbericht müsse es dem Aktionär ermöglichen, „die Unternehmensbewertung zu erfassen und zu beurteilen", im Sinne einer materiellen Richtigkeitskontrolle zu verstehen sein sollte, ist ihm entgegenzuhalten, dass sich aus den bereits genannten Gründen der Schutzzweck des § 8 UmwG in der Gewährleistung einer Plausibilitätskontrolle erschöpft. Zudem erscheint es überhaupt fraglich, ob dem Informationsinteresse des einzelnen Aktionärs durch die Übermittlung sämtlicher im Zusammenhang mit der Unternehmensbewertung relevanten Daten gedient wäre. Ein durchschnittlicher Aktionär ohne besondere Fachkunde dürfte wohl regelmäßig kaum in der Lage sein, innerhalb des Auslagezeitraumes von einem Monat vor der Hauptversammlung eine derartige Stofffülle zu bearbeiten und auszuwerten.

### *(3) Verhältnis zur Verschmelzungsprüfung nach den §§ 9 ff. UmwG*

Teilweise wird vertreten, eine Beschränkung der Berichtspflicht des Vorstandes auf die Grundlagen der Bewertung folge aus dem systematischen Zusammenspiel des Verschmelzungsberichtes mit der in §§ 9 ff. UmwG vorgesehenen Prüfung der Verschmelzung durch unabhängige Verschmelzungsprüfer.[402] Die Bestätigung des Umtauschverhältnisses durch das Testat neutraler Sachverständiger bilde „eine wesentliche Garantie für die Wahrung der berechtigten Interessen der Aktionäre an einem umfassenden Schutz"[403]. Die Verschmelzungsprüfung sei daher das nach der Gesetzessystematik Platz greifende Schutzinstrument, durch welches die richtige Handhabung der Unternehmensbewertung und der hieran anknüpfenden Ableitung des konkreten Umtauschverhältnisses garantiert werde. Im Umkehrschluss sei daher zu folgern, dass der Verschmelzungsbericht „nicht mehr als eine verbale Erläuterung"[404] der Bewertungsgrundsätze zu enthalten brauche.

Dem wird von der überwiegenden Auffassung mit Recht entgegengehalten, dass Verschmelzungsbericht einerseits und Verschmelzungsprüfung andererseits zwar beides Instrumente zum Schutz der Anteilseigner sind, ihnen aber innerhalb dieses Schutzzweckes jeweils eine verschiedene Funktion zukommt.[405] Während der Verschmelzungsbericht – wie dargelegt – den Aktionären eine Kontrolle der Zweck- und Rechtmäßigkeit der Verschmelzung auf ihre Plausibilität hin ermöglichen soll, dient die Verschmelzungsprüfung der Gewährleistung

---

[402] LG Mannheim, ZIP 1988, 773, 777; *Heckschen*, ZIP 1989, 1168, 1171; *W. Müller*, in EWiR § 340a AktG 1/88, 949, 950; *Nirk*, in FS Steindorff, S. 187, 194 f.; *Rodewald*, BB 1992, 237, 239.

[403] LG Mannheim, ZIP 1988, 773, 777; ebenso *Nirk*, in FS Steindorff, S. 187, 194 („entscheidende Gewähr für die Aktionäre").

[404] *Nirk*, in FS Steindorff, S. 187, 195.

[405] Vgl. BGH, ZIP 1989, 980, 982; ZIP 1990, 168, 169; OLG Köln, ZIP 1988, 1391, 1392 f.; *Keil*, EWiR § 340a AktG 1/89, 847, 848.

von Vollständigkeit und Richtigkeit des Verschmelzungsvertrags sowie insbesondere der ordnungsgemäßen Berechnung des Umtauschverhältnisses und der Angemessenheit desselben (vgl. § 12 UmwG). Bericht und Prüfung sind demnach, wie der Bundesgerichtshof[406] hervorhebt, „einander *ergänzende* Maßnahmen", um den Schutz der Anteilseigner so umfassend wie möglich zu gestalten. Diesem Zweck liefe es zuwider, die Berichtspflicht des Vorstandes unter Hinweis auf die Prüfung durch unabhängige Sachverständige generell einzuschränken.

Gegen die Aufnahme von konkreten Bewertungstatsachen lässt sich entgegen *Nirk*[407] auch nicht anführen, dass andernfalls der Bericht der Verschmelzungsprüfer überflüssig werde. Zum einen sind in den Verschmelzungsbericht bei weitem nicht all diejenigen Angaben und Unternehmensinterna aufzunehmen, die den Verschmelzungsprüfern für ihre Zwecke zur Verfügung stehen. Zum anderen könnte man umgekehrt den Verschmelzungsbericht als überflüssige Formalität bezeichnen, sollte dieser nur abstrakte Ausführungen zur Unternehmensbewertung enthalten müssen.

An der Sache vorbei geht insofern auch die Kritik von *Rodewald*[408], wonach der Aktionär durch die Bekanntgabe von Einzelplanzahlen eine im „Verschmelzungsverfahren nicht vorgesehene verschmelzungsprüferähnliche Stellung [erlange], was auch nicht aus Gründen des Minderheitenschutzes zu rechtfertigen" sei. Eine derart umfängliche Berichtspflicht verstieße in der Tat gegen die Systematik des umwandlungsrechtlichen Schutzinstrumentariums. Allerdings geht es vorliegend gar nicht darum, dem Aktionär durch den Bericht sämtliche Informationen zukommen zu lassen, auf die der Verschmelzungsprüfer zurückgreifen kann. Offenzulegen sind nur diejenigen Faktoren, die notwendig sind, um sich ein sachgerechtes Bild über die Verschmelzung machen zu können. In Rede steht damit ein grundsätzlich verschiedener Umfang an Datenmaterial, eine Entscheidung nach dem Grundsatz „Alles-oder-Nichts" ist hier nicht zu fällen.

Die Mitteilung konkreter Bewertungstatsachen wird folglich auch nicht dadurch obsolet, dass die Angemessenheit des Umtauschverhältnisses Gegenstand der Verschmelzungsprüfung nach §§ 9 ff. UmwG ist.

---

[406] BGH, ZIP 1989, 980, 982.

[407] So *Nirk*, in FS Steindorff, S. 187, 194; hiergegen auch *Preisenberger*, Heilbarkeit fehlerhafter Vorstandsberichte, S. 88.

[408] *Rodewald*, BB 1992, 237, 239.

### *(4) Geheimhaltungsinteresse*

Zu § 340a AktG a.F., der keine ausdrückliche Berücksichtigung der Geheimhaltungsinteressen der Gesellschaft durch ein Auskunftsverweigerungsrecht vorsah, wurde die Auffassung vertreten, eine Beschränkung des Umfangs des Verschmelzungsberichtes folge aus dem berechtigten Interesse der Gesellschaft, markt- und wettbewerbssensible Daten nicht in großem Umfang offen legen zu müssen.[409] Jedes Konkurrenzunternehmen könnte sich andernfalls Einblicke in die Unternehmensinterna, die Markstellung, sowie in die Stärken und Schwächen der Untermnehmensentwicklung verschaffen. Da Einzelplandaten in besonderem Maße geeignet sind, Mitbewerbern Informationen über die Unternehmensstrategien zu offenbaren, sei der Vorstand nicht gehalten, konkrete Zahlen zu veröffentlichen, da sonst die Wettbewerbsfähigkeit des Unternehmens nachhaltig gefährdet werde. Aus diesen Erwägungen heraus folgerte das *LG Mannheim*, es liege

> „auf der Hand, dass der Gesetzgeber einen derart weitgehenden, mit konkreten Zahlen aus der Vergangenheit und für die Zukunft untermauerten Bericht nicht gemeint hat.“[410]

Zuzugeben ist dem Gericht, dass es tatsächlich nicht Aufgabe des Verschmelzungsberichtes sein kann, Angaben offen zu legen, die berechtigte Geheimhaltungsinteressen des Unternehmens gefährden.[411] Insoweit war allerdings auch schon zu § 340a AktG a. F. anerkannt, dass dem Vorstand in diesen Fällen ein Auskunftsverweigerungsrecht entsprechend §§ 131 Abs. 3 Nr.1 AktG, 340b Abs. 4 S. 5 AktG a.F. zuzubilligen sei.[412] Daraus folgte jedoch nicht, dass der Vorstand unter Hinweis auf einen möglichen Schaden, der durch die Veröffentlichung von geheimhaltungsbedürftigen Fakten drohen könnte, jegliche Erwäh-

---

409 LG Mannheim, ZIP 1988, 773, 777; im Ergebnis zustimmend *W. Müller*, EWiR § 340a AktG 1/88, 949, 950.

410 LG Mannheim, ZIP 1988, 773, 777.

411 Zu weitgehend daher *Dirrigl*, WPg 1989, 413, 418, demzufolge der Verschmelzungsbericht (nach § 340a AktG a.F.) „ungeachtet etwaiger ‚Geheimhaltungsbedürfnisse'“ detaillierte Zahlenangaben enthalten muss; kritisch hierzu auch *Keil*, Verschmelzungsbericht, S. 77, Fn. 115.

412 Vgl. BGH, ZIP 1989, 9980, 983; OLG Hamm, ZIP 1988, 1051, 1053 f.; *Grunewald*, in G/H/E/K, § 340a AktG Rn. 4; *Kraft*, in Kölner Kommentar, § 340a AktG Rn. 16; *Bayer*, WM 1989, 121, 122; *Heckschen*, ZIP 1989, 1168, 1171; *Keil*, Verschmelzungsbericht, S. 77; *Mertens*, AG 1990, 20, 27. Umstritten war allerdings, ob der Vorstand im Verschmelzungsbericht die Gründe darzulegen hatte, aus denen er die Information verweigert (so BGH, ZIP 1990, 168, 169; OLG Hamm, ZIP 1988, 1051, 1054; OLG Köln, ZIP 1988, 1391, 1393) oder ob der bloße Hinweis auf das Geheimhaltungsinteresse reichte (so OLG Karlsruhe, ZIP 1989, 988, 991; *Grunewald*, in G/H/E/K, § 340a AktG Rn. 13 (Darlegung der Gründe erst bei Auskunftsverlangen des Aktionärs in der Hauptversammlung gemäß § 131 AktG)). Mit der Einführung von § 8 Abs. 2 S. 2 UmwG hat sich der Gesetzgeber mittlerweile für die erstgenannte Auffassung entschieden.

nung konkreter Bewertungsgrundlage unterlassen kann.[413] Wäre ein solcher pauschaler Hinweis zulässig, ließe sich das Gebot einer umfassenden Aktionärsinformation leicht umgehen.

Durch das UmwG 1994 hat der Gesetzgeber die Berücksichtigung der Geheimhaltungsinteressen ausdrücklich in § 8 Abs. 2 UmwG[414] geregelt, wonach Tatsachen dann, aber auch *nur* dann, nicht in den Bericht aufgenommen werden müssen, wenn deren Bekanntwerden geeignet ist, den beteiligten Unternehmen einen nicht unerheblichen Schaden zuzufügen. Die Gründe für das Geheimhaltungsbedürfnis sind in dem Bericht darzulegen, § 8 Abs. 2 S. 2 UmwG. Der Gesetzgeber gibt damit ein klares Regel-Ausnahme-Verhältnis vor, wonach dem Informationsinteresse des Aktionärs grundsätzlich der Vorrang eingeräumt wird, es sei denn ein Geheimhaltungsinteresse wird im Einzelnen geltend gemacht und begründet. Das Vorenthalten konkreter Bewertungsfaktoren ist damit nach der gesetzlichen Systematik als begründungsbedürftiger Ausnahmefall ausgestaltet. Regelfall ist dagegen die Aufnahme eben dieser Tatsachen – ihre Erforderlichkeit zur Stichhaltigkeitskontrolle vorausgesetzt - in den Verschmelzungsbericht.

*(5) Möglichkeit der Überprüfung des Umtauschverhältnisses im Spruchverfahren*

Eine Beschränkung der Informationsdichte lässt sich schließlich auch nicht dadurch rechtfertigen, dass die Anteilseigner der übertragenden Gesellschaft die Angemessenheit des Umtauschverhältnisses im Spruchstellenverfahren gemäß § 15 Abs. 1 S. 2 UmwG i.V.m. §§ 1 ff. SpruchG überprüfen lassen können.[415] Ist das Umtauschverhältnis der Anteile zu niedrig bemessen, so kann das Gericht in diesem Verfahren auf Antrag einen Ausgleich durch bare Zuzahlung anordnen. Auf diesem Wege kompensiert das Spruchverfahren den im Interesse der Bestandserhaltung der Umwandlung durch § 14 Abs. 2 UmwG statuierten Ausschluss des Rechts, den Zustimmungsbeschluss der Hauptversammlung zu dem Verschmelzungsvertrag mit der Begründung anzufechten, das Umtauschverhältnis der Anteile sei zu niedrig bemessen.[416]

Der abweichenden Auffassung des *LG Mannheim* ist der Bundesgerichtshof unter Hinweis darauf entgegengetreten, dass der Verweis ins Spruchverfahren nur

---

413 OLG Hamm, ZIP 1988, 1051, 1053.

414 Mit dieser Regelung knüpft der Gesetzgeber ausweislich der Regierungsbegründung unter Berücksichtigung der bis dahin ergangenen höchstrichterlichen Rechtsprechung an die Regelung des § 131 Abs. 3 Nr. 1 AktG an, vgl. Begr. RegE zu § 8 UmwG, abgedruckt bei *Schaumburg/Rödder*, S. 52 f.

415 So aber LG Mannheim, ZIP 1988, 773, 778; *Nirk*, in FS Steindorff, S. 187, 195, jeweils zum Spruchstellenverfahren nach § 352c AktG a.F.; dagegen BGH, ZIP 1990, 168, 169; OLG Karlsruhe, ZIP 1989, 988, 989; *Bayer*, AG 1988, 323, 327.

416 Vgl. Begr. RegE vor §§ 305 ff. UmwG, abgedruckt bei *Schaumburg/Rödder*, S. 467.

dann eingreife, wenn der Aktionär dem Verschmelzungsbeschluss mit der Rüge einer mangelhaften Kompensation entgegentrete. Hingegen schließe das Gesetz

> „eine Anfechtungsklage, die mit der Begründung erhoben wird, das Umtauschverhältnis sei rechtlich und wirtschaftlich nicht hinreichend erläutert und begründet, [...] nicht aus."[417]

Diese Feststellung ist – worauf an späterer Stelle der vorliegenden Arbeit noch näher einzugehen sein wird[418] – in dieser Allgemeinheit nicht haltbar. Die Unrichtigkeit der Meinung des *LG Mannheim* folgt allerdings aus anderen Erwägungen. So weist *Keil*[419] zutreffend darauf hin, eine generelle Beschränkung der Berichtspflicht des Vorstandes durch die Möglichkeit, das Spruchverfahren zu eröffnen, könne schon deswegen nicht unterstellt werden, weil diese Möglichkeit nur den Aktionären des übertragenden Rechtsträgers zukommt. Steht damit nach der gesetzlichen Konzeption den Anteilseignern des Übernehmers die Anfechtung des Verschmelzungsbeschlusses wegen eines ihrer Auffassung nach zu ihren Lasten fehlerhaft ermittelten Umtauschverhältnisses offen, so benötigen sie im Vorfeld die betreffenden Informationen im Verschmelzungsbericht, um die Plausibilität der Verschmelzungsrelation prüfen zu können. Aber auch für die Aktionäre des übertragenden Rechtsträgers ist eine Darstellung der maßgeblichen Bewertungstatsachen von Nöten. Ihnen obliegt die Entscheidung, das Umtauschverhältnis in einem Spruchverfahren nachprüfen zu lassen.[420] Die Entscheidung, ob sie ein solches Verfahren anstrengen wollen, kann aber nur dann

---

417 BGH, ZIP 1990, 168, 170 (DAT/Altana II).

418 Siehe unten unter § 4 B. IV. 2.

419 *Keil*, Verschmelzungsbericht, S. 73; kritisch zu dieser Beschränkung des antragsberechtigten Personenkreises *Heckschen*, in Widmann/Mayer, § 14 UmwG Rn. 49 ff.; *Marsch-Barner*, in Kallmeyer, § 14 Rn. 16; *Hoffmann-Becking*, ZGR 1990, 482, 484 f.; *Martens*, AG 2000, 301, 303 f. und 308; *Zöllner*, AG 2000, 145, 151.

420 Gemäß § 352c Abs. 2 S. 1 AktG a.F. war nur derjenige Aktionär antragsberechtigt, der in der Hauptversammlung gegen den Beschluss Widerspruch zur Niederschrift erklärt hatte. Die Regierungsbegründung zum Verschmelzungsrichtlinie-Gesetz rechtfertigte diese Einschränkung damit, dass die Aktionäre durch den Verschmelzungsbericht und den Verschmelzungsprüfungsbericht bereits über die Gründe für die Festsetzung des Umtauschverhältnisses unterrichtet sind und daher eine informierte Entscheidung treffen können, ob sie Widerspruch erheben wollen oder nicht, vgl. Begr. RegE, BT-Drucks. 9/1065, S. 21. Zum alten Recht weist *Keil*, Verschmelzungsbericht, S. 74 zu Recht darauf hin, dass das Gesetz selbst somit davon ausgehe, dass die Aktionäre schon die erforderlichen Informationen erhalten haben, um das Umtauschverhältnis nachvollziehen zu können. Auch nach Wegfall des Widerspruchserfordernisses durch das UmwG 1994 hat sich an dieser Einschätzung nicht geändert. Nach der Regierungsbegründung zu § 15 UmwG sollte durch die Streichung dieser Voraussetzung lediglich vermieden werden, dass Anteilseigner, die die Verschmelzung an sich befürworten, nur zur Sicherung ihres Nachbesserungsanspruchs gegen diese stimmen, vgl. Begr. RegE zu § 15 UmwG, abgedruckt bei *Schaumburg/Rödder*, S. 69. Hierdurch sollte eine unnötige Blockade von Fusionen verhindert werden, eine Veränderung im bestehenden Informationsregime (zugunsten des Spruchverfahrens) war nicht beabsichtigt.

sinnvoll getroffen werden, wenn ihnen zuvor Gelegenheit gegeben wurde, sich wenigstens ein ungefähres Bild von der Angemessenheit des Umtauschverhältnisses zu machen.

Zu bedenken gilt es in diesem Zusammenhang schließlich, dass Verschmelzungs- und Verschmelzungsprüfungsbericht auch dazu dienen sollen, durch eine ausführliche Vorab-Information der Anteilseigner ein späteres Spruchverfahren nach Möglichkeit überflüssig zu machen (Entlastungsfunktion). Ausdrücklich nennt diesen Zweck zwar nur die Regierungsbegründung zu den Berichtspflichten bei Abschluss eines Unternehmensvertrages i.S.d. §§ 291 f. AktG, durch die das Spruchstellenverfahren nach § 306 AktG a. F. entlastet werden soll.[421] In Anbetracht der vergleichbaren Interessenlage ist jedoch dieselbe Zielrichtung auch den umwandlungsrechtlichen Berichtspflichten zugrunde zu legen, zumal diese als Vorbild für die unternehmensvertragsrechtlichen Vorschriften gedient haben. Diesem Zweck würde es grundlegend widersprechen, die Anforderungen an die Berichtspflicht unter Hinweis auf die Möglichkeit einer späteren Überprüfung des Umtauschverhältnisses im Spruchverfahren herabzusetzen.[422]

#### *(6) Gesteigerte gerichtliche Angreifbarkeit des Verschmelzungsbeschlusses*

Zu überlegen wäre letztlich, die Berichtspflicht deshalb inhaltlich zu reduzieren, weil höhere rechtliche Anforderungen an den Bericht allgemein auch zu einem höheren Fehlerrisiko und damit unter Umständen auch zu einer gesteigerten Angreifbarkeit des Verschmelzungsbeschlusses, insbesondere im Wege der Anfechtungsklage führen könnten.[423] Dies scheint jedoch im Hinblick auf die vorstehenden Überlegungen zu Sinn und Zweck einer einen hinreichenden a-priori-Schutz gewährleistenden, umfassenden Information der Anteilseigner bedenklich. Instrumentarien zur Bestandserhaltung der Umwandlungsmaßnahme sollten daher an anderer Stelle ansetzen. Hier nur kurz angesprochen seien Überlegungen, den Kreis anfechtungsrelevanter Informationsmängel zu begrenzen, ohne damit gleichzeitig den Umfang der zu gewährenden Informationen selbst einzuschränken. So erscheint es durchaus sinnvoll, dem Aktionär zwar grundsätzlich ein Recht auf weitreichende Unterrichtung zuzubilligen, ohne jedoch an eine Verletzung dieses Rechts zwangsläufig die Sanktion der Anfechtbarkeit des Hauptversammlungsbeschlusses knüpfen zu müssen. Dass der Aktionär ein berechtigtes Interesse an der Offenlegung eines Umstandes hat, bedeutet nicht gleichzeitig, dass er bei Zurückhaltung ebendieser Information zur Beschlussvernichtung berechtigt sein muss. Denn auch ohne umfassende Sanktionierung

---

[421] Begr. RegE zu § 293b AktG, BT-Drucks. 12/6699, S. 178; vgl. auch LG Ingolstadt, AG 1997, 273.

[422] Ebenso zum Bericht nach § 293a AktG *Aha*, Unternehmensvertragsbericht, S. 31 f.

[423] In diese Richtung weisen die Bedenken von *Heckschen*, ZIP 1989, 1168, 1171 („Anfechtungsklagen sind damit vorprogrammiert.“).

kann der Pflicht zur Informationserteilung insbesondere vertrauensbildende und disziplinierende Wirkung zukommen, was letztlich zur Korrektheit der Entscheidung beizutragen vermag.[424] Das Anfechtungsrecht kann dabei sowohl im Hinblick auf die Schwere des Informationsdefizits im Allgemeinen als auch auf den Gegenstand der vorenthaltenen Information im Besonderen eingeschränkt werden.[425] Nicht jeder geringfügige Fehler des Verschmelzungsberichts rechtfertigt die Blockade der Strukturänderungsmaßnahme. Zudem kann auch bei schwerwiegenderen Mängeln das Anfechtungsrecht dann zu versagen sein, wenn durch andere Instrumentarien ein äquivalenter Schutz der Interessen der betroffenen Anteilseigner gewährleistet ist. Dies wird an späterer Stelle noch ausführlich darzulegen sein. Hier jedenfalls ist festzuhalten, dass dem Risiko der Beschlussanfechtung nicht durch eine Beschneidung der der Verschmelzung vorgelagerten Informationsrechte der Aktionäre zu begegnen ist.

#### *(7) Ergebnis*

Im Rahmen der rechtlichen und wirtschaftlichen Erläuterung und Begründung des Umtauschverhältnisses ist es nicht ausreichend, lediglich abstrakt die Bewertungsgrundsätze, nach denen es ermittelt wurde, anzugeben. Erforderlich ist vielmehr die Angabe konkreter Einzelzahlen, die der Ermittlung zugrunde liegen, damit sich die Aktionäre ein eigenes Bild über der Stichhaltigkeit der Berechnungen machen können. Dagegen müssen sie nicht in die Lage versetzt werden, das Umtauschverhältnis wie ein privater Prüfer auf seine inhaltliche Richtigkeit hin überprüfen zu können. Letztlich ist jedoch immer zu beachten, dass sich die Anforderungen an einen Bericht nur unter Berücksichtigung der Umstände des jeweiligen Einzelfalls konkret bestimmen lassen, so dass auch den nachfolgenden Ausführungen lediglich Leitbildcharakter zugemessen werden kann.

### *bb) Inhaltliche Anforderungen*

Die Darstellung des Umtauschverhältnisses orientiert sich an der jeweils gewählten Methode der Unternehmensbewertung. Sie gliedert sich den verschiedenen Vorschlägen in der Literatur zufolge in drei, vier oder mehrere Abschnit-

---

424 Zu der Sinnhaftigkeit von Informationsverbreitung sogar in denjenigen Fällen, in denen dem Informationsempfänger keine oder nur eingeschränkte Mitentscheidungsrechte zustehen, siehe *Grundmann*, in FS Lutter, S. 61, 79 f.

425 Hierzu noch ausführlich unten § 4 B. IV. 2.

te[426], wobei jedoch über den wesentlichen Inhalt der Darstellung weitgehend Einigkeit besteht.

### *(1) Bewertungsmethode*

Anzugeben ist im Verschmelzungsbericht zunächst die Methode, nach der die Unternehmensbewertung vorgenommen wurde.[427] Erfolgt sie - wie in der Praxis üblich – nach der Ertragswertmethode (bzw. nach dem DCF-Verfahren), so bedarf es hierfür keiner besonderen Begründung. Ausreichend ist ein Hinweis darauf, dass der Unternehmenswert nach der Ertragswertmethode unter Hinzurechnung des mit dem Substanzwert angesetzten betriebsneutralen Vermögens berechnet wurde, wobei der Liquidationswert gegebenenfalls als Wertuntergrenze berücksichtigt wurde.[428] Wird dagegen ein anderes Bewertungsverfahren - etwa das Zugrundelegen des Liquidationswertes im Fall einer Sanierungsfusion - angewandt, trifft den Vorstand die Pflicht zur Begründung, warum ebendiese Wahl im konkreten Fall sachgerecht war.[429]

Nicht erforderlich ist es nach überwiegender Auffassung, die jeweilige Methode in ihrer Vorgehensweise eingehend zu erläutern.[430] Ausreichend sei regelmäßig der Hinweis, dass das in Rede stehende Bewertungsverfahren nach den im IdW-Standard S 1 niedergelegten Grundätzen durchgeführt wurde.

Demgegenüber verlangen *Bula/Schlösser*[431] auch bei Anwendung eines anerkannten Verfahrens eine detaillierte Beschreibung der einzelnen Bewertungsschritte sowie eine Stellungsnahme zu alternativen Bewertungsmethoden und deren Ergebnissen. Der Standard S 1 erläutere die Bewertungsverfahren lediglich in ihren Grundsätzen, wohingegen die Unternehmensbewertung im konkreten Einzelfall die jeweiligen unternehmensspezifischen Besonderheiten zu berücksichtigen habe.

---

426 *Sagasser/Ködderitzsch*, in Sagasser/Bula/Brünger, Rn. J 87 („drei Abschnitte"); *Mayer*, in Widmann/Mayer, § 8 UmwG Rn. 29 („vier Abschnitte"); eine weitere Unterteilung findet sich bei *Gehling*, Semler/Stengel, § 8 Rn. 22 ff.

427 *Marsch-Barner*, in Kallmeyer, § 8 Rn. 11; *Mayer*, in Widmann/Mayer, § 8 UmwG Rn. 30; nach *Gehling*, in Semler/Stengel, § 8 Rn. 23 ist zudem mitzuteilen, ob das Umtauschverhältnis auf der Grundlage eigener Feststellungen des Vorstands ermittelt wurde oder ob den Berechnungen – wie es bei börsennotierten Aktiengesellschaften in der Praxis in aller Regel der Fall ist – ein von externen Wirtschaftsprüfern erstelltes Bewertungsgutachten zugrunde liegt. Ein solcher Hinweis ist in der Tat empfehlenswert, da die Person des Bewertenden für die Plausibilität der Berechnung jedoch nicht unmittelbar maßgeblich ist, ist diese Angabe rechtlich wohl nicht zwingend erforderlich.

428 LG Mannheim, ZIP 1988, 773, 775; *Keil*, Verschmelzungsbericht, S. 64.

429 *Marsch-Barner*, in Kallmeyer, § 8 Rn. 13; *Grunewald*, in G/H/E/K, § 340a AktG Rn. 11.

430 *Bermel*, in Goutier/Knopf/Tulloch, § 8 UmwG Rn. 17; *Lutter*, in Lutter, UmwG, § 8 Rn. 21; *Mayer*, in Widmann/Mayer, § 8 UmwG Rn. 30.

431 *Bula/Schlösser*, in Sagasser/Bula/Brünger, Rn. J 88.

Der herrschenden Auffassung ist aus gesetzessystematischen Erwägungen dem Grunde nach zuzustimmen. Die Darstellung methodischer Fragen der Unternehmensbewertung ist durch § 12 Abs. 2 S. 2 UmwG dem Bericht der Verschmelzungsprüfer[432] zugewiesen, so dass sich jedenfalls eingehende Ausführungen hierzu im Verschmelzungsbericht regelmäßig erübrigen. Jedoch ist auch hier das Ziel des Vorstandsberichtes, das Umtauschverhältnis selbst nachvollziehbar zu machen, im Auge zu behalten. So kann – insbesondere vor dem bereits angesprochenen Hintergrund, dass sich in der Betriebswirtschaftslehre auch beim Ertragswertverfahren unterschiedliche Bewertungsansätze herausgebildet haben - im Einzelfall eine weitergehende Darstellung der Bewertungsschritte erforderlich sein, wenn das Bewertungsergebnis anderenfalls nicht zu plausibilisieren ist.[433] Von daher sollte der Verschmelzungsbericht zumindest die Grundlagen der im jeweiligen Einzelfall eingeschlagenen Vorgehensweise erläutern, ohne jedoch eine detaillierte, lehrbuchmäßige Darstellung des Verfahrens enthalten zu müssen. Dieser Weg entspricht auch der gängigen Verschmelzungspraxis.[434]

Soweit *Bula/Schlösser* fordern, „abweichende Ergebnisse der anderen Bewertungsmethode[n] offen zu legen und zu beschreiben“[435], ist dem entgegenzuhalten, dass Alternativrechnungen nach anderen Methoden von Gesetzes wegen grundsätzlich nicht gefordert sind. Stehen für das konkrete Verschmelzungsvorhaben mehrere angemessene Bewertungsverfahren zur Verfügung, so handelt der Vorstand nicht pflichtwidrig, wenn er sich für eine Methode entscheidet und die Unternehmensbewertung nach dieser durchführt. Dies folgt aus § 12 Abs. 2 S. 2 Nr. 3 UmwG, wonach im Verschmelzungsprüfungsbericht anzugeben ist, welches Umtauschverhältnis sich bei Anwendung verschiedener Bewertungsmethoden ergibt, allerdings nur, „sofern [überhaupt] mehrere angewandt worden sind“. Eine Rechtspflicht, Alternativrechnungen unter Zugrundelegung anderer Verfahren durchzuführen besteht daher nicht.[436] Maßgeblich ist nur, dass ein Vorgehen nach der gewählte Methode im konkreten Fall nach den Grundsätzen ordnungsgemäßer Unternehmensbewertung[437] als sachgerecht (und damit als angemessen i.S.d. § 12 Abs. 2 S. 2 Nr.2 UmwG) anzusehen ist.

---

432 Siehe unten § 3 C. V. 3. b) aa).

433 In diesem Sinne wohl auch *Mayer*, in Widmann/Mayer, § 8 UmwG Rn. 31.

434 Vgl. die Darstellung der methodischen Grundlagen des angewandten Bewertungsverfahrens in den Verschmelzungsberichten Daimler/Chrysler (Fn. 19), S. 88 ff., Thyssen/Krupp (Fn. 18), S. 127 f., VEBA/VIAG (Fn. 374), S. 136 ff.

435 *Bula/Schlösser*, in Sagasser/Bula/Brünger, Rn. J 88.

436 LG Mannheim, ZIP 1988, 773, 775; *Bermel*, in Goutier/Knopf/Tulloch, § 8 UmwG Rn. 17.

437 Dazu eingehend *Müller*, in Kallmeyer, § 9 UmwG Rn. 22 ff.; *Siepe*, in WP-Handbuch 2002, Bd. II, Rn. A 77.

Um das Wertverhältnis der an der Verschmelzung beteiligten Rechtsträger sachgerecht feststellen zu können, ist es entsprechend den obigen Ausführungen grundsätzlich entscheidend, bei beiden Unternehmen dasselbe Bewertungsverfahren anzuwenden.[438] Soweit ausnahmsweise unterschiedliche Methoden zum Einsatz gekommen sind, ist dies im Verschmelzungsbericht festzuhalten und zu der Vergleichbarkeit der Ergebnisse Stellung zu nehmen.[439]

Erfolgt die Verschmelzung unter Beteiligung von börsennotierten Aktiengesellschaften, so ist im Verschmelzungsbericht auch auf den (gemittelten) Börsenkurs der Unternehmen einzugehen.[440] Darzulegen ist insbesondere, inwieweit dieser - alleine oder unter Heranziehung des Ertragswertes - für die Ermittlung der Anteilswerte ausschlaggebend war. Berücksichtigung bei der Feststellung der Umtauschrelation wird er wegen der Notwendigkeit einheitlicher Bewertungsmaßstäbe wohl nur dann finden können, wenn alle beteiligten Rechtsträger börsennotierte Aktiengesellschaft sind. Ist dies der Fall, so sind im Zusammenhang mit dem Börsenkurs auch Angaben über die Länge des Referenzzeitraumes sowie über etwaige Bereinigungen von Sondereinflüssen zu machen. Wird dem Börsenkurs dagegen seine Aussagekraft für den Wert des Unternehmens abgesprochen, so sind die Gründe hierfür (etwa der begründete Verdacht von Kursmanipulationen) offen zu legen.

Schließlich ist im Verschmelzungsbericht auch der Stichtag, auf den die Bewertung des Unternehmens erfolgt, anzugeben. Zu wertrelevanten Veränderungen, die zwischen dem Bewertungsstichtag und dem Abschluss der Berichtserstellung eintreten, ist Stellung zu nehmen.[441]

#### *(2) Unternehmenszahlen*

Wie bereits aufgezeigt, ist die bloße Darstellung der Bewertungsgrundsätze nicht ausreichend, um das Umtauschverhältnis für die Anteilseigner nachvollziehbar zu machen. Mitzuteilen sind neben den absoluten Unternehmenswerten auch die wesentlichen Bewertungsfaktoren[442], die unter Anwendung des erläuterten Verfahrens Eingang in das ermittelte Bewertungsergebnis gefunden ha-

---

[438] Siehe oben § 3 III. 2. c) dd).

[439] *Lutter*, in Lutter, UmwG, § 8 Rn. 21; *Marsch-Barner*, in Kallmeyer, § 8 Rn. 11.

[440] *Lutter*, in Lutter, UmwG, § 8 Rn. 21; zur Bewertungsmaßgeblichkeit des Börsenkurses siehe oben § 3 A. III. 4.

[441] Vgl. OLG Frankfurt, ZIP 2000, 1928, 1931; zu den Folgen einer nach diesem Zeitpunkt eintretenden Änderung der für die Bewertung maßgeblichen Umstände auf den Berichtsinhalt *Lutter*, in Lutter, UmwG, § 8 Rn. 28.

[442] Im Ergebnis gleich, lediglich mit unterschiedlicher Diktion OLG Karlsruhe, ZIP 1989, 988, 990 („wichtigsten Einzelplanzahlen"); OLG Frankfurt, ZIP 2000, 1928, 1930 („aussagekräftige Einzelplanzahlen"); *Lutter*, in Lutter, UmwG, § 8 Rn. 22 („wesentlichen Zahlen"); *Keil*, Verschmelzungsbericht, S. 81 („Quintessenz der Planungsrechnungen").

ben. Eine vollständige Offenlegung der bewertungsrelevanten Daten bzw. der Sachverständigengutachten selbst ist vom Berichtszweck dagegen nicht gefordert (s. o.). Im Folgenden soll ein Überblick darüber gegeben werden, welche konkreten Angaben und Einzelzahlen im Regelfall in den Bericht aufzunehmen sind, wobei dies wiederum unter dem Vorbehalt eines (seinerseits begründungsbedürftigen) berechtigten Geheimhaltungsinteresses steht.

Ausgangspunkt für die regelmäßig erfolgende Ertragswertberechnung sind die in der *Vergangenheit* erzielten Ergebnisse, aus denen dann die entsprechenden, zukünftig erwarteten Einnahmeüberschüsse (bzw. die zu prognostizierenden Cash-Flows) abgeleitet werden. Daher sind zunächst diese Vergangenheitsergebnisse ziffern- und zeitraummäßig zu belegen und zu analysieren. Hierbei genügt in der Regel die Mitteilung der Jahresergebnisse, da auch sachverständige Wirtschaftsprüfer ihre Bewertungsgutachten regelmäßig auf der Grundlage der Jahresgesamtertragswerte erstellen. Soweit sich aber ein Sachverständiger bei Einhaltung der Grundsätze ordnungsgemäßer Unternehmensbewertung hiermit zufrieden geben kann, bedarf es auch keiner weiteren Zerlegung in Einzelwerte kürzerer Zeiträume bzw. einzelner Produktsparten für die Aktionäre.[443] Eine Ausnahme von diesem Grundsatz ist allenfalls dann geboten, wenn solche Einzelwerte für die Ermittlung der zukünftigen Ertragsentwicklung in spezifischer Weise ins Gewicht fallen.[444]

Wurden die Vergangenheitsergebnisse um außergewöhnliche und aperiodische Aufwendungen und Erträge bereinigt, so ist dies anzugeben und zu begründen.[445] Der Gegenauffassung von *Keil*[446], der die Einblicknahme in die Gewinn- und Verlustrechnung[447] (§ 275 HGB) für eine Stichhaltigkeitskontrolle als ausreichend erachtet, ist nicht zuzustimmen. Die bloße Gewinn- und Verlustrechnung lässt – was auch *Keil* selbst einräumt – nur wenig präzise Rückschlüsse auf die künftige Ertragsentwicklung zu. Ohne die Kenntnis von zu bereinigenden Umständen fehlt damit ein wesentlicher Kontrollmaßstab, an dem sich die Plausibilität der vom Vorstand prognostizierten Entwicklung der Ertragskraft messen lässt.

---

443 *Mertens*, AG 1990, 20, 28; *Rodewald*, BB 1992, 237, 239.

444 *Mertens*, AG 1990, 20, 28 nennt als Beispiele für eine notwendige weitere Aufschlüsselung erhebliche Gewinneinbrüche in den letzten Monaten vor der Verschmelzung oder das gesetzliche Verbot eines besonders gewinnträchtigen Produktes in diesem Zeitraum.

445 LG Mainz, NZG 2001, 951, 953; *Bula/Schlösser*, in Sagasser/Bula/Brünger, Rn. J 89; *Grunewald*, in G/H/E/K, § 340a AktG Rn. 12.

446 *Keil*, Verschmelzungsbericht, S. 92 f.

447 Die Gewinn- und Verlustrechnung für die letzten drei Jahre ist als Bestandteil des Jahresabschlusses (vgl. § 242 Abs. 3 HGB) von der Einberufung der Hauptversammlung an in den Geschäftsräumen des Unternehmens sowie auf der Hauptversammlung selbst zur Einsicht auszulegen, §§ 63 Abs. 1 Nr. 2, 64 Abs. 1 UmwG.

Anschließend ist zu den prognostizierten *zukünftigen* Erträgen/Cash-Flows Stellung zu nehmen. Dabei ist neben dem Planungszeitraum anzugeben, welche Annahmen der Prognose zugrunde liegen. Der Vorstand muss daher mitteilen, ob es sich bei der Ertragsschätzung um eine bloße Fortschreibung der Vergangenheitsergebnisse handelt oder ob in Zukunft mit einer (verschmelzungsbedingt) veränderten Ertragsentwicklung zu rechnen ist.[448] Soweit die Planung in erheblichem Umfang von der Vergangenheitsentwicklung abweichen sollte, ist auch dies wiederum zu begründen.[449] Bei den in ihrer zukünftig erwarteten Entwicklung darzustellenden Einzelplanzahlen handelt es sich im Wesentlichen um die Posten Umsatz, Erträge (einschließlich solcher aus Finanzanlagen, Unternehmensverträgen, Gewinngemeinschaften sowie aus nicht gesondert bewerteten Beteiligungen), Material- und Personalaufwand, sonstige laufende Aufwendungen wie Versicherungsprämien oder Werbekosten, Zinssaldo sowie die geschätzte Reinvestitionsrate.[450] Anzugeben ist, welche Entwicklung diesbezüglich für welches Planungsjahr prognostiziert wird. Eine weitere Aufschlüsselung des Zahlenmaterials ist dagegen regelmäßig nicht erforderlich.

Da die erwarteten *Synergieeffekte* wie gezeigt bei der Bewertung der Unternehmen außer Betracht bleiben, können diesbezügliche Ausführungen an dieser Stelle des Verschmelzungsberichts unterbleiben. Relevant sind sie nur im Zusammenhang mit den Erläuterungen zur Zweckmäßigkeit der Verschmelzung. Soweit Personaleinsparungen als Verbundeffekt in Rede stehen, sind sie zudem im Rahmen der Erläuterung des Verschmelzungsvertrages (vgl. § 5 Abs. 1 Nr. 9 UmwG) darzustellen.

#### *(3) Künftige Steuerbelastung*

Regelmäßig nicht erforderlich sind Ausführungen zu der erwarteten Höhe einzelner künftiger Steuern. Im Ergebnis zutreffend ist daher die Auffassung von *Lutter*[451], der darauf hinweist, dass Fragen hierzu nach § 131 Abs. 3 S. 1 Nr. 2 AktG als stets geheimhaltungsbedürftig vom Auskunftsrecht der Aktionäre ausgenommen sind. Diese Regelung sei entsprechend auch auf die Berichtspflicht nach § 8 UmwG anzuwenden.

---

448 *Lutter*, in Lutter, UmwG, § 8 Rn. 23.

449 Vgl. *Keil*, EWiR § 8 UmwG 1/99, 1185, 1186.

450 Ausführlich *Keil*, Verschmelzungsbericht, S. 82 ff; auf ihn Bezug nehmend *Lutter*, in Lutter, UmwG, § 8 Rn. 23; *Mayer*, in Widmann/Mayer, § 8 UmwG Rn. 34; *Engelmeyer*, Spaltung von Aktiengesellschaften, S. 81 f.

451 *Lutter*, in Lutter, UmwG, § 8 Rn. 25; im Text widersprüchlich, aber im Ergebnis gleich *Mayer*, in Widmann/Mayer, § 8 UmwG Rn. 34; ebenso schon zu § 340a AktG a.F. *Keil*, Verschmelzungsbericht, S. 85 f.; a.A. *Bula/Schlösser*, in Sagasser/Bula/Brünger, Rn. J 89; wohl auch *Engelmeyer*, Spaltung von Aktiengesellschaften, S. 82.

Auch wenn § 8 Abs. 2 UmwG im Gegensatz zu § 340a AktG a.F., bei dem auf die Vorschrift des § 131 AktG zurückgegriffen werden musste, eine eigene Regelung zum Schutz der Geheimhaltungsinteressen enthält, kommt der in § 131 AktG getroffenen Abwägung auch für den Umfang der Berichtspflicht Bedeutung zu. Entgegen *Lutter* ergibt sich die regelmäßige Unzulässigkeit solcher Fragen aber wohl nicht aus einer unbesehenen analogen Anwendung von § 131 Abs. 3 S. 1 Nr. 2 AktG auf die Berichtspflicht nach § 8 UmwG. Der Gesetzgeber des UmwG 1994 hat sich aus Anlass der fehlenden Geheimhaltungsschutzvorschriften im Recht des Verschmelzungsberichtes bewusst dafür entschieden, mit § 8 Abs. 2 UmwG ein dem § 131 Abs. 3 S. 1 *Nr. 1* AktG entsprechendes Auskunftsverweigerungsrecht einzuführen. Eine Parallelregelung zu den anderen Fällen des § 131 Abs. 3 AktG ist dagegen unterblieben. Von daher können diese Auskunftsverweigerungsgründe nicht uneingeschränkt auf den Verschmelzungsbericht übertragen werden. Jedoch kann die gesetzliche Wertung, den Schutz des Steuergeheimnisses zu wahren[452], durchaus im Rahmen der Abwägung nach § 8 Abs. 2 UmwG berücksichtigt werden. Vor dem Hintergrund dieser Überlegungen erscheint es sachgerecht, Angaben über die erwartete Gesamtentwicklung im steuerlichen Bereich zu fordern, zumal dieser ein nicht unerhebliches Gewicht für die Ertragsentwicklung zukommen kann. Einer Aufschlüsselung nach Art und Umfang einzelner Steuern dagegen wird regelmäßig § 8 Abs. 2 UmwG entgegenstehen.

#### *(4) Nichtbetriebsnotwendiges Vermögen*

Dem Ertragswert wird zur Ermittlung des Unternehmenswertes regelmäßig der Zeitwert des nichtbetriebsnotwendigen Vermögens hinzugerechnet, so dass auch dieser für die Ermittlung des Umtauschergebnisses von Bedeutung ist. Der Verschmelzungsvertrag muss folglich auch zu der Höhe des betriebsneutralen Vermögens Stellung nehmen.[453] Die bloße Angabe der Quote am Gesamtunterneh-

---

[452] Zu den unterschiedlichen Ansichten über den Normzweck des § 131 Abs. 3 S. 1 Nr. 2 AktG siehe *Decher*, in Großkomm. AktG, § 131 Rn. 306 (teils: Schutz der Aktionäre vor der fehlerhaften Annahme, steuerliche Gewinne seien ausschüttungsfähig, so die Begründung d. RegE bei *Kropff*, Aktiengesetz 1965, S. 186; *Ebenroth*, Auskunftsrecht, S. 85; teils: Schutz des Steuergeheimnisses, so *Decher*, in Großkomm. AktG, § 131 Rn. 306; vgl. auch *Geßler*, DB 1957, 1254, 1257).

[453] OLG Frankfurt, ZIP 2000, 1928, 1930; OLG Karlsruhe, ZIP 1989, 988, 991; LG Mannheim, ZIP 1988, 773, 776; *Bermel*, in Goutier/Knopf/Tulloch, § 8 UmwG Rn. 20; *Lutter*, in Lutter, UmwG, § 8 Rn. 26; *Mayer*, in Widmann/Mayer, § 8 UmwG Rn. 38; *Aha*, Unternehmensvertragsbericht, S. 89 f; *Grunewald*, in G/H/E/K, § 340a AktG Rn. 13; *Kraft*, in Kölner Kommentar, § 340a AktG Rn. 15; *Bayer*, AG 1988, 323, 328; *Keil*, Verschmelzungsbericht, S. 91.

menswert erlaubt jedenfalls noch keine Plausibilitätskontrolle.[454] Hierbei stellt sich die Frage nach der notwendigen Informationsdichte.

### *(a) Angabe des Gesamtwertes oder einzelner Wertansätze?*

Nach überwiegender Auffassung ist es ausreichend, wenn der Verschmelzungsbericht zusammenfassend den Gesamtwert angibt, mit dem das betriebsneutrale Vermögen veranschlagt wurde.[455] Dem Vertretungsorgan komme bei Abfassung des Verschmelzungsberichts keine Inventarisierungsaufgabe zu. Zudem falle dem nichtbetriebsnotwendigen Vermögen insbesondere bei prosperierenden Unternehmen gegenüber den Einzelplanzahlen nur eine sehr untergeordnete Bedeutung zu.[456] Eine Aufschlüsselung nach den einzelnen Vermögenspositionen sei demzufolge nicht erforderlich.

Dagegen vertritt *Aha*[457] den Standpunkt, dass den Aktionären im Verschmelzungsbericht zumindest die vorhandenen Wertkategorien mitzuteilen sind. Wesentliche Gegenstände des betriebsneutralen Vermögens seien zu nennen, da andernfalls diesbezüglich keine sinnvolle Ausübung des Fragerechts in der Hauptversammlung möglich sei. Nach Auffassung von *Marsch-Barner*[458] ist der Wert des betriebsneutralen Vermögens „im Verschmelzungsbericht gesondert anzugeben und *zu erläutern*", wobei jedoch nicht deutlich wird, welche Tiefe dieser Erläuterung zukommen soll.

### *(b) Stellungnahme*

Den Stimmen in der Literatur, die generell auf die Offenlegung einzelner Wertansätze im Verschmelzungsbericht verzichten wollen, ist nicht zuzustimmen. Richtig ist zwar, dass zumindest bei florierender Unternehmenstätigkeit das nichtbetriebsnotwendige Vermögen in seiner Bedeutung regelmäßig hinter den dem Ertragswert zugrunde liegenden Einzelplanzahlen zurücksteht. Allgemeingültigkeit kann dieser Befund indes nicht beanspruchen. So verweist *Aha*[459] zutreffend darauf, dass in Einzelfällen der Wert des betriebsneutralen Vermögens – insbesondere bei Einrechnung steuerlicher Verlustvorträge – durchaus den Wert des betriebsnotwendigen Vermögens übersteigen kann. Die generelle

---

[454] OLG Frankfurt, ZIP 2000, 1928, 1930.

[455] *Lutter*, in Lutter, UmwG, § 8 Rn. 26; *Mayer*, in Widmann/Mayer, § 8 UmwG Rn. 38; *Grunewald*, in G/H/E/K, § 340a AktG Rn. 13; *Keil*, Verschmelzungsbericht, S. 91.

[456] *Keil*, Verschmelzungsbericht, S. 91; ebenso für den Spaltungsbericht *Engelmeyer*, Spaltung von Aktiengesellschaften, S. 82 f.

[457] *Aha*, Unternehmensvertragsbericht, S. 90 f.

[458] *Marsch-Barner*, in Kallmeyer, § 8 Rn. 19 (Hervorhebung d. Verf.).

[459] *Aha*, Unternehmensvertragsbericht, S. 90 unter Hinweis auf die Entscheidung OLG Düsseldorf, WM 1988, 1052 ff., wo der Wert der Verlustvorträge den Wert des betriebsnotwendigen Vermögens um mehr als das Doppelte überstieg.

Nichtangabe von Einzelwerten kollidiert daher mit dem Grundsatz, dass der Maßstab dafür, was für eine Stichhaltigkeitskontrolle erforderlich ist, sich immer nur unter Berücksichtigung des konkreten Verschmelzungsfalles finden lässt. Besonders deutlich wird dies am Beispiel von Sanierungsfusionen, bei denen gerade dem betriebsneutralen Vermögen oftmals eine maßgebliche Bedeutung für die Bestimmung des Unternehmenswertes zukommt. Zu bedenken ist auch, dass das betriebsneutrale Vermögen (vor allem Liegenschaften) häufig der Kreditsicherung des Unternehmens dient, so dass seine Zusammensetzung Einfluss auf dessen Finanzierungssituation haben kann.[460]

Wird im Verschmelzungsbericht lediglich der Posten „Nichtbetriebsnotwendiges Vermögen" aufgeführt, so wird nicht einmal im Ansatz deutlich, welcher Art die einzelnen Vermögenspositionen sind. Zumindest in den Fällen, in denen dem betriebsneutralen Vermögen eine nicht gänzlich unerhebliche Bedeutung für den Unternehmenswert zuzumessen ist, sollte eine Untergliederung nach den maßgeblichen Positionen erfolgen. Anzugeben ist in diesem Falle etwa, ob es sich um Liegenschaften, Beteiligungsvermögen oder sonstige Posten handelt, ohne dass hierbei aber eine weitergehende Aufschlüsselung in die konkreten Einzelgegenstände bzw. Vermögenspositionen geboten wäre. Werden dagegen nicht einmal diese allgemeinen Wertkategorien mitgeteilt, so kann der für diesen Vermögensteil angesetzte Wert auch nicht (lediglich) auf seine Plausibilität hin überprüft werden. Von daher ist auch das nichtbetriebsnotwendige Vermögen, soweit es nicht gänzlich zu vernachlässigen ist, hinsichtlich seiner Hauptuntergliederungen und deren Wertansätze zu erläutern.

#### *(5) Kapitalisierungszinssatz*

Da dem Kapitalisierungszinssatz, mit dem die prognostizierten Zukunftsergebnisse auf den Bewertungsstichtag abgezinst werden, eine maßgebliche wertbeeinflussende Rolle für die Ermittlung des Unternehmenswertes zukommt[461], ist auch er im Verschmelzungsvertrag darzustellen.[462] Anzugeben ist zunächst die Höhe des Kapitalisierungszinssatzes als solche. Weiterhin ist seine Zusammensetzung zu erläutern, wobei insbesondere der Basiszinssatz, der Risikozuschlag und der Geldentwertungsabschlag zu nennen sind.[463] Um eine Plausibilitätskontrolle zu ermöglichen, sind jedoch nicht nur die Einzelfaktoren in ihren absolu-

460 Zur Bedeutung des betriebsneutralen Vermögens für die Fremdkapitalkosten *Siepe*, WP-Handbuch 2002, Bd. II, Rn. A 154.

461 Siehe oben § 3 A. III. 2. c) aa).

462 OLG Frankfurt, ZIP 2000, 1928, 1931; LG Mainz, NZG 2001, 951, 952; *Bermel*, in Goutier/Knopf/Tulloch, § 8 UmwG Rn. 22; *Mayer*, in Widmann/Mayer, § 8 UmwG Rn. 36; *Gehling*, in Semler/Stengel, § 8 Rn. 38 f.; *Keil*, Verschmelzungsbericht, S. 89 ff.; *W. Müller*, EWiR § 340a AktG 1/88, 949, 950.

463 Siehe oben § 3 A. III. 2. c) aa).

ten Prozentpunkten anzugeben.[464] Erforderlich ist vielmehr eine Begründung, warum insbesondere der Risikozuschlag in der betreffenden Höhe festgesetzt wurde. Liegt der Bewertung der beteiligten Unternehmen ein einheitlicher Risikozuschlag zugrunde, so ist auch darzulegen, inwiefern die Risikostruktur der Geschäftfelder beider Unternehmen vergleichbar ist.

#### *(6) Umtauschverhältnis*

Als Ergebnis sind schließlich die ermittelten Unternehmenswerte anzugeben, die bloße Mitteilung der ebenfalls zu nennenden Verschmelzungswertrelation zwischen übertragendem und aufnehmendem Rechtsträger reicht nicht aus.[465] In diesem Zusammenhang ist auch auf die Höhe etwaiger barer Zuzahlungen einzugehen.

### 5. Erläuterung der Barabfindung

Sofern im Verschmelzungsvertrag eine Barabfindung anzubieten ist (§ 29 UmwG), ist auch diese gemäß § 8 Abs. 1 S. 1 UmwG im Verschmelzungsbericht zu erläutern und zu begründen. Die Höhe der Barabfindung muss in gleicher Weise nachvollziehbar gemacht werden, wie das Umtauschverhältnis. Eine angemessene Barabfindung hat sich nach dem objektivierten Unternehmenswert zu richten, welcher regelmäßig schon für die Feststellung des Umtauschverhältnisses ermittelt wurde, so dass auch für die Erläuterung der Barabfindung die oben dargestellten Grundsätze gelten. Im Rahmen der rechtlichen Erläuterungen ist auf die Voraussetzungen des Barabfindungsanspruchs, insbesondere auf das Erfordernis eines Widerspruchs zur Niederschrift in der Hauptversammlung einzugehen. Zudem sollte auf die Ausschlussfristen des § 31 UmwG hingewiesen werden, da auch sie im weiteren Sinne „Bestandteil" des Barabfindungsangebotes sind.[466]

Dagegen ist eine weitergehende Darstellung der Gründe, warum eine Barabfindung anzubieten ist, entgegen der Ansicht von *Mayer*[467] und *Stratz*[468] nicht erforderlich. Wie oben schon dargelegt, ist ein Barabfindungsangebot nach § 29 UmwG notwendig, wenn es sich entweder um eine Mischverschmelzung handelt, oder aber wenn bei Rechtsträgern gleicher Rechtsform die Anteile am aufnehmenden Rechtsträger Verfügungsbeschränkungen unterworfen sind. Diese

---

[464] So aber *Mayer*, in Widmann/Mayer, § 8 UmwG Rn. 36 bezüglich des Risikozuschlags. Angesichts der erheblichen Bedeutung für die Wertermittlung vermag dies jedoch nicht überzeugen.

[465] Allg. Auffassung, vgl. nur *Marsch-Barner*, in Kallmeyer, § 8 Rn. 20 m.w.N.

[466] *Marsch-Barner*, in Kallmeyer, § 8 Rn. 22; *Mayer*, in Widmann/Mayer, § 8 UmwG Rn. 28.

[467] *Mayer*, in Widmann/Mayer, § 8 UmwG Rn. 28.

[468] *Stratz*, in Schmitt/Hörtnagl/Stratz, § 8 UmwG Rn. 19.

beiden Fallgruppen werden meines Erachtens aber schon von der Berichtspflicht nach § 8 Abs. 1 S. 2 Alt. 2 UmwG erfasst, wonach im Verschmelzungsbericht auch auf die Folgen für die Beteiligung der Anteilsinhaber einzugehen ist. Zu den nach dieser Vorschrift erläuterungsbedürftigen Folgen gehören aber auch die Auswirkungen auf die Gesellschafterstellung, die aus der veränderten Rechtsform des Zielrechtsträgers bei Mischverschmelzungen resultieren, sowie etwaig eintretende Veränderungen der Fungibilität der Anteile. Sind damit die Folgen von Mischverschmelzung und Verfügungsbeschränkungen schon originärer Bestandteil der Berichtspflicht nach Abs. 1 S. 2, so bedarf es keiner diesbezüglichen Erläuterung mehr im Rahmen der Begründung des Umtauschverhältnisses nach § 8 Abs. 1 S. 1 UmwG.

## 6. Besondere Schwierigkeiten bei der Bewertung der Rechtsträger

Gemäß § 8 Abs. 1 S. 2 Hs. 1 UmwG hat der Verschmelzungsbericht auf besondere Schwierigkeiten bei der Bewertung der an der Verschmelzung beteiligten Rechtsträger einzugehen. Durch die Bezugnahme auf die *besonderen* Schwierigkeiten wird deutlich, dass hiermit nicht die allgemeinen Schwierigkeiten gemeint sind, die mit jeder Unternehmensbewertung regelmäßig verbunden sind, wie etwa die Unsicherheiten bei der Schätzung der zukünftigen Ertragslage oder bei der Bemessung eines sachgerechten Kapitalisierungszinssatzes. Ein solches Begriffsverständnis, das zwischen allgemeinen - und damit nicht besonders zu erwähnenden - Problemen einerseits und speziellen, nur fallweise auftretenden Bewertungsschwierigkeiten andererseits differenziert, wird auch durch den Text der Verschmelzungsrichtlinie nahe gelegt. Nach deren Art. 9 ist in dem Bericht „außerdem auf besondere Schwierigkeiten bei der Bewertung, *soweit solche aufgetreten sind,* hinzuweisen“[469]. Angesprochen sind damit ersichtlich nicht die oben genannten Bewertungsprobleme, da diese sich eben bei jeder zukunftsbezogenen Wertermittlung stellen. Ein Hinweis auf die grundsätzlichen Schwierigkeit der Unternehmensbewertung ist daher weder erforderlich noch ausreichend.[470] Durch die Vorschrift erfasst sind vielmehr außergewöhnliche Schwierigkeiten, die die konkrete Verschmelzungssituation betreffen bzw. aus ihr resultieren und die über die allgemeinen Bewertungsprobleme hinausgehen. Anzugeben ist etwa, warum im konkreten Einzelfall die üblichen Bewertungsverfahren ausnahmsweise kein oder nur ein teilweise verlässliches Ergebnis liefern können. Offenzulegen ist beispielsweise auch, ob die Prognose der zukünftigen Erträge über das allgemeine Maß hinaus mit besonderen Unsicherheiten belastet ist, wie sie etwa bei jungen Unternehmen aufgrund der noch nicht vorhersehba-

---

469 Art. 9 der Dritten Verschmelzungsrichtlinie (78/855/EWG), abgedruckt bei *Lutter*, UmwG, S. 2815 ff.

470 *Lutter*, in Lutter, UmwG, § 8 Rn. 29; *Keil*, Verschmelzungsbericht, S. 93.

ren Geschäftsentwicklung bestehen können.[471] Weitere Unsicherheitsfaktoren, die einen erheblichen Beurteilungsspielraum, und damit je nach Einschätzung auch recht unterschiedliche Bewertungsergebnisse zulassen, können beispielsweise schwebende Rechtsstreitigkeiten, noch nicht abschätzbare Umweltschutz- oder noch nicht realisierte Sanierungsmaßnahmen sein.[472]

Stellen sich bei der Unternehmensbewertung derartige Probleme, so hat der Vorstand im Verschmelzungsbericht darauf „hinzuweisen“. Eine detaillierte Erläuterung der spezifischen Problemlage kann demnach unterbleiben. Erforderlich ist aber ein konkreter Hinweis auf die besonderen Schwierigkeiten und ihren tatsächlichen Hintergrund. Ungenügend ist der bloße Hinweis darauf, dass bei der Bewertung besondere Schwierigkeiten aufgetreten sind.

Auch wenn dies durch den Wortlaut des § 8 UmwG nicht vorgegeben ist, so folgt doch aus dem telos der Norm die Pflicht des Vorstandes offen zu legen, wie mit diesen Schwierigkeiten umgegangen wurde. Dazulegen ist, wie angesichts der bestehenden Bewertungsprobleme das Umtauschverhältnis bzw. die Abfindung trotzdem zutreffend ermittelt wurden.[473] Andernfalls wäre es dem Vorstand möglich, durch den Hinweis auf bestimmte Bewertungsschwierigkeiten die Unternehmensbewertung der Nachvollziehbarkeit durch die Aktionäre weitgehend zu entziehen. Eine Plausibilitätskontrolle ist für diese nur dann durchführbar, wenn auch die Art und Weise, auf die der Vorstand das Bewertungsproblem gelöst hat, mitgeteilt wird.

## 7. Folgen für die Beteiligung der Anteilsinhaber

Hinzuweisen ist nach § 8 Abs. 1 S. 2 UmwG weiterhin auf die Folgen für die Beteiligung der Anteilseigner. Anzusprechen sind hiernach insbesondere Änderungen der Beteiligungsquote, die vor allem für die Minderheit von großer Bedeutung sein können.[474] Diese Auswirkungen sollten bei kleineren, personalistisch strukturierten Gesellschaften nach Möglichkeit gesondert für die jeweiligen Anteilseigner dargestellt werden.[475] Ausdrücklich wird die Angabe der Höhe einzelner Beteiligungen von Gesetzes wegen für Personengesellschaft und GmbH gefordert, §§ 40, 46 UmwG. Bei Gesellschaften mit großem Anteilseignerkreis, insbesondere bei (Publikums-) Aktiengesellschaften ist eine solche Vorgehensweise regelmäßig nicht möglich, da der Gesellschaft gar nicht sämtliche Aktionäre bekannt sind. In diesen Fällen ist es ausreichend, die Quotenver-

---

471 *Lutter*, in Lutter, UmwG, § 8 Rn. 29.
472 Vgl. *Pfitzer*, WP-Handbuch 2002, Bd. II, Rn. D 75.
473 So zu Recht *Keil*, Verschmelzungsbericht, S. 94.
474 Vgl. Begr. RegE zu § 8 UmwG, abgedruckt bei *Schaumburg/Rödder*, S. 52.
475 *Lutter*, in Lutter, UmwG, § 8 Rn. 32; *Marsch-Barner*, in Kallmeyer, § 8 Rn. 25.

schiebung anhand eines repräsentativen Rechenbeispiels abstrakt darzustellen, so dass sich jeder Aktionär seine zukünftige Beteiligungsquote selbst errechnen kann.[476]

Daneben ist auch über wesentliche Veränderungen im Beteiligungs- bzw. Herrschhaftsgefüge der Gesellschaft zu unterrichten. Darzustellen sind hier besondere Beteiligungspositionen, wie etwa das Entstehen oder der Verlust einer Sperrminorität[477], die Erlangung einer einfachen Mehrheitsbeteiligung oder das Zustandekommen qualifizierter Mehrheiten.[478]

Bei Mischverschmelzungen sind vor allem die Anteilseigner der übertragenden Gesellschaft über die wesentlichen strukturellen Veränderungen ihrer Rechtsstellung in dem Zielrechtsträger zu unterrichten. Dabei besteht Einigkeit dahingehend, dass es nicht Aufgabe des Verschmelzungsberichts sein kann, eine lehrbuchartige Darstellung sämtlicher gesellschaftsrechtlicher Unterschiede zwischen den verschiedenen Rechtsformen zu bieten.[479] Dies folgt schon aus dem Wortlaut des § 8 UmwG, der lediglich „Hinweise" auf die Folgen für die Beteiligung verlangt. Überwiegend wird jedoch gefordert, dass wenigstens die wichtigsten Strukturunterschiede zwischen übertragendem und übernehmendem Rechtsträger – wie etwa die persönliche Haftung bei der Verschmelzung auf eine Personengesellschaft - erläutert werden.[480] Ebenso hierhin gehören auch Angaben über Veränderungen der Fungibilität der Anteile, wie etwa Vinkulie-

---

[476] *M. Winter*, in Lutter, Kölner Umwandlungsrechtstage, S. 29.

[477] LG Essen, AG 1999, 329, 331 unter Hinweis darauf, dass eine berichtsrelevante Sperrminorität nur dann anzunehmen ist, wenn sie in der Hand eines Anteilseigners, oder aber einer Gruppierung von Anteilseignern entsteht, die wirtschaftlich als Einheit zu betrachten sind.

[478] *Bermel*, in Goutier/Knopf/Tulloch, § 8 UmwG Rn. 24; *Mayer*, in Widmann/Mayer, § 8 UmwG Rn. 41; unentschieden *M. Winter*, in Lutter, Kölner Umwandlungsrechtstage, S. 29.

[479] Vgl. *Lutter*, in Lutter, UmwG, § 8 Rn. 35 (kein „Kurzlehrbuch des Gesellschaftsrechts"); ähnlich *M. Winter*, in Lutter, Kölner Umwandlungsrechtstage, S. 29 (kein „Kurzkompendium des Kapitalgesellschaftsrechts").

[480] *Gehling*, in Semler/Stengel, § 8 Rn. 56; *Mayer*, in Widmann/Mayer, § 8 UmwG Rn. 41; *Marsch-Barner*, in Kallmeyer, § 8 Rn. 26; *Bayer*, ZIP 1997, 1613, 1620; enger *Lutter*, in Lutter, UmwG, § 8 Rn. 35, demzufolge Rechtsformunterschiede regelmäßig nicht darzustellen sind, da sie nicht mit dem in der Gesetzesbegründung genannten Fall der Quotenverschiebung vergleichbar seien und sich zudem regelmäßig aus dem Gesetz ergäben. Für eine rechtsformspezifische Differenzierung *Schöne*, GmbHR 1995, 325, 330 f.

rungsbestimmungen oder fehlende Börsengängigkeit.[481] Nähere Ausführungen sind insbesondere dann zu machen, wenn den Anteilseignern besondere Nachteile entstehen, die nicht allgemein bekannt sind und sich auch nicht unmittelbar aus den gesellschaftsformspezifischen Fachgesetzen ergeben.[482]

Die Erläuterungspflicht erstreckt sich – und zwar unabhängig davon, ob es sich um eine Mischverschmelzung handelt – auch auf die wesentlichen Unterschiede im Gesellschaftsstatut von übertragendem und übernehmendem Rechtsträger.[483] Soweit die Satzungen der beiden Gesellschaften wesentliche Übereinstimmungen aufweisen, kann sich die Darstellung auf die Differenzen beschränken. Auch wenn das Gesetz dies nicht ausdrücklich vorsieht, so empfiehlt es sich jedenfalls, zumindest die wesentlichen Satzungsbestimmungen oder sogar ihren vollen Inhalt wörtlich wiederzugeben.[484] Dies entspricht auch der üblichen Vorgehensweise in der Praxis.[485]

Näher zu erklären sind grundsätzlich nur diejenigen Bestimmungen, die vom gesetzlichen Normalstatut abweichen.[486] Bei der Verschmelzung auf eine Aktiengesellschaft werden folglich die diesbezüglichen Ausführungen aufgrund der Satzungsstrenge des Aktienrechts (vgl. § 23 Abs. 5 AktG), welches den Inhalt der Mitgliedschaft weitgehend vorherbestimmt, kürzer ausfallen als bei den übrigen Gesellschaftsformen. Nach einschränkender Auffassung von *Lutter* sollen dagegen nur diejenigen Bestimmungen darzustellen sein, die sich inhaltlich so gravierend vom gesetzlichen Leitbild entfernen, „dass sie einen Einfluss auf das Abstimmungsverhalten haben können“[487]. Es erscheint zwar fraglich, ob eine derart weitgehende Einschränkung gerechtfertigt ist. Denn auch hier ist die Frage der Anfechtungsrelevanz bestimmter Berichtsgegenstände nicht unbedingt gleichzusetzen mit der Frage, welche Voraussetzungen vorab an den Bericht zu

---

481 So auch *Gehling*, in Semler/Stengel, § 8 Rn. 57; a. A. *Lutter*, in Lutter, UmwG, § 8 Rn. 35, der anführt, dass die fehlende Handelbarkeit von GmbH-Anteilen nur denjenigen stören wird, dem nicht an einer dauerhaften Kapitalanlage gelegen ist. Dies ist richtig, spricht m. E. jedoch nicht zwingend gegen eine Hinweispflicht, da eben dieser Anleger nicht weniger schutzwürdig ist, nur weil er eine andere Anlagestrategie verfolgt. Zudem dürfte die Bedeutung der meisten Pflichtangaben intersubjektiv verschieden sein. So interessieren beispielsweise auch die Ausführungen zur Barabfindung diejenigen Anteilseigner weniger, die Gesellschafter des Zielrechtsträgers bleiben wollen, ohne dass dies etwas an der Notwendigkeit betreffender Erläuterungen ändert.

482 LG Heidelberg, AG 1996, 523, 526 (zum Umwandlungsbericht nach § 192 UmwG); *Lutter*, in Lutter, UmwG, § 8 Rn. 35; *Marsch-Barner*, in Kallmeyer, § 8 Rn. 26.

483 *Gehling*, in Semler/Stengel, § 8 Rn. 56; *Mayer*, in Widmann/Mayer, § 8 UmwG Rn. 41.

484 *Gehling*, in Semler/Stengel, § 8 Rn. 56.

485 So findet sich die Satzung des Zielrechtsträgers jeweils im Anhang oder in der Einleitung zu den Verschmelzungsberichten Daimler/Chrysler (S. 285 ff.), Hoechst/Rhône-Poulenc (S. 146 ff.) VEBA/VIAG (S. 193 ff.) und Thyssen/Krupp (S. 9 ff.).

486 *Lutter*, in Lutter, UmwG, § 8 Rn. 36.

487 *Lutter*, in Lutter, UmwG, § 8 Rn. 36.

stellen sind. In der Tat sollten jedoch die Anforderungen an den Verschmelzungsbericht letztlich nicht überspannt werden, so dass es als ausreichend zu erachten ist, die Satzungsbestimmungen wiederzugeben und die Erläuterungspflicht auf die wesentlichen Abweichungen zu beschränken.

## 8. Angaben über verbundene Unternehmen

Schließlich erstreckt sich die Berichtspflicht nach § 8 Abs. 1 S. 3 UmwG auf alle für die Verschmelzung wesentlichen Angelegenheiten anderer verbundener Unternehmen i.S.d. § 15 AktG, sofern zumindest ein an der Verschmelzung beteiligter Rechtsträger ein verbundenes Unternehmen ist. Diese Erweiterung der Berichtspflicht korrespondiert mit einer entsprechenden Auskunftspflicht der jeweiligen Vertretungsorgane in der Hauptversammlung der Anteilseigner, die über die Verschmelzung Beschluss fassen, § 8 Abs. 1 S. 4 UmwG. Die Vorschrift des § 8 Abs. 1 S. 3 UmwG geht insoweit über das Auskunftsrecht nach § 131 Abs. 1 S. 2 AktG hinaus[488], als sich dieses nur auf Angelegenheiten der verbundenen Unternehmen bezieht, wenn sie wegen ihrer Bedeutung zu Angelegenheiten der Gesellschaft selbst werden.[489] Demgegenüber sind hier auch solche Angelegenheiten verbundener Unternehmen berichtspflichtig, die zwar selbst nicht unmittelbar Angelegenheit der zu verschmelzenden Rechtsträger sind, die aber für die Verschmelzung rechtlich oder wirtschaftlich von Bedeutung sind. Hierunter fallen beispielsweise das Bestehen von Unternehmensverträgen, das Schicksal dieser Verträge bei Vollzug der Verschmelzung sowie die Auswirkungen auf etwaige bestehende Ausgleichs- und Abfindungsansprüche nach §§ 304 ff. AktG. Darzustellen sind auch besondere Ertragschancen bzw. Haftungsrisiken, die aus solchen Unternehmensverbindungen resultieren können, wie etwa das Risiko der Verlustübernahme nach § 302 AktG.[490]

Ein nicht unerheblicher Teil solcher, in bestehenden Konzernstrukturen gründender Umstände wird freilich bereits an anderer Stelle des Verschmelzungsberichts dargestellt worden sein. So sind insbesondere im Zusammenhang mit der Unternehmenswertermittlung etwaige Unternehmensbeteiligungen relevant und damit erörterungsbedürftig. Ebenso werden die wirtschaftlichen Verhältnisse von Tochtergesellschaften eine darzustellende Rolle im Rahmen der Ausführun-

---

488 *Bula/Schlösser*, in Sagasser/Bula/Brünger, Rn. J 91; *Lutter*, in Lutter, UmwG, § 8 Rn. 38; abweichend *M. Winter*, in Lutter, Kölner Umwandlungsrechtstage, S. 19, 31, der § 8 Abs. 1 S. 3 UmwG lediglich eine Klarstellungsfunktion zuweist.

489 Ganz überwiegende Auffassung, vgl. BayObLG, NZG 1999, 1218, 1219; OLG Köln, AG 2002, 89, 90; *Decher*, in Großkomm. AktG, § 131 Rn. 231 f.; *Hüffer*, AktG, § 131 Rn. 13 ff.

490 Ausführlich zu den Angaben nach § 8 Abs. 1 S. 3 UmwG *Bermel*, in Goutier/Knopf/Tulloch, § 8 UmwG Rn. 25 ff.; *Lutter*, in Lutter, UmwG, § 8 Rn. 38 ff.

gen zu Hintergrund und Zweckmäßigkeit der Verschmelzung als solcher spielen.[491]

## V. Grenzen der Berichtspflicht, § 8 Abs. 2 UmwG

### 1. Schutz des Vertraulichkeitsinteresses

Während § 340a AktG a.F. die Berücksichtigung der Geheimhaltungsinteressen der Gesellschaft nicht ausdrücklich regelte, so dass auf eine analoge Anwendung des § 131 Abs. 3 Nr. 1 AktG zurückgegriffen werden musste[492], ist nun eine entsprechende Begrenzung der Berichtspflicht in § 8 Abs. 2 S. 1 UmwG normiert. Danach müssen Tatsachen im Verschmelzungsbericht nicht offen gelegt werden, wenn deren Bekanntwerden geeignet ist, einem der beteiligten Rechtsträger oder einem verbundenen Unternehmen einen nicht unerheblichen Nachteil zuzufügen. Hiervon erfasst ist vor allem die Mitteilung von Bewertungsfaktoren, deren Veröffentlichung die Wettbewerbsfähigkeit der beteiligten Gesellschaften gefährden könnte, was insbesondere bei Ertragsprognosen, Planungen für zukünftige Ausschüttungen, unternehmensinternen Marktstrategien, aber auch bei einer Aufschlüsselung relevanter Vergangenheitsergebnisse der Fall sein kann.[493] Die inhaltliche Anlehnung an § 131 Abs. 3 S. 1 Nr. 1 AktG ist insoweit konsequent, als Auskünfte, die der Vorstand in der Hauptversammlung verweigern darf (oder muss[494]), eben auch nicht im schriftlichen Verschmelzungsbericht offenbart werden müssen. Da letztgenannte Vorschrift anerkanntermaßen den Charakter einer Generalklausel hat[495], können auch die in § 131 Abs. 3 S. 1 Nr. 2 bis 6 AktG angeführten Informationsverweigerungsgründe zu einer Beschränkung der Berichtspflicht nach § 8 Abs. 2 UmwG führen. Somit können insbesondere Angaben über steuerliche Wertansätze bzw. die Höhe einzelner Steuern[496], Rückstellungen, stille Reserven[497] oder Einzelheiten der Ertragsprognosen verweigert

---

[491] Zutreffend *Lutter*, in Lutter, UmwG, § 8 Rn. 40, *Marsch-Barner*, in Kallmeyer, § 8 Rn. 27.

[492] Vgl. BGH, ZIP 1989, 9980, 983; OLG Hamm, ZIP 1988, 1051, 1053 f.; *Grunewald*, in G/H/E/K, § 340a AktG Rn. 4; *Kraft*, in Kölner Kommentar, § 340a AktG Rn. 16.

[493] *Mayer*, in Widmann/Mayer, § 8 UmwG Rn. 48; *Bungert*, DB 1995, 1384, 1389.

[494] Gemäß § 8 Abs. 2 UmwG „brauchen" geheimhaltungsbedürftige Angaben nicht offen gelegt zu werden. Die Vorschrift erwähnt damit nur das *Recht* zu Geheimhaltung. Soweit die Berichterstattung jedoch die Gesellschaftsinteressen mit ziemlicher Sicherheit nachteilig berühren wird, dürfte dem Vorstand aus dem Innenverhältnis zu der Gesellschaft auch eine entsprechende *Pflicht* zur Geheimhaltung obliegen; vgl. dazu *Gehling*, in Semler/Stengel, § 8 Rn. 67.

[495] *Henn*, Hdb. d. Aktienrechts, Rn. 888.

[496] Vgl. § 131 Abs. 3 S. 1 Nr. 2 AktG.

[497] Vgl. § 131 Abs. 3 S. 1 Nr. 3 AktG.

werden, sofern die Voraussetzungen des § 8 Abs. 2 UmwG vorliegen.[498] Auf die zu § 131 AktG entwickelten Grundsätze kann zur Auslegung von § 8 Abs. 2 UmwG zurückgegriffen werden.[499]

Der zu befürchtende Nachteil[500] muss nicht als zwingende Folge der Offenlegung zu erwarten sein, nach dem eindeutigen Wortlaut reicht die bloße „Eignung" zur Nachteilszufügung aus. Maßgeblich ist dabei nicht die subjektive Überzeugung des Vorstandes, anzulegen ist vielmehr der objektive Maßstab einer vernünftigen kaufmännischen Beurteilung, die der vollen gerichtlichen Nachprüfung zugänglich ist.[501] Für die Beurteilung, ob ein nicht unerheblicher, und damit zur Auskunftsverweigerung berechtigender Nachteil droht, sind die Vor – und Nachteile der Offenlegung für die Gesellschaft gegeneinander abzuwägen, auf den Nutzen der Auskunft für den Aktionär ist dagegen nicht abzustellen.[502] Kommt der Vorstand also bei pflichtgemäßer Beurteilung zu dem Ergebnis, dass der Gesellschaft ein nicht unerheblicher Nachteil droht, so findet keine weitere Abwägung mit dem Informationsinteresse der Anteilseigner statt.[503] In diesen Fällen ist der Vorstand zur Verweigerung der Auskunft berechtigt.

Allerdings sind an die Voraussetzungen des unbestimmten Rechtsbegriffs „nicht unerheblicher Nachteil" hohe Anforderungen zu stellen, da erklärtes Ziel des Umwandlungsgesetzgebers eine Verbesserung des Gesellschafterschutzes durch

---

498 *Mayer*, in Widmann/Mayer, § 8 UmwG Rn. 49; ebenso zum Unternehmensvertragsbericht nach § 293a AktG siehe *Emmerich*, in Emmerich/Habersack, Aktien- und GmbH-Konzernrecht, § 293a AktG Rn. 32; *Bungert*, DB 1995, 1384, 1389.

499 *Semler*, in Semler/Stengel, § 8 Rn. 66; *Aha*, Unternehmensvertragsbericht, S. 102 f.

500 Unter „Nachteil" ist nicht nur ein Schaden i.S.d. §§ 249 ff. BGB zu verstehen, sondern jede einigermaßen gewichtige Beeinträchtigung der Interessen eines beteiligten Rechtsträgers, vgl. hierzu *Eckardt*, in G/H/E/K, § 131 AktG Rn. 87; *Hüffer*, AktG, § 131 Rn. 24.

501 *Semler*, in Münch. Hdb. GesR, AG, § 37 Rn. 32; *Lutter*, in Lutter, UmwG, § 8 Rn. 45; *Engelmeyer*, Spaltung von Aktiengesellschaften, S. 86 (zum Spaltungsbericht nach § 127 UmwG). Gebunden ist das Gericht wohl auch nicht an eine Entscheidung des Bundesaufsichtsamtes für den Wertpapierhandel, eine Aktiengesellschaft im Hinblick auf berechtigte Unternehmensinteressen von der Pflicht zur Ad-hoc-Mitteilung nach § 15 Abs. 1 S. 2 WpHG zu befreien. So unter Hinweis auf den Anspruch des Aktionärs auf rechtliches Gehör nach Art. 103 Abs. 1 GG auch *Möllers*, ZGR 1997, 334, 357 zu der gerichtlichen Nachprüfung des Auskunftsverweigerungsrechts nach § 131 Abs. 3 S. 1 Nr. 1 AktG; anders *Wüsthoff*, Auskunftsanspruch, S. 160.

502 *Lutter*, in Lutter, UmwG, § 8 Rn. 45; vgl. auch die Begr. RegE zu § 131 AktG, abgedruckt bei *Kropff*, Aktiengesetz 1965, S. 186. In der Praxis finden sich dagegen häufig Urteile, die den für die Gesellschaft drohenden Nachteilen das Informationsinteresse des *Gesellschafters* entgegenhalten, vgl. BayObLG, ZIP 1996, 1251, 1253; OLG Düsseldorf, WM 1991, 2148, 2155, jeweils zum Auskunftsbegehren nach § 131 AktG.

503 *Bermel*, in Goutier/Knopf/Tulloch, § 8 UmwG Rn. 39; *Eckardt*, in G/H/E/K, § 131 AktG Rn. 85 f.; *Lutter*, in Lutter, UmwG, § 8 Rn. 45; *Semler*, in Münch. Hdb. GesR, AG, § 37 Rn. 33; *Raiser*, Kapitalgesellschaften, § 16 Rn. 55; *Zöllner*, in Kölner Kommentar, § 131 AktG, 1. Aufl., Rn. 34; a. A. *Burgard*, Offenlegung von Beteiligungen, S. 84; *K. Schmidt*, Informationsrechte, S. 41 f.

Ausweitung der Informationsrechte war und das Regel-Ausnahme-Prinzip des § 8 UmwG den Informationsinteressen der Anteilseigner grundsätzlich den Vorrang einräumt. Eine Einstufung bestimmter Angaben als generell geheimhaltungsbedürftig kann aus diesen Gründen nicht vorgenommen werden. Vielmehr ist darzutun, dass im konkreten Einzelfall die Mitteilung bestimmter Bewertungsfaktoren die Gefahr einer schwerwiegenden Beeinträchtigung der Unternehmensinteressen mit sich bringt. Das allgemeine Interesse der Gesellschaft, Einzelplanzahlen grundsätzlich nicht offen zu legen, reicht nicht aus. Ebenso kann es dem Vorstand keinesfalls möglich sein, eigenes Fehlverhalten unter Berufung auf § 131 Abs. 3 AktG zu verschleiern. Daneben wird man auch an das Merkmal der *Eignung* zur Nachteilszufügung gewisse Anforderungen im Hinblick auf die Wahrscheinlichkeit der Gefährdung zu stellen haben. Eine nur ganz entfernte Wahrscheinlichkeit, dass es infolge der Offenlegung zu einem Nachteil kommen kann, vermag daher eine Begrenzung der Berichtspflicht nicht auszulösen.[504]

## 2. Begründungspflicht

§ 8 Abs. 2 S. 2 UmwG bestimmt, dass die Gründe, aus denen die Tatsachen nicht in den Bericht aufgenommen werden, schriftlich dargelegt werden müssen. Ein pauschaler Hinweis des Vorstandes auf die Schädlichkeit der Offenlegung ist somit nicht ausreichend. Die Vorschrift folgt damit ausweislich der Gesetzesbegründung[505] der Rechtsprechung des Bundesgerichtshofes zu § 340a AktG a.F., wonach das Geheimhaltungsinteresse so weit zu begründen ist, wie es ohne Offenlegung der geheim zu haltenden Angaben möglich ist. Der Vorstand hat daher im Verschmelzungsbericht die Gründe darzulegen, warum bestimmte Einzelplanzahlen nicht ohne Gefahr für die Gesellschaftsinteressen mitgeteilt werden können.

Die Anforderungen an die Begründungspflicht dürfen jedoch nicht so weit überspannt werden, dass alleine schon aus eben dieser Begründung entsprechende Rückschlüsse auf die geheim zu haltenden Tatsachen gezogen werden können.

---

[504] Sehr streng *Keil*, Verschmelzungsbericht, S. 87, demzufolge die Offenlegung mit an Sicherheit grenzender Wahrscheinlichkeit die Gefahr erheblicher Nachteile für die Gesellschaft herbeiführten muss.

[505] Begr. RegE zu § 8 UmwG, abgedruckt bei *Schaumburg/Rödder*, S. 53, unter Hinweis auf BGH, ZIP 1989, 980, 983; ZIP 1990, 168, 169 und ZIP 1990, 1560, 1561. Zum alten Recht war umstritten, ob den Vorstand eine entsprechende Einzelbegründungspflicht trifft; dafür *Dehmer*, 1. Aufl., § 340a AktG Rn. 8; *Bayer*, WM 1989, 121, 123; *Heckschen*, Verschmelzung von Kapitalgesellschaften, S. 23; *ders.*, ZIP 1989, 1168, 1171; *Keil*, Verschmelzungsbericht, S. 88 f; ablehnend OLG Karlsruhe, ZIP 1989, 988, 991; *Grunewald*, in G/H/E/K, § 340a AktG Rn. 12; *Kraft*, in Kölner Kommentar, § 340a AktG Rn. 16; *Möller*, Verschmelzungsbeschluß, S. 133.

Anzusetzen ist auch hier ein Plausibilitätsmaßstab. Der Aktionär muss in die Lage versetzt werden, die für die Geheimhaltung ausschlaggebenden Gründe nachvollziehen und damit plausibel beurteilen zu können, ob das Vertretungsorgan die Informationen zu Recht verweigert.[506] Der Vorstand kann den Aktionär hierbei auch nicht auf sein Fragerecht in der Hauptversammlung verweisen, eine Nachholung der Begründung in der Hauptversammlung ist nicht möglich.[507] Dies folgt zum einen schon aus dem Wortlaut des § 8 Abs. 2 S. 2 UmwG, wonach die Gründe für die Auskunftsverweigerung „in dem Bericht" darzulegen sind. Zum anderen wäre es dem Anteilseigner sonst nicht möglich, vor der Hauptversammlung diese Gründe nachvollziehen und beurteilen zu können. Der Verschmelzungsbericht soll aber im Wege der Vorab-Information eine umfassende Plausibilitätskontrolle ermöglichen, wozu auch die Prüfung gehört, ob der Vorstand die Informationen zu Recht verweigert.[508]

### 3. Rechtsformspezifische Modifikation von § 8 Abs. 2 UmwG ?

Wie dargelegt, beruht § 8 Abs. 2 UmwG auf der aktienrechtlichen Vorschrift des § 131 Abs. 3 S. 1 Nr. 1 AktG, der zur Begrenzung der Berichtspflicht nach § 340a AktG a. F. entsprechend herangezogen wurde. Vor diesem Hintergrund stellt sich die Frage, ob der vorstehend dargestellte Beurteilungsmaßstab nur für den Verschmelzungsbericht einer Aktiengesellschaft Geltung beansprucht, oder ob er im Hinblick auf die wesentlich restriktiveren Auskunftsverweigerungsrechte im Recht der GmbH (vgl. § 51a Abs. 2 GmbHG[509]) oder der Personengesellschaften rechtsformspezifisch zu modifizieren ist.[510]

---

506 *Bula/Schlösser*, in Sagasser/Bula/Brünger, Rn. J 92; *Mayer*, in Widmann/Mayer, § 8 UmwG Rn. 52. Dem Plausibilitätsmaßstab bei der materiell-rechtlichen Begründungspflicht korrespondiert bei der Frage, wem im Prozess die Beweislast für das berechtigte Geheimhaltungsbedürfnis obliegt, eine „Plausibilitätslast" (so *Decher*, in Großkomm. AktG, § 132 Rn. 41; *Aha*, Unternehmensvertragsbericht, S. 104) der Gesellschaft. Die Gegenauffassung des LG Heilbronn, NJW 1978, 1715, das eine volle negative Beweislast der Aktionärs annimmt, ist als unverhältnismäßig abzulehnen, da der Aktionär regelmäßig keinen entsprechenden Einblick in die Unternehmensinterna hat.

507 *Mayer*, in Widmann/Mayer, § 8 UmwG Rn. 53.

508 *Heckschen*, ZIP 1989, 1168, 1171.

509 Nach dieser Vorschrift darf die Auskunft nur dann verweigert werden, wenn a) die potentielle Gefahr besteht, dass der Gesellschafter die Auskunft zu gesellschaftsfremden Zwecken verwendet *und* b) zu besorgen ist, dass der GmbH hierdurch ein nicht unerheblicher Nachteil zugefügt wird. Hierfür muss nach überwiegender Auffassung eine gewisse objektive Wahrscheinlichkeit bestehen, vgl. nur *K. Schmidt*, in Scholz, GmbHG, § 51a Rn. 41 m.w.N.

510 Für Differenzierungen de lege ferenda *Schöne*, GmbHR 1995, 325, 334 f.; bereits de lege lata *Bermel*, in Goutier/Knopf/Tulloch, § 8 UmwG Rn. 41.

### a) *Möglichkeit einer rechtsformspezifischen Auslegung der allgemeinen Vorschriften des Umwandlungsgesetzes*

Für die Beantwortung dieser Frage gilt es vorrangig zu klären, ob die allgemeinen Vorschriften des Verschmelzungsrechts, zu denen ausweislich seiner Stellung im „Ersten Teil" auch § 8 UmwG gehört, einer an den Besonderheiten der jeweiligen Rechtsform orientierten Auslegung überhaupt zugänglich sind. Dies wird insbesondere von *Schwarz*[511] aus gesetzessystematischen Gründen verneint. Da die allgemeinen Vorschriften der verschiedenen Bücher des Umwandlungsgesetzes für alle konkreten Umwandlungsvorgänge ohne Rücksicht auf die Rechtsform der beteiligten Rechtsträger Geltung beanspruchten, seien diese Regelungen auch stets einheitlich auszulegen. Teilt man diese Auffassung, so ist für eine Berücksichtigung der rechtsformspezifischen Interessenlage im Rahmen der allgemeinen Bestimmungen von vorne herein kein Raum.

Demgegenüber verweist die namentlich von *Schöne*[512] vertretene Gegenauffassung darauf, dass das Verdikt einer streng einheitlichen Auslegung des Gesetzes den unterschiedlichen Interessenlagen bei den verschiedenen Gesellschaftsformen nicht in ausreichendem Maße Rechnung trägt. Die Normen des UmwG seien zwar systematisch in allgemeine und besondere Vorschriften unterteilt. Dies ändere aber nicht daran, dass auch die allgemeinen Vorschriften in das System des Gesellschaftsrechts eingebettet seien und sich in dieses nach Möglichkeit ohne systematische Brüche einzufügen haben. Diese Bewertung komme auch in der Regierungsbegründung zu Art. 1 des Gesetzes zur Bereinigung des Umwandlungsrechts zum Ausdruck. Dort ist ausgeführt, dass das UmwG die Geltung der zivil- und gesellschaftsrechtlichen Gesetze der verschiedenen Rechtsformen voraussetzt. Das UmwG soll danach die anderen rechtsformabhängigen Gesellschaftsrechte so weit wie möglich unangetastet lassen und Modifikationen nur dort vornehmen, „wo die besonderen Erfordernisse der verschiedenen Umwandlungsvorgänge dies unumgänglich" machen oder jedenfalls „geboten erscheinen" lassen.[513]

Der letztgenannten Auffassung ist zuzustimmen. Zwar ist es erklärtes Ziel des Umwandlungsgesetzgebers gewesen, durch die Zusammenfassung bestimmter Regelungen in einem für sämtliche Rechtsträger geltenden „Allgemeinen Teil" die starke Zersplitterung des Umwandlungsrechts zu beseitigen und gleichgelagerte Interessen einer einheitlichen materiellen Regelung zu unterwerfen. Insoweit kann der Gedanke einer möglichst einheitlichen, rechtsformübergreifenden

---

511 *Schwarz*, DStR 1994, 1694, 1697; ihm folgend *H. Schmidt*, in Lutter, Kölner Umwandlungsrechtstage, S. 63.

512 *Schöne*, GmbHR 1995, 325, 327 f.; ebenso *Prasse*, Barabfindung, S. 117 f.

513 Begr. RegE zu Art. 1 Umwandlungsrechts-Bereinigungsgesetz, abgedruckt bei *Schaumburg/Rödder*, S. 22.

Gesetzesinterpretation durchaus als Leitbild des allgemeinen Umwandlungsrechts angesehen werden.[514] Diese grundsätzlich begrüßenswerte Besinnung auf Gemeinsamkeiten sollte allerdings – wie die soeben zitierte Passage der Gesetzesbegründung verdeutlicht - nicht dazu führen, relevante Unterschiede zwischen den verschiedenen Gesellschaftsformen, insbesondere zwischen Kapital- und Personengesellschaften, zu negieren.[515] Die grundsätzlich anzustrebende Einheitlichkeit findet vielmehr dort ihre Grenzen, wo die vom Umwandlungsgesetz berücksichtigte gleichartige Interessenlage nicht besteht, sondern unterschiedliche Ausgangspositionen eine entsprechende Gesetzesauslegung erfordern. In diesem Sinne ist es auch zu verstehen, wenn die Regierungsbegründung zum Ersten Teil des Zweiten Buches ausführt, die allgemeinen Verschmelzungsvorschriften „sollen auch für andere Unternehmensformen gelten, [...] soweit nicht die unterschiedlichen Strukturen dieser Rechtsträger andere Lösungen [...] erforderlich machen oder zweckmäßig erscheinen lassen."[516] Der Gesetzgeber selbst erkennt damit an, dass im Einzelfall eine an der Gesellschaftsform orientierte Auslegung auch der rechtsformübergreifenden Vorschriften – insbesondere soweit sie unbestimmte Rechtsbegriffe enthalten - durchaus geboten sein kann. Die systematische Stellung dieser Normen im „Ersten Teil" verbietet es folglich nicht, bei der Interpretation des Gesetzestextes auch rechtsformspezifische Argumente zu berücksichtigen.[517]

### b) *Geheimhaltungsinteresse*

Im vorliegenden Fall ist davon auszugehen, dass jedenfalls § 8 Abs. 2 S. 1 UmwG einen einheitlichen Standard der Geheimhaltung für alle Gesellschaftsformen normiert. Hierfür spricht auch der in der Regierungsbegründung[518] zum Ausdruck kommende gesetzgeberische Wille, mit § 8 UmwG ein über die Fälle der Verschmelzung von Aktiengesellschaften und KGaA hinausgehendes Berichtserfordernis für sämtliche verschmelzungsfähigen Rechtsträger zu schaffen. Somit können auch die Geschäftsführer einer GmbH unter den oben genannten Voraussetzungen die Aufnahme bestimmter Tatsachen in den Verschmelzungsbericht verweigern. Nicht anzunehmen ist indes, dass durch § 8 Abs. 2 UmwG auch die rechtsformspezifischen Auskunftsrechte in der Anteilseignerversammlung auf das aktienrechtliche Maß beschnitten werden sollen. Insoweit ist der

---

514 Etwas weniger streng wohl *Schöne*, GmbHR 1995, 325, 328 (bei der Auslegung könnten „*genausogut* differenzierende Ergebnisse zutage treten").

515 Vgl. in diesem Sinne auch den Hinweis von *Zöllner*, ZGR 1993, 334, 335 zum Referentenentwurf des Umwandlungsgesetzes.

516 Begr. RegE, abgedruckt bei *Schaumburg/Rödder*, S. 38.

517 Siehe auch *Larenz/Canaris*, Methodenlehre, S. 163 ff., wonach der systematischen Auslegung ein gegenüber historisch-teleologischen Erwägungen geringeres Gewicht zuzumessen ist.

518 Vgl. Begr. RegE zu § 8 UmwG, abgedruckt bei *Schaumburg/Rödder*, S. 52.

Auffassung von *Lutter*[519] zuzustimmen, dass beispielsweise ein GmbH-Gesellschafter die nach § 8 Abs. 2 UmwG rechtmäßig vom Verschmelzungsbericht ausgenommen Angaben in der Gesellschafterversammlung im Wege seines Auskunftsrechts nach § 51a Abs. 1GmbHG (und selbstverständlich in den Grenzen dessen Abs. 2) mündlich nachgeliefert verlangen kann.

### c) *Begründungspflicht*

Fraglich erscheint indes, ob nicht vielleicht die Begründungspflicht nach § 8 Abs. 2 S. 2 UmwG einer rechtsformdifferenzierten Betrachtung zugänglich ist. Nach dieser Vorschrift sind die Auskunftsverweigerungsgründe im Bericht des Vorstandes darzulegen. Ein in dieser Hinsicht mangelhafter Bericht kann nach dem oben Gesagten nicht durch eine Nachholung der Begründung in der Anteilseignerversammlung geheilt werden. Diese Rechtslage korrespondiert mit dem aktienrechtlichen Kompetenzgefüge, wonach der Vorstand für die Beantwortung und die Verweigerung von Auskunftsbegehren in der Hauptversammlung, die sich zudem auf die Tagesordnungspunkte beziehen müssen, zuständig ist. Für die GmbH ist dagegen zu bedenken, dass nach dem gesetzlichen Organisationsstatut grundsätzlich der Gesellschafterversammlung die Entscheidung über die Offenlegung geheimhaltungsbedürftiger Tatsachen obliegt, § 51a Abs. 2 S. 2 GmbHG.

Nach Auffassung von *Bermel*[520] soll es für die GmbH auch bezüglich der Berichtsinformation bei diesem Kompetenzgefüge bleiben. Von daher reiche es für die Informationsverweigerung im GmbH-Verschmelzungsbericht aus, wenn sie gemäß § 51a Abs. 2 S. 2 GmbHG durch Gesellschafterbeschluss erfolgt und die maßgeblichen Gründe in der Gesellschafterversammlung dargelegt werden. Entsprechendes soll auch für den Verschmelzungsbericht von Personenhandelsgesellschaften gelten.

Dieser Auffassung kann (jedenfalls *de lege lata*[521]) nicht gefolgt werden. Wie gesehen, soll durch den Verschmelzungsbericht das Umtauschverhältnis für die Anteilseigner nachvollziehbar gemacht werden. Hierzu gehört auch, dass sie sich ein Bild über Gründe und Rechtsmäßigkeit einer Auskunftsverweigerung machen können. Die erhebliche Bedeutung einer Verschmelzung für die Position der Anteilseigner im Blick, hat sich der Gesetzgeber dafür entschieden, eine entsprechende Pflicht zur Begründung der Informationsverweigerung im Verschmelzungsbericht zu statuieren. Diese Gesetzesänderung orientiert sich zwar

---

519 *Lutter*, in Lutter, UmwG, § 8 Rn. 46.

520 *Bermel*, in Goutier/Knopf/Tulloch, § 8 UmwG Rn. 41.

521 Siehe hierzu den rechtspolitischen Vorschlag von *Schöne*, GmbHR 1995, 352, 335, der *de lege ferenda* für eine entsprechende Neuregelung plädiert.

wie gesehen an dem aktienrechtlichen Vorbild, sie erfasst jedoch nach der Gesetzesbegründung jede Verschmelzung ohne Ansehung der jeweiligen Gesellschaftsform, da an einer solchen umfassenden Vorab-Information „die Anteilsinhaber eines jeden Rechtsträgers ohne Rücksicht auf dessen Rechtsform ein berechtigtes Interesse haben“[522]. Es ist nicht anzunehmen, dass sich dieser Passus der Regierungsbegründung nur auf das allgemeine Erfordernis eines Verschmelzungsberichts beziehen sollte, die Voraussetzungen einer Einschränkung seines Informationsgehaltes hingegen wieder unterschiedlichen Regelungssystemen folgen können. Dieses Ergebnis wird auch durch den insoweit eindeutigen Wortlaut des § 8 Abs. 2 S. 2 UmwG gestützt, wonach die Gründe für die Auskunftsverweigerung „in dem Bericht“ - und damit eben nicht erst auf der Gesellschafterversammlung - darzulegen sind. Eine rechtsformspezifische Modifikation ist aus diesen Gründen jedenfalls für § 8 Abs. 1 S. 1 und 2 UmwG abzulehnen.

## C. Die Verschmelzungsprüfung

Weiteres „Kernstück“[523] des Schutz- und Informationssystems, welches den Anteilseignern eine sachlich fundierte Entscheidung über die Zustimmung zu dem Verschmelzungsvertrag ermöglichen soll, ist die Verschmelzungsprüfung bzw. der von den Verschmelzungsprüfern zu erstattende Bericht, §§ 9 ff. UmwG.

### I. Systematische Einordnung und Intention der Verschmelzungsprüfung

Gemäß § 9 UmwG ist der Verschmelzungsvertrag oder sein Entwurf durch einen oder mehrere sachverständige Prüfer (Verschmelzungsprüfer) zu prüfen, soweit sich dies aus den Vorschriften des UmwG ergibt. Gegenstand der Verschmelzungsprüfung ist das Vertragswerk, im Mittelpunkt steht dabei die Kontrolle des Umtauschverhältnisses, vgl. § 12 Abs. 2 UmwG. Sie dient damit – ebenso wie der Verschmelzungsbericht – ausschließlich dem a-priori-Schutz der

---

522 Begr. RegE zu § 8 UmwG, abgedruckt bei *Schaumburg/Rödder*, S. 52.

523 So *Bayer*, AG 1988, 323, 324; ebenso wie die Pflicht zur Erstellung des Verschmelzungsberichtes ist auch die Verschmelzungsprüfung auf die Vorgaben der Dritten Verschmelzungsrichtlinie zurückzuführen, vgl. Art. 10 EU-RL, abgedruckt bei *Lutter*, UmwG, S. 2820.

Anteilseigner der an der Verschmelzung beteiligten Rechtsträger.[524] Diese sollen vor der Beschlussfassung nach § 13 UmwG von einem unabhängigen Prüfer ein sachverständiges Urteil über die Rechtmäßigkeit des Vertrages sowie insbesondere über die Angemessenheit des Umtauschverhältnisses erhalten, das ihnen ermöglicht, ihr Stimmrecht in der beschlussfassenden Versammlung sachgemäß und verantwortlich auszuüben.[525] Übervorteilungen durch eine unrichtige Umtauschrelation sollen von vorneherein verhindert werden. Dieser Schutz ist insbesondere dort von Nöten, wo sich das vereinbarte Umtauschverhältnis nicht als Resultat einer gleichberechtigten Verhandlungsführung darstellt, sondern als Durchsetzung der Interessen einer über eine Stimmrechtsmehrheit verfügenden Gruppe von Anteilseignern, wie es in erster Linie bei Konzernverschmelzungen der Fall ist. Von daher dient auch die Verschmelzungsprüfung in besonderem Maße dem Minderheitenschutz.[526] Aber auch wo keine beherrschende Gesellschaftergruppe besteht, erscheint – entgegen teilweise geübter Kritik - die Verschmelzungsprüfung insoweit sachgerecht, als sie die Anteilseigner davor bewahren kann, dem Verhandlungs(un)geschick ihres Vertretungsorgans ausgesetzt zu sein, was infolge der regelmäßig fehlenden Einflussmöglichkeit der Anteilseigner insbesondere bei kapitalistisch strukturierten Publikumsgesellschaften zu befürchten ist.[527] Macht man sich darüber hinaus bewusst, dass den Vertragsparteien innerhalb der Ertragswertberechnung oftmals ein nicht unerheblicher Beurteilungs- bzw. Verhandlungsspielraum zur Verfügung stehen wird, so erscheint eine Bestätigung des hierin gefundenen Ergebnisses durch das Testat der Verschmelzungsprüfer auch in Fällen einer konzernexternen Verschmelzung durchaus sinnvoll. Über die grundlegende Kontrollfunktion hinaus kann der Verschmelzungsprüfung vor diesem Hintergrund auch die Wirkung zukommen, korrigierend auf das Ergebnis der Verhandlungen Einfluss zu nehmen, indem

---

524 *Lutter*, in Lutter, UmwG, § 9 Rn. 4; Mayer, in Widmann/Mayer, § 9 UmwG Rn. 15; *Müller*, in Kallmeyer, § 9 Rn. 2; *Zeidler*, in Semler/Stengel, § 9 Rn. 2; *Ganske*, WPg 1994, 157, 159; ebenso zu der Vorgängervorschrift des § 340b AktG a.F. *Grunewald*, in G/H/E/K, § 340b AktG Rn. 2, *Kraft*, in Kölner Kommentar, § 340b AktG Rn. 2 f.; *Priester*, NJW 1983, 1459, 1460; vgl. auch die Regierungsbegründung zu § 340b AktG a.F., BT-Drucks. 9/1065, S. 15.

525 *Bula/Schlösser*, in Sagasser/Bula/Brünger, Rn. J 94; *Mayer*, in Widmann/Mayer, § 8 UmwG Rn. 16.

526 Vgl. BGH, ZIP 1989, 980, 982.

527 Entgegen der Ansicht von *Hügel*, Verschmelzung und Einbringung, S. 161 ff. bietet der in dem Aushandeln des Umtauschverhältnisses liegende Vertragsmechanismus allein (wohl häufig, aber) nicht unbedingt eine ausreichende Richtigkeitsgewähr für die Angemessenheit der Kompensation. Denn auch bei einem Merger of Equals ist es denkbar, dass der Mehrheitsaktionär aufgrund anderweitiger Beteiligungen andere Interessen als die Minderheitsaktionäre verfolgt. Lediglich hingewiesen sei in diesem Zusammenhang auf den Umstand, dass selbst der Abschluss eines Gewinnabführungs- und Beherrschungsvertrages gemäß §§ 291 ff. AktG nicht zwingend ein bestehendes Abhängigkeitsverhältnis zwischen den Vertragsparteien voraussetzt.

die Prüfer auf eine sachgerechte (Neu-) Festsetzung des Umtauschverhältnisses hinwirken.[528]

Über das Ergebnis der Prüfung haben die Verschmelzungsprüfer schriftlich zu berichten, § 12 UmwG. Dieser Prüfungsbericht, der mit einer Erklärung über die Angemessenheit des Umtauschverhältnisses zu schließen hat, ist den Anteilseignern vor der Beschlussfassung zugänglich zu machen.

Die Verschmelzungsprüfung bzw. der Verschmelzungsprüfungsbericht nach den § 9 ff. UmwG tritt damit als weiteres Schutzinstrument neben den Verschmelzungsbericht nach § 8 UmwG. Auch wenn die Ausführungen beider Berichte im Wesentlichen die gleichen Fragen, nämlich die Angemessenheit von Umtauschverhältnis und Barabfindung, zum Gegenstand haben, so sind sie hinsichtlich ihrer Ziel- und Zwecksetzung dennoch nicht deckungsgleich. Sie bilden vielmehr einander ergänzende Maßnahmen, durch die der Schutz der Anteilseigner so vollkommen wie möglich ausgestaltet werden soll.[529] Der Verschmelzungsbericht soll nach dem oben Gesagten den Gesellschaftern die Möglichkeit geben, sich ein Bild über die Recht- und Zweckmäßigkeit der Verschmelzung zu machen sowie die Berechnung von Umtauschverhältnis und Barabfindung nachzuvollziehen. Er muss sich dagegen nicht auf alle Einzelheiten der Bewertung beziehen, da er nicht als Grundlage einer eigenständigen Nachprüfung durch die Anteilsinhaber fungieren soll. Ist Zielmaßstab für den Verschmelzungsbericht somit eine Plausibilitätskontrolle, so soll die Verschmelzungsprüfung durch unabhängige Sachverständige, die über ein umfassendes Auskunfts- und Einsichtsrecht verfügen, den Anteilseignern eine weitergehende Gewähr für die Richtigkeit und Angemessenheit bieten. Besondere Bedeutung gewinnt die Verschmelzungsprüfung insbesondere dort, wo die Vertretungsorgane wegen der Schutzklausel des § 8 Abs. 2 UmwG geheimhaltungsbedürftige Tatsachen in ihren Bericht nicht aufzunehmen brauchen. Gerade in diesen Fällen, in denen die Anteilseigner keine abschließende Plausibilitätskontrolle vornehmen können, bietet ihnen die Prüfung durch Sachverständige, gegenüber denen die Auskunft auch hier nicht verweigert werden darf, einen umfassenden Schutz.

Auch dann, wenn für die beteiligten Unternehmen keine gemeinsame Prüferbestellung erfolgt[530], sind dennoch die Anteilseigner sowohl der übertragenden als auch der aufnehmenden Gesellschaft in den Schutzzweck der jeweiligen Verschmelzungsprüfung miteinbezogen. Dies folgt zum einen daraus, dass nach § 8 Abs. 3 UmwG auch in diesem Fall die Prüfung nur dann unterbleiben kann, wenn sämtliche Anteilsinhaber *aller* beteiligten Rechtsträger auf sie verzichten.

---

528 *Schmitz*, Verschmelzungsprüfung, S. 183 spricht in diesem Zusammenhang von einer „präventiven Wirkung“ bzw. einer „Reglerfunktion“ der Verschmelzungsprüfung.

529 Vgl. BGH, ZIP 1989, 980, 982.

530 Eingehend zur Bestellung der Verschmelzungsprüfer sogleich im Text.

Würde aber die Bestellung des Verschmelzungsprüfers durch den einen Rechtsträger nicht auch den Anteilseignern des jeweils anderen dienen, so wären deren Verzichtserklärungen für die Befreiung von der Prüfungspflicht wohl kaum erforderlich.[531] Zum anderen spricht auch die Haftungsregel des § 11 Abs. 2 S. 2 UmwG für dieses Ergebnis, wonach die Haftung des Prüfers auch dann gegenüber allen beteiligten Rechtsträgern sowie deren Gesellschaftern besteht, wenn er nur von einer Gesellschaft beauftragt worden ist.[532] Wenn allerdings die Anteilseigner nicht dem Schutzbereich der Tätigkeit des von einem anderen Unternehmen bestellten Verschmelzungsprüfers unterfallen, warum sollte den Prüfer dann gegenüber diesen Gesellschaftern eine vertragliche[533] Haftung treffen? Diese ist nur damit zu erklären, dass die Prüfung auch dem Schutz ebendieser Gesellschafter zu dienen bestimmt ist.

Dagegen dienen die Vorschriften über die Verschmelzungsprüfung nicht dem Schutz von Gläubigern der zu verschmelzenden Unternehmen,[534] wofür sich auch hier wiederum die Vorschrift des § 11 Abs. 2 S. 2 UmwG heranziehen lässt. Danach besteht die Verantwortlichkeit der Verschmelzungsprüfer gegenüber den beteiligten Rechtsträgern sowie gegenüber deren Anteilsinhabern. Eine Haftung gegenüber den Gesellschaftsgläubigern statuiert diese Norm gerade nicht. Gewährleistet wird der Schutz der Gläubiger vor einer verschmelzungsbedingten Verschlechterung ihrer Position vielmehr durch die Anwendung der Ka-

---

531 So zutreffend *Schaal*, Umwandlungsprüfer, S. 38 f.

532 Vgl. *Grunewald*, in G/H/E/K, § 340b AktG Rn. 22; *Lutter*, in Lutter, UmwG, § 11 Rn. 9; eine Haftung des Verschmelzungsprüfers gegenüber Dritten nach deliktischen Grundsätzen, insbesondere nach den §§ 823 Abs. 2, 824, 826 BGB bzw. nach allgemeinen Dritthaftungsgrundsätzen bleibt dagegen unberührt, vgl. dazu *Hirte*, Berufshaftung, S. 63 ff.; *Quick*, BB 1992, 1675, 1679.

533 Die Haftung des Verschmelzungsprüfers wird von der ganz überwiegenden Auffassung als vertragliche Haftung aus dem Prüfungsauftrag qualifiziert, die durch die Regelungen der § 323 HGB und § 11 Abs. 2 UmwG lediglich konkretisiert wird, vgl. *Adler/Düring/Schmalz*, § 323 HGB Rn. 3; *Hirte*, Berufshaftung, S. 57 ff., *Schaal*, Umwandlungsprüfer; S. 404; anders wohl *Lamla*, Umwandlungsprüfung, S. 97 („gesetzliche Haftung"); soweit neben dem beauftragenden Rechtsträger auch die andere Gesellschaft sowie die Anteilseigner in den Kreis der Anspruchsberechtigten einbezogen sind, lässt sich der Prüfungsauftrag als Vertrag mit Schutzwirkung zugunsten Dritter qualifizieren.

534 *Ganske*, WPg 1994, 157, 159; *Limmer*, in Hdb. d. Unternehmensumwandlung, Rn. 525; *Pfitzer*, in WP-Handbuch 2002, Bd. II, Rn. D 13; *Schaal*, Umwandlungsprüfer, S. 36; *K. Schmidt*, ZGR 1993, 366, 374 f.; ausführlich zum Gläubigerschutz im Rahmen der Verschmelzung *Petersen*, Gläubigerschutz, S. 144 ff.

pitalaufbringungs- und Kapitalerhaltungsvorschriften[535] sowie durch die gegebenenfalls nach § 22 UmwG zu leistende Sicherheit.[536] Ebenso wenig kann eine arbeitnehmerschützende Dimension der Verschmelzungsprüfung angenommen werden.[537] Hierfür spricht schon, dass die Arbeitnehmer bzw. ihre Vertretung keinerlei Einfluss darauf nehmen können, ob eine solche Prüfung durchgeführt wird oder nicht. Auch ist eine Zuleitung des Prüfungsberichts an den zuständigen Betriebsrat im Gegensatz zum Verschmelzungsvertrag (§ 5 Abs. 3 UmwG) nicht vorgesehen. Schließlich ist auch die Öffentlichkeit nicht Schutzobjekt der §§ 9 ff. UmwG, ihrem Schutz dienen in erster Linie die verschmelzungsveranlassten Bilanzprüfungen, vgl. § 17 Abs. 2 S. 2 UmwG.

## II. Die Bestellung der Verschmelzungsprüfer

Bis zum Erlass des Spruchverfahrensneuordnungsgesetzes[538] war die Bestellung der Verschmelzungsprüfer grundsätzlich Sache des Vertretungsorgans jedes beteiligten Rechtsträgers, § 10 Abs. 1 S. 1 Alt. 1 UmwG a.F., in dessen Ermessen auch die Anzahl der einzusetzenden Prüfer lag.[539] Nach § 10 Abs. 1 S. 2 UmwG konnten für mehrere oder alle verschmelzungswilligen Unternehmen auch gemeinsame Verschmelzungsprüfer bestellt werden. Für die Verschmelzung unter Beteiligung von Aktiengesellschaften galt insoweit eine Ausnahme, als gemäß

---

535 Die Verschmelzungsprüfung macht eine in besonderen Fällen gesetzlich vorgesehene Sacheinlagenprüfung (Gründungs- und Nachgründungsprüfung, Kapitalerhöhungsprüfung) nicht etwa überflüssig bzw. ersetzt diese nicht. Dies folgt schon aus der unterschiedlichen Schutzrichtung der Prüfungen, auf der einen Seite der Schutz der Anteilseigner, auf der anderen der Schutz (künftiger) Gläubiger des Unternehmens. Zudem sind auch die an die jeweiligen Prüfer zu stellenden Mindestanforderungen an deren Qualifikation unterschiedlich. So können Verschmelzungsprüfer bei der Verschmelzung einer Aktiengesellschaft nach § 11 Abs. 1 S. 1 UmwG i.V.m. § 319 Abs. 1 S. 1 HGB nur Wirtschaftsprüfer bzw. Wirtschaftsprüfungsgesellschaften sein, wohingegen der Kreis der zur Sacheinlagenprüfung berechtigten Prüfer wesentlich weiter ist, vgl. § 33 Abs. 4 AktG. Selbst wenn für die genannten Prüfungen derselbe Prüfer bestellt sein sollte (was durch § 319 Abs. 2 HGB nicht ausgeschlossen ist), so dürfen die Prüfungen nicht abwicklungs- und berichtsmäßig verbunden werden. Zu den verschiedenen umwandlungsveranlassten Prüfungen siehe *Müller*, in Kallmeyer, § 9 Rn. 4 ff.; *Schaal*, Umwandlungsprüfer, S. 51 ff.; ausführlich *Petersen*, Gläubigerschutz, S. 144 ff.

536 Nach dieser dem Individualgläubigerschutz zuzuordnenden Vorschrift – Kapitalaufbringung und –erhaltung sind demgegenüber als institutionelle Schutzinstrumentarien zu qualifizieren – hat der Gläubiger glaubhaft zu machen, dass durch die Verschmelzung die Erfüllung seiner Forderungen gefährdet ist, vgl. hierzu *Petersen*, Gläubigerschutz, S. 236 ff.

537 Zutreffend *Schaal*, Umwandlungsprüfer, S. 39 f.

538 Eingehend hierzu unter § 4 A. II.

539 Zur rechtspolitischen Kritik an der als Regelfall vorgesehenen Bestellung gesonderter Verschmelzungsprüfer durch jede beteiligte Gesellschaft siehe *Ganske*, DB 1981, 1151, 1153, der diese Regelung als bedauerlichen „Einfluß der romanischen Vorstellung vom Parteigutachter“ kritisiert; ebenso *Hoffmann-Becking*, in FS Fleck, S. 105, 120 f.

§ 60 Abs. 2 UmwG a.F. für jede beteiligte Aktiengesellschaft mindestens je ein Prüfer bestellt werden musste. Alternativ zu der Bestellung der Prüfer unmittelbar durch die Rechtsträger selbst war durch das UmwG 1994 auf Anregung der Praxis die Möglichkeit der Bestellung durch das Gericht auf Antrag der Vertretungsorgane eingeführt worden.[540] In diesem Fall war gemäß § 60 Abs. 3 UmwG a.F. auch bei der Aktiengesellschaft die Bestellung eines einzigen Verschmelzungsprüfers auf gemeinsamen Antrag der Vorstände hin ausreichend.

Entsprechend einer Empfehlung im Abschlussbericht der Regierungskommission „Corporate Governance“[541] ist die letztgenannte Alternative nun durch das Gesetz zur Neuordnung des gesellschaftsrechtlichen Spruchverfahrens als alleinige Möglichkeit vorgeschrieben, so dass die Verschmelzungsprüfer künftig zwingend durch das Gericht auszuwählen und zu bestellen sind, vgl. § 10 Abs. 1 S. 1 UmwG n.F. Auf diesem Wege soll insbesondere die Unabhängigkeit der Prüfer sichergestellt und dem Eindruck der Parteinähe von vorneherein entgegengewirkt werden. Ziel ist es, bei den Aktionären eine erhöhte Akzeptanz der von den Prüfern festgelegten Höhe der Kompensationszahlungen zu erreichen.[542] Zudem soll im Falle der späteren Durchführung eines Spruchverfahrens ein erheblicher Beschleunigungseffekt dadurch eintreten können, dass der Verschmelzungsprüfer angesichts seiner Unvoreingenommenheit in diesem Verfahren als gerichtlicher Sachverständiger herangezogen und so die Notwendigkeit zusätzlicher „flächendeckender“ Bewertungsgutachten anderer Sachverständiger weitgehend vermieden werden kann.[543] Erfolg versprechend kann diese Reformbestrebung jedoch nur dann sein, wenn die Gerichte zukünftig eine eigene Auswahl der Prüfer vornehmen und - entgegen der gegenwärtigen Praxis[544] - nicht mehr lediglich den seitens der Geschäftleitung des Unternehmens vorgeschlagenen Prüfer unbesehen bestellen.[545] Dass die Unternehmen in Zukunft von sich

---

[540] Die Regierungsbegründung führt dazu aus, dass die Erfahrung in den Spruchstellenverfahren gezeigt habe, dass sich die Beteiligten mit dem Gutachten eines gerichtlich bestellten Sachverständigen eher zufrieden geben als mit dem eines von privater Stelle bestellten Prüfers. Die Möglichkeit der gerichtlichen Bestellung könne somit der Vermeidung von späteren Streitigkeiten dienen, vg. Begr. RegE zu § 11 UmwG, abgedruckt bei *Schaumburg/Rödder*, S. 56 f.

[541] *Baums* (Hrsg.), Bericht der Regierungskommission Corporate Governance, Rn. 170.

[542] Begr. RegE zu § 293c AktG n. F., BT-Drucks. 15/371, S. 18.

[543] Begr. RegE zu § 293c AktG n. F., BT-Drucks. 15/371, S. 18; skeptisch hierzu *Puszkajler*, ZIP 2003, 518, 521.

[544] In dem Aufsehen erregenden Fall der Babcock Borsig AG bewerteten die von ihr vorausgewählten und seitens des LG Duisburg bestellten Verschmelzungsprüfer das Unternehmen zum Stichtag mit rund 960 Millionen Euro, obwohl es – wie sich später herausstellte – bereits seit langem überschuldet war; siehe zu diesem Fall auch *Meilicke/Heidel*, BB 2003, 1805 ff.

[545] Zutreffend *Lamb/Schluck-Amend*, DB 2003, 1259, 1261.

aus nur noch qualifizierte, neutrale Prüfer vorschlagen werden, ist kaum zu erwarten.[546]

Zuständig für die Bestellung der Verschmelzungsprüfer ist nach § 10 Abs. 2 UmwG das Landgericht, in dessen Bezirk der übertragende Rechtsträger seinen Sitz hat.[547] Die Mindestqualifikation des Verschmelzungsprüfers richtet sich nach § 11 Abs. 1 S. 1 UmwG i.V.m. § 319 Abs. 1 HGB. Verschmelzungsprüfer können danach Wirtschaftprüfer und Wirtschaftsprüfungsgesellschaften sein, für mittelgroße und kleine Gesellschaften (vgl. § 276 HGB) mit Ausnahme von Aktiengesellschaften auch Buchprüfer und Buchprüfungsgesellschaften. Wird eine Person zum Verschmelzungsprüfer bestellt, die nicht über diese Qualifikation verfügt, so ist der Bestellungsakt nichtig[548], eine bereits durchgeführte Verschmelzungsprüfung gilt als nicht erfolgt.

## III. Anwendungsbereich

### 1. Gesetzlicher Prüfungsbefehl

Die in §§ 9 ff. UmwG für alle Verschmelzungsvorgänge übergreifend geregelte Verschmelzungsprüfung erfolgt gemäß § 9 Abs. 1 UmwG „soweit in diesem Gesetz vorgeschrieben". Ob eine Prüfung erforderlich ist, folgt aus einem in den rechtsformbezogenen Abschnitten enthaltenen Gesetzesbefehl, der eine Verschmelzungsprüfung anordnet und erforderlichenfalls besondere Voraussetzungen hierfür vorsieht.[549]. Für die hier interessierenden Fälle einer Verschmelzung unter Beteiligung einer oder mehrerer Aktiengesellschaften folgt die Prüfungspflicht[550] aus § 60 Abs. 1 UmwG, auf den für die Verschmelzung durch Neugründung § 73 UmwG entsprechend verweist. Dagegen ist etwa bei der GmbH eine Verschmelzungsprüfung nur dann durchzuführen, wenn mindestens ein Ge-

---

546 Gerade hiervon macht aber *Büchel*, NZG 2003, 793, 801 den Erfolg der Neuregelung abhängig.

547 Zur Frage der örtlichen Zuständigkeit bei der Bestellung eines gemeinsamen Prüfers durch mehrere übertragende Rechtsträger *Bungert*, BB 1995, 1399, 1401 (für Prioritätsprinzip gemäß § 4 FGG) und *Mayer*, in Widmann/Mayer, § 10 UmwG Rn. 6 (für einen Wahlgerichtsstand).

548 Vgl. zum Jahresabschluss *Ebke*, in Münchener Kommentar zum HGB, § 319 Rn. 7.

549 Vgl. Begr. RegE zu § 9 UmwG, abgedruckt bei *Schaumburg/Rödder*, S. 55.

550 Die Pflichtprüfungen sind durch das Gesetz regelmäßig mit einer Verzichtsmöglichkeit (§ 9 Abs. 3 i.V.m. § 8 Abs. 3 UmwG) versehen, so etwa für die AG, die KGaA und den wirtschaftlichen Verein, vgl. §§ 60, 78, 100 S. 1 UmwG. Eine Prüfungspflicht ohne entsprechende Verzichtsmöglichkeit besteht dagegen für die eingetragene Genossenschaft, bei der gemäß § 81 Abs. 1 UmwG stets das Gutachten eines genossenschaftlichen Prüfungsverbandes einzuholen ist. Keine Prüfungspflicht besteht für Kapitalgesellschaften bei einer Verschmelzung auf das Vermögen eines Alleingesellschafters, § 121 UmwG.

sellschafter dies verlangt, § 48 UmwG (sog. Antragsprüfung[551]). Ob eine Prüfungspflicht besteht, ist für jeden an der Verschmelzung beteiligten Rechtsträger gesondert zu beurteilen. Werden Rechtsträger unterschiedlicher Rechtsform miteinander verschmolzen, so beurteilt sich die Prüfungspflicht eines jeden beteiligten Rechtsträgers nach den jeweils für ihn geltenden Vorschriften. Wird also eine Aktiengesellschaft auf eine GmbH verschmolzen, so richtet sich Verschmelzungsprüfung für die AG nach § 60 UmwG, für die GmbH folgt sie dagegen aus § 48 UmwG.

## 2. Entbehrlichkeit der Verschmelzungsprüfung

### *a) Konzernverschmelzung*

Entbehrlich ist die Verschmelzungsprüfung zum einen im Falle der Verschmelzung eines 100%igen Tochterunternehmens auf die Muttergesellschaft, § 9 Abs. 2 UmwG.[552] Befinden sich alle Anteile bereits in der Hand des Zielrechtsträgers, so entfällt der Anteilstausch. Mangels betroffener Aktionäre ist auch eine ihrem Schutz dienende Prüfung entbehrlich. Das verbleibende Interesse an der Richtigkeit der verschmelzungsvertraglichen Bestimmungen wird durch die registergerichtliche Kontrolle bei der Eintragung der Verschmelzung im Wesentlichen gewahrt.[553] Soweit § 9 Abs. 3 UmwG für die Verschmelzungsprüfung auf die zweite Alternative des § 8 Abs. 3 S. 1 UmwG verweist, ist hiervon derselbe Sachverhalt wie in § 9 Abs. 2 UmwG erfasst, weitere Rechtsfolgen ergeben sich aus dieser für die Verschmelzung an sich überflüssigen Verweisung nicht.[554]

---

551 Bei Personenhandelsgesellschaften bedarf der Verschmelzungsbeschluss grundsätzlich der Zustimmung sämtlicher Gesellschafter, so dass das Gesetz in diesen Fällen von einer Prüfungspflicht absieht. Ist dagegen eine Verschmelzung durch Mehrheitsbeschluss zulässig, so ist wie bei der GmbH auf Antrag eines Gesellschafters eine Verschmelzungsprüfung durchzuführen, § 44 UmwG. Eine tabellarische Übersicht über sämtliche prüfungspflichtigen Verschmelzungsvorgänge und deren Voraussetzungen findet sich bei *Pfitzer*, in WP-Handbuch 2002, Bd. II, S. 231 f.

552 Damit weicht § 9 UmwG von der bisherigen Rechtslage ab, wonach die Verschmelzungsprüfung als unverzichtbares Schutzinstrument ausgestaltet war; die alte Rechtslage befürwortend *Grunewald*, in G/H/E/K, § 340b Rn. 2.

553 So zutreffend *Lutter*, in Lutter, UmwG, § 9 Rn. 15 f., dort auch zu der Fusion von Schwestergesellschaften, die in 100%igem Anteilsbesitz der Mutterunternehmens stehen.

554 Allgemeine Ansicht, vgl. *Mayer*, in Widmann/Mayer, § 9 UmwG Rn. 39; *Stratz*, in Schmitt/Hörtnagl/Stratz, § 9 UmwG Rn. 10. Eigenständige Bedeutung erlangt die Verweisung auf § 8 Abs. 3 S. 1 Alt. 2 UmwG für die Spaltung, da § 125 S. 1 UmwG, der die entsprechende Geltung der Verschmelzungsvorschriften anordnet, die Anwendbarkeit von § 9 Abs. 2 UmwG ausdrücklich ausschließt.

### *b) Verzicht der Anteilseigner*

Da die Verschmelzungsprüfung dem ausschließlichen Schutz der Anteilsinhaber dient, bedarf es ihrer folgerichtig auch dann nicht, wenn alle Anteilsinhaber aller beteiligten Rechtsträger in notariell beurkundeter Form auf sie verzichten, § 9 Abs. 3 i.V.m. § 8 Abs. 3 UmwG. Entsprechendes gilt für den Verzicht auf den Verschmelzungsprüfungsbericht, § 12 Abs. 3 i.V.m. § 8 Abs. 3 UmwG. Die Möglichkeit eines isolierten Verzichts auf den Bericht zielt nach der Regierungsbegründung insbesondere auf die Fälle ab, in denen die Anteilsinhaber „nach Durchführung der Prüfung deren Ergebnis nach mündlicher Erörterung für richtig und den häufig kostenaufwendigen Bericht nicht mehr für erforderlich halten“[555]. Bedeutung hat diese Vorschrift insbesondere für die Verschmelzung unter Beteiligung von Aktiengesellschaften[556] und wirtschaftlichen Vereinen, da (abgesehen von den Fällen des § 30 Abs. 2 UmwG, dazu sogleich) bei den übrigen Rechtsformen wie gesehen eine Verschmelzungsprüfung grundsätzlich nur auf Antrag erfolgt, der in Fällen eines einstimmigen Verzichts kaum gestellt werden wird.[557]

Soweit von *Engelmeyer*[558] die Richtlinienkonformität der Verzichtsmöglichkeit (auch) für die Verschmelzungsprüfung und den Prüfungsbericht bestritten wird, ist dieser Auffassung aus den schon zur Rechtslage beim Verschmelzungsbericht dargelegten Gründen[559] nicht zu folgen.

## 3. Barabfindungsprüfung nach § 30 Abs. 2 UmwG

### *a) Prüfungspflicht auch ohne Vertragsprüfungspflicht*

Ist nach den dargestellten Grundsätzen eine Verschmelzungsprüfung erforderlich, so umfasst diese grundsätzlich auch eine anzubietende Barabfindung nach § 29 Abs. 1 UmwG. Dies folgt bereits aus § 9 UmwG, wonach Gegenstand der Verschmelzungsprüfung der Verschmelzungsvertrag bzw. sein Entwurf ist. Bestandteil des Vertrages wiederum ist jedoch nach § 29 Abs. 1 S. 1 UmwG auch eine anzubietende Barabfindung.

---

555 Begr. RegE zu § 12 UmwG, abgedruckt bei *Schaumburg/Rödder*, S. 61.

556 Bei großen, in Streubesitz stehenden Aktiengesellschaften wird sich jedoch schon rein praktisch ein Verzicht sämtlicher Aktionäre in aller Regel nicht herbeiführen lassen. Bedeutung kommt der Vorschrift dagegen für die kleine AG zu, da sich im Wege des allseitigen Verzichts der umfangreiche Prüfungsaufwand ersparen lässt.

557 *Zeidler*, in Semler/Stengel, § 9 Rn. 51.

558 *Engelmeyer*, Spaltung von Aktiengesellschaften, S. 116; *dies.*, BB 1998, 330, 334.

559 Siehe oben § 3 B. III. 2.

Aber auch unabhängig davon, ob der Verschmelzungsvertrag im Übrigen prüfungspflichtig ist, soll nach dem Willen des Gesetzgebers eine Prüfung der anzubietenden Barabfindung erfolgen, da der Austritt aus einem Unternehmen einen für den Anteilsinhaber besonders schwerwiegenden Vorgang darstellt.[560] Von daher bestimmt § 30 Abs. 2 UmwG, dass in den Fällen, in denen den widersprechenden Anteilseignern eine Barabfindung anzubieten ist (also bei Mischverschmelzungen und homogenen Verschmelzungen auf einen Rechtsträger, dessen Anteile Verfügungsbeschränkungen unterworfen sind), *stets* eine Prüfung der Angemessenheit der Barabfindung zu erfolgen hat. Sollte also nicht ohnehin eine Verschmelzungsprüfung nach § 9 stattfinden, in deren Rahmen dann auch die Barabfindung überprüft wird[561], so hat eine isolierte Prüfung, gegenständlich beschränkt auf die Angemessenheit der Abfindung zu erfolgen. Die §§ 9 bis 12 UmwG gelten in diesem Fall entsprechend, § 30 Abs. 2 S. 2 UmwG. Nach dem Zweck der Regelung muss die Prüfung vor der Beschlussfassung über die Verschmelzung abgeschlossen sein.[562] Der abschließende Bericht über die Barabfindungsprüfung ist den Aktionären analog § 63 Abs. 1 Nr. 5, 64 UmwG vor der Beschlussfassung zugänglich zu machen.[563]

### *b) Verzicht auf die Barabfindungsprüfung*

Gemäß § 30 Abs. 2 S. 3 UmwG kann durch notariell beurkundete Erklärung auf die Barabfindungsprüfung oder auf den Prüfungsbericht verzichtet werden. Maßgeblich sind nach dieser Vorschrift die Verzichtserklärungen der „Berechtigten". Nach den Gesetzesmaterialien sind „Berechtigte" im Sinne dieser Bestimmung alle diejenigen, die aus dem Unternehmen ausscheiden wollen.[564] Dies ist insoweit problematisch, als erst frühestens mit Ablauf der Frist zur Annahme des Barabfindungsangebotes nach § 31 UmwG, und damit erst zwei Monate nach der Bekanntmachung der Eintragung der Verschmelzung feststehen würde, wer tatsächlich ausscheidungswillig und damit Berechtigter i.S.d. § 30 Abs. 2 S. 3 UmwG ist.[565] Da den Anteilseignern der Prüfungsbericht aber schon

---

560 Vgl. Begr. RegE zu § 30 UmwG, abgedruckt bei *Schaumburg/Rödder*, S. 96.

561 Gesetzlich zulässig, aber praktisch wohl nicht relevant ist auch eine getrennte Prüfung von Barabfindung und (Rest-) Vertrag.

562 *Grunewald*, in FS Boujong, S. 175, 187.

563 *Grunewald*, in Lutter, UmwG, § 30 Rn. 6.

564 Begr. RegE zu § 30 UmwG, abgedruckt bei *Schaumburg/Rödder*, S. 97.

565 Zutreffend *Grunewald*, in Lutter, UmwG, § 30 Rn. 8; dagegen sind nach Ansicht von *Müller*, in Kallmeyer, § 30 Rn. 15 und *Schaal*, Umwandlungsprüfer, S. 314 f. diejenigen Berechtigte i.S.d. Regierungsbegründung, die auf der beschlussfassenden Versammlung gemäß § 29 Abs. 1 S. 1 UmwG Widerspruch zur Niederschrift eingelegt haben, so dass der Berechtigtenkreis „bereits" dort feststeht. Zu diesem Zeitpunkt steht richtigerweise allerdings lediglich fest, wer *barabfindungs*berechtigt ist, nicht unbedingt hingegen, wer tatsächlich aus der Gesellschaft ausscheiden will. Zumindest die Gesetzesmaterialien stellen aber ausdrücklich auf Letzteres ab.

vor der beschlussfassenden Versammlung zugänglich zu machen ist, muss auch die Prüfung der Barabfindung vor diesem Zeitpunkt abgeschlossen sein. Folglich liefe bei einem solchen Begriffsverständnis der „Berechtigten" die Verzichtsmöglichkeit praktisch leer. Als Berechtigte wird man daher alle potentiell abfindungsberechtigten Anteilsinhaber anzusehen haben. Erforderlich sind damit die notariell beurkundeten Verzichtserklärungen aller Gesellschafter des übertragenden Rechtsträgers mit Ausnahme derjenigen, die bereits ausdrücklich erklärt haben, nicht gegen Barabfindung aus der Gesellschaft auszutreten.[566]

In dem Verzicht der hierzu berechtigten Anteilseigner auf die Verschmelzungsvertragsprüfung nach § 9 Abs. 3 i.V.m. § 8 Abs. 3 UmwG ist nicht zugleich ein Verzicht auf die Barabfindungsprüfung zu sehen. Auch wenn beide Prüfungen regelmäßig zusammen durchgeführt werden, so sind sie zum einen schon nach der gesetzlichen Konzeption klar voneinander zu trennen, zum anderen betreffen sie auch gegenständlich verschiedene Sachverhalte. Die Verzichtserklärungen nach § 30 Abs. 2 UmwG müssen sich daher ausdrücklich auf die Barabfindungsprüfung beziehen.

## IV. Gegenstand der Verschmelzungsprüfung

Gemäß § 9 Abs. 1 UmwG ist Gegenstand der Verschmelzungsprüfung der Verschmelzungsvertrag bzw. der Vertragsentwurf. Den Umfang der Verschmelzungsprüfung hat das UmwG dabei nicht ausdrücklich festgelegt. Er ergibt sich indes aus den Zielen der Prüfung sowie mittelbar aus den in § 12 UmwG enthaltenen Regelungen über den Inhalt des Prüfungsberichtes. Danach zielt die Verschmelzungsprüfung auf die Vollständigkeit des Verschmelzungsvertrages, die Richtigkeit der in ihm enthaltenen Angaben und – als Hauptaufgabe der Prüfung[567] – auf die Angemessenheit von Umtauschverhältnis und Barabfindung ab.[568]

### 1. Vollständigkeit des Verschmelzungsvertrags

Prüfungsgegenstand ist zunächst auf die formelle Vollständigkeit des Verschmelzungsvertrages. Dessen gesetzlich vorgesehener Mindestinhalt ergibt sich

566 *Grunewald*, in Lutter, UmwG, § 30 Rn. 8 f.; *Müller*, in Kallmeyer, § 30 Rn. 15.

567 Dies ergibt sich im Rückschluss aus § 12 Abs. 2 UmwG.

568 So auch die Regierungsbegründung zum Verschmelzungsrichtlinie-Gesetz, § 340b AktG a.F., BT-Drucks.9/1065, S. 16; *Schmitz*, Verschmelzungsprüfung, S. 191. Dementsprechend findet sich auch in der Praxis der Verschmelzungsprüfungsberichte häufig eine Zweiteilung der Prüfungsbeschreibung in 1) Vollständigkeit und Richtigkeit des Vertrages und 2) Methoden der Unternehmenswertermittlung; vgl. etwa die Verschmelzungsprüfungsberichte Daimler-Benz/Chrysler (S. 13 ff.) oder Thyssen/Krupp (S. 9 ff.).

entsprechend den obigen Ausführungen in erster Linie aus dem Katalog des § 5 Abs. 1 Nr. 1 bis 9 UmwG, je nach Konstellation ergänzt durch die §§ 29, 37 UmwG sowie den rechtsformspezifischen Vorschriften des Zweiten Buches.[569] Dieser Teil der Prüfung ist regelmäßig unproblematisch, da der Verschmelzungsprüfer den Vertrag als „Ist-Objekt" vorliegen hat und ihn lediglich auf Abweichungen gegenüber dem Soll-Katalog der gesetzlich geforderten Angaben überprüfen muss.[570] Ebenso ist zu kontrollieren, ob Neben- oder Zusatzabreden bestehen, die für die Verschmelzung relevant sind.[571] Die fakultativen Bestandteile des Verschmelzungsvertrages, wie etwa Vereinbarungen über die Kostentragung, sind indessen nicht Gegenstand der Vollständigkeitskontrolle, sie können allerdings der Richtigkeitsprüfung unterliegen.[572]

Ebenfalls nicht Teil der Prüfung ist das wirksame Zustandekommen des Vertrages. Dies folgt weniger aus dem Wortlaut des § 9 UmwG, welcher durchaus auch im Sinne einer umfassenden Prüfung des Vertrages einschließlich seines Zustandekommens verstanden werden könnte, als vielmehr aus dem mit der Verschmelzungsprüfung verfolgten Zweck.[573] Die durch den Gesetzgeber mit der Verschmelzungsprüfung bezweckte Kontrolle erfolgt nicht durch Juristen, sondern allein durch Wirtschaftsprüfer bzw. vereidigte Buchprüfer (§ 319 Abs. 1 HGB). Dementsprechend ist Schwerpunkt der Prüfung die Kontrolle wirtschaftlicher Sachverhalte, insbesondere eben der Angemessenheit vorgesehener Kompensationsleistungen. Nicht dagegen sollte dem Wirtschaftsprüfer eine umfassende Kontrolle des Verschmelzungsvertrages auch in rechtlicher Hinsicht übertragen werden, für die er im Zweifel schon gar nicht über die notwendigen Kenntnisse verfügt. Dieses Ausklammerung der Frage nach der Rechtswirksamkeit des Vertrages wird auch durch Art. 10 Abs. 2 der Dritten Verschmelzungsrichtlinie nahe gelegt, der als notwendigen Inhalt des zu erstattenden Prüfungsberichtes lediglich eine Stellungnahme zu der Angemessenheit des Tauschverhältnisses, und damit eine wirtschaftliche Bewertung fordert. Die Einhaltung der Voraussetzungen eines wirksamen Vertragsschlusses, etwa Fragen der ordnungsgemäßen Vertretung, der Geschäftsfähigkeit oder der Anfechtung, sind demnach nicht zu prüfen.

---

569 Ausführlich zur Vollständigkeitsprüfung *Schaal*, Umwandlungsprüfer, S. 87 ff.
570 Vgl. *Schmitz*, Verschmelzungsprüfung, S. 324.
571 *Priester*, ZGR 1990, 420, 430; vgl. auch schon BGH, NJW 1982, 933, 935 f.
572 *Pfitzer*, in WP-Handbuch 2002, Bd. II, Rn. D 20.
573 Zutreffend *Bula/Schlösser*, in Sagasser/Bula/Brünger, Rn. J 106; *Schaal*, Umwandlungsprüfer, S. 87.

## 2. Richtigkeit des Verschmelzungsvertrages

### *a) Umfang der Prüfungspflicht*

Ergibt sich der Umfang der Vollständigkeitskontrolle somit aus den gesetzlichen Vorgaben, so stellt sich die Beantwortung der Frage, was unter der von der Gesetzesbegründung geforderten Richtigkeitsprüfung des Verschmelzungsvertrages zu verstehen ist, problematischer dar.

Nach einhelliger Auffassung nicht Gegenstand der Prüfung ist jedenfalls die Zweckmäßigkeit der Verschmelzung, also die Beurteilung, ob sie sich bei Abwägung aller Umstände als das geeignetste Instrument zur Verfolgung der wirtschaftlichen und rechtlichen Interessen des Unternehmens darstellt.[574] Die Beantwortung dieser Frage obliegt allein den Vertretungsorganen sowie – vermittelt durch das Erfordernis der Beschlussfassung – dem Letztentscheid der Anteilseignern der beteiligten Rechtsträger. Der Verschmelzungsprüfer kann hierbei im Wege der Mitteilung seiner Prüfungsergebnisse zwar durchaus behilflich sein. Er darf indes nicht sein eigenes unternehmerisches Ermessen an die Stelle der hierfür zuständigen und verantwortlichen Stellen setzen. Aus diesen Erwägungen heraus hat der Verschmelzungsprüfer auch nicht nach möglicherweise auftretenden negativen Verbundeffekten zu forschen[575] oder die wirtschaftliche Lebensfähigkeit des Unternehmens nach der Verschmelzung zu untersuchen.[576] Stößt er hingegen im Laufe seiner regulären Prüfung auf erhebliche Anhaltspunkte für eine entsprechende Gefährdung der Gesellschaft, wird man insofern eine Warn- und Hinweispflicht des Verschmelzungsprüfers bejahen können.[577] Diese ließe sich meines Erachtens entweder als Nebenpflicht aus dem Bestellungsverhältnis herleiten oder aber auf eine analoge Anwendung des § 321 Abs. 1 S. 3 HGB stützen.

---

[574] Begr. RegE zu § 340b AktG a.F., BT-Drucks. 9/1065, S. 16; *Lutter*, in Lutter, UmwG, § 9 Rn. 12; *Mayer*, in Widmann/Mayer, § 9 UmwG Rn. 22 f.; *Zeidler*, in Semler/Stengel, § 9 Rn. 16; *Grunewald*, in G/H/E/K, § 340b Rn. 10; *Kraft*, in Kölner Kommentar, § 340b AktG Rn. 7; *Bayer*, AG 1988, 323, 328; *Engelmeyer*, BB 1998, 330, 334 f.; *Hommelhoff*, ZGR 1993, 452, 466; *Limmer*, Hdb. d. Unternehmensumwandlung, Rn. 535; *Pfitzer*, in WP-Handbuch 2002, Bd. II, Rn. D 26; *Priester*, in IdW (Hrsg.), Reform des Umwandlungsrechts, S. 196, 205; *Schmitz*, Verschmelzungsprüfung, S. 191; einschränkend aber *Möller*, Verschmelzungsbeschluß, S. 138.

[575] Da die Verbundeffekte wie oben gezeigt bei der Unternehmensbewertung nicht zu berücksichtigen sind, hat sie der Verschmelzungsprüfer auch nicht bei der Kontrolle der Angemessenheit des Umtauschverhältnisses zu überprüfen. Der Verschmelzungsbericht nach § 8 UmwG, der im Rahmen der Begründung der Verschmelzung zu den Verbundeffekten Stellung zu nehmen hat (s. o.), ist ebenfalls nicht Gegenstand der Verschmelzungsprüfung, dazu sogleich im Text.

[576] Vgl. BGH, NJW 1975, 794, 796.

[577] So i. E. auch *Müller*, in Kallmeyer, § 9 Rn. 21.

Die Prüfung des Verschmelzungsvertrages ist damit keine Zweckmäßigkeits- sondern eine Richtigkeitsprüfung, die sich zum einen Teil auf die sachlich-inhaltliche Richtigkeit der im Verschmelzungsvertrag enthaltenen Angaben bezieht, teilweise dagegen die Plausibilität bestimmter Angaben zu untersuchen hat. Im Rahmen der Richtigkeitskontrolle hat der Verschmelzungsprüfer zu kontrollieren, ob die zugrunde liegenden, tatsächlichen Sachverhalte im Verschmelzungsvertrag richtig wiedergegeben sind. Die Vertragsangaben dürfen nicht widersprüchlich sein und müssen denjenigen Fakten entsprechen, die sich aus den dem Prüfer zur Verfügung stehenden sonstigen Unterlagen entnehmen lassen. Zu diesem Zweck stehen dem Verschmelzungsprüfer gegenüber den Vertretungsorganen aller an der Verschmelzung beteiligter Rechtsträger weitgehende, auch die verbundenen Unternehmen umfassende Auskunfts- und Einsichtsrechte zu. Gemäß § 11 Abs. 1 S. 1 UmwG i. V. m. § 320 Abs. 2 S. 1 HGB kann er sämtliche Aufklärungen und Nachweise verlangen, die für eine sorgfältige Prüfung notwendig sind.

Inwieweit eine solche Richtigkeitsprüfung auch eine Rechtmäßigkeitskontrolle beinhalten muss, lässt sich weder dem Gesetzestext noch der Gesetzesbegründung entnehmen. In der Literatur findet hier zumeist nur der Hinweis, es sei zu prüfen, „ob die Verschmelzungsvorschriften des Umwandlungsgesetzes beachtet wurden“[578] bzw. dass sich die Prüfung auch auf „die Rechtmäßigkeit des Verschmelzungsvertrages“[579] zu erstrecken hat. Demgegenüber wurde bereits zum Referentenentwurf des UmwG 1994 angemahnt, umfassende Rechtsmäßigkeitsfragen sollten sinnvoller Weise nicht dem Aufgabenbereich der Verschmelzungsprüfer zugewiesen werden, da jene lediglich „um ihres betriebswirtschaftlichen Sachverstandes wegen berufen werden.“[580]

Bei genauerer Betrachtung zeigt sich indes, dass eine scharfe Grenzziehung zwischen Rechtmäßigkeitsfragen und betriebswirtschaftlichen Fragen gar nicht möglich ist. Eine Einbeziehung auch der Rechtsmäßigkeit des Vertrages ist insofern überhaupt nicht zu vermeiden, als die wirtschaftswissenschaftlichen Fragestellungen, die die Verschmelzungsprüfung zum Gegenstand hat, in aller Regel zugleich auch Rechtsfragen sind. Angeführt sei hier ein weiteres Mal die Ermittlung des angemessenen Umtauschverhältnisses sowie der angemessenen Barabfindung. Bei dieser geht es zum einen um die Bewertung eines Unternehmens unter Zugrundelegung der in der Betriebswirtschaftlehre entwickelten Grundsätze und Verfahren. Gleichzeitig stellt sich diese Bewertung – wie oben dargelegt - auch als Rechtsfrage dar, die der richterlichen Kontrolle vollumfänglich unterliegt. Das gesetzliche Postulat der „Angemessenheit“ ist damit gleichzeitig be-

---

578 *Mayer*, in Widmann/Mayer, § 9 UmwG Rn. 31.
579 *Dehmer*, § 9 UmwG Rn. 5.
580 *Priester*, in IdW (Hrsg.), Reform des Umwandlungsrechts, S. 196, 207 f.

triebswirtschaftliche Aufgabenstellung und Rechtmäßigkeitsvoraussetzung. Dies vor Augen wird deutlich, dass der betriebswirtschaftliche Sachverstand durchaus auch zu der Beurteilung der Gesetzmäßigkeit des Verschmelzungsvertrages dient und hierfür auch erforderlich ist.

Entgegen einer in der Literatur vertretenen Ansicht kann es jedoch nicht Aufgabe des Verschmelzungsprüfers sein, „alle im Vertrag enthaltenen Angaben auch daraufhin zu prüfen, ob das Vereinbarte rechtlich zulässig ist.“[581] Zum einen dürfte es die Qualifikation eines Wirtschaftsprüfers ohne vertiefte juristische Kenntnisse übersteigen, sollte er die Vereinbarkeit sämtlicher Vertragsklauseln mit den allgemeinen und spezialgesetzlichen Bestimmungen zu überprüfen haben.[582] Zum anderen käme ihm damit die Stellung eines „Vorab-Richters“ zu, was weder dem Sinn der §§ 9 ff. UmwG noch der Gesetzessystematik entspricht, da die Gesetzmäßigkeit des Verschmelzungsvertrages der Kontrolle des Registerrichters (§ 19 UmwG) unterliegt. Sinnvoller Weise kann der Wirtschaftsprüfer daher (lediglich) kontrollieren, ob im Verschmelzungsvertrag sämtliche notwendigen Angaben enthalten sind, ob diese in sich widerspruchsfrei sind und ob sie die zugrunde liegenden Sachverhalte richtig beschreiben, wobei sich der Prüfer auf die anderen, ihm vorliegenden Unterlagen stützen kann. Eine umfassende Kontrolle der Einhaltung gesetzlicher Vorschriften kann indes nur insoweit verlangt werden, als sich aus diesen Vorschriften Rückwirkungen auf den Inhalt des Verschmelzungsvertrages selbst ergeben. So ist zum Beispiel hinsichtlich § 5 Abs. 1 Nr. 1 UmwG anzugeben, ob Firma und Sitz der an der Verschmelzung beteiligten Rechtsträger im Vertrag genannt sind und ob sie den Satzungen sowie den Registereintragungen entsprechen. Die Einhaltung firmenrechtlicher Vorschriften unterliegt dagegen nicht der Prüfung. Deutlich wird die Begrenztheit der Rechtmäßigkeitskontrolle auch im Rahmen der Angaben über die Folgen der Verschmelzung für die Arbeitnehmer und ihre Vertretungen nach § 5 Abs. 1 Nr. 9 UmwG. Hier kann der Verschmelzungsprüfer zwar feststellen, dass diese Angaben ordnungsgemäß in den Vertrag aufgenommen worden sind bzw. dass sie nicht widersprüchlich sind. Indes wird er keine Stellung nehmen können dazu, ob die dort wiedergegebenen Folgen tatsächlich denen entsprechen, die sich nach materiellem Arbeitsrecht ergeben.[583] Aus densel-

---

[581] So aber ausdrücklich *Schaal*, Umwandlungsprüfer, S. 89, siehe aber auch S. 60; wie hier wohl *Müller*, in Kallmeyer, § 8 Rn. 19 und *Bungert*, DB 1995, 1384, 1391 (zum aktienrechtlichen Prüfungsbericht nach § 293b AktG).

[582] Sollten dem Prüfer jedoch solche schwerwiegenden Gesetzesverstöße dennoch auffallen, so trifft ihn eine entsprechende Hinweispflicht.

[583] Die Angaben nach § 5 Abs. 1 Nr. 9 UmwG sind als bloße Wissenserklärungen rein deskriptiver Natur, ihnen kommt also keine konstitutive arbeitsrechtliche oder anspruchsbegründende Wirkung zu, sie geben vielmehr nur das wieder, was kraft materiellem Arbeitsrecht auf individualarbeitsrechtlicher und tarifrechtlicher Ebene als Rechtsfolge der Verschmelzung eintritt, vgl. *Willemsen*, in Kallmeyer, § 5 Rn. 49; *Joost*, ZIP 1995, 976, 978.

ben Gründen unterliegt etwa auch die Einhaltung kartellrechtlicher Bestimmungen nicht der Prüfungspflicht.[584]

Zu bedenken ist schließlich, dass einige im Verschmelzungsvertrag enthaltene Angaben schon aus der Natur der Sache heraus gar nicht einer inhaltlichen Richtigkeitsprüfung im engeren Sinne unterfallen können. Zu nennen sind in diesem Zusammenhang vor allem die der Ermittlung der Kompensationsleistungen zugrunde liegenden betriebswirtschaftlichen Aussichten. Basis ist hier eine Prognose der zukünftig erwarteten Geschäftsentwicklung des Unternehmens. Diese ist aber regelmäßig nicht zweifelsfrei vorherzubestimmen, und damit auch keiner ex-ante-Bewertung als eindeutig richtig oder falsch zugänglich. Hier können die Prüfer ihr Testat lediglich über die Plausibilität bzw. Vertretbarkeit der Einschätzungen der Leitungsorgane erstrecken.[585]

#### *b) Keine Erstreckung der Prüfung auf den Verschmelzungsbericht*

Nach teilweise vertretener Ansicht beschränkt sich die Prüfungspflicht ihrem Gegenstand nach nicht nur auf den Verschmelzungsvertrag bzw. seinen Entwurf, sondern erstreckt sich darüber hinaus auch auf den Verschmelzungsbericht nach § 8 UmwG.[586] Dabei wird unter Hinweis auf den Minderheitenschutz und die Bedeutung des Verschmelzungsberichts für den Zustimmungsbeschluss nach § 13 UmwG von einigen Autoren eine umfassende Prüfung des Berichts auf seine Vollständigkeit und Richtigkeit hin befürwortet.[587] Andere Stimmen wollen zwar die Vollständigkeit des Berichts von der Kontrolle ausnehmen, bejahen allerdings eine Prüfungspflicht in Bezug auf die Richtigkeit der dort enthaltenen Angaben.[588]

Die heute überwiegende Auffassung lehnt dagegen jede Einbeziehung des Verschmelzungsberichts in die Prüfungs*pflicht* aufgrund der fehlenden Gesetzes-

---

[584] A.A. *Schmitz*, Verschmelzungsprüfung, S. 324 f.

[585] Zutreffend *Zeidler*, in Semler/Stengel, § 9 Rn. 29.

[586] *Kraft*, in Kölner Kommentar, § 340b AktG Rn. 5; *Bayer*, AG 1988, 323, 328; *ders.*, ZIP 1997, 1613, 1621; *Becker*, AG 1988, 223, 225; *Dirrigl*, WPg 1989, 413, 417; *Ganske*, DB 1981, 1551, 1553; *Priester*, NJW 1983, 1459, 1462; *ders.*, ZGR 1990, 420, 430.

[587] *Bayer*, AG 1988, 323, 328; *ders.*, ZIP 1997, 1613, 1621; wohl auch *Becker*, AG 1988, 223, 225.

[588] *Ganske*, DB 1981, 1551, 1553; *Priester*, NJW 1983, 1459, 1462; *ders.* ZGR 1990, 420, 430; *Hoffmann-Becking*, in FS Fleck, S. 105, 122.

grundlage zu Recht ab.[589] Der Gesetzeswortlaut ist insoweit eindeutig. Nach § 9 Abs. 1 UmwG ist Gegenstand der Verschmelzungsprüfung „der Verschmelzungsvertrag oder sein Entwurf", der Verschmelzungsbericht ist gerade nicht genannt.[590] Insofern hat auch der Gesetzgeber, dem der zu § 340b AktG a.F. geführte Streit bekannt war, in § 9 UmwG keine klarstellenden Änderungen vorgenommen. Die Frage der Richtigkeit und Vollständigkeit, und damit die Frage, ob die Berichte die ihnen gestellte Aufgabe, den Anteilseignern eine Stichhaltigkeitskontrolle zu ermöglichen, tatsächlich erfüllen, ist damit der (letztlich wohl auch sachgerechteren) Prüfung durch die Gerichte vorbehalten.[591]

Dies bedeutet jedoch nicht, dass sich der Verschmelzungsprüfer bei der Kontrolle der Angemessenheit von Umtauschverhältnis und Barabfindung nicht auf die Angaben im Verschmelzungsbericht stützen kann. Für die Beurteilung der der Unternehmensbewertung zugrunde gelegten Annahmen und Prognosen kann und wird er sinnvoller Weise auch die Ausführungen des Verschmelzungsberichts hinzuziehen, da dieser eine wichtige Unterlage darstellt, um das Ergebnis der Berechnungen der Vertretungsorgane sachgerecht würdigen zu können.[592] Diese Vorgehensweise entspricht daher soweit ersichtlich auch der gängigen Prüfungspraxis.[593]

### 3. Umtauschverhältnis

Wie sich aus der Regelung des § 12 Abs. 2 UmwG ergibt, liegt das Schwergewicht der Verschmelzungsprüfung auf der Prüfung der Angemessenheit des

---

589 *Lutter*, in Lutter, UmwG, § 9 Rn. 12; *Mayer*, in Widmann/Mayer, § 9 UmwG Rn. 18; *Müller*, in Kallmeyer, § 9 Rn. 10; *Stratz*, in Schmitt/Hörtnagl/Stratz, § 9 UmwG Rn. 4; *Grunewald*, in G/H/E/K, § 340b AktG Rn. 10; *Bitzer, Prüfung*, S. 18; *Mertens*, AG 1990, 20, 31; *Meyer zu Lösebeck*, WPg 1989, 499; *Möller*, Verschmelzungsbeschluß, S. 138; *Pfitzer*, in WP-Handbuch 2002, Bd. II, Rn. D 21; *Siebel/Gebauer*, WM 2001, 118, 131; für eine Einbeziehung de lege ferenda *Engelmeyer*, Spaltung von Aktiengesellschaften, S. 103 f.; zum Streitstand hinsichtlich des Unternehmensvertragsberichts nach § 293a AktG siehe *Hüffer*, § 293b AktG Rn. 3.

590 Auch aus dem Wortlaut des Art. 10 Abs. 1 der Verschmelzungsrichtlinie (abgedruckt bei *Lutter*, UmwG, S. 2820), der die Prüfung des „Verschmelzungsplans" anordnet, folgt keine andere Bewertung. Hierunter ist nicht das Verschmelzungsvorhaben als solches (so aber *Hommelhoff*, ZGR 1993, 452, 465), sondern der mangels Zustimmungsbeschluss noch nicht verbindliche Verschmelzungsvertrag zu verstehen, vgl. Begr. RegE zu § 340b AktG a.F., BT-Drucks. 9/1065, S. 15; *Lutter*, in Lutter, UmwG, § 9 Rn. 12.

591 Aus der Unabhängigkeit der Prüfung von den Angaben im Verschmelzungsbericht folgt auch, dass der Bericht nicht etwa vor Abschluss der Verschmelzungsprüfung erstellt werden muss, vgl. *Grunewald*, in G/H/E/K, § 340a AktG Rn. 10.

592 Vgl. *HFA IdW*, WPg 1989, 42, 43; *Pfitzer*, WP-Handbuch 2002, Bd. II, Rn. D 68.

593 Vgl. etwa den Prüfungsbericht Daimler-Benz/Chrysler, S. 13 („...den Verschmelzungsvertrag [...] geprüft und hierzu auch die betreffenden Erläuterungen im gemeinsamen Bericht der Vorstände herangezogen"); ähnlich auch der Prüfungsbericht Thyssen/Krupp, S. 7 f.

Umtauschverhältnisses. Dieses ist zusammen mit der Barabfindung nach § 29 UmwG[594], die für die ausscheidenden Anteilsinhaber von ebenso großer Bedeutung ist wie das Umtauschverhältnis für die im Unternehmen verbleibenden Gesellschafter, der zentrale Punkt des Verschmelzungsvertrages. Da die Herstellung einer vollkommenen Transparenz bezüglich der Ermittlung beider Größen vor allem an der Schutzklausel des § 8 Abs. 2 UmwG scheitern kann, kommt der Prüfung durch unabhängige Sachverständige gerade hier eine entscheidende Bedeutung für den Schutz der Anteilseigner zu. Diese hervorgehobene Stellung spiegelt sich auch in der gesetzlichen Anordnung des § 12 Abs. 2 S. 1 UmwG wieder, wonach der Prüfungsbericht mit einer Erklärung darüber abzuschließen hat, ob das vorgeschlagene Umtauschverhältnis angemessen ist.

Gegenstand und Umfang der Prüfung des Umtauschverhältnisses ergeben sich mittelbar aus den inhaltlichen Anforderungen des § 12 UmwG an den Verschmelzungsprüfungsbericht. Danach ist zu prüfen, nach welchen Methoden das vorgeschlagene Umtauschverhältnis ermittelt wurde, aus welchen Gründen die Anwendung eben dieser Methoden als angemessen anzusehen ist, welche Folgen aus der Anwendung verschiedener Methoden resultieren und ob besondere Schwierigkeiten bei der Unternehmensbewertung aufgetreten sind. Die Prüfung bezieht sich damit nicht nur auf die rechnerische Richtigkeit des ermittelten Umtauschverhältnisses.[595] Vielmehr sind auch die hierbei zugrunde gelegten Prämissen, wie etwa die Prognose der zukünftigen Ertragslage oder der Festlegung eines sachgerechten und unternehmensadäquaten Risikozuschlages im Rahmen des Kapitalisierungszinssatzes auf ihre „Angemessenheit" hin zu überprüfen. Gemeint ist damit eben keine Prüfung, ob diese Wertentscheidungen richtig im Sinne eines alleingültigen Ergebnisses sind. Eine solche Exaktheitskontrolle kann sich allenfalls auf das Zugrundelegen der richtigen Vergangenheitsergebnisse beziehen. Wertentscheidungen und Zukunftsprognosen sind dagegen schon ihrer Natur nach einer (ex-ante durchgeführten) Richtigkeitskontrolle entzogen. Gegenstand der Verschmelzungsprüfung kann insofern nur die Frage sein, ob diese Prämissen nachvollziehbar und sachgerecht sind und ob sie den Grundsätzen ordnungsgemäßer Unternehmensbewertung entsprechen.[596] Hinsichtlich der Einzelheiten dieser Bewertungsfragen soll hier auf die obigen Ausführungen zur Ermittlung des Umtauschverhältnisses und der Barabfindung verwiesen werden.

Die geforderte Kontrolldichte der Verschmelzungsprüfung geht nicht so weit, dass den Prüfer grundsätzlich die Pflicht träfe, selbst eine vollständige Bewer-

---

594 Da die Überprüfung von Umtauschverhältnis und Barabfindung (ebenso wie deren Ermittlung) nach denselben Grundsätzen erfolgt, gelten die nachfolgenden Ausführungen zum Umtauschverhältnis entsprechend für die Überprüfung der Barabfindung nach § 30 Abs. 2 UmwG.

595 *Bula/Schlösser*, in Sagasser/Bula/Brünger, Rn. J 108.

596 Vgl. nur *HFA IdW*, WPg 1989, 42, 43; *Lutter*, in Lutter, UmwG, § 9 Rn. 11.

tung der beteiligten Unternehmen durchzuführen und den eigenständig ermittelten Wert mit dem im Verschmelzungsvertrag angegebenen Umtauschverhältnis zu vergleichen.[597] Er ist daher auch nicht gehalten, sämtliche zur Unternehmensbewertung erforderlichen Tatsachen und Daten selbst zu ermitteln. Das Umtauschverhältnis ist zu „prüfen“, und eben nicht „festzustellen“. Freilich ist der Verschmelzungsprüfer nicht gehindert, Kontrollrechnungen durchzuführen. Hierzu ist er sogar verpflichtet, wenn dies notwendig ist, um ein Testat über die Nachvollziehbarkeit der Berechnungen abgegeben zu können. Zur Durchführung solcher Kontrollrechnungen kann er sich von den Vertretungsorganen nach § 11 Abs. 1 S. 1 UmwG i.V.m. § 320 Abs. 1 S. 2, Abs. 2 S. 1 HGB das erforderliche Zahlenmaterial sowie die Bewertungsgutachten vorlegen lassen.[598] Auf der Grundlage dieser konkreten Unterlagen hat er die bereits vorliegende Bewertung sowie die zugrunde liegenden Vorstellungen daraufhin zu untersuchen, ob sie sachgerecht, vertretbar und den Grundsätzen ordnungsgemäßer Wirtschaftsprüfung entsprechend sind.

## V. Der Verschmelzungsprüfungsbericht

### 1. Allgemeines

Gemäß § 12 Abs. 1 S. 1 UmwG haben die Verschmelzungsprüfer über das Ergebnis ihrer Prüfung schriftlich zu berichten. Dieser Bericht ist dazu bestimmt, zusammen mit dem Verschmelzungsbericht nach § 8 UmwG die wesentliche Informationsgrundlage für die Anteilseigner im Vorfeld der beschlussfassenden Versammlung zu bilden, damit sie ihr Stimmrecht sachgerecht und verantwortlich ausüben können.[599] Insoweit kommt den §§ 9 – 12 UmwG eine Schutzfunktion auf zweifacher Ebene zu. Auf der einen Seite steht der durch die Sachverständigenprüfung als solche gewährleistete materielle Schutz vor einer Benachteiligung durch ein unangemessenes Umtauschverhältnis. Auf der anderen Seite dient der Bericht, der über das Ergebnis dieser Prüfung zu unterrichten hat, dem (informationellen) Minderheitenschutz durch die soeben angesprochene Kom-

---

[597] *HFA IdW*, WPg 1989, 42, 43; *Müller*, in Kallmeyer, § 9 Rn. 22; *Stratz*, in Schmitt/Hörtnagl/ Stratz, § 12 UmwG Rn. 4; *Heckschen*, Verschmelzung von Kapitalgesellschaften, S. 26; *Pfitzer*, in WP-Handbuch 2002, Bd. II, Rn. D 24; *Zimmermann*, in FS Brandner, S. 167, 181; erst recht nicht darf der Prüfer das Umtauschverhältnis selbst festlegen. Dies verstieße gegen das Verbot der Identität von Prüfer und Ersteller des Prüfungsgegenstandes, § 11 Abs. 1 S. 1 UmwG i.V.m. § 319 Abs. 2 Nr. 5 HGB, vgl. dazu *Zimmer*, in Großkomm. HGB, § 319 Rn. 39 ff.

[598] *Stratz*, in Schmitt/Hörtnagl/Stratz, § 12 UmwG Rn. 4; *Zimmermann*, in FS Brandner, S. 167, 181; das Umtauschverhältnis selbstständig errechnen darf der Verschmelzungsprüfer jedoch nicht, vgl. *Bula/Schlösser*, in Sagasser/Bula/Brünger, Rn. J 108.

[599] Vgl. BGH, ZIP 1989, 980, 982; ZIP 1990, 168, 169.

plettierung der Vorab-Information der Anteilsinhaber. Entsprechend der bereits aufgezeigten Schutzrichtung der Verschmelzungsprüfung obliegt dem Verschmelzungsprüfer die Berichtspflicht sowohl gegenüber den Anteilseignern des beauftragenden Rechtsträgers als auch gegenüber denen der anderen beteiligten Gesellschaften.

## 2. Form

Sind für die beteiligten Rechtsträger getrennte Verschmelzungsprüfer bestellt, so hat jeder grundsätzlich einen eigenen Bericht zu erstatten. Gemäß § 12 Abs. 1 S. 2 UmwG kann jedoch aus Zweckmäßigkeitsgründen auch ein gemeinsamer Prüfungsbericht erstellt werden. Sind nach § 10 Abs. 1 S. 1 UmwG gemeinsame Prüfer bestellt, so wird sich auch eine gemeinsame Berichterstattung anbieten, zwingend ist dies jedoch nicht.[600] Entgegen der Ansicht von *Schaal*[601] folgt eine derartige Pflicht auch keineswegs automatisch aus dem Vertragsverhältnis zwischen den Prüfern und den beauftragenden Rechtsträgern, sondern nur dann, wenn eine entsprechende Vereinbarung auch tatsächlich getroffen wurde. Auch kann nicht pauschal behauptet werden, durch das Abfassen getrennter Berichte werde die Vorstellung hervorgerufen, es hätten zwei voneinander getrennte Prüfungen stattgefunden, was dann wegen der augenscheinlichen Identität der Ergebnisse eine höhere Sicherheit vortäuschen würde.[602] Einer solchen Fehlvorstellung lässt sich meines Erachtens leicht durch eine entsprechende Klarstellung in den Verschmelzungsberichten entgegenwirken. Dementsprechend ist auch in der Praxis der Verschmelzungsprüfungsberichte regelmäßig ein einleitender Hinweis auf die Art der Beauftragung bzw. Bestellung zu finden.[603] Damit lässt sich aus Gründen des Anteilseignerschutzes ein Erfordernis getrennter Berichterstattung nicht ableiten. Dem entspricht schließlich auch der Wortlaut des § 12 Abs. 1 UmwG, welchem ebenso wie den Gesetzesmaterialien keine Beschränkung auf eine bestimmte Art der Berichterstellung zu entnehmen ist.

## 3. Inhalt und Umfang des Prüfungsberichts

### *a) Der Prüfungsbericht als Erfolgsbericht*

Dem oben dargestellten Gegenstand der Verschmelzungsprüfung entsprechend, hat der Prüfungsbericht dazu Stellung zu nehmen, ob die Angaben im Ver-

---

600 So auch *Müller*, in Kallmeyer, § 12 Rn. 2.
601 *Schaal*, Umwandlungsprüfer, S. 275; i.E. ebenso *Stratz*, in Schmitt/Hörtnagl/Stratz, § 12 UmwG Rn. 4; wohl auch *Pfitzer*, in WP-Handbuch 2002, Bd. II, Rn. D 64.
602 So aber *Schaal*, Umwandlungsprüfer, S. 275.
603 Siehe etwa die Prüfungsberichte Daimler/Chrysler, S. 1; Thyssen/Krupp, S. 1; Ver.di, S. 4.

schmelzungsvertrag vollständig und zutreffend sind und ob das angebotene Umtauschverhältnis angemessen ist. Letzteres bildet den Schwerpunkt des schriftlichen Berichts, § 12 Abs. 2 UmwG.

Der Verschmelzungsbericht ist nach dem klaren Wortlaut des § 12 Abs. 1 S. 1 UmwG ein Ergebnisbericht, der Gang des Prüfungsverfahrens ist daher nicht Gegenstand der Berichtspflicht.[604] Dem lässt sich auch nicht entgegenhalten, dass § 12 UmwG die gemeinschaftsrechtlichen Vorgaben des Art. 10 der Verschmelzungsrichtlinie umsetze und dieser seinerseits keine Beschränkung der Berichtspflicht auf das Prüfungsergebnis enthalte.[605] Denn insbesondere Art. 10 Abs. 2 EU-RL, der die Berichtsanordnung nach Absatz 1 konkretisiert und dem § 12 Abs. 2 UmwG im Wesentlichen entspricht, dürfte durchaus im Sinne einer Ergebnisbezogenheit der Berichtspflicht zu interpretieren sein. Zudem lässt sich aus der Vorschrift des § 12 Abs. 2 S. 2 Nr. 3 UmwG, wonach über die bei der Bewertung aufgetretenen besonderen Schwierigkeiten zu berichten ist, im Umkehrschluss ableiten, dass es im Übrigen gerade keiner eingehenden Darstellung des Prüfungshergangs bedarf.[606] Andernfalls wäre die Norm weitgehend überflüssig, da eine Unterrichtung über den allgemeinen Verfahrensablauf die dort ausdrücklich geforderten Angaben bereits beinhalten würde.

### *b) Die Angaben nach § 12 Abs. 2 S. 2 UmwG*

#### *aa) Die Angabe der Bewertungsmethoden und die Begründung ihrer Angemessenheit*

Gemäß § 12 Abs. 2 S. 2 Nr. 1 und Nr. 2 UmwG hat der Verschmelzungsprüfer anzugeben, nach welchen Methoden das Umtauschverhältnis ermittelt wurde und aus welchen Gründen die Anwendung dieser Methoden angemessen ist. Der Begriff der „Methode“ wird dabei unterschiedlich interpretiert. Zum Teil wird

---

604 *Mayer*, in Widmann/Mayer, § 12 UmwG Rn. 12; *Zeidler*, in Semler/Stengel, § 12 Rn. 7; *Heckschen*, Verschmelzung von Kapitalgesellschaften, S. 25; *Hoffmann-Becking*, in FS Fleck, S. 105, 123; *Pfitzer*, in WP-Handbuch 2002, Bd. II, Rn. D 76; *Priester*, ZGR 1990, 420, 431.

605 So *Schaal*, Verschmelzungsprüfer, S. 284, der auch die Aussagen bei *Rodewald*, BB 1992, 237, 240, der Bericht stelle „die Abbildung eines Informationsverarbeitungs*prozesses*“ dar, in diesem Sinne werten will. Diese Äußerung dürfte kontextuell betrachtet allerdings kaum als Absage *Rodewalds* an die Einstufung des Berichts als Ergebnisbericht zu verstehen sein. So führt *Rodewald* im Anschluss aus, der Bericht enthalte „das *Ergebnis* dieses Prozesses, nämlich das Urteil“ über die Angemessenheit. Zudem verweist *Rodewald* zur Unterstützung seiner Auffassung ausdrücklich auf *Priester* und *Heckschen*, die beide Vertreter der oben genannten Ansicht sind.

606 Von daher ist es verfehlt, wenn *Schaal*, Verschmelzungsprüfer, S. 285, gerade diese Vorschrift als Beleg für eine auf den Prüfungsgang erweiterte Berichtspflicht anführt.

hierunter lediglich die Grundentscheidung für eines der „Hauptverfahren" zur Unternehmensbewertung (Ertragswertmethode, DCF-Verfahren, Liquidationswertmethode etc.) verstanden.[607] Demgegenüber verstehen die Vertreter der Gegenauffassung unter „Methode" i. S. d. § 12 Abs. 2 UmwG auch die zugrunde gelegten Wertansätze. Dargestellt werden müsse also auch die „konkret angewandte Spielart"[608] der jeweiligen Hauptmethode (z.B. Entity-, Equitymethode, WACC-Ansatz). Zur Begründung wird der Umstand angeführt, dass diese konkreten Wertansätze und Untermethoden eine entscheidende Bedeutung für das Berechnungsergebnis haben.[609]

Für eine detaillierte Aufgliederung des Berichts nach den verschiedenen Wertansätzen könnte sprechen, dass der Gesetzgeber in § 12 Abs. 2 S. 2 UmwG bewusst den Plural „Methoden" verwandt hat, obgleich in der Bewertungspraxis heute die Ertragswertmethode dominiert.[610] Letztlich wird man diese Formulierung aber wohl nicht als eine gesetzgeberischen Entscheidung in letztgenanntem Sinne interpretieren können.[611] Denn es ist nicht anzunehmen, dass das Gesetz durch den Gebrauch des Begriffs „Methode" auf spezielle Unterformen betriebwissenschaftlicher Bewertungsverfahren Bezug nehmen wollte. Gegen eine solche Bezugnahme sprechen insbesondere die Gesetzesmaterialien zu § 340b AktG a. F[612], der in der hier maßgeblichen Passage fast wortgleich mit § 12 UmwG übereinstimmt. Soweit dort ausgeführt wird, die Prüfung verlange

> „eingehende Kenntnisse bei der Bewertung aller in den Unternehmen vorhandener Vermögensgegenstände [*i.e. Substanzwertmethode*], darüber hinaus aber auch in der Regel eine Bewertung der Ertragslage und der Zukunftsaussichten der Gesellschaften [*i.e. Ertragswertmethode*]"[613],

---

607 So für den Fall der Bewertung nach einem Standardverfahren, insbesondere der Ertragswertmethode *Lutter*, in Lutter, UmwG, § 12 Rn. 8; *Grunewald*, in G/H/E/K, § 340b Rn. 14; *Bitzer, Prüfung*, S. 36; *Bula/Schlösser*, in Sagasser/Bula/Brünger, Rn. J 114; *Mertens*, AG 1990, 20, 32; *Meyer zu Lösebeck*, WPg 1989, 499, 500; *Pfitzer*, in WP-Handbuch 2002, Bd. II, Rn. D; *Rodewald*, BB 1992, 237, 240 f.

608 So *Schaal*, Umwandlungsprüfer, S. 291; ebenso *Kraft*, in Kölner Kommentar, § 340b Rn. 13; *Dirrigl*, WPg 1989, 454, 456 ff.; *Schedlbauer*, Sonderprüfungen, S. 130; *ders.*, WPg 1984, 33, 42; grundsätzlich wohl auch *Zeidler*, in Semler/Stengel, § 12 Rn. 8, siehe aber auch Rn. 9.

609 *Zeidler*, in Semler/Stengel, § 12 Rn. 8.

610 So *Schedlbauer*, WPg 1984, 33, 42 („Da sich in der Praxis die Ertragswertmethode als die dominante [...] erwiesen hat, wird den Vorständen, die die Verschmelzung vorbereiten, anzuraten sein, unter den genannten „Methoden" z.B. innerhalb der aktuellen Bewertungsmethode die Spielräume zu sehen, die beispielsweise durch unterschiedliche Umsatz- und Ergebnisprognosen, Prognosen über Investitionen, Budget- und Zinsentwicklungen entstehen").

611 Zutreffend *Rodewald*, BB 1992, 237, 240 f.

612 *Bitzer*, Prüfung, S. 36.

613 Begr. RegE zu § 340b AktG, BT-Drucks. 9/1065, S. 16 [*Klammerzusätze des Verf.*].

so spricht dies dafür, unter „Methoden“ die (allgemeinen) Verfahren zur Unternehmensbewertung zu verstehen. Letztlich würde auch eine Darstellung der einzelnen Verzweigungen den Verschmelzungsprüfungsbericht überfrachten. Der tatsächlich zu erzielende Informationsnutzen dürfte zumindest für den wirtschaftswissenschaftlichen Laien fraglich sein.

Bei Anwendung des Ertragswert- oder des DCF-Verfahrens ist es vor diesem Hintergrund als ausreichend anzusehen, wenn der Prüfungsbericht feststellt, dass es sich um ein anerkanntes Unternehmensbewertungsverfahren handelt und seine Durchführung den Grundätzen entspricht, die im IdW-Standard S 1 „Grundsätze zur Durchführung von Unternehmensbewertungen“ niedergelegt sind. Einer besonderen Stellungnahme zur Angemessenheit dieser Methode im konkreten Fall bedarf es nicht. Ist dagegen aus besonderen Gründen keines der Standardverfahren zur Anwendung gekommen, so hat der Verschmelzungsprüfer das tatsächlich angewandte Verfahren zu erläutern, damit sich die Anteilseigner ein eigenes Bild über das Zustandekommen des Bewertungsergebnisses machen können.[614] Zu erläutern ist in diesem Fall auch, warum in dem speziellen Einzelfall ein Abweichen von den regulären Bewertungsmethoden zweckmäßig war.[615] Gleiches hat in abgeschwächter Form dann zu gelten, wenn die Unternehmensbewertung zwar dem Grund nach auf einem ertragswertbasierenden Verfahren durchgeführt wurde, dieses Verfahren aber in seiner konkreten Ausprägung von den Vorgaben des IdW-Standard S 1 abweicht. Einzugehen ist hier darauf, in welchen Beziehungen eine solche Abweichung vorliegt und aus welchen Gründen die übliche Verfahrensweise als nicht sachgerecht einzustufen war.

In Anbetracht der Erkenntnis, dass bei der Verschmelzung unter Beteiligung von Aktiengesellschaften auch der Börsenkurs bei der Bestimmung von Umtauschverhältnis und Abfindung nicht unberücksichtigt zu lassen ist, sollte der Verschmelzungsbericht auch hierzu Stellung nehmen. Die Berücksichtigung des Börsenwertes kann insoweit auch unproblematisch unter den Begriff der „Methode“ subsumiert werden. Sofern der Börsenkurs über dem Ertragswert liegt, und damit Eingang in die Wertbemessung findet, hat der Bericht hierüber zu informieren. Sollte der (höhere) Börsenkurs ausnahmsweise unberücksichtigt bleiben, so ist anzugeben, aus welchen Gründen (z.B. Manipulation, Marktenge) das alleinige Abstellen auf den Ertragswert angemessen ist. Eine Begründung für das Auseinanderfallen von Ertragswert und Börsenkurs wird man von dem Ver-

---

[614] *Stratz*, in Schmitt/Hörtnagl/Stratz, § 12 UmwG Rn. 7; *Meyer zu Lösebeck*, WPg 1989, 499, 500.

[615] *Grunewald*, in G/H/E/K, § 340b AktG Rn. 14; ebenso *Stratz*, in Schmitt/Hörtnagl/Stratz, § 12 UmwG Rn. 8.

schmelzungsprüfer aber ebenso wenig verlangen können wie eine Begründung der Ertragsentwicklung des Unternehmens selbst.[616]

*bb) Die Anwendung verschiedener Bewertungsmethoden*

Soweit bei der Unternehmensbewertung verschiedene Methoden zur Anwendung gekommen sind, hat der Verschmelzungsbericht gemäß § 12 Abs. 2 S. 2 Nr. 3 UmwG darüber zu unterrichten, welches Umtauschverhältnis sich bei Anwendung dieser Methoden jeweils ergeben würde. Zudem ist mitzuteilen, welches Gewicht der einzelnen Methode jeweils beigemessen wurde. Bereits der Wortlaut der Vorschrift, der Angaben zu den unterschiedlichen Verfahren nur verlangt, „sofern mehrere angewandt worden sind", verdeutlicht, dass nicht generell anzugeben ist, zu welchem Ergebnis die Anwendung unterschiedlicher Methoden führen würde, Alternativrechnungen nach anderen Bewertungsverfahren daher in der Regel nicht durchzuführen sind.[617]

Der Anwendungsbereich der Vorschrift betrifft insbesondere den Fall, dass die an der Verschmelzung beteiligten Unternehmen nach unterschiedlichen Methoden bewertet wurden, was nur in zu begründenden Ausnahmefällen zulässig ist. Daneben kann die Norm auch dann relevant werden, wenn innerhalb eines Unternehmens unterschiedliche Verfahren zur Anwendung gekommen sind, wenn etwa dynamische Geschäftsbereiche mit ihrem Ertragswert, nicht zukunftsfähige hingegen mit ihrem Liquidationswert angesetzt wurden.[618] In diesen Fällen ist anzugeben, welches Umtauschverhältnis sich bei der Anwendung einheitlicher Methoden ergeben hätte.[619] Den Verschmelzungsprüfer trifft hier also (ausnahmsweise) die Pflicht, eine eigenständige Bewertung durchzuführen.[620] Folgerichtig nicht von § 12 Abs. 2 S. 2 Nr. 3 UmwG gefordert ist dagegen entsprechend dem oben Gesagten eine alternative Berechnung nach einzelnen Unterformen und Parametern innerhalb eines Bewertungsverfahrens, da diese nach hier vertretener Ansicht keine „Methoden" im Sinne dieser Vorschrift darstellen.

Die Vorschrift geht - wie bereits dargelegt - auf § 340b AktG a. F. zurück, bei dessen Erlass sich Ertragswert- und Substanzwertmethode als gleichrangige Bewertungsverfahren gegenüberstanden bzw. auf eine Kombination beider Me-

---

616 Letzteres verneint auch *Pfitzer*, in WP-Handbuch 2002, Bd. II, Rn. D 70.
617 So aber wohl *Becker*, AG 1988, 223, 226, demzufolge im Prüfungsbericht anzugeben ist, „zu welchem Ergebnis die Anwendung alternativer Methoden führen würde."
618 Vgl. *Meilicke*, Barabfindung, S. 104; *Schaal*, Umwandlungsprüfer, S. 295.
619 *Lutter*, in Lutter, UmwG, § 12 Rn. 8.
620 *Pfitzer*, in WP-Handbuch 2002, Bd. II, Rn. D 73.

thoden zurückgegriffen wurde.[621] Da sich heute das Ertragswert- bzw. das DCF-Verfahren weitestgehend durchgesetzt hat, in der Praxis damit eine Bewertung nach verschiedenen Methoden höchst selten vorkommt, hat sich die Bedeutung der Vorschrift stark verringert.[622] Ausreichend ist demnach im Regelfall eine Negativerklärung, dass außer den genannten keine weiteren Verfahren zur Anwendung gekommen sind.[623]

### *cc) Die Erklärung über besondere Bewertungsschwierigkeiten*

Schließlich hat der Verschmelzungsprüfungsbericht auch über die besonderen Schwierigkeiten, die bei der Bewertung aufgetreten sind, zu berichten. Da diese Informationspflicht deckungsgleich mit derjenigen im Verschmelzungsbericht nach § 8 Abs. 1 S. 2 Alt. 1 UmwG ist, kann hier auf die dortigen Ausführungen verwiesen werden.

### *dd) Notwendigkeit weiterer Angaben*

Ob in den Verschmelzungsprüfungsbericht darüber hinaus noch weitere Angaben, insbesondere konkrete Tatsachen und Unternehmenszahlen, aus denen der Gesellschaftswert ermittelt wurde, aufzunehmen sind, ist umstritten.

#### *(1) Ablehnende Auffassung*

Nach der überwiegenden Auffassung in Rechtsprechung[624] und Literatur[625] kann sich der Bericht auf die durch § 12 Abs. 2 S. 2 UmwG ausdrücklich geforderten Angaben beschränken. Hierüber hinausgehend unterliege die Bestimmung möglicher weiterer Berichtsgegenstände dem pflichtgemäßen Ermessen der Verschmelzungsprüfer. Neben den oben dargestellten Pflichtinformationen könnten zwar fakultativ weitere Angaben in den Bericht aufgenommen werden.[626] Eine

---

621 Vgl. die soeben wiedergegebene Passage aus der Begr. RegE zu § 340b AktG sowie den schon zu dieser Zeit zutreffenden Hinweis von *Schedlbauer*, WPg 1984, 33, 42 auf „diese der neueren Entwicklung in Theorie und Praxis nicht mehr ganz entsprechende Gesetzesbegründung".

622 *Pfitzer*, in WP-Handbuch 2002, Bd. II, Rn. D 73, vgl. auch *HFA IdW*, WPg 1989, 42, 43.

623 *Pfitzer*, in WP-Handbuch 2002, Bd. II, Rn. D 73.

624 OLG Hamm, ZIP 1988, 1051, 1054; LG Mannheim, ZIP 1988, 773, 778; LG Frankfurt, WM 1990, 593, 593.

625 *Lutter*, in Lutter, UmwG, § 12 Rn. 10; *Mayer*, in Widmann/Mayer, § 12 UmwG Rn. 14; *Stratz*, in Schmitt/Hörtnagl/Stratz, § 12 UmwG Rn. 10; *Grunewald*, in G/H/E/K, § 340b AktG Rn. 17; *Kraft*, in Kölner Kommentar, § 340b AktG Rn. 14; *HFA IdW*, WPg 1989, 42, 43; *Engelmeyer*, Spaltung von Aktiengesellschaften, S. 148 f.; *Hoffmann-Becking*, in FS Fleck, S. 105, 123; *Mertens*, AG 1990, 20, 32; *Möller*, Verschmelzungsbeschluß, S. 142; *M. Winter*, in Lutter, Kölner Umwandlungsrechtstage, S. 19, 35.

626 A. A. wohl *Mayer*, in Widmann/Mayer, § 12 UmwG Rn. 14, der die Angaben nach § 12 Abs. 2 UmwG unzutreffend als zwingenden Höchstumfang versteht, dazu sogleich im Text.

Pflicht hierzu bestehe jedoch grundsätzlich nicht. Dieses Verständnis werde auch durch den Umstand nahe gelegt, dass § 12 UmwG im Gegensatz zu als § 8 UmwG keinen „ausführlichen“ Bericht fordert.

Damit folgt diese Ansicht einem Vorschlag des Hauptfachausschusses des „Instituts der Wirtschaftsprüfer“ aus dem Jahre 1988 über die inhaltliche Ausgestaltung des Verschmelzungsprüfungsberichts, der sich wortgetreu nach den gesetzlichen Vorgaben des § 12 UmwG richtet.[627] Eine Ausnahme von dem Grundsatz, dass der Prüfungsbericht keine ins Einzelne gehenden Zahlenangaben zu enthalten braucht, soll danach lediglich dann gelten, wenn die Verschmelzungsprüfer ihre abschließende Erklärung über die Angemessenheit des Umtauschverhältnisses versagen oder einschränken. In diesem Fall sei die Einschränkung oder Versagung durch Betragsangaben zu quantifizieren.[628]

Die Beschränkung auf die Angaben nach § 12 Abs. 2 UmwG wird begründet mit dem Hinweis auf die hohen Anforderungen an die fachliche Qualifikation der Wirtschaftsprüfer sowie auf deren Unabhängigkeit. Diese seien als unparteiische Sachverständige der Neutralität verpflichtet. Die Interessen der Anteilseigner seinen dadurch hinreichend gewahrt, ohne dass es hierfür einer Offenlegung einzelner Zahlen bedürfe.[629] Zudem sei der Prüfungsbericht per Gesetz als Ergebnisbericht ausgestaltet, der nicht über den Gang der Prüfung zu informieren brauche. Schließlich sei auch zu bedenken, dass jedenfalls die Anteilseigner des übertragenden Rechtsträgers die Möglichkeit hätten, die Angemessenheit des Umtauschverhältnisses im Spruchverfahren gerichtlich überprüfen zu lassen. Dies stelle ein insoweit „ausreichendes Korrektiv“ dar.[630]

### *(2) Befürwortende Auffassung*

Die im Schrifttum insbesondere von *Bayer*[631] vertretene Gegenauffassung bejaht demgegenüber eine Pflicht der Verschmelzungsprüfer, den Anteilseignern im Prüfungsbericht mitzuteilen, aufgrund welcher tatsächlich von ihnen getroffener Feststellungen sie zu der Überzeugung gelangt sind, dass die Umtauschrelation angemessen sei. Damit habe der Prüfungsbericht nicht nur eine Bestätigung der Angemessenheit des Umtauschverhältnisses, sondern darüber hinaus auch konkrete Tatsachen und Zahlen zu enthalten. Die Anteilseigner sollen in die Lage versetzt werden, die Bewertung ansatzweise nachzuvollziehen und sich ein ei-

---

627 *HFA IdW*, WPg 1988, 592, 593 (zum Prüfungsbericht nach § 340b AktG a.F.).
628 *HFA IdW*, WPg 1988, 592, 593.
629 *Mayer*, in Widmann/Mayer, § 12 UmwG Rn. 14; *Kraft*, in Kölner Kommentar, § 340b AktG Rn. 14; *Rodewald*, BB 1992, 237, 240.
630 *Mayer*, in Widmann/Mayer, § 12 UmwG Rn. 14; ebenso LG Mannheim, ZIP 1988, 773, 778.
631 *Bayer*, AG 1988, 323, 328; *ders.*, WM 1989, 121, 123; *ders.*, ZIP 1997, 1613, 1621; ebenso *Dirrigl*, WPg 1989, 454, 456 ff.; *Schaal*, Umwandlungsprüfer, S. 280 ff.; *Westermann/Biesinger*, DWiR 1992, 13, 15.

genes Bild über das Ergebnis der Prüfung machen zu können. Nur so lasse sich die gesetzliche Intention, die Anteilseigner umfassend über die Umstrukturierung zu unterrichten, lückenlos verwirklichen.[632] Zur Begründung stützt man sich zudem auf einen Umkehrschluss zu § 12 Abs. 3 UmwG. Dieser verweise (unter anderem) auf § 8 Abs. 2 S. 1 UmwG, wonach in den Verschmelzungsbericht solche Tatsachen nicht aufgenommen werden müssen, deren Bekanntwerden geeignet ist, einer der beteiligten Gesellschaften einen nicht unerheblichen Schaden zuzufügen. Mit dieser Ausnahmenregelung bringe das Gesetz mittelbar zum Ausdruck, dass der Bericht im Normalfall – wenn also keine entsprechende Gefahr besteht – sämtliche relevanten Tatsachen, mithin auch konkrete Zahlenangaben, enthalten müsse.[633]

Dieser Auffassung haben sich auch das *OLG Karlsruhe*[634] sowie in jüngerer Zeit das *OLG Frankfurt*[635] angeschlossen.

#### *(3) Stellungnahme*

#### *(a) Keine Pflicht zur Beschränkung des Berichtsinhaltes auf die Angaben nach § 12 Abs. 2 S. 2 UmwG*

Gegen eine *Pflicht* der Verschmelzungsprüfers, sich – wie von *Mayer*[636] gefordert - auf die Angaben nach § 12 Abs. 2 UmwG zu beschränken, spricht schon der Wortlaut der Vorschrift sowie die systematische Stellung von Abs. 2 S. 1 und S. 2 zueinander.[637] Gemäß § 12 Abs. 2 S. 1 UmwG ist der Bericht mit einer Erklärung über die Angemessenheit des Umtauschverhältnisses *abzuschließen*. Nur auf dieses abschließende Testat, und nicht auf den ganzen Bericht beziehen sich die von Satz 2 konkret geforderten Angaben. Dies folgt sprachlogisch aus dessen Formulierung „*Dabei* ist anzugeben [...]“. Konkretisiert Abs. 2 S. 2 damit die Anforderungen an die abschließende Erklärung, so kann er nicht gleichzeitig den gesetzlich zwingenden Höchstumfang des Gesamtberichts festlegen. Andernfalls könnte es niemals einen vorangehenden Berichtsteil geben, der mit einer entsprechenden Erklärung noch „abzuschließen“ wäre. Diese Auslegung der

---

632 *Bayer*, AG 1988, 323, 328; *ders.*, WM 1989, 121, 123; *ders.*, ZIP 1997, 1613, 1621.
633 *Bayer*, AG 1988, 323, 328; *ders.*, WM 1989, 121, 123.
634 OLG Karlsruhe, ZIP 1989, 988, 992; tendenziell auch LG Frankenthal, ZIP 1990, 232, 236, das der Ansicht des OLG Karlsruhe ausdrücklich zuneigt, die Frage mangels Entscheidungserheblichkeit aber letztlich offen lässt.
635 OLG Frankfurt, ZIP 2000, 1928, 1932.
636 *Mayer*, in Widmann/Mayer, § 12 UmwG Rn. 14.
637 *Schaal*, Umwandlungsprüfer, S. 279 f.

Vorschrift wird auch durch die Gesetzesbegründung bestätigt, die selbst von einem gesetzlich vorgegebenen „*Mindest*inhalt“ spricht.[638]

### *(b) Grammatikalische Auslegung*

Lässt sich somit aus dem Wortlaut des Gesetzes folgern, dass der Verschmelzungsbericht noch weitere, über § 12 Abs. 2 S. 2 UmwG hinausgehende Angaben enthalten *kann*, so lässt er m. E. jedoch keinen Schluss darüber zu, ob der Bericht auch weitere Angaben enthalten *muss*. Eine dahingehende Interpretation des Wortlautes lässt sich entgegen teilweise vertretener Ansicht auch nicht damit begründen, eine Abschlusserklärung setze „zwingend etwas Vorangegangenes voraus“[639]. Dies wird zwar häufig der Fall sein, zwingend ist diese Annahme indes nicht.[640] Ebenso denkbar scheint die Auslegung, dass durch § 12 Abs. 2 UmwG zum einen der notwendige Mindestinhalt des Berichtes fixiert, und zum anderen die Möglichkeit geschaffen werden sollte, weitere fakultative Angaben in den Bericht mit aufzunehmen. § 12 Abs. 2 S. 2 UmwG enthielte dann den Normbefehl, dass der Verschmelzungsprüfungsbericht *jedenfalls* mit einer Erklärung über die Angemessenheit abzuschließen hat. Ein solches Verständnis der Vorschrift scheint auch die Regierungsbegründung zu § 340b AktG a. F.[641] nahe zu legen, wenn sie das Testat als „das entscheidende Merkmal dieses Prüfungsberichts“ ansieht und es im weiteren „der Praxis überlassen [will,] wie der Bericht im einzelnen auszugestalten ist.“ Der Gesetzeswortlaut wäre somit jedenfalls übermäßig bemüht, wollte man aus ihm eine unbedingte Verpflichtung zur Aufnahme weiterer Angaben herleiten. Er steht einer solchen Pflicht jedoch auch nicht im Wege.

Teilweise wird die Beschränkbarkeit des Berichts auf die Mindestangaben nach § 12 Abs. 2 S. 2 UmwG aus der Ausgestaltung des Verschmelzungsprüfungsberichts als Ergebnisbericht gefolgert. So führt etwa das *LG Mannheim* an,

> „daß die Verschmelzungsprüfer nicht über den *Gang*, sondern über das *Ergebnis* der Prüfung zu berichten haben. Hieraus folgt auch, dass der Bericht der Verschmelzungsprüfer ebenso wenig wie der Verschmelzungsbericht Einzelheiten des Zahlenwerkes wiedergeben muß, welches zu dem konkret ermittelten Umtauschverhältnis hinführt.“[642]

Auch diese Schlussfolgerung ist nicht zwingend. So wäre zum einen auch die Pflicht zur Angabe von *Teil*ergebnissen noch vom Wortlaut der Vorschrift ge-

---

638 Begr. RegE zu § 340b AktG, BT-Drucks. 9/1065, S. 17 (Hervorhebung. d. Verf.).

639 So *Schaal*, Umwandlungsprüfer, S. 280.

640 Zutreffend daher *Möller*, Verschmelzungsbeschluß, S. 141.

641 Begr. RegE zu § 340b AktG, BT-Drucks. 9/1065, S. 17.

642 LG Mannheim, ZIP 1988, 773, 777 f.; auf die gesetzliche Konzeption als Ergebnisbericht stellt auch *Stratz*, in Schmitt/Hörtnagl/Stratz, § 12 UmwG Rn. 11 maßgeblich ab.

deckt.[643] Zum anderen ist zu bedenken, dass eine Berichterstattung, die über das Ergebnis einer Berechnung zu informieren hat, wohl nicht der Belegung dieses Ergebnisses durch die Angabe einzelner Wertansätze und Faktoren entgegensteht. Einzelwertangabe und Ergebnismitteilung stehen nicht im Widerspruch zueinander.

Lässt sich damit der Wortlaut von § 12 Abs. 1 und Abs. 2 UmwG weder für noch gegen die Mitteilung von Zahlenmaterial anführen, so scheint indes die Verweisung des § 12 Abs. 3 UmwG gegen eine generelle Einschränkung der Berichtspflicht zu sprechen. Wenn der Gesetzgeber für den Fall der Gefährdung von Unternehmensinteressen die Erlaubnis erteilt, geheimhaltungsbedürftige Tatsachen aus dem Bericht auszuklammern, so könnte dies *e contrario* die gesetzliche Verpflichtung voraussetzen, Tatsachen- und Zahlenmaterial grundsätzlich zu unterbreiten.[644]

Gegen diese Argumentation wendet sich *Lutter*[645] mit dem Hinweis, es sei nicht überzeugend, „aus einer Norm, die den Berichtsinhalt begrenzen soll, die Erweiterung des Mindestinhalts entgegen dem Wortlaut von § 340b Abs. 4 AktG (*scil.* § 12 UmwG) abzuleiten." Dieser Einwand vermag nicht zu überzeugen. Einerseits spricht entsprechend den vorstehenden Ausführungen der Wortlaut von § 12 UmwG weder für noch gegen eine Pflicht zur Mitteilung von Einzelzahlen, er ist diesbezüglich vielmehr indifferent. Zum anderen geht es im vorliegenden Fall nicht um die Heranziehung einer begrenzenden Norm zur *Erweiterung* des Inhaltes der Berichtspflicht, sondern vielmehr darum, diesen Inhalt gerade erst *festzustellen*. Dies ist aber der typische Argumentationsgang eines jeden Umkehrschlusses.

Dies ändert indes nichts an der Tatsache, dass dieser Umkehrschluss bei genauerer Betrachtung in sich nicht zwingend ist. Denn auch ohne die Aufnahme einzelner Zahlenangaben in den Prüfungsbericht macht die Verweisung auf § 8 Abs. 2 UmwG durchaus Sinn. Seiner systematischen Stellung nach bezieht sich § 12 Abs. 3 UmwG auf die beiden vorangegangenen Absätze und damit auch auf die Angaben nach § 8 Abs. 2 S. 2 UmwG. Auch diese können „Tatsachen" enthalten, deren Offenlegung den berechtigten Geheimhaltungsinteressen der beteiligten Rechtsträger entgegensteht. So kann etwa die Pflicht zur Begründung der Wahl einer bestimmen Bewertungsmethode oder zur Nennung besonderer Bewertungsschwierigkeiten durchaus die Mitteilung geheimhaltungsbedürftiger

---

[643] So zutreffend *Schaal*, Umwandlungsprüfer, S. 281.

[644] So OLG Karlsruhe, ZIP 1989, 988, 992; ebenso OLG Frankfurt, ZIP 2000, 1928, 1932.

[645] *Lutter*, in Lutter, UmwG, § 12 Rn. 10; zustimmend *Zeidler*, in Semler/Stengel, § 12 Rn. 14.

Daten erforderlich machen.[646] Vor diesem Hintergrund ist eine durchaus sinnvolle Lesart möglich, nach der sich die Schutzklausel auf die Angaben nach § 12 Abs. 2 S. 2 UmwG bezieht.[647] Aus einem Umkehrschluss zu § 12 Abs. 3 UmwG lässt sich damit ebenfalls keine Aussage über die Mitteilung von Einzelzahlen im Verschmelzungsprüfungsbericht ableiten.

### *(c) Teleologische Erwägungen*

Die Entscheidung der Frage nach dem notwendigen Inhalt und Umfang des Verschmelzungsprüfungsberichts wird sich daher maßgeblich an dem mit der Vorschrift verfolgten (Schutz-) Zweck zu orientieren haben. Ausgangspunkt ist dabei die Überlegung, dass Verschmelzungsprüfung und Prüfungsbericht Teil eines mehrstufigen Instrumentariums zum Schutz insbesondere der Minderheitsaktionäre sind. Dieses teilt sich auf in einen durch Information und Zustimmungserfordernisse gewährleisteten a-priori-Schutz auf der einen, sowie in einen a-posteriori-Schutz auf der anderen Seite, der insbesondere durch die nachgängigen Institute des Spruchverfahrens sowie der Beschlussanfechtung getragen wird.

Als Bestandteil des Vorab-Schutzes wird der Inhalt des Prüfungsberichts nicht durch das „Korrektiv" des Spruchverfahrens eingeschränkt.[648] Die Information, die ein Anteilseigner braucht, um eine sachgerechte und verantwortliche Entscheidung über die geplante Verschmelzung treffen zu können, werden grundsätzlich nicht dadurch reduziert, dass er die Möglichkeit hat, die Folgen einer für ihn nachteiligen Stimmabgabe im nachhinein abzumildern. Dies gilt umso mehr angesichts der Tatsache, dass im Spruchstellenverfahren keine nachträgliche Abänderung des Umtauschverhältnisses erreicht, sondern lediglich ein Ausgleich durch bare Zuzahlungen festgesetzt werden kann. Zudem haben gemäß § 15 Abs. 1 UmwG[649] auch nur die Anteilseigner des übertragenden Rechtsträgers die Möglichkeit, das Umtauschverhältnis im Spruchverfahren überprüfen zu lassen. Den Gesellschaftern des Übernehmers bleibt dagegen nur die Beschlussvernichtung im Wege der Anfechtungsklage. Unterschiedliche Anforderungen an den Inhalt des jeweiligen Prüfungsberichts zu stellen, vermag aller-

---

646 Zutreffend *Stratz*, in Schmitt/Hörtnagl/Stratz, § 12 UmwG Rn. 11; *Grunewald*, in G/H/E/K, § 340b AktG Rn. 18; *Kraft*, in Kölner Kommentar, § 340b AktG Rn. 14.

647 Nicht stichhaltig ist dagegen die von *Möller*, Verschmelzungsbeschluß, S. 141 f. angeführte Begründung. Da der Regierungsbegründung zufolge die Ausgestaltung des Berichts der Praxis überlassen werden sollte, ist es seiner Ansicht nach denkbar, dass durch die Schutzklausel einer ausdehnenden Interpretation durch die Praxis entgegengewirkt werden sollte, ohne selbst eine solche zu statuieren. Wenn allerdings keine gesetzliche Verpflichtung zur Aufnahme bestimmter Angaben besteht, bedarf es auch keiner gesetzlichen fixierten Ausnahmeerlaubnis für die Praxis.

648 So aber *Mayer*, in Widmann/Mayer, § 12 UmwG Rn. 14.

649 Zur rechtpolitischen Kritik an dieser Vorschrift siehe die Literaturnachweise in Fn. 880.

dings schon alleine angesichts der gesetzlich vorgesehenen Möglichkeit einer gemeinsamen Berichtserstattung nicht zu überzeugen. Schließlich scheint es auch im Hinblick auf eine wünschenswerte Entlastung des Spruchverfahrens nicht sachgerecht, den Informationsumfang im Vorfeld des Verschmelzungsbeschlusses zu beschränken. Das Institut des Spruchverfahrens als eines nachgängigen Schutzinstruments begrenzt daher die Berichtspflicht nicht.

Die Bestimmung des notwendigen Berichtsinhaltes hat vielmehr die Stellung und Funktion des Verschmelzungsprüfungsberichts innerhalb des verschmelzungsrechtlichen Informationsgefüges zu berücksichtigen. Wie bereits an anderer Stelle dargelegt, sind Verschmelzungsbericht und Verschmelzungsprüfungsbericht einander ergänzende Maßnahmen, um den Schutz der Anteilseigner durch Vorab-Information so umfassend wie möglich auszugestalten. Beide Berichte dienen im Zusammenspiel dazu, den Verschmelzungsvorgang insgesamt, und die Kompensation im Besonderen für die Berichtsempfänger transparent zu machen. Diese sollen die Schlüssigkeit der maßgeblichen Berechnungen verifizieren können. Dabei kommt entsprechend den oben gemachten Ausführungen grundsätzlich dem Verschmelzungsbericht nach § 8 UmwG die Aufgabe zu, das Umtauschverhältnis sowie die ihm zugrunde liegenden Bewertungen ausführlich und detailliert zu erläutern und zu begründen. Wie gesehen, wird der notwendige Umfang des Verschmelzungsberichtes auch nicht dadurch gemindert, dass den Anteilseignern zusätzlich noch ein weiterer, von unabhängigen Prüfern erstellter Bericht zur Verfügung steht. Maßgeblicher Informationsträger hinsichtlich der Einzelzahlen und Faktoren, die Eingang in das Bewertungsergebnis gefunden haben, ist und bleibt der Verschmelzungsbericht. Dieser wird nach der gesetzlichen Konzeption durch die Verschmelzungsprüfung und den Prüfungsbericht *ergänzt*.

Ist nun davon auszugehen, dass sich der Umfang der Berichtserstattung gemäß § 12 UmwG nach dem Informationswert richten muss, den er für den Berichtsempfänger hat, so wird deutlich, dass eine Aufnahme der einzelnen Bewertungstatsachen in den Prüfungsbericht idealiter nicht notwendig ist. Diese ergeben sich bereits aus einem den gesetzlichen Vorschriften entsprechenden Verschmelzungsbericht. Der Bericht des Verschmelzungsprüfers braucht diese Angaben nicht noch einmal zu wiederholen, er kann vielmehr auf den Bericht nach § 8 UmwG verweisen.[650] Ihm kommt nicht die Aufgabe zu, aus sich allein heraus eine zusätzliche Stichhaltigkeitskontrolle zu ermöglichen.[651] Die Auffassung, die für eine grundsätzliche Erstreckung der Berichtspflicht auf die der Bewertung zugrunde liegenden Tatsachen eintritt, überzeugt daher nicht.

---

650 So auch *Müller*, in Kallmeyer, § 12 Rn. 6; *Lamla*, Umwandlungsprüfung, S. 230.
651 So aber *Schaal*, Umwandlungsprüfer, S. 282.

Aus dem soeben Gesagten folgt indes auch, dass die von der überwiegenden Ansicht befürwortete grundsätzliche Ausklammerung dieser Angaben im Hinblick auf das erklärte Ziel – die Gewährleistung eines umfassenden Anteilseignerschutzes - ebenso wenig sachgerecht ist. Wenn ausschlaggebend für den Prüfungsberichtsumfang der Wert der Information für den Gesellschafter ist, so bedeutet dies vielmehr, dass auch ausschlaggebend sein muss, welche Information dieser Gesellschafter in dem betreffenden Einzelfall auf anderem Wege erhalten oder nicht erhalten hat.[652] Ergänzt der Prüfungsbericht seiner Funktion nach den Verschmelzungsbericht, so hat er auch seine Lücken zu ergänzen. Daraus folgt, dass der Verschmelzungsprüfungsbericht jedenfalls über diejenigen Unternehmenszahlen und Tatsachen zu berichten hat, die zum einen unberechtigt[653] nicht in den Verschmelzungsbericht aufgenommen wurden und die zum anderen für die Nachvollziehbarkeit der Berichterstattung über das Ergebnis der Prüfung erforderlich sind. Anders gewendet bedingt der tatsächliche Umfang des Verschmelzungsberichtes damit den notwendigen Umfang des Prüfungsberichtes. Dies erscheint auch unter Berücksichtigung des bestehenden Pflichtengefüges sachgerecht. So ist es vorrangig die Aufgabe des Vorstandes, den Anteilseignern der Gesellschaft, welche sie vertreten, das erforderliche Maß an Informationen zur Verfügung zu stellen, das notwendig ist, um über den von ihnen geschlossenen Verschmelzungsvertrag befinden zu können. Die gesetzlich angeordnete Tätigkeit des Verschmelzungsprüfers bildet daneben einen ergänzenden Schutz, der insbesondere dann relevant wird, wenn der Vorstand seiner eben beschriebenen Pflicht nicht vollumfänglich gerecht wird.

Ein solches Verständnis, das von der (einseitigen) Abhängigkeit der Berichtsinhalte voneinander ausgeht, erklärt auch, warum § 12 UmwG seinem Wortlaut nach keinen stets „ausführlichen“ Bericht erfordert, da sich der erforderliche Umfang eben am jeweiligen Einzelfall zu orientieren hat. Zudem entspricht dieses Verständnis meines Erachtens auch am besten der verschmelzungsrechtlichen Konzeption eines einheitlichen Informationssystems, welches durch seine einzelnen Informationspflichten und –rechte als umfassender a-priori-Schutz ausgestaltet ist.

---

652 Ebenfalls für eine einzelfallorientierte Entscheidung *Müller*, in Kallmeyer, § 12 Rn. 6.

653 Nicht betroffen sind selbstverständlich diejenigen Angaben, deren Mitteilung der Vorstand nach § 8 Abs. 2 UmwG zur Wahrung berechtigter Geheimhaltungsinteressen verweigern darf.

### *ee) Heilung von Informationsdefiziten des Verschmelzungsberichts durch ergänzende Ausführungen im Verschmelzungsprüfungsbericht*

Schließlich wird man annehmen dürfen, dass sich bei einer solchen Betrachtung auch vielen Informationsrügen der Boden entziehen lässt[654]: Eine Heilung von Informationsdefiziten des Verschmelzungsberichts durch mündliche Auskunftserteilung in der beschlussfassenden Hauptversammlung ist – worauf an späterer Stelle noch genauer einzugehen sein wird - lediglich in sehr engen Grenzen möglich, da andernfalls die den Anteilseignern eine ausreichende Prüfungsfrist gewährleistenden Vorschriften (§ 63 Abs. 1 und Abs. 3 UmwG) ausgehöhlt würden.[655] Wenn nun aber der Prüfungsbericht, der gleichzeitig zusammen mit dem Verschmelzungsbericht den Aktionären bereits im Vorfeld der Beschlussfassung zugänglich zu machen ist, die im Verschmelzungsbericht fehlenden Informationen zu ergänzen hat, so kann dies durchaus zu einer Verringerung der Anzahl anfechtungsrelevanter Berichtsmängel führen. Eine Gefährdung der Informationsrechte der Aktionäre im Vorfeld der Maßnahme ist jedenfalls aufgrund des zeitlichen und räumlichen „Gleichlaufs“ beider Berichte nicht zu befürchten. Aus welchem Bericht der informationswillige Anteilseigner seiner Auskünfte bezieht, ist für seinen Entscheidungsfindungsprozess unerheblich. Die von der überwiegenden Literatur gegen eine Heilung von Berichtsdefiziten durch mündliche Auskunftserteilung in der Hauptversammlung (zu Recht) vorgebrachten Bedenken verfangen im Verhältnis von Verschmelzungs- und Verschmelzungsprüfungsbericht zueinander nicht.

Demgegenüber lehnt *Preisenberger*[656] die hier befürwortete Heilungsmöglichkeit unter Hinweis darauf ab, es sei nicht zulässig, „das kollektive Informationsrecht der Aktionäre durch verordnetes Vertrauen auf neutralen Sachverstand zu ersetzen, zumal es nicht ratsam erscheint, sich zu sehr auf die Neutralität der Prüfer zu verlassen.“ Treuhänder der Aktionäre könnten die Verschmelzungsprüfer nicht sein, da sie vom Vorstand bestellt seien.

Diese Argumentation vermag aus folgenden Gründen nicht zu überzeugen: Ausgangspunkt ist die – meines Erachtens zu verneinende - Frage, ob es zu einer Beeinträchtigung der Informationsrechte der Aktionäre kommt, wenn sie die notwendigen Angaben nicht vollständig aus dem Verschmelzungsbericht, sondern ergänzend aus dem Prüfungsbericht beziehen müssen. Nicht ersichtlich ist dabei zunächst einmal, warum dem Sachverstand der Verschmelzungsprüfer ge-

---

654 Abweichend *Keil*, Verschmelzungsbericht, S. 67 f.; *Preisenberger*, Heilbarkeit fehlerhafter Vorstandsberichte, S. 116 f.

655 Vgl. LG München, AG 2000, 86, 87; ausführlich zur Heilung von Informationsmängeln durch Auskunftserteilung in der Hauptversammlung unten unter § 4 B. I. 3. c) dd) (2) (c).

656 *Preisenberger*, Heilbarkeit fehlerhafter Vorstandberichte, S. 117; allerdings noch zu § 10 Abs. 1 S. 1 UmwG a. F.

ringeres Vertrauen entgegen gebracht werden sollte, als dem des Vorstandes. Zwar sind die von *Preisenberger* geäußerten Bedenken hinsichtlich der Neutralität der Verschmelzungsprüfer nicht von der Hand zu weisen. Allerdings wird man wohl kaum von einer größeren Neutralität des die Verschmelzung initiierenden Vorstandes selbst ausgehen können. Wenn überhaupt, so wird der Verschmelzungsprüfer doch letztlich die „neutralere" Instanz darstellen. Entschärft werden könnte dieses Problem zusätzlich durch die Neuregelung des Spruchverfahrensneuordnungsgesetzes, wonach die Verschmelzungsprüfer künftig ausschließlich durch das Gericht auszuwählen und zu bestellen sind.[657] Einer Heilung von Mängeln des Verschmelzungsberichts durch ergänzende Informationserteilung im Verschmelzungsprüfungsbericht stehen daher auch unter diesem Gesichtspunkt keine durchgreifenden Bedenken gegenüber.

#### *c) Schutz des Geheimhaltungsinteresses*

Aufgrund der Verweisung des § 12 Abs. 3 UmwG auf § 8 Abs. 2 UmwG braucht auch der Verschmelzungsprüfer solche Tatsachen nicht in den Verschmelzungsbericht aufnehmen, deren Offenlegung geeignet ist, einem der beteiligten Rechtsträger einen nicht unerheblichen Nachteil zuzufügen. Die Beurteilung, welche Angaben geheimhaltungsbedürftig sind, obliegt dem pflichtgemäßen Ermessen der Verschmelzungsprüfer, an die Entscheidung der Vertretungsorgane sind sie nicht gebunden.[658] Bezüglich der Einzelheiten kann hier auf die Ausführungen zum Verschmelzungsbericht verwiesen werden.

#### *d) Das Testat über die Angemessenheit nach § 12 Abs. 2 S. 1 UmwG*

Gemäß § 12 Abs. 2 S. 1 UmwG hat der Prüfungsbericht mit einem Testat über die Angemessenheit des Umtauschverhältnisses, gegebenenfalls der baren Zuzahlungen oder der Mitgliedschaft bei dem übernehmenden Rechtsträger zu schließen. Ist im Verschmelzungsvertrag eine Barabfindung anzubieten, so erstreckt sich gemäß § 30 Abs. 2 S. 2 i.V.m. § 12 Abs. 2 S. 1 UmwG die Erklärung auch auf die Angemessenheit dieser Barabfindung. Das Testat stellt das abschließende Gesamturteil des Verschmelzungsprüfers dar, welches sich nicht lediglich aus der Summe der Urteile aus den Teilgebieten der Prüfung ergibt, sondern eine Gewichtung der Einzelfeststellungen erfordert.[659]

Soweit nach dem abschließenden Ergebnis der Prüfung Einwendungen zu erheben sind, kann dies zu einer Einschränkung oder Versagung der Angemessen-

---

[657] Ausführlich hierzu schon unter § 3 C. II., dort auch zu den Bedenken im Hinblick auf die tatsächliche Umsetzung der Vorschrift in der künftigen Praxis.

[658] *Mayer*, in Widmann/Mayer, § 12 UmwG Rn. 29; *Zeidler*, in Semler/Stengel, § 12 Rn. 12.

[659] *Lamla*, Umwandlungsprüfung, S. 217 f.; *Pfitzer*, in WP-Handbuch 2002, Bd. II, Rn. D 84.

heitserklärung führen.[660] Kommt der Verschmelzungsprüfer zu dem Urteil, dass das vorgesehene Umtauschverhältnis nicht angemessen ist, so hat er das Testat zu versagen und dies in einem Vermerk zum Prüfungsbericht zu begründen. Eine Einschränkung kommt dagegen dann in Betracht, wenn wesentliche Beanstandungen gegenüber der Ermittlung des Umtauschverhältnisses bestehen, das vorgeschlagene Umtauschverhältnis selbst aber noch am äußeren Rand des Angemessenheitsspielraumes liegt. Auch hier ist es geboten, die Tragweite der Einschränkung sowie ihre Gründe anzugeben.

Wird das Testat eingeschränkt oder versagt, so hat dies allerdings keine unmittelbaren Rechtsfolgen, insbesondere kann sich die beschlussfassende Versammlung über die Bedenken des Verschmelzungsprüfers hinwegsetzen und dem Verschmelzungsvertrag zustimmen. So können etwa die Anteilseigner des übertragenden Rechtsträgers dem Verschmelzungsvertrag trotz eines sie benachteiligenden Umtauschverhältnisses zustimmen und in einem anschließenden Spruchverfahren von dem Übernehmer einen Ausgleich durch bare Zuzahlungen verlangen. In Fällen der Konzernverschmelzung kann das Mutterunternehmen trotz der Testatsverweigerung kraft einer bestehenden Stimmenmehrheit die Verschmelzung auch ohne die Zustimmung der außenstehenden Aktionäre des Tochterunternehmens durchsetzen. Allerdings wird dann der Gedanke eines Mehrheitsmissbrauchs nahe liegen, welcher bei Kapitalgesellschaften zur Anfechtbarkeit[661] des Zustimmungsbeschlusses führt.[662]

## D. Informationsrelevante Maßnahmen im Zuge der Vorbereitung der beschlussfassenden Hauptversammlung

Im Rahmen der bisherigen Untersuchung wurden Verschmelzungsvertrag, Verschmelzungsbericht und Verschmelzungsprüfungsbericht sowohl hinsichtlich ihrer Voraussetzungen als auch insbesondere im Hinblick auf die an sie zu stellenden inhaltlichen Anforderungen beleuchtet. Weitgehend ausgeblendet wurden dabei bislang Art und Weise der *Übermittlung* der in ihnen enthaltenen Informationen, durch die sichergestellt werden soll, dass sich die Anteilseigner

[660] *Lamla*, Umwandlungsprüfung, S. 245 f.; *Pfitzer*, in WP-Handbuch 2002, Bd. II, Rn. D 84 f.; zu den Folgen abweichender Angemessenheitsvorstellungen bei mehreren Prüfern *Bitzer*, Prüfung, S. 124.

[661] Bei Personengesellschaften hätte dies die Nichtigkeit des Verschmelzungsbeschlusses zur Folge.

[662] *Lutter*, in Lutter, UmwG, § 12 Rn. 17; *Zeidler*, in Semler/Stengel, § 12 Rn. 17.

bereits vor der Hauptversammlung ein Bild über die zu entscheidende Maßnahme machen, und sich so in Kenntnis aller wesentlichen Informationen auf die Beschlussfassung vorbereiten können. Da das Verfahren für die Zugänglichmachung der einzelnen Informationsträger im Wesentlichen denselben Grundsätzen folgt, soll seine Betrachtung im Folgenden aus Gründen übersichtlicherer Darstellung - soweit möglich – zusammengefasst erfolgen.

## I. Einreichung des Verschmelzungsvertrages beim Handelsregister und Hinweisbekanntmachung

Gemäß § 61 S. 1 UmwG, der für jede an der Verschmelzung beteiligte Aktiengesellschaft gilt, ist der Verschmelzungsvertrag oder sein Entwurf vor der Einberufung der Hauptversammlung, die nach §§ 13, 65 UmwG über die Zustimmung zu der Verschmelzung zu beschließen hat, zum Register einzureichen. Das Registergericht hat daraufhin gemäß § 61 S. 2 UmwG in seinen Bekanntmachungsblättern, also im Bundesanzeiger und mindestens einem[663] anderen Blatt (vgl. § 10 Abs. 1 S. 1 HGB), einen Hinweis auf die Einreichung bekannt zu machen. Durch die Einreichung erhält das Registergericht (vgl. §§ 14, 36 ff. AktG) die Möglichkeit, gegebenenfalls Beanstandungen zu erheben, welche noch bis zu der Beschlussfassung berücksichtigt werden können.[664] Zudem hat nach § 9 Abs. 1, Abs. 2 S. 1 HGB jedermann, also nicht nur die Aktionäre, sondern insbesondere auch die Gläubiger der Gesellschaft, das Recht, beim Handelregister Einsicht in den Verschmelzungsvertrag zu nehmen bzw. eine Abschrift von diesem zu verlangen.

Das Gesetz beschränkt sich darauf, die Einreichung des Vertrages *vor* der Einberufung der Hauptversammlung anzuordnen, ohne diese Vorgabe durch die Angabe eines bestimmten Zeitpunktes näher zu konkretisieren. Von daher genügt auch eine sehr kurze Zeitspanne vor der Einberufung, die nach § 121 Abs. 3 S. 1 AktG regelmäßig durch Bekanntmachung in den Geschäftsblättern erfolgt, den gesetzlichen Anforderungen.[665] Ist eine Einberufung der Hauptversammlung

---

663 Unklar insoweit die Begr. RegE zu § 61 UmwG, abgedruckt bei *Schaumburg/Rödder*, S. 134, die von einem Hinweis „im Bundesanzeiger und *den übrigen Gesellschaftsblättern*" spricht (Hervorhebung d. Verf.); siehe hierzu nur *Rieger*, in Widmann/Mayer, § 61 UmwG Rn. 13.

664 *Diekmann*, in Semler/Stengel, § 61 Rn. 6; *Marsch-Barner*, in Kallmeyer, § 61 Rn. 1.

665 *Grunewald*, in Lutter, UmwG, § 61 Rn. 2; *Marsch-Barner*, in Kallmeyer, § 61 Rn. 2; vgl. auch *Rieger*, in Widmann/Mayer, § 61 UmwG Rn. 7, demzufolge auch eine Einreichung am Tag des Erscheinens der Geschäftsblätter noch ausreichend sei, sofern sie vor Beginn des Parteiverkehrs erfolge und auch am Vortag kein Parteiverkehr bei dem Gericht stattgefunden habe. Eine so weitgehende Auslegung erscheint aber im Hinblick auf den Gesetzeswortlaut, der eine Einreichung *vor* der Einberufung fordert, problematisch. Ablehnend auch *Diekmann*, in Semler/Stengel, § 61 Rn. 14; *Grunewald*, ebenda, Rn. 2.

nicht erforderlich, weil bei einer Vollversammlung kein Aktionär der Beschlussfassung widerspricht (vgl. § 121 Abs. 6 AktG) oder weil alle Aktionäre auf die Formalia der Einberufung verzichten, so wird auch die Zeitbestimmung des § 61 S. 1 UmwG obsolet. In diesem Fall reicht es aus, wenn der Verschmelzungsvertrag irgendwann vor Beginn der Hauptversammlung eingereicht wird. Ein rechtlich geschütztes Interesse von Nichtaktionären an der Wahrung einer bestimmten Frist vor der Hauptversammlung besteht nicht.[666]

Nicht nur die Einhaltung einer bestimmten Frist vor der Hauptversammlung, sondern auch die Einreichung des Verschmelzungsvertrages selbst sowie der entsprechende Hinweis des Registergerichts auf die erfolgte Einreichung dienen dem ausschließlichen Schutz der Informationsinteressen der Aktionäre. Gläubigerschützende Wirkung kommt ihnen nicht zu.[667] Zwar ist nach der Vorgabe des Art. 13 der Verschmelzungsrichtlinie[668] ein Schutzsystem für die Interessen der Gläubiger einzurichten, deren Forderungen vor der Bekanntmachung des Verschmelzungsplans entstanden sind. Nach § 22 des deutschen UmwG ist das Recht von Gesellschaftsgläubigern auf Sicherheitsleistung allerdings erst dann ausgeschlossen, wenn die Forderung nach Eintragung der Verschmelzung i.S.d. § 20 Abs. 1 UmwG[669] begründet worden ist. Der zeitlich früheren Hinweisbekanntmachung nach § 61 S. 2 UmwG kommt dagegen keine Bedeutung für den Ausschluss von Sicherheitsleistungen für Gläubigerforderungen zu.[670] Ist somit davon auszugehen, dass die Einreichung des Verschmelzungsvertrages und der entsprechende registergerichtliche Hinweis im deutschen Recht ausschließlich dem Schutz der Aktionäre zu dienen bestimmt sind, so steht dieser Schutz auch zur Disposition derselben. Von daher können die Aktionäre durch allseitige, notariell beurkundete Erklärungen auf die Einreichung des Verschmelzungsberichts verzichten. Diese Möglichkeit dürfte freilich insbesondere bei größeren Aktiengesellschaften in der Praxis keine relevante Rolle spielen.

---

666 *Rieger*, in Widmann/Mayer, § 61 UmwG Rn. 7.

667 *Diekmann*, in Semler/Stengel, § 61 Rn. 5; a.A. *Rieger*, in Widmann/Mayer, § 61 UmwG Rn. 7.

668 Abgedruckt bei *Lutter*, UmwG, S. 2822.

669 So die ganz überwiegende Literatur, vgl. *Bermel*, in Goutier/Knopf/Tulloch, § 22 UmwG Rn. 11; *Grunewald*, in Lutter, UmwG, § 22 Rn. 6; *Stratz*, in Schmitt/Hörtnagl/Stratz, § 22 UmwG Rn. 6; *Schröer*, DB 1999, 317; dagegen für den Zeitpunkt der Bekanntmachung nach § 19 Abs. 3 UmwG *Marsch-Barner*, in Kallmeyer, § 22 Rn. 3; differenzierend *Vossius*, in Widmann/Mayer, § 22 UmwG Rn. 19 UmwG, der bezüglich der Forderungen gegen die Übernehmerin auf die Bekanntmachung abstellen will. Nach der gesetzlichen Konzeption hängt jedoch der Anspruch auf Sicherheitsleistung davon ab, dass eine zu sichernde Forderung in dem Zeitpunkt besteht, in dem die Gefährdung des Unternehmensgläubigers eintritt. Die durch die Umwandlung bedingten Gefahren treten jedoch bereits mit der Eintragung der Verschmelzung (vgl. § 20 Abs. 1 Nr. 1 UmwG), und nicht erst mit ihrer Bekanntgabe ein.

670 Zutreffend *Diekmann*, in Semler/Stengel, § 61 Rn. 5.

Der nach § 61 Abs. 1 S. 2 UmwG erforderliche Hinweis auf die Einreichung des Verschmelzungsvertrages muss nicht den Wortlaut eines gegebenenfalls zu unterbreitenden Abfindungsangebotes wiedergeben. Die Vorschrift des § 29 Abs. 1 S. 4 UmwG, wonach eine erforderliche Bekanntmachung des Verschmelzungsvertrages den Wortlaut des Barabfindungsangebotes enthalten muss, findet auf die Bekanntmachung nach § 61 Abs. 1 S. 2 UmwG keine Anwendung.[671] Denn zum einen betrifft § 61 UmwG schon keinen Fall der Bekanntmachung des Verschmelzungsvertrages, bekannt zu machen ist vielmehr ein *Hinweis* darauf, dass der Verschmelzungsvertrag beim Handelsregister eingereicht worden ist. Gegenstand der Bekanntmachung ist damit nicht wie von § 29 UmwG gefordert der Vertrag an sich, sondern lediglich seine Einreichung beim Registergericht. Zum anderen lässt sich den Gesetzesmaterialien entnehmen, dass sich § 29 Abs. 1 S. 4 UmwG auf diejenigen Fälle beziehen soll, in denen die Bekanntmachungspflicht das Vertretungsorgan der Gesellschaft trifft. So soll ausweislich der Regierungsbegründung die Pflicht nach § 29 Abs. 1 S. 4 UmwG nur dann bestehen, „wenn die für die betreffende Rechtsform geltenden Vorschriften eine Bekanntmachung vorsehen, wie dies z.B. nach § 124 Abs. 2 Satz 2 AktG bei Aktiengesellschaften [...] der Fall ist."[672] Letztgenannte Vorschrift regelt die Pflichten des Vorstandes im Zuge der Einberufung der Hauptversammlung. Die Pflicht zur Bekanntmachung des Hinweises auf die Einreichung des Verschmelzungsvertrages nach § 61 Abs. 1 S. 2 UmwG trifft dagegen nicht den Vorstand, sondern das Registergericht.

## II. Einberufung der Hauptversammlung

An die Einberufung der Hauptversammlung, die nach §§ 13, 65 UmwG über die Verschmelzung zu beschließen hat, stellt das UmwG keine besonderen Anforderungen, sie richtet sich vielmehr nach den allgemeinen, rechtsformspezifischen Vorschriften. Für die an der Verschmelzung beteiligte Aktiengesellschaft gelten damit die §§ 121 ff. AktG. Die Einberufung, die der Vorstand mit einfacher Mehrheit beschließt, erfolgt demnach grundsätzlich durch ihre Bekanntmachung in den Gesellschaftsblättern, § 121 Abs. 3 S. 1 AktG. Sind der Gesellschaft alle Aktionäre namentlich bekannt, kann die Hauptversammlung gemäß § 121 Abs. 4 S. 1 AktG ausnahmsweise auch durch eingeschriebenen Brief einberufen

---

671 I.E. ebenso *Grunewald*, in Lutter, UmwG, § 29 Rn. 20 Fn. 43; so auch *Marsch-Barner*, in Kallmeyer, § 29 Rn. 15, allerdings ohne nähere Begründung; unklar, aber wohl a. A. *Dehmer*, § 29 UmwG Rn. 17, der hinsichtlich der Bekanntmachungspflicht nach § 29 Abs. 1 S. 4 UmwG nicht zwischen § 124 Abs. 2 S. 2 AktG und § 61 Abs. 1 S. 2 UmwG trennt („Dies ist zunächst für AG und KGaA gem. § 124 II 2 AktG (§ 278 III AktG) der Fall (*§§ 61, 78*)"; [Hervorhebung d. Verf.]).

672 Begr. RegE zu § 29 UmwG, abgedruckt bei *Schaumburg/Rödder*, S. 94.

werden, soweit die Satzung dem nicht entgegensteht. Die Einberufungsfrist beträgt gemäß § 123 Abs. 1 AktG mindestens einen Monat.[673]

## 1. Bekanntgabe des wesentlichen Inhalts des Verschmelzungsvertrages

Gemäß § 124 Abs. 1 S. 1 AktG ist die Tagesordnung der Hauptversammlung bei der Einberufung in den Geschäftblättern bekannt zu machen. Hierbei sind die Gegenstände der Tagesordnung soweit zu beschreiben, dass der Aktionär klar erkennen kann, worüber verhandelt und entschieden werden soll. Ausreichend ist hier die Angabe, dass die Beschlussfassung über den Verschmelzungsvertrag mit dem zu bezeichnenden anderen Vertragsteil zur Entscheidung steht.[674] Vorstand und Aufsichtsrat haben einen entsprechenden Vorschlag für die Beschlussfassung zu machen, § 124 Abs. 3 S. 1 AktG.

Ergänzend gilt die Bestimmung des § 124 Abs. 2 S. 2 AktG. Soll die Hauptversammlung über einen Vertrag beschließen, der – wie der Verschmelzungsvertrag - nur mit Zustimmung der Hauptversammlung wirksam wird, so ist nach dieser Vorschrift neben der Angabe der Gegenstände der Tagesordnung auch der wesentliche Inhalt des Vertrages bekannt zu machen. Die Aktionäre sollen hierdurch ausreichend Zeit für eine angemessene Urteilsbildung im Vorfeld der Hauptversammlung erhalten.[675]

Auch wenn in der Praxis zur Vermeidung von Anfechtungsrisiken häufig der gesamte Verschmelzungsvertrag wörtlich in der Einladung zur Hauptversammlung wiedergegeben wird[676], so ist dies gesetzlich nicht zwingend erforderlich. Was unter dem wesentlichen Inhalt zu verstehen ist, definiert dass Gesetz jedoch nicht. Bei der Bestimmung dessen, was der Bekanntmachungspflicht unterliegt, ist zu berücksichtigen, dass der Verschmelzungsvertrag selbst ab Einberufung in den Geschäfträumen der Gesellschaft zur Einsicht der Aktionäre ausliegt, § 63

---

[673] Der Referentenentwurf zum UMAG sieht in § 123 Abs. 2 AktG-RefE vor, dass die Teilnahme an der Hauptversammlung zukünftig nicht mehr von der Hinterlegung der Aktien, sondern nur noch von einer Anmeldung abhängig gemacht werden kann. In diesem Fall tritt für die Berechnung der Einberufungsfrist an die Stelle des Tages der Hauptversammlung der Tag, bis zu dem die Aktionäre sich anzumelden haben.

[674] Eine weitergehende Konkretisierung der Gegenstände der Tagesordnung ist nicht notwendig, da nach § 124 Abs. 2 AktG der wesentliche Inhalt des Verschmelzungsvertrages ebenfalls bekannt zu machen ist; dazu sogleich im Text; i. E. daher wohl ebenso *Werner*, in Großkomm. AktG, § 124 Rn. 6, 48 ff., der die Angaben nach § 124 Abs. 2 AktG als Bestandteil der Bekanntmachung der Tagesordnung ansieht; wie hier *Obermüller/Werner/Winden*, Rn. B 78.

[675] Begr. RegE zu § 124 AktG, abgedruckt bei *Kropff*, Aktiengesetz 1965, S. 174.

[676] *Kraft*, in Kölner Kommentar, § 340d AktG Rn. 4; *Obermüller/Werner/Winden*; Rn. B 93; siehe auch die dahingehende Empfehlung bei *Stratz*, in Schmitt/Hörtnagl/Stratz, § 63 UmwG Rn. 2.

Abs. 1 UmwG. Übertriebene Anforderungen sind daher nicht zu stellen. Ausreichend ist es, wenn die Bekanntmachung den Inhalt des Vertrages so weit beschreibt, dass sich ein durchschnittlicher Aktionär der Bedeutung des Vertragswerkes bewusst werden und entschließen kann, ob er sich über den genauen Inhalt näher informieren will.[677] Wortlautgetreu wiederzugeben ist nach § 29 Abs. 1 S. 4 UmwG lediglich ein im Verschmelzungsvertrag vorgesehenes Barabfindungsangebot. Der Bekanntmachungspflicht unterliegt jedenfalls die Tatsache, dass überhaupt über eine Verschmelzung zu entscheiden ist und ob diese durch Aufnahme oder durch Neugründung erfolgen soll. Weiterhin muss die Bekanntgabe zumindest die Vertragsparteien, den Verschmelzungsstichtag, das Umtauschverhältnis, etwaige Kündigungsbestimmungen, Bedingungen oder Befristungen sowie Angaben über eine geplante Kapitalerhöhung enthalten.[678] Genügt die Bekanntgabe diesen Anforderungen nicht, so hat dies unter Umständen die Anfechtbarkeit des Verschmelzungsbeschlusses zu Folge.[679]

## 2. Bekanntgabe des Wortlautes der Satzung des übernehmenden Rechtsträgers

Soll die Hauptversammlung über eine Satzungsänderung beschließen, so ist nach § 124 Abs. 2 S. 2 Alt. 1 AktG auch der Wortlaut der vorgeschlagenen Satzungsänderung bekannt zu machen.[680] Für die Beschlussfassung über die Verschmelzung nach § 13 UmwG scheint diese Anordnung auf den ersten Blick nicht einschlägig zu sein, da Gegenstand des Hauptversammlungsbeschlusses nicht die Änderung der Satzung, sondern die Zustimmung zu dem Verschmelzungsvertrag ist. Zudem kommt es infolge der Verschmelzung nicht zu einer Änderung der Satzung des übertragenden Rechtsträgers, diese tritt vielmehr außer Kraft.

Eine andere Sichtweise ergibt sich dagegen, wenn man nicht auf den formalen Beschlussgegenstand abstellt, sondern die Auswirkungen der Verschmelzung auf die Anteilseigner der beteiligten Rechtsträger betrachtet. Mit der Eintragung der Verschmelzung geht die übertragende Aktiengesellschaft unter, die Aktionäre werden Anteilseigner der übernehmenden Gesellschaft. Ab diesem Zeitpunkt

---

677 *Hüffer*, § 124 AktG Rn. 10; *Werner*, in Großkomm. AktG, § 124 Rn. 50; etwa strenger wohl *Semler*, in Münch. Hdb. GesR, AG, § 35 Rn. 50.

678 Vgl. *Rieger*, in Widmann/Mayer, § 63 UmwG Rn. 4.

679 *Werner*, in Großkomm. AktG, § 124 Rn. 97.

680 Umstritten ist, ob der bekannt zu gebende Satzungswortlaut den Gegenstand der Tagesordnung konkretisiert und entsprechend eingrenzt (so *Werner*, in Großkomm. AktG, § 124 Rn. 33 ff.) oder ob diese Wirkung lediglich der Kurzbezeichnung der Tagesordnung nach § 124 Abs. 1 S. 1 AktG zukommt (so OLG Celle, DB 1992, 1921, 1922; *Eckardt*, in G/H/E/K, § 124 AktG Rn. 51; *Hüffer*, AktG, § 124 Rn. 9; *Semler*, in Münch. Hdb. GesR, AG, § 35 Rn. 49; *Zöllner*, in Kölner Kommentar, § 124 AktG Rn. 23.

ist für sie die Satzung des Übernehmers maßgeblich. Zumindest für die Aktionäre der übertragenden Aktiengesellschaft kommt daher die Verschmelzung auch einer Satzungsänderung gleich. Entsprechendes gilt bei der Verschmelzung durch Neugründung für sämtliche an der Verschmelzung beteiligen Rechtsträger.

Natürlich bestehen erhebliche qualitative Unterschiede zwischen der Durchführung eines Verschmelzungsvorhabens und einer (einfachen) Satzungsänderung. Aus ebendiesem Grunde wird von einem großen Teil der Literatur auch angenommen, dass eine Satzungsbestimmung, die allgemein für Satzungsänderungen ein weitergehendes Mehrheitserfordernis statuiert, für den Hauptversammlungsbeschluss über die Verschmelzung keine Geltung besitzt.[681] Dieses Ergebnis erscheint indes nicht unbedenklich, da die Aktionäre durch eine Satzungsbestimmung im Sinne des § 179 Abs. 2 S. 2 AktG, welcher für eine Satzungsänderung eine über die Mehrheit von ¾ des vertretenen Grundkapitals hinausgehende Stimmenmehrheit fordert, zum Ausdruck bringen, dass sie grundlegende Strukturänderungen eben weitergehenden Anforderungen unterwerfen wollen.[682] Zumindest im Hinblick auf den Umfang der Information der Aktionäre erscheint meines Erachtens eine andere Handhabung sachgerecht: Die tatsächlichen Auswirkungen der Verschmelzung kommen, wie eben angedeutet, denen der Satzungsänderung zumindest gleich, regelmäßig dürften sie sogar weitreichender sein. Das schutzwürdige Interesse des Aktionärs an einer umfassenden Vorab-Information wird daher bei der Verschmelzung kaum geringer, sondern eher höher zu veranschlagen sein als im Falle einer normalen Satzungsänderung. Insoweit scheint es auch sachgerecht, nicht nur im Falle einer formellen Satzungsänderung, sondern auch bei der Verschmelzung, durch die die Aktionäre ebenfalls einer neuen Satzung unterworfen werden, entsprechend § 124 Abs. 2 S. 2 Alt. 1 AktG eine Pflicht des Vorstands zur Bekanntmachung eben dieser neuen Satzung des übernehmenden Rechtsträgers anzunehmen. Auf diese Weise erhalten die Aktionäre bereits bei Einberufung der beschlussfassenden Hauptversammlung die Möglichkeit, sich über die zukünftigen korporativen Beziehungen in dem Zielrechtsträger zu informieren und sich darüber klar zu werden, ob sie vor diesem Hintergrund dem Verschmelzungsvertrag zustimmen wollen oder nicht.

---

681 So *Grunewald*, in Lutter, UmwG, § 65 Rn. 6; *Dehmer*, § 65 Rn. 12; ebenso zum alten Recht *Böttcher/Meilicke*, § 234 AktG Rn. 38; *Kraft*, in Kölner Kommentar, § 340c AktG Rn. 9; *Schilling*, in Großkomm. AktG, 3. Aufl., § 340 Rn. 9; a. A. *Rieger*, in Widmann/Mayer, § 65 UmwG Rn. 10; *Stratz*, in Schmitt/Hörtnagl/Stratz, § 65 UmwG Rn. 12; *Heckschen*, Verschmelzung von Kapitalgesellschaften, S. 29; *Reichert*, GmbHR 1995, 176, 185.

682 Vgl. *Reichert*, in GmbHR 1995, 176, 185.

### 3. Keine entsprechende Anwendung von § 124 Abs. 2 S. 2 AktG auf den Verschmelzungsbericht

Daneben stellt sich die weitere Frage, ob auch der wesentliche Inhalt des Verschmelzungsberichts nach § 8 UmwG bereits mit der Einberufung der Hauptversammlung bekannt zu machen ist.[683] Seinem Wortlaut nach erstreckt sich § 124 Abs. 2 S. 2 AktG eindeutig nicht auf den Vorstandbericht, so dass allenfalls eine analoge Anwendung in Frage käme. Eine solche entsprechende Anwendung bejaht der Bundesgerichtshof[684] für den Bericht nach § 186 Abs. 4 S. 2 AktG, in dem der Vorstand über die Gründe für den Bezugsrechtsausschuss zu unterrichten hat, obwohl nur § 186 Abs. 4 S. 1 AktG auf § 124 AktG verweist, nicht aber § 186 Abs. 4 S. 2 AktG. Auch die überwiegende Literatur[685] fordert die Bekanntgabe des wesentlichen Inhaltes des Berichts über den Bezugsrechtsausschluss, um dem berechtigten Informationsbedürfnis der Aktionäre zu genügen. Eine entsprechende Behandlung des Verschmelzungsberichtes könnte auch die Regierungsbegründung zu § 8 UmwG nahe legen, die für die Erweiterung der Berichtspflicht ausdrücklich auf das Vorbild des § 186 Abs. 4 S. 2 AktG verweist.[686]

Gegen eine analoge Anwendung des § 124 Abs. 2 S. 2 AktG auf den Verschmelzungsbericht sprechen zum einen die erheblichen praktischen Schwierigkeiten, die es bereiten würde, die zum Teil überaus umfangreichen Berichte auf ihren wesentlichen Inhalt zusammenzufassen, ohne gleichzeitig ein erhöhtes Anfechtungsrisiko einzugehen. Zum anderen lässt sich auch ein entsprechender gesetzgeberischer Wille nicht feststellen.[687] Soweit ersichtlich wurde in der Literatur zu §§ 340a, d AktG nirgends die Erstreckung der Bekanntmachungspflicht auf den Verschmelzungsbericht gefordert. In Kenntnis des Meinungsstandes zum Verschmelzungsbericht einerseits und zum Bericht nach § 186 Abs. 4 S. 2 AktG andererseits hat der Gesetzgeber bei Schaffung des UmwG 1994 keine Veranlassung gesehen, eine entsprechende Regelung in das UmwG aufzunehmen. Er hat sich vielmehr bewusst auf die Anordnung der Auslegungs- und Zusendungspflicht nach § 63 Abs. 1, Abs. 3 UmwG beschränkt. Hieraus wird man im Gegenschluss folgern können, dass eine Bekanntmachung des Verschmel-

---

683 Dafür *Schlitt*, in Semler/Volhard, ArbHdb HV, § 4 Rn. 181.

684 BGH, ZIP 1992, 1728, 1733.

685 Vgl. *Hüffer*, § 186 AktG Rn. 23; *Lutter*, in Kölner Kommentar, § 186 AktG Rn. 57; *ders.*, in FS Fleck, S. 169, 176; *Brandes*, WM 1994, 2177, 2184; *Hirte*, Bezugsrechtsausschluß, S. 123 f.; *Krieger*, in Münch. Hdb. GesR, AG, § 56 Rn. 81 ff.; *Timm*, DB 1982, 211, 217; a.A. *Becker*, BB 1981, 394, 395: keine Pflicht zur vorherigen Zusendung, da die Kenntnisnahme in der Hauptversammlung ausreichend sei; ebenso *Marsch*, AG 1981, 211, 214, der aber eine Zusendung zur besseren Information der Aktionäre trotzdem empfiehlt; unentschieden *Wiedemann*, in Großkomm. AktG, § 186 Rn. 121.

686 Begr. RegE zu § 8 UmwG, abgedruckt bei *Schaumburg/Rödder*, S. 52.

687 Vgl. *Groß*, AG 1997, 97, 102.

zungsberichtes gerade nicht erforderlich sein soll.[688] Sie ist angesichts der soeben genannten Pflichten auch nicht notwendig, um einen hinreichenden Aktionärsschutz zu gewährleisten. Die wesentlichen Eckdaten des Verschmelzungsvorhabens ergeben sich bereits aus der Bekanntmachung des wesentlichen Inhaltes des Verschmelzungsvertrags. Derjenige, der an einer vertieften Information sowie an einer ausführlichen Begründung interessiert ist, kann entweder in den Geschäfträumen der Gesellschaft Einsicht in die Unterlagen nehmen oder sich eine kostenlose Abschrift zukommen lassen.

### 4. Die Mitteilungspflichten der Gesellschaft nach den §§ 125 ff. AktG

Während das Aktiengesetz 1937 noch darauf vertraute, dass die Aktionäre durch die Geschäftblätter von der anstehenden Hauptversammlung und der betreffenden Tagesordnung informiert werden würden, erweitert das Aktiengesetz 1965 die Informationspflichten des § 124 AktG durch die Regelung der §§ 125 ff. AktG.[689] Die angestrebte Verbesserung der Aktionärsinformation soll dabei durch ein zweistufiges System gewährleistet werden. § 125 Abs. 1 AktG erlegt dem Vorstand die Pflicht zur Mitteilung bestimmter Angaben gegenüber den Kreditinstituten und Aktionärsvereinigungen[690] auf, die in der letzten Hauptversammlung Stimmrechte für Aktionäre ausgeübt haben oder die Mitteilung sonst verlangen. Diese Unterrichtung hat binnen 12 Tagen nach der Bekanntmachung der Einberufung der Hauptversammlung zu erfolgen. Die genannten Institutionen haben die Informationen ihrerseits wieder nach § 128 Abs. 1 AktG an die von ihnen betreuten Aktionäre weiterzugeben. Über die Zwischenschaltung von Kreditinstituten und Aktionärsvereinigungen als den typischen Mittlern zu den (Klein-) Aktionären der Gesellschaft wird eine Verbesserung des Informationssystems vor allem in den Fällen erreicht, in denen aufgrund der Ausgabe von Inhaberaktien eine unmittelbare Unterrichtung der Aktionäre nicht möglich ist.[691]

Gegenstand der Mitteilung sind die Einberufung der Hauptversammlung, die Bekanntmachung der Tagesordnung sowie etwaige Anträge und Wahlvorschläge von Aktionären, § 125 Abs. 1 S. 1 AktG. In der Mitteilung ist zudem auf die Möglichkeit der Stimmrechtsvertretung hinzuweisen, § 125 Abs. 1 S. 2 AktG. Gegenanträge von Aktionären sind unter den Voraussetzungen des § 126 AktG

---

688 Ebenso *Groß*, AG 1997, 97, 102 („beredetes Schweigen" des Gesetzgebers).

689 Zur historischen Entwicklung der Vorschrift siehe *Werner*, in Großkomm. AktG, § 125 Rn. 1 ff.

690 Die gleichen Mitteilungen sind nach § 125 Abs. 2 AktG den Aktionären zu machen, die eine Aktie bei der Gesellschaft hinterlegt haben, die spätestens zwei Wochen vor der Hauptversammlung als Aktionär im Aktienregister der Gesellschaft eingetragen worden sind oder die es nach der Bekanntmachung der Hauptversammlung verlangen.

691 *Werner*, in Großkomm. AktG, § 125 Rn. 3.

mitzuteilen. Soll die anstehende Hauptversammlung über ein Verschmelzungsvorhaben Beschluss fassen, so ist neben der Einberufung der Hauptversammlung auch der vollständige Wortlaut der Tagesordnung in der oben beschriebenen Form wiederzugeben. Mit einzubeziehen sind hierbei trotz des Wortlauts des § 125 Abs. 1 AktG, der nur die Mitteilung der „Bekanntmachung der Tagesordnung" (i.S.d. § 124 Abs.1 AktG) vorschreibt, auch die ergänzenden Angaben nach § 124 Abs. 2 S. 2 AktG.[692] Gegenstand der Unterrichtung nach § 125 AktG ist damit ebenfalls der wesentliche Inhalt des Verschmelzungsvertrages sowie der Wortlaut der Satzung des übernehmenden Rechtsträgers. Denn die bezweckte Stärkung des Informationsflusses wäre kaum zu erreichen, wollte man an § 125 AktG geringere inhaltliche Anforderungen stellen als an die Unterrichtung nach § 124 AktG. Geht die Bekanntmachung inhaltlich über die nach § 124 AktG vorgeschriebenen Mindestangaben hinaus, so hat sich auch die Mitteilung nach § 125 AktG hieran zu orientieren.

## III. Die Auslegungspflicht

Gemäß § 63 Abs. 1 UmwG sind von dem Zeitpunkt der Einberufung der Hauptversammlung an bestimmte Unterlagen in dem Geschäftsraum der Gesellschaft zur Einsicht der Aktionäre auszulegen.[693] Was unter „Geschäftsraum" zu verstehen ist, sagt das Gesetz nicht, jedoch folgt aus Art. 11 der Dritten Verschmelzungsrichtlinie[694], auf den § 63 UmwG zurückgeht, dass ein Geschäftraum am *Sitz* der Gesellschaft gemeint ist. Hierunter wird teilweise der Ort verstanden, an dem der Vorstand Geschäftsräume unterhält.[695] Dies überzeugt schon deshalb nicht, weil es nach dem insoweit eindeutigen Wortlaut des Gesetzes nicht auf Geschäftsräume des Vorstandes, sondern auf solche der Gesellschaft ankommt. Nach Ansicht von *Diekmann*[696] ist aus Gründen der Rechtssicherheit auf den statuarischen Sitz der Aktiengesellschaft im Sinne von § 5 AktG abzustellen. Nach ganz überwiegender Auffassung ist dagegen der Hauptverwaltungssitz der Gesellschaft maßgeblich.[697] Hierfür spricht, dass der satzungsmäßige Sitz nicht unbedingt der Ort ist, an dem die Gesellschaft (noch) präsent ist. Die Ausle-

---

692 Vgl. *Hüffer*, § 125 AktG Rn. 3; *Werner*, in Großkomm. AktG, § 125 Rn. 7; *Obermüller/Werner/Winden*, Rn. B 147.

693 Zu der Frage, ob § 63 UmwG analog auf Umstrukturierungen im Wege der Einzelrechtsnachfolge anzuwenden ist siehe OLG Frankfurt, WM 1999, 1881, 1883 f.; *Diekmann*, in Semler/Stengel, § 63 Rn. 4; *Schlitt*, in Semler/Volhard, ArbHdb. HV, § 6 Rn. 2 ff., *Groß*, AG 1996, 111, 117; ausführlich zu der entsprechenden Anwendung umwandlungsrechtlicher Vorschriften *Leinekugel*, Ausstrahlungswirkungen, S. 156 ff.; *Tröger*, ZIP 2001, 2029 ff.

694 Abgedruckt bei *Lutter*, UmwG, S. 2821.

695 *von Gleichenstein/Stallbaum*, AG 1970, 217, 218 zu § 175 Abs. 2 AktG.

696 *Diekmann*, in Semler/Stengel, § 63 Rn. 9.

697 *Bermel*, in Goutier/Knopf/Tulloch, § 63 UmwG Rn. 7; *Grunewald*, in Lutter, UmwG, § 63 Rn. 2; *Rieger*, in Widmann/Mayer, § 63 UmwG Rn. 23; ebenso *Hüffer*, AktG, § 175 Rn. 5.

gungspflicht in den Geschäftsräumen endet mit dem Beginn der Hauptversammlung.[698]

Auszulegen sind der Verschmelzungsvertrag bzw. sein Entwurf, die Verschmelzungsberichte sowie die Verschmelzungsprüfungsberichte[699] *aller* beteiligten Rechtsträger. Die Formulierung des Gesetzes, die auf die „nach § 60 in Verbindung mit § 12 erstatteten Prüfungsberichte" abstellt, ist also nicht etwa dahingehend zu verstehen, dass nur die Berichte beteiligter Aktiengesellschaften der Auslegungspflicht unterliegen.[700] Daneben sind auch die Jahresabschlüsse und Lageberichte aller zu verschmelzenden Rechtsträger aus den letzten drei Geschäftsjahren auslegungspflichtig, wobei sich die Anforderungen an diese Dokumente nach den allgemeinen Vorschriften der §§ 242 ff., 264 ff. HGB richten. Die Auslagepflicht besteht daher insbesondere nur, soweit Jahresabschluss und Lagebericht nach den handelsrechtlichen Vorschriften zu erstellen sind. Falls zwischen dem Stichtag des letzten Jahresabschlusses und dem Abschluss des Vertrags bzw. der Aufstellung des Vertragsentwurfs ein Zeitraum von über sechs Monaten verstrichen ist, so ist eine Zwischenbilanz aufzustellen und auszulegen, deren Stichtag nicht vor dem ersten Tag des dritten Monats liegt, der dem Abschluss oder der Aufstellung vorausgeht. Hierdurch sollen die Aktionäre möglicht zeitnah über die Vermögensverhältnisse unterrichtet werden.[701] Die formalen und inhaltlichen Anforderungen an die Zwischenbilanz richten sich nach § 63 Abs. 2 UmwG.

---

698 Zutreffend *Diekmann*, in Semler/Stengel, § 63 Rn. 7; *Grunewald*, in Lutter, UmwG, § 63 Rn. 2; dagegen soll die Auslegungspflicht nach Ansicht von *Rieger*, in Widmann/Mayer, § 63 UmwG Rn. 26 erst mit dem Ablauf der Hauptversammlung enden, da der Aktionär durch sie in die Lage versetzt werden soll, in der Hauptversammlung eine sachkundige Entscheidung zu treffen. Dieser Zweck ist aber bereits durch § 63 UmwG gewahrt.

699 Für den Formwechsel einer AG ist eine Offenlegung des Prüfungsberichts zur Einsichtnahme der Aktionäre gesetzlich dagegen nicht vorgesehen, vgl. § 230 Abs. 2 S. 1 UmwG. Die Vorabinformation der Aktionäre beschränkt sich daher nach zutreffender Auffassung auf den Umwandlungsbericht, vgl. BGH, ZIP 2001, 412, 415 (Aqua Butzke); LG Berlin, ZIP 1997, 1065, 1066 f.; *Decher*, in Lutter, UmwG, § 208 Rn. 29; *Dirksen*, in Kallmeyer, § 230 Rn. 8; *Ihrig*, in Semler/Stengel, § 230 Rn. 29; *Witt*, WuB II N. § 210 UmwG 2.01, S.426. Der Umwandlungsbericht ist allerdings Gegenstand der Erörterung und des Fragerechts in der Hauptversammlung. Bejaht wird – entgegen dem insoweit eindeutigen Gesetzeswortlaut - eine entsprechende Auslagepflicht dagegen von *Bayer*, ZIP 1997, 1613, 1622.

700 Vgl. *Schaal*, Umwandlungsprüfer, S. 277.

701 *Grunewald*, in Lutter, UmwG, § 63 Rn. 6; *Müller*, in Kallmeyer, § 63 Rn. 4 f., dort auch zu der Frage, zu welchem Zeitpunkt der Vertragsentwurf „aufgestellt" ist.

## IV. Das Recht auf Erteilung von Abschriften

Nach § 63 Abs. 3 UmwG hat jeder Aktionär das Recht, auf sein Verlangen hin unverzüglich (§ 121 Abs. 1 S. 1 BGB[702]) und kostenlos eine Abschrift der nach § 63 Abs. 1 UmwG auszulegenden Unterlagen zu erhalten. Das Verlangen kann grundsätzlich formlos gestellt werden, der Aktionär hat gegebenenfalls seine Aktionärstellung nachzuweisen.[703] Grundsätzlich kann die Abschriftserteilung auch schon vor der Einberufung der Hauptversammlung verlangt werden.[704] Erfüllt werden muss das Begehren jedoch erst ab diesem Zeitpunkt, da auch erst dann die Pflicht zur Auslage der Unterlagen nach Abs. 1 besteht und § 63 Abs. 3 UmwG ausdrücklich auf § 63 Abs. 1 UmwG Bezug nimmt.[705]

Trotz des von § 63 UmwG verwendeten Terminus „Ab*schrift*" kann diese auch in einer elektronischen Datei bestehen.[706] Denn für die Befriedigung des Informationsbedürfnisses des Aktionärs macht es – dessen grundsätzliches Einverständnis vorausgesetzt – keinen Unterschied, in welcher Form ihm die Informationen zu Verfügung gestellt werden. Aus diesem Grunde wurde auch bei der Neufassung des § 125 Abs. 2 AktG durch Art. 1 Nr. 9 a aa NaStraG auf das Merkmal der „Übersendung" der entsprechenden Mitteilungen an die Aktionäre verzichtet. Ausweislich der Regierungsbegründung[707] sollte hiermit klargestellt werden, dass der Vorstand nicht auf die Schriftform festgelegt ist, sondern dass „auch elektronische Übertragungsformen [...] für diese Mitteilungen in Zukunft nicht ausgeschlossen sein sollen." Gründe für eine abweichende Behandlung des Rechts auf Erteilung einer Abschrift nach § 63 Abs. 3 UmwG bestehen nicht.

---

[702] Die Abschrift ist daher „ohne schuldhaftes Zögern" zu erteilen, was je nach Einzelfall zu einer unterschiedlichen (wenn auch regelmäßig kurzen) Frist führen kann, vgl. nur *Kramer*, in Münchener Kommentar zum BGB, § 121 Rn. 7; problematisch erscheint daher die Forderung von *von Gleichenstein/Stallbaum*, AG 1970, 217, 219 (zu § 175 Abs. 2 AktG), wonach die Frist zur Versendung „höchstens 24 Stunden" ab Zugang des Verlangens betragen soll.

[703] *Diekmann*, in Semler/Stengel, § 63 Rn. 20; *Leuering*, ZIP 2000, 2053, 2054; einschränkend *Claussen/Korth*, in Kölner Kommentar, § 175 Akt Rn. 14, die ein berechtigtes Legitimationsverlangen der Gesellschaft nur dann bejahen, wenn Zweifel an der Aktionärsstellung bestehen.

[704] Anderer Ansicht zum Recht nach § 175 Abs. 2 S. 2 AktG *Adler/Düring/Schmaltz*, § 175 AktG Rn. 20. Jedoch ist nicht ersichtlich, warum ein vorher gestelltes Verlangen endgültig unwirksam sein sollte. Dem Schutzzweck des Gesetzes entspricht es besser, das vorher gestellte Auskunftsverlangen als grundsätzlich wirksam zu betrachten, die Erfüllungspflicht aber erst ab der Einberufung der Hauptversammlung zu bejahen; vgl. dazu sogleich im Text.

[705] Im Ergebnis ebenso *Rieger*, in Widmann/Mayer, § 63 UmwG Rn. 31.

[706] Ebenso *Leuering*, ZIP 2000, 2053, 2055.

[707] Begr. RegE zu § 125 AktG, BT-Drucks. 14/4051, S. 12; Voraussetzung ist aber auch hier das Einverständnis des Aktionärs.

Das Recht auf Abschrifterteilung ergänzt das Recht nach § 63 Abs. 1 UmwG insoweit, als es eine Kenntnisnahme von den betreffenden Unterlagen auch ohne ein Aufsuchen der Geschäfträume der Gesellschaft ermöglicht. Sein Zweck besteht gleichfalls in der Ermöglichung einer effektiven Vorbereitung auf die Hauptversammlung.[708] Eine Einschränkung oder Aufhebung dieser Rechte kann weder durch Satzungsbestimmung (§ 23 Abs. 5 AktG) noch durch Beschluss der Hauptversammlung erfolgen. Im Gegensatz zu der Berichtspflicht des Vorstandes, die der Erfüllung des kollektiven Informationsrechtes der Hauptversammlung dient, handelt es sich bei dem Recht auf Abschrifterteilung und Einsichtnahme um individuelle Informationsrechte des einzelnen Aktionärs.[709].

Für die Verschmelzung unter Beteiligung von GmbH (bzw. Personenhandelsgesellschaften) fehlt eine gesetzliche Regelung, die die Zugänglichmachung eines (aufgrund eines Prüfungsverlangens angefertigten) Prüfungsberichts vorsieht. Gemäß § 47 UmwG (bzw. §§ 42, 45a UmwG) sind lediglich Verschmelzungsvertrag und Verschmelzungsbericht zusammen mit der Einberufung der beschlussfassenden Versammlung zu übersenden. Nach teilweise vertretener Ansicht ist dieser insoweit eindeutige Wortlaut des Gesetzes zu respektieren.[710] Den Gesellschaftern stehe lediglich das allgemeine Auskunfts- und Einsichtrecht hinsichtlich des Prüfungsberichts zu, § 51a GmbHG. Da die Rechte des § 51a GmbH allerdings die Initiative des Gesellschafters voraussetzen, läuft diese Auffassung dem Gedanken eines weitreichenden Gesellschafterschutzes durch umfassende Informationspflichten entgegen. Eine Kenntnisnahme von den Aussagen des Prüfungsberichts würde regelmäßig erst in der beschlussfassenden Gesellschafterversammlung erfolgen. Wie gesehen, bilden jedoch Vertrag und insbesondere Verschmelzungsbericht und Prüfungsbericht eine sich gegenseitig ergänzende und beeinflussende Informationseinheit, die eine hinreichende Vorbereitung auf die Beschlussfassung gewährleisten soll. Zudem ist auch kein sachlicher Grund ersichtlich, warum der Verschmelzungsprüfungsbericht zwar den Gesellschaftern einer Aktiengesellschaft, dagegen aber nicht den Gesellschaftern einer GmbH (bzw. einer Personenhandelsgesellschaft) zugänglich gemacht werden sollte. Die Nichterwähnung des Prüfungsberichts in §§ 42, 45c, 47 UmwG wird man daher lediglich als Konsequenz der bei diesen Gesellschaftsformen nicht bestehenden Pflichtprüfung anzusehen haben.[711] Vor diesem Hintergrund wird auch von der überwiegenden Literatur zu Recht auch bei GmbH und Personenhandelsgesellschaft eine entsprechende Pflicht zur Zusen-

---

708 Vgl. Begr. RegE zu § 340 Abs. 3 AktG a.F., abgedruckt bei *Kropff*, Aktiengesetz 1965, S. 457.

709 *Leuering*, ZIP 2000, 2053, 2054.

710 *Mayer*, in Widmann/Mayer, § 47 UmwG Rn. 4 für die GmbH.

711 *H. Schmidt*, in Lutter, Kölner Umwandlungsrechtstage, S. 59, 76 f.; i. E. ebenso *Hommelhoff*, ZGR 1993, 452, 462 Fn. 23, der die fehlende Anordnung der Übersendungspflicht als Redaktionsversehen des Gesetzgebers ansieht.

dung des Verschmelzungsprüfungsberichts bejaht, soweit das Prüfungsverlangen bereits vor Einberufung der Mitgliederversammlung gestellt wurde.[712]

# E. Hauptversammlungsbezogene Informationserteilung

Gegenstand der bisherigen Ausführungen war der im Wege der Vorab-Unterrichtung zu gewährleistende a-priori-Schutz der zur Entscheidungsfindung berufenen Aktionäre im Vorfeld der Hauptversammlung. Dieser wird ergänzt bzw. komplettiert durch die im Folgenden darzustellenden Informationsrechte und –pflichten, die erst bei Durchführung der beschlussfassenden Hauptversammlung Platz greifen.

## I. Die Pflicht zur Auslegung von Unterlagen

Ordnet § 63 Abs. 1 UmwG die Auslegung bestimmter Unterlagen ab der Einberufung an, so perpetuiert § 64 Abs. 1 S. 1 UmwG diese Pflicht für Dauer und Ort der Hauptversammlung. Demnach müssen auch in den Versammlungsräumen die in § 63 UmwG bezeichneten Unterlagen – Verschmelzungsvertrag(sentwurf), Verschmelzungsbericht, Verschmelzungsprüfungsbericht, Jahresabschüsse und Lageberichte der letzten drei Geschäftsjahre und gegebenenfalls eine Zwischenbilanz[713] - zur Einsicht der Anteilseigner bereitliegen. Auf diese Weise können sich die Aktionäre auch noch während der Dauer der Hauptversammlung informieren. Um dies zu gewährleisten, müssen die Unterlagen in ausreichender Zahl[714] und ohne Schwierigkeiten zugänglich ausgelegt werden.

Die Auslagepflicht besteht ab Beginn der Hauptversammlung. Sie endet nach vorzugswürdiger Ansicht nicht bereits mit der Beschlussfassung über die Ver-

---

712 *Bermel*, in Goutier/Knopf/Tulloch, § 42 UmwG, Rn. 5, § 47 UmwG Rn. 3; *Ihrig*, in Semler/Stengel, § 42 Rn. 6; *Kallmeyer*, in Kallmeyer, § 42 Rn. 3, § 47 Rn. 1; *Müller*, in Kallmeyer, § 9 Rn. 2; *Reichert*, in Semler/Stengel, § 47 Rn. 8; *Vossius*, in Widmann/Mayer, § 44 UmwG Rn. 29; *M. Winter*, in Lutter, UmwG, § 47 Rn. 7; *Pfitzer*, in WP-Handbuch 2002, Bd. II, Rn. D 88; *Zimmermann*, in FS Brandner, S. 167, 176 f.

713 Siehe zu den auszulegenden Unterlagen unter § 3 D. III.

714 Hierzu *Rieger*, in Widmann/Mayer, § 64 UmwG Rn. 4; vgl. auch *Altmeppen*, in Münchener Kommentar, § 293g AktG Rn. 3; enger wohl *Marsch-Barner*, in Kallmeyer, § 64 Rn. 1, demzufolge die Auslage eines Exemplars den gesetzlichen Anforderungen genügt.

schmelzung[715], sondern erst mit Beendigung der Hauptversammlung.[716] Zwar soll den Gesetzesmaterialien zufolge durch die Auslagepflicht grundsätzlich gewährleistet werden, dass „die Aktionäre sich *vor der Beschlussfassung* ausreichend [...] unterrichten können."[717] Da sich dieser Zweck mit dem Verschmelzungsbeschluss erledigt, könnte man in der Tat dazu neigen, die Auslagepflicht auch zu diesem Zeitpunkt enden zu lassen. Zu bedenken ist jedoch, dass die Möglichkeit, Widerspruch zur Niederschrift (vgl. § 245 Nr. 1 AktG)[718] einzulegen, nach allgemeiner Auffassung bis zum Ende der Hauptversammlung besteht.[719] Vor diesem Hintergrund scheint jedoch eine Auslage bis zu ebendiesem Zeitpunkt sinnvoll, um auch das Informationsinteresse derjenigen Aktionäre zu befriedigen, die sich noch nach der Beschlussfassung durch die Einsicht in die betreffenden Unterlagen darüber klar werden wollen, ob sie Widerspruch zu Protokoll erheben sollen oder nicht.[720]

## II. Die mündliche Erläuterung des Verschmelzungsvertrages

Gemäß § 64 Abs. 1 S. 2 UmwG hat der Vorstand den Verschmelzungsvertrag oder seinen Entwurf zu Beginn der Verhandlung[721] mündlich zu erläutern. Schuldner dieser Pflicht ist der Vorstand als Kollektivorgan, die Erläuterung erfolgt regelmäßig durch den Vorsitzenden oder ein sonstiges ressortmäßig zuständiges Mitglied.[722]

---

715 So aber *Grunewald*, in Lutter, UmwG, § 64 Rn. 2; *Schlitt*, in Semler/Volhard, ArbHdb. HV, § 12 Rn. 44; ebenso für die Auslagepflicht bei der Beschlussfassung über einen Unternehmensvertrag *Altmeppen*, in Münchener Kommentar, § 293g AktG Rn. 4.

716 *Bermel*, in Goutier/Knopf/Tulloch, § 64 UmwG Rn. 5; *Diekmann*, in Semler/Stengel, § 64 Rn. 4.

717 Vgl. Begr. RegE zu § 340 Abs. 3 AktG, abgedruckt bei *Kropff*, Aktiengesetz 1965, S. 457 (Hervorhebung d. Verf.).

718 Zum Widerspruch zur Niederschrift als Voraussetzung für die Barabfindungsberechtigung nach § 29 Abs. 1 S. 1 UmwG siehe oben § 3 A. III. 3. b) cc).

719 *Grunewald*, in Lutter, UmwG, § 29 Rn. 11; *Stratz*, in Schmitt/Hörtnagl/Stratz, § 29 UmwG Rn. 13; zu § 245 Nr. 1 AktG *K. Schmidt*, in Großkomm. AktG, § 245 Rn. 22.

720 Vgl. *Diekmann*, in Semler/Stengel, § 64 Rn. 4; mangels Beschlussrelevanz lässt sich freilich eine Anfechtungsklage nicht auf die Verletzung dieser „nachträglichen" Auslagepflicht stützen.

721 Zeitpunkt der mündlichen Erläuterung ist daher entgegen *Becker*, AG 1988, 323, 328 f. und *Engelmeyer*, BB 1998, 330, 334 nicht der Beginn der Hauptversammlung, sondern der Beginn der Verhandlung (vgl. § 130 Abs. 1 S. 1 AktG) über den Tagesordnungspunkt zur Zustimmung zum Verschmelzungsvertrag, vgl. *Diekmann*, in Semler/Stengel, § 64 Rn. 9; *Marsch-Barner*, in Kallmeyer, § 64 Rn. 5.

722 *Schlitt*, in Semler/Volhard, ArbHdb. HV, § 12 Rn. 74.

### 1. Umfang der Erläuterungspflicht

Die Bestimmung des Umfangs der Pflicht zur mündlichen Erläuterung hat unter Berücksichtigung des Zusammenspiels der einzelnen Informationspflichten zu erfolgen. Zu beachten ist insbesondere, dass der Verschmelzungsvertrag bereits Gegenstand der Erläuterungen und Begründungen des Vorstandsberichts ist. Dieser ist das primäre Instrument, durch welches eine umfassende Information der Aktionäre im Vorfeld der Hauptversammlung gewährleistet werden soll. Der Bericht liegt zudem auch noch während der Hauptversammlung zur Einsichtnahme aus, § 63 Abs. 1 Nr. 4 UmwG. Führt man sich den erheblichen Umfang vor Augen, den die Verschmelzungsberichte in der Praxis häufig aufweisen, so wird deutlich, dass schon aus praktischen, insbesondere zeitlichen Gründen der Umfang der Erläuterungen während der Hauptversammlung hinter dem Ausmaß des Verschmelzungsberichts zurückbleiben muss. Zielsetzung der Erläuterungspflicht nach § 64 Abs. 1 S. 2 UmwG kann damit nicht die inhaltliche Wiedergabe, sondern nur eine Zusammenfassung der Ausführungen des Verschmelzungsberichtes sein.[723]

Weder erforderlich noch ausreichend ist demgegenüber die Verlesung des Verschmelzungsvertrages.[724] Zum einen ist nicht zu erwarten, dass durch ein ermüdendes Verlesen des bereits in Schriftform ausliegenden Verschmelzungsvertrages eine zweckmäßige Unterrichtung der Aktionäre überhaupt zu erreichen ist. Sinnvoller als das Verlesen des oft umfangreichen und komplizierten Vertragswerkes und seiner technischen Klauseln scheint insoweit seine Erörterung in einer für die Aktionäre verständlichen, d. h. (möglichst) unjuristischen Sprache. Zum anderen spricht auch die Gesetzgebungsgeschichte gegen ein solches Verständnis des § 64 Abs. 1 S. 2 UmwG. Denn eine entsprechende Pflicht des Vorstandes, den Verschmelzungsvertrag in der Hauptversammlung zu verlesen, war noch in § 340 Abs. 3 S. 3 des Regierungsentwurfs zum AktG 1965, auf den die Erläuterungspflicht des § 64 UmwG zurückgeht, vorgesehen. Auf Vorschlag des Rechts- und Wirtschaftsausschusses[725] hin wurde jedoch in der endgültigen Fassung der Norm die Verlesung des Verschmelzungsvertrages in der Hauptversammlung durch dessen Erläuterung ersetzt.

---

723 *Grunewald*, in Lutter, UmwG § 64 Rn. 3; *Rieger*, in Widmann/Mayer, § 64 UmwG Rn. 6; *Bayer*, AG 1988, 323, 329.

724 I. E ebenso *Marsch-Barner*, in Kallmeyer, § 64 Rn. 3; *Engelmeyer*, BB 1998, 330, 334; für den Verschmelzungsbericht *Bayer*, AG 1988, 323, 329; im Rahmen der Erläuterung der Unterlagen nach § 176 Abs. 1 S. 2 AktG soll nach *Brönner*, in Großkomm. AktG, § 176 Rn. 4 eine wörtliche Verlesung der wesentlichen Stellen erforderlich sein. Von der herrschenden Meinung wird dies zu Recht als unzweckmäßig abgelehnt, vgl. *Adler/Düring/Schmaltz*, § 176 AktG Rn. 6; *Hüffer*, AktG, § 176 Rn. 2; *Claussen/Korth*, in Kölner Kommentar, § 176 AktG Rn. 2.

725 Ausschussbericht zum RegE § 340 Abs. 2 AktG, abgedruckt bei *Kropff*, Aktiengesetz 1965, S. 457.

Konkreter Gegenstand der Erläuterungspflicht ist zunächst der wesentliche Inhalt des Verschmelzungsvertrags, da eine Erläuterung des Vertrages nicht ohne die Darstellung seiner grundlegenden Bestimmungen erfolgen kann. Was im Einzelnen hierunter zu fassen ist, dürfte sich – vorbehaltlich der nachfolgenden Ausführungen - an dem Maßstab zu orientieren haben, den § 124 Abs. 2 S. 2 AktG für die Bekanntmachung bei Einberufung der Hauptversammlung aufstellt. Auf die diesbezüglichen Ausführungen kann daher verwiesen werden.[726]

Des Weiteren hat eine Darlegung der maßgeblichen Gründe für die Verschmelzung sowie der wesentlichen rechtlichen und wirtschaftlichen Folgen der Verschmelzung insbesondere für die betreffende Gesellschaft zu erfolgen.[727] Auch mögliche negative Auswirkungen der Strukturänderungen sind dabei mit einzubeziehen. Insbesondere ist auch zu der Angemessenheit von Umtauschverhältnis und Barabfindung Stellung zu nehmen. Hierbei ist es allerdings nicht erforderlich, die gesamten im Verschmelzungsbericht erläuterten Berechnungen unter Angabe des Zahlenmaterials noch einmal darzustellen.[728] Dies würde einer Pflicht zur Verlesung des Berichtes gleichkommen und wäre damit bereits aus Zeitgründen regelmäßig gar nicht zu bewerkstelligen. Andererseits kann es auch nicht ausreichen, wenn der Vorstand lediglich seine eigene Auffassung mitteilt, da sonst eine eigenständige Beurteilung der Aktionäre nicht ermöglicht würde.[729] Hinsichtlich der Erläuterungen zum Umtauschverhältnis der Anteile kann sich der Vorstand daher auf die Angabe der relativen Wertverhältnisse sowie der grundlegenden Tatsachen, die ihnen zugrunde liegen, beschränken. Detaillierte Ausführungen zu den absoluten Unternehmenswerten und ihrer Zusammensetzung sind grundsätzlich nicht erforderlich.[730]

Dies kann meines Erachtens allerdings nur dann gelten, wenn der Verschmelzungsbericht seinerseits die notwendigen Informationen zu den Unternehmenswerten enthält. Ist dies der Fall, so kann der Vorstand diesbezüglich auf den in der Hauptversammlung ausliegenden Bericht verweisen. Weist der Verschmelzungsbericht in dieser Hinsicht dagegen Lücken auf, so wird man – was hier nicht als Befürwortung einer Heilungsmöglichkeit missverstanden werden soll - den Vorstand für verpflichtet halten müssen, die fehlenden Angaben im Rahmen

---

[726] Siehe oben § 3 D. II. 1.

[727] *Marsch-Barner*, in Kallmeyer, § 64 Rn. 3; *Siebel/Gebauer*, WM 2001, 118, 133; vgl. auch Begr. RegE zu § 340 Abs. 3 AktG a.F., abgedruckt bei *Kropff*, Aktiengesetz 1965, S. 457.

[728] *Diekmann*, in Semler/Stengel, § 64 Rn. 9; *Grunewald*, in Lutter, UmwG, § 64 Rn. 3; *Rieger*, in Widmann/Mayer, § 64 UmwG Rn. 6; *Stratz*, in Schmitt/Hörtnagl/Stratz, § 64 UmwG Rn. 4.

[729] So zur Erläuterungspflicht nach § 293 Abs. 3 S. 4 AktG a.F. *Koppensteiner*, in Kölner Kommentar, § 293 AktG Rn. 22.

[730] *Grunewald*, in Lutter, UmwG, § 64 Rn. 3; *Marsch-Barner*, in Kallmeyer, § 64 Rn. 3; *Rieger*, in Widmann/Mayer, § 64 UmwG Rn. 6; a.A. *Kraft*, in Kölner Kommentar, § 340d AktG Rn. 14.

der mündlichen Erläuterung nachzureichen. Ähnlich wie im oben dargelegten Verhältnis von Verschmelzungs- und Verschmelzungsprüfungsbericht besteht folglich auch hier eine einseitige Abhängigkeit der unterschiedlichen Unterrichtungsinstrumentarien hinsichtlich ihrer notwendigen Informationsdichte.

## 2. Aktualisierungsfunktion der Erläuterung

Eine den dargestellten Anforderungen entsprechende mündliche Erläuterung des Verschmelzungsvertrages ist vor allem für diejenigen Aktionäre von Bedeutung, die keine vorherige Einsicht in den Verschmelzungsbericht genommen und auch von ihrem Recht auf Erteilung von Abschriften nach § 63 Abs. 3 UmwG keinen Gebrauch gemacht haben. Daneben kommt den Erläuterungen des Vorstandes jedoch noch eine weitere, für sämtliche (Minderheits-) Aktionäre bedeutsame Funktion insoweit zu, als die Erläuterungspflicht in bestimmten Bereichen über den Inhalt des Verschmelzungsberichts hinausgeht.

So kommt der mündlichen Erläuterung die ergänzende Aufgabe zu, die im Verschmelzungsbericht enthaltenen Angaben zu aktualisieren.[731] Auch wenn das UmwG für die Verschmelzung keine dem § 143 UmwG entsprechende Vorschrift vorsieht, so folgt die Pflicht zur Aktualisierung der Berichtsangaben im Rahmen der mündlichen Erläuterung nach § 64 Abs. 1 S. 2 UmwG doch aus dem Zweck des informatorischen Schutzsystems des Umwandlungsrechtes, den Anteilseignern eine sachgerechte und verantwortliche Entscheidung in Kenntnis aller für die Strukturänderung wesentlichen Umstände zu ermöglichen.[732] Zudem ist auch kein Grund ersichtlich, warum die von einer Verschmelzung betroffenen Aktionäre weniger schutzwürdig sein sollten als die Anteilseigner eines Rechtsträgers im Zuge eines Spaltungsvorhabens.

Zu unterrichten hat der Vorstand über zwischenzeitlich eingetretene Umstände, die bei Erstellung des Verschmelzungsberichts noch nicht absehbar waren und folglich auch keinen Eingang in diesen gefunden haben.[733] Anzugeben ist etwa, ob infolge des Eintritts bestimmter Tatsachen eine andere Bewertung von Wirtschaftlichkeit und Zweckmäßigkeit der Verschmelzung zu erfolgen hat, als sie den Ausführungen des Verschmelzungsberichts zugrunde liegt. Besondere Relevanz für die Aktionäre besitzt auch die Aktualisierung derjenigen Angaben, die zur Abstützung der Angemessenheit des Umtauschverhältnisses bzw. der Barabfindung dienen. Von der Erläuterungspflicht umfasst ist folglich auch, ob zwi-

---

[731] *Bermel*, in Goutier/Knopf/Tulloch, § 64 UmwG Rn. 8; *Diekmann*, in Semler/Stengel, § 64 Rn. 10; *Grunewald*, in Lutter, UmwG, § 64 Rn. 4; *Bayer*, AG 1988, 323, 328; *Engelmeyer*, BB 1998, 330, 334 f.; *Heckschen*, Verschmelzung von Kapitalgesellschaften, S. 29; *Priester*, ZGR 1990, 420, 432; *Schlitt*, in Semler/Volhard, ArbHdb. HV, § 12 Rn. 77.

[732] Zutreffend *Engelmeyer*, BB 1998, 330, 335.

[733] *Schlitt*, in Semler/Volhard, ArbHdb. HV, § 12 Rn. 77.

schen Bewertungsstichtag und Hauptversammlungstermin Geschäftsentwicklungen oder sonstige Umstände zu Tage getreten sind, aufgrund derer die vormals festgestellte Verschmelzungswertrelation nunmehr unzutreffend geworden ist.[734]

Schließlich ist auch zu verlangen, dass der Vorstand im Rahmen seiner Erläuterungen den Verschmelzungsbericht nicht nur aktualisiert, sondern, sofern dies möglich ist, auch die in ihm enthaltenen Ausführungen über die für die nähere Zukunft prognostizierte Unternehmensentwicklung verifiziert (bzw. falsifiziert). Maßstab kann allerdings auch hier lediglich die Überprüfbarkeit auf Stichhaltigkeit sein. Der Vorstand ist folglich nicht gehalten, einen genauen, mit Zahlenangaben belegten Vergleich der jeweiligen Einzelprognosen mit der tatsächlich eingetretenen Entwicklung vorzunehmen. Er hat aber insoweit entsprechende Angaben zu machen, als diese notwendig sind, um sich ein eigenes Bild über die „Richtigkeit" der angestellten Prognosen machen zu können. Liegt dem Vorstandsbericht beispielsweise die Annahme zugrunde, eine bestimmtes Unternehmensfeld werde sich in unmittelbarer Zukunft in einer gewisse Richtung entwickeln, so ist im Rahmen der mündlichen Erläuterungen auch darzulegen, inwieweit tatsächliche neuere Umstände die erwartete Tendenz als zutreffend erscheinen lassen.

## III. Das Auskunftsrecht gemäß § 131 AktG

In Ergänzung der kollektiven Informationspflichten steht dem Aktionär in der Hauptversammlung, die über die Verschmelzung zu beschließen hat, wie zu jedem anderen Beschlussgegenstand auch das Auskunftsrecht nach § 131 AktG[735] zu.[736]

---

734 *Stratz*, in Schmitt/Hörtnagl/Stratz, § 64 UmwG Rn. 3; *Schlitt*, in Semler/Volhard, ArbHdb. HV, § 12 Rn. 77.

735 Hierzu umfassend *Ebenroth*, Auskunftsrecht, S. 7 ff.; *Joussen*, AG 2000, 241 ff.; *K. Schmidt*, Informationsrechte, 21 ff., 48 ff.; zur verfassungsrechtlichen Bedeutung des Informationsrechts als wesentlichem Bestandteil des durch die Eigentumsgarantie des Art. 14 Abs. 1 GG geschützten Mitgliedschaftsrechts siehe BVerfG, ZIP 1999, 1798 (Daimler-Benz) und BVerfG, ZIP 1999, 1801 (Scheidemantel); zur abnehmenden Bedeutung des allgemeinen Auskunftsanspruchs angesichts der Gesetzgebungsentwicklung hin zu einer Ausdehnung der kollektiven Berichtspflichten *Joussen*, AG 2000, 241, 250 f.; zum Auskunftsrechts des Aktionärs im Rahmen der über die Entlastung des Vorstandes befindenden Hauptversammlung hinsichtlich solcher Umstände, die sich auf eine *vorangegangene* Verschmelzung beziehen, siehe OLG München, NZG 2002, 187 ff.

736 Für einen tatbestandlichen Ausschluss des allgemeinen Auskunftsrechts im Rahen von Strukturänderungsentscheidungen dagegen neuerdings *Hirte*, ZHR 167 (2003), 8, 14 ff.; eingehend und kritisch zu diesem Ansatz unter § 3 E. III. 4.

### 1. Berechtigte und Verpflichtete des Auskunftsrechts

Als individuelles Informationsrecht, welches sich nicht aus der Organzuständigkeit, sondern aus der Mitgliedschaft ableitet, steht es jedem einzelnen Aktionär[737] ohne Rücksicht auf die Größe oder die Dauer seines Anteilsbesitzes zu.[738] Es steht weder zur Disposition der Hauptversammlung, noch ist es einschränkenden Modifikationen durch die Satzung ausgesetzt, § 23 Abs. 5 AktG.[739] Die von einem Aktionär erstrebte Auskunft dient zwar der Unterrichtung aller auf der Hauptversammlung erschienener Aktionäre, so dass diese die Möglichkeit haben müssen, von der Antwort Kenntnis zu nehmen.[740] Dennoch ist das Auskunftsrecht nicht als Recht des Aktionärs auf Information der Hauptversammlung als Organ konzipiert[741], so dass die Auskunft auch dann zu erteilen ist, wenn die übrigen Aktionäre auf sie verzichtet haben.[742] Das Auskunftsrecht dient als zentrales Hilfsrecht der Wahrnehmung mitgliedschaftlicher Positionen in der Hauptversammlung (§ 118 AktG), insbesondere der Ausübung von Rede-, Antrags- und Stimmrecht.[743] Von daher steht es auch nur demjenigen Aktionär zu, der an der Hauptversammlung tatsächlich teilnimmt und der zu der Teilnahme berechtigt ist.[744] Insbesondere bei Konzernverschmelzungen stellt das Auskunftsrecht nach § 131 Abs. 1 AktG (i.V.m. § 64 Abs. 2 UmwG) für die außenstehenden Aktionäre das wohl wesentlichste Schutzinstrument neben den Berichtspflichten dar.[745]

---

737 Auskunftsberechtigt sind daher auch stimmrechtslose Vorzugsaktionäre, bevollmächtigte Vertreter sowie Legitimationsaktionäre, vgl. *Raiser*, Recht der Kapitalgesellschaften, § 16 Rn. 44.

738 Heute allg. Ansicht, vgl. nur *Decher*, in Großkomm. AktG, § 131 Rn. 5 f.; *Hüffer*, AktG, § 131 Rn. 2, 4; *Zöllner*, in Kölner Kommentar, § 131 AktG Rn. 9; *Ebenroth*, Auskunftsrecht, S. 20 ff.; *K. Schmidt*, Informationsrechte, S. 21 ff. Nach der Rechtsprechung des Reichsgerichts stand das Auskunftsrecht noch der Generalversammlung zu, die über die Stellung einer Frage mit Mehrheit entschied, vgl. RG, Urteil vom 22.4.1914, RGZ 82, 182, 186 ff. Als Individualrecht gesetzlich anerkannt wurde das Auskunftsrecht erstmals durch das AktG 1937. Zu der historischen Entwicklung des Auskunftsrechts siehe *Deuss*, Auskunftsrecht, S. 9 ff.; *Joussen*, AG 2000, 241 ff.

739 Obermüller/Werner/Winden, Rn. G 7 f.

740 BGH, ZIP 1987, 1239, 1244; *Decher*, in Großkomm. AktG, § 131 Rn. 107; *Steiner*, Hauptversammlung, § 11 Rn. 10.

741 So aber wohl *Zöllner*, in Kölner Kommentar, § 131 AktG Rn. 3.

742 *Eckardt*, G/H/E/K, § 131 AktG Rn. 19.

743 *K. Schmidt*, Informationsrechte, S. 49; *Wilde*, ZGR 1998, 423, 442; siehe auch Begr. RegE zu § 131 AktG, abgedruckt bei *Kropff*, Aktiengesetz 1965, S. 184 f.

744 Obermüller/Werner/Winden, Rn. G 10.

745 Ebenso zum Informationsrecht nach §§ 131 Abs. 1, 293g Abs. 3 AktG *Altmeppen*, in Münchener Kommentar, § 293g AktG Rn. 15; *Emmerich/Sonnenschein/Habersack*, Konzernrecht, S. 245.

Träger der Auskunftspflicht ist die Gesellschaft, für sie handelt und erfüllt organschaftlich der Vorstand, § 131 Abs. 1 S. 1 AktG.[746] Die Auskunft erteilt in praxi der Vorstandsvorsitzende bzw. der Sprecher des Vorstandes oder das ressortmäßig zuständige Vorstandsmitglied. Die Auskunft hat den Grundsätzen einer gewissenhaften und getreuen Rechenschaft zu entsprechen, § 131 Abs. 2 AktG. Den Auskunft Erteilenden trifft im Rahmen der Vorbereitung der Hauptversammlung auch die Pflicht zur Verschaffung von Informationen, die nach vernünftiger Beurteilung Gegenstand von Auskunftsbegehren sein können. Die Auskunftspflicht beschränkt sich nicht auf solche Auskünfte, die der Vorstand ohne weiteres zu geben vermag. Wie das *BayObLG*[747] zutreffend ausführt, sind vielmehr auch diejenigen Gegenstände umfasst, „auf die der Vorstand bei angemessener Vorbereitung und unter Beiziehung bereitzuhaltender Unterlagen und sachkundiger Mitarbeiter ohne wesentliche Verzögerung der Hauptversammlung eingehen kann." Der Umfang der angemessenen Vorbereitung hat sich dabei nach dem Gegenstand der Tagesordnung zu richten.[748] Gerade im Zuge der Beschlussfassung über eine Verschmelzung wird man angesichts der besonderen Bedeutung der Strukturänderung für die Aktionäre sowie der Erfahrungen der Praxis[749] mit einem quantitativ und qualitativ gesteigerten Auskunftsverlangen zu rechnen haben, so dass auch an die Pflicht des Vorstandes zur angemessenen Vorbereitung gesteigerte Anforderungen zu stellen sind. Kommt er dieser Pflicht nach, so stellt es keine Verletzung der Auskunftspflicht dar, wenn er die Antwort auf eine Frage, mit der er nicht zu rechnen brauchte, schuldig bleiben muss.[750]

Ein Auskunftsanspruch des Aktionärs gegenüber den auf der Hauptversammlung anwesenden[751] Verschmelzungsprüfern besteht dagegen nicht. Zwar enthält das Umwandlungsrecht keine Vorschrift, die dies ausdrücklich klarstellt. Jedoch wird man insoweit wohl § 176 Abs. 2 S. 2 AktG analog heranziehen können,

---

[746] *Hüffer*, AktG, § 131 Rn. 5; *Semler*, Münch. Hdb. GesR, AG, § 37 Rn. 5.

[747] BayObLG, AG 1996, 131, 134; ebenso KG, ZIP 1995, 1585, 1589; OLG Düsseldorf, WM 1991, 2148, 2152; LG Essen, AG 1999, 329, 332 f.; zu § 112 AktG a.F. vgl. BGH, NJW 1960, 1150, 1152; zur Einrichtung sog. *back offices* zur Beantwortung komplizierter Fragen eingehend *Seydel*, in Picot/Mentz/Seydel, Unternehmenskauf und Restrukturierung, S. 64 ff.

[748] So zutreffend *Decher*, in Großkomm. AktG, § 131 Rn. 251 ff.; dort auch ausführlich zu den Grenzen der Vorbereitungspflicht; ebenso *Schneider*, in FS Lutter, S. 1193, 1196.

[749] Auf der zweitägigen Hauptversammlung, die über die Verschmelzung Thyssen/Krupp im Jahre 1998 zu entscheiden hatte, belief sich die Anzahl der dem Vorstand gestellten Fragen auf 476, die für die Stellung und Beantwortung der Fragen insgesamt benötigte Zeit betrug 20 Stunden und 50 Minuten (Zahlenangaben nach *Joussen*, AG 2000, 241, 249).

[750] OLG Frankfurt, AG 1999, 231, 232; OLG Hamm, BB 1999, 1234, 1236.

[751] Eine Anwesenheitspflicht der Verschmelzungsprüfer besteht mangels gesetzlicher Grundlage nicht, jedoch kann es durchaus sinnvoll sein, sie als Auskunftspersonen zur Beantwortung schwieriger Fragen in der Hauptversammlung hinzuzuziehen.

demzufolge „der Abschlussprüfer nicht verpflichtet [ist], einem Aktionär Auskunft zu erteilen". Diese Vorschrift soll den Abschlussprüfern die Einhaltung der ihnen obliegenden Verschwiegenheitspflicht erleichtern.[752] Ebenso trifft den Verschmelzungsprüfer eine auch gegenüber den Anteilsinhabern der beteiligten Rechtsträger bestehende Verschwiegenheitspflicht, § 11 Abs. 2 S. 1 UmwG i.V.m. § 323 Abs. 1 HGB.[753] Diese ist jedoch in dem Umfang eingeschränkt, in dem § 12 UmwG als spezielle Regelung die Weitergabe bestimmter Angaben im Rahmen des zu erteilenden Verschmelzungsprüfungsberichtes vorsieht. § 12 UmwG ist damit als abschließende Regelung der Informationspflicht der Verschmelzungsprüfer zu verstehen. Ein darüber hinausgehendes Auskunftsrecht der Aktionäre gegenüber den Prüfern besteht dagegen schon nach dem eindeutigen Wortlaut des § 131 AktG nicht.

Ebenso richtet sich das Auskunftsrecht *de lege lata*[754] nicht gegen den Aufsichtsrat.[755] Dies gilt auch dann, wenn der Gegenstand des Auskunftsbegehrens den Aufgabenbereich des Aufsichtsrates, insbesondere dessen Überwachungstätigkeit (§ 111 Abs. 1 AktG) betrifft. Der Gegenansicht, die in entsprechender Anwendung des § 131 AktG ein Auskunftsrecht auch gegenüber dem Aufsichtsrat bejaht[756], ist nicht zu folgen. Ihr steht sowohl der klare Gesetzeswortlaut, nach dem eben nur der Vorstand die Auskunft zu erteilen hat, als auch der in den Gesetzesmaterialien[757] zum Ausdruck kommende eindeutige gesetzgeberischer Wille entgegen. Die Erteilung von Auskünften ist zudem als Maßnahme der Geschäftsführung bzw. Vertretung der Gesellschaft zu qualifizieren.[758] Diese obliegt jedoch nach der Konzeption des Aktiengesetzes dem Vorstand und nicht dem Aufsichtsrat, §§ 76 ff. AktG. Wird die begehrte Auskunft allerdings von einem Mitglied des Aufsichtsrates tatsächlich erteilt, so kann sie sich der Vor-

---

752 Hierzu *Claussen/Korth*, Kölner Kommentar, § 176 AktG Rn. 16.

753 Berufsrechtlich ist die Verschwiegenheitspflicht der Wirtschaftsprüfer in den §§ 43 Abs. 1, 50 Abs. 1, 56 Abs. 1 WPO sowie in § 9 ihrer Berufssatzung (BS WP/vBP) normiert.

754 Vgl. den Hinweis bei *Obermüller/Werner/Winden*, Rn. G 28, dass insbesondere im Hinblick auf die durch das KonTraG bewirkte Stärkung der Position des Aufsichtsrates die Einführung eines Auskunftsrechts gegenüber diesem de lege ferenda wünschenswert wäre.

755 *Decher*, in Großkomm. AktG, § 131 Rn. 91; *Eckardt*, in G/H/E/K, § 131 AktG Rn. 61; *Kubis*, in Münchener Kommentar, § 131 AktG Rn. 20; *Hüffer*, AktG, § 131 Rn. 6; *Henn*, Hdb. d. Aktienrechts, Rn. 874; zur Beschränkung der Auskunftspflicht auf den Vorstand aus verfassungsrechtlicher Sicht BVerfG, ZIP 1999, 1798, 1800 (Daimler-Benz).

756 So *Steiner*, Hauptversammlung, § 11 Rn. 7; i. E. ebenso *Trescher*, DB 1990, 515 f.

757 Vgl. die Begr. RegE zu § 131 AktG, abgedruckt bei *Kropff*, Aktiengesetz 1965, S. 184: „Das Auskunftsverlangen richtet sich gegen die Gesellschaft. Für sie handelt, wie der Entwurf klarstellt, der Vorstand [...]. Die Auskunftserteilung und die Entscheidung über eine Auskunftsverweigerung sind Geschäftsführungsmaßnahmen und obliegen deshalb dem Vorstand."

758 *Hüffer*, AktG, § 131 Rn. 7; *Semler*, in Münch. Hdb. GesR, AG, § 37 Rn. 6.

stand – auch konkludent – zu Eigen machen und damit den Auskunftsanspruch des Aktionärs erfüllen.[759]

Schließlich richtet sich das (durch § 64 Abs. 2 UmwG konkretisierte) Auskunftsrecht des Aktionärs auch nicht gegen das Vertretungsorgan des anderen Vertragsteils. Vielmehr muss der eigene Vorstand nach sorgfältiger Vorbereitung der Hauptversammlung in der Lage sein, über die für die Strukturmaßnahme wesentlichen Angelegenheiten aller an der Verschmelzung beteiligten Rechtsträger Auskunft zu geben. Hierauf wird im Rahmen der Erläuterungen zum Verhältnis der verschiedenen Auskunftsrechte zueinander noch näher einzugehen sein.

## 2. Auskunftsverlangen

Voraussetzung der Verpflichtung zur Auskunftserteilung ist grundsätzlich ein entsprechendes mündliches oder schriftliches[760] Auskunftsverlangen des Aktionärs.[761] Das Verlangen ist in der Hauptversammlung zu stellen und auch dort zu beantworten.[762] Den Grundsatz der zeitlichen Hauptversammlungsgebundenheit des Auskunftsrecht einschränkend soll nach § 131 Abs. 6 AktG des Referentenentwurfs zum UMAG der Vorstand zudem zukünftig durch Satzung oder Geschäftsordnung ermächtigt werden können, in der Hauptversammlungseinladung zu den Tagesordnungspunkten Fragen in Textform schon im Vorfeld der Hauptversammlung zuzulassen. Die entsprechenden Auskünfte sind in diesem Fall entweder auf der Hauptversammlung zu erteilen, oder aber wie die Fragen drei

---

759 *Zöllner*, in Kölner Kommentar, § 131 AktG Rn. 14; *Groß*, AG 1997, 97, 99; zu weitgehend *Ebenroth*, Auskunftsrecht, S. 17, der eine Berechtigung des Aufsichtsrates, zu entsprechenden Fragen überhaupt Stellung zu nehmen, grundsätzlich verneint.

760 Abweichend *Kubis*, in Münchener Kommentar, § 131 AktG Rn. 27, demzufolge das Auskunftsverlangen nur mündlich erklärt werden kann. Eine solche Einschränkung ist aber weder dem Wortlaut noch dem Sinn des § 131 AktG zu entnehmen. Erforderlich ist allerdings, dass alle Aktionäre von der schriftlich erteilten Auskunft Kenntnis nehmen können.

761 *Decher*, in Großkomm. AktG, § 131 Rn. 96; *Schaaf*, Hauptversammlung, Rn. 19.

762 *Hüffer*, AktG, § 131 Rn. 8; *Obermüller/Werner/Winden*, Rn. G 29; auch in den Fällen des § 131 Abs. 4 S. 1 AktG besteht nach dem eindeutigen Wortlaut der Vorschrift kein Anspruch auf Auskunftserteilung außerhalb der Hauptversammlung. Ein solcher lässt sich nach richtiger Ansicht auch nicht auf den Gleichbehandlungsgrundsatz nach § 53a AktG stützen (so aber *Eckardt*, in G/H/E/K, § 131 AktG Rn. 161; *Joussen*, DB 1994, 2485, 2486; wohl auch *von Gleichenstein*, AG 1958, 255, 257). Insoweit stellt § 131 Abs. 4 AktG eine abschließende, gegenüber § 53a AktG speziellere Vorschrift dar, vgl. *Decher*, in Großkomm. AktG, § 131 Rn. 363; *Hüffer*, AktG § 131 Rn. 42; ebenso *Duden*, in FS Caemmerer, S. 499, 503 unter Hinweis auf die der Ansicht von *Eckardt* entgegenstehende Gesetzgebungsgeschichte; zum Auskunftsrecht nach § 131 Abs. 4 AktG siehe unten unter § 3 E. III. 3. b).

Tage vor und während der Hauptversammlung auf der Internetseite der Gesellschaft zugänglich zu machen.[763]

Das Erfordernis des Auskunftsverlangens übergehend hat das *LG Berlin*[764] in einem Fall, der die Entlastung von Vorstand und Aufsichtsrat betraf, entschieden, dass der Vorstand auch unaufgefordert über solche Umstände zu informieren habe, die Einfluss auf die Beschlussfassung der Aktionäre haben können. Tue er dies nicht, so sollen nach Ansicht der Kammer die auf dieser Hauptversammlung gefassten Entlastungsbeschlüsse wegen Verletzung der „aus § 131 Abs. 1 AktG folgenden Informationspflicht" anfechtbar sein. Nur so könne dem Recht des Aktionärs auf umfassende Information genügt werden.

In Übertragung dieser Grundsätze könnte man ebenso für die Verschmelzung der Auffassung sein, den Vorstand treffe auch ohne ein ausdrückliches Auskunftsverlangen nach § 131 Abs. 1 AktG die Pflicht zur Offenlegung solcher Umstände, die für die Entscheidung über die Zustimmung zum Verschmelzungsvertrag wesentlich sein können. Da verschmelzungsrelevante Angaben grundsätzlich schon Inhalt des Verschmelzungsberichts sind, könnte sich eine solche Pflicht insbesondere auf Umstände beziehen, die nach dessen Fertigstellung eingetreten sind.

Indes ist der Interpretation des Auskunftsrechtes durch das *LG Berlin* nicht zuzustimmen. Zum einen widerspricht sie dem eindeutigen Wortlaut des § 131 Abs. 1 S. 1 AktG, wonach der Vorstand eine Auskunft nur „auf Verlangen" des Aktionärs zu geben hat. Zum anderen verwischt sie ohne Grund die Grenzziehung zwischen individuellem Informationsrecht des Aktionärs und kollektiver Informationspflicht des Vorstandes, ohne dass dies aus Gründen des Aktionärsschutzes erforderlich ist. Im Rahmen der Verschmelzung sind die in Rede stehenden Angaben nämlich regelmäßig Teil der organschaftlichen Berichtspflicht des Vorstandes, welche unabhängig von einem konkreten Auskunftsverlangen besteht. Auf der Hauptversammlung folgt die Pflicht des Vorstandes zur Offenlegung solcher (neuen) Umstände aus § 64 Abs. 1 S. 2 UmwG. Werden diese Pflichten verletzt, so kann dies zur Anfechtbarkeit des Zustimmungsbeschlusses führen, ohne dass es hierfür eines Rückgriffes auf § 131 Abs. 1 AktG aus Gründen des Aktionärsschutzes bedürfte.

---

763 Zu dem hiermit in Zusammenhang stehenden Auskunftsverweigerungsrecht nach § 131 Abs. 3 Nr. 9 AktG-RefE siehe unter § 3 E III. 5 a).

764 LG Berlin, AG 1997, 183, 185; ablehnend *Obermüller/Werner/Winden*, Rn. G 36, *Decher*, in Großkomm. AktG, § 131 Rn. 103 f., der allerdings in dem vom LG Berlin entschiedenen Fall eine kollektive Informationspflicht des Vorstandes gegenüber der Hauptversammlung aus den §§ 76, 93, 176 Abs. 1 S. 2 AktG herleiten will.

Anerkannt ist bislang schon die Befugnis des Versammlungsleiters, zum Zwecke der Straffung der Hauptversammlung die Redezeit der Aktionäre zu beschränken.[765] Hierdurch wird jedoch nach ganz überwiegender Auffassung das Fragerecht nach § 131 AktG nicht berührt, eine zeitliche Beschränkung des Fragerechts wird de lege lata als unzulässig angesehen.[766] Demgegenüber räumt der Referentenentwurf des UMAG dem Hauptversammlungsleiter die Möglichkeit ein, auch im Hinblick auf das Fragerecht zukünftig einen angemessenen zeitlichen Rahmen für den ganzen Hauptversammlungsablauf, für den einzelnen Tagesordnungspunkt sowie für den einzelnen Aktionär festzusetzen. Hierdurch soll einem Missbrauch der Rede- und Fragerechts entgegengewirkt und die Hauptversammlung wieder zu einer „attraktiven Plattform" für Aktionäre mit „ernstzunehmenden Stimmenanteilen" gemacht werden.[767] Die Reaktionen auf die geplante Neuregelung fallen unterschiedlich aus: Wird sie etwa vom Handelrechtsausschuss des Deutschen Anwaltsvereins als „effizientes Mittel zur Sicherung eines zeitgerechten Ablaufs der Hauptversammlung" begrüßt[768], so bewerten sie andere Stimmen in der Literatur als eine verfassungsrechtlich bedenkliche Beschneidung der Mitgliedschaftsrechte von Aktionärsminderheiten.[769] Nicht von der Hand zu weisen sind jedenfalls die von *Wilsing*[770] geäußerten praktischen Bedenken. So scheint es in der Tat durchaus vorstellbar, dass sich die Anfechtungskläger statt auf die Verletzung von Auskunftsrechten in Zukunft einfach auf die – zumindest behauptete – Unangemessenheit der zeitlichen Beschränkung des Fragerechts stützen werden, womit freilich die angestrebte Entlastungswirkung der Neuregelung ausgehebelt wäre.

### 3. Gegenstand und Umfang des Auskunftsrechts

Gemäß § 131 Abs. 1 S. 1 AktG können die Aktionäre Auskunft über Angelegenheiten der Gesellschaft fordern, soweit dies zur sachgemäßen Beurteilung des Gegenstandes der Tagesordnung erforderlich ist.

---

765 *Mülbert*, in Großkomm. AktG, Vor §§ 118 – 147 Rn. 152 ff. m.w.N.

766 BGH, DB 1965, 1851; OLG Stuttgart, AG 1995, 234, 235; *Hüffer*, AktG, § 129 Rn. 20; *Mülbert*, in Großkomm. AktG, Vor §§ 118 – 147 Rn. 153; *Semler*, in Münch. Hdb. GesR, AG, § 36 Rn. 48.

767 Vgl. Begr. RefE UMAG, S. 25 f.

768 HRA DAV, NZG 2004, 555, 558, befürwortend wohl auch *Diekmann/Leuering*, NZG 2004, 249, 255.

769 So etwa *Meilicke/Heidel*, DB 2004, 1479, 1480.

770 *Wilsing*, ZIP 2004, 1082, 1084 f.

### *a) Angelegenheiten der Gesellschaft*

Gegenstand des Auskunftsverlangens können nach § 131 Abs. 1 S. 1 AktG zunächst nur „Angelegenheiten der Gesellschaft" sein.[771] Dieser Begriff ist weit auszulegen, er umfasst nach gängiger Formulierung „alles, was sich auf die Gesellschaft und ihre Tätigkeit bezieht"[772]. Angelegenheiten der Gesellschaft können dementsprechend sämtliche Vorgänge, Tatsachen und Umstände sein, die die Vermögens- und Ertragslage der Gesellschaft, ihre rechtlichen und wirtschaftlichen Verhältnisse, ihr Erscheinungsbild in der Öffentlichkeit, ihre wesentlichen Beziehungen zu Vertragspartnern oder sonstigen Dritten oder ihre Geschäftpolitik betreffen.[773]

Gemäß § 131 Abs. 1 S. 2 AktG erstreckt sich das Auskunftsrecht auch auf die rechtlichen und geschäftlichen Beziehungen der Gesellschaft zu einem verbundenen Unternehmen i.S.d. § 15 AktG. Hierunter fallen etwa der Umfang des Beteiligungsbesitzes, die wesentlichen personellen Verflechtungen, die gegenseitigen Geschäftsbeziehungen und ihre Entwicklung, die Zahlung einer Konzernumlage[774], eine eventuelle Mithaftung für ein anderes Verbundunternehmen[775] oder der Abschluss und Inhalt von Unternehmensverträgen.[776] Ebenso zählen sämtliche Rechtsgeschäfte mit den verbundenen Unternehmen sowie ihre Abwicklung zu den rechtlichen und geschäftlichen Beziehungen.[777]

Entgegen dem ersten Anschein folgt aus § 131 Abs. 1 S. 2 AktG keine Erweiterung (oder Beschränkung) der Auskunftspflicht nach Satz 1, vielmehr kommt

---

771 Die (sich in der praktischen Handhabung der Vorschrift kaum auswirkende) gegenständliche Beschränkung des Auskunftsrechts auf Angelegenheiten der Gesellschaft findet ihren Grund in der Verknüpfung von Auskunftsanspruch und Mitgliedschaftsrecht, vgl. BVerfG, ZIP 1999, 1798, 1799.

772 BayObLG, AG 1999, 320, 321; ebenso BayObLG, ZIP 1996, 1251, 1252; ZIP 1996, 1743, 1746; *Decher*, in Großkomm. AktG, § 131 Rn. 114; *Hüffer*, AktG, Rn. 11; *Henn*, Hdb. d. Aktienrechts, Rn. 881; *Raiser*, Kapitalgesellschaften, § 16 Rn. 47; *Schaaf*, Hauptversammlung, Rn. 623 f.; siehe aber auch BayObLG, ZIP 1996, 1945, 1949, wonach der erforderliche Bezug auf die Angelegenheiten der Gesellschaft „als tatbestandliche Beschränkung des Auskunftsrechts nach § 131 Abs. 1 AktG zu beachten" ist; zustimmend *Groß*, WuB II A. § 131 AktG 1.97, S. 134, 135; *ders.*, AG 1997, 97, 104.

773 Vgl. nur *Decher*, in Großkomm. AktG, § 131 Rn. 114.

774 OLG Karlsruhe, AG 1990, 82; LG Frankfurt, DB 1993, 2371.

775 LG Frankfurt, ZIP 1994, 784, 785.

776 *Decher*, in Großkomm. AktG, § 131 Rn. 234; *Hüffer*, AktG, § 131 Rn. 15; *Spitze/Diekmann*, ZHR 158 (1994), 446, 453, jeweils mit weiteren Beispielen.

777 Vgl. *Eckardt*, in G/H/E/K, § 131 AktG Rn. 54; *Hüffer*, AktG, § 131 Rn. 15; *Spitze/Diekmann*, ZHR 158 (1994), 447, 453.

der Vorschrift lediglich klarstellende Bedeutung zu.[778] Die Beziehungen zu solchen Unternehmen sind notwendigerweise zugleich schon Angelegenheiten der Gesellschaft selbst. Von daher unterliegt auch das Auskunftsbegehren nach § 131 Abs. 1 S. 2 AktG den tatbestandlichen Voraussetzungen des Satz 1, insbesondere muss die erstrebte Auskunft für die Beurteilung des Gegenstandes der Tagesordnung erforderliche sein.

Von den Beziehungen zu verbundenen Unternehmen zu unterscheiden sind deren eigene Angelegenheiten. Schon aus den Gesetzesmaterialien[779] ergibt sich, dass insbesondere die wirtschaftliche Lage eines verbundenen Unternehmens grundsätzlich nicht zu den rechtlichen und tatsächlichen Beziehungen der Gesellschaft zu diesem zählt.[780] Als nicht mehr dem Verantwortungsbereich der Gesellschaft zugehörig unterliegen diese damit grundsätzlich auch nicht der Auskunftspflicht. Eine andere Beurteilung ist jedoch dann vorzunehmen, wenn diese Angelegenheiten wegen ihrer Bedeutung für die rechtlichen oder tatsächlichen Verhältnisse des verbundenen Unternehmens mittelbar auch für die eigene Gesellschaft derart relevant werden, dass sie gleichzeitig auch als „Angelegenheiten der Gesellschaft" i.S.d. § 131 Abs. 1 S. 1 AktG anzusehen sind.[781]

### *b) Keine Erweiterung des Auskunftsrechts gemäß § 131 Abs. 4 AktG*

Soweit einem Aktionär wegen seiner Eigenschaft als Aktionär eine Auskunft *außerhalb* der Hauptversammlung erteilt wurde, ist sie nach § 131 Abs. 4 AktG

---

[778] So die fast einhellige Meinung, vgl. BayObLG, ZIP 1996, 1743, 1746; OLG Bremen, AG 1981, 229; LG München, AG 1999, 283, 284; *Eckardt*, in G/H/E/K, § 131 AktG Rn. 52; *Hüffer*, AktG, § 131 Rn. 13; *Zöllner*, in Kölner Kommentar, § 131 AktG Rn. 27; *Ebenroth*, AG 1970, 104, 105; *Obermüller/Werner/Winden*, Rn. G 40; *Spitze/Diekmann*, ZHR 158 (1994), 447, 449 f.

[779] Vgl. Begr. RegE zu § 131 AktG, abgedruckt bei *Kropff*, Aktiengesetz 1965, S. 158.

[780] Unzutreffend daher KG, WM 1994, 1479, 1485: „Das Gesetz gewährt zwar dem Wortlaut nach nur einen Anspruch auf Auskunft über die rechtlichen und geschäftlichen Beziehungen zu den verbundenen Unternehmen (§ 15 AktG). Dazu gehören aber auch Informationen [...] über die wirtschaftliche Lage der verbundenen Unternehmen [....].", ebenso KG, ZIP 1995, 1585, 1588.

[781] BayObLG, AG 2000, 131 f.; ZIP 1996, 1743, 1746; OLG Düsseldorf, NJW 1988, 1033, 1034; LG München, NZG 1999, 674, 676; *Decher*, in Großkomm. AktG, § 131 Rn. 236; *Hüffer*, AktG, § 131 Rn. 16; *Henn*, Hdb. d. Aktienrechts, Rn. 883; *Schaaf*, Hauptversammlung, Rn. 626 f.; *Schneider*, in FS Lutter, S. 1193, 1200; ebenso auch die Begr. RegE zu § 131 AktG, abgedruckt bei *Kropff*, Aktiengesetz 1965, S. 185 f.; i.E. auch OLG Köln, AG 2002, 89, 90, das allerdings auf § 131 Abs. 1 S. 2 AktG abstellt; dagegen soll nach *Ebenroth*, AG 1970, 104, 105 die wirtschaftliche Lage eines verbundenen Unternehmens nicht zu den Gesellschaftsangelegenheiten zählen. Trotz der Schwierigkeiten, die die Festlegung der Erheblichkeitsschwelle im Einzelfall aufzuwerfen vermag (hierzu eingehend *Spitze/Diekmann*, ZHR 158 (1994), 447, 454 ff.), ist diese Auffassung vor dem Hintergrund des praktischen Informationsbedürfnisses abzulehnen. So kann beispielsweise die Wirtschaftverfassung von Tochterunternehmen grundlegende Bedeutung für die Gesellschaft selbst haben.

auch jedem anderen Aktionär auf sein Verlangen in der Hauptversammlung zu geben, ohne dass es darauf ankommt, ob diese Auskunft zur sachgemäßen Beurteilung des Gegenstandes der Tagesordnung erforderlich ist oder nicht.[782] Dem Vorstand stehen in diesem Fall auch nicht die Auskunftsverweigerungsrechte nach § 131 Abs. 3 S. 1 Nr. 1 bis 4 AktG zu. Insoweit stellt § 131 Abs. 4 AktG eine Konkretisierung des allgemeinen Gleichbehandlungsgrundsatzes nach § 53a AktG dar.[783]

Maßgebliche Bedeutung für Verschmelzungsvorgänge könnte diesem Auskunftsrecht vor dem Hintergrund zukommen, dass in der Praxis konzerninterne Verschmelzungen, bei den bereits verbundene Rechtsträger miteinander verschmolzen werden, bei weitem überwiegen. Im Regelfall bildet die Verschmelzung den Endpunkt eines in mehreren Schritten vollzogenen Konzernierungsvorgangs, der seinen Anfangspunkt in einem bloßen Beteiligungserwerb findet. Die Verschmelzung bislang unabhängiger Unternehmen stellt dagegen rechtstatsächlich eher die Ausnahme dar.[784] Werden nun beispielsweise dem an einer Aktiengesellschaft beteiligten Mutterunternehmen, auf das verschmolzen werden soll (sog. up-stream-merger), im Zuge der Vertragsverhandlungen Auskünfte über die wirtschaftliche Lage (etwa im Rahmen einer Due Diligence Prüfung) erteilt, so stellt sich die Frage, ob eben diese Auskünfte aufgrund von § 131 Abs. 4 AktG auch den übrigen (außenstehenden) Aktionären zu geben sind. Letztlich wird man dies zu verneinen haben.

Bei Bestehen eines Unternehmensvertrages nach den §§ 291 ff. AktG folgt der Auskunftsanspruch des herrschenden Unternehmens aus dem gesetzlich vorgesehen Weisungsrecht der Obergesellschaft nach § 308 Abs. 1 S. 1 AktG.[785] Er ist damit Ausfluss der aus dem Unternehmensvertrag folgenden Sonderrechtsbeziehung. Eine über § 131 Abs. 4 AktG zu bewerkstelligende „Gleichbehandlung" der außenstehenden Aktionäre ist in Anbetracht der unternehmensvertragsrechtlich legitimierten Sonderrechte bzw. der korrespondierenden Pflichten des ab-

---

782 Nach *Zöllner*, in Kölner Kommentar, § 131 AktG Rn. 70 soll zumindest ein Zusammenhang der begehrten Auskunft mit einem Tagesordnungspunkt bestehen müssen; ebenso schon *Ebenroth*, Auskunftsanspruch, S. 102; eine derartige Einschränkung findet jedoch in Wortlaut und Sinn der Vorschrift keine Stütze; vgl. BayObLG, ZIP 2002, 1804, 1805; *Hüffer*, AktG, § 131 Rn. 42; i.E. ebenso *Decher*, in Großkomm. AktG, § 131 Rn. 365; der allerdings *de lege ferenda* eine entsprechende Beschränkung des Auskunftsrechts für sachgerecht hält.

783 Vgl. Begr. RegE zu § 131 Abs. 4 AktG, abgedruckt bei *Kropff*, Aktiengesetz 1965, S. 187.

784 *Heckschen*, Verschmelzung von Kapitalgesellschaften, S. 8, 51; *Hirte*, Kapitalgesellschaftsrecht, Rn. 907; dennoch ist Leitbild des Umwandlungsgesetzes die Verschmelzung unabhängiger Rechtsträger, für die Konzernverschmelzung bestehen Ausnahmevorschriften.

785 *Zöllner*, in Kölner Kommentar, § 131 AktG Rn. 66; *Decher*, in Großkomm. AktG, § 131 Rn. 347; *ders.*, ZHR 158 (1994), 473, 480.

hängigen Unternehmens nicht veranlasst.[786] Aufgrund des unterschiedlichen Beziehungsgefüges können die übrigen Aktionäre damit keine Erteilung der an das herrschende Unternehmen gegebenen Auskünfte verlangen.

Aber auch wenn zwischen den beteiligten Rechtsträgern kein Unternehmensvertrag geschlossen ist, besteht kein entsprechendes Auskunftsrecht der außenstehenden Aktionäre nach § 131 Abs.4 AktG hinsichtlich derjenigen Informationen, die im Zuge der Verhandlungen über die Verschmelzung der anderen Vertragspartei erteilt werden. Dies gilt unabhängig davon, ob man die Vorschrift des § 131 Abs. 4 AktG im faktischen Konzern ganz allgemein für unanwendbar hält[787], was im Hinblick auf das nach §§ 311 ff. AktG auch hier bestehende besondere Rechten- und Pflichtengefüge grundsätzlich zutreffend erscheint. Denn Voraussetzung des erweiterten Auskunftsrechts nach § 131 Abs. 4 AktG ist, dass die betreffende Information dem Aktionär „wegen seiner Eigenschaft als Aktionär" erteilt wurde. Nicht umfasst sind damit Auskünfte, die durch besondere rechtliche Beziehungen des Aktionärs zur Gesellschaft veranlasst sind.[788] Durch die Aufnahme von Verhandlungen über den Abschluss eines Verschmelzungsvertrages entsteht jedoch ein vorvertragliches Schuldverhältnis zwischen den beteiligten Rechtsträgern.[789] Werden in dieser Phase nun unternehmensrelevante Daten an den Aktionär übermittelt, auf den die Gesellschaft verschmolzen werden soll, so findet diese Auskunftserteilung ihren Grund in eben diesem Rechtsverhältnis. Die Information wird dem Aktionär daher nicht - wie von

---

786 *Decher*, in Großkomm. AktG, § 131 Rn. 347; *Eckardt*, in G/H/E/K, § 131 AktG Rn. 147; *Hüffer*, AktG, § 131 Rn. 38; *Hoffmann-Becking*, in FS Rowedder, S. 155, 167 f.; vgl. auch LG München, AG 1999, 138 f. für die Auskunftserteilung an *Dritte* auf Weisung der Muttergesellschaft.

787 So angesichts des auch bei der faktischen Konzernierung bestehenden rechtlichen Sonderstatus des herrschenden Unternehmens zutreffend LG Düsseldorf, AG 1992, 461, 462; *Decher*, in Großkomm. AktG, § 131 Rn. 348; *Duden*, in FS Caemmerer, S. 499, 504 ff.; *Ebenroth*, Auskunftsrecht, S. 101; *Habersack/*Verse, AG 2003, 300, 305 f.; *Hoffmann-Becking*, in FS Rowedder, S. 155, 167 f.; *Obermüller/Werner/Winden*, Rn. G 91; abweichend *Eckardt*, in G/H/E/K, § 131 AktG Rn. 148; *Koppensteiner*, in Kölner Kommentar, § 312 AktG Rn. 5 und *Kort*, ZGR 1987, 46, 59 f., da die faktische Konzernierung von den §§ 311 ff. AktG lediglich hingenommen, aber nicht legitimiert werde. Unabhängig davon, ob der Gesetzgeber den faktischen Konzern nun rechtlich erkannt oder lediglich hingenommen hat, ist die Zulässigkeit faktischer Konzernierung heute jedenfalls allgemein anerkannt. Diesem Ergebnis liefe es jedoch zuwider, durch die Anwendung des § 131 Abs. 4 AktG den für eine sachgerechte Konzernleitung notwendigen konzerninternen Informationsfluss zu unterbinden, vgl. *Habersack/Verse*, AG 2003, 300, 306.

788 Begr. RegE zu § 131 Abs. 4 AktG, abgedruckt bei *Kropff*, Aktiengesetz 1965, S. 187; vgl. auch BayObLG, ZIP 2002, 1804, 1805.

789 *Marsch-Barner*, in Kallmeyer, § 8 Rn. 29; *Mayer*, in Widmann/Mayer, § 8 UmwG Rn. 54; *Mertens*, AG 1990, 20, 26; i.E. auch *Gehling*, in Semler/Stengel, § 8 Rn. 64, der zwar eine Auskunftspflicht der Rechtsträger untereinander ablehnt, jedoch zugesteht, dass gleichwohl erteilte Informationen richtig und vollständig sein müssen. Bei Verletzung dieser Richtigkeitspflicht kommt eine Haftung auf das negative Interesse in Betracht.

§ 131 Abs. 4 AktG gefordert - aufgrund seiner allgemeinen Aktionärseigenschaft, sondern gerade aufgrund seiner Sonderstellung als potentieller Übernehmer innerhalb der Vertragsverhandlungen erteilt. Mangels Vergleichbarkeit der Interessenlage sowie der Rechtspositionen stellt die Versagung eines entsprechenden Auskunftsanspruchs damit auch keine über § 131 Abs. 4 AktG auszugleichende Ungleichbehandlung der übrigen Aktionäre dar. Diese werden durch das - insoweit als abschließend anzusehende - detaillierte Informationssystem des Verschmelzungsrechts (§§ 5, 8, 9 ff., 61, 63, 64 UmwG, §§ 121 ff., 131 Abs. 1 AktG) hinreichend geschützt. Ein Auskunftsanspruch nach § 131 Abs. 4 AktG hinsichtlich derjenigen Informationen, die dem an der Gesellschaft beteiligten Übernehmer erteilt wurden, ist aus den genannten Gründen abzulehnen.

### *c) Besonderes Auskunftsrecht gemäß § 64 Abs. 2 UmwG*

Bei wesentlichen Grundlagen- und Strukturentscheidungen wird das allgemeine Auskunftsrecht nach § 131 Abs. 1 AktG durch spezialgesetzliche Auskunftsansprüche ergänzt.[790] Für die Verschmelzung bestimmt § 64 Abs. 2 UmwG, dass in der Hauptversammlung jedem Aktionär auf Verlangen Auskunft auch über alle für die Verschmelzung wesentlichen Angelegenheiten der anderen beteiligten Rechtsträger zu geben ist. Hiermit trägt das Gesetz dem Umstand Rechnung, dass eine sachgerechte Entscheidung nur auf der Grundlage einer umfassenden Information der Aktionäre nicht nur über die eigene, sondern auch bezüglich der anderen an der Verschmelzung beteiligten Gesellschaft getroffen werden kann.[791] Besondere Bedeutung scheint § 64 Abs. 2 UmwG zuzukommen, wenn Verschmelzungspartner ein unverbundenes Unternehmen ist, da sich nach § 131 Abs. 1 S. 1 AktG das Auskunftsrecht wie gesehen nur auf die Angelegenheiten der eigenen Gesellschaft erstreckt. Aber auch im Rahmen einer Konzernverschmelzung geht § 64 Abs. 2 UmwG zumindest seinem Wortlaut nach über das allgemeine Auskunftsrecht hinaus, da sich § 131 Abs. 1 S. 2 AktG lediglich auf die *Beziehungen* zu den verbundenen Unternehmen erstreckt[792], § 64 Abs. 2 UmwG dagegen unter den genannten Voraussetzungen ausdrücklich auch die

---

[790] Vgl. für den Abschluss und die Änderung von Unternehmensverträgen §§ 293g Abs. 3, 295 Abs. 1 S. 2 AktG, für die Eingliederung §§ 319 Abs. 3 S. 4, 320 Abs. 1 S. 4, 326 AktG; für die Spaltung und die Vermögensübertragung verweisen die §§ 125 Abs. 1 S. 2, 176 Abs. 1 UmwG auf die Verschmelzungsvorschriften, und damit auf das Auskunftsrecht nach § 64 Abs. 2 UmwG. Zur entsprechenden Anwendung dieser Vorschriften auf sog. „Holzmüller-Entscheidungen" – zu deren Konkretisierung jüngst BGH, BB 2004, 1182 ff. - siehe *Decher*, ZHR 158 (1994), 473, 492; *Leinekugel*, Ausstrahlungswirkungen, S. 236.

[791] Siehe Begr. RegE zu § 340 Abs. 4 AktG a.F., abgedruckt bei *Kropff*, Aktiengesetz 1965, S. 457.

[792] Wie bereits ausgeführt, können allerdings auch die eigenen Angelegenheiten der verbundenen Unternehmen aufgrund ihrer Bedeutung Angelegenheiten der Gesellschaft i.S.d. § 131 Abs. 1 S. 1 AktG sein.

(eigenen) Angelegenheiten des Verschmelzungspartners umfasst.[793] Ist der Vertragspartner ein (nicht mit der eigenen Aktiengesellschaft) konzernverbundenes Unternehmen, so erstreckt sich gemäß § 8 Abs. 1 S. 3 und S. 4 UmwG das Auskunftsrecht nach § 131 Abs. 1 AktG, § 64 Abs. 2 UmwG schließlich auch auf die für die Verschmelzung wesentlichen Angelegenheiten auch der weiteren verbundenen Unternehmen.[794] Dies gilt unabhängig davon, ob der Verschmelzungspartner herrschendes oder beherrschtes Unternehmen ist.[795]

Der Vorstand der Aktiengesellschaft muss damit Auskunft nicht nur über das eigene Unternehmen, sondern auch über die Angelegenheiten der anderen beteiligten Rechtsträger erteilen. Hierauf hat er sich entsprechend vorzubereiten, indem er sich die in Rede stehenden Informationen über das andere Unternehmen beschafft und die voraussichtlich erforderlichen Unterlagen in der Hauptversammlung bereithält. Soweit dies zur Beantwortung der betreffenden Fragen notwendig erscheint, kann er auch Vertreter des anderen Rechtsträgers als Hilfspersonen zur Beantwortung von Fragen i.S.d. § 64 Abs. 2 UmwG heranziehen.[796] Auskunftspflichtig ist allerdings auch in diesem Fall allein der Vorstand der eigenen Gesellschaft. Wird die Antwort nicht von ihm, sondern von der Hilfsperson erteilt, so muss sie doch immer dem Vorstand zugerechnet werden können.[797]

#### d) *Verhältnis der spezialgesetzlichen Regelung des § 64 Abs. 2 UmwG zum allgemeinen Auskunftsrecht nach § 131 Abs. 1 AktG*

Unterschiedlich beurteilt wird das Verhältnis des spezialgesetzlich geregelten Auskunftsrechts nach § 64 Abs. 2 UmwG gegenüber dem allgemeinen aktienrechtlichen Auskunftsanspruch nach § 131 Abs. 1 AktG. Weitgehende Einigkeit

---

793 *Grunewald*, in Lutter, UmwG, § 64 Rn. 6; eingehend zum Verhältnis der Auskunftsrechte zueinander sogleich im Text.

794 *Marsch-Barner*, in Kallmeyer, § 64 Rn. 6; *Rieger*, in Widmann/Mayer, § 64 UmwG Rn. 12; *Krieger*, ZGR 1990, 517, 526.

795 *Grunewald*, in Lutter, UmwG, § 64 Rn. 6; i.E. ebenso *Krieger*, ZGR 1990, 517, 526 zu § 385 DiskE zum Umwandlungsrechts-Bereinigungsgesetz 1988. Dieser sah für den Fall einer Verschmelzung unter Beteiligung einer abhängigen Gesellschaft ausdrücklich die Erstreckung des Auskunftsanspruchs auf Angelegenheiten des herrschenden Unternehmens vor. Nach Aufaasung von *Krieger* ergab sich für den umgekehrten Fall die Auskunftspflicht über Angelegenheiten des abhängigen Unternehmens bereits aus dem allgemeinen Auskunftsanspruch nach § 131 Abs. 1 AktG, da für die Umwandlung wesentliche Angelegenheiten abhängiger Unternehmen zugleich auch Angelegenheiten des herrschenden Unternehmens selbst seien. Zu der unterschiedlichen Ausprägung der Auskunftspflichten je nach dem, ob das betreffende Unternehmen der übergeordneten oder nachgeordneten Konzernebene angehört *Gehling*, in Semler/Stengel, § 8 Rn. 58 ff.

796 *Marsch-Barner*, in Kallmeyer, § 64 Rn. 7, *Kraft*, in Kölner Kommentar, § 340d AktG Rn. 16.

797 *Rieger*, in Widmann/Mayer, § 64 UmwG Rn. 3; *Semler*, in Münch. Hdb. GesR, AG, § 37 Rn. 27.

besteht noch darüber, dass sich nicht etwa *e contrario* aus der Existenz der speziellen Auskunftsvorschriften eine Einschränkung des Anspruchs aus § 131 Abs. 1 AktG dahingehend ergibt, dass außerhalb dieser Regelungen Auskünfte zu Vertragspartnern grundsätzlich nicht verlangt werden können.[798] Uneinheitlich beurteilt wird dagegen die Frage, ob § 64 Abs. 2 UmwG eine Erweiterung des allgemeinen Auskunftsanspruchs bewirkt.

*aa) Die Ansichten des Schrifttums*

So findet sich insbesondere in der umwandlungsrechtlichen Kommentarliteratur[799] durchweg die Feststellung, die Vorschrift des § 64 Abs. 2 UmwG sei als gegenständliche Erweiterung des nach § 131 Abs. 1 AktG bestehenden allgemeinen Auskunftsanspruchs zu verstehen. Diese Auffassung wird auch von dem ganz überwiegenden sonstigen Schrifttum geteilt.[800] Eine inhaltliche Auseinandersetzung mit dem Verhältnis beider Normen zueinander und damit eine Begründung dieser Sichtweise ist dagegen kaum zu finden.[801] Bedingt sei diese gesetzliche Erweiterung des allgemeinen Auskunftsrechts durch das gegenüber sonstigen Beschlussgegenständen gesteigerte Interesse der von der Verschmelzung betroffenen Aktionäre an einer umfassenden Information.[802]

Die namentlich von *Decher*[803], *Kubis*[804] und *Zöllner*[805] vertretene Gegenauffassung sieht § 64 Abs. 2 UmwG dagegen lediglich als Konkretisierung des bereits nach § 131 Abs. 1 AktG bestehenden Auskunftsanspruchs. Diesen Autoren zufolge stellen die gesetzlichen „Sonderregelungen [...] nur klar, was ohnehin rechtens wäre."[806] Denn über die Angelegenheiten des anderen Vertragsteils habe der Vorstand bereits nach § 131 Abs. 1 Auskunft zu erteilen, und zwar unab-

---

798 Vgl. *Decher*, in Großkomm. AktG, § 131 Rn. 258; *Grage*, Auskunftsrecht, S. 91; *Spitze/Diekmann*, ZHR 158 (1994), 447, 450 f.; a. A. aber wohl *Trouet*, NJW 1986, 1302, 1303.

799 *Bermel*, in Goutier/Knopf/Tulloch, § 64 UmwG Rn. 9; *Dehmer*, § 64 UmwG Rn. 5; *Diekmann*, in Semler/Stengel, § 64 Rn. 15; *Grunewald*, in Lutter, UmwG, § 64 Rn. 6; *Rieger*, in Widmann/Mayer, § 64 UmwG Rn. 11; *Stratz*, in Schmitt/Hörtnagl/Stratz, § 64 UmwG Rn. 5; *Kraft*, in Kölner Kommentar, § 340 AktG Rn. 15.

800 *Eckardt*, in G/H/E/K, § 131 AktG Rn. 56 f.; *Bayer*, AG 1988, 323, 329; *Ebenroth*, Auskunftsrecht, S. 74; *Obermüller/Werner/Winden*, Rn. G 63; *Raiser*, Recht der Kapitalgesellschaften, § 16 Rn. 41; *Spitze/Diekmann*, ZHR 158 (1994), 447, 450; hinsichtlich des Auskunftsrechte nach §§ 293g Abs. 3, 319 Abs. 2 S. 4 AktG siehe auch *Hüffer*, AktG, § 293g Rn. 3 und § 319 Rn. 12.

801 Eine Ausnahme bildet hier die Kommentierung von *Grunewald*, in Lutter, UmwG, § 64 Rn. 6.

802 Vgl. nur *Diekmann*, in Semler/Stengel, § 64 Rn. 15.

803 *Decher*, in Großkomm. AktG, § 131 Rn. 225, 258; anders noch *ders.*, ZHR 158 (1994), 473, 492.

804 *Kubis*, in Münchener Kommentar, § 131 AktG Rn. 63.

805 *Zöllner*, in Kölner Kommentar, § 131 AktG Rn. 19 (zu § 340 Abs. 4 AktG a.F.); ihm folgend *Grage*, Auskunftsrecht, S. 92.

806 So *Decher*, in Großkomm. AktG, § 131 Rn. 225, 258.

hängig davon, ob es sich bei diesem Rechtsträger um ein verbundenes Unternehmen handele oder nicht. Gestützt wird diese Ansicht auf die These, wesentliche Angelegenheiten des Vertragspartners stellten zugleich „Angelegenheiten der Gesellschaft“ i. S. d. § 131 Abs. 1 S. 1 AktG dar.

### *bb) Stellungnahme*

#### *(1) Grammatikalische Auslegung*

Der Wortlaut des § 64 Abs. 2 UmwG spricht auf den ersten Blick für ein Normverständnis im Sinne der zuerst genannten Auffassung. Der Vorschrift zufolge ist jedem Aktionär in der Hauptversammlung „Auskunft *auch* über alle für die Verschmelzung wesentlichen Angelegenheiten der anderen beteiligten Rechtsträger zu geben.“ Dies legt in der Tat den Schluss nahe, im Zuge der Verschmelzung solle der Aktionär sich nicht mit den allgemeinen Auskunftsgegenständen zufrieden geben müssen, sondern eben *auch* die Angelegenheiten des anderen Rechtsträgers zum Gegenstand seines Auskunftsbegehrens machen können. Der Wortlaut wäre nach dieser Interpretation im Sinne eines „*nicht nur, sondern auch*“ zu verstehen. Zwingend ist eine solche Auslegung indes nicht. In grammatikalischer Hinsicht lässt sich § 64 Abs. 2 UmwG durchaus auch als klarstellender Hinweis darauf verstehen, dass sich das allgemeine Auskunftsrecht nach § 131 Abs. 1 AktG eben *auch* auf die Angelegenheiten des Vertragspartners bezieht. Dies zeigt sich auch bei einem Vergleich mit dem Wortlaut des § 131 Abs. 1 S. 2 AktG, dem - wie oben dargelegt – nach einhelliger Auffassung ein ebensolches Verständnis zugrunde gelegt wird. Letztgenannte Vorschrift ordnet an, dass sich die Auskunftspflicht „*auch* auf die rechtlichen und geschäftlichen Beziehungen der Gesellschaft zu einem verbundenen Unternehmen“ erstreckt. Nichts desto weniger wird auch dieser Vorschrift lediglich deklaratorische Bedeutung hinsichtlich des Umfanges des allgemeinen Auskunftsanspruchs nach § 131 Ab. 1 S. 1 AktG beigemessen.

#### *(2) Historische Auslegung*

Ausweislich der Gesetzesmaterialien hat der Gesetzgeber dagegen den umwandlungsspezifischen Auskunftsanspruch als Erweiterung der bereits bestehenden Aktionärsrechte verstanden. So heißt es in der Regierungsbegründung zu § 340 Abs. 4 AktG a.F., auf den der heutige § 64 Abs. 2 UmwG zurückgeht, der Umfang des bestehenden Auskunftsrechts gemäß § 131 Abs. 1 AktG sei

> „für die Beschlußfassung über die Verschmelzung zu eng. Die Aktionäre der übertragenden Gesellschaft können nur dann den Verschmelzungsvertrag sachgemäß beurteilen, wenn sie nicht nur über die Angelegenheiten ihrer eigenen Gesellschaft, sondern auch über die der anderen Gesellschaft unterrichtet werden. Deshalb *erweitert* der

> Entwurf das Auskunftsrecht auf alle für die Verschmelzung wesentlichen Angelegenheiten der anderen Gesellschaft."[807]

Aus dieser Passage der Regierungsbegründung zum Aktiengesetz 1965 lässt sich deutlich entnehmen, dass der Gesetzgeber dem gleichfalls reformierten § 131 AktG einen weniger weitreichenden Umfang, der umwandlungsrechtlichen Spezialvorschrift folglich eine erweiternde Funktion zumaß. Auf der anderen Seite ließe sich in diesem Zusammenhang jedoch auch auf die Regierungsbegründung zu § 131 Abs. 1 AktG hinweisen, wonach sich – zumindest für den Bereich der verbundenen Unternehmen – das Auskunftsrecht auch auf Angelegenheiten derselben erstreckt, sofern diese aufgrund ihrer Bedeutung zugleich Angelegenheiten der Gesellschaft sind, in der das Informationsrecht ausgeübt wird.[808]

### *(3) Systematische Auslegung*

Die Frage, ob aus § 64 Abs. 2 UmwG eine Erweiterung des allgemeinen Auskunftsrechts folgt oder ob lediglich der Umfang desselben präzisiert wird, hängt letztlich entscheidend davon ab, welchen originären Umfang man dem Auskunftsrecht nach § 131 Abs. 1 AktG zubilligt. Nach Satz 1 dieser Vorschrift umfasst der Auskunftsanspruch die Angelegenheiten der (eigenen) Gesellschaft. Satz 2 stellt klar, dass hierzu auch die rechtlichen und geschäftlichen Beziehungen zu verbundenen Unternehmen zu zählen sind. Anerkannt ist schließlich, dass auch eigene Angelegenheiten der verbundenen Unternehmen aufgrund ihrer Bedeutung zugleich Angelegenheiten der betreffenden Gesellschaft selbst sein können.[809] Zumindest für den praktisch wohl bedeutsamsten Fall der konzerninternen Verschmelzung folgt damit ein Anspruch auf Auskunft über alle für die Verschmelzung wesentlichen Angelegenheiten des Vertragspartners bereits aus § 131 Abs. 1 AktG. So ist insbesondere die wirtschaftliche Lage des anderen an der Verschmelzung beteiligten (verbundenen) Rechtsträgers von immenser Bedeutung für die Gesellschaft, in der das Informationsbegehren gestellt wird. Gerade im Rahmen einer in ihren Auswirkungen mit weitreichenden Konsequenzen behafteten Strukturänderung wird es kaum *wesentliche* Angelegenheiten des Vertragspartners geben, die nicht zugleich auch als Angelegenheiten im Sinne des § 131 Abs. 1 S. 1 AktG zu qualifizieren sind. Aus eben diesem Grunde müssen auch Verschmelzungs- und Verschmelzungsprüfungsbericht, insbesondere im Zusammenhang mit der Beurteilung der Angemessenheit von Umtauschverhältnis und Barabfindung, detaillierte Angaben über die anderen beteiligten Gesellschaften enthalten. Die Relevanz solcher Umstände für die eigene Gesellschaft beruht in diesen Fällen zwar letztlich auf den „rechtlichen und geschäftli-

---

[807] Begr. RegE zu § 340 Abs. 4 AktG a.F., abgedruckt bei *Kropff*, Aktiengesetz 1965, S. 457 (Hervorhebung d. Verf.).

[808] Begr. RegE zu § 131 AktG, abgedruckt bei *Kropff*, Aktiengesetz 1965, S. 185 f.

[809] Siehe oben § 3 E. III. 3. a).

chen Beziehungen“ zu dem verbundenen Vertragspartner. Das Auskunftsrecht nach § 131 Abs. 1 AktG muss sich jedoch seinem Gegenstand nach nicht auf diese Beziehungen beschränken.[810] Vielmehr umfasst es, wie dargelegt, auch Fragen zu solchen Umständen, die zwar formal als gesellschaftsfremde, ihrer Bedeutung wegen jedoch als eigene Angelegenheiten zu qualifizieren sind. Aus diesen Gründen stellt § 64 Abs. 2 UmwG jedenfalls für die Verschmelzung bereits konzernierter Unternehmen lediglich eine Konkretisierung des allgemeinen Auskunftsanspruchs dar.

Aber auch für die (selteneren) Fälle einer Verschmelzung unter Beteiligung bislang unverbundener Unternehmen gilt nichts anderes. Auch hier stellen die wesentlichen Angelegenheiten des Verschmelzungsvertragspartners gleichzeitig Angelegenheiten der eigenen Gesellschaft dar.[811] Es würde unverständlich erscheinen, zwar den Verschmelzungsvertrag, der angesichts seiner Bedeutung der Hauptversammlung zur Beschlussfassung vorzulegen ist, als eindeutige Gesellschaftsangelegenheit anzusehen, die wirtschaftlichen Verhältnisse des Vertragspartners dagegen, die letztlich für den Ausgang der gesamten Strukturänderung von maßgeblichem Gewicht sind, hiervon auszuklammern. Letztendlich kann es für die Beurteilung der Frage, ob die Wirtschaftsverfassung eines anderen Unternehmens aufgrund ihrer Bedeutung eine Angelegenheit der eigenen Gesellschaft ist, auch keinen Unterschied machen, ob dieses Unternehmen nun ein verbundenes ist oder nicht. Die verschmelzungsspezifische Relevanz der Auskunft für den Aktionär ist in beiden Fällen gleich.

In gesetzessystematischer Hinsicht steht dieser Sichtweise auch nicht entgegen, dass nur § 64 Abs. 2 UmwG auch auf unverbundene Unternehmen Bezug nimmt, § 131 Abs. 1 S. 2 AktG dagegen das Auskunftsrecht nur auf verbundene Unternehmen erstreckt. Denn auch letztgenannte Vorschrift stellt ja wie gesehen lediglich klar, was sich bereits aus § 131 Abs. 1 S. 1 AktG ergibt. Hat sie damit keinen eigenständigen Anwendungsbereich, so kann sie auch nicht im Umkehrschluss den Anwendungsbereich der Grundnorm beschränken. Schließlich hat die hier befürwortete Qualifikation von § 64 Abs. 2 UmwG als eine den Umfang des allgemeinen Auskunftsrechts konkretisierende Norm den Vorteil, dass sich auch die Übertragung der Voraussetzungen und Schranken des § 131 AktG auf

---

810 Vgl. in diesem Zusammenhang auch die Ausführungen von *K. Schmidt*, Informationsrechte, S. 34 zu dem Verhältnis von § 131 Abs. 1 S. 1 und S. 2 AktG.

811 Ebenso *Decher*, in Großkomm. AktG, § 131 Rn. 258; *Grage*, Auskunftsrecht, S. 92.

das „erweiterte" Auskunftsrecht nach § 64 Abs. 2 UmwG, welches seinerseits an keiner Stelle auf diese Bezug nimmt, systemgetreu erklären lässt.[812]

### e) *Erforderlichkeit der Auskunft zur Beurteilung von Gegenständen der Tagesordnung*

#### aa) *Objektiver Ansatz*

Das Auskunftsrecht des § 131 Abs. 1 AktG dient nicht dazu, dem Aktionär unabhängig von der konkreten Tagesordnung der Hauptversammlung einen allgemeinen Rechenschaftsanspruch gegenüber der Verwaltung zu vermitteln. Vielmehr besteht der Auskunftsanspruch des Aktionärs gemäß § 131 Abs. 1 S. 1 AktG nur, soweit die begehrte Auskunft „zur sachgemäßen Beurteilung des Gegenstandes der Tagesordnung erforderlich ist". Nicht ausreichend ist damit ein bloßer Bezug der verlangten Information zum Gegenstand der Tagesordnung.[813] Insofern bildet das Kriterium der Erforderlichkeit auch eine Art „Erheblichkeitsschwelle"[814], mit Hilfe derer für die Beschlussfassung überflüssige und unwesentliche Auskunftsbegehren ausgeschieden werden können. Ob eine Auskunft in diesem Sinne „erforderlich" ist, bemisst sich nach fast einhelliger Auffassung am Maßstab eines objektiv denkenden Durchschnittsaktionärs, der die Gesellschaft nur aufgrund allgemein bekannter Tatsachen kennt. Für ihn muss die begehrte Auskunft ein wesentliches Element seiner Urteilsfindung bilden.[815] Mit dieser objektiven Sichtweise geht einher, dass die Beurteilung der Erforderlich-

---

[812] Augenscheinlich teilen nunmehr auch die Verfasser des Refentenentwurfs des UMAG diese Einschätzung, soweit dort ausgeführt wird, die speziellen Auskunftsvorschriften stellten „lediglich Klarstellungen des sich aus § 131 Abs. 1 Satz 1 AktG ergebenden allgemeinen Auskunftsanspruches dar.", vgl. Begr. RefE, S. 26.

[813] So aber noch die Rechtslage zu § 112 Abs. 1 S. 1 AktG 1937; durch die Einführung des Merkmals der Erforderlichkeit im AktG 1965 wollte der Gesetzgeber dem Missbrauch des Auskunftsrechts begegnen, vgl. Begr. RegE zu § 131 Abs. 1 AktG, abgedruckt bei *Kropff*, Aktiengesetz 1965, S. 185.

[814] So auch *Grage*, Auskunftsrecht, S. 133.

[815] BayObLG, AG 1996, 180, 181; AG 1996, 516; AG 2000, 131; DB 2001, 1138; KG, AG 1996, 131; NZG 2001, 803, 805; OLG Bremen, ZIP 1981, 192, 193; OLG Düsseldorf, NJW 1988, 1033, 1034; OLG Frankfurt, AG 1994, 39; OLG Stuttgart, ZIP 1998, 1482, 1491; OLG Zweibrücken, AG 1990, 496; *Decher*, in Großkomm. AktG, § 131 Rn. 141 ff.; *Eckardt*, in G/H/E/K, § 131 AktG Rn. 33; *Groß*, AG 1997, 97, 105; *Hüffer*, AktG, § 131 Rn. 12; *Meilicke/Heidel*, DStR 1992, 113, 115; *Obermüller/Werner/Winden*, Rn. G 44; *Semler*, in Münch. Hdb. GesR, AG, § 37 Rn. 8; *Volhard*, in Semler/Volhard, ArbHdb. HV, § 13 Rn. 22.

keit losgelöst von der Person des Fragestellers zu erfolgen hat, insbesondere die Motive des Aktionärs grundsätzlich ohne Bedeutung sind.[816]

*bb) Subjektiver Ansatz*

Nach vereinzelter Ansicht[817] soll es für die Zulässigkeit des Auskunftsbegehrens dagegen nicht auf die objektive Erforderlichkeit, sondern auf die individuelle Kompetenz des fragenden Aktionärs ankommen. Die Mitwirkungsrechte der Aktionäre, und damit auch ihr Auskunftsrecht, sollen danach so auszugestalten sein, dass ihre Ausübung nur dann zugelassen wird, wenn der betreffende Aktionär seine Sachkompetenz zur Mitwirkung ersichtlich macht. Die Sachkompetenz sei in der Hauptversammlung durch die Versammlungsleitung zu prüfen, was insbesondere durch Gegenfragen bewerkstelligt werden könne.[818] Zur Auskunft soll dann letztlich nur derjenige Aktionär berechtigt sein, „der kompetent ist, den Beschlussgegenstand zu beurteilen, für den er die Auskunft erstrebt."[819]

*cc) Stellungnahme*

Dieser Ansatz vermag aus verschiedenen Gründen nicht zu überzeugen. Zwar erscheint das Anliegen, das Störpotenzial querulatorischer Anteilseigner zu verringern und so dem „Treiben eigensüchtiger Aktionäre"[820] Einhalt zu bieten vor dem Hintergrund der aktuellen Entwicklung in der Hauptversammlungspraxis durchaus berechtigt. Zumindest nach geltendem Recht kann dieses Ziel jedoch nicht dadurch verwirklicht werden, dass die Zulässigkeit der Ausübung des Auskunftsrechts an die (In-)Kompetenz der Aktionäre gekoppelt wird. Zum einen findet sich im Gesetzestext kein Anknüpfungspunkt, um die subjektive Kompetenz des einzelnen Aktionärs als Maßstab zur Beurteilung der Erforderlichkeit heranzuziehen. Nach dem Wortlaut des § 131 Abs. 1 AktG besteht das Auskunftsrecht dann, wenn die Auskunft zur sachgemäßen Beurteilung des Gegenstandes der Tagesordnung erforderlich ist. Die Formulierung deutet klar auf eine objektive Beurteilung dieser Voraussetzungen hin. Sollte dagegen ein subjektiver Maßstab anzulegen sein, so hätte der Gesetzgeber ohne weiteres auf die

---

816 *Eckardt*, in G/H/E/K, § 131 AktG Rn. 33; *Spitze/Diekmann*, ZHR 158 (1994), 447, 459; zu dem Sonderfall des rechtsmissbräuchlichen Auskunftsbegehrens siehe ausführlich *Martens*, in Timm, Mißbräuchliches Aktionärsverhalten, S. 63, 72 ff.; *Geißler*, NZG 2001, 539 ff.

817 *Wilhelm*, DB 2001, 520 ff.

818 *Wilhelm*, DB 2001, 520, 521 f.

819 *Wilhelm*, DB 2001, 520, 522.

820 *Wilhelm*, DB 2001, 520, 521.

Möglichkeit der „sachgemäßen Beurteilung *durch den Auskunft verlangenden Aktionär*" abstellen können.[821]

Zum anderen erscheint es durchaus fraglich, wie die praktische Umsetzung einer solchen „Kompetenzprüfung" aussehen sollte. Tatsächlich dürfte es nur schwerlich zu bewerkstelligen sein, eine einigermaßen zuverlässige Beurteilung der jeweiligen Sachkompetenz der verschiedenen Fragesteller zu treffen, zumal wenn dieses Verfahren nicht selbst wieder zu zeitlichen Verzögerungen der Hauptversammlung führen soll. Schließlich wird wohl auf dem vorgeschlagenen Wege auch das angestrebte Ziel einer Verringerung der gegen den Hauptversammlungsbeschluss erhobenen Anfechtungsklagen kaum zu erreichen sein. Denn für den hier vor allem interessierenden Kreis anfechtungswilliger Aktionäre dürfte es letztlich keinen Unterschied machen, ob sie ihre Klage nun auf eine unzureichende Beantwortung ihres Auskunftsbegehrens oder aber auf die (von ihnen wohl in den seltensten Fällen geteilte) Beurteilung des Versammlungsleiters stützen, der das Auskunftsbegehren mangels ihrer Sachkompetenz für unberechtigt erklärt hat. Da es durchaus denkbar erscheint, dass der für inkompetent, und damit für nicht auskunftsberechtigt befundene Aktionär dieses Urteil als belastender (und verletzender) als die bloße Einordnung seiner Frage als nicht erforderlich empfindet, stünde m. E. sogar eine Zunahme der Anfechtungsklagen als Folge einer solchen Behandlung von Auskunftsbegehren zu befürchten. Maßstab für die Beurteilung der Erforderlichkeit von Aktionärsfragen kann damit nur die Einschätzung eines objektiv urteilenden Aktionärs sein.

#### *f) Erforderlichkeit der Auskunft für die Beschlussfassung über den Verschmelzungsvertrag*

Hat die Hauptversammlung über die Zustimmung zum Abschluss eines Verschmelzungsvertrages zu befinden, so ist das Auskunftsbegehren nach § 131 Abs. 1 AktG i.V.m. § 64 Abs. 2 UmwG entsprechend dem soeben Gesagten dann zulässig, wenn die Auskunft von dem Standpunkt eines objektiv denkenden Aktionärs erforderlich ist, um sachgerecht über das Für und Wider der Verschmelzung entscheiden zu können. Das Auskunftsrecht bezieht sich damit grundsätzlich auf sämtliche Angelegenheiten tatsächlicher, bilanzieller, (gesellschafts-)rechtlicher, finanzwirtschaftlicher oder steuerlicher Natur, die wegen ihrer Auswirkungen auf das Verschmelzungsvorhaben ein wesentliches Element für die Urteilsfindung der betroffenen Aktionäre bilden.[822] Insbesondere sind

---

[821] Auch den Gesetzesmaterialien zu § 131 AktG ist keinerlei Hinweis zu entnehmen, dass die Erforderlichkeit der Auskunft nach den individuellen Maßstäben des fragenden Aktionärs zu beurteilen sei.

[822] Vgl. die detaillierte Aufzählung verschmelzungsrelevanter Auskunftsgegenstände bei *Decher*, in Großkomm. AktG, § 131 Rn. 228.

solche Umstände von der Auskunftspflicht erfasst, die Einfluss auf die Angemessenheit von Umtauschverhältnis und Barabfindung haben. Als entscheidungsrelevant in diesem Sinne könnten somit all diejenigen Angaben anzusehen sein, die Bestandteile des Verschmelzungsberichtes sowie des Verschmelzungsprüfungsberichtes sind. Der gesetzlichen Statuierung des Inhaltes der genannten Informationsträger lässt sich entnehmen, dass der Gesetzgeber selbst diese Angaben als objektiv erforderlich für die Beschlussfassung über die Verschmelzung einordnet. Indes gilt es auch hier zu beachten, dass die einzelnen Informationsquellen nicht isoliert nebeneinander stehen, sondern als sich wechselseitig beeinflussende Bestandteile eines einheitlichen[823] verschmelzungsrechtlichen Informationssystems zu sehen sind.

Im Ausgangspunkt allgemein anerkannt ist, dass die unterschiedlichen Informationsträger, also die Berichtspflichten auf der einen Seite und die individuellen Auskunftsrechte auf der anderen Seite, nebeneinander bestehen können.[824] Der Auskunftsanspruch nach § 131 AktG besteht damit dem Grunde nach unabhängig davon, ob die Berichtspflichten ordnungsgemäß erfüllt sind oder nicht. Wie sich das Verhältnis zwischen den kollektiven und den individuellen Informationsrechten dagegen im Einzelnen gestaltet, ist jedoch weitgehend ungeklärt.[825]

#### *aa) Erweiterung der Gegenstände des allgemeinen Auskunftsrechts durch die verschmelzungsrechtlichen Berichtspflichten*

Die gegenständliche Ausdehnung des Informationsvolumens durch die Einführung der umfassenden Berichtspflichten im Verschmelzungsrecht hat gleichzeitig auch zu einer Erweiterung des allgemeinen Auskunftsrechts nach § 131 Abs. 1 AktG in der über die Verschmelzung beschließenden Hauptversammlung geführt. Diese Erweiterung folgt nicht etwa aus § 64 Abs. 2 UmwG, da dieser Vorschrift nach hier vertretener Auffassung lediglich klarstellende Bedeutung im Hinblick auf den Umfang des bereits nach § 131 Abs. 1 AktG bestehenden Auskunftsrechts zukommt.[826] Vielmehr ist sie mittelbare Konsequenz der gesetzlichen Normierung weitreichender Berichtsgegenstände in den §§ 8 und 12 UmwG. Wie schon erwähnt, hat der Gesetzgeber des Verschmelzungsrichtlinie-Gesetzes 1982 durch die Einführung der Pflicht zur ausführlichen Erläuterung und Begründung der Verschmelzung, des Verschmelzungsvertrages einschließ-

---

[823] Dass die durch verschiedene Instrumente zu realisierende Informationspflicht als Gesamtheit zu sehen sind, betonen auch die Entscheidungen BGH, ZIP 2001, 199, 200 (MEZ); ZIP 2001, 412, 414 (Aqua Butzke).

[824] *Decher*, in Großkomm. AktG, § 131 Rn. 38; *Mayer*, in Widmann/Mayer, § 64 UmwG Rn. 11; *Groß*, AG 1996, 111, 118; *Kubis*, in FS Kropff, S. 171, 186; *Lutter*, in FS Fleck, S. 169, 180; *K. Schmidt*, Informationsrechte, S. 18.

[825] Vgl. *Wilde*, ZGR 1998, 423, 442 f.

[826] Siehe oben § 3 E. III. 3. d).

lich des Umtauschverhältnisses und der Barabfindung (§ 8 UmwG) sowie der Pflicht zur Berichterstattung über das Ergebnis der Verschmelzungsprüfung (§ 12 UmwG) die für die Strukturänderung als maßgeblich zu erachtenden Informationsgegenstände selbst aufgezeigt. Das bis dahin im Zuge von Verschmelzungsvorhaben bestehende Informationsniveau wurde durch die Einführung der genannten Berichtspflichten deutlich erhöht.[827] Infolge der Einbettung des allgemeinen Auskunftsrechts in das System (kollektiver und individueller) Informationsrechte sowie der hier bestehenden Wechselwirkungen hatte diese Erweiterung in zweierlei Hinsicht auch Auswirkungen auf das Fragerecht nach § 131 AktG.

Zu nennen ist hier einerseits die Eröffnung weiterer Bereiche insbesondere für Verständnisfragen zu dem Inhalt der Berichte.[828] Selbst ausführliche und detaillierte Vorstandsberichte sind angesichts der oft hohen Komplexität ihrer Gegenstände für juristische bzw. wirtschaftliche Laien häufig nur schwer verständlich. Zu denken ist hier etwa an die Ausführungen zu den gesellschaftsrechtlichen Folgen der Verschmelzung oder den angewandten Methoden der Unternehmensbewertung. Hier gilt es nun zu bedenken, dass dem Vorstandsbericht ganz allgemein auch die Funktion zukommt, eine Informationsgrundlage für weitergehende Auskunftsverlangen in der Hauptversammlung zu schaffen.[829] So kann der Aktionär, der sich im Vorfeld der Hauptversammlung mit dem den gesetzlichen Anforderungen entsprechenden Verschmelzungsbericht auseinandergesetzt hat, zum Zwecke einer vertieften Information ergänzende Fragen zu bestimmten Punkten stellen.[830] Eine fundierte schriftliche Berichterstattung erleichtert es ihm, gezielt weitergehende Auskünfte zu bestimmten Details, etwa der Aufschlüsselung der Ertragszahlen einzelner Geschäftssparten zu verlangen. Vor diesem Hintergrund wird deutlich, dass eine Erweiterung der Berichtsgegenstände mittelbar auch zu einer Vermehrung derjenigen Punkte führt, zu deren Verständnis der Vorstand entsprechende Fragestellungen in der Hauptversammlung zu beantworten hat.

Sind die Berichte dagegen lückenhaft und unvollständig, so folgt die Ausdehnung der Gegenstände des allgemeinen Auskunftsrechts nicht nur aus der soeben angesprochenen fortbestehenden Möglichkeit weiterer Verständnisfragen, sondern bereits aus der – hier befürworteten - Ergänzungsfunktion der einzelnen Informationsrechte untereinander. Dabei kommen auch in dem Verhältnis von Bericht und Auskunftsrecht diejenigen Grundsätze zum Tragen, die an anderer

---

[827] Vgl. dazu auch die Begr. RegE zu §§ 340a, 340 b AktG, BT-Drucks. 9/1065, S. 15 ff.

[828] *Decher*, in Großkomm. AktG, § 131 Rn. 39; LG Heidelberg, AG 1996, 523 (zum Umwandlungsprüfungsbericht nach §§ 208, 30 Abs. 2, 12 UmwG).

[829] Vgl. *Keil*, Verschmelzungsbericht, S. 60.

[830] Allerdings ist auch hier lediglich nur eine Plausibilitätskontrolle zu gewährleisten; dazu sogleich im Text.

Stelle bereits für das Verhältnis von Verschmelzungs- und Verschmelzungsprüfungsbericht aufgezeigt wurden: Sind die notwendigen Angaben bereits durch den einen Informationsträger umfassend und deutlich dargelegt, so müssen sie in dieser Ausführlichkeit grundsätzlich nicht mehr Gegenstand eines anderen sein.[831] Sind jedoch notwendige Angaben in den Berichten nicht enthalten, so können sie umfänglich zum Gegenstand des Auskunftsbegehrens in der Hauptversammlung gemacht werden. Die hiermit angesprochene Wechselwirkung hinsichtlich der jeweils erforderlichen Informationsdichte hat zur Konsequenz, dass der Kreis zulässiger Auskunftsbegehren umso größer ist, je mehr Angaben in den schriftlichen Berichten unberechtigt[832] fehlen. Auch in dieser Hinsicht kann es folglich zu einer gegenständlichen Ausdehnung des allgemeinen Fragerechts durch die gesetzliche Erweiterung der Berichtspflichten kommen.

Diese Aussage soll indes nicht dahingehend zu verstehen sein, dass durch das Nachliefern der relevanten Angaben in der Hauptversammlung gleichsam eine Heilung der fehlerhaften Berichte eintritt. Wie noch genauer darzulegen sein wird, ist eine solche Reparationsmöglichkeit angesichts der Aufgabe des Vorstandsberichtes, eine umfassende *Vorab*information der Aktionäre zu gewährleisten, lediglich in sehr engen Grenzen und nur unter der Voraussetzung zuzulassen, dass der gesetzlich intendierte Schutzzweck nicht gefährdet wird.[833]

#### *bb) Einschränkung des allgemeinen Auskunftsanspruchs durch die verschmelzungsrechtlichen Berichtspflichten*

Entsprechend dem oben Gesagten ist davon auszugehen, dass auch bei ordnungsgemäßer Erfüllung der (kollektiven) schriftlichen Informationspflichten durch den Vorstand der allgemeine Auskunftsanspruch des Aktionärs bestehen bleibt. Dieser reicht seinem gegenständlichen Umfang nach weiter als die besonderen Informationsrechte.[834] Denn auch ein den inhaltlichen Anforderungen genügender Vorstandsbericht muss nicht alle Angaben enthalten, die ein objektiv denkender Aktionär als Grundlage seiner Entscheidung für erforderlich halten darf. Allerdings führen die gesetzlichen Vorschriften über die Berichterstattung im Vorfeld der Hauptversammlung in zweifacher Hinsicht auch zu einer Einschränkung des individuellen Auskunftsrechts des Aktionärs:

---

831 Zur fehlenden Erforderlichkeit von Fragen bezüglich solcher Angaben, die sich bereits klar und deutlich aus den Berichten ergeben, sogleich im Text.

832 Hat der Vorstand dagegen berechtigterweise nach § 8 Abs. 2 UmwG bestimmte Angaben in den Bericht nicht mit aufgenommen, so gelten diese Grundsätze selbstverständlich nicht.

833 Siehe hierzu die Ausführungen unter § 4 B. I. 3. c) dd) (2); eingehend zu diesem Problemkreis auch *Preisenberger*, Heilbarkeit fehlerhafter Vorstandsberichte, S. 125 ff. mit weiteren Nachweisen zum Streitstand.

834 OLG Karlsruhe, ZIP 1989, 988, 990; *Kubis*, in FS Kropff, S. 171, 186.

Zum einen sollte bei der Bestimmung der Erforderlichkeit eines Auskunftsbegehrens die den Berichtsregeln zugrunde liegende gesetzgeberische Wertung beachtet werden, wonach diese den Aktionären lediglich eine Plausibilitätskontrolle ermöglichen sollen.[835] Auch durch die Ausübung des Fragerechts nach § 131 Abs. 1 AktG muss der Aktionär nicht in die Lage versetzt werden, das Verschmelzungsvorhaben darüber hinaus bis in alle Einzelheiten auf seine Richtigkeit hin überprüfen zu können. Insbesondere ist der Vorstand nicht gehalten, Fragen zur Unternehmensbewertung derart detailliert zu beantworten, dass der Aktionär die Bewertung vollumfänglich nachprüfen kann. Die inhaltliche Richtigkeit der Unternehmensbewertung ist – wie an anderer Stelle bereits ausgeführt – der Kontrolle durch die Verschmelzungsprüfer vorbehalten. Würde man über den Weg des § 131 Abs. 1 AktG Fragen als zulässig erachten, die über eine Stichhaltigkeitskontrolle hinausgehen, so liefe dies den speziellen Wertungen des sonstigen umwandlungsspezifischen Informationssystems entgegen. Durch eine Angleichung der Anforderungen im hier vertretenen Sinne dagegen fügt sich der allgemeine Auskunftsanspruch nahtlos in die Reihe der speziellen Informationsrechte ein. Von daher sind lediglich solche Fragen als zur Beurteilung des Gegenstandes der Tagesordnung erforderlich anzusehen, die notwendig sind, um die Plausibilität der Verschmelzung beurteilen zu können. Zulässig bleiben damit insbesondere die bereits erwähnten Verständnisfragen zum Berichtsinhalt. Daneben wird man auch solche Fragen weiterhin als berechtigt zu erachten haben, die die Diskussion über das Für und Wider der angestrebten Umwandlungsmaßnahme fördern.[836]

Auf der anderen Seite hat auch das tatsächlich erfüllte Informationsniveau in den Berichten einschränkende Auswirkungen auf das Auskunftsrecht in der Hauptversammlung.[837] Soweit sich nämlich die begehrte Information unmittelbar und ohne Schwierigkeiten aus den (gemäß § 63 UmwG) ausliegenden Unterlagen entnehmen lässt, kann der Vorstand den Aktionär auf diese verweisen, wenn andernfalls zur Beantwortung der gestellten Fragen eine Vielzahl einzel-

---

[835] Im Ergebnis ebenso *Groß*, AG 1996, 111, 118, der dieses Ergebnis allerdings nicht auf die den Berichtspflichten zugrunde liegende Wertung stützt; anders wohl *Wilde*, ZGR 1998, 423, 443.

[836] *Decher*, in Großkomm. AktG, § 131 Rn. 227.

[837] *Decher*, in Großkomm. AktG, § 131 Rn. 226; *Kubis*, in FS Kropff, S. 171, 186; *Obermüller/Werner/Winden*, Rn. G 64; ebenso zum vorgelegten Jahresabschluss OLG Düsseldorf, WM 1991, 2148, 2152 f.; LG Köln, AG 1991, 280; zu den (einschränkenden) Auswirkungen bilanzrechtlicher und kapitalmarktrechtlicher Informationspflichten auf den Umfang des Auskunftsrechts nach § 131 AktG *Decher*, in Großkomm. AktG, § 131 Rn. 36 ff., 41 ff.; *Hommelhoff*, ZGR 2000, 748, 754 ff.; *Merkt*, Unternehmenspublizität, S. 257 ff.

ner Daten mitgeteilt werden müsste.[838] Umfassende Auskünfte zu Gegenständen, die bereits in den Berichten eingehend behandelt sind, kann der Aktionär in der Hauptversammlung daher nicht mehr verlangen, soweit sie nicht ergänzend für das Verständnis dieser Punkte notwendig sind. Denn einer ständigen Wiederholung bedarf es nicht, um einen angemessenen informationellen Schutz der Aktionäre zu gewährleisten. Hierbei kommt es nicht darauf an, ob sich der Aktionär bei sorgfältiger Vorbereitung im Vorfeld der Hauptversammlung Kenntnis von dem Inhalt der Unterlagen hätte verschaffen können oder sollen, sondern allein darauf, ob für ihn die reelle Möglichkeit besteht, die Unterlagen *während* der Hauptversammlung einzusehen und so sein Informationsbedürfnis zu befriedigen. Ist dies der Fall, so ist die umfassende Beantwortung ausführlicher diesbezüglichen Fragen nicht mehr „zur sachgemäßen Beurteilung des Gegenstandes der Tagesordnung erforderlich".[839] Diese Interdependenz der verschiedenen Auskunftsträger hat für den hier in Rede stehenden Bereich der strukturändernden Maßnahmen zu einer Abnahme der Bedeutung des allgemeinen Auskunftsrechts nach § 131 Abs. 1 AktG zugunsten der spezifischen Informationsmechanismen im Vorfeld der Hauptversammlung geführt.[840]

### 4. Tatbestandlicher Ausschluss des Auskunftsrechts nach § 131 Abs. 1 AktG durch umwandlungsspezifische Berichtspflichten (*Ansatz von Hirte*)?

Um das (Blockade-) Instrument der Anfechtungsklage als Sanktion für die Verletzung von Informationsrechten im Interesse der Beschlusserhaltung zurückzudrängen, hat jüngst *Hirte* einen gänzlich neuen Ansatz vorgeschlagen. Seiner

---

[838] Vgl. OLG Düsseldorf, ZIP 1999, 793, 796 zum Verweis auf ein am Informationstisch ausliegendes Sachverständigengutachten; ebenso *Groß*, AG 1997, 97, 103, der zutreffend darauf hinweist, dass der Vorstand den fragenden Aktionär nicht auf die Zusendung von nicht ausliegenden Unterlagen verweisen darf, da auf diesem Wege keine Erfüllung des Informationsrechts *in* der Hauptversammlung erreicht wird.

[839] Nach einer (lediglich in der Begründung) abweichenden Auffassung entfällt in diesen Fällen nicht die Erforderlichkeit der Auskunft. Das erforderliche Auskunftsbegehren sei allerdings (ausnahmsweise schriftlich) erfüllt, vgl. *Kubis*, in FS Kropff, S. 171, 186; so wohl auch *Groß*, AG 1997, 97, 103; wie hier *Wilde*, ZGR 1998, 423, 443. Für den hier befürworteten Wegfall bereits der Beurteilungserforderlichkeit spricht, dass diese Voraussetzung des Fragerechts logisch vorrangig zu klären ist, denn nur bei einem begründeten Auskunftsbegehren ist die Frage zu stellen, ob es ordnungsgemäß erfüllt wurde. Ist die Antwort zeitlich vorher schon in den zugänglichen Unterlagen fixiert, so ist die (nochmalige) Auskunfts*erteilung* – § 131 Abs. 1 AktG stellt seinem Wortlaut nach auf eben diese ab und nicht auf die grundsätzliche Relevanz des Gegenstandes des Begehrens - bereits nicht mehr erforderlich für eine sachgemäße Meinungsbildung. Da beide Auffassungen letztlich jedoch zu demselben Ergebnis kommen, sollte dieser Unterscheidung keine zu große Bedeutung beigemessen werden.

[840] *Joussen*, AG 2000, 241, 250 f.; siehe demgegenüber noch *Deuss*, Auskunftsanspruch, S. 29 (1962), der den Auskunftsanspruch als die „Magna Charta" der Aktionäre bezeichnete.

Auffassung nach sollen die strukturänderungsspezifischen Berichtspflichten als eine besondere Kategorie exklusiver Informationspflichten innerhalb ihres Anwendungsbereichs das allgemeine Auskunftsrecht nach § 131 Abs. 1 AktG tatbestandlich verdrängen.[841] Hierfür stützt er sich im Wesentlichen auf folgende Erwägungen: Dem Umwandlungsgesetz lasse sich keine Aussage dahingehend entnehmen, dass neben den speziellen Informationsrechten auch das allgemeine Auskunftsrecht anwendbar sei. Auch aus § 64 Abs. 2 UmwG folge nicht Gegenteiliges, da dessen Zielrichtung in der „*inhaltlichen* Erweiterung und Konkretisierung gegenüber § 131 Abs. 1 Satz 2 AktG" liege.[842] Er sage jedoch nichts darüber aus, *wie* die betreffenden Auskünfte zu erteilen sind, insbesondere verlange er nicht, dass diese Informationspflichten außer nach den spezialgesetzlichen Vorgaben des UmwG auch nach § 131 AktG zu erfüllen sind.[843]

Zu berücksichtigen ist nach Auffassung von *Hirte* in diesem Zusammenhang auch der gemeinschaftsrechtliche Hintergrund des umwandlungsspezifischen Informationsinstrumentariums. Der europäische Normgeber selbst habe aber gerade dem durch die spezifischen Berichtspflichten zu erfüllenden Gesichtspunkt der *Vorab*information ein besonderes Gewicht beigemessen.[844] Zudem könne aus heutiger Sicht auch nicht davon ausgegangen werden, dass Zweck der in den europäischen Gesellschaftsrechtsrichtlinien vorgezeichneten Informationsrechte die Verbesserung der Information des einzelnen Aktionärs in der Hauptversammlung sei. Ihre (zumindest primäre) Aufgabe sei vielmehr in einer frühzeitigen Information des Kapitalmarktes zu sehen, die Information der Aktionäre dagegen lediglich als Reflex dieser Öffentlichkeitsunterrichtung zu werten.[845]

*Hirte* selbst bezeichnet seinen vorstehend aufgezeigten Denkansatz als „nicht zwingend". Meines Erachtens ist er jedoch zumindest *de lege lata* auch nicht mit der gesetzlichen Konzeption des umwandlungsrechtlichen Informationssystems vereinbar. Schon die These von der vorrangigen Kapitalmarktbezogenheit der europarechtlichen Vorgaben vermag nicht zu überzeugen. Zugegeben sei, dass die Berichte börsennotierten Unternehmen in der Praxis zweifelsohne Analysten und institutionellen Investoren als Entscheidungsgrundlage dienen. Diese Berichtsfunktion jedoch zur maßgeblichen legislatorischen Zielsetzung zu erklären, erscheint angesichts der Erwägungsgründe der Verschmelzungsrichtlinie bedenklich, soweit diese – ohne Erwähnung der Informationseffizienz des Kapitalmarktes - betonen, es sei „besonders wichtig, die Aktionäre der sich verschmelzenden Gesellschaften angemessen und so objektiv wie möglich zu unter-

[841] *Hirte*, ZHR 167 (2003), 8, 14 ff.
[842] *Hirte*, ZHR 167 (2003), 8, 14.
[843] *Hirte*, ZHR 167 (2003), 8, 15.
[844] *Hirte*, ZHR 167 (2003), 8, 15.
[845] *Hirte*, ZHR 167 (2003), 8, 16 f.

richten“[846]. Die Richtlinie mag hierbei zwar in erster Linie den Gesichtspunkt einer *vorgängigen* Informationserteilung im Auge gehabt haben, den Aktionärsschutzgedanken als solchen wird man jedenfalls nicht leugnen können. Vertreten ließe sich demnach allenfalls, dass den gemeinschaftsrechtlichen Vorgaben *keinerlei* Aussage im Hinblick auf die Art und Weise der Auskunftserteilung *in* der Hauptversammlung zu entnehmen sei. Sie zugunsten einer Beschränkung des allgemeinen Auskunftsrechts nach § 131 AktG ins Felde zu führen, vermag nicht zu überzeugen.

Nicht unterstellt werden kann jedenfalls, dass das deutsche Verschmelzungsrecht von dem grundlegenden aktienrechtlichen Ordnungsprinzip der Hauptversammlungsinformation abrücken wollte: Noch die Gesetzesmaterialien zu § 340 Abs. 4 AktG 1965 (*scil.* § 64 Abs. 2 UmwG) setzen ausdrücklich voraus, dass dem Aktionär auch in der über den Verschmelzungsvertrag beschließenden Hauptversammlung das Auskunftsrecht nach § 131 Abs. 1 AktG zusteht.[847] Dass der nationale Gesetzgeber durch die Umsetzung der EU-Richtlinien den Umfang dieser Auskunftspflicht in der Hauptversammlung parallel zu dem Ausbau der a-priori-Information zurückfahren wollte, ist in Anbetracht des fast unverändert in § 340d Abs. 6 AktG a. F. und nunmehr in § 64 Abs. 2 UmwG übernommen Gesetzeswortlauts, sowie der umfänglichen Bezugnahme der Regierungsbegründungen[848] auf die jeweilige Vorgängervorschrift nicht anzunehmen. Ein solches Zurückdrängen des allgemeinen Auskunftsrechts nach § 131 Abs. 1 AktG wäre zudem auch im Interesse eines hinreichenden Aktionärsschutzes nicht wünschenswert, da diesem Recht – wie oben aufgezeigt – selbst bei ordnungsgemäßer Berichtspflichterfüllung durchaus noch eine eigenständige Berechtigung zukommt.

Der Umstand, dass das heutige Umwandlungsgesetz hinsichtlich der Anwendbarkeit des § 131 AktG schweigt, eröffnet daher entgegen *Hirte* nicht die Möglichkeit eines tatbestandlichen Ausschlusses desselben. Es setzt seine Geltung vielmehr (im Sinne eines „beredten“ Schweigens) voraus. Andernfalls hätte es einer ausdrücklichen gesetzgeberischen Erklärung bedurft, dass der allgemein anerkannte Grundsatz der beschlussgegenstandsbezogenen Auskunftserteilung in der jeweiligen Hauptversammlung im Rahmen von Strukturänderungsmaßnahmen zukünftig aufgegeben werden solle. Das (legitime) Ziel der Bestanderhaltung von Umwandlungsbeschlüssen lässt sich daher nicht im Wege des von *Hirte* vorgeschlagenen tatbestandlichen Ausschlusses des allgemeinen Aus-

[846] Vierter Erwägungsgrund der 3. Verschmelzungsrichtlinie, abgedruckt bei *Lutter*, UmwG, S. 2815; zu der aktionärsschützenden Intention der Richtlinienvorschriften auch *Habersack*, Europäisches Gesellschaftsrecht, Rn. 222, 224.

[847] Begr. RegE zu § 340 Abs. 4, abgedruckt bei *Kropff*, Aktiengesetz 1965, S. 457.

[848] Begr. RegE zu § 340d Abs. 6, BT-Drucks. 9/1065, S. 18 und Begr. RegE zu § 64 Abs. 2 UmwG, abgedruckt bei *Schaumburg/Rödder*, S. 139.

kunftsrechts erreichen. Anzusetzen ist vielmehr auf der Rechtsfolgenseite bei der Frage, ob an die Verletzung des Auskunftsrechts unbedingt die Sanktion der Anfechtbarkeit des Beschlusses zu knüpfen ist.[849] Hinsichtlich der tatbestandlichen Grenzen des Auskunftsanspruchs sollte es daher bei den hier aufgezeigten Einschränkungen, die insbesondere aus der durch die Auslegungspflicht gewährleisteten Möglichkeit der adäquaten Informationserlangung resultieren, sein Bewenden haben.

## 5. Grenzen des Auskunftsrechts

### *a) Auskunftsverweigerungsrecht gemäß § 131 Abs. 3 AktG*

Auch das Auskunftsrecht im Rahmen der Beschlussfassung über die Verschmelzung unterliegt den Auskunftsverweigerungsrechten des § 131 Abs. 3 AktG[850]. Dies folgt nach hier vertretener Auffassung schon daraus, dass die spezialgesetzliche Regelung des § 64 Abs. 2 UmwG, welche selbst keinen Verweis auf § 131 Abs. 3 AktG enthält, lediglich eine Konkretisierung des allgemeinen Auskunftsanspruchs nach § 131 Abs. 1 AktG darstellt. Ein entsprechender gesetzgeberischer Wille lässt sich zudem auch der Regierungsbegründung zu § 64 UmwG entnehmen.[851]

Die Gründe, aus denen der Vorstand eine erforderliche Auskunft verweigern darf[852], sind in § 131 Abs. 3 S. 1 AktG abschließend aufgezählt. Besondere Bedeutung kommt dabei der – fast wörtlich mit § 8 Abs. 2 S. 1 UmwG übereinstimmenden - Generalklausel des § 131 Abs. 3 S 1 Nr. 1 AktG zu. Nach dieser Vorschrift darf der Vorstand die Auskunft verweigern, sofern ihre Erteilung nach vernünftiger kaufmännischer Beurteilung geeignet ist, der Gesellschaft oder einem verbundenen Unternehmen einen nicht unerheblichen Nachteil zuzufügen. Ebenso wie bei der Beurteilung des berechtigten Geheimhaltungsinteresses im Rahmen des § 8 Abs. 2 UmwG ist auch hier ein objektiver Maßstab anzu-

---

849 Siehe hierzu unter § 4 B. IV. 2.

850 Zur Verfassungsmäßigkeit der Auskunftsverweigerungsrechte des § 131 Abs. 3 AktG als zulässige Inhalts- und Schrankenbestimmung des Eigentumsrechts aus Art. 14 Abs. 1 GG BVerfG, ZIP 1999, 1801, 1802 ff.

851 Begr. RegE zu § 64 UmwG, abgedruckt bei *Schaumburg/Rödder*, S. 139: „Der Entwurf greift durch Absatz 2 nicht in die allgemeinen Vorschriften über das Recht der Auskunftsverweigerung nach § 131 Abs. 3 AktG ein"; zur Frage der Anwendbarkeit des § 131 Abs. 3 AktG im Rahmen aktienkonzernrechtlicher Strukturmaßnahmen siehe *Emmerich*, in Emmerich/Habersack, Aktien- und GmbH-Konzernrecht, § 293g AktG Rn. 23 mit umfangreichen Nachweisen zum Streitstand.

852 Eine *Pflicht* zur Auskunftsverweigerung kann im Einzelfall aus § 93 Abs. 1 AktG folgen, vgl. *Hüffer*, AktG, § 131 Rn. 23; *Volhard*, in Semler/Volhard, ArbHdb. HV, § 13 Rn. 38.

legen, der der gerichtlichen Überprüfung in vollem Umfang zugänglich ist.[853] Da sich beide Vorschriften inhaltlich decken, kann wegen der Einzelheiten der Auskunftsverweigerung hier auf die Ausführungen zum Schutz des Vertraulichkeitsinteresses im Verschmelzungsbericht nach § 8 Abs. 2 UmwG verwiesen werden.[854]

Durch den Referentenentwurf zum UMAG soll der Katalog des § 131 Abs. 3 AktG künftig um drei neue Auskunftsverweigerungstatbestände erweitert werden. So soll der Vorstand nach § 131 Abs. 3 Nr. 7 AktG-RefE die begehrte Auskunft verweigern dürfen, wenn der Aktionär seine zuvor angemessen festgelegte Rede- und Fragezeit überschritten hat. Unabhängig von den verfassungsrechtlichen Bedenken, die gegen eine zeitliche Beschränkung des Auskunftsrechts vorgebracht werden[855], erscheint jedenfalls die rechtssystematische Einordnung der Neuregelung als Auskunftsverweigerungstatbestand unzutreffend. Denn eines Rechts zur Auskunftsverweigerung bedarf es nur dann, wenn grundsätzlich auch eine Pflicht zur Auskunftserteilung besteht, was entsprechend den obigen Ausführungen wiederum ein rechtmäßiges Auskunftsverlangen voraussetzt. Überschreitet ein Aktionär jedoch die ihm ordnungsgemäß eingeräumte Rede- und Fragezeit, so ist das gleichwohl gestellte Auskunftsverlangen rechtswidrig und damit unbeachtlich. Eines Auskunftsverweigerungsrechts des Vorstandes bedarf es folglich überhaupt nicht. Rechttechnisch zutreffender dürfte es daher sein, die Möglichkeit der angemessenen Festsetzung des Rede- und Fragerechts als direkte tatbestandliche Einschränkung des Auskunftsrechts in § 131 Abs. 1 AktG zu verorten.[856]

Gleiches gilt auch für die geplante Neuregelung des § 131 Abs. 3 Nr. 8 AktG-RefE, wonach der Vorstand zukünftig zur Verweigerung der Auskunft berechtigt sein soll, soweit diese sich schon aus einer auf der Internetseite der Gesellschaft eine Woche vor und während der Hauptversammlung zugänglichen Information ergibt. Denn wie bereits erörtert, ist der Vorstand schon nach der *lex lata* nicht verpflichtet, umfassende Auskünfte auf solche Fragen zu erteilen, deren Beantwortung schon anhand der den Aktionären bereits vorliegenden Infor-

---

[853] Heute fast einhellige Auffassung, vgl. OLG Düsseldorf, AG 1992, 34, 35; KG, WM 1994, 1479, 1486; *Eckardt*, in G/H/E/K, § 131 AktG Rn. 85; *Hüffer*, AktG, § 131 Rn. 25; *Semler*, in Münch. Hdb. GesR, AG, § 37 Rn. 32; vgl. auch die Begr. RegE zu § 132 AktG, abgedruckt bei *Kropff*, Aktiengesetz 1965, S. 188 f.; abweichend *Godin/Wilhelmi*, AktG, § 131 Rn. 11; einen Ermessensspielraum kann der Vorstand folglich – anders als noch nach § 112 Abs. 3 S. 2 AktG 1937, vgl. dazu BGH, NJW 1962, 104, 106 – nicht mehr für sich in Anspruch nehmen.

[854] Siehe oben § 3 B. V. 1.

[855] Siehe hierzu *Meilicke/Heidel*, DB 2004, 1479, 1480.

[856] So zutreffend *Diekmann/Leuering*, NZG 2004249, 255.

mationen, also insbesondere anhand der nach § 63 UmwG ausliegenden Unterlagen möglich ist.[857]

Neu ist schließlich auch die Regelung in § 131 Abs. 3 Nr. 9 AktG-RefE, die im Zusammenhang mit der in § 131 Abs. 6 AktG-RefE vorgesehenen Möglichkeit des Vorstands zu sehen ist, zukünftig in der Hauptversammlungseinladung zu den Tagesordnungspunkten Fragen in Textform schon im Vorfeld der Hauptversammlung zuzulassen. Werden die entsprechenden Auskünfte zusammen mit den Fragen drei Tage vor und während der Hauptversammlung auf der Internetseite der Gesellschaft zugänglich gemacht, so soll die Beantwortung der auf der Hauptversammlung erneut gestellten Frage verweigert werden können.

### *b) Die gesellschaftsrechtliche Treuebindung als immanente Schranke des Auskunftsrechts*

Der abschließende Charakter des Katalogs der Auskunftsverweigerungsrechte in § 131 Abs. 3 S. 1 AktG verbietet es nach zutreffender Ansicht[858] dem Vorstand nicht, die Beantwortung einer Frage unter Hinweis auf die Verletzung der gesellschaftlichen Treupflicht des Aktionärs bzw. auf die Schranken des Rechtsmissbrauchs abzulehnen. Zwar bestimmt § 131 Abs. 3 S. 2 AktG ausdrücklich, dass die Auskunft nicht aus anderen als den in Satz 1 genannten Gründen verweigert werden darf. Die hier angesprochenen immanenten Rechtsausübungsschranken stellen indes keinen Fall der Auskunftsverweigerung im eigentlichen Sinne dar. Vielmehr besteht hier von vorne herein schon kein Auskunftsanspruch. Einen solchen setzt aber die Anwendung des § 131 Abs. 3 AktG zumindest dem Grunde nach voraus.[859]

Die Gegenansicht[860] hält einen Rückgriff auf den allgemeinen Gedanken des Rechtsmissbrauchs als immanente Schranke des Auskunftsanspruchs für ausgeschlossen. Die Ausschließlichkeit des § 131 Abs. 3 AktG folge daraus, dass den

---

[857] Zur fehlenden Erforderlichkeit einer Auskunft, die bereits über das Internet erteilt wurde, siehe auch *Decher*, in Großkomm. AktG, § 131 Rn. 157.

[858] BayObLG, NJW 1974, 2094; OLG Frankfurt, AG 1984, 25; *Decher*, in Großkomm. AktG, § 131 Rn. 274 ff.; *Hüffer*, AktG, § 131 Rn. 33; *Zöllner*, in Kölner Kommentar, § 131 AktG Rn. 44; *Geißler*, NZG 2001, 539, 541 ff.; *Groß*, AG 1997, 97, 104; *Obermüller/Werner/Winden*, Rn. G 81.

[859] Zutreffend *Geißler*, NZG 2001, 539, 541; i. E. ebenso, aber mit abweichender Begründung *Grage*, Auskunftsrecht, S. 247, der zufolge sich die Bestimmung des § 131 Abs. 3 S. 2 AktG nur auf die in Satz 1 aufgezählten *objektiven* Verweigerungsgründe, und damit eben nicht auf die durch die subjektive Motivation des Fragestellers gekennzeichneten Missbrauchsfälle bezieht.

[860] *Eckardt*, in G/H/E/K, § 131 AktG Rn. 132; *Ebenroth*, Auskunftsrecht, S. 36; *Meilicke/Heidel*, DStR 1992, 113, 115; offen gelassen von OLG Hamburg, AG 1970, 372, 373.

Fällen des Rechtsmissbrauchs nach dem Willen des Gesetzgebers[861] durch die die Einführung des Merkmals der „Erforderlichkeit" der Auskunft durch das Aktiengesetz 1965 begegnet werden sollte.

Dem ist zwar zuzugeben, dass das Begehren einer Auskunft, die zur sachgemäßen Beurteilung des Gegenstandes der Hauptversammlung erforderlich ist, nur in seltenen Fällen als rechtsmissbräuchlich einzustufen sein wird, so dass die praktische Relevanz des allgemeinen Missbrauchstatbestandes bereits durch das Erforderlichkeitskriterium in § 131 Abs. 1 S. 1 AktG wesentlich eingeschränkt wurde.[862] Daneben besteht allerdings auch weiterhin Raum für die Anwendung der Rechtsmissbrauchsgrundsätze, da das Merkmal der Erforderlichkeit nicht alle hier in Rede stehenden Fälle erfasst. So ist es insbesondere denkbar, dass die begehrte Auskunft bei der gebotenen objektiven Betrachtungsweise durchaus als beurteilungserforderlich zu qualifizieren ist, der Aktionär aber mit der Fragstellung illoyale und eigennützige Ziele verfolgt, die gegen die ihm gegenüber der Gesellschaft und den anderen Aktionären obliegende Treuepflicht[863] verstoßen. An der Erforderlichkeit der erbetenen Information als solche ändert sich hierdurch nichts. Trotzdem darf auch hier das Auskunftsrecht - ebenso wenig wie jedes andere Recht - nicht (missbräuchlich) ausgeübt werden.

Dem steht auch nicht die Maßgeblichkeit einer objektiven Beurteilung der Erforderlichkeit entgegen.[864] Zwar kommt es, wie gesehen, grundsätzlich nicht auf die Motive des Fragstellers an, so dass an die Versagung des Auskunftsrechts wegen Rechtsmissbrauchs hohe Anforderungen zu stellen sind. Insbesondere stellt es noch keinen Missbrauch dar, wenn der Aktionär eigene, möglicherweise auch egoistische Ziele verfolgt[865] oder mit seinem Auskunftsbegehren Opposition betreiben will. Eine Grenze ist jedoch da erreicht, wo „die Verfolgung sachfremder Ziele derart überwiegt, dass bei der Abwägung nach Treu und Glauben

---

[861] Vgl. Begr. RegE zu § 131 Abs. 1 AktG, abgedruckt bei *Kropff*, Aktiengesetz 1965, S. 185 („Dieses zusätzliche Erfordernis soll Mißbräuche des Auskunftsrechts verhindern […].").

[862] So auch *Hüffer*, AktG, § 131 Rn. 34; *Zöllner*, in Kölner Kommentar, § 131 AktG Rn. 44; *K. Schmidt*, Informationsrechte, S. 42.

[863] Ursprünglich entwickelt wurde das Institut der gesellschaftsrechtlichen Treuepflicht, um den Minderheitsgesellschafter gegenüber Benachteiligungen seitens der Gesellschaftermehrheit zu schützten. Demgegenüber ist heute allerdings fast allgemein anerkannt, dass auch im Verhältnis des Aktionärs zur Gesellschaft sowie der Aktionäre untereinander Treuebindungen bestehen, vgl. nur BGH, NJW 1988, 1579, 1581 f. (Linotype); BGH, NJW 1995, 1739, 1741 (Girmes); *Dreher*, ZHR 157 (1993), 150, 151 ff.; *Bungeroth*, Münchener Kommentar, Vor § 53a AktG Rn. 17 ff., mit umfangreichen Nachweisen zum Schrifttum; einen Überblick über die Entwicklung der Rechtsprechung bietet *Hüffer*, in Münchener Kommentar, § 243 AktG Rn. 50 ff.

[864] So zutreffend *Grage*, Auskunftsrecht, S. 246.

[865] OLG Düsseldorf, WM 1991, 2148, 2153.

das Verhalten des Aktionärs nicht gebilligt werden kann."[866] Als Fallgruppen rechtsmissbräuchlicher Auskunftsbegehren werden dabei insbesondere die illoyale bzw. grob eigennützige Rechtsausübung, die Verfolgung gesellschaftsfremder Interessen sowie die übermäßige Ausübung des Auskunftsrechts diskutiert.[867] In diesen Fällen findet entsprechend dem Vorgesagten auch das Auskunftsrecht nach § 131 Abs. 1 AktG seine Schranke in den gesellschaftsrechtlichen Treuebindungen des Aktionärs

### *c) Pflicht zur Begründung der Auskunftsverweigerung*

Da die Auskunftsverweigerung ebenso wie die Auskunftserteilung eine Geschäftführungsmaßnahme ist, bedarf es hierfür grundsätzlich eines einstimmigen Beschlusses des Vorstands, § 77 AktG. Ob der Vorstand darüber hinaus verpflichtet ist die Gründe anzugeben, aus denen er die Auskunft verweigert, wird unterschiedlich beurteilt. Nach herrschender Auffassung besteht mangels gesetzlicher Anordnung eine derartige Begründungspflicht nicht, so dass es ausreicht, wenn der Vorstand die Begründung in einem etwaigen gerichtlichen Verfahren darlegt.[868] Zumindest für die über ein Verschmelzungsvorhaben entscheidende Hauptversammlung dürften dagegen die besseren Argumente für eine Pflicht zur Begründung der Auskunftsverweigerung sprechen, wobei an diese allerdings keine allzu hohen Anforderungen gestellt werden sollten. Der Aktionär soll jedoch wenigstens die Gründe, die gegen die Beantwortung der gestellten Frage sprechen, in plausibler Weise nachvollziehen können. Hierdurch kann zum einen eine unnötige Brüskierung des Auskunft begehrenden Aktionärs vermieden werden, da sich die Entscheidung des Vorstandes für die Nichtbeantwortung der Frage nicht mehr dem Verdacht ihrer Willkürlichkeit ausgesetzt sieht. Zum anderen lässt sich auf diese Weise auch ein Gleichlauf der Informationsgrenzen von Verschmelzungs- und Verschmelzungsprüfungsbericht und allgemeinem Auskunftsrecht erreichen. Gemäß § 8 Abs. 2 S. 2 UmwG, der über § 12 Abs. 3 UmwG entsprechende Anwendung auch auf den Prüfungsbericht findet, hat der Vorstand die Gründe, die gegen die Offenlegung geheimhaltungsbedürftiger Tatsachen im Verschmelzungsbericht sprechen, schriftlich darzulegen. Dabei entspricht das Geheimhaltungsrecht nach § 8 Abs. 2 S. 1 UmwG seinen Voraus-

---

866 BayObLG, NZG 1999, 1218, 1219; vgl. auch OLG Karlsruhe, AG 1990, 82; *Hüffer*, AktG, § 131 Rn. 33 ff.; *Henn*, Hdb. d. Aktienrechts, Rn. 884.

867 Zum Teil wird als vierte Fallgruppe das Verbot widersprüchlichen Verhaltens genannt, vgl. hierzu *Decher*, in Großkomm. AktG, § 131 Rn. 278 ff.; *Hüffer*, AktG, Rn. 34 f.; *Geißler*, NZG 2001, 539, 542 ff.

868 KG, DB 1993, 1964, 1965; ZIP 1995, 1585, 1589; LG München, AG 1987, 185, 186; *Eckardt*, in G/H/E/K, § 131 AktG Rn. 80; *Ebenroth*, Auskunftsrecht, S. 127 ff.; *Obermüller/Werner/Winden*, Rn. G 82; für eine Pflicht zur Begründung dagegen OLG Hamburg, AG 1969, 150, 151; *Hüffer*, AktG, § 131 Rn. 26; *Zöllner*, in Kölner Kommentar, § 131 AktG Rn. 86; offen gelassen von BGH, AG 1987, 344.

setzungen nach weitgehend dem Auskunftsverweigerungsrecht des § 131 Abs. 3 S. 1 Nr.1 AktG. Von daher scheint es sachgerecht, die Wertung des Gesetzgebers, wonach zum Schutz des Informationsinteresses der Aktionäre die Gründe für die Vertraulichkeit mitzuteilen sind, auch auf das Auskunftsrecht nach § 131 Abs. 1 AktG zu erstrecken. Es ist auch nicht ersichtlich, warum das Interesse des Aktionärs, die Gründe für die Auskunftsverweigerung zu erfahren, im Rahmen des individuellen Auskunftsanspruchs weniger schützenswert sein sollte als bei den kollektiven Auskunftsrechten. Den Vorstand trifft daher - zumindest auf eine entsprechende Nachfrage hin - die Pflicht, dem Fragesteller die Gründe, aus denen er die Auskunft zu der Verschmelzungsmaßnahme verweigert, nachvollziehbar darzulegen.

Letztlich dürfte die praktische Relevanz dieser Streitfrage allerdings eher gering sein.[869] Denn weitgehende Einigkeit besteht zumindest dahingehend, dass die Nichtangabe der Gründe jedenfalls keine Gesetzesverletzung im Sinne des § 243 Abs. 1 AktG darstellt, eine Anfechtung des Hauptversammlungsbeschlusses somit nicht auf eine fehlende Begründung der Auskunftsverweigerung gestützt werden kann. Für die Anfechtungsberechtigung kommt es ausschließlich darauf an, ob der Vorstand objektiv zur Verweigerung der Auskunft berechtigt war oder nicht.[870]

## IV. Die Erteilung von Abschriften gemäß § 13 Abs. 3 S. 3 UmwG

Schließlich steht gemäß § 13 Abs. 3 S. 3 UmwG jedem Aktionär das Recht zu, auf seine Kosten unverzüglich eine Abschrift des Vertrages (bzw. des Entwurfs) und der Niederschrift des Beschlusses zu verlangen. Verpflichtet ist allein der Rechtsträger, dem der Aktionär angehört, ein entsprechender Anspruch gegenüber den anderen an der Verschmelzung beteiligten Rechtsträgern bzw. gegenüber dem beurkundenden Notar besteht dagegen nicht.[871] Auch dieses Recht dient letztlich der Information der Anteilseigner. Schutzrichtung ist allerdings nicht wie bei den übrigen, im Rahmen dieser Arbeit dargestellten kollektiven und individuellen Informationsrechten die Ermöglichung einer angemessenen Vorbereitung auf die beschlussfassende Hauptversammlung, da das Recht auf Abschriftserteilung nach § 13 Abs. 3 S. 3 UmwG erst *nach* erfolgter Beschluss-

---

869 Vgl. *Volhard*, in Semler/Volhard, ArbHdb. HV, § 13 Rn. 41 („Frage ohne praktische Erheblichkeit"); werden allerdings die Gründe erstmals in einem eingeleiteten im Auskunftserzwingungsverfahren nach § 132 AktG dargelegt, so kann dies unter Umständen zu einer Kostentragungslast der Gesellschaft nach §§ 132 Abs. 5 AktG, 13a FGG, 91a ZPO führen, vgl. *Steiner*, Hauptversammlung, § 11 Rn. 37.

870 BGH, AG 1987, 344, 345 f.; *Decher*, in Großkomm. AktG, § 131 Rn. 291 m.w.N.; kritisch *Hommelhoff*, ZHR 151 (1987), 493, 511 f.

871 *Zimmermann*, in Kallmeyer, § 13 Rn. 40.

fassung Platz greift.[872] Dies folgt zum um einen aus der systematischen Stellung dieses Rechtes im Anschluss an die Absätze 1 und 2, in denen die Beschlussfassung über den Verschmelzungsvertrag geregelt ist und zum anderen aus der Gesetzesformulierung, der zufolge dem Aktionär eine Abschrift „des Vertrages … *und der Niederschrift des Beschlusses*" zu erteilen ist. Dies setzt notwendigerweise voraus, dass eben dieser Beschluss bereits gefasst ist. Dass dies auch für die Erteilung einer Vertrags(entwurfs-)abschrift gilt, belegt eine Gegenüberstellung der Rechte aus § 13 Abs. 3 S. 3 UmwG und § 63 Abs. 3 UmwG: Die Erteilung von Abschriften vor der Hauptversammlung, und damit zum Zwecke der Beschlussvorbereitung wird schon durch letztgenannte Vorschrift gewährleistet.

Durch die Abschriftenerteilung nach Durchführung des Verschmelzungsbeschlusses gemäß § 13 Abs. 3 UmwG dagegen können sich insbesondere die nicht erschienenen Aktionäre über die Beschlussfassung informieren.[873] Aber auch diejenigen Aktionäre, die an der Hauptversammlung teilgenommen haben, werden auf diesem Wege in die Lage versetzt, den Vorgang auf seine Ordnungsgemäßheit hin zu überprüfen und gegebenenfalls anhand der Unterlagen eine Klage gegen die Wirksamkeit des Verschmelzungsbeschlusses bzw. ein Spruchverfahren zur Verbesserung des Umtauschverhältnisses oder der Barabfindung vorzubereiten. Die Vorschrift des § 13 Abs. 3 S. 3 UmwG ist damit nicht Bestandteil des informationellen Schutzessystems der Verschmelzung im eigentlichen Sinne. Von daher kann eine Verletzung dieses Rechts, etwa durch verspätete oder unvollständige Abschriftserteilung, auch nicht zu einer Anfechtbarkeit des Verschmelzungsbeschlusse nach § 243 AktG führen. Die insoweit vorliegende Verletzung des Gesetzes hat nämlich aufgrund ihrer zeitlichen Nachrangigkeit keinerlei Einfluss auf das Ergebnis der Beschlussfassung haben können, was jedoch – unabhängig von der Frage, ob man auf die (potentielle) Kausalität oder auf die Relevanz des Normverstoßes für das Beschlussergebnis abzustellen hat – erforderlich ist, um die Anfechtbarkeit des Verschmelzungsbeschlusses zu begründen.

## F. Zusammenschau

Bevor sich die vorliegende Untersuchung in ihrem weiteren Gang der „Rechtsfolgenseite" zuwenden soll, gilt es an dieser Stelle im Wege einer Zusammenschau der bisherigen Ergebnisse zu konstatieren, dass der Gesetzgeber sich nicht

---

[872] Anderer Ansicht offenbar *Heckschen*, in Widmann/Mayer, § 13 UmwG Rn. 251, demzufolge die Vorschrift des § 13 Abs. 3 S. 3 UmwG den Aktionären auch zur „Unterstützung ihrer Vorbereitung für die Versammlung" dient.

[873] *Lutter*, in Lutter, UmwG, § 131 Rn. 16.

auf die Anordnung einzelner Informationsrechte beschränkt, sondern ein in sich geschlossen Gesamtsystem geschaffen hat, in dem alle Einzelheiten der (verschmelzungsspezifischen) Informationserteilung an die betroffenen Aktionäre geregelt sind. Es reicht von der Zusammenstellung und Erläuterung der Information in Verschmelzungsvertrag und Verschmelzungsbericht über die Kontrolle der Information durch die Verschmelzungsprüfer sowie ihre Zugänglichmachung durch Auslegung und Erteilung von Abschriften bis hin zu der Unterrichtung der beschlussfassenden Hauptversammlung. Flankiert wird dieser informationelle Schutz durch diejenigen Vorschriften, die eine Haftung der Informationsverantwortlichen vorsehen.[874] Ziel dieses Systems ist die Ermöglichung einer eigenverantwortlichen, den Grundsätzen der Privatautonomie genügenden Entscheidungsfindung der betroffenen Anteilseigner durch Übermittlung sämtlicher relevanter Tatsachen, wodurch dem Grundlagencharakter der Verschmelzung Rechnung getragen wird. Auf diesem Wege dient die umfassende Unterrichtung zugleich auch dem Zweck, Vertrauen zu bilden und so der Verschmelzung ein hohes Maß an Akzeptanz unter den Aktionären zu sichern.[875]

---

874 Eine Haftung der Verschmelzungsprüfer wird durch § 11 Abs. 2 UmwG statuiert, § 25 Abs. 1 UmwG regelt die Schadensersatzpflicht des Vorstandes für Verletzungen der Pflichten bei Abschluss des Verschmelzungsvertrages, wozu auch die ordnungsgemäße Informationserteilung zu zählen ist, vgl. nur *Grunewald*, in Lutter, UmwG, § 25 Rn. 11 m.w.N., vgl. auch *Riesenhuber*, NZG 2004, 15, 21, der in diesem Zusammenhang von einer „Informationshaftung" spricht.

875 Zur akzeptanzsichernden Funktion der Informationserteilung siehe auch *Bork*, ZGR 1993, 343, 350; *Keil*, Verschmelzungsbericht, S. 112.

# *§ 4 Die Geltendmachung der Fehlerhaftigkeit der Verschmelzung*

Wurden im ersten Teil dieser Arbeit die Rechtmäßigkeitsvoraussetzungen der Verschmelzung insbesondere im Hinblick auf das zum Schutz der Aktionäre institutionalisierte Informationssystem behandelt, so soll im Folgenden untersucht werden, welche Instrumente den Anteilseignern zur Verfügung stehen, um die Fehlerhaftigkeit der Verschmelzung geltend zu machen. Eingehendere Betrachtung finden dabei das Spruchverfahren und die gegen den Verschmelzungsbeschluss gerichtete Anfechtungsklage. Entsprechend des Gegenstands der Untersuchung steht auch hier die Verletzung von – insbesondere kompensationsbezogenen - Informationsrechten und –pflichten im Vordergrund.

## A. Das Spruchverfahren

Bereits mehrfach Bezug genommen wurde hier auf die Möglichkeit der von der Verschmelzung betroffenen Aktionäre, eine ihnen unzureichend erscheinende Kompensation für den erlittenen Rechtsverlust gerichtlich auf ihre Angemessenheit hin überprüfen zu lassen. Im Folgenden soll das hierfür zur Verfügung stehende Verfahren einer eingehenderen Betrachtung unterzogen werden.

### I. Einordnung und praktische Bedeutung des Spruchverfahrens

Ist ein Hauptversammlungsbeschluss rechtswidrig, so geht das Aktienrecht grundsätzlich von der Nichtigkeit bzw. der Vernichtbarkeit des Beschlusses aus. Die für die Geltendmachung der Rechtswidrigkeit zur Verfügung stehenden Rechtsbehelfe sind die Nichtigkeitsklage sowie insbesondere die Anfechtungsklage gemäß § 243 AktG. Das Recht zur Beschlussanfechtung ist einerseits Individualrecht zum Schutz der subjektiven Interessen des klagenden Aktionärs. Zum anderen ist es als gesellschaftsbezogenes Recht ausgestaltet, das unabhängig davon besteht, ob der Aktionär die Verletzung eigener Recht geltend macht. Das Anfechtungsrecht soll damit auch der „Kontrolle von Verbandshandeln und Verbandsmacht durch ein justizförmiges Verfahren“[876] dienen.[877]

---

[876] *Lutter*, ZGR 1978, 347, 349; ebenfalls die allgemeine Kontrollfunktion der Anfechtungsklage betonend BGH, ZIP 1989, 980, 984 (Kochs Adler).

Auch der umwandlungsrechtliche Gesetzgeber hat sich – wie aus den §§ 14 Abs. 1, 32 UmwG[878] ersichtlich - der Grundkonzeption nach gegen ein System schlichter Nachteilskompensation unter Aufrechterhaltung des mangelbehafteten Beschlusses entschieden. Jedem Aktionär steht grundsätzlich das Recht zu, die Rechtwidrigkeit der Beschlussfassung im Klageweg geltend zu machen und damit den Beschluss zu vernichten. Ausgenommen aus dem Kreis möglicher Anfechtungsgründe ist indes die Frage nach der Angemessenheit des Umtauschverhältnisses sowie einer gegebenenfalls anzubietenden Barabfindung. So kann gemäß § 14 Abs. 2 UmwG eine Klage gegen die Wirksamkeit des Verschmelzungsbeschlusses des übertragenden Rechtsträgers nicht darauf gestützt werden, dass das Umtauschverhältnis der Anteile zu niedrig bemessen ist oder dass die Mitgliedschaft bei dem Übernehmer keinen ausreichenden Gegenwert darstellt. Entsprechendes gilt gemäß § 32 UmwG für die Barabfindung, wonach der Klageausschluss sowohl die Fälle der zu niedrigen Bemessung als auch des fehlenden und des nicht ordnungsgemäßen Angebotes der Barabfindung erfasst. Ausweislich der Gesetzesmaterialien[879] soll auf diesem Wege einem auf diese Begründung gestützten Streit über die Wirksamkeit der Verschmelzung der Boden entzogen werden. Im Dienste der Rechtssicherheit wird so eine Blockade der Strukturänderungsmaßnahme durch die oft schwierige und langwierig zu klärende Frage der Angemessenheit der Gegenleistung vermieden.

Als Ausgleich für den Ausschluss der Beschlussmängelklage sieht das Gesetz zum Schutz der materiellen Interessen der Anteilseigner des übertragenden Rechtsträgers[880] die Möglichkeit vor, die Angemessenheit der gewährten Gegen-

---

877 Zum „Zwittercharakter“ der aktienrechtlichen Anfechtungsklage *Kort*, Bestandsschutz fehlerhafter Strukturänderungen, S. 50; *K. Schmidt*, in Großkomm. AktG, § 246 Rn. 11; kritisch dagegen nunmehr *Zöllner*, AG 2000, 145, 146 f.; tendenziell schon *ders.*, in Reformbedarf im Aktienrecht, (1993) S. 147, 156 ff.

878 Beiden Normen liegt im Umkehrschluss die generelle Möglichkeit einer „Klage gegen die Wirksamkeit eines Verschmelzungsbeschlusses“ zugrunde.

879 Begr. RegE zu §§ 14 und 32 UmwG, abgedruckt bei *Schaumburg/Rödder*, S. 65 f., 98.

880 Zu der rechtpolitischen Kritik an der Beschränkung der Regelung auf den übertragenden Rechtsträger und für eine Ausdehnung des Spruchverfahrens auf den Fall, dass ein unrichtiges Umtauschverhältnis von den Anteilseignern des *übernehmenden* Rechtsträgers gerügt wird *Heckschen*, in Widmann/Mayer, § 14 UmwG Rn. 49 ff.; *Marsch-Barner*, in Kallmeyer, § 14 Rn. 16; *Stratz*, in Schmitt/Hörtnagl/Stratz, § 14 UmwG Rn. 20; *Bayer*, ZHR 163 (1999), 505, 548 ff.; *ders.*, in VGR Bd. 2 (2000), S. 35, 52; *Bork*, ZGR 1993, 343, 354; *Hoffmann-Becking*, ZGR 1990, 482, 484 ff.; *ders.*; in IdW (Hrsg.), Reform des Umwandlungsrechts, S. 59 f.; *Kort*, Bestandsschutz fehlerhafter Strukturänderungen, S. 70 f.; *Lutter*, JZ 2000, 837, 839; *Mack*, Anfechtbarkeit von Hauptversammlungsbeschlüssen, S. 130 ff.; *Martens*, AG 2000, 301 ff.; ebenso der Handelsrechtsschuss des DAV, NZG 2000, 802, 803; siehe auch BGH, ZIP 2001, 199, 202 (MEZ); ZIP 2001, 412, 415 (Aqua Butzke); trotz der deutlichen Kritik seitens der Literatur hat sich auch der Gesetzgeber des Spruchverfahrensneuordnungsgesetzes nicht für eine Einbeziehung der Anteilseigner des übernehmenden Rechtsträgers in das Spruchverfahren entschieden.

leistung und der angebotenen Barabfindung in einem Spruchverfahren[881] gerichtlich nachprüfen zu lassen. Das Antragsrecht im Spruchverfahren ersetzt damit das Anfechtungsrecht nach § 243 AktG. Ist das Umtauschverhältnis der Anteile zu niedrig bemessen, so wird es nicht etwa gerichtlich neu festgesetzt. Vielmehr spricht das Gericht gemäß § 15 Abs. 1 UmwG den Anteilseignern einen der Höhe nach bestimmten, durch bare[882] Zuzahlungen zu leistenden Ausgleichsanspruch gegen den übernehmenden Rechtsträger zu. Ist dagegen die im Verschmelzungsvertrag angebotene Barabfindung zu niedrig bemessen, so setzt das Gericht selbst eine angemessene Höhe fest, § 34 UmwG. Das gleiche gilt, wenn der Verschmelzungsvertrag entgegen § 29 UmwG überhaupt keine Barabfindung vorsieht oder eine solche inhaltlich nicht ordnungsgemäß angeboten wird. Letztlich bestimmt das Gericht folglich in allen Fällen die (nach seiner Ansicht) korrekte Höhe der Kompensationsleistung. Umtauschverhältnis und Barabfindung unterliegen damit nicht nur einer eingeschränkten gerichtlichen Plausibilitätskontrolle, sondern einer vollumfänglichen Ergebnisüberprüfung.[883]

Automatisch Gegenstand der gerichtlichen Entscheidung ist in allen Fällen gemäß den §§ 15 Abs. 2 S. 1, 30 Abs. 1 S. 2 UmwG auch der Anspruch auf Verzinsung der Ausgleichszahlung bzw. der erhöhten Barabfindung mit einem Zinssatz in Höhe von 2% über dem jeweiligen Diskontsatz der Deutschen Bundesbank.[884] Soweit das Gericht dagegen das Umtauschverhältnis bzw. die angebotene Barabfindung als angemessen oder gar als zu hoch bemessen erachtet, weist es den betreffenden Antrag als unbegründet ab. Zu einer Verschlechterung der

---

[881] Häufig findet sich in der Literatur auch die (ältere) Bezeichnung „Spruchstellenverfahren", ohne dass damit ein sachlicher Unterschied verbunden wäre. Da das Spruchverfahrensneuordnungsgesetz vom 23.05.2003 nunmehr ausdrücklich den Begriff „Spruchverfahren" verwendet, soll diese Terminologie auch hier zugrunde gelegt werden. Zur historischen Entwicklung des Spruchverfahrens siehe *Behnke*, Spruchverfahren, S. 33 ff.

[882] Der Ausgleich hat nach dem eindeutigen Gesetzeswortlaut durch Geldzahlung zu erfolgen. Unter Hinweis auf das hieraus für den Übernehmer resultierende Risiko einer im voraus nicht abschätzbaren finanziellen Belastung kritisch gegenüber der bestehenden Rechtslage und für die (*de lege ferenda* einzuführende) Möglichkeit, die Nachbesserung des Umtauschverhältnisses durch die Gewährung neuer Aktien zu bewerkstelligen *Marsch-Barner*, in Kallmeyer, § 14 Rn. 6; Handelsrechtsausschuss des DAV, NZG 2000, 802, 803; *Maier-Reimer*, ZHR 164 (2000), 563, 574 ff.; *Martens*, AG 2000, 301, 308.

[883] Vgl. dazu auch die (im Hinblick auf die Notwendigkeit eines ausreichenden Minderheitenschutzes m. E. nicht überzeugende) Kritik von *Hügel*, Verschmelzung und Einbringung, S. 163 ff., der in der vollen gerichtlichen Überprüfung einen Eingriff in die Privatautonomie des übernehmenden Rechtsträgers und seiner Gesellschafter sieht. Die Prämisse von *Hügel*, allein der Vertragsmechanismus des Aushandelns des Umtauschverhältnisses biete eine hinreichende Richtigkeitsgewähr, wurde bereits an anderer Stelle dieser Arbeit (siehe oben § 3 C. I.) abgelehnt.

[884] Gemäß § 1 Abs. 1 des Diskontsatz-Überleitungsgesetzes vom 09.06.1998 (BGBl. I S. 1242) ist an die Stelle des Diskontsatzes der Basiszinssatz nach dortiger Definition getreten.

im Verschmelzungsvertrag vorgesehenen Kompensation kann es folglich nicht kommen.

Dergestalt dient das Spruchverfahren auf unterschiedliche Weise der Wahrung der Interessen aller Beteiligten:

Zielrichtung ist zum einem die Garantie eines effektiven Rechtsschutzes durch die Gewährleistung eines der Höhe nach angemessenen Ausgleichs für die betroffenen Anteilseigner. Durch die gerichtliche Ermittlung der seitens des Übernehmers zu zahlenden Kompensation wird dem verfassungsrechtlichen Gebot einer vollwertigen Entschädigung der Aktionäre Rechnung getragen, ohne dass diese ein größeres finanzielles Risiko oder auch nur die Pflicht zur eigenen unmittelbaren Beteiligung an dem Verfahren trifft.[885] Da die Minderheitsaktionäre nicht in der Lage sind, ihren Anspruch auf vollwertigen Ausgleich im Wege der Vertragsverhandlungen durchzusetzen, sind sie auf ein solches, justizförmiges Rechtsschutzverfahren angewiesen. Stände den dissentierenden Gesellschaftern ein derartiger Rechtsbehelf nicht zu Verfügung, müssten sie versuchen, den Verschmelzungsbeschluss durch Erhebung einer Anfechtungsklage zu Fall zu bringen und sich im Zuge dieses Verfahrens ihre Beteiligung im Vergleichswege abkaufen zu lassen. Durch die gesetzliche Regelung wird den Aktionären ein solcher funktionswidriger Gebrauch des Anfechtungsrechts erspart. Im Gegenzug schützt das Spruchverfahren auch die berechtigten Interessen der verschmelzungswilligen Rechtsträger, denen aus unternehmenspolitischen und finanziellen Erwägungen heraus regelmäßig an einem hohen Maß an Rechts- und Planungssicherheit gelegen ist. Denn die durch den Anfechtungssausschluss bewirkte Verlagerung der dargestellten Streitpunkte in ein abgetrenntes gerichtliches Verfahren schränkt in nicht unerheblichem Umfang die Gefahr ein, dass eine zeitsensible Strukturmaßnahme über Jahre hinweg blockiert und so ihre Wirksamkeit in Frage gestellt wird. Ebenfalls gewahrt wird das Interesse des Zielunternehmens an einer einheitlichen Festlegung des angemessenen Ausgleichs. Schließlich ist durch die Konzentration der einzelnen Nachbesserungsbegehren in einem einheitlichen Verfahren auch der Prozessökonomie gedient.[886]

---

[885] Siehe hierzu die nachfolgende Darstellung der Verfahrensgrundsätze.

[886] Zu dem Vorstehenden siehe *Kort*, Bestandsschutz fehlerhafter Strukturänderungen, S. 69; *Stratz*, in Schmitt/Hörtnagl/Stratz, Vor § 305 UmwG Rn. 4.

Trotz durchaus vorhandener Kritik hinsichtlich bestimmter Einzelheiten des Verfahrens, vor allem im Hinblick auf seine teils überlange Dauer[887], wird das Spruchverfahren in seiner Gesamtheit ganz überwiegend als rechtspolitisch erfolgreiches Instrument zur Wahrung der divergierenden Interessen der Verfahrensbeteiligten und insbesondere des Minderheiten- und Anlegerschutzes gewertet.[888] Die Relevanz, die dem Spruchverfahren in der Praxis zukommt, zeigt sich sowohl an der großen Zahl der eingeleiteten Verfahren als auch daran, dass die von den verpflichteten Gesellschaften angebotene Kompensation durch das angerufenen Gericht häufig in erheblichem Maße angehoben wurde. So hat eine empirische Untersuchung des Zeitraums von 1980 bis 1992 ergeben, dass in mehr als 40 % der überhaupt in Betracht kommenden Fälle Spruchverfahren eingeleitet wurden, welche den betroffenen Gesellschaftern im Durchschnitt eine Abfindungsaufbesserung um ca. 48 % brachten.[889]

Die praktische Bedeutung dürfte angesichts legislatorischer und höchstrichterlicher Entscheidungen in letzter Zeit noch weiter zugenommen haben. So hat der Gesetzgeber des Gesetzes zur Regelung von öffentlichen Angeboten zum Erwerb von Wertpapieren und von Unternehmensübernahmen vom 20.12.2001 den Anwendungsbereichs des Spruchverfahrens auf den Ausschluss von Minderheitsaktionären nach den §§ 327a ff. AktG (sog. Squeeze-Out) ausgedehnt. Diesen steht nach § 327f AktG das Recht zu, die ihnen angebotene Barabfindung im Spruchverfahren gerichtlich auf ihre Angemessenheit hin überprüfen und gegebenenfalls neu bestimmen zu lassen.

Zudem haben auch zwei neuere Entscheidungen des Bundesgerichtshofs[890] zur Barabfindung beim Formwechsel (§§ 301 ff. UmwG) zu einer erheblichen, in

---

[887] Hierzu vgl. aus der Praxis die bereits in Fn. 186 beispielhaft genannten Verfahren; zur Kritik an der Verfahrensdauer; *Beyerle*, ZGR 1977, 650, 661; *Bilda*, NZG 296 ff.; *Götz*, DB 1996, 259; *Hoffmann-Becking*, ZGR 1990, 482, 498; *Steinhauer*, AG 1999, 299, 301; zur Bedenklichkeit einer derart langen Verfahrensdauer unter verfassungsrechtlichen, insbesondere rechtsstaatlichen Aspekten BVerfG, ZIP 1999, 999.

[888] Vgl. Baums, Gutachten F für den 63. DJT, S. 119 f.; *Kort*, Bestandsschutz fehlerhafter Strukturänderungen, S. 69; *van Kann/Hirschmann*, DStR 2003, 1488; *Lutter/Bezzenberger*, AG 2000, 433, 435; *Martens*, AG 2000, 301, 302 ff.; kritisch dagegen *Wenger/Kaserer/Hecker*, ZBB 2001, 317, 327 ff.; siehe auch *Wenger/Hecker/Knoesel*, Finanzmärkte, 1997, S. 93 ff.

[889] *Dörfler/Gahler/Unterstraßer/Wirichs*, BB 1994, 156 ff.; eine Übersicht über die Dauer aktienrechtlicher Spruchverfahren findet sich bei *Wenger/Kaserer/Hecker*, ZBB 2001, 317, 333.

[890] BGH, Urteil vom 18.12.2000 – II ZR 1/99, ZIP 2001, 199 (MEZ), bestätigt durch BGH, Urteil vom 29.01.2001 – II ZR 368/98, ZIP 2001, 412 (Aqua Butzke); zu der durch diese Judikate eingeleiteten Änderung der höchstrichterlichen Rechtsprechung ausführlich unter § 4 B. IV. 2. b); siehe in diesem Zusammenhang auch den jüngst veröffentlichen Referentenentwurf des Gesetzes zur Unternehmensintegrität und Modernisierung des Anfechtungsrechts (UMAG).

ihrem konkreten Umfang noch nicht absehbaren Erweiterung der dem Spruchverfahren unterstellten Streitgegenstände geführt. Mit diesen Judikaten hat das Gericht seine bisherige Rechtsprechung dahingehend modifiziert, dass nicht nur Bewertungsrügen hinsichtlich der nach § 207 UmwG anzubietenden Barabfindung dem Anfechtungsausschluss der §§ 210, 212 UmwG unterfallen, sondern auch die Verletzung von Informations-, Berichts- und Auskunftspflichten, die mit dem Barabfindungsangebot im Zusammenhang stehen, ausschließlich im Wege des Spruchverfahrens geltend gemacht werden kann. Inwieweit nach dieser Rechtssprechung überhaupt noch Raum für anfechtungsrelevante Informationspflichtverletzungen besteht und ob das für den Formwechsel begründete Ergebnis auch auf Verschmelzungskonstellationen zu übertragen ist, wird im Rahmen der vorliegenden Arbeit noch zu untersuchen sein werden.

Anzuführen ist in diesem Zusammenhang schließlich auch die jüngst ergangene „Macrotron"-Entscheidung des Bundesgerichtshofs[891], in der das Gericht über die Fälle der gesetzlichen Eröffnung des Spruchverfahrens hinaus auch für den Fall des börsenrechtlichen Delistings[892] einer Aktiengesellschaft das Spruchverfahren zur Überprüfung des Kaufangebots zugelassen hat.

## II. Reform des Spruchverfahrens

### 1. Anlass und Ziel der Gesetzesreform

Angesichts der gestiegenen praktischen Bedeutung des Spruchverfahrens einerseits sowie seiner wiederholt kritisierten Schwächen andererseits wurden die Rufe nach einer Reform des Spruchverfahrens immer lauter. Nachdem sich die wirtschaftsrechtliche Abteilung des 63. Deutschen Juristentages in Leipzig im Herbst 2000 für eine Überprüfung des geltenden Rechts ausgesprochen[893], und auch die Regierungskommission „Corporate Governance" in ihrem im Juli 2001

---

[891] BGH, ZIP 2003, 387, 390 f.; einer Ausdehnung des Anwendungsbereichs des SpruchG steht nicht entgegen, dass der Gesetzgeber der Anregung des HRA DAV, ZIP 2003, 552, die Analogiefähigkeit der Vorschriften des SpruchG im Gesetzestext ausdrücklich festzuhalten, nicht gefolgt ist. Eine entsprechende Klarstellung enthält auch der Bericht des Rechtsausschusses des Bundestags, der insoweit ausdrücklich auf die Macrotron-Entscheidung des BGH Bezug nimmt, vgl. BT-Drucks. 15/838, S. 16.

[892] Es ist wahrscheinlich, dass die Praxis angesichts der durch die Macrotron-Entscheidung verschärften Anforderungen an das börsenrechtliche Delisting – ungeschriebene Hauptversammlungskompetenz, Notwendigkeit eines Abfindungsangebotes zum vollen Aktienwert, Möglichkeit der gerichtlichen Überprüfung der Abfindung – in Zukunft vermehrt den Weg des sog. „kalten" Delistings gehen wird. In diesem Fall bleibt abzuwarten, ob die Rechtsprechung eine entsprechende Vorgehensweise als unzulässige Umgehung der genannten Anforderungen qualifizieren wird, vgl. *van Kann/Hirschmann*, DStR 2003, 1488, 1490.

[893] Vgl. Beschlüsse des 63. Deutschen Juristentags, DB 2000, 2108, 2109, Nr. 11 c).

vorgelegten Abschlussbericht eine Neuregelung des Spruchverfahrens gefordert hatte[894], wurde schließlich am 23.05.2003 in einer letzen Lesung das Gesetz zur Neuregelung des gesellschaftsrechtlichen Spruchverfahrens (Spruchverfahrensneuordnungsgesetz) beschlossen. Kernpunkt war die Schaffung eines neuen, eigenständigen Spruchverfahrensgesetzes (SpruchG), das zum 01.09.2003 in Kraft getreten ist und in dem die bisher dezentral auf verschiedene Gesetze (UmwG, AktG, FGG) verteilten Vorschriften über das Spruchverfahren nun für alle Konstellationen, in denen dieses Verfahren in Betracht kommt (§ 1 SpruchG), einheitlich zusammengefasst sind.[895]

Oberstes gesetzgeberisches Ziel war dabei ausweislich der Gesetzesmaterialien[896] die Verkürzung der allgemein als übermäßig lang empfundenen Verfahrensdauer. Die zur Erreichung dieses Ziels beschlossenen Verfahrensänderungen lassen sich im Wesentlichen auf folgende drei Grundelemente zurückführen:

- Abkehr von dem bislang das Spruchverfahren prägenden Amtsermittlungsgrundsatz zugunsten einer verstärkten Verfahrensförderungspflicht der Beteiligten.

- Aufwertung der Verfahrensposition des nunmehr zwingend durch das Gericht zu bestellenden[897] Verschmelzungsprüfers (bzw. Vertragsprüfers), wodurch soweit wie möglich die Notwendigkeit vermieden werden soll, weitere „flächendeckende“ Gutachtenaufträge erteilen zu müssen.

- Neugestaltung der Kostenregelungen, insbesondere Anhebung der Gerichtsgebühren und Einführung der Pflicht des Antragstellers, seine Kosten grundsätzlich selbst zu tragen, soweit nicht das Gericht ausdrücklich eine gegenteilige Anordnung trifft. Durch diese Neuregelung sollen vor allem voreilige und rechtsmissbräuchliche Anträge zurückgedrängt werden.

Besondere Aktualität erhielt das Reformvorhaben in jüngster Zeit durch ein Urteil des Europäischen Gerichtshofs für Menschenrechte vom 20.02.2003[898]. Der

---

[894] Siehe *Baums* (Hrsg.), Bericht der Regierungskommission Corporate Governance, Rn. 169 ff.

[895] Zu der Neuregelung des Spruchverfahrens durch das SpruchG siehe *Albrecht*, NWB 2003, F. 18, S. 3997 ff.; *Büchel*, NZG 2003, 793 ff.; *Bungert/Mennicke*, BB 2003, 2021 ff. *van Kann/Hirschmann*, DStR 2003, 1488 ff.; *Lamb/Schluck-Amend*, DB 2003, 1259 ff.; *Neye*, in FS Wiedemann, S. 1127 ff.; *ders.*, NZG 2002, 23 ff.; *Puszkajler*, ZIP 2003, 518 ff.; *Tomson/Hammerschmitt*, NJW 2003, 2572 ff.; siehe auch die Stellungnahmen des Handelsrechtsausschusses des DAV, NZG 2002, 119 ff. (zum Referentenentwurf) und ZIP 2003, 552 ff. (zum Regierungsentwurf); für eine Reform des Spruchverfahrens schon *Lutter*, JZ 2000, 837, 839; *Lutter/Bezzenberger*, AG 2000, 433 ff.; zur Frage der Anwendbarkeit des neuen Rechts auf bereits eingeleitete Verfahren *Wasmann*, DB 2003, 1159 f.

[896] Vgl. Begr. RegE, BT-Drucks. 15/371, S. 11.

[897] Zur Neuregelung der Bestellung der Verschmelzungsprüfer siehe schon oben § 3 C. II.

[898] EGMR, Beschwerde-Nr. 44324/98 (Kind/Bundesrepublik Deutschland), EuGRZ 2003, 228.

Gerichtshof verurteilte die Bundesrepublik Deutschland zu einer Schadensersatzleistung an einen Minderheitsaktionär, der anlässlich einer Umwandlung aus seiner Gesellschaft ausgeschieden war. Dieser hatte 15 Jahre und 9 Monate (!) auf eine abschließende gerichtliche Entscheidung in dem von ihm zur Überprüfung der angebotenen Barabfindung angestrengten Spruchverfahren warten müssen. Angesichts der Dauer dieses Verfahrens bejaht der Gerichtshof einen Verstoß gegen Art. 6 Abs. 1 EMRK, wonach jede Person ein Recht darauf hat, dass ihre Ansprüche „in einem fairen Verfahren, öffentlich und innerhalb einer angemessenen Frist verhandelt" werden. Hierzu führt die Kammer, die zugunsten der Bundesrepublik Deutschland auch die Komplexität des Verfahrensgegenstandes berücksichtigt, in ihrem Urteil aus:

> „La Cour rappelle à cet égard que l'article 6 § 1 de la Convention oblige les Etats contractants à organiser leur système judiciaire de telle sorte que les cours et tribunaux puissent remplir chacune de ses exigences, y compris l'obligation de trancher les causes dans des délais raisonnables [...]. En l'espèce, la procédure fait apparaître des *retards importants*, qui sont imputables aux juridictions nationales. Eu égard aux circonstances de la cause, qui commandent une évaluation globale, la Cour considère que la durée de la procédure litigieuse est *clairement excessive et ne répond pas à la condition du délai raisonnable.*"[899]

Verfassungsrechtlichen Bedenken begegnet die tatsächliche Verfahrensdauer letztlich auch in Anbetracht des Umstandes, dass das Gesetz den kompensationsberechtigten Aktionären zwar einen Anspruch auf eine sie wertmäßig voll entschädigende Kompensation zugesteht, ihnen gleichzeitig jedoch keine Insolvenzsicherung dergestalt bietet, dass sie diesen Anspruch auch bei einem während der Dauer des Spruchverfahrens eintretenden Vermögensverfall des Antragstellers tatsächlich realisieren können.[900] Ob der verfassungsrechtliche Schutz des Eigentums durch Art. 14 Abs. 1 GG schon dann hinreichend gewahrt ist, wenn zwar der Entschädigungsanspruch als solcher garantiert ist, das diesbe-

---

[899] Nichtamtliche deutsche Übersetzung des Bundesministeriums der Justiz: „Der Gerichtshof ruft diesbezüglich in Erinnerung, dass die Vertragsstaaten nach Artikel 6 Absatz 1 EMRK dazu verpflichtet sind, ihre Justizsysteme so zu organisieren, dass erst- und höherinstanzliche Gerichte in der Lage sind, alle Anforderungen zu erfüllen, einschließlich der Verpflichtung, die Fälle innerhalb angemessener Fristen abzuschließen [...]. Im vorliegenden Fall lässt das Verfahren *übermäßige Verzögerungen* erkennen, die den nationalen Gerichten anzulasten sind. Angesichts der Umstände des Falles, die eine Gesamtbeurteilung erfordern, ist der Gerichtshof der Ansicht, dass die Dauer des streitigen Verfahrens *eindeutig zu lang ist und nicht dem Erfordernis der angemessenen Frist entspricht.*" (Hervorhebungen in Übersetzung und Originaltext durch den Verfasser).

[900] Siehe hierzu das der Entscheidung des OLG Köln, DB 2001, 1354 zugrundeliegende Staatshaftungsverfahren wegen legislatorischem Unterlassen sowie die gegen die Zurückweisung der Revision eingelegte Verfassungsbeschwerde, BVerfG, Az.: 1 BvR 966/02; zur Kritik an dieser Rechtslage siehe *Meilicke*, DB 2001, 2387 ff. sowie jüngst *Meilicke/Heidel*, BB 2003, 1805 f., die in der für die außenstehenden Aktionäre bestehenden Situation einen Verstoß gegen die Verbürgungen der EMRK sehen.

zügliche Insolvenzrisiko dagegen weiterhin bei dem berechtigten Aktionär verbleibt, erscheint zumindest fraglich.

## 2. Voraussetzungen und Ablauf des reformierten Spruchverfahrens

Im Folgenden soll ein Überblick über das reformierte Spruchverfahren nach dem SpruchG gegeben sowie seine wesentlichen Neuerungen einer kritischen Betrachtung unterzogen werden.

### *a) Antragsberechtigung*

Keine inhaltliche Veränderung gegenüber der bestehenden Praxis hat der nun in § 3 Nr. 3 SpruchG festgelegte Kreis der antragsberechtigten Aktionäre[901] erfahren, der sich für die Verschmelzung nach den § 1 Nr. 4 SpruchG i.V.m. §§ 15, 34 UmwG richtet.

#### *aa) Nachprüfung des Umtauschverhältnisses*

Soweit es um die Frage der Nachprüfung des Umtauschverhältnisses der Anteile geht, ist jeder Anteilseigner des übertragenden Rechtsträgers antragsberechtigt, dessen Recht zur Erhebung einer auf einen Kompensationsmangel gestützten Klage gegen den Verschmelzungsbeschluss nach § 14 Abs. 2 UmwG ausgeschlossen ist. Ob der Aktionär in der über die Verschmelzung beschließenden Hauptversammlung für oder gegen die Strukturänderung abgestimmt hat oder ob er Widerspruch zur Niederschrift erklärt hat, ist für sein Antragsrecht unerheblich. Eine derartige – noch in § 352c Abs. 2 S. 1 AktG a.F. vorgesehene - Beschränkung des Antragsrecht hat das UmwG 1994 nicht übernommen, da die frühere Regelung häufig zur rein vorsorglichen Erklärung von Widersprüchen geführt hatte. Diejenigen Aktionäre, die die Strukturmaßnahme an sich befürworten, sollen nicht gezwungen sein, gegen die Verschmelzung zu votieren, nur um sich ihr Nachbesserungsrecht zu erhalten.[902] Nicht antragsberechtigt sind demgegenüber die Aktionäre des übernehmenden Rechtsträgers. Ist ihrer Auffassung nach das Umtauschverhältnis unangemessen, insbesondere zugunsten der Anteilseigner der übertragenden Gesellschaft zu hoch angesetzt, so bleibt ihnen nur die Möglichkeit, Klage gegen die Wirksamkeit des Verschmelzungs-

---

901 Ausführlich zur Antragsberechtigung im aktien- und umwandlungsrechtlichen Spruchverfahren *van Aerssen*, AG 1999, 249 ff.

902 So ausdrücklich die Begr. RegE zu § 15 UmwG, abgedruckt bei *Schaumburg/Rödder*, S. 69; ebenso *Marsch-Barner*, in Kallmeyer, § 15 Rn. 5; *Schwarz*, in Widmann/Mayer, § 305 UmwG Rn. 24; *Krieger*, in Lutter, Kölner Umwandlungsrechtstage, S. 275, 278; zur Kritik an der früheren Rechtslage siehe nur *Hoffmann-Becking*, ZGR 1990, 482, 483 f.; zur Antragsberechtigung des Einzelrechtsnachfolgers vgl. *Schulenberg*, AG 1998, 74, 77 ff.

beschlusses zu erheben. Trotz massiver rechtspolitischer Kritik an dieser Ungleichbehandlung hat auch der Gesetzgeber des Spruchverfahrensneuordnungsgesetzes an der Beschränkung des Klageausschlusses auf die übertragenden Rechtsträger festgehalten.[903]

##### *bb) Nachprüfung der angebotenen Barabfindung*

Geht es demgegenüber um die gerichtliche Überprüfung der Angemessenheit einer gemäß § 29 UmwG angebotenen Barabfindung, so sind nur diejenigen Aktionäre antragsberechtigt, die in der Hauptversammlung gegen den Verschmelzungsbeschluss Widerspruch zur Niederschrift erklärt haben, da gemäß § 29 Abs. 1 S. 1 UmwG auch nur ihnen gegenüber eine Abfindung anzubieten ist.[904] Voraussetzung der Antragsberechtigung ist damit gleichzeitig, dass der Aktionär bei der Beschlussfassung gegen die Verschmelzung gestimmt hat, da nach hier vertretener Auffassung die Erklärung eines Widerspruchs nur bei negativer Stimmabgabe möglich ist.[905]

###### *(1) Wegfall der Antragsberechtigung bei Annahme des Barabfindungsangebots*

Nach der zum bisherigen Recht ganz überwiegend vertretenen Ansicht entfiel zudem das Antragsrecht des Aktionärs, wenn dieser das Barabfindungsangebot nach § 29 Abs. 1 S. 1 bereits angenommen hatte. Antragsberechtigt nach § 34 UmwG sollten folglich nur diejenigen Anteilseigner sein, deren Mitgliedschaft in der übernehmenden Gesellschaft fortbestand.[906] Verwiesen wurde von den Vertretern dieser Auffassung unter anderem auf die Regierungsbegründung zu § 34 UmwG, der zufolge die Vorschrift den Fall betrifft, „daß dem Anteilsinhaber des übertragenden Rechtsträgers das Angebot der Barabfindung zu niedrig erscheint, er es also *nicht annehmen will.*“[907]

###### *(2) Kritik*

Diese Ansicht vermag m. E. nicht zu überzeugen. Sie stützte sich nach bisheriger Rechtslage im wesentlichen auf das formal-begriffliche Argument, dass der-

---

903 Zu Kritik an dieser Rechtslage siehe die umfassenden Literaturhinweise in Fn. 880.

904 Dies gilt nicht, sofern der Widerspruch ausnahmsweise entbehrlich ist.

905 Siehe dazu die Ausführungen unter § 3 A. III. 3. b) cc).

906 OLG Düsseldorf, ZIP 2001, 158 ff.; LG Dortmund, DB 2000, 1164; *Grunewald*, in Lutter, UmwG, § 34 Rn. 3; *Kalss*, in Semler/Stengel, § 34 Rn. 11; *Marsch-Barner*, in Kallmeyer, § 34 Rn. 3; *Schwarz*, in Widmann/Mayer, § 305 UmwG Rn. 25; *Luttermann*, EWiR 2001, § 29 UmwG 1/01, S. 291 f.; abweichend LG Köln, AG 1998, 538; *Stratz*, in Schmitt/Hörtnagl/Stratz, § 305 UmwG Rn. 6; *Götz*, DB 2000, 1165 f.

907 Begr. RegE zu § 34 UmwG, abgedruckt bei *Schaumburg/Rödder*, S. 99 (Hervorhebung d. Verf.).

jenige, der die Barabfindung angenommen habe und damit aus dem übernehmenden Rechtsträger ausgeschieden sei, nicht mehr Anteilsinhaber sei, § 34 S. 1 UmwG jedoch gerade voraussetze, dass ein „Anteilseigner" eine gerichtliche Überprüfung der Barabfindung anstrebt.[908] Richtiger dürfte es indes sein, bei der Auslegung des Begriffs „Anteilseigner" in § 34 UmwG die materiell-rechtliche Anspruchsinhaberschaft, zu deren Wahrung das Spruchverfahren dient, als ausschlaggebend zu erachten. Auszugehen ist dabei von dem bereits dargestellten Grundsatz, dass Art. 14 Abs. 1 GG eine dem Wert des Aktienbesitzes voll entsprechende Entschädigung des ausscheidenden Anteilseigners gebietet. Gewährleistet wird dies unter anderem auch durch die gesetzliche Regelung, wonach die Entscheidung im Spruchverfahren nicht nur Wirkung im Verhältnis zu den Antragsstellern, sondern „für und gegen alle" entfaltet, wobei § 13 SpruchG nun in Übereinstimmung mit der bereits zu § 311 S. 2 UmwG a.F. ganz überwiegend vertretenen Meinung[909] ausdrücklich klarstellt, dass hierzu auch diejenigen Anteilseigner zählen, die das ursprüngliche Barabfindungsangebot bereits vorbehaltlos angenommen haben. Steht aber schon von Gesetzes wegen entsprechend dem Verfassungsgebot auch denjenigen Anteilseignern, die das ursprüngliche Angebot angenommen haben, ein materieller Anspruch auf die volle, in diesem Falle also die gerichtlich aufgebesserte Barabfindung zu, so erscheint es inkonsequent, ihnen nicht auch die prozessualen Mittel zur eigenständigen Durchsetzung dieses Anspruchs zuzugestehen.[910]

Demgegenüber hielt das *LG Dortmund*[911] gerade angesichts der *Inter-Omnes*-Wirkung der Entscheidung des Spruchverfahrensgerichts den Ausschluss aus dem Kreis der Antragsberechtigten für unbedenklich. Nach Ansicht der Kammer sei eine Zusammenfassung von materiellem Anspruch und prozessualer Berechtigung nicht erforderlich, da von einer Erhöhung der Barabfindung auch die ausgeschiedenen Gesellschafter, welche die Abfindung bereits angenommen haben, profitieren würden. In demselben Verfahren entschied auch das *OLG Düssel-*

---

908 So insbesondere OLG Düsseldorf, ZIP 2001, 158, 159; *Luttermann*, EWiR 2001, § 29 UmwG 1/01, S. 291, 292.

909 Für eine dementsprechende Auslegung des § 311 S. 2 UmwG a.F. *Meister/Klöcker*, in Kallmeyer, § 311 Rn. 4; *Schwarz*, in Widmann/Mayer, § 311 UmwG Rn. 22; *Volhard*, in Semler/Stengel, § 311 Rn. 3, jeweils m.w.N.; abweichend *Koppensteiner*, in Kölner Kommentar, § 305 AktG Rn. 56; *Hüchting*, Abfindung, S. 85 ff.; beide zum aktienrechtlichen Spruchverfahren; die praktische Relevanz dieser insbesondere unter Geltung des § 352c Abs. 2 AktG a.F. strittigen Frage war jedoch zuletzt äußerst gering, da in den Verschmelzungsverträgen regelmäßig eine Klausel enthalten war, wonach die Entscheidung im Spruchverfahren auch für bereits abgefundene Anteilseigner gelten soll, vgl. *Krieger*, in Lutter, UmwG, § 311 Rn. 3.

910 In diesem Sinne auch *Stratz*, in Schmitt/Hörtnagl/Stratz, § 305 UmwG Rn. 6.

911 LG Dortmund, DB 2000, 1164.

*dorf*[912], dass aus den genannten Gründen eine Verletzung der Rechtsschutzgarantie nicht zu befürchten sei.

Diese Sichtweise ist indes nicht unbedenklich. Der Aktionär hat zwar Teilhabe an der Entscheidung des Gerichts, jeglicher Einfluss auf den Lauf des Verfahrens und damit auf den Inhalt der Entscheidung ist ihm jedoch genommen.[913] Zusätzliches Gewicht erlangt diese Überlegung gerade angesichts der Reform des Spruchverfahrens. So scheint es in Anbetracht der Abkehr vom Amtsermittlungsgrundsatz und der hiermit korrelierenden Verstärkung der Verfahrensförderungspflicht der einzelnen Beteiligten durchaus vorstellbar, dass deren individuelle Einflussmöglichkeit auf das Verfahren noch an Bedeutung gewinnen wird. Von einem umfassenden Rechtsschutz kann von daher bei einem Ausschluss der Antragsberechtigung kaum gesprochen werden. Vor diesem Hintergrund befürwortenswert wäre eine Antragsberechtigung, die unabhängig davon besteht, ob der Aktionär die ursprünglich angebotene Barabfindung angenommen hat oder nicht.

Bedauerlicherweise hat der Gesetzgeber im Zuge der Reform des Spruchverfahrens nunmehr in § 3 S. 2 SpruchG ausdrücklich bestimmt, dass die Antragsberechtigung nur dann gegeben ist, „wenn der Antragssteller zum Zeitpunkt der Antragsstellung Anteilsinhaber ist." Sachgerechter wäre es wohl gewesen, stattdessen auf den Anteilsbesitz am übertragenden Rechtsträger zum Zeitpunkt des Wirksamwerdens der Verschmelzung abzustellen. Angesichts des insoweit eindeutigen Gesetzeswortlautes wird man jedoch künftig davon ausgehen müssen, dass mangels fortbestehender Anteilsinhaberschaft die bereits abgefundenen Aktionäre im Spruchverfahren nicht mehr antragsberechtigt sind. Ihre materiellen Interessen werden damit allein durch die *Inter-Omnes*-Wirkung der gerichtlichen Entscheidung geschützt.

#### *cc) Antragsberechtigung des Rechtsnachfolgers ?*

Ein weiteres Problem könnte das alleinige Abstellen auf den Aktienbesitz im Zeitpunkt der Antragstellung für den Fall aufwerfen, dass der Antragsteller seine Aktien nach Antragstellung, aber noch innerhalb der Antragsfrist veräußert. Denn zumindest nach dem Wortlaut der gesetzlichen Regelung könnte nun auch der Rechtsnachfolger einen weiteren Antrag stellen, da auch er die von § 3 SpruchG aufgestellten Voraussetzungen erfüllt. Der in diesem Zusammenhang

---

[912] OLG Düsseldorf, ZIP 2001, 158, 159 f.

[913] So zutreffend *Götz*, in DB 2000, 1165, der zudem auf die praktische Gefahr hinweist, dass der vom Spruchverfahren ausgeschlossene Aktionär in Anbetracht der langen Verfahrensdauer von dessen Beendigung überhaupt keine Kenntnis erlangt und folglich die Frist des § 31 S. 2 UmwG versäumt.

ergangenen Anregung des Deutschen Anwaltsvereins[914], die Unzulässigkeit solcher weiterer Anträge ausdrücklich sicherzustellen, ist der Gesetzgeber nicht gefolgt.

Meines Erachtens kann diesem Problem durch eine entsprechende Anwendung des § 265 Abs. 2 ZPO entgegengetreten werden. Auch in Bereichen der freiwilligen Gerichtsbarkeit können Vorschriften der ZPO dann (unmittelbar oder entsprechend) angewandt werden, wenn es sich bei dem in Rede stehenden Verfahren um eine echte Streitsache handelt, bei der sich die Beteiligten mit gegensätzlichen Interessenrichtungen gegenüberstehen.[915] Zu diesen echten Streitverfahren des FGG ist auch das gesellschaftsrechtliche Spruchverfahren zu zählen.[916] Denn ähnlich wie im Zivilprozess treten sich auch hier die Verfahrensbeteiligten mit ihren widerstreitenden privaten Vermögensinteressen – das der Antragsteller ist auf eine möglichst hohe, das der Gesellschaft auf eine möglichst niedrige Kompensationsleistung gerichtet – als Gegner gegenüber.[917] Insofern ist die entsprechende Anwendbarkeit des § 265 ZPO auf das Spruchverfahren zu bejahen. Nach § 265 Abs. 2 S. 1 ZPO hat die Veräußerung des Gesellschaftsanteils keinen Einfluss auf das Verfahren. Trotz des materiellen Rechtsübergangs steht dem Rechtsnachfolger keine Prozessführungsbefugnis zu. Folglich ist der Erwerber der Aktien, obwohl er in dem nach § 3 SpruchG maßgeblichen Zeitpunkt Anteilsinhaber ist, mangels Prozessführungsbefugnis als nicht antragsberechtigt anzusehen.[918] Auch wenn damit das hier in Rede stehende Problem unter Rückgriff auf § 265 ZPO gelöst werden kann, so wäre doch eine ausdrückliche Klarstellung – wie vom DAV gefordert – begrüßenswert gewesen.

### *b) Antragsfrist*

Gemäß § 4 Abs. 1 Nr. 4 SpruchG kann der Antrag auf gerichtliche Entscheidung nur binnen drei Monaten seit dem Tag gestellt werden, an dem die Eintragung der Verschmelzung in das Handelsregister des übernehmenden Rechtsträgers nach § 19 UmwG als bekannt gemacht gilt. Durch diese Regelung wurde die bisher maßgebliche Frist des § 305 UmwG a.F. um einen Monat verlängert. Gleichzeitig wurde im Gegenzug die Möglichkeit der Stellung von Anschlussan-

---

914 Stellungnahme des HRA DAV zum Referentenentwurf, NZG 2002, 119, 121.

915 BGH, NJW 1954, 1407; *Schmidt*, in Keidel/Kuntze/Winkler, FGG, § 12 Rn. 230; *Schwarz*, in Widmann/Mayer, § 305 UmwG Rn. 15.

916 BayObLG, WM 1996, 527; OLG Düsseldorf, AG 1998, 39, 41; *Krieger*, in Lutter, UmwG, § 307 Rn. 2; *Schwarz*, in Widmann/Mayer, § 305 UmwG Rn. 15; *Bilda*, NZG 2000, 296, 298; *Lutter/Bezzenberger*, AG 2000, 433, 437, a. A. BayObLG, DB 1978, 2163.

917 Vgl. auch BVerfG, AG 1999, 370, das das Spruchverfahren zutreffend den „bürgerlichrechtlichen Streitigkeiten im materiellen Sinn" zuordnet.

918 Vgl. *Reichold*, in Thomas/Putzo, § 265 ZPO Rn. 12; wie hier auch *Büchel*, NZG 2003, 793, 795.

trägen i. S. d. § 307 Abs. 3 S. 2 UmwG a.F. abgeschafft. Zur Wahrung der Frist hat die Antragstellung beim zuständigen Gericht zu erfolgen, andernfalls ist der eingereichte Antrag nur dann rechtzeitig, wenn dieses die Sache innerhalb der Frist an das zuständige Gericht abgibt.[919]

Die Frist nach § 4 SpruchG ist als materiell-rechtliche Ausschlussfrist konzipiert. Auch bei unverschuldeter Fristversäumnis ist damit eine Wiedereinsetzung in den vorigen Stand entsprechend § 22 Abs. 2 FGG nicht möglich. Dies entsprach schon der zum bisherigen Recht überwiegend vertretenen Auffassung, die dieses Ergebnis zutreffend mit dem schützenswerten Vertrauen der beteiligten Unternehmen auf den Bestand der im Verschmelzungsvertrag vorgesehenen Umtauschrelation bzw. Barabfindung begründete.[920] Umso mehr zu überzeugen vermag diese Wertung nach der Neuregelung der Antragsfrist durch das Spruchverfahrensneuordnungsgesetz. Angesichts der nunmehr zu ihren Gunsten um einen Monat auf drei Monate verlängerten Antragsfrist stellt die Nichtzulassung der Wiedereinsetzungsmöglichkeit erst Recht keine übermäßige Beeinträchtigung der potentiellen Antragssteller mehr dar. Sofern diese auch innerhalb der verlängerten Frist keinen eigenen Antrag stellen, bleibt die Wahrung ihrer Interessen dennoch in ausreichendem Maße durch die Institution des gemeinsamen Vertreters nach § 6 SpruchG[921] gewährleistet.

Nicht geregelt ist, ab welchem Zeitpunkt ein Antrag gestellt werden kann. Auch wenn der Wortlaut des § 4 Abs. 1 SpruchG („Der Antrag kann nur binnen drei Monaten *seit dem Tag* gestellt werden, an dem…") auf den ersten Blick diese Frage zu beantworten scheint, so legt die Vorschrift doch lediglich den Beginn des Fristablaufs fest, welcher aber nicht zwangsläufig mit dem Zeitpunkt der frühst möglichen Antragstellung zusammenfallen muss. Nach zutreffender Ansicht ist davon auszugehen, dass auch ein vor der Eintragung bzw. ihrer Bekanntmachung eingereichter Antrag zulässig ist.[922] Dem wird teilweise mit der Begründung entgegengetreten, das Spruchverfahren setze die Wirksamkeit der Verschmelzung voraus, da nur in diesem Fall die Anordnung etwa einer baren Zuzahlung Sinn mache. Soweit dagegen die Rechtswirkungen der Strukturänderung nicht eintreten, habe eine „Anordnung auf Ausgleichszahlungen denknot-

---

919 Vgl. KG, AG 2000, 364, 365; *Krieger*, in Lutter, UmwG, § 306 Rn. 11 m. w. Nachw. auch zur Gegenansicht.

920 Siehe nur *Krieger*, in Lutter, UmwG, § 305 Rn. 10; *Meister/Klöcker*, in Kallmeyer, § 305 Rn. 10 m.w.N; ebenso wohl auch KG, AG 2000, 364, 365; abweichend *Dehmer*, § 305 UmwG Rn. 4; *Schwarz*, in Widmann/Mayer, § 305 UmwG Rn. 36.

921 Hierzu sogleich im Text.

922 *Grunewald*, in G/H/E/K, § 352c AktG Rn. Rn. 12; *Volhard*, in Semler/Stengel, § 305 Rn. 4; wohl auch *Meister/Klöcker*, in Kallmeyer, § 305 Rn. 8; ebenso für die Frist nach § 304 Abs. 4 S. 2 AktG a.F. BayObLG, ZIP 2002, 935, 939.

wendig zu unterbleiben“[923]. Dies ist zwar richtig, für die Beantwortung der Frage nach der Zulässigkeit einer früheren Antragstellung allerdings unerheblich. Selbstverständlich kann eine gerichtliche Entscheidung im Spruchverfahren erst nach Eintragung und damit nach Wirksamwerden der Verschmelzung ergehen. Soweit aber bereits vor diesem Zeitpunkt ein entsprechender Antrag gestellt wird, kann das Verfahren bis dahin ausgesetzt werden. Ein Grund, den Antrag als unzulässig oder nicht fristwahrend anzusehen, besteht m. E. nicht.

### c) *Zuständigkeit*

Erstinstanzlich zuständig für das Spruchverfahren sind nach § 2 SpruchG weiterhin die Landgerichte, und dort die Kammern für Handelssachen. Die örtliche Zuständigkeit richtet sich nach dem Bezirk, in dem der Rechtsträger, dessen Anteilsinhaber antragsberechtigt sind, seinen Sitz hat. Sofern danach mehrere Gerichte örtlich zuständig sind, was etwa bei einer Verschmelzung unter Beteiligung mehrerer übertragender Rechtsträger aus unterschiedlichen Gerichtsbezirken der Fall sein kann, stellt § 2 Abs. 1 S. 2 SpruchG nunmehr klar, dass die Zuständigkeit des Gerichts entsprechend dem Prioritätsprinzip des § 4 FGG zu bestimmen ist. Sollten gleichwohl noch Unklarheiten über die Gerichtszuständigkeit bestehen, so sieht hierfür § 2 Abs. 1 S. 3 SpruchG die entsprechende Anwendbarkeit von § 5 FGG vor, wonach die Bestimmung des zuständigen Gericht durch obergerichtliche Entscheidung erfolgt. Durch diese gesetzliche Neuregelung hat sich nunmehr der zu § 306 Abs. 1 UmwG a.F. geführte Streit erledigt.[924]

Nicht gefolgt ist der Gesetzgeber dem nachdrücklichen Plädoyer des Handelsrechtsausschusses des DAV[925], zum Zwecke der Verfahrensbeschleunigung und der Verbesserung der Entscheidungsqualität eine Eingangszuständigkeit der Oberlandesgerichte nach dem Vorbild der §§ 63 Abs. 4 GWB, 48 Abs. 4 WpÜG zu begründen, wobei maßgeblicher Beweggrund die Abwendung einer drohenden Überlastung der Oberlandesgerichte war. Vermieden wird auf diese Weise zwar ein Wertungswiderspruch, der sich daraus ergeben könnte, dass für das Spruchverfahren eine Zuständigkeit der Oberlandesgerichte statuiert würde, die Entscheidung über Anfechtungsklagen gegen den Verschmelzungsbeschluss jedoch nach §§ 246 Abs. 3 AktG, 95 Abs. 2 GVG weiterhin den Kammern für

---

923 *Möller*, Verschmelzungsbeschluß, S. 148; für die Zurückweisung bereits vor Bekanntmachung der Eintragung gestellter Anträge beim Squeeze-Out als unzulässig auch *Wasmann*, DB 2003, 1559.

924 Eingehend dazu *Bork*, ZIP 1998, 550 ff.; *ders.*, NZG 2002, 163 f.

925 HRA DAV, NZG 2002, 119, 120 zum Referentenentwurf sowie erneut in ZIP 2003, 552 f. zum Regierungsentwurf; zurückhaltend gegenüber diesem Vorschlag *Neye*, in FS Wiedemann, S. 1127, 1131 f.

Handelssachen bei den Landgerichten obliegt.[926] Andererseits ist jedoch zu bedenken, dass es gerade die gesondert dem Spruchverfahren zugewiesenen Probleme der Unternehmensbewertung sind, die zu der gegenüber regulären Anfechtungsverfahren erheblich längeren Dauer der Spruchverfahren führen. Führt man sich somit den in der Praxis regelmäßig anzutreffenden unterschiedlichen Schwierigkeitsgrad beider Verfahren vor Augen, so erscheint auch nicht unbedingt geboten, für beide Verfahren eine einheitliche instanzielle Gerichtszuständigkeit zu begründen. Angesichts der Bedeutung und der Komplexität gerade der dem Spruchverfahren unterliegenden Bewertungsfragen wird man sich vielmehr in der Tat die Frage stellen müssen, ob dem gesetzgeberischen Ziel, ein schnelleres Verfahren sowie eine Verbesserung der Entscheidungsqualität (und damit gleichzeitig auch der Akzeptanz dieser Entscheidung) zu erreichen, nicht doch durch die Eingangszuständigkeit eines mit drei Berufsrichtern besetzten OLG-Senates besser gedient wäre.

*d) Antragsbegründung*

Eine weitere Neuerung stellt die in § 4 Abs. 2 SpruchG vorgesehene Pflicht zur Begründung des Antrags dar. Der Antragsteller muss innerhalb der Antragsfrist insbesondere „konkrete Einwendungen" gegen den vom Antragsgegner[927] als Grundlage der Kompensation ermittelten Unternehmenswert vorbringen, wodurch der Gesetzgeber vor allem (rechtmissbräuchlichen) Anträgen „ohne jede sachliche Erläuterung"[928] den Boden entziehen will. Der bislang geltende Amtsermittlungsgrundsatz weicht damit einer verstärkten Beibringungsmaxime. Nicht hinreichend substantiierte Anträge können als unzulässig zurückgewiesen werden, sofern nicht der Antragsteller glaubhaft macht, dass er sich ohne sein Verschulden nicht im Besitz der zur Konkretisierung erforderlichen Unterlagen

[926] Vgl. zu diesem Punkt auch *Neye*, in FS Wiedemann, S. 1127, 1132.

[927] § 5 Nr. 4 SpruchG stellt nun klar, dass Antragsgegner bei der Verschmelzung der übernehmende bzw. der neu errichtete Rechtsträger ist. Entsprechend der geänderten höchstrichterlichen Rechtsprechung zur Rechts- und Parteifähigkeit der Gesellschaft bürgerlichen Rechts (grundlegend BGH, ZIP 2001, 330 ff.) kann – anders als noch nach § 307 Abs. 2 UmwG a.F. - auch die GbR als solche grundsätzlich nunmehr Antragsgegner sein; siehe dazu auch die Begr. RegE zu § 5 SpruchG, BT-Drucks. 15/371, S. 14; zu beachten ist jedoch, dass § 3 UmwG – im Gegensatz zu § 191 Abs. 2 Nr. 1 UmwG für den Formwechsel – die GbR auch weiterhin aus dem Kreis der verschmelzungsfähigen Rechtsträger ausnimmt; kritisch zu dieser gesetzgeberischen Entscheidung *Limmer*, in Peter/Crezelius, Gesellschaftsverträge und Unternehmensformen, Rn. 2409.

[928] Begr. RegE zu § 4 SpruchG, BT-Drucks. 15/371, S. 13.

befindet. In diesem Fall kann die Begründungsfrist auf Antrag verlängert werden, § 4 Abs. 2 Nr. 4 S. 2 SpruchG.[929]

Insbesondere für Verschmelzungen ist der Wortlaut des § 4 Abs. 2 Nr. 4 SpruchG unpassend. Die Vorschrift verlangt die Darlegung konkreter Einwendungen „gegen den als Grundlage für die Kompensation ermittelten Unternehmenswert des *Antragsgegners*". Antragsgegner ist bei der Verschmelzung wie gesehen der übernehmende Rechtsträger. Maßgeblich für die Abfindungsbemessung und damit auch Gegenstand der Überprüfung im Spruchverfahren ist jedoch der Unternehmenswert derjenigen Gesellschaft, an der der Antragsteller bisher beteiligt war. Die Anregung des DAV, die Formulierung des Gesetzes dahingehend zu erweitern, dass Einwendungen „gegen die Angemessenheit der Kompensation nach § 1"[930] geltend zu machen sind, hat der Gesetzgeber nicht aufgegriffen.

In der Sache kann diese Ungenauigkeit des Gesetzeswortlautes indes nichts ändern. Geltend zu machen sind auch im Rahmen der Verschmelzung solche Einwendungen, die sich gegen die für die Abfindung maßgebliche Bewertungsgrundlage, und damit gegen die Unternehmensbewertung des *übertragenden* Rechtsträgers richten.[931] Eine solche teleologische Gesetzesinterpretation übergeht zwar den scheinbar klaren Wortlaut der Vorschrift. In Einklang steht sie dagegen wohl mit der gesetzgeberischen Intention, wie sie aus der Regierungsbegründung zu § 4 SpruchG folgt: Sprachlich ungenau, meines Erachtens in der Zielsetzung dennoch eindeutig, werden dort Bewertungsrügen gegen die Feststellung des Unternehmenswertes des Antragsgegners gefordert, „wie er als Bezugspunkt für die Bemessung der in § 1 genannten Kompensationsleistungen"[932] in den Vorstands- und Prüfungsberichten seinen Niederschlag gefunden hat. Hierdurch wird klargestellt, dass es für das Substantiierungserfordernis letztlich eben doch auf die konkrete Bezugsgröße der Kompensationsbemessung, für die hier in Rede stehenden Fälle folglich auf den Unternehmenswert des übertragenden Rechtsträgers ankommen muss. Zudem würde andernfalls das durch die Neuregelung verfolgte Ziel, durch eine Fokussierung auf bestimmte Einzelfra-

---

929 Die Begründungsfrist ist als zwingende Ausschlussfrist konzipiert, eine Fristverlängerung oder eine Widereinsetzung ist grundsätzlich nicht möglich. Versäumt der Antragsteller, der die Antragsfrist eingehalten hat, aus anderen als den in § 4 Abs. 2 Nr. 4 SpruchG angeführten Gründen die Begründungsfrist, so stellt sich unter dem Gesichtspunkt der Gewährung rechtlichen Gehörs nach Art. 103 Abs. 1 GG dennoch die Frage, ob nicht in analoger Anwendung dieser Vorschrift eine Fristverlängerung, bzw. in entsprechender Anwendung von § 22 Abs. 2 FGG eine Wiedereinsetzung zu gewähren ist; vgl. hierzu *Büchel*, NZG 2003, 793, 795.

930 HRA DAV, ZIP 2003, 552, 554.

931 Im Ergebnis wohl ebenso *van Kann/Hirschmann*, DStR 2003, 1488, 1491, die die hier befürwortete Auslegung der Vorschrift allerdings als „gewagte" Interpretation ansehen.

932 BT-Drucks. 15/371, S. 13.

gen das Verfahren zu beschleunigen, konterkariert, da ein auf den Unternehmenswert der Zielgesellschaft bezogenes Begründungserfordernis hier leer liefe.

Ob die Begründungspflicht zu eine tatsächlichen Verbesserung der jetzigen Situation führen wird, wird in der Literatur unterschiedlich beurteilt.[933] Entscheidend dürfte sein, welche Anforderungen die Gerichte in der Praxis an die geforderte Begründung, und insbesondere an das Merkmal der „konkreten Einwendungen" stellen werden. Die Gesetzesbegründung gibt vor, dass die Anforderungen „hier allerdings nicht überspannt werden"[934] dürfen. Demgegenüber mahnen Stimmen im Schrifttum, wenn die Neuregelung eine positive Wirkung entfalten soll, seien „die Gerichte gefordert, strenge Maßstäbe zu setzen."[935] In welcher Weise die Gerichtspraxis die erforderliche Tiefe der Antragsbegründung konkretisieren wird, bleibt abzuwarten. Zu berücksichtigen wird jedenfalls die Tatsache sein, dass zwischen den Parteien des Verfahrens regelmäßig eine gewisse „Informationsungleichheit"[936] besteht, da sich das bewertungsrelevante Tatsachenmaterial ganz überwiegend im Zugriffsbereich des Antragsgegners befindet.

Zu hoffen bleibt dennoch, dass dieses Erfordernis nicht zu einer lediglich formalen Hürde der Verfahrenseröffnung verkommt. Andernfalls wäre in der Tat zu fürchten, dass an die Stelle der bisherigen Antragspraxis, die sich regelmäßig in der bloßen Behauptung der Unangemessenheit erschöpfte, lediglich „ein längerer Schriftsatz mit formelhaften, aus jedem Gutachten und Unternehmensbericht abzuleitenden Standardbewertungsrügen treten"[937] wird.

#### *e) Gemeinsamer Vertreter*

Aus § 308 UmwG a.F. übernommen hat der Gesetzgeber die Institution des gemeinsamen Vertreters. Diesen hat das Gericht gemäß § 6 Abs. 1 S. 1 SpruchG zur Wahrung der Rechte derjenigen Anspruchsberechtigten, die nicht selbst Antragsteller sind, frühzeitig von Amts wegen zu bestellen. Neu ist dagegen, dass grundsätzlich auch bei parallelen Anträgen auf Abfindung und Ausgleich zukünftig nur ein einziger gemeinsamer Vertreter bestellt werden soll, was zur Vereinfachung und Verbilligung des Verfahrens führt. Ging das bisherige Recht

---

[933] Kritisch *Puszkajler*, ZIP 2003, 518, 520 entgegen *Neye*, ZIP 2002, 2097, 2098; *ders.*, NZG 2002, 23, 24, der die Begründungspflicht als „entscheidende Neuerung" ansieht.

[934] Begr. RegE zu § 4 SpruchG, BT-Drucks. 15/371, S. 13.

[935] *Lamb/Schluck-Amend*, DB 2003, 1259,1262.

[936] *Lutter/Bezzenberger*, AG 2000, 433, 436; zu bedenken ist andererseits aber auch, dass den Anteilseignern bereits im Vorfeld der Strukturmaßnahme eine Vielzahl von Informationen zu Verfügung gestellt wird, so dass sie ihre Anträge auch nicht „ins Blaue hinein" stellen müssen.

[937] So die Befürchtung von *Puszkajler*, ZIP 2003, 518, 520.

noch davon aus, dass in beiden Fallgruppen die Interessen unterschiedlich seien und daher auch von verschiedenen gemeinsamen Vertretern wahrgenommen werden müssten[938], so beruht die Neuregelung auf der Erkenntnis, dass letztlich alle Antragsberechtigen dasselbe Ziel verfolgen, nämlich den Erhalt von Leistungen der Gesellschaft.[939] Gefolgt ist der Gesetzgeber damit einem Vorschlag von *Lutter* und *Bezzenberger*[940], die zutreffend darauf hingewiesen haben, dass der durch die bisherige Rechtslage erzielte Gewinn an materieller Gerechtigkeit gering, der durch sie hervorgerufene Mehraufwand an Zeit und Geld dagegen beträchtlich ist. Getrennte Vertreter sollen in Zukunft nur noch dann zu bestellen sein, wenn aufgrund konkreter Umstände davon auszugehen ist, dass andernfalls die Wahrung der Rechte der Anspruchsinhaber nicht sichergestellt ist.

Der gemeinsame Vertreter kann nach § 6 Abs. 3 SpruchG das Verfahren auch nach Rücknahme der Anträge fortführen. In diesem Fall steht er einem Antragsteller gleich. Aus dieser Konzeption folgt zugleich eine gewisse Einschränkung des durch die Begründungspflicht eingeführten Beibringungsgrundsatzes, §§ 4 Abs. 2 Nr. 4, 7 Abs. 4 SpruchG. Der gemeinsame Vertreter ist nicht auf die bereits durch die Antragsteller geltend gemachten Einwendungen beschränkt. Vielmehr steht es ihm offen, den Streitstoff durch neue, eigene Kritikpunkte zu erweitern, über die das Gericht zu befinden hat.[941]

#### *f) Verfahrensgrundsätze*

Das Kernstück des Spruchverfahrensneuordnungsgesetzes bilden die Bestimmungen der §§ 7 ff. SpruchG über den Verfahrensablauf. Bislang war das Spruchverfahren - von einigen umwandlungsgesetzlichen Besonderheiten abgesehen - als Verfahren der freiwilligen Gerichtsbarkeit ausgestaltet. Die durch § 307 Abs. 1 UmwG a. F. angeordnete Unterwerfung des Spruchverfahrens unter die Grundsätze des FGG hatte insbesondere die (fast) uneingeschränkte Geltung des Amtsermittlungsgrundsatzes nach § 12 FGG zur Folge, was die Gerichte zu einer umfassenden und langwierigen Sachverhaltsaufklärung zwang.

---

938 So noch die Gesetzesbegründung zu § 306 Abs. 4 AktG a.F., abgedruckt bei *Kropff*, Aktiengesetz 1965, S. 401.

939 Vgl. Begr. RegE zu § 6 SpruchG, BT-Drucks. 15/371, S. 14.

940 *Lutter/Bezzenberger*, AG 2000, 433, 441, die sich andererseits mit beachtlichen Argumenten gegen die etwa von *Hoffmann-Becking*, ZGR 1990, 482, 500 erhobene Forderung nach einer völligen Streichung der Institution des gemeinsamen Vertreters wenden.

941 Kritisch hierzu *Büchel*, NZG 2003, 793, 797 („*übertriebener Akt der Fürsorge*“).

Auch der Reformgesetzgeber ist, was von Teilen der Literatur beklagt wird[942], nicht so weit gegangen, das Spruchverfahren im Ganzen den Vorschriften der ZPO zu unterstellen. Vielmehr bleibt es auch weiterhin bei der subsidiären Geltung der Verfahrensvorschriften der freiwilligen Gerichtsbarkeit, § 17 Abs. 1 SpruchG. Dies erscheint jedoch insbesondere im Hinblick auf die umfassende Wirkung der gerichtlichen Entscheidung nach § 13 SpruchG auch gegenüber den bereits gegen Barabfindung aus der Gesellschaft ausgeschiedenen Anteilseignern m. E. im Grunde auch sachgerecht. In wesentlichen Kernbereichen hat der Gesetzgeber indes nun den Ablauf des Spruchverfahrens deutlicher strukturiert sowie den Grundsätzen des streitigen Verfahrens der ZPO angenähert und so die Eigenverantwortung der Beteiligten für den Verfahrensgang erhöht.

### *aa) Vorbereitung der mündlichen Verhandlung*

Eine wesentliche Neuerung bringt insoweit § 7 SpruchG, der die zur Vorbereitung der mündlichen Verhandlung zu ergreifenden Maßnahmen festlegt. In Anlehnung an die Zustellung der Klage im Zivilprozess sind nun die Anträge unverzüglich dem Antragsgegner sowie dem gemeinsamen Vertreter zuzustellen. An die Stelle der bislang vorgesehenen Anhörung des Antragsgegners tritt nach § 7 Abs. 2 SpruchG dessen Verpflichtung, innerhalb einer durch das Gericht bestimmen Frist eine schriftliche Erwiderung auf die Anträge abzugeben, in der er sich insbesondere zu der Höhe der Kompensationsleistungen zu äußern hat.

Der Wortlaut des Gesetzes scheint dabei zu verlangen, dass der Antragsgegner zu jedem Antrag Stellung zu nehmen hat. Ein solches Verständnis könnte allerdings dazu führen, dass wenn innerhalb der dreimonatigen Frist mehrere Anträge in zeitlichem Abstand bei Gericht eingehen, diese unverzüglich und jeweils unter Bestimmung einer Erwiderungsfrist dem Antragsgegner zugestellt werden und dieser folglich zu einer mehrfachen Stellungnahme genötigt wäre.[943] Schon im Hinblick auf die Wahrung einer gewissen Übersichtlich des Streitstoffs erscheint ein solches Vorgehen eher kontraproduktiv. Zudem ist eine Stellungnahme des Antragsgegners auch erst dann sinnvoll, wenn sämtliche Anträge eingegangen sind, da er erst dann die einzelnen Begründungen bündeln und umfassend auf ihre Tragweite hin untersuchen kann. Von daher wird zu Recht vorgeschlagen, im Rahmen der praktischen Umsetzung dieser Bestimmung den Ab-

---

942 Vgl. *Puszkajler*, ZIP 2003, 518, 520 („...*Überführung der Spruchverfahren in die ZPO nicht gewagt*“); siehe demgegenüber auch *Lutter/Bezzenberger*, AG 2000, 433, 443, die sich für eine Verankerung des Spruchverfahrens in einem eigenen Abschnitt des FGG ausgesprochen haben.

943 Kritisch hierzu HRA DAV, ZIP 2003, 552, 554; *Lamb/Schluck-Amend*, DB 2003, 1259, 1260.

lauf der Antragsfrist abzuwarten und erst mit Zustellung des letzten Antrags die Frist zur Erwiderung nach § 7 Abs. 2 SpruchG zu setzten.[944]

Die Stellungnahme des Antragsgegners ist daraufhin den Antragstellern zusammen mit dem nach § 7 Abs. 3 SpruchG vorzulegenden Verschmelzungs- und Verschmelzungsprüfungsbericht zuzuleiten. Diese sind nun ihrerseits gehalten, innerhalb einer bestimmten Frist hierzu schriftlich vorzutragen, § 7 Abs. 4 SpruchG. Eine Nichteinhaltung dieser Fristen (§ 7 Abs. 2 und 4 SpruchG) führt grundsätzlich nach der dem § 296 ZPO nachgebildeten Präklusionsregelung des § 10 SpruchG dazu, dass die Beteiligten mit ihrem Vorbringen ausgeschlossen sind. Auch insoweit ist der Amtsermittlungsgrundsatz des 12 FGG eingeschränkt, § 10 Abs. 3 SpruchG.

Zum Zwecke einer umfassenden Vorbereitung der mündlichen Verhandlung kann das Gericht gemäß § 7 Abs. 5 SpruchG weitere vorbereitende Maßnahmen erlassen, die der Straffung des Verfahrens dienen. So kann es den Beteiligten insbesondere die Vorlage bestimmter Unterlagen auferlegen und weitere Erläuterungen verlangen. Angelehnt an § 358a ZPO hat das Gericht nach § 7 Abs. 6 SpruchG die Möglichkeit, bereits vor der mündlichen Verhandlung Vorfragen durch sachverständige Prüfer schriftlich aufarbeiten zu lassen sowie entsprechende Beweisaufnahmen anzuordnen.

Nach dem Vorbild des § 282 ZPO statuiert § 9 SpruchG eine allgemeine Verfahrensförderungspflicht der Beteiligten. Diese sind gehalten, ihr Vorbringen so zeitig wie möglich, also auch im Rahmen der Vorbereitung der mündlichen Verhandlung, zu erklären. Verstöße werden durch die dem § 296 ZPO nachgebildete Präklusionsregelung des § 10 SpruchG sanktioniert. Erfolgt das Vorbringen entgegen der allgemeinen Verfahrensförderungspflicht verspätet, so ist es nur dann zuzulassen, wenn es das Verfahren nicht verzögert oder wenn die Verzögerung entsprechend entschuldigt wird. Die Zurückweisung steht im freien Ermessen des Gerichts.[945] Auch hier ist der Amtsermittlungsgrundsatz früherer Verfahren, wonach das Gericht grundsätzlich allen Sachvorträgen nachzugehen und den Sachverhalt umfassend aufzuklären hatte, zugunsten einer Beschleunigung des Verfahrens zurückgedrängt worden.

Anders als im Fall des § 296 Abs. 2 ZPO, der grobe Nachlässigkeit verlangt, reicht nach § 10 Abs. 2 SpruchG einfaches Verschulden für die Zurückweisung des verspäteten Vorbringens aus. Insoweit stellt das SpruchG im Vergleich zur Zivilprozessordnung höhere Anforderungen an das Verhalten der Verfahrensbeteiligten. Ob diese Differenzierung zwischen Spruchverfahren einerseits und Zivilprozess andererseits sachlich gerechtfertigt ist, erscheint fraglich. Zumindest

---

944 HRA DAV, ZIP 2003, 552, 554; *Lamb/Schluck-Amend*, DB 2003, 1259, 1260 f.

945 *Albrecht*, NWB 2003, F. 18, S. 3997, 4000; *van Kann/Hirschmann*, DStR 2003, 1488, 1492.

auffällig erscheint sie vor dem Hintergrund, dass das Spruchverfahren seinem Wesen nach auch weiterhin als FGG-förmiges Verfahren ausgestaltet ist (vgl. § 17 Abs. 1 SpruchG), im Rahmen der freiwilligen Gerichtsbarkeit allerdings die Verfahrensförderungspflichten der Beteiligten gegenüber der zivilprozessualen Situation regelmäßig weniger ausgeprägt sind. Zu weitgehend erscheint indes die Auffassung von *Tomson* und *Hammerschmitt*[946], die die Regelung im Hinblick auf Art. 103 Abs. 1 GG als „misslungen, wenn nicht gar verfassungswidrig" ansehen. Denn im Wege einer verfassungskonformen Gesetzesauslegung wird das Gericht bei der Bestimmung des Sorgfaltsmaßstabs im konkreten Einzelfall auch die durch die Präklusion bewirkte Einschränkung des rechtlichen Gehörs berücksichtigen können und müssen. Einer übermäßigen Beschneidung der Verfahrensrechte des Beteiligten wird man zudem durch die sachgerechte Ausübung der richterlichen Hinweispflicht nach § 8 Abs. 3 SpruchG i.V.m. § 139 ZPO entgegenwirken können. Schließlich ist auch zu bedenken, dass die Präklusion eines Antragstellers zumindest faktisch durch das rechtzeitige Vorbringen anderer Antragsteller ausgeglichen werden kann.[947]

Ob die Zurückweisung von entgegen der Verfahrensförderungspflicht verspätet vorgebrachten Einwendungen tatsächlich praktische Relevanz erlangen wird, bleibt abzuwarten.[948] Denn nach ständiger Rechtsprechung des Bundesgerichtshofs verzögert ein verspäteter Sachvortrag das Verfahren dann nicht, wenn der Rechtsstreit weder bei Zulassung des Vorbringens noch bei dessen Zurückweisung entscheidungsreif wäre.[949] Auch in Zukunft wird aber das mit dem Spruchverfahren betraute Gericht im Regelfall nicht auf die Einholung von Sachverständigengutachten verzichten können. Die Prüfer werden zwar die Unternehmensbewertung nicht mehr umfassend, sondern nur noch auf vorgegebene Fragen hin zu überprüfen haben.[950] In Anbetracht der weiterhin nicht unerheblichen Komplexität der Materie wird jedoch auch dies einige Zeit in Anspruch nehmen. Da aber bis zur Vorlage des Sachverständigengutachtens das Verfahren noch nicht entscheidungsreif ist, sind zumindest bis zu diesem Zeitpunkt auch die Beteiligten mit ihrem Vorbringen nicht nach § 10 Abs. 2 SpruchG präkludiert.

---

946 *Tomson/Hammerschmitt*, NJW 2003, 2572, 2575; zweifelnd auch *Büchel*, NZG 2003, 793, 799.

947 Siehe hierzu auch *Büchel*, NZG 2003, 793, 799, der zutreffend darauf hinweist, dass die Präklusionsregelung insbesondere den Antrags*gegner* hart treffen kann.

948 Skeptisch auch *Büchel*, NZG 2003, 793, 799.

949 BGH, NJW 1980, 2355; NJW-RR 1989, 786; NJW-RR 1991, 1214, 1215, NJW-RR 1999, 787.

950 Dazu sogleich unter § 4 A. II. 2. f) dd).

### bb) *Vorlage entscheidungserheblicher Unterlagen und Schutz von Geschäftsgeheimnissen*

§ 7 Abs. 7 S. 1 SpruchG ordnet schließlich an, dass auf Verlangen des Antragsstellers oder des Gerichts alle entscheidungsrelevanten Unterlagen des Antragsgegners dem Gericht und dem gerichtlich bestellen Sachverständigen unverzüglich vorzulegen sind. Dies können Geschäftsbücher, Bilanzen oder geschäftliche Korrespondenzen, aber auch Arbeitsunterlagen und -papiere der Verschmelzungsprüfer oder sonstige intern in Auftrag gegebene Bewertungsgutachten sein. Diese Unterlagen sind seitens des Gerichts zu den Akten zu nehmen und den Antragstellern grundsätzlich zur Einsichtnahme zugänglich zu machen. Dies folgt schon im Umkehrschluss aus § 7 Abs. 7 S. 2 SpruchG. Dessen ungeachtet ist das Recht, Einsicht in die dem Gericht vorliegenden, entscheidungsrelevanten Unterlagen zu nehmen, zudem Ausfluss des ohnehin jedem Beteiligten nach Art. 103 Abs. 1 GG auch im Verfahren der freiwilligen Gerichtsbarkeit zustehenden Anspruchs auf rechtliches Gehör.[951]

Die gemäß § 7 Abs. 8 SpruchG i.V.m. § 33 Abs. 1 S. 1 FGG zwangsgeldbewehrte Verpflichtung zur Vorlage dieser Unterlagen an das Gericht trifft die Gesellschaft unabhängig von dem Bestehen eines Geheimhaltungsinteresses. Dies folgt *e contrario* aus § 7 Abs. 7 S. 2 SpruchG. Danach hat das Gericht auf Antrag des Unternehmens anzuordnen, dass bestimmte Unterlagen den Antragstellern nicht zugänglich zu machen sind, wenn seitens des Antragsgegners ein überwiegendes Geheimhaltungsinteresse besteht.[952] In Anlehnung an § 72 Abs. 2 GWB sind beispielhaft Fabrikations-, Betriebs- und Geschäftsgeheimnisse genannt. Anders als bei der Prüfung des Geheimhaltungsbedürfnisses im Rahmen der §§ 8 Abs. 2, 12 Abs. 3 UmwG, § 131 Abs. 3 S. 1 AktG[953] hat ausweislich des ausdrücklichen Gesetzeswortlautes im Spruchverfahren eine Abwägung der Interessen der Beteiligten zu erfolgen. Im Sinne praktischer Konkordanz ist hierbei der durch Art. 14 Abs. 1 GG gewährleistete Schutz des Unternehmens vor einer Offenlegung von Geschäftsgeheimnissen mit dem über Art. 103 Abs. 1 GG gesicherten Recht der Antragsteller auf rechtliches Gehör in Einklang zu bringen. Sind solche Unterlagen im Ergebnis als geheimhaltungsbedürftig anzusehen, so sind sie nur dem Sachverständigen, der nach § 7 Abs. 6 SpruchG auch schon vor der mündlichen Verhandlung bestellt werden kann, sowie dem Ge-

---

[951] *Krieger*, in Lutter, UmwG, § 307 Rn. 13; *Meister/Klöcker*, in Kallmeyer, § 307 Rn. 16; speziell zum FGG-Verfahren ausführlich *Schmidt*, in Keidel/Kuntze/Winkler, FGG, § 12 Rn. 140 ff.

[952] Bislang wurde in der Praxis in diesen Fällen die Einsicht von der Übernahme einer strafbewehrten Geheimhaltungsverpflichtung abhängig gemacht, vgl. OLG Frankfurt, DB 1989, 471.

[953] Dort sind nur die der Gesellschaft erwachsenden Vor- und Nachteile gegeneinander abzuwägen, siehe unter § 3 B. V. 1.

richt zugänglich zu machen. Ihr Inhalt darf auch nicht in die Begründung der gerichtlichen Entscheidung nach § 11 Abs. 1 SpruchG aufgenommen werden. Dieses Verbot war noch in § 7 Abs. 3 S. 2 RegE SpruchG[954] ausdrücklich vorgesehen, der entsprechende Passus wurde jedoch im Lauf des Gesetzgebungsverfahren wieder gestrichen. Sachlich kann dennoch nichts anderes gelten, da es das Ziel der Wahrung berechtigter Geschäftsgeheimnisse konterkarieren würde, die öffentlichkeitssensiblen Tatsachen zwar im Verfahren geheim zu halten, sie jedoch anschließend in der allgemein zugänglichen Entscheidungsbegründung offen zu legen.

Soweit darüber hinaus vertreten wird, das Gericht könne diese „Unterlagen dann -konsequenterweise – wohl auch nicht in seiner Entscheidung verwerten“[955], kann dieser Ansicht nicht gefolgt werden. Sie hätte zur Folge, dass grundsätzlich entscheidungsrelevante Umstände nicht Gegenstand der gerichtlichen Entscheidungsfindung sein könnten. Gerade dies soll indes durch den Regelungszusammenhang von § 7 Abs. 7 S. 1 und S. 2 SpruchG ermöglicht werden. Denn Gegenstand der Vorlagepflicht nach Satz 1 sind nach dem eindeutigen Gesetzeswortlaut gerade solche „Unterlagen, die für die Entscheidung des Gerichts erheblich sind“. Auf ebendiese Unterlagen bezieht sich nach seiner systematischen Stellung auch Satz 2 der Vorschrift, der als Konsequenz eines überwiegenden Geheimhaltungsinteresses des Antragsgegners „lediglich“ die Nichtweiterleitung der Unterlagen an die Antragssteller anordnet. Ein weitergehendes Verwertungsverbot spricht das Gesetz dagegen gerade nicht aus. Es stünde auch nicht im Einklang mit der Regierungsbegründung zu § 7 SpruchG[956], die ebenfalls nur von dem soeben aufgezeigten Verbot ausgeht, die Geschäftsgeheimnisse in dem Beschluss offen zu legen. Vor allem aber liefe andernfalls Satz 2 der Vorschrift leer, wenn das Gericht die den Antragstellern nicht zugänglich zu machenden Tatsachen darüber hinaus auch gar nicht mehr in seine Entscheidungsfindung einbeziehen dürfte. Denn das Recht der Antragsteller auf Einsichtnahme besteht ohnehin nur hinsichtlich solcher Unterlagen, die für das Verfahren von Bedeutung sind.

Das Gericht ist demzufolge nach hier vertretener Auffassung nicht gehindert, die unter § 7 Abs. 7 S. 2 SpruchG fallenden Unterlagen in seine Entscheidung mit einzubeziehen. Zudem wird es insbesondere in den Fällen, in denen es seinen Beschluss in erheblichem Umfang auf diese Unterlagen stützen will, sorgfältig zu prüfen haben, ob im Rahmen der erforderlichen Abwägung nicht doch das

---

954 BT-Drucks. 15/371, S. 7.

955 So *Lamb/Schluck-Amend*, DB 2003, 1259, 1263, die dieses Ergebnis selbst als „kurios“ bezeichnen.

956 BT-Drucks. 15/371, S. 15.

Interesse der Antragsteller an einer Einsichtnahme gegenüber dem geschäftlichen Geheimhaltungsinteresse des Unternehmens überwiegt.

*cc) Mündliche Verhandlung*

Nach der Konzeption des Gesetzgebers soll die mündliche Verhandlung im Spruchverfahren gemäß § 8 Abs. 1 SpruchG zukünftig zum Regelfall werden.[957] Sie ist nach Möglichkeit in einem einzigen Termin zu erledigen, § 8 Abs. 3 SpruchG i. V. m. § 279 Abs. 2 und 3 ZPO. Sofern Prüfungsberichte erstattet worden sind, sollen die Verschmelzungsprüfer als sachverständige Zeugen zu der Verhandlung geladen werden. Erscheint es dem Gericht sachdienlich, kann es die mündliche oder schriftliche Beantwortung einzelner Fragen durch die Prüfer anordnen, § 8 Abs. 2 SpruchG.

Durch die Verweisung auf § 138 ZPO wird klargestellt, dass auch im Spruchverfahren die Parteien der Wahrheits- und Erklärungspflicht unterliegen. Sofern die Parteien das Vorbringen der Gegenseite nicht ausdrücklich bestreiten, gilt zudem die Geständnisfiktion des § 138 Abs. 3 ZPO, so dass nur über streitige Behauptungen Beweis zu erheben ist. Als Korrektiv wird durch § 8 Abs. 3 SpruchG i. V. m. § 139 ZPO die schon in der bisherigen Praxis der freiwilligen Gerichtsbarkeit anerkannte Pflicht des Gerichts zur materiellen Prozessleitung, insbesondere zur Erörterung und Hinweiserteilung ausdrücklich festgeschrieben.

*dd) Die Stellung der sachverständigen Prüfer im Spruchverfahren*

Wie bereits mehrfach angesprochen, lag einer der maßgeblichen Gründe für die lange Dauer der Spruchverfahren in der Notwendigkeit, im gerichtlichen Verfahren einen sachverständigen Prüfer mit der Erstattung von langwierigen, flächendeckenden Gutachten über die Bewertung des Unternehmens zu beauftragen. Die Erstellung solcher Gutachten dauerte im Durchschnitt etwa zwei Jahre, was nicht zuletzt auf den Umstand zurückzuführen war, dass sich die rekonstruktive Ermittlung der maßgeblichen Bewertungsgrundlagen zum Zeitpunkt der Durchführung der Verschmelzung für den zu einem späteren Zeitpunkt tätig werdenden Sachverständigen naturgemäß komplizierter darstellt.[958] Durch die Zurückdrängung des Amtsermittlungsgrundsatzes sowie durch eine Neupositionierung der Verfahrensrollen des (vorgerichtlich tätigen) Verschmelzungsprü-

---

[957] Die Durchführung einer mündlichen Verhandlung war dem Gericht unter der bisherigen Geltung des FGG freigestellt, was in der Vergangenheit zu Problemen mit dem verfassungsrechtlich gewährleisteten Anspruch auf rechtliches Gehör nach Art. 103 Abs. 1 GG geführt hat, vgl. BVerfG, NJW 1998, 2273 f.

[958] Vgl. *Puszkajler*, ZIP 2003, 518, 520.

fers und des gerichtlich bestellten Sachverständigen soll das Verfahren in Zukunft wesentlich erleichtert und verkürzt werden.

*(1) Verwertung der Ergebnisse der Verschmelzungsprüfung im Spruchverfahren*

Das bisherige Recht überließ die Auswahl und Bestellung der Verschmelzungsprüfer den Vertretungsorganen der an der Verschmelzung beteiligten Gesellschaften. In der Konsequenz wurden die Bewertungsergebnisse in einem späteren Spruchverfahren häufig nicht als Resultat einer neutralen Prüfung angesehen. Denn insbesondere im Rahmen von Konzernverschmelzungen unter Beteiligung von Aktiengesellschaften konnte das herrschende Unternehmen mittelbar über den Vorstand der abhängigen Gesellschaft die Bestellung eines ihm genehmen Prüfers forcieren.[959] Mit deutlichen Worten angesprochen hat dies auch das *BayObLG*, das in einer den aktienkonzernrechtlichen Abfindungsanspruch betreffenden Entscheidung aus dem Jahre 1998 ausführt:

> „Das herrschende Unternehmen kann allein durch die Auswahl des Sachverständigen maßgeblichen Einfluss auf die Bestimmung der Höhe der Abfindung nehmen."[960]

So gingen denn auch die Erfahrungen in der Praxis dahin, dass das durch den seitens des Unternehmens bestellten Vertragsprüfer ermittelte Ergebnis für die Gesellschaft regelmäßig vorteilhafter ausfiel, als dies bei gerichtlich in Auftrag gegebenen Gutachten der Fall war.[961]

Nach § 10 Abs. 1 UmwG n. F. sind die Verschmelzungsprüfer nun zwingend durch das Gericht zu bestellen. Über eine Erhöhung der Akzeptanz der gutachterlich ermittelten Werte soll dadurch erreicht werden, dass das mit dem Spruchverfahren befasste Gericht im Rahmen der Angemessenheitsprüfung der vorgesehenen Kompensation zukünftig verstärkt auf die im Verschmelzungsprüfungsbericht gefundenen Ergebnisse zurückgreifen kann.[962] Gemäß § 8 Abs. 2 SpruchG kann das Gericht den Verschmelzungsprüfer als sachverständigen

---

959 Zur Kritik an dieser Rechtslage *Lutter*, in Lutter, UmwG, § 10 Rn. 8; *Lutter/Bezzenberger*, AG 2000, 433, 439.

960 BayObLG, ZIP 1998, 1872, 1875.

961 Vgl. hierzu *Dörfler/Gahler/Unterstraßer/Wirichs*, BB 1994, 156 ff.

962 BT-Drucks. 15/371, S. 1; vgl. auch HRA DAV, NZG 2002, 119, 122, nach dessen Ansicht der „im Rahmen der Strukturmaßnahme tätige sachverständige Prüfer [...] der ‚geborene' Gehilfe des Gerichts" ist.

Zeugen[963] laden sowie die schriftliche oder mündliche Beantwortung einzelner Fragen durch den Prüfer anordnen. Hierdurch soll die Notwendigkeit einer nochmaligen, umfassenden Unternehmensbewertung vermieden werden. Vielmehr soll nach der Intention des Gesetzgebers „nur noch die konkrete Überprüfung streitiger Punkte der Bewertung erfolgen“[964] müssen.

Zu verwirklichen wird diese Zielvorgabe allerdings nur dann sein, wenn sich auch die Gerichtspraxis an dieser legislativen Zielvorgabe orientiert. Denn schon nach bisherigem Recht stand die Möglichkeit der Prüferbestellung durch das Gericht alternativ neben der Bestellung durch die Unternehmen selbst. Die gesetzgeberische Intention bei der Einführung der fakultativen Bestellung durch das Gericht war ausweislich der Gesetzesmaterialien zum UmwG 1994 im Kern die gleiche, die nun ihrer zwingenden Anordnung zugrunde liegt.[965] Die Praxis hatte indes gezeigt, dass auch dort, wo die Unternehmen einen entsprechenden Antrag an das Gericht gestellt haben, dieses oftmals nicht selbst eine unabhängige Auswahl vorgenommen hat, sondern regelmäßig den personellen Vorschlägen der Vertretungsorgane gefolgt ist. Auch wenn der Bestellungsakt von den Gerichten vollzogen wurde, lag die Auswahl der Prüfer damit de facto bei den Unternehmen. Entscheidend für die Frage nach einer hinreichenden Objektivität des Prüfers ist jedoch letzterer Gesichtpunkt und nicht der formale Akt der Bestellung.[966] Soll die Neuregelung den gewünschten Erfolg bringen, so sind die Gerichte berufen, sich von der vorbeschriebenen Praxis zu verabschieden. Es bleibt abzuwarten, ob sie die Vorschrift des § 10 Abs. 1 S. 1 UmwG n. F. insoweit wörtlich nehmen, als es dort nunmehr[967] heißt, dass die Verschmelzungsprüfer „auf Antrag des Vertretungsorgans *vom Gericht ausgewählt* und bestellt werden.“

963 Der Erkenntniswert einer solchen Vernehmung des Verschmelzungsprüfers als sachverständiger Zeuge erscheint eher zweifelhaft. Sachverständiger Zeuge i. S. d. § 414 ZPO ist eine Person, die über die *Wahrnehmung* vergangener Tatsachen berichtet und daraus wegen ihrer besonderen Sachkunde Schlüsse zieht, vgl. *Reichold*, in Thomas/Putzo, § 414 ZPO Rn. 1. Zutreffend weist *Büchel*, NZG 2003, 793, 802 darauf hin, dass die regelmäßig problematischen Punkte der Unternehmensbewertung wie etwa die Beurteilung des Kapitalisierungszinsfußes, des Risikozuschlages oder des Inflationsabschlags somit nicht zum Gegenstand der Vernehmung des Prüfers gemacht werden können, da ihre Beurteilung nicht auf dessen Wahrnehmung, sondern allein auf seinem Fachwissen beruht.

964 BT-Drucks. 15/371, S. 1.

965 Vgl. dazu oben § 3 C. II.

966 Vgl. *Büchel*, NZG 2003, 793, 801; ebenso *van Kann/Hirschmann*, DStR 2003, 1488, 1492.

967 Demgegenüber hieß es in § 10 Abs. 1 S. 1 UmwG a. F. lediglich: „Die Verschmelzungsprüfer werden von dem Vertretungsorgan oder auf dessen Antrag vom Gericht bestellt.“

### (2) *Bestellung des Verschmelzungsprüfers zum gerichtlichen Sachverständigen*

Nach der Gesetzesbegründung[968] soll der mit der Erstellung des Prüfungsberichts betraute Verschmelzungsprüfer in einem nachfolgenden Spruchverfahren künftig auch als gerichtlicher Sachverständiger herangezogen werden können. Die Vorteile einer solchen Verfahrensweise liegen klar auf der Hand: Aufgrund seiner vorherigen eingehenden Befassung mit der Bewertung des betreffenden Unternehmens verfügt er über die besten Kenntnisse hinsichtlich des Verfahrensgegenstandes. Die Ergebnisse seiner Prüfung kann er in das Spruchverfahren einbringen und dieses so beschleunigen. Ebenso deutlich ist indes auch die Problematik dieser Lösung. Der Verschmelzungsprüfer wird regelmäßig auf das Ergebnis seiner eigenen Prüfung festgelegt sein. Das Spruchverfahren dient aber gerade der objektiven Überprüfung der von ihm bestätigten Unternehmensbewertung. Wird der Verschmelzungsprüfer nun zum gerichtlichen Sachverständigen bestellt, so hat er gleichsam als „Obergutachter in eigener Sache"[969] tätig zu werden. Nicht zuletzt aus Gründen des eigenen beruflichen Renommees erscheint es schwer vorstellbar, dass der zum Gutachter bestellte Verschmelzungsprüfer seine eigene Feststellung revidieren und nunmehr ein anderes Ergebnis hinsichtlich der von ihm zuvor attestierten (§ 12 Abs. 2 S. 1 UmwG) Angemessenheit vertreten sollte.[970]

Die hier erhobenen Bedenken bestehen – entgegen zum Teil vertretener Auffassung[971] – auch gegenüber solchen Verschmelzungsprüfern, die in eigenständiger Auswahl durch das Gericht bestellt worden sind. Zwar bieten solche Prüfer eine erhöhte Gewähr für eine objektive, d. h. weniger an den Interessen des Unternehmens orientierte Bewertung. Doch geht es auch in diesen Fällen im Spruchverfahren letztlich darum, dass zum Schutz der betroffenen Anteilseigner die ursprünglich festgelegte Kompensationsleistung – mag diese nun mit einer höheren Wahrscheinlichkeit „richtig" sein oder nicht - gerichtlich überprüft wird. Der im Vorfeld des Verfahrens durch die Objektivierung der Verschmelzungsprüfung erzielte Fortschritt wäre durch die mit der Bestellung desselben Prüfers zum (alleinigen) gerichtlichen Gutachter einhergehende Beschränkung der Rechtsschutzmöglichkeiten wieder verspielt. Dies kann jedoch auch im Interesse einer Beschleunigung und Verbilligung des Spruchverfahrens nicht ernsthaft

968 Begr. RegE zu § 8 SpruchG, BT-Drucks. 15/371, S. 15; unzulässig war dies auch bisher nicht, vgl. OLG Düsseldorf, DB 2000, 1116.

969 *Lutter/Bezzenberger*, AG 2000, 433, 439.

970 Kritisch auch *Emmerich*, in Emmerich/Habersack, Aktien- und GmbH-Konzernrecht, § 306 AktG Rn. 42e; *Puszkajler*, ZIP 2003, 518, 521; ebenso schon *Lutter/Bezzenberger*, AG 2000, 322, 439; weniger skeptisch dagegen *van Kann/Hirschmann*, DStR 2003, 1488, 1492; *Lamb/Schluck-Amend*, DB 2003, 1259, 1262.

971 *Van Kann/Hirschmann*, DStR 2003, 1488, 1492; *Lamb/Schluck-Amend*, DB 2003, 1259, 1262.

gewollt sein. Von daher wird man auch in Zukunft regelmäßig einen weiteren Sachverständigen mit der Überprüfung zu beauftragen haben. Dieser wird sich jedoch - wie bereits dargelegt - auf die Klärung bestimmter Einzelfragen beschränken können.

### g) *Beendigung des Verfahrens*

Die Entscheidung des Gerichts ergeht durch einen mit Gründen versehenen Beschluss, § 11 Abs. 1 SpruchG. Zielt das Verfahren auf die Verbesserung des Umtausch- bzw. Beteiligungsverhältnisses und erachtet das Gericht die Kompensation als unangemessen niedrig, so setzt es eine bare Zuzahlung fest. Geht es um die Höhe der angebotenen Barabfindung und war diese zu niedrig bemessen bzw. nicht oder nicht ordnungsgemäß angeboten, so bestimmt das Gericht die Höhe der Barabfindung. Die Entscheidung führt rechtsgestaltend dazu, dass das Barabfindungsangebot als von Anfang an in der vom Gericht festgesetzten Höhe als abgegeben gilt.[972] Steht dagegen die Unangemessenheit der vorgesehenen Kompensation nicht zur sicheren Überzeugung des Gerichts fest, so weist es die Anträge als unbegründet zurück. Zu einer Verschlechterung von Umtauschverhältnis oder Barabfindung kann das Spruchverfahren nicht führen. Die Entscheidung wirkt gemäß § 13 SpruchG für und gegen alle. Sobald sie rechtskräftig wird[973], ist sie durch die gesetzlichen Vertreter des Zielrechtsträgers bekannt zu machen, § 14 SpruchG.

Die Entscheidung des Gerichts hat lediglich Feststellungscharakter, sie stellt keinen Vollstreckungstitel dar. Zahlt das verpflichtete Unternehmen nicht freiwillig, so ist der Anspruch im Wege der zivilprozessualen Leistungsklage (Zahlungsklage) geltend zu machen.[974] Gemäß § 16 SpruchG ausschließlich zuständig für den Leistungsprozess ist dasselbe Gericht und dort derselbe Spruchkörper, der schon mit dem Verfahren im ersten Rechtszug zuletzt inhaltlich befasst war. Diese Neuerung gegenüber dem alten Recht hat den Vorteil, dass das Gericht seine im Spruchverfahren gewonnene Detailkenntnis für die Entscheidung über die Leistungsklage nutzbar machen kann.[975]

---

972 Statt vieler *Schwarz*, in Widmann/Mayer, § 34 UmwG Rn. 7.

973 Statthaftes Rechtsmittel gegen die gerichtliche Entscheidung ist wie bisher die sofortige Beschwerde, § 12 SpruchG. Im Anschluss an den Vorschlag der Regierungskommission Corporate Governance hatte der Referentenentwurf dagegen noch lediglich die bloße Rechtsbeschwerde vorgesehen, vgl. § 13 Abs. 1 RefE SpruchG, abgedruckt in NZG 2002, 25, 26.

974 *Krieger*, in Lutter, UmwG, § 311 Rn. 4; *Meister/Klöcker*, in Kallmeyer, § 311 Rn. 5; zum Verhältnis beider Rechtsbehelfe zueinander siehe sogleich unter § 4 A. II. 3.

975 Vgl. Begr. RegE zu § 16 SpruchG, BT-Drucks. 15/371, S. 18; freilich war auch schon bisher das angerufene Gericht an die im Spruchverfahren ergangene materiell-rechtliche Entscheidung zur Höhe des Anspruchs gebunden.

Durch die dem § 278 Abs. 1 ZPO entsprechende Vorschrift des § 11 Abs. 2 SpruchG, wonach das Gericht in jeder Lage des Verfahrens auf eine gütliche Einigung bedacht sein soll, ist nunmehr ausdrücklich auch die Möglichkeit vorgesehen, das Spruchverfahren durch Abschluss eines Vergleichs zu beenden. Nach bislang überwiegender Ansicht war das Spruchverfahren einer Beendigung unmittelbar durch Vergleich nicht zugänglich, verfahrenstechnisch wurde vielmehr noch eine Antragsrücknahme bzw. eine übereinstimmende Erledigungserklärung gefordert.[976] Durch das SpruchG hat sich der diesbezüglich zum alten Recht geführte Streit erledigt. Voraussetzung eines solchen Vergleichs ist allerdings die Zustimmung aller Beteiligten einschließlich des gemeinsamen Vertreters.[977] Die Vollstreckung des Vergleichs richtet sich nach den allgemeinen Regeln, § 11 Abs. 2 S. 3 SpruchG i. V. m. § 794 Abs. 1 Nr. 1 ZPO.

### *h) Kosten*

Wie schon bisher sind die Gerichtskosten[978] gemäß § 15 Abs. 2 S. 1 SpruchG vom Antragsgegner zu tragen, sofern nicht unter Billigkeitsgesichtspunkten ausnahmsweise eine umfängliche oder anteilige Kostentragungspflicht des Antragstellers gerechtfertigt erscheint. Letztgenannte Möglichkeit der Kostenverteilung kommt insbesondere bei rechtsmissbräuchlichen Anträgen in Betracht, da es nicht Sinn des Spruchverfahrens sein kann, die kostenfreie Überprüfung mutwilliger oder offensichtlich erfolgloser Rechtsbehelfe zu ermöglichen.[979] Jedoch bleibt es auch in diesen Fällen bei einer gesamtschuldnerischen Kostenhaftung des Antragsgegners, § 15 Abs. 2 S. 2 Hs. 2, Abs. 1 SpruchG i. V. m. § 5 KostO.

Neu ist dagegen die Regelung des § 15 Abs. 4 SpruchG über die Verteilung der außergerichtlichen Kosten der Antragsteller. Diese richtete sich bislang nach § 13a Abs. 1 S. 1 FGG, wonach das Gericht die Erstattung der dem Antragssteller erwachsenden notwendigen Kosten anordnen konnte, wenn dies der Billigkeit entsprach. In der Praxis entsprach eine solche Erstattungsanordnung bisher

---

976 Vgl. hierzu *Volhard*, in Semler/Stengel, § 307 Rn. 25 f. m. w. N. zum Streitstand.

977 Darüber hinaus empfiehlt *Puszkajler*, ZIP 2003, 518, 521, auch einen qualifizierten Mehrheitsvergleich zuzulassen.

978 Die Höhe der Gerichtskosten bestimmt sich nach § 15 Abs. 1 SpruchG i.V.m. der KostO, eingehend hierzu *Büchel*, NZG 2003, 793, 803 f.

979 Vgl. OLG Düsseldorf, AG 1998, 236, 237 f.; LG Dortmund, NZG 2002, 343, 345. Wegen des Ausnahmecharakters der Vorschrift wird man bei „bloßer“ Unbegründetheit des Antrags keine vom Regelfall abweichende Kostenverteilung vornehmen können. Aus rechtspolitischer Sicht kritisch hierzu *Puszkajler*, ZIP 2003, 518, 521, dem jedoch entgegen gehalten werden könnte, dass die der Gesellschaft drohende Kostentragungslast einen gewissen Disziplinierungseffekt im Hinblick auf die hinreichende Erteilung wertbezogener Informationen haben könnte, vgl. zu diesem Gesichtpunkt *Hommelhoff*, ZGR 1993, 452, 471.

dem Regelfall, eine Kostentragungspflicht der Antragsteller wurde überwiegend nur im Falle rechtsmissbräuchlicher Anträge bejaht.[980]

Dieses Regel-Ausnahme-Verhältnis wird nun durch § 15 Abs. 4 SpruchG der Möglichkeit einer stärkeren Differenzierung zugeführt. Hiernach sollen die Antragsteller in Zukunft ihre Kosten grundsätzlich selbst tragen, sofern nicht das Gericht aus Gründen der Billigkeit ausdrücklich anordnet, dass diese ganz oder zum Teil vom Antragsgegner zu erstatten sind. Maßgebliches Kriterium für die Kostenverteilung soll der Ausgang des Verfahrens sein.[981] Erweist sich die ursprüngliche Kompensation als deutlich unangemessen, wird danach der Antragsgegner die Kosten zu tragen haben, im Falle einer geringfügigen Aufbesserung kommt dagegen eine Kostenteilung in Betracht. Durch die Neugestaltung des Kostenrisikos soll voreiligen und rechtsmissbräuchlichen Antragstellungen entgegengewirkt werden.[982] Sie erscheint allerdings im Hinblick auf einen effektiven Minderheitenschutz der von der Erhebung einer Anfechtungsklage ausgeschlossenen Aktionäre nicht unbedenklich. Insoweit bleibt abzuwarten, welche Anforderungen die Gerichte im einzelnen an die Billigkeitsentscheidung im Sinne von § 15 Abs. 4 SpruchG stellen werden.

### 3. Verhältnis von Spruchverfahren und allgemeiner Leistungsklage

Bereits eben wurde aufgezeigt, dass eine rechtskräftige Entscheidung im Spruchverfahren noch keinen vollstreckungsfähigen Titel darstellt, so dass ihre gerichtliche Realisation notfalls im Wege der allgemeinen Leistungsklage gemäß § 256 ZPO zu erfolgen hat. Diese Nebeneinander von Spruchverfahren und allgemeiner Leistungsklage besteht freilich nur, soweit es um die Durchsetzung des Kompensationsanspruchs gegenüber einem Antragsgegner geht, der sich weigert, die bereits im Spruchverfahren als angemessen erkannten Zahlungsansprüche zu erfüllen. Dagegen stehen die beiden Rechtsbehelfe hinsichtlich der Frage, ob bzw. in welcher Höhe eine Kompensation überhaupt zu erbringen ist, in einem Exklusivitätsverhältnis zueinander. Die Entscheidung über deren Angemessenheit ist hierbei der ausschließlichen Kontrolle durch das Spruchverfahrensgericht zugewiesen. Die Festsetzung der Höhe zu erbringender Kompensationszahlungen kann damit nicht inzident in einem durch Klage auf Leistung einer angemessenen Barzuzahlung bzw. Barabfindung angestrebten Zivilprozess er-

---

[980] Vgl. *Krieger*, in Lutter, UmwG, § 312 Rn. 6; *Meister/Klöcker*, in Kallmeyer, § 312 Rn. 12 f.; *Schwarz*, in Widmann/Mayer, Nach § 312 UmwG Rn. 2, 5; *Volhard*, in Semler/Stengel, § 312 Rn. 8; aus der Rechtsprechung siehe BayObLG, NZG 2003, 483, 487; OLG Celle, BB 1981, 1234, 1235; OLG Düsseldorf, AG 1999, 321, 325; OLG Stuttgart, DB 1992, 1470.

[981] Begr. RegE zu § 15 SpruchG, BT-Drucks. 15/371, S. 18.

[982] Begr. RegE zu § 15 SpruchG, BT-Drucks. 15/371, S. 17.

folgen. Eine (nach § 894 ZPO zu vollstreckende) Klage auf Abgabe eines der Höhe nach angemessenen Barabfindungsangebotes gemäß § 29 UmwG kommt nicht in Betracht. Letzteres wird vielmehr entsprechend den obigen Ausführungen durch die Entscheidung des Spruchgerichts als bereits von Anfang an mit dem festgestellten Inhalt abgegeben fingiert. Selbst bei allseitigem Einvernehmen sind andere Rechtsschutzformen durch das (für die Aktionäre im Übrigen vorteilhaftere) Spruchverfahren derogiert.[983] Andernfalls wären angesichts der mangelnden Publizität des allgemeinen Zivilprozesses sowie seiner auf die Prozessparteien (*inter partes*) beschränkten Rechtskrafterstreckung die besonderen Vorschriften des Spruchverfahrensgesetzes über die Pflicht zur Bekanntmachung des Verfahrens (§§ 6 Abs. 1, 14 SpruchG) und die Wirkung der Entscheidung für und gegen jedermann (§ 13 SpruchG) ausgehebelt.

## B. Die Anfechtung des Verschmelzungsbeschlusses

Neben die Möglichkeit der Eröffnung eines Spruchverfahrens tritt als (bislang) wichtigstes Instrument der Aktionäre zur Geltendmachung der Rechtwidrigkeit der Verschmelzung die Anfechtung des Beschlusses der Hauptversammlung über die Zustimmung zu dem Verschmelzungsvertrag nach § 13 UmwG.[984] Zwar hat die Anfechtung umwandlungsrechtlicher Hauptversammlungsbeschlüsse keine ausdrückliche Regelung im UmwG erfahren. Das Gesetz geht jedoch davon aus, dass sich die Geltendmachung von Beschlussmängeln nach den für die jeweilige Rechtsform der an der Umwandlung beteiligten Rechtsträger geltenden Vorschriften richtet.[985] Dies folgt für die Verschmelzung aus § 14 Abs. 1 UmwG, der rechtsformübergreifend für alle Klagen gegen die Wirksamkeit eines Verschmelzungsbeschlusses eine einmonatige Klagefrist vorsieht. Für die Aktiengesellschaft kommen damit grundsätzlich die Anfechtungs- oder die Nichtigkeitsklage nach §§ 246, 249 AktG in Betracht.

---

983 *Krieger*, in Lutter, UmwG, § 305 Rn. 4; *Meister/Klöcker*, in Kallmeyer, § 305 Rn. 4; *Weißhaupt*, Informationsmängel, S. 180 ff.; vgl. auch *Bilda*, in Münchener Kommentar, § 304 AktG Rn. 158.

984 Zum Anfechtungsrecht als „Grundrecht des Aktionärs" *Ganske*, in IdW (Hrsg.), Reform des Umwandlungsrechts, S. 80; ebenso *K. Schmidt*, ebenda, S. 96 und *Kort*, Bestandschutz fehlerhafter Strukturänderungen, S. 55.

985 Statt vieler *Bork*, in Lutter, UmwG, § 14 Rn. 4 f.; vgl. auch die Begr. RegE zu § 14 UmwG, abgedruckt bei *Schaumburg/Rödder*, S. 65 ff.

## I. Kategorien mangelhafter Beschlüsse

Eine Klage gegen die Wirksamkeit des Verschmelzungsbeschlusses setzt voraus, dass dieser mit einem Mangel behaftet ist. In diesem Sinne mangelhaft ist ein Beschluss grundsätzlich dann, wenn er verfahrensfehlerhaft zustande gekommen oder seinem Inhalt nach rechtswidrig ist. Im Hinblick auf die Schwere des jeweiligen Mangels unterscheidet das AktG dabei zwischen der Nichtigkeit und der (bloßen) Anfechtbarkeit des Beschlusses. In die erste Kategorie fallen solche Beschlüsse, die wegen der besonderen Evidenz bzw. Schwere des Normverstoßes ipso iure von Anfang an wirkungslos sind, ohne dass es einer entsprechenden gerichtlichen Entscheidung bedürfte (§ 249 Abs. 1 S. 2 AktG). Demgegenüber sind die einem weniger schwerwiegenden Mangel unterliegenden – anfechtbaren - Beschlüsse zunächst (schwebend) wirksam, sie sind jedoch durch die erfolgreiche Erhebung einer Anfechtungsklage rückwirkend vernichtbar.[986] Aus Gründen der Rechtssicherheit sind diejenigen Umstände, die zur Nichtigkeit eines Hauptversammlungsbeschlusses führen, in § 241 AktG grundsätzlich abschließend[987] aufgezählt, so dass alle anderen Mängel lediglich zur Anfechtbarkeit des Beschlusses führen können. Als dritte Kategorie[988] lässt sich daneben noch die Unwirksamkeit des Beschlusses dem Beschlussmängelrecht im weiteren Sinne[989] zuordnen.

---

986 Vgl. dazu nur *Hüffer*, AktG, § 241 Rn. 4 f.; *K. Schmidt*, in Großkomm. AktG, § 241 Rn. 24.

987 Für bestimmte Beschlüsse ist die Vorschrift aus den §§ 250, 253 und 256 AktG zu ergänzen; im übrigen ist die Aufzählung des § 241 AktG entsprechend seinem Wortlaut („Ein Beschluss der Hauptversammlung ... ist nur dann nichtig") abschließend, vgl. *Hüffer*, AktG, § 241 Rn. 1, 15; *ders.*, in G/H/E/K, § 241 AktG Rn. 4; *Henn*, Hdb. d. Aktienrechts, Rn. 963; abweichend *Geßler*, ZGR 1980, 427, 443 f., der für den Fall satzungsändernder Beschlüsse, die unter Verstoß gegen die Grenzen der nach § 23 Abs. 5 AktG verbleibenden Satzungsautonomie gefasst werden, die Nichtigkeitsfolge unmittelbar aus § 23 Abs. 5 AktG entnehmen will; dagegen mit beachtlichen Gründen *Hüffer*, in Münchener Kommentar, § 241 AktG Rn. 52.

988 Krasseste Verfahrensfehler (beispielsweise die Durchführung einer Hauptversammlung durch Personen, die nicht Aktionäre sind) sollen nach einer zum Teil vertretenen Auffassung zum Vorliegen so genannter Nicht- oder Scheinbeschlüsse führen. Da solche „Beschlüsse" jedenfalls nichtig sind, scheint die Notwendigkeit einer solchen besonderen Kategorie fehlerhafter Beschlüsse überaus fraglich. Dementsprechend wird die Lehre von den Nicht- oder Scheinbeschlüssen von der heute wohl herrschenden aktienrechtlichen Literatur abgelehnt, vgl. *Hüffer*, in Münchener Kommentar, § 241 AktG Rn. 11; *Zöllner*, in Kölner Kommentar, § 241 AktG Rn. 49 ff.; *Noack*, Fehlerhafte Beschlüsse, S. 11 ff.; *Obermüller/Werner/Winden*, Rn. 13; abweichend die früher überwiegende Auffassung, vgl. BGH, NJW 1954, 385, 386; *Godin/Wilhelmi*, AktG, § 241 Rn. 2; *Mack*, Anfechtbarkeit von Hauptversammlungsbeschlüssen, S. 69 f.; zum Streitstand siehe auch *Casper*, Heilung nichtiger Beschlüsse, S. 39 ff.

989 Die Unwirksamkeit beruht entsprechend den nachfolgenden Ausführungen im Text genau genommen nicht auf einem Beschlussmangel im eigentlichen Sinne.

## 1. Nichtigkeit des Verschmelzungsbeschlusses

Im Gegensatz zu der Anfechtung von Verschmelzungsbeschlüssen spielt ihre Nichtigkeit in der Praxis soweit ersichtlich nur eine untergeordnete Rolle.[990] Von daher soll an dieser Stelle auch lediglich ein kurzer Überblick über die relevantesten Nichtigkeitsgründe gegeben werden.

### *a) Formelle Mängel*

Nichtig ist ein Verschmelzungsbeschluss insbesondere dann, wenn er unter Verstoß gegen wesentliche Einberufungsvorschriften gefasst wurde (§ 241 Nr. 1 AktG i. V. m. § 121 Abs. 2 und 3 oder 4 AktG[991]), so etwa wenn eine Einberufung gar nicht oder aber nicht durch das zuständige Organ erfolgt ist, ferner dann, wenn die erforderliche Bekanntmachung der Einberufung unterblieben ist oder nicht die in § 121 Abs. 3 S. 2 AktG genannten Mindestangaben enthält.

In Anbetracht der erheblichen Bedeutung der dieser Mindestangaben der Bekanntmachung sowie des formalen Charakters des § 121 Abs. 3 S. 2 AktG wird man die Vorschrift grundsätzlich auch streng formal auszulegen haben. Dies hindert jedoch entgegen teilweise vertretener Auffassung[992] nicht daran, unbedeutende Bagatellfehler von der scharfen Nichtigkeitssanktion des § 241 AktG auszunehmen.[993] Wird etwa der Firmenname in der Bekanntmachung nicht ganz korrekt, also beispielsweise ohne Rechtsformzusatz angegeben, lässt die Einberufung jedoch unzweifelhaft erkennen, bei welcher Gesellschaft der Hauptversammlungsbeschluss stattfinden soll, so ist der dort gefasste Beschluss entgegen § 241 Nr. 1 AktG nicht nichtig. In derart gelagerten Fällen ist trotz des Vorliegens einer formalen Ungenauigkeit eine hinreichende Unterrichtung der Aktionäre über das Stattfinden der Hauptversammlung gewährleistet. Ist damit aber gleichzeitig der Sinn und Zweck des § 121 AktG gewahrt, so erscheint bei normzweckorientierter Gesetzesinterpretation die Anordnung der Nichtigkeit als

---

990 Vgl. den Rechtssprechungsüberblick bei *Heckschen*, DB 1998, 1385, 1390 f.

991 Durch die seit 1994 geltende sprachliche Fassung des § 241 Nr. 1 AktG bringt das Gesetz zum Ausdruck, dass jede Einberufung unabhängig von der Art ihrer Bekanntmachung (Ankündigung in den Gesellschaftsblättern oder durch eingeschriebenen Brief, § 121 Abs. 3 und 4 AktG) durch die zuständige Stelle zu erfolgen hat (§ 121 Abs. 2 AktG) und den vorgeschrieben Inhalt haben muss (§ 121 Abs. 3 S. 2 AktG), vgl. dazu *Hüffer*, ZGR 2001, 833, 840. Ein Verstoß gegen § 121 Abs. 2 und 3 AktG führt jedoch dann nicht zur Nichtigkeit des Beschlusses, wenn alle Aktionäre erschienen oder vertreten sind und kein Aktionär der Beschussfassung widerspricht, § 121 Abs. 6 AktG.

992 *Hüffer*, in Münchener Kommentar, § 241 AktG Rn. 33; *ders.*, ZGR 2001, 833, 840 f.; *Zöllner*, in Kölner Kommentar, § 241 AktG Rn. 84.

993 So OLG Düsseldorf, ZIP 1997, 1153, 1159 f.; OLG Frankfurt, AG 1991, 208, 209; OLG Hamburg, AG 1981, 193, 195; OLG München, AG 2000, 134, 135; *K. Schmidt*, in Großkomm. AktG, § 241 Rn. 46; *Semler*, in Münch. Hdb. GesR, AG, § 41 Rn. 10.

völlig überzogen. Dies erkennen im Ergebnis übrigens auch die Vertreter der ebengenannten Gegenauffassung an, wenn sie bei marginalen Fehlern eine „Einzelfallkorrektur im Rahmen einer Gesamtabwägung gemäß § 242 BGB" befürworten.[994] Dem hier bevorzugten Ansatz steht auch nicht das Gebot der formalen Handhabung von Formvorschriften entgegen, da die teleologische Reduktion eben nicht bei § 121 Abs. 3 AktG, sondern bei der Nichtigkeitssanktion des § 241 Nr. 1 AktG ansetzt[995], die in den hier in Rede stehenden Fällen als unangemessen erscheint.

Gemäß § 241 Nr. 2 AktG nichtig ist der Verschmelzungsbeschluss weiterhin dann, wenn er unter wesentlichen Beurkundungsmängeln leidet. Dies kann vor allem der Fall sein, wenn die nach § 13 Abs. 3 S. 1 UmwG erforderliche notarielle Beurkundung ganz unterblieben, durch eine unzuständige Stelle erfolgt ist oder aber der Beschluss ohne Einhaltung der sonstigen Erfordernisse des § 130 Abs. 1, 2 und 4 AktG beurkundet wurde.[996] Die Vorschrift des § 20 Abs. 1 Nr. 4 UmwG über die Heilung von Mängeln der notariellen Beurkundung des Verschmelzungsvertrages und gegebenenfalls erforderlicher Zustimmungs- oder Verzichtserklärungen findet auf den Zustimmungsbeschluss nach 13 Abs. 1 S. 1 UmwG keine Anwendung. Jedoch gelten auch für den Verschmelzungsbeschluss die §§ 242 Abs. 1 AktG, 20 Abs. 2 UmwG.

### b) *Materielle Mängel*

Die Nichtigkeit des Verschmelzungsbeschlusses kann auch aus dem Vorliegen besonders schwerwiegender materiell-rechtlicher Fehler resultieren. So ist der Beschluss insbesondere dann nichtig, wenn er mit dem Wesen der Aktiengesellschaft nicht zu vereinbaren ist, wenn er durch seinen Inhalt gläubigerschützende oder sonst im öffentlichen Interesse erlassene Vorschriften[997] verletzt (§ 241 Nr. 3 AktG) oder falls er seinem Inhalt nach gegen die guten Sitten verstößt (§ 241 Nr. 4 AktG). In der umwandlungsrechtlichen Praxis dürften solche Fälle jedoch äußerst selten sein. Denn sittenwidrig ist ein Hauptversammlungsbe-

---

994 Vgl. *Hüffer*, ZGR 2001, 833, 841; vom Ergebnis her betrachtet dürfte damit der praktische Unterschied zwischen den dargestellten Ansichten – sofern ein solcher denn überhaupt besteht – wohl lediglich in der Frage liegen, bis zur welcher „Schwere" ein Mangel noch hinnehmbar ist.

995 *K. Schmidt*, in Großkomm. AktG, § 241 Rn. 46.

996 Ausführlich zur Beurkundung der Verschmelzungsbeschlüsse *Heckschen*, in Widmann/Mayer, § 13 UmwG Rn. 221 ff.

997 Als gläubigerschützende Normen des Umwandlungsrechts zu nennen sind hier beispielsweise die §§ 22, 68 UmwG; daneben wird man nunmehr wegen § 324 UmwG auch § 613a BGB als im Sinne des § 241 AktG gläubigerschützend einzustufen haben, vgl. *Schöne*, DB 1995, 1317, 1319; ebenso *Kreuznacht*, Eintragung fehlerhafter Verschmelzungen, S. 25; nicht gläubigerschützend ist dagegen nach hier vertretener Auffassung die Vorschrift des § 61 UmwG, vgl. § 3 D. I.

schluss nach einhelliger Auffassung in Rechtsprechung[998] und Literatur[999] nicht schon dann, wenn Zweck und Beweggründe der Beschlussfassung als sittenwidrig anzusehen sind. Dies kann allenfalls unter dem Gesichtspunkt der Anfechtbarkeit von Bedeutung sein. Seinem *Inhalt* nach verstößt ein Beschluss vielmehr nur dann gegen die guten Sitten, wenn er „für sich allein genommen" bzw. seinem „inneren Gehalt nach" sittenwidrig ist. Insbesondere ist damit ein Verstoß gegen die guten Sitten nicht schon dann anzunehmen, wenn sich das vorgesehene Umtauschverhältnis nicht als Ausdruck des Gleichgewichts von Leistung und Gegenleistung darstellt.

Eine Ausnahme stellt in diesem Zusammenhang wohl der einer Entscheidung des *LG Mühlhausen* zugrunde liegende Fall dar. Dort sollten die Anteileigner des übertragenden Rechtsträgers durch die Beteiligung an dem Zielrechtsträger unverhältnismäßige Vorteile erlangen, letzterer dagegen bei wirtschaftlicher Betrachtung nur die Schulden der übertragenden Gesellschaft übernehmen. Da dieser Verschmelzungsbeschluss die eine Seite ausschließlich begünstigte, die andere hingegen erheblich belastete, sah das Gericht den Beschluss nicht mehr als durch die Grundsätze der Vertragsfreiheit gerechtfertigt an und erklärte ihn gemäß § 241 Nr. 4 AktG für nichtig.[1000] Derartige Konstellationen dürften jedoch in der Tat seltene Ausnahmefälle bleiben, so dass die praktische Relevanz der Sittenwidrigkeit als Kontrollmaßstab für Verschmelzungsbeschlüsse aus den oben genannten Gründen als sehr gering anzusehen sein dürfte.[1001]

---

[998] RGZ 131, 141, 145; RGZ 146, 385, 388; BGH, NJW 1952, 98, 99; NJW 1955, 221; NJW 1987, 2514; OLG Karlsruhe, NJW-RR 2001, 1326, 1327; OLG München, GmbHR 1995, 232; NZG 1999, 1173; AG 2001, 187, 198; OLG Stuttgart, ZIP 1995, 1596, 1601; zu Einschränkungen hinsichtlich solcher Beschlüsse, die eine sittenwidrige Schädigung nicht anfechtungsberechtigter Dritter darstellen, siehe OLG Dresden, NZG 1999, 1109; *K. Schmidt*, in Großkomm. AktG, § 241 Rn. 65 m.w.N.

[999] *Hüffer*, AktG, § 241 Rn. 24; *K. Schmidt*, in Großkomm. AktG, § 241 Rn. 65; *Zöllner*, in Kölner Kommentar, § 241 AktG Rn. 124.

[1000] LG Mühlhausen, DB 1996, 1967 f.; in Rede stand dort die Verschmelzung einer GmbH mit ihren Aktiva und Passiva auf eine Aktiengesellschaft. Das Aktivvermögen der GmbH bestand im Wesentlichen aus der Beteiligung an der Aktiengesellschaft, die Passiva beliefen sich nach der Schussbilanz auf ca. eine Million DM. Wirtschaftlich und bilanzmäßig gesehen hatte die GmbH danach keinen Aktivwert für ihre Gesellschafter noch für die Aktiengesellschaft. Im Ergebnis – so die Feststellung des LG Mühlhausen – „brächte der Verschmelzungsvertrag der Aktiengesellschaft fühlbare GmbH-Schulden, deren Gesellschaftern – ohne eigene Gegenleistung – einen Gewinn in siebenstelliger Höhe. Dies ist nicht mehr im Gleichgewicht und auch durch die Vertragsfreiheit nicht zu rechtfertigen. [Aufgrund dieser gänzlich einseitigen Belastung der AG und ihrer Aktionäre] … verstößt der Beschluß gegen die guten Sitten."

[1001] So i. E. auch *Ross*, Materielle Kontrolle des Verschmelzungsbeschlusses, S. 48 („Dem § 241 Nr. 4 AktG kommt daher im Hinblick auf eine inhaltliche Kontrolle des Verschmelzungsbeschlusses praktisch keine Bedeutung zu.").

### c) *Unvollständigkeit des Verschmelzungsvertrages*

Enthält der Verschmelzungsvertrag nicht die durch § 5 Abs. 1 UmwG oder durch sonstige zwingende Vorschriften vorgegebenen Mindestangaben, so kann dies grundsätzlich nur zur Anfechtbarkeit des auf diesen Vertrag bezogenen Zustimmungsbeschlusses führen. Nicht nur anfechtbar, sondern nichtig dürfte der Verschmelzungsbeschluss meines Erachtens dann sein, wenn im Verschmelzungsvertrag die Angabe nach § 5 Abs. 1 Nr. 1 bis 3 UmwG fehlen.

Für diesen Fall ist mit der überwiegenden Auffassung davon auszugehen, dass jedenfalls der *Vertrag* nichtig ist, da ihm schon seine essentialia negotii fehlen.[1002] Durch diese Angaben wird überhaupt erst klargestellt, dass es sich bei dem geplanten Vorgang um eine Verschmelzung im Sinne des UmwG handeln und welche Parteien hieran beteiligt sein sollen. Fehlt also etwa die Bestimmung der Umtauschrelation, so ist der Verschmelzungsvertrag als nichtig anzusehen.[1003] Entsprechend ordnet auch § 304 Abs. 3 S. 1 AktG die Nichtigkeit des aktienrechtlichen Unternehmensvertrages für den Fall an, dass dieser einen Ausgleich für die außenstehenden Aktionäre nicht vorsieht.

Unzweifelhaft darf ein derart unvollständiger Vertrag auch nicht durch das Registergericht eingetragen werden.[1004] Zwar steht dem Registergericht keine Prüfungskompetenz hinsichtlich der Angemessenheit der vorgesehenen Umtauschrelation zu. Diese ist entsprechend den obigen Ausführungen der richterlichen Kontrolle im Spruchverfahren als exklusivem Rechtsbehelf vorbehalten.[1005] Das völlige Fehlen eines Ausgleichs stellt indes einen derart erheblichen Rechtsfehler dar, dass er die Nichtigkeit des Verschmelzungsvertrages zur Folge hat. Von daher wird man auch hier den Registerrichter - im Rahmen des ihm grundsätzlich zustehenden materiellen Prüfungsrechts[1006] - für berechtigt halten müssen, die Eintragung abzulehnen. Gleiches hat nach vorzugswürdiger Ansicht auch für

---

[1002] So auch *Lutter*, in Lutter, UmwG, § 5 Rn. 92; *Marsch-Barner*, in Kallmeyer, § 5 Rn. 63; *Schröer*, in Semler/Stengel, § 5 Rn. 109; ebenso OLG Frankfurt, WM 1999, 322, 323; KG, WM 1999, 323, 325; wohl auch *Kraft*, in Kölner Kommentar, § 352a AktG Rn. 6, demzufolge in diesen Fällen „kein Verschmelzungsvertrag i. S. des Gesetzes vor[liegt]“; unklar *Mayer*, in Widmann/Mayer, § 4 UmwG Rn. 70.

[1003] Trifft der Vertrag dagegen keine nach § 29 UmwG erforderliche Abfindungsregelung, so hat dies nicht seine Nichtigkeit zur Folge, die fehlende Barabfindung wird vielmehr im Spruchverfahren festgesetzt.

[1004] Statt vieler *Mayer*, in Widmann/Mayer, § 4 UmwG Rn. 70.

[1005] *Grunewald*, in Lutter, UmwG, § 20 Rn. 6; *Stratz*, in Schmitt/Hörtnagl/Stratz, § 19 UmwG Rn. 9; *Zimmermann*, in Kallmeyer, § 19 Rn. 5; *Weißhaupt*, Informationsmängel, S. 170 f.; abweichend *Schilling/Zutt*, in Hachenburg, GmbHG, 7. Aufl., § 77 Anh. II § 24 KapErhG Rn. 19.

[1006] Eingehend zu dem – in seinem Umfang strittigen – Prüfungsrecht des Registerrichters *Schwarz*, in Widmann/Mayer, § 19 UmwG Rn. 3 ff.; *Bockelmann*, DB 1994, 1341 ff.; *Rettmann*, Rechtmäßigkeitskontrolle, S. 191 ff.

den Fall zu gelten, dass der Verschmelzungsvertrag entgegen § 29 UmwG kein Barabfindungsangebot enthält.[1007] Dann andernfalls stünde zu befürchten, dass die berechtigten Aktionäre von ihrem Austrittsrecht womöglich überhaupt keine Kenntnis erlangen, so dass eine Kontrolle durch den Registerrichter geboten erscheint. Man wird zudem anzunehmen haben, dass zumindest in Fällen solch evidenter Rechtsverletzungen der registergerichtlichen Prüfung der Vollständigkeit des Verschmelzungsvertrages neben ihrer Publizitäts- und Vertrauensfunktion auch die Aufgabe einer Rechtskontrolle im öffentlichen Interesse zukommt.[1008]

Fehlen die Vertragsessentialia des § 5 Abs. 1 Nr. 1 bis 3 UmwG, so tritt durch eine gleichwohl erfolgte Eintragung nach zutreffender Ansicht auch keine „Heilung“ der Nichtigkeit gemäß § 20 Abs. 2 UmwG ein.[1009] Der namentlich von *Mayer*[1010] vertretenen Gegenauffassung ist nicht zu folgen. Dieser weist zwar zutreffend darauf hin, dass § 20 Abs. 2 UmwG nicht zwischen verschiedenen Inhaltmängeln des Verschmelzungsvertrages differenziert. Hieraus folgt indes nicht, dass auch das Fehlen der Angaben nach § 5 Abs. 1 Nr. 1 bis 3 UmwG der Heilungswirkung des § 20 Abs. 2 UmwG unterfällt. Denn eine Heilung kann schon denklogisch nur dann in Betracht kommen, wenn überhaupt ein zu heilendes Bezugsobjekt existiert. Fehlt es jedoch bereits an einem konstitutiven Vertragsbestandteil wie dem essentiellen Umtauschverhältnis, so liegt kein fehlerhafter Vertrag, sondern überhaupt kein Verschmelzungsvertrag im Sinn des UmwG vor. Eine Heilung scheidet damit mangels heilbaren Gegenstandes aus. Es erschiene zudem überaus zweifelhaft, welche Verschmelzungsfolgen aufgrund der Registereintragung eintreten sollten, ginge doch aus einem „Vertrag“, dem sie Angaben nach § 5 Abs. 1 Nr. 1 bis 3 UmwG fehlen, schon gar nicht hervor, dass überhaupt (und zu welchen Konditionen) eine Verschmelzung im Sinne des UmwG durchgeführt werden soll.

Liegt damit ein unwirksamer, nach hier vertretener Auffassung keiner Heilungsmöglichkeit zugänglicher Verschmelzungsvertrag vor, so können die auf ihn bezogenen Zustimmungsbeschlüsse nach § 13 UmwG nicht lediglich an-

---

[1007] *Grunewald*, in Lutter, UmwG, § 29 Rn. 21; *Marsch-Barner*, in Kallmeyer, § 29 Rn. 16; anders für den Abfindungsanspruch gemäß § 305 AktG dagegen *Koppensteiner*, in Kölner Kommentar, § 294 AktG Rn. 13; abweichend für die Barabfindung nach § 207 UmwG nunmehr auch die *obiter dicta* in BGH, ZIP 2001, 299, 201 (MEZ); ZIP 2001, 412, 414 (Aqua Butzke).

[1008] Siehe hierzu auch *Weißhaupt*, Informationsmängel, S. 171; zur Kontrollfunktion des Handelregisters schon *Lutter*, NJW 1969, 1873, 1875 f.

[1009] OLG Frankfurt, WM 1999, 322, 323; KG, WM 1999, 323, 325; *Marsch-Barner*, in Kallmeyer, § 5 Rn. 63; *Schröer*, in Semler/Stengel, § 5 Rn. 109, alle ohne nähere Begründung.

[1010] *Mayer*, in Widmann/Mayer, § 4 UmwG Rn. 70.

fechtbar und damit zunächst (schwebend) wirksam sein.[1011] Denn dies setzt schon begriffsnotwendig voraus, dass der Eintritt der vollen Wirksamkeit infolge des Ablaufs der Anfechtungsfrist immer noch möglich ist. Dies ist hier aber gerade nicht der Fall. Verschmelzungsvertrag, Zustimmungsbeschluss und Verschmelzung als solche bilden hier vielmehr eine rechtliche Einheit, so dass ein Beschluss, der auf die Zustimmung zu einem in vorbeschriebenem Sinne endgültig unwirksamen Vertrag gerichtet ist, ebenfalls als nichtig - weil gegenstandslos - anzusehen ist.

Dagegen führt das Fehlen der übrigen gesetzlich vorgeschriebenen Mindestangaben im Verschmelzungsvertrag allenfalls zur Anfechtbarkeit, nicht jedoch zur Nichtigkeit des Verschmelzungsbeschlusses. Dies gilt auch für die arbeitsrechtlichen Angaben nach § 5 Abs. 1 Nr. 9 UmwG. Sind letztere unvollständig oder fehlen sie ganz, so kann dies (nach umstrittener Auffassung) ein Anfechtungsrecht der Anteilseigner begründen.[1012] Nichtig ist der Verschmelzungsbeschluss jedoch in keinem Fall, weder gemäß § 134 BGB noch über § 241 Nr. 3 AktG.[1013]

Auch das vollständige Fehlen eines nach § 29 UmwG erforderlichen Barabfindungsangebots im Verschmelzungsvertrag führt – anders als das fehlende Umtauschverhältnis – nicht zur Nichtigkeit. Dem steht schon entgegen, dass § 34 S. 2 UmwG für eben diesen Fall anordnet, dass das im Rahmen des Spruchverfahrens angegangene Gericht die angemessene Barabfindung festzusetzen hat. Das Gesetz selbst geht folglich trotz insoweit unvollständigem Verschmelzungsvertrag von der grundsätzlichen Wirksamkeit des Verschmelzungsbeschlusses aus, da andernfalls die Regelung des § 34 S. 2 UmwG leer liefe.

#### *d) Keine Beschlussnichtigkeit bei fehlerhaften Verschmelzungs- und Verschmelzungsprüfungsberichten*

Anders als ein im oben genannten Sinne fehlerhafter Verschmelzungsvertrag vermag ein Verschmelzungsbericht, der den eingangs dargestellten gesetzlichen Anforderungen nicht genügt, keinesfalls die Nichtigkeit des Verschmelzungsbeschlusses zu begründen. Gleiches gilt auch für den Verschmelzungsprüfungsbe-

---

[1011] Anderer Ansicht offenbar *Heckschen*, DB 1998, 1385, 1388, demzufolge „Unvollständigkeiten des Verschmelzungsvertrages […] für sich genommen *niemals* zur Nichtigkeit des Verschmelzungsbeschlusses führen." (Hervorhebung durch den Verf.); ebenso wohl auch *Hoffmann-Becking*, in RWS-Forum Gesellschaftsrecht 2001, S. 55, 63 f.

[1012] Vgl. Fn. 1060.

[1013] Fast einhellige Ansicht, vgl. *Marsch-Barner*, in Kallmeyer, § 5 Rn. 64; *Simon*, in Semler/Stengel, § 5 Rn. 79; *Stratz*, in Schmitt/Hörtnagl/Stratz, § 5 UmwG Rn. 49; *Drygala*, ZIP 1996, 1365, 1367; *Grunewald*, in Lutter, Kölner Umwandlungsrechtstage, S. 19, 23; a. A. soweit ersichtlich nur *D. Mayer*, DB 1995, 861, 864, der für den Fall, dass jegliche arbeitsrechtliche Angaben nach § 126 Abs. 1 Nr. 11 UmwG fehlen, die Nichtigkeit des Spaltungsplans bzw. –vertrages annimmt.

richt nach § 12 UmwG. Selbst gravierende Berichtsmängel können allenfalls die Anfechtbarkeit der aufgrund dieser Berichte ergehenden Zustimmungsbeschlüsse rechtfertigen. Nichtig sind diese Beschlüsse jedoch nicht einmal im Falle des vollständigen Fehlens der Berichte.[1014]

## 2. Unwirksamkeit des Verschmelzungsbeschlusses

Von den nichtigen und anfechtbaren Beschlüssen abzugrenzen sind die unwirksamen Hauptversammlungsbeschlüsse.[1015] (Schwebende) Unwirksamkeit ist dann gegeben, wenn der an sich formell und materiell fehlerfrei gefasste Beschluss (noch) keine Rechtswirkungen entfaltet, da diese noch von weiteren zu der Beschlussfassung hinzutretenden, bislang aber nicht verwirklichten Voraussetzungen abhängen. Im Gegensatz zu Nichtigkeit und Anfechtbarkeit beruht die Unwirksamkeit daher dem Grunde nach nicht auf einer fehlerhaften Beschlussfassung, sondern ist Folge der unvollständigen Erfüllung eines mehrgliedrigen rechtsgeschäftlichen Tatbestandes.[1016] Aus diesen Überlegungen folgt, dass auch die mangelhafte oder unterbliebene Erfüllung von verschmelzungsrelevanten Informationspflichten nicht die Unwirksamkeit des Verschmelzungsbeschlusses im vorstehenden Sinne zur Konsequenz haben kann, da derartige Pflichtverletzungen – sofern sie als relevant für den Beschlussgegenstand einzustufen sind[1017] - immer zu einer der Beschlussfassung immanenten Fehlerhaftigkeit führen.

Als die wichtigsten Fälle der Unwirksamkeit von Verschmelzungsbeschlüssen sind folgende zu nennen:[1018]

- Schwebend unwirksam ist der Verschmelzungsbeschluss, solange die konstitutive Eintragung der Verschmelzung ins Handelsregister noch nicht erfolgt ist.

- Das gleiche gilt, wenn besondere Zustimmungserfordernisse bestehen, die betreffenden Zustimmungserklärungen jedoch noch nicht vorliegen. Sind beispielsweise bei der zu verschmelzenden Aktiengesellschaft mehrere Aktiengattungen vorhanden, so wird nach § 65 Abs. 2 UmwG der Ver-

---

1014 *Stratz*, in Schmitt/Hörtnagl/Stratz, § 8 UmwG Rn. 31.

1015 So die ganz herrschende Auffassung, vgl. nur *Hüffer*, in Münchener Kommentar, § 241 AktG Rn. 16 ff.; *K. Schmidt*, in Großkomm. AktG, § 241 Rn. 14 ff.; *Casper*, Heilung nichtiger Beschlüsse, S. 37 f.; dagegen eine eigenständige Kategorie unwirksamer Beschlüsse ablehnend *Baums*, ZHR 142 (1978), 582 ff., demzufolge es sich bei schwebender sowie endgültiger Unwirksamkeit eines Beschlusses in Wirklichkeit um Nichtigkeit handeln soll.

1016 Statt vieler *Hüffer*, in Münchener Kommentar, § 241 AktG Rn. 16 m.w.N.

1017 Zur Relevanz von Informationspflichtverletzungen siehe oben § 4 B. I. 3. c).

1018 Eine ausführliche Übersicht über mögliche Unwirksamkeitsgründe von Hauptversammlungsbeschlüssen findet sich bei *K. Schmidt*, in Großkomm. AktG, § 241 Rn. 14 ff.

schmelzungsbeschluss erst wirksam, wenn ihm die Aktionäre jeder Gattung durch Sonderbeschluss zustimmen.

- Gemäß § 13 Abs. 2 UmwG bedarf der Verschmelzungsbeschluss des übertragenden Rechtsträgers für den Fall, dass die Übertragung der Anteile von der Genehmigung bestimmter einzelner Anteilsinhaber abhängig ist, zu seiner Wirksamkeit ihrer Zustimmung. Fehlt auch nur eine einzelne dieser Zustimmungserklärungen, ist der Verschmelzungsbeschluss grundsätzlich schwebend unwirksam.[1019] Für die Aktiengesellschaft kommt dieser Vorschrift indes keine praktische Bedeutung zu, da im Aktienrecht die Anteilsübertragung nur an die Zustimmung von Vorstand, Aufsichtsrat oder Hauptversammlung, nicht aber an die Zustimmung einzelner Aktionäre geknüpft werden kann, § 86 Abs. 2 AktG. In den vorbenannten Fällen einer aktienrechtlich zulässigen Vinkulierung hingegen findet § 13 Abs. 2 UmwG ausweislich seines insoweit eindeutigen Wortlautes („...*Genehmigung bestimmter einzelner Anteilsinhaber*...“) keine Anwendung.[1020]

- Unwirksam ist der Beschluss schließlich dann, wenn die Verschmelzung einer öffentlich-rechtlichen Genehmigung bedarf, diese jedoch (noch) nicht vorliegt.[1021] Besondere Bedeutung erlangen in diesem Zusammenhang beispielsweise die Genehmigungen für Zusammenschlüsse im Montanbereich nach Art. 66 § 1 EGKS-Vertrag sowie für die Übertragung des Versicherungsbestandes auf ein anderes Unternehmen nach § 14 VAG.[1022]

- Keine Wirksamkeitsvoraussetzung stellt dagegen die Sachgerechtigkeit des Beschlussergebnisses in Bezug auf die Angemessenheit von Umtauschverhältnis und Barabfindung dar, was sich gerade an der Möglichkeit einer - das Verschmelzungsverfahren im übrigen nicht tangierenden - gerichtlichen Überprüfung und Korrektur im Spruchverfahren zeigt.

Die schwebende Unwirksamkeit des Verschmelzungsbeschlusses kann auf jede Weise geltend gemacht werden, insbesondere kann sie Gegenstand einer allgemeinen Feststellungsklage gemäß § 265 ZPO sein.[1023] Nichtigkeits- und Anfechtungsklage können dagegen nicht auf die bloße Unwirksamkeit gestützt werden,

---

[1019] Siehe nur *Stratz*, in Schmitt/Hörtnagl/Stratz, § 13 UmwG Rn. 34.

[1020] Aus rechtspolitischer Sicht kritisch hierzu *Lutter*, in Lutter, UmwG, § 13 Rn. 24, der die gesetzliche Regelung jedoch ebenfalls für eindeutig hält.

[1021] Vgl. *Bonke*, Mängel der Verschmelzung, S. 99; *Mack*, Anfechtbarkeit von Hauptversammlungsbeschlüssen, S. 75.

[1022] In diesen Fällen ist die Genehmigungsurkunde der Anmeldung der Verschmelzung zum Handelsregister beizufügen, § 17 Abs. 1 UmwG. Nicht unter diese Vorschrift fallen hingegen kartellrechtliche Anzeigen, vgl. *Zimmermann*, in Kallmeyer, § 17 Rn. 3 m.w.N.

[1023] Statt vieler *Hüffer*, in Münchener Kommentar, § 241 AktG Rn. 19; dort auch zur Heilung unwirksamer Hauptversammlungsbeschlüsse analog § 242 Abs. 2 AktG.

da letztere, wie bereits angeführt, keinen der Beschlussfassung an sich anhaftenden Mangel darstellt und somit die Nichtigerklärung des Beschlusses nicht zu rechtfertigen vermag.[1024]

### 3. Anfechtbarkeit des Verschmelzungsbeschlusses

Die in der Praxis aktienrechtlicher Hauptversammlungen weitaus größte Bedeutung kommt den einen Anfechtungsgrund im Sinne des § 243 AktG begründenden Beschlussmängeln zu. Die Anfechtbarkeit des Beschlusses ist Folge sämtlicher materieller und formellen Fehler, die nicht bereits von der Vorschrift des § 241 AktG erfasst sind. Derartige Beschlussmängel führen im Aktienrecht nicht ipso iure zur Nichtigkeit des Hauptversammlungsbeschlusses, vielmehr begründen sie lediglich seine Vernichtbarkeit. Der Beschluss ist zwar fehlerhaft, jedoch (zunächst) wirksam.[1025] Seine Wirksamkeit kann nur durch erfolgreiche Erhebung einer fristgebundenen Anfechtungsklage beseitigt werden.[1026] In diesem Fall lässt die infolge eines rechtskräftigen Gestaltungsurteils eintretende Nichtigkeit die anfängliche Geltung des Beschlusses rückwirkend[1027] entfallen, §§ 241 Nr. 5, 246, 248 AktG.

Anfechtbar ist ein Hauptversammlungsbeschluss gemäß § 243 Abs. 1 AktG dann, wenn er das Gesetz oder die Satzung verletzt. Insoweit lassen sich auch hier die Beschlussmängel in materielle Fehler (Inhaltsfehler) und formelle Fehler (Verfahrensfehler) unterteilen.[1028]

#### *a) Materielle Beschlussmängel*

Materielle Mängel liegen vor, wenn der Beschluss nicht (nur) aufgrund der Art und Weise seiner Vorbereitung oder seines Zustandekommens als fehlerhaft anzusehen ist, sondern wenn er seinem Inhalt nach gegen Gesetz oder Satzung verstößt.

---

[1024] *K. Schmidt*, in Großkomm. AktG, § 241 Rn. 18; *Zöllner*, in Kölner Kommentar, § 241 AktG Rn. 18.

[1025] Statt vieler *K. Schmidt*, in Großkomm. AktG, § 243 Rn. 24 m.w.N.

[1026] Zur Anfechtungsklage noch ausführlich unter § 4 B. II.

[1027] Die ex tunc-Wirkung des den Beschluss für nichtige erklärenden Urteils ist dem Grunde nach heute weitgehend geklärt, vgl. *Hüffer*, in Münchener Kommentar, § 248 AktG Rn. 14 ff., dort auch zu möglichen (umstrittenen) Ausnahmen.

[1028] Vgl. nur *Hüffer*, AktG, § 243 Rn. 11 ff. und 20 ff.; *K. Schmidt*, in Großkomm. AktG, § 243 Rn. 5, jeweils mit weiteren Nachweisen. Eine eindeutige Grenzziehung zwischen den beiden Fehlerarten ist jedoch oft schwierig, da man beispielsweise das Fehlen eines Barabfindungsangebot nach § 29 UmwG sowohl als (materiellen) Verstoß gegen das Gleichbehandlungsgebot als auch als (formelle) Verletzung des durch § 5 i.V.m. § 29 UmwG vorgegebenen Mindestinhaltes des Verschmelzungsvertrages qualifizieren könnte.

*aa) Verletzung des Gesetzes*

Soweit der Zustimmungsbeschluss nach §13 UmwG in Rede steht, kann der Gesetzesverstoß zunächst aus der Verletzung von allgemeinen, für alle Rechtsträger geltenden Vorschriften oder aber aus einem Verstoß gegen spezielle umwandlungsrechtliche Normen folgen. Ist dies der Fall, kommt es auf Fragen der Kausalität oder Relevanz des Mangels nicht an, da hier zwischen dem Gesetzesverstoß und dem Beschlussergebnis nicht im Sinne von Ursache und Wirkung unterschieden werden kann. Da der Fehler dem Beschluss unmittelbar anhaftet, kann er nur durch die Beseitigung des rechtswidrigen Beschlussergebnisses ausgeräumt werden.[1029]

Größere Bedeutung als dem Verstoß gegen Einzelgesetze kommt in der Praxis der Verletzung von Generalklauseln oder von ungeschriebenen Regeln des (allgemeinen oder spezifisch aktienrechtlichen) Gesellschaftsrechts zu. Kontrovers diskutiert wird beispielsweise die Verletzung gesellschaftsrechtlicher Treuepflichten durch rechtsmissbräuchliche Mehrheitsentscheidungen.[1030] Eine solche kann auch bei Verschmelzungsbeschlüssen relevant werden, wenn die überstimmte Minderheit besondere Umstände dartut, die die Durchführung der Maßnahme in der beschlossenen Art und Weise als rechtsmissbräuchlich[1031], insbesondere als zur unzulässigen Verfolgung von Sondervorteilen geeignet (vgl.

[1029] Wohl allgemeine Ansicht, vgl. *Obermüller/Werner/Winden*, Rn. O 52; speziell für die Verschmelzung *Möller*, Verschmelzungsbeschluß, S. 161 m.w.N.

[1030] Dass auch im Recht der Aktiengesellschaften Treuepflichten bestehen, ist entgegen der früher herrschenden Auffassung heute allgemein anerkannt; grundlegend BGH, NJW 1988, 1579 ff. (Linotype) und BGH, NJW 1995, 1739 ff. (Girmes), siehe dazu auch *K. Schmidt*, Gesellschaftsrecht, S. 799 ff. m.w.N.; ausführlich zur Anfechtung wegen Treuepflichtsverletzungen *Hüffer*, in Münchener Kommentar, § 243 AktG Rn. 44 ff.; *K. Schmidt*, in Großkomm. AktG, § 243 Rn. 4 ff.; eingehend zu gesellschaftsrechtlichen Treuebindungen als Stimmrechtsausübungsschranke auch *Zöllner*, Schranken mitgliedschaftlicher Stimmrechtsmacht, S. 335 ff.

[1031] Der Gedanke des Rechtsmissbrauchs liegt beispielsweise nahe, wenn im Rahmen einer Konzernverschmelzung das Umtauschverhältnis das Tochterunternehmen benachteiligt, die Verschmelzungsprüfer aus diesem Grunde ihr Angemessenheitstestat verweigern, das Mutterunternehmen aber dennoch kraft seiner Mehrheitsbeteiligung die Verschmelzung auch ohne die Zustimmung der Minderheitsgesellschafter durchsetzt. Keinesfalls als rechtsmissbräuchlich anzusehen ist dagegen die Durchführung der Strukturänderung als Verschmelzung durch Neugründung, auch wenn diese Gestaltung – wie etwa bei der Fusion Thyssen/Krupp (vgl. den Verschmelzungsbericht (Fn. 18) S. 60 f.) – gerade dazu dienen soll, mögliche kompensationsbezogene Anfechtungsklagen von vorne herein auszuschließen; zum Gestaltungsmissbrauch bei der Verschmelzung siehe auch *Baums*, in FS Zöllner, S. 65, 82 ff.

§ 243 Abs. 2 AktG) erscheinen lassen.[1032] Nicht in Betracht kommt dagegen eine Anfechtung unter dem Gesichtspunkt einer fehlenden sachlichen Rechtfertigung, da der Verschmelzungsbeschluss nach hier vertretener Auffassung einer materiellen Beschlusskontrolle nicht zugänglich ist. Insoweit sei an dieser Stelle auf die obigen Ausführungen verwiesen.[1033]

Daneben müssen Hauptversammlungsbeschlüsse auch den in § 53a AktG niedergelegten Gleichbehandlungsgrundsatz beachten, der eine unterschiedliche Behandlung der Aktionäre ohne hinreichende sachliche Rechtfertigung verbietet. Eine Verletzung des Gleichbehandlungsgrundsatzes führt entgegen einer früher vertretenen Ansicht[1034] nicht zur Nichtigkeit oder Unwirksamkeit des Beschlusses, er vermag jedoch eine anfechtungsrelevante Stimmrechtsschranke zu begründen. Ist der gefasste Hauptversammlungsbeschluss seinem Inhalt nach nicht mit § 53a AktG zu vereinbaren, so ist er anfechtbar.[1035] Eine umwandlungsspezifische Ausprägung des Gleichbehandungsgedankens findet sich insbesondere in denjenigen Vorschriften des UmwG, die die Angemessenheit des Umtauschverhältnisses sowie der anzubietenden Barabfindung postulieren (§§ 5 Abs. 1 Nr. 3, 8 Abs. 1, 29 Abs. 1 UmwG): Keinem Gesellschafter soll durch die Verschmelzung ein finanzieller Vor- oder Nachteil erwachsen. Verstöße gegen die Pflicht zur angemessenen, d. h. vollwertigen Kompensation begründen daher entsprechend dem Vorgesagten grundsätzlich die materielle Mangelhaftigkeit der Zustimmungsbeschlüsse nach § 13 UmwG, was *e contrario* auch aus den §§ 14 Abs. 2, 32 UmwG folgt. Damit stellen sie jedenfalls dem Grunde nach auch eine anfechtungsrelevante Gesetzesverletzung im Sinne der § 243 Abs. 1 AktG dar. Für die Geltendmachung dieser Mängel sind jedoch die Sondervorschriften der §§ 14 Abs. 2, 15 Abs. 1, 32, 34 UmwG über den Verweis diesbe-

---

1032 Zu pauschal ist die Behauptung von *Mack*, Anfechtbarkeit von Hauptversammlungsbeschlüssen, S. 93, im Falle der Verschmelzung komme wegen §§ 352c Abs. 2 AktG a. F. i.V.m. § 245 Akt eine auf § 243 Abs. 2 AktG gestützte Anfechtung grundsätzlich nicht in Betracht. Ausgeschlossen ist die Anfechtung lediglich für den Fall, dass der erstrebte Sondervorteil durch eine unangemessene Entschädigung der Anteilseigner des übertragenden Rechtsträgers begründet wird (dazu sogleich). Hinsichtlich solcher Rügen sind die den Anfechtungsausschluss normierenden Vorschriften in der Tat als leges speciales anzusehen, im Übrigen ist jedoch § 243 Abs. 2 AktG weiterhin anwendbar. Ob man die Vorschrift eher als Konkretisierung der allgemeinen Treuepflicht oder aber des Gleichbehandlungsgrundsatzes (zu diesem sogleich im Text) anzusehen hat, bedarf mangels praktischer Auswirkungen keiner Entscheidung. Da Verstöße sowohl gegen die Treupflicht als auch gegen den Gleichbehandlungsgrundsatz schon nach § 243 Abs. 1 AktG sanktioniert werden, lässt sich sogar die eigenständige Berechtigung des § 243 Abs. 2 AktG überhaupt bezweifeln, vgl. *Baums*, Gutachten F für den 63. DJT, S. 113.

1033 Siehe oben § 3 B. IV. 2. b).

1034 Vgl. *Wiedemann*, in Großkomm. AktG, 3. Aufl., § 179 Rn. 8 m.w.N.; *Fischer*, JZ 1956, 362, 363 f.

1035 Statt vieler *K. Schmidt*, in Großkomm. AktG, § 243 Rn. 44.

züglicher Rügen ins Spruchverfahren zu beachten, auf die im Rahmen dieser Arbeit schon mehrfach eingegangen wurde.[1036]

### *bb) Verletzung der Satzung*

Gemäß § 243 Abs. 1 AktG kann auch ein Verstoß gegen Satzungsbestimmungen die Anfechtbarkeit begründen. Im Bereich des Umwandlungsrechts allerdings dürften Satzungsverstöße soweit ersichtlich eine untergeordnete Rolle spielen, da Gesellschaftssatzungen nur in seltenen Fällen ausdrückliche Regelungen über Inhalt oder Durchführung von Strukturänderungsmaßnahmen enthalten.[1037] Selbstverständlich kann es aber auch bei Verschmelzungsbeschlüssen zu Verstößen gegen allgemeine, nicht umwandlungsspezifische Satzungsbestimmungen kommen. Denkbar ist beispielsweise, dass entgegen einer Satzungsregelung im Sinne des § 123 Abs. 2 S. 1 AktG[1038] solche Aktionäre zu der Beschlussfassung über den Verschmelzungsvertrag zugelassen worden sind, die ihre Aktien nicht rechtzeitig vor der Hauptversammlung hinterlegt oder sich nicht rechtzeitig angemeldet haben. In diesem Fall ist der Verschmelzungsbeschluss ebenso wie jeder andere Hauptversammlungsbeschluss wegen Verletzung der Satzung anfechtbar.

### *b) Formelle Beschlussmängel*

Besondere Relevanz kommt in der Praxis denjenigen Anfechtungsklagen zu, die auf eine verfahrensfehlerhafte Beschlussfassung gestützt werden. Solche formellen Fehler können in jedem Stadium des Verfahrens, von der Einberufung der Hauptversammlung an bis hin zur Protokollierung des Beschlussergebnisses auftreten. Fallgruppenartig lässt sich in diesem Zusammenhang zwischen der Verletzung von Einberufungsvorschriften, Fehlern bei der Durchführung der Hauptversammlung sowie der Verletzung von Informationspflichten unterscheiden[1039], wobei sich auch in diesem Bereich eine genaue Grenzziehung bzw. Zuordnung der einzelnen Verfahrensfehler in die genannten Kategorien oft nicht ohne Überschneidungen vornehmen lässt.[1040] Dabei ist insbesondere die praktische Bedeutung von auf die Verletzung von Auskunfts- und Informationspflichten gestütz-

---

[1036] Zum sachlichen Umfang des Anfechtungsausschlusses ausführlich unter § 4 B. IV.

[1037] So auch die Einschätzung von *Lutter*, in Lutter, UmwG, § 13 Rn. 43.

[1038] Zur Anwendbarkeit der allgemeinen Einberufungsvorschriften der §§ 121 AktG ff. auf Umwandlungsbeschlüsse siehe schon unter § 3 D. II.

[1039] So die Einteilung bei *Semler*, in Münch. Hdb. GesR, AG, § 41 Rn. 27 ff.

[1040] Siehe daher auch die unterschiedlichen Systematisierungsversuche bei *Heckschen*, in Widmann/Mayer, § 13 UmwG Rn. 158.8; *Hüffer*, in Münchener Kommentar, § 243 AktG Rn. 32 ff.; *Zöllner*, in Kölner Kommentar, § 243 AktG Rn. 114 ff.

ten Anfechtungsklagen[1041] kaum zu unterschätzen[1042], weshalb im Folgenden die beiden erstgenannten Fallgruppen nur kurz dargestellt werden sollen.

### *aa) Fehler bei der Einberufung der Hauptversammlung*

Fehler bei der Einberufung der Hauptversammlung können, soweit sie nicht schon entsprechend den oben gemachten Ausführungen zur Nichtigkeit des Verschmelzungsbeschlusses gemäß § 241 Nr. 1 AktG führen, dessen Anfechtbarkeit begründen. Beispielhaft angeführt sei hier etwa die Einberufung an einen nach § 121 Abs. 5 AktG unzulässigen Versammlungsort[1043] oder der fehlende Hinweis auf die gerichtliche Ermächtigung bei Einberufung der Hauptversammlung durch eine Minderheit (§ 122 Abs. 3 S. 2 AktG)[1044]. Auch die Nichteinhaltung der Einberufungsfrist des § 123 Abs. 1 AktG stellt einen die Anfechtbarkeit begründenden Verfahrensfehler dar.[1045] Keinen Anfechtungsgrund bildet dagegen nach der ausdrücklichen gesetzlichen Regelung des § 243 Abs. 3 AktG ein Verstoß gegen die Weitergabepflicht des § 128 AktG, da die Gesellschaft nicht für Versäumnisse der Kreditinstitute und Aktionärsvereinigungen verantwortlich gemacht werden kann.[1046]

Ebenfalls in die Kategorie der Einberufungsmängel einordnen ließen sich durchaus auch Verstöße gegen die gesetzlichen Vorschriften über die Bekanntmachung der Tagesordnung sowie die Mitteilungspflichten der Gesellschaft (§§ 124 f. AktG).[1047] Da der primäre Zweck der genannten Regelungen jedoch in der Information der Aktionäre (*anlässlich* der Einberufung) besteht, soll ein Verstoß gegen sie hier im Zusammenhang mit den Informationspflichtverletzungen behandelt werden.

### *bb) Fehler bei der Durchführung der Hauptversammlung*

Ein anfechtungsbegründender Fehler bei der Durchführung der Hauptversammlung kann zunächst in der Verletzung des Rechts auf Teilnahme an der Beschlussfassung liegen. Hierzu gehört die unberechtigte Nichtzulassung von Ak-

---

[1041] Eine exemplarische Aufzählung von Anfechtungsverfahren im Zusammenhang mit Informationspflichtverstößen findet sich etwa bei *Decher*, Großkomm. AktG, § 131 Rn. 380 Fn. 840 oder *Zöllner*, in Reformbedarf im Aktienrecht, S. 147, 151 Fn. 11.

[1042] Kritisch, aber durchaus plastisch auch die Einschätzung von *Schiessl*, in VGR Bd. 2 (2000), S. 57, 67: „Vorstandsberichte werden also weniger als Informationsquelle genutzt, denn als Steinbruch, um aus angeblichen Lücken Anfechtungsgründe zu machen.“

[1043] Vgl. RGZ 44, 8, 9; BGH, WM 1985, 567, 568; BayObLG, NJW 1959, 485; vgl. auch LG Darmstadt, BB 1981, 72 f. (unzulässige, weil nicht geschäftsübliche Versammlungszeit).

[1044] Vgl. RGZ 170, 83, 95 f. (für die eG).

[1045] BGH, NJW 1987, 2580 (für die GmbH); *Hüffer*, AktG, § 243 Rn. 14.

[1046] Vgl. Begr. RegE zu § 243 Abs. 3 AktG, abgedruckt bei *Kropff*, Aktiengesetz 1965, S. 330.

[1047] So zum Beispiel *K. Schmidt*, in Großkomm. AktG, §243 Rn. 29.

tionären ebenso wie der rechtswidrige, da unverhältnismäßige Wortentzug oder Saalverweis, durch den das mitgliedschaftliche Rede- und Stimmrecht beeinträchtigt wird.[1048]

Mangelbehaftet ist der Beschluss weiterhin im Falle einer fehlerhaften Feststellung oder Verkündung des Beschlussergebnisses, § 130 Abs. 2 AktG. Auch hier ist eine Anfechtung des Beschlusses nach heute allgemeiner Auffassung erforderlich, weil Feststellung und Niederschrift durch den Versammlungsleiter Beschlusswirkungen auch dann begründen, wenn sie dem tatsächlichen Ergebnis der Abstimmung nicht entsprechen.[1049] Unrichtig ist die Feststellung etwa dann, wenn die notwendige Stimmenmehrheit in Wirklichkeit nicht erreicht wurde[1050], wenn Stimmrechtsverbote nicht beachtet wurden[1051], wenn nicht stimmberechtigte Personen an der Beschlussfassung teilgenommen haben[1052] oder wenn keine ordnungsgemäße Bevollmächtigung des Abstimmenden vorgelegen hat.[1053]

### *cc) Verletzung von Informationspflichten*

Zentrale Bedeutung im aktienrechtlichen Beschlussmängelrecht spielt die Verletzung von Informationspflichten sowie die hieran anknüpfende (rechtspolitische) Folgefrage nach der Einschränkbarkeit[1054] von hierauf gestützten Anfechtungsklagen. Neben behaupteten materiellen Mängeln des angegriffenen Beschlusses wird in der Klagebegründung zumeist auch das Vorliegen von Informationsdefiziten flankierend geltend gemacht. Entsprechend findet sich eine

---

[1048] Vgl. BGH, NJW 1966, 43, 44; NJW 1986, 2051; OLG München, AG 2000, 134, 135 f.; OLG Stuttgart, AG 1995, 234; *Richter*, in Semler/Volhard, ArbHdb. HV, § 47 Rn. 16; die Auffassung des RG, JW 1931, 2961, 2962, wonach der unberechtigte Ausschluss eines Aktionärs nicht zur Anfechtbarkeit führen sollte, wenn die Hauptversammlung auch im Fall seiner Teilnahme nicht anders abgestimmt hätte, ist spätestens durch § 243 Abs. 4 AktG überholt.

[1049] Vgl. nur *Hüffer*, in Münchener Kommentar, § 243 AktG Rn. 41 m.w.N.

[1050] BGH, NJW 1980, 1465, 1467.

[1051] BGH, NJW 1986, 2051, 2052.

[1052] *K. Schmidt*, in Großkomm. AktG, § 243 Rn. 38.

[1053] *K. Schmidt*, in Großkomm. AktG, § 243 Rn. 38.

[1054] Zur Eindämmung von (rechtsmissbräuchlichen) Anfechtungsklagen werden in der Literatur mehrere Lösungsmodelle diskutiert. Hierzu zählt beispielsweise die Einführung eines Aktienquorums bzw. einer Mindesthaltefrist, die Anbindung der Klagebefugnis an die Darlegung einer individuellen Rechtsverletzung, die Änderung des Instanzenzuges für das Verfahren nach § 16 Abs. 3 UmwG sowie die gegenständliche Ausdehnung dieses Verfahrens, die Ermächtigung zur Zuständigkeitskonzentration für Beschlussmängelklagen, die Verschärfung des Kausalitätserfordernisses oder die Erweiterung des Spruchverfahrens; ausführlich zu den einzelnen Vorschlägen *Baums*, Gutachten F für den 63. DJT, S. 98 ff.; *Schiessl*, in VGR Bd. 2 (2000), S. 57, 72 ff.; *Schindler/Witzel*, NZG 2001, 577 ff.; *Schwarz*, ZRP 2000, 330, 333 ff., jeweils mit weiteren Nachweisen; zum Mindestanteilsbesitz siehe *Hüffer*, in FS Brandner, S. 57 ff.; zur Neuregelung der Anfechtungsbefugnis durch das UMAG siehe unten § 4 B II 2. a).

Vielzahl von höchstrichterlichen Entscheidungen, in denen nach Zurückweisung aller materiellen Rügen der Anfechtungsklage letztlich unter dem Aspekt der Verletzung von Informationspflichten stattgegeben wird.[1055] Spitzenreiter in der Praxis sind dabei (behauptete) Verletzungen von Berichtspflichten im Rahmen von aktien- und umwandlungsrechtlichen Strukturänderungsmaßnahmen sowie des allgemeinen Auskunftsrechts des § 131 AktG, welche nicht selten aus dem Kreis der professionellen Anfechtungskläger geltend gemacht werden.[1056] Insbesondere die Erweiterung des Informationsniveaus vor allem im Bereich der Strukturänderungsmaßnahmen durch Gesetzgebung und Rechtsprechung[1057] hat gleichzeitig zu einer Vermehrung möglicher Fehlerquellen und damit auch zu einer Erhöhung des Anfechtungsrisikos geführt. Vor diesem Hintergrund lassen sich die Informationspflichten zu Recht als die „Achillesverse" von Gesellschafterbeschlüssen bezeichnen.[1058]

Im ersten Teil der vorliegenden Untersuchung wurde der Inhalt der einzelnen, im Rahmen eines Verschmelzungsvorhabens bestehenden Informationsrechte und –pflichten eingehend erörtert. Insofern soll an dieser Stelle auf eine erneute Darstellung der Einzelheiten verzichtet und die möglichen Informationspflichtverstöße lediglich zusammenfassend wiedergegeben werden. Entsprechend der hier getroffenen Systematisierung kommen dabei folgende verschmelzungsrelevante Informationsdefizite in Betracht:

- Mängel des Verschmelzungsvertrages[1059], insbesondere die Fehlerhaftigkeit oder Unvollständigkeit der Angaben nach § 5 Abs. 1 Nr. 4 bis 8 UmwG. Gleiches gilt für Mängel der arbeitsrechtlichen Angaben nach § 5 Abs. 1 Nr. 9 UmwG, da auch diese nach hier vertretener Ansicht dem In-

---

[1055] Beispielhaft genannt seien hier nur die Entscheidungen BGH, ZIP 1992, 1227 (Asea/BBC); ZIP 1993, 751 (SSI I); ZIP 1995, 1256 (SSI II).

[1056] Vgl. hierzu die Ergebnisse der empirischen Untersuchung von Anfechtungs- und Nichtigkeitsklagen gegen Hauptversammlungsbeschlüsse zwischen 1980 und 1999 bei *Baums/Vogel/Tacheva*, ZIP 2000, 1649, 1652 f.; zu diesen sog. „räuberischen Aktionären siehe auch *Lutter*, in FS Der Betrieb, S. 193 ff.

[1057] Vgl. in diesem Zusammenhang schon die Ausführungen unter § 3 E. III. 3. f) aa).

[1058] So *Kort*, EWiR § 293 AktG 1/94, 317, 318.

[1059] Die auf einen fehlerhaften Verschmelzungsvertrag bezogene Beschlussfassung lässt sich dem Grunde nach auch den *materiellen* Beschlussmängeln zuordnen, so z. B. *Gehling*, in Semler/Stengel, § 14 Rn. 11; *Heckschen*, in Widmann/Mayer, § 13 UmwG Rn. 158; wie hier dagegen *Lutter*, in Lutter, UmwG, § 13 Rn. 41; *Rettmann*, Rechtmäßigkeitskontrolle, S. 21 f.

formationsbedürfnis (zumindest auch) der Aktionäre zu dienen bestimmt sind.[1060]

- Mängel des Verschmelzungsberichts nach § 8 UmwG

- Mängel des Verschmelzungsprüfungsberichts nach § 12 UmwG, wobei Fehler bei der Bestellung des Verschmelzungsprüfers wie etwa das Fehlen der nach § 11 Abs. 1 UmwG i.V.m. § 319 Abs. 1 HGB erforderlichen Berufsqualifikation Mängeln des Prüfungsberichts selbst gleichzustellen sind.

- Sonstige Verletzungen von Informationspflichten im Zuge der Vorbereitung der Hauptversammlung, namentlich der Pflicht zur Einreichung des Verschmelzungsvertrages zum Handelsregister gemäß § 61 UmwG, der Bekanntmachungspflicht nach § 124 AktG, der Mitteilungspflichten nach §§ 125 ff. AktG, der Auslegungspflicht des § 63 Abs. 1 UmwG sowie der Pflicht zur Abschriftserteilung nach § 63 Abs. 3 UmwG

- Verstöße gegen Informationspflichten während der Durchführung der Hauptversammlung. In Betracht kommen hierbei Verletzungen des individuellen Auskunftsrechts gemäß § 131 Abs. 1 AktG i. V. m. 64 Abs. 2 UmwG durch unrichtige oder unvollständige Auskunftserteilung oder durch unberechtigte Auskunftsverweigerung, Verletzungen der Pflicht zur mündlichen Erläuterung des Verschmelzungsvertrages nach § 64 Abs. 1 S. 2 UmwG sowie der Auslegungspflicht des § 64 Abs. 1 S. 1 UmwG. Keinen Beschlussmangel begründet dagegen ein Verstoß gegen § 13 Abs. 3 S. 3 UmwG, da diese Vorschrift nicht auf die Ermöglichung einer informierten Beschlussfassung abzielt.[1061]

- Im weiteren Sinne lässt sich auch die fehlende Angabe der Gründe, aus denen bestimmte geheimhaltungsbedürftige Tatsachen nicht in den Verschmelzungs- bzw. Verschmelzungsprüfungsbericht aufgenommen worden sind (vgl. §§ 8 Abs. 2 S. 2, 12 Abs. 3 UmwG), zu den Informationspflichtverletzungen zählen. Gleiches gilt für die nach hier vertretener Auffassung[1062] erforderliche Begründung der auf § 131 Abs. 3 AktG gestützten Auskunftsverweigerung in der Hauptversammlung. Anfechtungsbegründende Wirkung entfalten diese Mängel jedoch nicht, da es für das Vorliegen einer zur Anfechtung führenden Gesetzesverletzung i. S. d.

---

[1060] Siehe oben § 3 A. III. 1.; jedoch würde auch die gegenteilige Auffassung (vgl. die Nachweise in Fn. 52) bei korrekter Beachtung der Funktion der Anfechtungsklage als eines auf die Ermöglichung einer allgemeinen Rechtmäßigkeitskontrolle gerichteten Aktionärsrechts zu keinem anderen Ergebnis führen; zutreffend daher *Lutter*, in Lutter, UmwG, § 13 Rn. 42.

[1061] Siehe oben § 3 E. IV.

[1062] Siehe oben § 3 E. III. 5. c).

§ 243 Abs. 1 AktG nur auf das objektive Bestehen eines Auskunftsverweigerungsrechts ankommt.[1063]

Die vorstehende Systematisierung orientiert sich an einer formal-chronologischen Betrachtung der einzelnen fehleranfälligen Bestandteile des verschmelzungsrechtlichen Informationssystems. Ausgesagt ist damit noch nichts über Qualität und Auswirkungen von Informationsmängeln auf die Willensbildung der zur Entscheidung über die Strukturänderung berufenen Aktionäre. Diese sind maßgeblich von der Schwere des konkret in Rede stehenden Informationsdefizits, also von dem Grad der Abweichung zwischen Ist-Zustand und (gesetzlich vorgegebenem) Soll-Zustand sowie von dessen Erkennbarkeit abhängig. Bedeutung gewinnen diese Gesichtspunkte – wie noch zu zeigen sein wird – bei der Bestimmung der an den Fehler zu knüpfenden Rechtsfolge. Unterschieden werden kann in diesem Zusammenhang zwischen unvollständiger, unrichtiger und fehlender Informationserteilung.[1064]

Der in der Praxis wohl am häufigsten anzutreffende Fall ist der einer (zumindest behaupteten) unvollständigen Informationserteilung. Das Maß der gegebenen Information bleibt hierbei hinter den gesetzlichen Anforderungen zurück. Werden beispielsweise im Rahmen der Erläuterung und Begründung der Barabfindung keine Angaben zu den ihr zugrunde liegenden Wertansätzen oder den zu ihrer Ermittlung herangezogenen Bewertungsverfahren gemacht, so ändert dies freilich nichts an deren faktischen (Un-) Richtigkeit. Aufgrund der unzureichenden Information können sich jedoch die betroffenen Aktionäre kein hinreichendes Bild über die Angemessenheit der angebotenen Kompensation machen.

Die zweitgenannte Kategorie betrifft diejenigen Fälle, in denen Informationen – möglicherweise auch in formal ausreichendem Maß – erteilt werden, diese Informationen jedoch nicht der Wahrheit entsprechen. Hierunter fallen sowohl absichtliche Falschmitteilungen als auch solche Angaben, deren Unrichtigkeit auf mangelnde Sorgfalt des Vorstandes zurückzuführen ist. Nicht als unrichtig im

---

[1063] Diesem Ergebnis hält *Hommelhoff*, ZHR 151 (1987), 493, 511 f. entgegen, dass bei Sanktionslosigkeit der fehlenden Mitteilung der Vorstand versucht sein könnte, die Auskunft ohne Angabe des Grundes zu verweigern und erst in einem daraufhin eingeleiteten Auskunftserzwingungsverfahren nach § 132 AktG die Begründung nachzuschieben. Gegen diesen Einwand unter Hinweis auf die Protokollierungspflicht nach § 131 Abs. 5 AktG *Henze*, Aktienrecht, Rn. 874.

[1064] Als vierte Fallgruppe denkbar, für die hier zu untersuchende Problemstellung jedoch irrelevant ist die übermäßige Informationserteilung, die etwa bei einer Weitergabe geheimhaltungsbedürftiger Tatsachen in Betracht kommt. Etwas anderes kann allerdings dann gelten, wenn infolge der Informationsüberfrachtung die erforderlichen Angaben undurchdringlich bzw. unklar werden, da dann ein Verstoß gegen das Transparenzgebot vorliegen wird, vgl. hierzu auch *Grundmann*, Europäisches Gesellschaftsrecht, Rn. 869.; *Riesenhuber*, NZG 2004, 15, 20; siehe auch die (in der Terminologie abweichende) Kategorisierung bei *Weißhaupt*, Informationsmängel, S. 123 ff.

hier verstandenen Sinne sind dagegen insbesondere solche Angaben zu qualifizieren, die auf einer den Regeln der kaufmännischen Vernunft entsprechenden ex-ante-Prognose (etwa bezüglich der zu erwartenden Synergieeffekte) beruhen, sich im Nachhinein jedoch letztlich nicht bestätigen.

Als letzte Fallgruppe ist schließlich das gänzliche Fehlen einer gebotenen Informationserteilung, etwa bei einer unterlassenen Erstattung eines Verschmelzungsberichts, zu nennen. Insbesondere an dieser Stelle wird deutlich, dass die hier vorgenommene Kategorisierung nicht im Sinne einer eindeutigen Zuordnung bestimmter Mängel zu einer der genannten Fallgruppen verstanden werden darf. So ließe sich etwa das letztgenannte Beispiel des fehlenden Verschmelzungsberichts mit Blick auf die Einheitlichkeit des verschmelzungsrechtlichen Informationssystems auch der Kategorie der unvollständigen Informationserteilung zuordnen.[1065] Ebenso kann bei wertender Betrachtung in einer unrichtigen Information gleichzeitig auch ein Unterlassen der richtigen Auskunft und damit ein Fall der unvollständigen Informationserteilung gesehen werden. Die hier angeregte Systematisierung soll daher lediglich als Hilfsmittel zu verstehen sein, um eine Unterscheidung einzelner Informationsdefizite insbesondere im Hinblick auf ihre Qualität und Erkennbarkeit zu erleichtern.

Die deutlichste Abweichung des Ist-Zustandes von dem gesetzlich bestimmten Soll stellt die fehlende Informationserteilung dar. Zumindest auf den ersten Blick scheint damit ihre Qualifikation als die schwerwiegendste bzw. die im Hinblick auf den informationellen Minderheitenschutz gefährlichste Gesetzesverletzung nahe zu liegen. In diese Richtung weist auch der Befund des Bundesgerichtshofs in den Entscheidungen in Sachen „MEZ“ und „Aqua Butzke“, demzufolge der mit einem fehlenden Barabfindungsangebot verbundene Ausfall sämtlicher kompensationsbezogener Information das „weitest gehende Informationsdefizit des Anteilsinhabers“ bewirkt.[1066] Rein formallogisch ist die Feststellung sicherlich zutreffend. Bei genauerer Folgenbetrachtung lässt sich jedoch konstatieren, dass die fehlende Informationserteilung gegenüber den anderen Kategorien durchaus das „geringere Übel“ für die Willensbildung der Aktionäre darstellen kann. Denn werden erforderliche Informationen überhaupt nicht erteilt, so wird dies auch für den juristisch nicht vorgebildeten Anteilseigner regelmäßig erkennbar sein. Er ist gewarnt und kann gegebenenfalls in der Hauptversammlung Widerspruch gegen den Verschmelzungsbeschluss einlegen. Dagegen kann sich die Ausgangslage ändern, wenn Auskünfte nur unvollständig

---

[1065] Für die hier vertretene Einordnung spricht indes, dass andernfalls die Kategorie der fehlenden Information praktisch leer liefe, da es wohl kaum jemals vorkommen dürfte, dass überhaupt keine der verschmelzungsspezifischen Informationspflichten erfüllt wird.

[1066] BGH, ZIP 2001, 199, 200 (MEZ); BGH, ZIP 2001, 412, 413 (Aqua Butzke); wie hier dagegen kritisch *Klöhn*, AG 2002, 443, 446; *Luttermann*, BB 2001, 382, 383; *Weißhaupt*, Informationsmängel, S. 224 f.

erteilt werden, da der bloßen Unterschreitung des erforderlichen Maßes nicht notwendigerweise die gleiche Offensichtlichkeit zukommt. Am gravierendsten wird die Beeinträchtigung aber wohl in den Fällen unrichtiger Information sein. Werden umfangreiche Berichte vorgelegt, sind die in ihnen enthaltenen Angaben aber unrichtig, so ist dies für den Aktionär in aller Regel nicht zu erkennen. Da das Informationsmaterial sowohl seiner äußeren Form als auch seinem Inhalt nach eine ausreichende Kontrolle zu ermöglichen scheint, besteht für den Aktionär kein begründeter Anlass, an der Ordnungsgemäßheit der Berichte zu zweifeln, der angesprochene Warneffekt entfällt. Von daher wird man wohl nicht den vollständigen Informationsausfall, sondern vielmehr die unrichtige Erteilung von Informationen als die gefährlichste Kategorie der Informationsmängel anzusehen haben.[1067]

### c) *Kausalität oder Relevanz ?*

Dem Wortlaut des § 243 Abs. 1 AktG nach genügt für die Anfechtbarkeit eines Hauptversammlungsbeschlusses jeder Verstoß gegen Gesetz oder Satzung. Dass dies im Zusammenhang mit Verfahrensfehlern nicht unbedingt zu sachgerechten Ergebnissen führt, liegt auf der Hand. So wäre ein Beschluss etwa auch dann vernichtbar, wenn der Normverstoß nachweislich ohne jeden Einfluss auf das Ergebnis der Beschlussfassung geblieben ist. Augenfälligstes Beispiel wäre die Nichtigerklärung eines Beschlusses, wenn nur eine einzige Aktionärsstimme ungültig ist, jedoch auch bei Abzug dieser Stimme die notwenige Stimmenmehrheit erreicht worden wäre.[1068] Dass es insoweit einer einschränkenden Auslegung des § 243 Abs. 1 AktG bedarf, entspricht daher einhelliger Auffassung.[1069] Fehler, die im Rahmen des Beschlussverfahrens auftreten, können nur dann zur Anfechtbarkeit führen, wenn der Beschluss auf ihnen „beruht". Erforderlich ist also ein Zusammenhang zwischen dem Verfahrensfehler und dem Beschlussergebnis. Besteht hierüber im Grundsatz Einigkeit, so wird doch die Frage nach der Ausgestaltung dieses Zusammenhangs in Rechtsprechung und Literatur unterschiedlich beantwortet. Dabei stehen sich im wesentlich Kausalitäts- und Relevanzlösungen gegenüber.[1070]

---

[1067] Siehe zu diesem Gesichtspunkt auch die Ausführungen unter § 4 B. IV. 2. b) cc) (2).

[1068] Beispiel nach *Hüffer*, in Münchener Kommentar, § 243 AktG Rn. 27.

[1069] BGH, NJW 1962, 104, 108; NJW 1991, 2689, 2691; ZIP 1993, 751, 761; ZIP 1995, 1256, 1257; ZIP 2002, 172, 174; OLG München, AG 1996, 327, 328 f.; *Hüffer*, in Münchener Kommentar, § 243 AktG Rn. 30; *Lutter*, in Lutter, UmwG, § 8 Rn. 54; *Zöllner*, in Kölner Kommentar, § 243 Rn. 76 ff.; *ders.*, in Reformbedarf im Aktienrecht, S. 147, 153 ff.; *Krieger*, ZHR 163 (1999), 343, 361 f.; *Messer*, in FS Quack, S. 321 ff.

[1070] Eingehend zum Problem der Kausalität und seiner Behandlung in Rechtsprechung und Literatur *Hüffer*, in Münchener Kommentar, § 243 AktG Rn. 28 ff. und *K. Schmidt*, in Großkomm. AktG, § 243 Rn. 21 ff.

*aa) Potentielle Kausalität*

Insbesondere die Rechtsprechung stellte bislang auf die Kausalität der Rechtsverletzung als einschränkendes Kriterium ab und forderte, dass der angefochtene Beschluss auf dem Gesetzesverstoß beruht. Ausgeschlossen war die Anfechtbarkeit wegen Verletzung von Informationspflichten demnach, wenn die Hauptversammlung auch bei ordnungsgemäßer Informationserteilung nicht anders beschlossen hätte. Allerdings brauchte der Anfechtungskläger dies im Prozess nicht zu beweisen, vielmehr oblag es der Gesellschaft, die zunächst bestehende Kausalitätsvermutung zu widerlegen, woran zudem sehr hohe Anforderungen gestellt wurden.[1071] Nicht auszuräumende Zweifel gingen dabei zu ihren Lasten. Insoweit wurde im Anschluss an *Zöllner*[1072] auch von *potentieller* Kausalität gesprochen.

Daneben wurden in zunehmendem Maße auch normative Kriterien in die Betrachtung miteinbezogen. So stellt der Bundesgerichtshof für die Frage der Ursächlichkeit in jüngeren Entscheidungen darauf ab, ob ein objektiv denkender Aktionär in Kenntnis der Umstände, die Gegenstand seines Auskunftsbegehrens waren oder ihm bei ordnungsgemäßer Erfüllung der Berichtspflichten auf diesem Wege zur Kenntnis gebracht worden wären, anders abgestimmt hätte, als es ohne die Kenntniserlangung tatsächlich der Fall gewesen ist.[1073] Auf diesem Wege wird erreicht, dass einerseits auch bei festen Mehrheitsverhältnissen Beeinträchtigungen der Informationsinteressen der Minderheit mangels Kausalität nicht per se sanktionslos bleiben (vgl. § 243 Abs. 4 AktG), andererseits aber Mehrheitsentscheidungen im Interesse der Gesellschaft nicht wegen jedes formalen Fehlers vernichtbar sind.

Die so verstandene Formel vom objektiv urteilenden Aktionär führte jedoch dann nicht weiter, wenn die fehlenden Informationen auch nicht im Anfechtungsverfahren zur Verfügung gestellt wurden. In diesen Fällen, in denen es zumeist um die Erstattung offensichtlich gesetzeswidriger Vorstandsberichte ging, fehlte die Grundlage für einen Vergleich der vorenthaltenen Information mit der später erlangten Kenntnis, was zu einer Modifikation in der Begründung führte. So hielt der Bundesgerichtshof zwar im Ausgangspunkt daran fest, dass es

> „maßgebendes Entscheidungskriterium [bleibe], ob ein *objektiver Beurteiler*, der wie der Mehrheitsaktionär Kenntnis von allen für die Beurteilung maßgebenden Umständen gehabt hätte, auch wie dieser abgestimmt haben würde."[1074]

---

[1071] Vgl. nur BGH, NJW 1962, 104, 108; ZIP 1995, 1256, 1257.
[1072] *Zöllner*, in Kölner Kommentar, § 243 AktG Rn. 80.
[1073] Vgl. nur BGH, NJW 1989, 2689, 2691; ZIP 1990, 168, 171; ZIP 1995, 1256, 1257.
[1074] BGH, ZIP 1989, 980, 983 (Kochs Adler).

Da eine solche hypothetische Kausalitätsprüfung jedoch gerade wegen der fortbestehenden Unzugänglichkeit der entsprechenden Informationen im eigentlichen Sinne nicht möglich war, musste der Bundesgerichtshof den Gang seiner Betrachtung abändern. Die Kausalität eines den gesetzlichen Anforderungen offensichtlich nicht genügenden Verschmelzungsberichts bejahte er nunmehr mit der Überlegung, in einem solchen Fall werde

> „ein objektiv urteilender Aktionär zu dem Ergebnis gelangen, die Bedeutung, welche die in dem Verschmelzungsbericht vorzunehmende rechtliche und wirtschaftliche Erläuterung des Verschmelzungsvertrages und des Umtauschverhältnisses der Gesellschaftsanteile für die Minderheitsaktionäre hat, rechtfertige es grundsätzlich nicht, ihnen diese Informationen vorzuenthalten und – bei Beibehaltung der Informationsverweigerung – der Verschmelzung zuzustimmen.“[1075]

Auch wenn der Bundesgerichtshof damit seinem formal-sprachlichen Ausgangspunkt nach der Frage nach der hypothetischen Kausalität des Verfahrensverstoßes verhaftet blieb, so näherte er sich in der Sache jedoch ganz erheblich der vom überwiegenden Schrifttum vertretenen Relevanzlehre an.

#### *bb) Relevanz*

Diese maßgeblich von *Zöllner*[1076] entwickelte Lehre stellt statt auf Kausalitätsgesichtspunkte auf das Merkmal der Relevanz des Verfahrensfehlers ab.[1077] Hierdurch soll verhindert werden, dass die Einhaltung von Verfahrensvorschriften in Anwendung des Kausalitätsgedankens zur Disposition der Gesellschaftermehrheit gestellt wird. Eine Anfechtung scheidet dieser Auffassung zufolge aus, wenn die Informationspflichtverletzung nur unwesentlich und daher für die Beschlussfassung ohne Relevanz war. Ausgangspunkt ist somit eine am Zweck der verletzten Norm orientierte, wertende Betrachtung der Schwere des Gesetzesverstoßes. So wird man etwa bei reinen Formverstößen einen großzügigeren Maßstab anzulegen haben als bei einer Verletzung von Partizipations- und Informationsinteressen der Aktionäre.[1078] Liegt ein solcher Eingriff in das Recht des Aktionärs auf Mitverwaltung der Gesellschaft vor, so steht dem Aktionär grundsätzlich das Anfechtungsrecht als Individualrecht zu, sofern dies nicht

---

[1075] BGH, ZIP 1989, 980, 983 (Kochs Adler); fast wortgleich BGH, ZIP 1990, 168, 171 (DAT/Altana II), ZIP 1990, 1560, 1562.

[1076] *Zöllner*, in Kölner Kommentar, § 243 AktG Rn. 81 ff.

[1077] *Hüffer*, in Münchener Kommentar, § 243 AktG Rn. 29 ff.; *Lutter*, in Lutter, UmwG, § 13 Rn. 42; *K. Schmidt*, in Großkomm. AktG Rn. 24 ff.; *Bayer*, AG 1988, 323, 330; *ders.*, ZGR 1995, 613, 161 f.; *Henze*, BB 2002, 893, 990 f.; *Semler*, in Münch. Hdb. GesR, AG, § 41 Rn. 33; *Tröger*, NZG 2002, 211, 212; aus der Rechtsprechung vgl. OLG Köln, ZIP 1988, 1391, 1393; OLG Düsseldorf, NJW-RR 1992, 100, 101; ebenso die ganz überwiegende Literatur zum GmbH-Recht, vgl. nur *Lutter/Hommelhoff*, GmbHG, Anh. § 47 Rn. 51; *Raiser*, in Hachenburg, GmbHG, Anh. § 47 Rn. 99; a. A. OLG Stuttgart, AG 1995, 234, 235.

[1078] So für die Anfechtung des Verschmelzungsbeschlusses *Lutter*, in Lutter, UmwG, § 13 Rn. 42.

ausnahmsweise unverhältnismäßig erscheint. Entscheidend ist letztlich, ob aus der Sicht eines vernünftigen Beobachters zwischen dem konkreten Gesetzesverstoß und der Beschlussvernichtung als Sanktion ein angemessenes Verhältnis besteht.[1079] Ist dies nicht der Fall, so folgt die Einschränkung des Anfechtungsrechts aus der zwischen Aktionären und ihrer Gesellschaft bestehende Treuepflicht. Diese setzt der dem einzelnen Aktionär überantworteten Rechtmäßigkeitkontrolle dort ihre Grenzen, wo die Erheblichkeit des Rechtsverstoßes und die Beschlussvernichtung außer Verhältnis zueinander stehen.[1080]

In der „Sachsenmilch III"-Entscheidung vom 13.11.2001[1081] hat sich nunmehr auch der Bundesgerichtshof für den Fall der Erteilung von Beschlussvorschlägen durch einen nicht ordnungsgemäß besetzten Vorstand (§ 124 Abs. 3 S. 1 AktG) ausdrücklich zur Relevanztheorie bekannt. Die Prüfung der hypothetischen Kausalität unter Heranziehung der „Objektiver-Aktionär-Formel" führte in diesem Zusammenhang zu keinem Ergebnis. Denn es ließe sich kaum beurteilen, ob ein vernünftig denkender Aktionär seine Entscheidung, die er auf der Grundlage des von einem vorschriftswidrig besetzten Vorstand unterbreiteten Beschlussvorschlages getroffen hat, auch dann getroffen hätte, wenn dieser Vorschlag von einem Vorstand in ordnungsgemäßer Besetzung gemacht worden wäre. Von daher führt der Senat unter deutlicher Anerkennung der Notwendigkeit normativer Erwägungen im Folgenden aus, entscheidend könne

> „in einem solchen Falle nur sein, ob es – *bei wertender Betrachtung* – möglich oder ausgeschlossen ist, dass sich der Verfahrensfehler auf das Beschlussergebnis ausgewirkt hat (vgl. *Hüffer*, in Münchener Komm. z. AktG, aaO, § 243 Rz. 30, 32 ff. [...]. Die *Frage der Relevanz des Verfahrensfehlers* für das Beschlussergebnis lässt sich im vorliegenden Fall aus dem Gesetz beantworten."[1082]

---

[1079] So zutreffend *Hüffer*, AktG, § 243 Rn. 17. Im Rahmen dieser Abwägung kann es nicht um einen Vergleich der individuellen Interessen des Aktionärs an der Beschlussvernichtung mit den finanziellen Interessen der Gesellschaft an der Aufrecherhaltung der Strukturmaßnahme gehen. Eine solche Prüfung würde regelmäßig zu Lasten des nur eine geringe Beteiligung haltenden Kleinaktionärs gehen, da sein wirtschaftliches Interesse an der Anfechtung im Verhältnis zu den auf die Gesellschaft zukommenden Kosten eines Scheiterns der Verschmelzung wohl immer als geringer anzusehen wäre. Für eine derartige Abwägung aber wohl *Werner*, in FS Semler, S. 419, 427; wie hier *Decher*, in Großkomm. AktG, § 131 Rn. 400.

[1080] Vgl. hierzu nur *Hüffer*, in Münchener Kommentar, § 243 AktG Rn. 38; *Bayer*, in VGR Bd. 2 (2000), S. 35, 54, jeweils mit weiteren Nachweisen.

[1081] BGH, ZIP 2002, 172, 174; siehe zu dieser Entscheidung auch *Henze*, BB 2002, 893, 990 und *Tröger*, NZG 2002, 211 ff.

[1082] BGH, ZIP 2002, 172, 174 (Hervorhebung d. Verf.); im vorliegenden Fall entnahm der Senat der Vorschrift des § 124 Abs. 4. S. 1 AktG die gesetzliche Wertung, dass Bekanntmachungsmängel für das Teilhaberecht des Aktionärs grundsätzlich von Bedeutung sind, eine hierauf gestützte Anfechtungsklage folglich begründet ist.

Abzuwarten bleibt, ob sich der Bundesgerichtshof auch für den Bereich sonstiger Verfahrensfehler von seinem bisherigen Ausgangspunkt lösen und auch hier zukünftig auf die Relevanz der Rechtsverletzung abstellen wird. Für unvollständige bzw. unrichtige Vorstandsberichte ist das Gericht diesen Schritt zumindest der Sache nach bereits gegangen. Zu einer veränderten Beurteilung der hier zu untersuchenden Fallgestaltungen würde dies jedoch nicht führen, da die Relevanztheorie und die Kausalitätslehre in der Ausprägung, die sie durch die Rechtsprechung des Bundesgerichtshofs gefunden hat, regelmäßig zu denselben Ergebnissen führen. Für den Fall einer Verletzung qualifizierter Berichts- und Informationspflichten gelangen beide Ansätze (bislang) grundsätzlich zur Bejahung der Anfechtbarkeit.[1083] Auf wertende Elemente, die schon aus der Natur der Sache heraus immer mit dem Problem fehlender Trennschärfe verbunden sind, kann keine der beiden Theorien verzichten.[1084] Letztlich werden sich auf dogmatischem Wege nur generalisierende Vorgaben entwickeln lassen können. Die Frage, wann die (wie auch immer benannte) Grenze zur Anfechtbarkeit tatsächlich überschritten ist, wird letztlich der Klärung durch „die Rechtspraxis im Wege der Einzelkasuistik"[1085] vorbehalten bleiben.

#### *cc) Keine Rückkehr zum Kausalitätserfordernis*

Im Hinblick auf die Gefahr einer Blockade der angestrebten Verschmelzung aufgrund von gegen diese erhobenen Anfechtungsklagen (vgl. § 16 Abs. 2 UmwG) hat sich namentlich *Messer*[1086] für eine Rückkehr zum Kausalitätserfordernis und damit für eine erheblich Einschränkung der Rechtsfolgen von Informationspflichtverletzungen ausgesprochen. Ausgangspunkt ist auch für ihn die Frage nach der Bedeutung des Informationsdefizits für die Wahrnehmung der Mitwirkungs- und Partizipationsrechte durch den (Minderheits-) Aktionär.[1087] Zu differenzieren sei hierbei zwischen der in der Aktie verkörperten quotenmäßigen Wertbeteiligung am Gesellschaftsvermögen, welche vor allem für den Kleinaktionär im Vordergrund stehe, sowie den mitgliedschaftlichen Beteiligungsrechten, die in dem Stimmrecht ihre wichtigste Ausgestaltung finden.

---

1083 Plastisch insofern die Entscheidung des OLG Hamburg, WM 1994, 740, 742, das in seinen Urteilsgründen zunächst auf die potentielle Kausalität des Verfahrensverstoßes abstellt, anschließend jedoch auch noch „hilfsweise" dessen Relevanz prüft.

1084 Insoweit vermag auch die dahinzielende Kritik von *Zöllner*, in Reformbedarf im Aktienrecht, S. 147, 155 an dem Relevanzansatz von *Hüffer* (Fn. 1079) nicht recht zu überzeugen, zumal auch die von ihm befürwortete Einschränkung des Anfechtungsrechts durch eine Heranziehung des Verhältnismäßigkeitsgedankens nicht ohne Wertungselemente auskommen kann.

1085 So zutreffend *Bayer*, in VGR Bd. 2 (2000), S. 35, 55.

1086 *Messer*, in FS Quack, S. 321 ff.; dieser Ansicht hat sich neuerdings auch *Krieger*, ZHR 163 (1999), 343, 362 angeschlossen; kritisch dagegen *Rebmann*, Spruchstellenverfahren, S. 102; *Schiessl*, AG 1999, 442, 447; *Zöllner*, in Reformbedarf im Aktienrecht, S. 147, 155.

1087 *Messer*, in FS Quack, S. 321, 331.

Zwar greife der Verschmelzungsvorgang gerade in die bedeutsame quotenmäßige Vermögensbeteiligung am radikalsten ein, da er die Beteiligung an der einen Gesellschaft an die Stelle einer der Höhe nach durch das Umtauschverhältnis festgelegten Quote am Vermögen einer anderen Gesellschaft treten lässt. Gleichwohl sei der Minderheitsaktionär zur Wahrung seiner finanziellen Interessen nicht auf die Anfechtungsklage angewiesen, da ihm mit der Möglichkeit der Überprüfung des Umtauschverhältnisses im Spruchverfahren ein hinreichender Rechtsbehelf zur Verfügung stehe.[1088] Im Hinblick auf die Folgen von Informationsdefiziten für das mitgliedschaftliche Stimmrecht konzediert *Messer*, dass der Aktionär sein Stimmerecht nur dann sinnvoll auszuüben vermag, wenn ihm durch ordnungsgemäße Informationserteilung eine sachgerechte Urteilsbildung über den Gegenstand der Abstimmung ermöglicht wird. Jedenfalls für Verschmelzungsbeschlüsse, die ein Großaktionär kraft seines eigenen Stimmpotentials alleine fassen kann, komme jedoch den Mitverwaltungsrechten des Minderheitsaktionärs, und folglich auch den Informationspflichten als Hilfsmittel zu ihrer Wahrnehmung, keine Bedeutung zu.[1089] Auf die Stimme des Minderheitsaktionärs komme es in diesem Fall nicht mehr an. Sie gehe vielmehr infolge des in § 340c Abs. 2 AktG a. F. (jetzt 65 Abs. 1 UmwG) niedergelegten Mehrheitsprinzips unter, so dass die zur ordnungsgemäßen Urteilsbildung dienende Informationserteilung keinen Einfluss auf die Entscheidung der Hauptversammlung habe.[1090] Soweit das Informationsrecht des Aktionärs darüber hinaus auch als „selbständiges Teilnahmerecht mit (auch) personenrechtlichen Einschlag" betroffen sei, könne der Aktionär zudem auf sein Recht zur gerichtlichen Erzwingung der Auskunftserteilung im Verfahren nach § 132 AktG verwiesen werden.[1091]

Zuzugeben ist dieser Auffassung, dass sie durchaus geeignet ist, das Blockadepotential von Anfechtungsklagen gegen Strukturmaßnahmen erheblich zu verringern. Gerade in den bedeutsamen Konstellationen konzerninterner Verschmelzungen, in denen der Minderheitsaktionär aufgrund seiner fehlenden Stimmrechtskraft die Zustimmung zu dem Verschmelzungsbeschluss nicht verhindern kann, erscheint das Anliegen, die Vernichtbarkeit des Beschlusses über den „Umweg" der Informationsrüge einzuschränken, durchaus einleuchtend. Dem lässt sich auch nicht überzeugend mit der Überlegung von *Lutter*[1092] entgegentreten, hinreichend informierte Minderheitsaktionäre könnten durch überzeugende Argumentation die Gesellschaftermehrheit gegebenenfalls auf ihre Seite ziehen, da diese Vorstellung kaum im Einklang mit der Hauptversamm-

[1088] *Messer*, in FS Quack, S. 321, 331.
[1089] *Messer*, in FS Quack, S. 321, 331.
[1090] *Messer*, in FS Quack, S. 321, 332.
[1091] *Messer*, in FS Quack, S. 321, 332.
[1092] *Lutter*, WuB II A. § 221 AktG 1.91.

lungsrealität bei Publikums-Aktiengesellschaften stehen dürfte.[1093] Grundsätzlich zuzustimmen ist schließlich auch den Ausführungen von *Messer*, soweit sie sich auf eine Ersetzung der auf ein unzureichendes Umtauschverhältnis gestützten Anfechtungsklage durch die gerichtliche Kontrolle desselben im Spruchverfahren beziehen.

Zweifelhaft erscheint mir jedoch die Vereinbarkeit der Überlegungen zu den Informations- bzw. Berichtspflichtverletzungen mit der ratio des § 243 Abs. 4 AktG sowie mit der Intention des Umwandlungsgesetzgebers bei Statuierung dieser Informationserfordernisse. Sie führen letztlich dazu, dass gerade in den problematischen Fällen einer konzerninternen Verschmelzung, in denen die Zustimmung zum Verschmelzungsvertrag allein durch die Stimmen des Großaktionärs zustande kommen kann, die Einhaltung der Vorschriften über die Informationserteilung in das Belieben eben dieses Mehrheitsgesellschafters gestellt würde. Durch den problemlos zu erbringenden Nachweis, die Hauptversammlungsmehrheit sei bei der Beschlussfassung umfassend informiert gewesen, könnte die Anfechtung in aller Regel zu Fall gebracht werden. Eine zulässige Anfechtungsklage wäre in diesen Fällen zudem wohl als „offensichtlich unbegründet“ im Sinne des § 16 Abs. 3 S. 2 UmwG anzusehen, was zu einer Durchbrechung der Eintragungssperre nach § 16 Abs. 2 UmwG führen würde. Damit wäre die unzureichende Erfüllung der Berichtspflichten sowie generell die Verletzung vorgängiger Informationspflichten zu einem bloßen Ordnungsverstoß herabgestuft.[1094] Dies kann jedoch kaum in Einklang mit der ausdrücklich erklärten Zielsetzung des Umwandlungsgesetzes 1994 stehen, durch die stärkere Ausgestaltung von Informations- und Prüfungsrechten eine Verbesserung des Anteilsinhaberschutzes herbeizuführen.[1095] Insoweit stellt die Einhaltung von Verfahrensregeln über die Informationserteilung, und damit auch ihre mögliche Sanktionierung, ein Korrelat für die eingeschränkte Justitiabilität der wirtschaftlichen Zweckmäßigkeit der Verschmelzung als unternehmerischer Entscheidung dar. Aus eben diesem Grunde kann auch der Hinweis von *Messer* auf das Auskunftserzwingungsverfahren nach § 132 AktG nicht befriedigen. Denn Sinn und Zweck insbesondere der Berichtspflichten ist – wie schon an anderer Stelle dargelegt - die umfassende Informationserteilung bereits *im Vorfeld* der Beschlussfassung, um den Aktionären eine ordnungsgemäße Vorbereitung auf die Hauptversammlung sowie die sachgerechte Ausübung ihres Fragerechts zu ermöglichen. Diesem Ziel kann das Verfahren nach § 132 AktG indes schon angesichts seiner zeitlichen Dimension nicht genügen. Will man also die verschmelzungsrechtlichen Vorschriften über die Berichts- und Auskunftserstattung zum Schut-

---

[1093] Zweifelnd insoweit auch *Preisenberger*, Heilbarkeit fehlerhafter Vorstandsberichte, S. 116.

[1094] Zutreffend *Zöllner*, in Reformbedarf im Aktienrecht, S. 147, 155.

[1095] Vgl. Allgemeiner Teil der Begr. RegE zum Umwandlungsgesetz 1994 sowie Begr. RegE zu § 8 UmwG, abgedruckt bei *Schaumburg/Rödder*, S. 21 und 52 f.

ze der Minderheitsaktionäre nicht leer laufen lassen, so wird man auch für konzerninterne Fusionen nicht zum Kausalitätserfordernis zurückkehren können, sondern das Ziel der Eindämmung anfechtungsbedingter Verschmelzungsblockaden auf anderem Wege verfolgen müssen.

### *dd) Relevanz von verschmelzungsrechtlichen Berichtspflichtverletzungen*

Ausgehend von den bisher darstellten Erwägungen zur Relevanz von Verfahrensfehlern ist auch hinsichtlich der Folgen von Verstößen gegen die einzelnen, im Rahmen der vorliegenden Arbeit eingehend untersuchten verschmelzungsrechtlichen Informationspflichten nach der Schwere des jeweiligen Verstoßes zu differenzieren. Im Hinblick auf ihre Praxisrelevanz stehen dabei Mängel der vorbereitenden Berichte sowie Verletzungen des Rechts auf mündliche Auskunftserteilung in der Hauptversammlung im Vordergrund.

In diesem Zusammenhang gilt es, zwei Fragen auseinander zu halten. Zum einen gilt es zu klären, ob es überhaupt Informationsdefizite im Verschmelzungsbericht geben kann, die als im oben genannten Sinne irrelevant einzustufen sind. Zum andere stellt sich die anschließende Frage, ob, und wenn ja inwieweit solche (relevanten) Informationsmängel einer Heilung durch alternative Informationsquellen, insbesondere durch Mitteilung der fehlenden Angaben im Rahmen der Hauptversammlung zugänglich sind.

#### *(1) Irrelevanz von Berichtspflichtverletzungen?*

Die erstgenannte Frage ist meines Erachtens zumindest im Grundsatz zu verneinen.[1096] Genügt der Verschmelzungsbericht nicht den an ihn zu stellenden Anforderungen, so ist dieser Verstoß grundsätzlich als relevant zu erachten. Führt man sich noch einmal Sinn und Zweck der Berichtserstattung, und damit die notwendige Informationstiefe vor Augen, so wird allerdings auch deutlich, dass dieser Befund im Gegenzug nicht etwa dazu führt, dass jeder „Mangel" des Berichts die Anfechtbarkeit des Verschmelzungsbeschlusses begründet.

Wie bereits an andere Stelle dargelegt, ist es nicht Aufgabe des Verschmelzungsberichts, die Aktionäre durch eine bis ins letzte Detail gehende Datenfülle in die Lage zu versetzen, gleichsam als „private Prüfer" die Verschmelzung sowie insbesondere die ihr zugrundeliegende Unternehmensbewertung kontrollieren zu können. Der Bericht soll lediglich eine Plausibilitätskontrolle hinsichtlich der rechtlichen und wirtschaftlichen Faktoren des Vorhabens ermöglichen. Sind bestimmte Angaben in den Bericht nicht mit aufgenommen, reicht das vorhan-

---

[1096] So auch *Lutter*, in Lutter, UmwG, § 8 Rn. 54; großzügiger dagegen *Mayer*, in Widmann/Mayer, § 8 UmwG Rn. 68 ff.

dene Datenmaterial aber dennoch aus, um eine sachgemäße Vorbereitung der Aktionäre zu gewährleisten, so genügt der Bericht den gesetzlichen Anforderungen des § 8 UmwG. Ist damit der Bericht insgesamt nicht als rechtlich fehlerhaft zu werten, so stellt sich die Frage nach der Relevanz derartiger „Fehler“ schon gar nicht.[1097] Gleiches gilt dann, wenn einzelne weitergehende Angaben unzutreffend sind, dies aber zu keiner Verzerrung des erforderlichen Berichtsinhaltes führt und der Bericht folglich seinem Gesamtbild nach den intendierten Zweck erfüllt. Stellt sich dagegen bei materieller Beurteilung des Verschmelzungsberichts heraus, dass dieser bei einer Zusammenschau sämtlicher in ihm enthaltener Angaben nicht geeignet ist, den Aktionären eine solche Plausibilitätskontrolle zu ermöglichen, insbesondere weil die hierfür erforderlichen Angaben fehlen oder unzutreffend sind, so ist dieser Mangel grundsätzlich auch relevant für die Beschlussfassung. Denn soweit bestimmte Angaben als im vorgenannten Sinne erforderlich zur Erfüllung des Berichtszwecks, und damit als erheblich für die Beschlussfassung anzusehen sind, kann ihr Fehlen nicht als unerheblich bzw. irrelevant eingestuft werden. Richtigerweise kann damit die Frage nach der Relevanz von Berichtsmängeln nicht losgelöst von der Bestimmung des erforderlichen Mindestinhaltes des Berichtes beantwortet werden. Denn was für die Beschlussfassung nicht relevant ist, ist auch gleichzeitig nicht zwingender Bestandteil des Vorstandsberichts. Mängel des Verschmelzungsberichts stellen somit – vorbehaltlich eines möglichen Verweises kompensationsbezogener Informationsrügen in das Spruchverfahren - in aller Regel anfechtungsrelevante Verfahrensfehler dar.[1098]

*(2) Heilung von Berichtsdefiziten durch alternative Informationserteilung*

Daneben stellt sich die Frage, ob derartige Mängel des Verschmelzungsberichts im Wege der Vermittlung der betreffenden Angaben durch andere, sämtlichen Anteilseignern zugängliche Informationsquellen geheilt werden können.[1099]

*(a) Abgrenzung zur fristgerechten Nachberichterstattung*

Begriffslogisch setzt eine „Heilung“ voraus, dass es dem Grunde nach bereits zu einer Verletzung von Informationspflichten gekommen ist. Dass ordnungsgemä-

---

1097 Dieser Umstand wird häufig übersehen und mit der Frage nach der Relevanz „geringfügiger“ Mängel des Verschmelzungsberichts verquickt. Bei genauer Betrachtung liegt aber schon gar kein (auch nur geringfügiger) Berichtsmangel vor.

1098 So auch *Lutter*, in Lutter, UmwG, § 8 Rn. 54 („Für eine dritte Kategorie fehlender, aber für die Beschlussfassung irrelevanter Angaben ist daneben kein Raum.“).

1099 Ob eine solche anderweitige Informationserteilung zum Wegfall der Relevanz des Berichtsmangels führt (so etwa *Preisenberger*, Heilbarkeit fehlerhafter Vorstandsberichte, S. 116) oder tatsächlich die Fehlerfreiheit der Informationserteilung zur Folge hat (in diesem Sinne *Rebmann*, Spruchstellenverfahren, S. 102), soll hier mangels unterschiedlicher praktischer Konsequenzen dahingestellt bleiben.

ße Berichte nicht geheilt werden müssen, ist selbstverständlich. Von vorneherein ausgeschieden werden können aber auch diejenigen Fälle, in denen trotz anfänglicher Fehlerhaftigkeit des Berichts jedenfalls in dem für die Erfüllung der Berichtspflicht maßgeblichen Zeitfenster keine Verletzung (mehr) besteht. Wie eingangs dargelegt, fällt die Berichtspflicht mit der Einberufung der Hauptversammlung zusammen. Gemäß § 63 Abs. 1 Nr. 4 UmwG ist der Verschmelzungsbericht ab diesem Zeitpunkt in den Geschäftsräumen der Gesellschaft zur Einsicht auszulegen und den Aktionären auf deren Verlangen hin abschriftlich zuzusenden. Erfolgt nun etwa die Einberufung drei Monate vor der Hauptversammlung und ist der gleichzeitig zu Verfügung gestellte Bericht mangelbehaftet, so hat dies noch nicht zwingend eine Verletzung der gesetzlichen Berichtspflicht zur Folge. Denn insoweit gilt es zu beachten, dass der Gesetzgeber mit der Festlegung der Mindesteinberufungsfrist von einem Monat (§ 123 Abs. 1 AktG) zugleich auch den verletzungsrelevanten (Mindest-) Zeitraum für die Erfüllung der Berichtspflicht bestimmt hat. Zulässig ist folglich eine Korrektur des fehlerhaften Berichts durch schriftliche Ergänzungen, die der Vorstand den Aktionären unter Einhaltung der Mindestladungsfrist zukommen lässt.[1100] Eine Gefährdung der nach der gesetzlichen Konzeption zu schützenden Informationsinteressen der Anteilseigner ist nicht zu befürchten.

Auch wenn der Bericht den Aktionären bereits übersandt wurde, kann bei nur geringem Korrekturbedarf ein schriftlicher Hinweis auf die jeweilige Änderung bzw. Ergänzung ausreichend sein.[1101] Weisen dagegen diese Berichtigungen in qualitativer oder quantitativer Hinsicht ein solches Maß auf, dass ihre Erfassung im Kontext des alten Verschmelzungsberichts nicht ohne weiteres zu bewerkstelligen ist, so bedarf es der Übersendung einer korrigierten Fassung des Berichts.

### *(b) Ergänzung durch andere vorgängige Informationsträger*

Dass nach hier vertretener Auffassung einer Heilbarkeit fehlerhafter Vorstandsberichte durch ergänzende Informationserteilung im Verschmelzungsprüfungsbericht nach § 12 UmwG unter dem Gesichtspunkt des Aktionärsschutzes keine Bedenken entgegenstehen, wurde im Rahmen der vorliegenden Arbeit bereits ausführlich dargelegt.[1102] Aus den gleichen Gründen scheidet eine Anfechtung auch dann aus, wenn sich die fehlenden Informationen ohne weiteres aus den zusammen mit dem Verschmelzungsbericht ausgelegten Jahresabschlüssen oder Lageberichten ergänzen lassen.[1103] Geltung kann dieser Befund damit freilich

---

[1100] So im Ergebnis auch *Zeidler*, in Semler/Stengel, § 8 Rn. 81; die Korrektur offensichtlicher Schreibfehler ist selbstverständlich immer möglich.
[1101] Anders *Zeidler*, in Semler/Stengel, § 8 Rn. 81.
[1102] Siehe oben § 3 C. V. 3. b) ee).
[1103] *Marsch-Barner*, in Kallmeyer, § 8 Rn. 35; *ders.*, WuB II A. § 340a AktG 1.88.

nur für die Fehlerkategorie der unvollständigen Unterrichtung beanspruchen. Soweit dagegen ein Fall der unrichtigen Informationserteilung in Rede steht, kommt eine Heilung in dem hier beschriebenen Sinne in aller Regel nicht in Betracht. Denn es kann nicht Aufgabe des – hierzu regelmäßig gar nicht fähigen - Aktionärs sein, sich aus den einzelnen Informationsträgern nunmehr die jeweils richtigen Angaben zusammenzusuchen.

*(c) Heilung durch mündliche Auskunftserteilung in der Hauptversammlung?*

Die größte Bedeutung für die Praxis dürfte der Frage nach der Möglichkeit einer Heilung fehlerhafter Berichtserstattung durch nachträgliche mündliche Information in der Hauptversammlung zukommen.[1104] Denkbar wäre hier, dass der Vorstand die fehlenden Angaben im Rahmen der ihm obliegenden mündlichen Erläuterung des Verschmelzungsvertrages gemäß § 64 Abs. 1 UmwG von sich aus nachreicht oder aber dass die Aktionäre diese Angaben durch Ausübung des ihnen nach § 131 Abs. 1 AktG i. V. m. § 64 Abs. 2 UmwG zustehenden Auskunftsrechts erfragen.

Der Zulässigkeit eines solchen Nachschiebens von Angaben während der Hauptversammlung steht die ganz überwiegende Auffassung in Literatur und Rechtsprechung äußerst kritisch gegenüber. Die verständliche Zurückhaltung stützt sich im Wesentlichen auf den Schutzzweck der Berichtsvorschriften.[1105] Durch den Verschmelzungsbericht sollen die Voraussetzungen dafür geschaffen werden, dass sich die Aktionäre bereits im *Vorfeld* auf die Hauptversammlung ordnungsgemäß vorbereiten können und dort in der Lage sind, ihr Fragerecht in sachgemäßer Weise auszuüben. Da dieses Ziel durch die erst während der Hauptversammlung nachgeholte Informationserteilung nicht hinreichend gewahrt werden kann, wird eine Heilungsmöglichkeit entweder nur für ganz geringfügige Berichtsmängel befürwortet[1106] oder aber völlig abgelehnt.[1107]

---

[1104] Ausführlich hierzu die monographische Behandlung dieser Frage durch *Preisenberger*, Heilbarkeit fehlerhafter Vorstandsberichte, S. 118 ff., 128 ff.; hiervon abzugrenzen ist das Nachtragen neuer Umstände im Rahmen der Aktualisierungsfunktion der mündlichen Erläuterung gemäß § 64 Abs. 1 S. 2 UmwG; eingehend dazu unter § 3 E. II. 2.

[1105] Vgl. aus der Rechtsprechung etwa BGH, WM 1990, 2073, 2075; LG Köln, AG 1988, 145, 146.

[1106] So die wohl überwiegende Ansicht, vgl. *Kraft*, in Kölner Kommentar, § 340a AktG Rn. 20; *Marsch-Barner*, in Kallmeyer, § 8 Rn. 35; *ders.*, WuB II A. § 340a AktG 1.88; *Bayer*, AG 1988, 323, 330; *Becker*, AG 1988, 223, 227; *Keil*, Verschmelzungsbericht, S. 58 ff.; *Lutter*, ZGR 1979, 401, 410 (zu § 186 Abs. 4 S. 2 AktG); *Priester*, ZGR 1990, 420, 425; *Bungeroth*, in G/H/E/K, § 186 AktG Rn. 101.

[1107] *Grunewald*, in G/H/E/K, § 340a AktG Rn. 22; *Mayer*, in Widmann/Mayer, § 8 UmwG Rn. 73; *Heckschen*, Verschmelzung von Kapitalgesellschaften, S. 23; *Hommelhoff*, ZGR 1993, 452, 467; *Priester*, NJW 1983, 1459, 1461; *Wilde*, ZGR 1998, 423, 443.

Demgegenüber treten einige Autoren[1108] für eine weitergehende Heilbarkeit fehlerhafter Berichte ein. So will insbesondere *Mertens*[1109] dem Vorstand in bestimmten Grenzen die Möglichkeit zugestehen, durch nachträgliche Informationsgewährung die Beschlussanfechtbarkeit abzuwehren. Seinem Ausgangspunkt nach kommt es für die auf Informationsdefizite gestützte Anfechtung eines Verschmelzungsbeschlusses auf den – auf welchem Wege auch immer erlangten - Informationsstand der Aktionäre im Zeitpunkt der Beschlussfassung an.[1110] Daraus folge, dass die Fehlerhaftigkeit des Berichts nicht zur Anfechtung berechtigt, wenn der Vorstand die fehlenden Informationen auf der Hauptversammlung mündlich nachreicht. Tue er dies nicht von sich aus, so ist nach Ansicht von *Mertens* danach zu differenzieren, ob der Verschmelzungsbericht eine „alles in allem brauchbare Informationsbasis"[1111] für den Aktionär" zur Ausübung seines Fragerechts enthält. Ist dies der Fall, so sei dem Aktionär zuzumuten, nach weiteren, ihm erforderlich erscheinenden Angaben zu fragen, andernfalls ihm das Anfechtungsrecht nach Treu und Glauben zu verwehren sei. Das Recht zur Beschlussanfechtung stehe ihm dagegen offen, wenn der Verschmelzungsbericht derart rudimentär sei, dass sich der Aktionär die Basisinformationen erst noch „zusammenfragen" müsste.[1112]

Ist diese Auffassung auch in sich konsequent, so kann ihr doch nicht gefolgt werden, da die zugrunde gelegt Prämisse unzutreffend ist. Zwar geht *Mertens* richtigerweise davon aus, dass die einzelnen verschmelzungsrechtlichen Informationsträger ein in ihrer Gesamtheit zu betrachtendes Informationssystem bilden.[1113] Er verkennt jedoch, dass den einzelnen Bestandteilen innerhalb dieses Systems durchaus eine eigenständige Funktion zukommt, die eine derartige Wechsel- und Heilungswirkung im oben beschriebenen Sinne verbietet. Ist nach hier vertretener Auffassung ein solcher Ausgleich zwischen den Berichten nach § 8 UmwG und § 12 UmwG aufgrund ihres zeitlichen und räumlichen Gleichlaufs möglich, so sind diese Voraussetzungen im Verhältnis von schriftlicher

---

[1108] *Mertens*, AG 1990, 20, 29 f.; ebenso zu den Berichtserfordernissen beim Bezugsrechtsausschluss gemäß § 186 Abs. 4 S. 2 AktG *Becker*, BB 1981, 394, 396 und *Sethe*, AG 1994, 342, 356 ff. Die wohl extremste Position nimmt *Marsch,* 1981, 211, 213 f. ein, der für eine umfassende Korrekturbefugnis des Vorstandes im Hinblick auf den Bericht nach § 186 Abs. 4 S. 2 AktG in der Hauptversammlung eintritt. Der Vorstand könne den Bericht nicht nur ergänzen, sondern dessen Inhalt letztlich auch vollständig austauschen, wenn er etwa seine Pläne hinsichtlich der Kapitalverwendung nachträglich ändert. Bei einer derartigen Betrachtung würde allerdings das Berichtserfordernis grundsätzlich obsolet; in der Rechtsprechung wird eine weitgehende Heilbarkeit bejaht von LG Frankfurt, Urteil vom 27.11.1987 – 3/7 O 115/87, dazu *Keil*, Verschmelzungsbericht, S 104.

[1109] *Mertens*, AG 1990, 20, 29f.

[1110] *Mertens*, AG 1990, 20, 29.

[1111] *Mertens*, AG 1990, 20, 30.

[1112] *Mertens*, AG 1990, 20, 30.

[1113] Dies wurde im Rahmen dieser Arbeit bereits an mehreren Stellen angesprochen.

Berichtspflicht und mündlicher Auskunftspflicht nicht gegeben. Ausweislich der Regierungsbegründung zum Verschmelzungsrichtlinie-Gesetz verlegt das Berichtserfordernis „den Schutz der Aktionäre *vor* die Beschlussfassung der Hauptversammlung über die Verschmelzung“[1114]. Der Inhalt des Verschmelzungsberichts ist dementsprechend schon für die Entscheidung des Aktionärs für oder gegen eine Teilnahme an der Hauptversammlung maßgeblich. Will er teilnehmen, so soll er bereits im Vorfeld durch eine umfassende Information auf die Stimmabgabe in der Hauptversammlung sowie auf die sachgerechte Ausübung des Fragerechts vorbereitet werden. Dieser Zweck würde unterlaufen, wenn der Vorstand Mängel des Berichts durch ein Nachreichen von Informationen erst während der Hauptversammlung ausgleichen könnte. Aus demselben Grunde wäre es auch demjenigen Aktionär, der sich gegen eine Teilnahme entscheidet, benommen, sinnvolle Weisungen für das Abstimmungsverhalten bei einer etwaigen Stimmrechtsvertretung durch Depotbanken[1115] oder sonstige Dritte zu erteilen.[1116] Insoweit steht die Auffassung von *Mertens* nicht im Einklang mit dem vom Gesetzgeber intendierten Schutzzweck der Berichtspflicht. Dass das Gesetz selbst die schriftliche und mündliche Berichterstattung nicht als austauschbar erachtet, wird in systematischer Hinsicht auch durch die Vorschrift des § 64 Abs. 1 S. 2 UmwG belegt, die eine gesonderte Regelung der mündlichen Erläuterung des Vorstands auf der Hauptversammlung beinhaltet.[1117] Eine Heilbarkeit von Berichtsdefiziten, die den Vorstand zudem wegen fehlender Sanktionierung verleiten könnte, seiner Pflicht zur aktiven, frühzeitigen Berichterstattung nur oberflächlich nachzukommen[1118], ist daher abzulehnen.

Dies gilt entgegen der wohl überwiegenden Auffassung auch für geringfügige Mängel des Verschmelzungsberichts. In Erinnerung zu rufen gilt es auch hier wieder, dass der Verschmelzungsbericht keine Detailprüfung, sondern lediglich eine Plausibilitätskontrolle ermöglichen soll. Vor diesem Hintergrund wird deutlich, dass auch „geringe“ Mängel immer noch ein solches Gewicht aufweisen müssen, dass die Nachvollziehbarkeit der Maßnahme für die Aktionäre nicht mehr ohne weiteres gewährleistet ist. Soweit dies dagegen noch der Fall ist, liegt schon gar kein mangelhafter Verschmelzungsbericht vor. Dieser Befund macht deutlich, dass auch die hier als solche bezeichneten geringfügigen Mängel keine

---

[1114] Begr. RegE zu Art. 1 Nr. 4 des Verschmelzungsrichtlinie-Gesetzes, BT-Drucks. 9/1065, S. 14 (Hervorhebung d. Verf.).

[1115] Vgl. § 128 Abs. 2 AktG.

[1116] *Keil*, Verschmelzungsbericht, S. 60.

[1117] Vgl. *Grunewald*, in G/H/E/K, § 340a AktG Rn. 22, dort noch zu § 340d Abs. 5 S. 2 AktG a. F.

[1118] Zur Sanktionsfunktion einer streng-formalen Betrachtung der Berichtspflicht *Bayer*, AG 1988, 323, 330; *Lutter*, in Kölner Kommentar, § 221 AktG Rn. 77 (zu § 186 Abs. 4 S. 2 AktG).

zu verharmlosenden Bagatellfehler sind, da sie jedenfalls ihrem Gewicht nach geeignet sein müssen, den Berichtszweck zu gefährden.[1119]

Unter dem Gesichtspunkt der Rechtssicherheit nicht unproblematisch scheint zudem die Bestimmung zu sein, wann ein Mangel noch als gering anzusehen ist bzw. ab welcher Schwere eine Heilungsmöglichkeit ausgeschlossen sein soll. Im Hinblick auf diese Schwierigkeiten wird es von manchen Autoren abgelehnt, ein solches „Sonderrecht geringer Mängel" zu schaffen.[1120] Dem ist jedenfalls im Ergebnis für das hier in Rede stehende Problem der Heilung fehlerhafter Vorstandsberichte zuzustimmen. Dies bedeutet indes nicht, dass die Schwere eines Mangels nicht in anderem Zusammenhang durchaus ein geeignetes Differenzierungskriterium im Recht der Beschlussmängelklage sein kann[1121], was an anderer Stelle dieser Arbeit noch aufzuzeigen sein wird.[1122] Der Gesetzgeber selbst hat mit der durch das UmwG 1994 erstmals eingeführten Vorschrift des § 16 Abs. 3 UmwG die Erheblichkeit der Rechtsverletzung als Wertungskriterium im Rahmen der dort erforderlichen Abwägung bestätigt. Mit eben dieser Vorschrift hat er sich jedoch dafür entschieden, geringfügigere Mängel gerade nicht von der Anfechtbarkeit auszunehmen, sondern der Prüfung durch das Prozessgericht vorzubehalten, das in diesen Fällen gegebenenfalls die Möglichkeit der Eintragung der Verschmelzung trotz erhobener Anfechtungsklage feststellt.[1123] Ausweislich der Gesetzesmaterialien[1124] soll § 16 Abs. 3 UmwG nunmehr die Grundlage dafür schaffen, bei „Geringfügigkeit der behaupteten Rechtsverletzung die Verschmelzung im Register eintragen zu lassen und dadurch vollziehen zu können." Aus den genannten Gründen ist somit eine Heilung auch geringfügiger Berichtsmängel durch mündliche Informationserteilung auf der Hauptversammlung grundsätzlich abzulehnen. Ausnahmen dürften allenfalls da zuzulas-

---

1119 Zumindest irreführend ist es daher, in diesem Zusammenhang von geringen Mängel zu sprechen, „die *nach dem Berichtszweck unwesentlich* sind und deshalb nachgeschoben werden können"; so beispielsweise *Marsch-Barner*, in Kallmeyer, § 8 Rn. 35; siehe auch schon die parallele Argumentation zur Frage der Relevanz von Berichtsfehlern unter § 4 B. I. 3. c) dd) (1).

1120 *Grunewald*, in G/H/E/K, § 340a AktG Rn. 22; für den Unternehmensvertragsbericht nach § 293a AktG ebenso *Altmeppen*, Münchener Kommentar, § 293a AktG Rn. 65.

1121 Grundsätzlich gegen eine diesbezügliche Differenzierung zwischen leichten und schweren Beschlussmängeln aber wohl *Kort*, Bestandsschutz fehlerhafter Strukturänderungen, S. 72.

1122 Siehe unten § 4 B. IV. 2. c) bb).

1123 A. A. *Preisenberger*, in Heilbarkeit fehlerhafter Vorstandsberichte, S. 138 ff.; wie hier *Lutter*, in Lutter, UmwG, § 8 Rn. 55; *Mayer*, in Widmann/Mayer, § 8 UmwG Rn. 73; ausführlich zum Unbedenklichkeitsverfahren nach § 16 Abs. 3 UmwG *Rettmann*, Rechtmäßigkeitskontrolle, S. 97 ff.

1124 Begr. RegE zu § 16 Abs. 3 UmwG, abgedruckt bei *Schaumburg/Rödder*, S. 74.

sen sein, wo die Berufung auf die verspätete Information die Grenzen des rechtsmissbräuchlichen Verhaltens überschreitet.[1125]

### d) *Eingeschränkte Justitiabilität der Berichterstattung ?*

Nach Ansicht von *Mertens*[1126] steht dem Vorstand bei Abfassung des Verschmelzungsberichts hinsichtlich dessen inhaltlicher Ausgestaltung ein Gestaltungsspielraum zu, der zu einer eingeschränkten Justitiabilität der Berichterstattung führt. Die Beschränkung der gerichtlichen Kontrolle sei das Korrelat der Unbestimmtheit der gesetzlichen Anforderungen an den informatorischen und argumentatorischen Gehalt des Verschmelzungsberichts.[1127] Sinn der offenen Fassung des § 340a AktG (*scil.* § 8 UmwG) sei es gerade, dem Vorstand einen Gestaltungsspielraum „innerhalb vertretbarer Auslegung der gesetzlichen Anforderungen" zu gewähren.[1128] Anderenfalls sei zu befürchten, dass das jeweils angegangene Gericht den einen oder anderen Gesichtspunkt vermisst und deshalb den Verschmelzungsbeschluss „kassiert". Eine derartige Rechtsunsicherheit als Folge der Offenheit der gesetzlichen Vorgaben widerspreche aber der – durch die Verweisung der Angemessenheitsrüge ins Spruchverfahren deutlich erkennbaren – Intention des Gesetzgebers, gerade im Rahmen von Strukturänderungsmaßnahmen ein erhöhtes Maß an Rechtssicherheit für die beteiligten Rechtsträger zu schaffen.[1129]

So begrüßenswert eine Einschränkung rechtspolitisch nicht erwünschter Anfechtungsklagen auch sein mag, so ist doch die Annahme fehlender Justitiabilität der Berichtserstellung meines Erachtens der falsche Weg. Zum einen ist, wie auch *Mertens* selbst konzediert, die Beschränkung der gerichtlichen Nachprüfbarkeit gesetzlicher Begriffe eine jedenfalls dem deutschen Privatrecht fremde Ausnahmeerscheinung.[1130] Sie kann daher nur dort bejaht werden, wo sie eine hinreichende gesetzliche Verankerung findet, was hinsichtlich des Verschmelzungsberichtes aber gerade nicht der Fall ist. Zudem stünde die Einschränkung der gerichtlichen Kontrolle wohl auch in gewissem Widerspruch zu dem bereits an anderer Stelle aufgezeigten Grundsatz, dass die Beurteilung des Vorstandes

---

[1125] Selbstverständlich wird in diesen Fällen der Berichtsmangel nicht im eigentlichen Sinne „geheilt", vielmehr wird nur seine Geltendmachung ausgeschlossen.

[1126] *Mertens*, AG 1990, 20, 23 ff.

[1127] *Mertens*, AG 1990, 20, 23.

[1128] *Mertens*, AG 1990, 20, 23.

[1129] *Mertens*, AG 1990, 20, 23.

[1130] *Mertens*, AG 1990, 20, 25; ablehnend daher auch *Preisenberger*, Heilbarkeit fehlerhafter Vorstandberichte, S. 111 unter zutreffendem Hinweis darauf, dass eine solche „prozessuale" Lösung letztlich nur ein Kurieren an Symptomen darstellt, demgegenüber eine interessengerechten Modifikation des materiellen Rechts stets vorzuziehen ist; siehe auch *Wiedemann*, in Großkomm. AktG, § 186 Rn. 131, zur vollumfänglichen Überprüfbarkeit des Berichts nach § 186 Abs. 4 S. 2 AktG.

bezüglich der Frage, ob ein zur Informationsverweigerung berechtigendes Geheimhaltungsinteresse im Sinne von § 8 Abs. 2 UmwG vorliegt, in vollem Umfang der gerichtlichen Überprüfung unterliegt. Ein sachlicher Grund, warum Informationserteilung auf der einen und Informationsverweigerung auf der anderen Seite einer unterschiedlichen Kontrollintensität unterfallen sollten, ist nicht ersichtlich.

Schließlich spricht auch eine genauere Betrachtung der erforderlichen Berichtsinformationsdichte gegen den Ansatz von *Mertens*. Denn auch hier gilt es wieder zu bedenken, dass es nicht Aufgabe des Verschmelzungsberichts ist, die Anteilseigner durch Detailinformationen in die Lage zu versetzen, die Verschmelzung sowie insbesondere die ihr zugrundeliegende Unternehmensbewertung prüfergleich kontrollieren zu können. Ziel ist lediglich, die rechtlichen und wirtschaftlichen Faktoren des Vorhabens einer Plausibilitätsprüfung zuzuführen. Insoweit kommt dem Vorstand bereits in diesem Zusammenhang ein gewisser „Spielraum" zu: Wie er den Bericht im Einzelnen mit Datenmaterial anreichert, bleibt ihm überlassen, solange der Bericht im Ergebnis für eine Beurteilung der Plausibilität der Maßnahme ausreicht. Auf dieses Ziel beschränkt sich folglich auch die Kontrolle des Gerichts, das über die Einhaltung der Informationspflichten zu befinden hat. Darüber hinaus besteht meines Erachtens für einen weiteren nicht-justitiablen Gestaltungsspielraum des Vorstandes „innerhalb vertretbarer Auslegung der gesetzlichen Anforderungen" kein Raum mehr. Dahingestellt bleiben soll hier daher die Frage, ob der angestrebten Rechtssicherheit überhaupt dadurch gedient wäre, die Probleme der Offenheit des Gesetzeswortlauts gegen diejenigen auszutauschen, die bei der Bestimmung der Grenzen des von *Mertens* befürworteten Gestaltungsspielraums auftreten dürften. Nähere Angaben dazu, welches Ergebnis sich noch „innerhalb vertretbarer Auslegung" befindet, vermag denn auch *Mertens* nicht zu machen.

## II. Die Anfechtungsklage

### 1. Rechtsnatur und Wirkung

Mängel, die die Anfechtbarkeit des Hauptversammlungsbeschlusses begründen, können ausschließlich im Wege der Anfechtungsklage geltend gemacht werden. Wie bereits angeführt, stellt die Anfechtungsklage keine rein prozessuale Rechtsbefugnis dar, vielmehr dient sie der Ausübung der mitgliedschaftlichen Befugnis zur Kontrolle rechtmäßigen Verbandshandelns. Sie lässt sich somit als Einkleidung eines materiellen Gestaltungsrechts in ein „prozessuales Gewand"[1131] charakterisieren. Die Anfechtungsklage zielt als Gestaltungsklage darauf ab, den angegriffenen Hauptversammlungsbeschluss in Bezug auf seine fehlende Übereinstimmung mit Gesetz oder Satzung mit Wirkung für und gegen jedermann für nichtig zu erklären.[1132] Insoweit verfolgen Anfechtungsklage und Nichtigkeitsklage nach heute ganz überwiegender Auffassung dasselbe materielle Rechtsschutzziel.[1133] Gibt das angerufene Gericht der Anfechtungsklage statt, so erklärt es den zunächst wirksamen Verschmelzungsbeschluss mit Wirkung *inter omnes* für nichtig, §§ 248 Abs. 1 S. 1, 241 Nr. 5 AktG.

## 2. Anfechtungsbefugnis

Der Kreis der zur Anfechtung Berechtigten ist zwingend und abschließend in § 245 AktG geregelt, er kann weder durch Satzungsbestimmungen noch durch Absprachen eingeschränkt oder erweitert werden.[1134] Als subjektive Anfechtungsschranke hat die Anfechtungsbefugnis die Funktion, Popularklagen auszuschließen.[1135] Bei der Klagebefugnis handelt es sich nach ganz überwiegender Auffassung nicht um eine Sachurteilsvoraussetzung, sondern um eine materiellrechtliche Voraussetzung der Anfechtungsklage.[1136] Fehlen die Voraussetzungen des § 245 AktG und damit die Anfechtungsbefugnis, so ist die Klage daher nicht als unzulässig, sondern durch Sachurteil als unbegründet abzuweisen.

---

[1131] *Zöllner*, in Kölner Kommentar, § 243 AktG Rn. 11; *ders.*, in Reformbedarf im Aktienrecht, S. 147, 158; kritisch *Pflugradt*, Erzwingung rechtmäßigen Vorstandsverhaltens, S. 65 ff.

[1132] So die ganz überwiegende Auffassung, vgl. nur *Hüffer*, in Münchener Kommentar, § 263 AktG Rn. 17; *K. Schmidt*, in Großkomm. AktG, § 246 Rn. 61, jeweils m. w. N.; teilweise abweichend *Arens*, Streitgegenstand und Rechtskraft, S. 105.

[1133] Der BGH hat in einer Entscheidung aus dem Jahre 1997 seine frühere Rechtsprechung, wonach Anfechtungs- und Nichtigkeitsklage auf die Verfolgung verschiedener Rechtsschutzziele gerichtet sein sollten, ausdrücklich aufgegeben, vgl. BGH, ZIP 1997, 732, 733; ebenso BGH, ZIP 1999, 580, ZIP 2002, 1684, 1686, mit umfangreichen Nachweisen auf die in der Literatur zum Streitgegenstand der Anfechtungsklage vertretenen Auffassungen.

[1134] *Henn*, Hdb. d. Aktienrechts, Rn. 937; *Richter*, in Semler/Volhard, ArbHdb. HV, § 41 Rn. 56.

[1135] *K. Schmidt*, in Großkomm. AktG, § 245 Rn. 2; bedenkt man allerdings, dass das AktG 1937 pro Aktie noch einen Mindestnennbetrag von 1000 Reichsmark vorsah, nach heutigem Aktienrecht dagegen schon die Inhaberschaft einer einzigen Aktie zum Nennbetrag von einem (!) Euro ausreicht (§ 8 Abs. 2 S. 1 AktG), erscheint die Bemerkung berechtigt, dass das Anfechtungsrecht de facto „quasi als Popularklage" ausgestaltet ist, vgl. *Heckschen*, ZIP 1989, 1168.

[1136] BGH, NJW-RR 1992, 1388, 1389; *Hüffer*, in Münchener Kommentar, § 245 AktG Rn. 3; *Zöllner*, in Kölner Kommentar, § 245 AktG Rn. 2; *Mack*, Anfechtbarkeit von Hauptversammlungsbeschlüssen; S. 111 f.; *Noack*, AG 1989, 78, 83; *Ross*, Materielle Kontrolle des Verschmelzungsbeschlusses, S. 146; abweichend *K. Schmidt*, in Großkomm. AktG, § 245 Rn. 6 f., der aber bei Fehlen der Voraussetzungen des § 245 AktG wegen des einheitlichen Streitgegenstandes von Anfechtungs- und Nichtigkeitsklage im Ergebnis ebenfalls zur Abweisung der Klage als *unbegründet* kommt.

### a) *Voraussetzungen der Anfechtungsbefugnis gemäß § 245 AktG*

Anfechtungsbefugt ist gemäß § 245 Nr.1 AktG zunächst jeder Aktionär, der persönlich oder durch einen Bevollmächtigten[1137] an der Hauptversammlung teilgenommen und gegen den Verschmelzungsbeschluss Widerspruch zur Niederschrift erklärt hat. Nach heute überwiegender Auffassung erklärt sich die Widerspruchsobliegenheit als spezielle Ausprägung des Verbotes des *venire contra factum proprium*. Der schweigende Aktionär verzichtet nicht etwa konkludent auf sein Anfechtungsrecht. Denn aus dem bloßen Schweigen oder Fernbleiben des Aktionärs auf den rechtsgeschäftlichen Willen zu schließen, dieser wolle wirksam auf sein Anfechtungsrecht verzichten, wäre reine Fiktion.[1138] Unterlässt der Aktionär jedoch den Widerspruch, so geht ex lege seine Anfechtungsbefugnis wegen sonst widersprüchlichen Verhaltens verwirkungsähnlich unter.[1139]

Einen anderen Begründungsansatz wählt dagegen *Weißhaupt*[1140], da zwischen dem widerspruchslosen Hinnehmen des Beschlusses und der späteren Erhebung einer Beschlussmängelklage kein negatorisches Verhältnis bestehe. Die Widerspruchsvorgabe des § 245 Nr. 1 AktG ist seiner Ansicht nach vielmehr auf Rechtsscheinsüberlegungen zu stützen. Der nicht widersprechende Aktionär setze gegenüber der Gesellschaft und den übrigen Gesellschaftern den Rechtsschein, den Beschluss trotz dessen Anfechtbarkeit geltend lassen zu wollen.[1141] Auf diesen Rechtsschein könnten die Mitaktionäre vertrauen. Dagegen könne der anfechtungswillige Aktionär durch Erklärung des Widerspruchs diesen Rechtsschein zerstören.[1142] Dieser Ansatz ist durchaus tragfähig, er steht aber wohl nicht im Widerspruch zur herrschenden Meinung, die sich auf das Verbot widersprüchlichen Verhaltens stützt. Denn gerade das Hervorrufen dieses

---

[1137] Wenn auch keine Stellvertretung im eigentlichen Sinne vorliegt, so reicht doch die Anwesenheit eines Legitimationsaktionärs aus, da es hier nicht auf die zivilrechtliche Konstruktion der „Vertretung" ankommen kann, vgl. *Hüffer*, AktG, § 245 Rn. 12; *Richter*, in Semler/Volhard, ArbHdb. HV, § 47 Rn. 67; ein eigenes Anfechtungsrecht steht dem Legitimationsaktionär entgegen der früher h. M. (vgl. BayObLGZ 1987, 297, 302 m.w.N.) indes nicht zu, da er nicht Inhaber mitgliedschaftlicher Rechte ist, vgl. BayObLG, DB 1996, 2377 m.w.N. zum Meinungsstand.

[1138] Der historische Gesetzgeber war dagegen noch der Auffassung, dass das „Schweigen eines anwesenden Aktionärs [...] als eine Billigung des Beschlusses gelten" müsse, vgl. die Allgemeine Begründung zum Entwurf eines Gesetzes betreffend die KGaA und die AG aus dem Jahre 1884, abgedruckt bei *Schubert/Hommelhoff*, in Hundert Jahre modernes Aktienrecht, S. 404, 467; zutreffend dagegen *Noack*, AG 1989, 78, 79.

[1139] *Hüffer*, in Münchener Kommentar, § 245 AktG Rn. 32; *K. Schmidt*, in Großkomm. AktG, § 245 Rn. 19; *Noack*, AG 1989, 78, 79 f.; *Schwarz*, ZRP 2000, 330, 336.

[1140] *Weißhaupt*, Informationsmängel, S. 144 ff.

[1141] *Weißhaupt*, Informationsmängel, S. 145.

[1142] Richtiger wäre wohl „verhindern", da der Widerspruch bis zum Schluss der Hauptversammlung möglich ist und folglich erst zu diesem Zeitpunkt ein schutzwürdiges Vertrauen entstehen kann.

Rechtsscheins in der Hauptversammlung ist das *factum proprium*, zu dem sich der Aktionär durch eine spätere Beschlussanfechtung in Widerspruch setzen würde.

Der nach § 245 Nr. 1 AktG notwendige Widerspruch kann während der gesamten Dauer der Hauptversammlung, also auch bereits vor der Beschlussfassung erklärt werden. Einer Begründung des Widerspruchs bedarf es ebenso wenig wie der Gebrauch bestimmter Worte erforderlich ist. Der Aktionär muss nur deutlich zum Ausdruck bringen, dass er gegen die Rechtmäßigkeit des Beschlusses, gegen den er sich wendet, Bedenken hat.[1143] Die bloße Stimmabgabe gegen den Beschlussantrag ersetzt den Widerspruch nicht.[1144] Andererseits schließt die Zustimmung zu dem Antrag den Widerspruch nach § 245 Nr. 1 AktG – im Gegensatz zu der Rechtslage beim Widerspruch nach § 29 UmwG - auch nicht aus.[1145]

Den Grundsatz fehlender Begründungspflicht einschränkend fordert *Schwarz*[1146], derjenige Aktionär, der dem Hauptversammlungsbeschluss wegen angeblicher Informationspflichtverletzungen widerspricht, müsse „Farbe bekennen" und seinen Widerspruch präzisieren. Notwendig sei in diesem Fall, dass der Widersprechende deutlich mache, worüber seiner Ansicht nach nur unzureichend informiert worden ist. Zur Begründung führt *Schwarz* an, nur so erhalte der Vorstand die Gelegenheit, „noch in der Hauptversammlung seine Auskunft zu präzisieren und einen Anfechtungsgrund zu vermeiden"[1147]. Dies mag für Verschmelzungsbeschlüsse insoweit sinnvoll erscheinen, als es um originäre Gegenstände des Auskunftsrechts nach § 131 Abs. 1 AktG (i. V. m. § 64 Abs. 1 UmwG) geht, wobei allerdings auch hier zu beachten ist, dass eine derartige Begründungspflicht keine Verankerung im Gesetzestext findet. Soweit dagegen Informationsdefizite der vorbereitenden Berichte in Rede stehen, ist aus den oben dargelegten Gründen eine Heilung durch nachträgliche Informationserteilung in der Hauptversammlung grundsätzlich ausgeschlossen, so dass es vor diesem Hintergrund auch keiner Begründung des Widerspruchs bedarf.

In der rechtspolitischen Diskussion wurde immer wieder gefordert, die Anfechtungsbefugnis an einen bestimmten Mindestanteilsbesitz oder an eine Mindestbesitzzeit von zu einigen Monaten zu knüpfen.[1148] Gegen einen Mindestanteils-

---

[1143] Allg. Ansicht, vgl. nur *Hüffer*, AktG, § 245 Rn. 13.

[1144] *Hüffer*, AktG, § 245 Rn. 12; *Semler*, in Münch. Hdb. GesR, AG, § 41 Rn. 54.

[1145] *Hüffer*, AktG, § 245 Rn. 12; Zöllner, in Kölner Kommentar, § 245 AktG Rn. 27; zweifelnd *Semler*, in Münch. Hdb. GesR, AG, § 41 Rn. 54; zu der Frage, ob in teleologischer Reduktion des § 245 Nr. 1 AktG von dem Widerspruchserfordernis abzusehen ist, wenn der Anfechtungsgrund auf der Hauptversammlung nicht erkennbar wurde, siehe sogleich im Text.

[1146] *Schwarz*, ZRP 2000, 330, 336.

[1147] *Schwarz*, ZRP 2000, 330, 336; gegen die Einführung eines Begründungszwang de lege ferenda *Baums* (Hrsg.), Bericht der Regierungskommission Corporate Governance, Rn. 147.

[1148] Siehe etwa *Hüffer*, in FS Brandner, S. 57, 62 ff.

besitz spricht sich nunmehr erneut auch der Referentenentwurf zum UMAG, aus. Allerdings soll jedoch nach § 245 Nr. 1 AktG-RefE das Anfechtungsrecht zukünftig nur noch dann bestehen, wenn der Aktionär seine Aktien „schon vor der Bekanntmachung der Tagesordnung erworben hatte“. Hierdurch soll erreicht werden, dass nur noch diejenigen Aktionäre zur Beschlussanfechtung berechtigt sind, die ihre Aktien erworben haben, bevor der anzugreifende Beschluss im Bundesanzeigen angekündigt worden ist. Auf diese Weise soll insbesondere so genannten Berufsklägern, die nach der Ankündigung der Hauptversammlung gezielt eine (Kleinst-) Beteiligung zu Anfechtungszwecken erwerben, ein wichtiger Angriffspunkt genommen werden soll.[1149]

Nach § 245 Nr. 2 AktG ist auch der in der Hauptversammlung nicht erschienene Aktionär zur Anfechtung befugt, wenn er zu Unrecht nicht zugelassen worden ist, die Versammlung nicht ordnungsgemäß einberufen oder der Gegenstand der Beschlussfassung nicht ordnungsgemäß bekannt gemacht wurde. Der unberechtigten Nichtzulassung gleichzustellen ist die unberechtigte Saalverweisung des Aktionärs, da er hierdurch gleichermaßen an der Erklärung des Widerspruchs gehindert wird.[1150] Wird die Anfechtung auf eine unzulässige Verfolgung von Sondervorteilen im Sinne des § 243 Abs.2 AktG gestützt, so ist jeder Aktionär anfechtungsberechtigt, § 245 Nr. 3 AktG.

Im Gegensatz zu anderen Rechtordnungen muss der zur Klage entschlossene Aktionär keine persönliche Betroffenheit dartun.[1151] Dies ist Folge des bereits angesprochenen Verständnisses des Anfechtungsrechts als Instrument einer auf die Mitgliedschaft gründenden allgemeinen Rechtmäßigkeitskontrolle. Ausreichend ist von daher das allgemeine Interesse jedes Aktionärs an gesetzes- und satzungsgemäßer Betätigung der Hauptversammlung.[1152] Für seine Anfechtungsbefugnis ist es somit ohne Bedeutung, ob er bei gesetzmäßig gefasstem Beschluss einen Vorteil erlangt hätte oder ob er durch die tatsächliche Beschlussfassung in seinen eigenen Rechten als Aktionär individuell beeinträchtigt wurde.[1153] Stehen Verletzungen des Auskunftsrechts nach § 131 Abs. 1 AktG in

---

[1149] Aus Sicht des Anlegerschutzes kritisch zu der geplanten Neuregelung *Meilicke/Heidel*, DB 2004, 1479, 1483 f.; für einen weitergehende Mindestbesitzzeit von drei Monaten dagegen HRA DAV, NZG 2004, 555, 563.

[1150] *Richter*, in Semler/Volhard, ArbHdb. HV, § 47 Rn. 74.

[1151] BGH, WM 1964, 1188, 1191 (GmbH); ZIP 1989, 980, 984; *K. Schmidt*, in Großkomm. AktG, § 245 Rn. 4; *Mack*, Anfechtbarkeit von Hauptversammlungsbeschlüssen, S. 110; *Windbichler*, in Timm (Hrsg.), Mißbräuchliches Aktionärsverhalten, S. 35 f.; zur Rechtslage im US-amerikanischen und französischen Recht siehe *Baums*, Gutachten F für den 63. DJT, S. 99 Fn. 224.

[1152] Vgl. auch *K. Schmidt*, in Großkomm. AktG, § 245 Rn. 4, demzufolge das Anfechtungsrecht in diesen Fällen auf der Annahme beruht, dass jeder rechtwidrige Beschluss auch ohne Beeinträchtigung individueller Interessen eine Verletzung des Mitgliedschaftsrechts darstellt.

[1153] Vgl. in diesem Zusammenhang auch die Ausführungen in Fn. 1060.

Frage, so kommt es folgerichtig auch nicht darauf an, ob gerade der anfechtende Aktionär die Auskunft vergeblich eingefordert hat.[1154]

Neben den Aktionären steht gemäß § 245 Nr. 4 AktG auch dem Vorstand als Kollegialorgan die Befugnis zur Beschlussanfechtung zu, ohne dass diese an besondere Voraussetzungen geknüpft ist. Die Anfechtung muss lediglich durch einen ordnungsgemäßen Vorstandsbeschluss gedeckt sein. Schließlich sind nach § 245 Nr. 5 AktG auch einzelne Mitglieder des Vorstandes und des Aufsichtsrates unter den dort genannten Voraussetzungen zur Anfechtung berechtigt. Da solchen Klagen von Organmitgliedern in der Praxis so gut wie keine Bedeutung zukommt[1155], soll hier auf eine nähere Darstellung verzichtet werden.

### *b) Teleologische Reduktion des Widerspruchserfordernisses bei nicht erkennbaren Informationsmängel*

Wie soeben aufgezeigt, findet das Widerspruchserfordernis des § 245 Nr. 1 AktG seine dogmatische Abstützung in dem Verbot des *venire contra factum proprium*. Ist nun aber der Mangel des Beschlusses für den auf der Hauptversammlung erschienenen Aktionär nicht zu erkennen – was entsprechend den obigen Ausführungen insbesondere bei den Fallgruppen der unrichtigen und der unvollständigen Informationserteilung zu befürchten steht - , so kann ihm die folglich erst später erhobene Rüge des Mangels nicht als widersprüchliches Verhalten angelastet werden. Von daher bedarf es nach zutreffender Auffassung einer teleologischen Reduktion des § 245 Nr. 1 AktG dahingehend, dass nur ein erkennbarer Informationsmangel die Pflicht zur Erklärung eines Widerspruchs nach sich zieht.[1156]

Demgegenüber ist einer in der Literatur vertretenen Ansicht zufolge eine derartige Reduktion des § 245 Nr. 1 AktG abzulehnen, da sie der „restriktiven Tendenz des Gesetzes" bezüglich der Zulassung von Anfechtungsklagen zuwiderlaufe und keinerlei Stütze im Gesetzeswortlaut finde.[1157] Zudem ist *Henn* der Auffassung, einer Einschränkung des Widerspruchserfordernisses contra legem bedürfe es auch nicht, zumal die

---

[1154] Vgl. BGH, NJW 1992, 2760, 2763.

[1155] So hat eine rechtstatsächliche Untersuchung der in dem Zeitraum von 1980 bis 1998 erhobenen Anfechtungs- und Nichtigkeitsklagen ergeben, dass lediglich in zwei (!) Fällen die Klage nicht von Aktionären, sondern von Organmitgliedern nach § 245 Nr. 4 und 5 AktG angestrengt worden war, vgl. *Baums*, Gutachten F für den 63. DJT, S. 52.

[1156] So im Anschluss an *Zöllner*, in Kölner Kommentar, § 245 AktG Rn. 42 f. auch *Hüffer*, in Münchener Kommentar, § 245 AktG Rn. 33; *K. Schmidt*, in Großkomm. AktG, § 245 Rn. 19; i. E. auch *Weißhaupt*, Informationsmängel, S. 146 f., der dieser Ergebnis freilich auf die von ihm vertretenen „Rechtsscheinslösung" (siehe oben § 4 B. II. 2. a)) stützt.

[1157] So etwa *Richter*, in Semler/Volhard, ArbHdb. HV, § 47 Rn. 70; *Semler*, in Münch. Hdb. GesR, AG, § 41 Rn. 55.

> „Erhebung des Widerspruchs […] nicht mit Kosten verbunden [ist]. Wenn der Aktionär mit dem Beschluß rein inhaltlich nicht zufrieden ist, muß und kann er Widerspruch erklären und sich damit das Anfechtungsrecht sichern, dessen Geltendmachung ihm dann nach Rechtsprüfung freisteht."[1158]

Zu überzeugen vermag diese Argumentation nicht. Zum einen wird angesichts der geringen Voraussetzungen, die das Gesetz an die Erhebung der Anfechtungsklage knüpft, nicht recht deutlich, worin sich die schlagwortartig vorgebrachte „restriktive Tendenz" des Gesetzes manifestieren soll. Auf die Gesetzesmaterialien lässt sie sich jedenfalls nicht stützen, soweit sich dort die ausdrückliche Stellungnahme des Gesetzgebers findet, der Regierungsentwurf zu § 245 AktG sehe

> „namentlich davon ab, das Anfechtungsrecht des Aktionärs zu erschweren. Dieses Recht ist die wirksamste Waffe des Aktionärs."[1159]

Zuzugeben ist dagegen, dass die hier befürwortete Eingrenzung des Widerspruchserfordernisses im Gesetzeswortlaut keinen Niederschlag gefunden hat. Die Folgerung, dies spreche gegen eine teleologische Reduktion, ist indes insoweit verfehlt, als dass es gerade Wesensmerkmal jeder teleologischen Reduktion ist, eine gesetzliche Regel entgegen ihrem Wortsinn bzw. Wortlaut, aber gemäß ihrer immanenten Teleologie einschränkend auszulegen.[1160] Immanent ist den verschiedenen Alternativen des § 245 AktG jedoch der Grundgedanke, dass es eines Widerspruches dann nicht bedarf, wenn die Umstände, die zu seinem Unterbleiben geführt haben, in der Sphäre der Gesellschaft bzw. des Leitungsorgans begründet sind. Ebenso wenig wie dem unberechtigt nicht zugelassenen oder aus der Hauptversammlung entfernten Aktionär ist auch demjenigen Aktionär das Unterlassen des Widerspruchs nicht anzulasten, der die Informationspflichtverletzung des Vorstandes (bei objektiver Betrachtung) nicht zu erkennen vermag. Die gleiche Wertung liegt auch § 245 Nr. 3 AktG zugrunde, der mit der unzulässigen Verfolgung von Sondervorteilen eine Konstellation von der Widerspruchspflicht ausgenommen hat, die sich regelmäßig durch die Nichterkennbarkeit des Gesetzesverstoßes auszeichnet.[1161] Ist dieser Gedanke folglich der gesetzlichen Konzeption der Anfechtungsbefugnis immanent, so spricht dies für eine teleologische Reduktion auch des § 245 Nr. 1 AktG in dem hier vertretenen Sinne.

Schließlich begegnet auch die oben dargestellte Argumentation von *Henn* nicht unerheblichen Bedenken. Selbstverständlich steht es demjenigen Aktionär, der mit dem Beschluss „inhaltlich nicht zufrieden ist", frei, gegen diesen (ohne

---

[1158] *Henn*, Hdb. d. Aktienrechts, Rn. 940 Fn. 654.
[1159] Begr. RegE zu § 245 AktG, abgedruckt bei *Kropff*, Aktiengesetz 1965, S. 332 f.
[1160] Eingehend *Larenz/Canaris*, Methodenlehre, S. 210 ff.; *Bydlinski*, Methodenlehre, S. 480 f.
[1161] So zu § 245 Nr. 3 AktG auch *Hüffer*, AktG, § 245 Rn. 21.

nachteilige Kostenfolge) Widerspruch zur Niederschrift zu erklären. Hinzuweisen ist jedoch darauf, dass selbst bei offensichtlicher Informationsunterschreitung nicht unbedingt die *inhaltliche* Sachgerechtigkeit des Beschlusses Gegenstand des Zweifels ist. Grund zur Erhebung des Widerspruchs wird in derartigen Fällen häufig der vorgelagerte Umstand sein, dass der Aktionär in Ermangelung der erforderlichen Auskünfte hierüber gerade kein angemessenes Urteil fällen kann. Wie aber soll sich dann erst derjenige, dem bestimmte Informationen - für ihn nicht erkennbar - vorenthalten worden sind, ein sachgerechtes Bild darüber machen können, ob er den Beschluss als inhaltlich richtig ansehen kann oder nicht? Praktische Konsequenz wäre, dass der Aktionär, der sich seines Rechts zur Anfechtung des Beschlusses wegen Verletzung von Informationspflichten nicht schon in der Hauptversammlung begeben will, rein vorsorglich Widerspruch erheben müsste. Dass dieses Ergebnis weder der gesetzliche Intention noch den wohlverstandenen Interessen der Gesellschaft entsprechen dürfte, liegt auf der Hand.

### 3. Klagegegner

Gemäß § 246 Abs. 2 AktG ist die Anfechtungsklage des Aktionärs gegen die Gesellschaft zu richten, die durch Vorstand und Aufsichtsrat vertreten wird. Bis zur Eintragung der Verschmelzung ins Handelsregister ist die Klage somit unproblematisch gegen den jeweiligen (übertragenden oder übernehmenden) Rechtsträger zu erheben, dessen Zustimmungsbeschluss in Rede steht. Mit der Eintragung erlischt jedoch die übertragende Gesellschaft, ihr Vermögen geht im Wege der Gesamtrechtsnachfolge auf die Übernehmerin über, § 20 Abs. 1 Nr. 1 und 2 UmwG. Klagegegnerin im Anfechtungsprozess kann deshalb – von dem Sonderfall des § 25 UmwG abgesehen – von diesem Zeitpunkt an nur die übernehmende Gesellschaft sein. Von daher bestimmt § 28 UmwG, dass Klagen gegen den Verschmelzungsbeschluss des übertragenden Rechtsträgers nach Eintragung der Verschmelzung in das Handelsregister gegen den übernehmenden Rechtsträger zu richten sind.

Ihrem Wortlaut nach erfasst diese Vorschrift allein solche Klagen, die nach dem eintragungsbedingten Wirksamwerden der Verschmelzung erhoben werden. Diese Fälle dürften jedoch angesichts der kurzen Klagefrist des § 14 Abs. 1 recht selten sein.[1162] Sofern die Klage bereits vor Eintragung gegen die (noch bestehenden) übertragende Gesellschaft erhoben wird, hat sie im Allgemeinen zur Folge, dass die Verschmelzung nach § 16 Abs. 2 S. 2 Hs. 1 UmwG nicht eingetragen werden kann. Das Prozessgericht kann jedoch in dem Unbedenklichkeitsverfahren nach § 16 Abs. 3 UmwG durch rechtskräftigen Beschluss

[1162] Vgl. *Grunewald*, in Lutter, UmwG, § 28 Rn. 6; *Kübler*, in Semler/Stengel, § 28 Rn. 4.

feststellen, dass die Erhebung der Klage aus den in § 16 Abs. 3 S. 2 UmwG angeführten Gründen der Eintragung nicht entgegensteht. Denkbar ist auch, dass der Vorstand eine wahrheitswidrige Negativerklärung im Sinne des § 16 Abs. 2 S. 1 UmwG abgibt. Wird daraufhin die Verschmelzung ins Handelregister eingetragen, so erlischt die Gesellschaft. In diesen Fällen ist das – analog §§ 239, 246 ZPO unterbrochene - Verfahren in entsprechender Anwendung des § 28 UmwG nach dem Prinzip der Gesamtrechtsnachfolge gegen den übernehmenden Rechtsträger fortzusetzen.[1163] Hierfür besteht auch ein hinreichendes Rechtsschutzinteresse. Zwar können auch bei Erfolg der Anfechtunklage die durch die Eintragung eingetretenen Verschmelzungswirkungen nicht mehr rückwirkend beseitigt werden. Der Rechtsträger, der den Beschluss erwirkt hat, ist jedoch dem Kläger zum Ersatz des Vermögensschadens verpflichtet, der diesem durch die Eintragung der Verschmelzung entstanden ist, § 16 Abs. 3 S. 6 Hs. 1 UmwG.

## 4. Klagefrist

In Ermanglung besonderer Bestimmungen für Verschmelzungsbeschlüsse richtete sich die Anfechtungsfrist vor Einführung des § 14 Abs. 1 UmwG nach den für die jeweilige Rechtsform geltenden Vorschriften. Angesichts der erheblichen Folgen einer Registersperre nach § 16 Abs. 2 UmwG für die beteiligten Unternehmen sah sich der Gesetzgeber veranlasst, im Dienste der Rechtssicherheit eine einheitliche Ausschlussfrist zu statuieren, um den Vollzug der Verschmelzung nicht auf unbestimmte Zeit hinauszuschieben.[1164] Die sachlich und redaktionell an § 246 Abs. 1 AktG anknüpfende Vorschrift des § 14 Abs. 1 UmwG bestimmt nunmehr rechtsformübergreifend, dass eine Klage[1165] gegen die Wirksamkeit des Verschmelzungsbeschlusses binnen eines Monats nach der Beschlussfassung erhoben werden muss. Die Anfechtungsfrist hat zwingenden Charakter (§ 1 Abs. 3 UmwG), sie kann durch Satzungsbestimmungen weder verlängert noch verkürzt werden.[1166] Insoweit stellt die zeitliche Begrenzung der Anfechtungsklage einen Ausgleich zwischen dem Recht des Aktionärs zur Beschlussvernichtung auf der einen und dem Bedürfnis der Unternehmen nach Rechtssicherheit und Bestandschutz auf der anderen Seite dar. Nach Ablauf der

---

[1163] *Grunewald*, in Lutter, UmwG, § 28 Rn. 6; *Kübler*, in Semler/Stengel, § 28 Rn. 4; *Vossius*, in Widmann/Mayer, § 28 UmwG Rn. 19.

[1164] Begr. RegE zu § 14 UmwG, abgedruckt bei *Schaumburg/Rödder*, S. 66.

[1165] Die Geltung des § 14 Abs. 1 UmwG für Anfechtungsklagen eines Aktionärs oder GmbH-Gesellschafters ist unbestritten; zur Frage der Anwendbarkeit des § 14 Abs. 1 UmwG auf die Nichtigkeitsklage und die allgemeine Feststellungsklage nach § 256 ZPO siehe eingehend *Rettmann*, Rechtmäßigkeitskontrolle, S. 51 ff.; *K. Schmidt*, DB 1995, 1849 ff.; durch die rechtsformneutrale Begrifflichkeit in § 14 Abs. 1 UmwG sollen auch Klagen gegen die Wirksamkeit des Beschlusses bei Personengesellschaften und Vereinen erfasst werden.

[1166] *Bork*, in Lutter, UmwG, § 14 Rn. 7; *Gehling*, in Semler/Stengel, § 14 Rn. 18.

Frist können keine Klagegründe mehr nachgeschoben werden, es sei denn, sie sind ihrem wesentlichen Inhalt nach bereits in der Klageschrift enthalten.[1167]

Die ganz herrschende Auffassung versteht die Monatsfrist des § 14 Abs. 1 UmwG zutreffend als materiell-rechtliche Ausschlussfrist.[1168] Der abweichenden Ansicht von *K. Schmidt*[1169], der eine prozessuale Deutung der Anfechtungsfrist befürwortet, steht der gesetzgeberische Wille entgegen. Denn ausweislich der Regierungsbegründung sollte mit § 14 Abs. 1 UmwG eine „Ausschlussfrist [...], die sachlich und redaktionell an § 246 Abs. 1 AktG anknüpft"[1170], geschaffen werden. Hierdurch wird deutlich, dass der Gesetzgeber die Frist nach § 14 Abs. 1 UmwG keiner anderen Deutung unterworfen wissen wollte, als der des aktienrechtlichen Vorbildes, das fast einhellig als materiell-rechtliche Präklusionsfrist verstanden wird.[1171] Die Anfechtungsfrist betrifft daher nicht die Zulässigkeit der Klage, ihre Versäumnis führt vielmehr zur Abweisung der Klage als unbegründet. Anwendbar sind folglich weder die Vorschriften der ZPO über den Fristablauf noch die Verjährungsregeln des BGB. Eine Wiedereinsetzung in den vorigen Stand kommt nicht in Betracht. Die Fristversäumnis begründet keine Einrede, sondern lässt das Anfechtungsrecht kraft Gesetz entfallen. Einer ausdrücklichen Berufung der Beklagten auf die Verspätung bedarf es daher nicht.[1172]

### 5. Zuständigkeit

Für die Anfechtungsklage sachlich und örtlich ausschließlich zuständig ist nach § 246 Abs. 3 AktG das Landgericht, in dessen Bezirk die beklagte Gesellschaft ihren Sitz hat. Eine andere Zuständigkeit kann weder durch Prorogation (§ 38 ZPO) noch durch rügelose Einlassung (§ 39 ZPO) begründet werden.[1173] Die ausschließliche Zuständigkeit ermöglicht die Verbindung mehrerer Anfechtungsklagen zur gleichzeitigen Verhandlung und Entscheidung, § 246 Abs. 3

---

[1167] BGH, ZIP 1987, 165; WM 1994, 2160, 2162 (zur aktienrechtlichen Anfechtungsklage); OLG Düsseldorf, ZIP 1999, 793; *Bork*, in Lutter, UmwG, § 13 Rn. 10; *Gehling*, in Semler/Stengel, § 14 Rn. 25; *Marsch-Barner*, in Kallmeyer, § 14 Rn. 5; a. A. *Zöllner*, in Kölner Kommentar, § 246 AktG Rn. 17 ff., demzufolge die bloße Erhebung der Klage ausreicht.

[1168] *Bermel*, in Goutier/Knopf/Tulloch, § 14 UmwG Rn. 13; *Bork*, in Lutter, UmwG, § 14 Rn. 7; *Schwarz*, in Widmann/Mayer, § 16 UmwG Rn. 15.1.2; *Rettmann*, Rechtmäßigkeitskontrolle, S. 65 f.

[1169] *K. Schmidt*, DB 1995, 1849; ebenso wohl LG Hanau, WM 1996, 66, 68, wenn es im Rahmen der Prüfung des § 16 Abs. 3 UmwG ausführt: „Die [...] erhobenen Klagen sind nicht *unzulässig*. Sie wurden insbesondere innerhalb der gesetzlich vorgesehenen Fristen erhoben."

[1170] Begr. RegE zu § 14 UmwG, abgedruckt bei *Schaumburg/Rödder*, S. 66.

[1171] Statt vieler *Hüffer*, in Münchener Kommentar, § 246 AktG Rn. 33 f. m.w.N.; anderer Ansicht zu § 199 Abs. 1 AktG a. F. dagegen *Lüke*, NJW 1966, 838, 839.

[1172] *Bork*, in Lutter, UmwG, § 14 Rn. 7.

[1173] *Hüffer*, AktG, § 246 Rn. 37.

S. 3 AktG. Der Anfechtungsprozess ist Handelssache im Sinne der §§ 95 Abs. 2 GVG, 246 Abs. 3 S. 1 AktG. Funktional zuständig ist daher die Kammer für Handelssachen, wenn der Kläger dies in der Klageschrift gemäß § 96 Abs. 1 GVG beantragt oder die Beklagte einen Verweisungsantrag nach § 98 Abs. 1 GVG stellt.[1174]

## III. Verhältnis der Anfechtungsklage zum Auskunftserzwingungsverfahren nach § 132 AktG

Als selbständigen Rechtsbehelf zur Durchsetzung des Primäranspruchs des Aktionärs auf Auskunftserteilung nach § 131 Abs. 1 AktG sieht das Aktienrecht das Auskunftserzwingungsverfahren gemäß § 132 AktG vor. Als (Antrags-) Verfahren der freiwilligen Gerichtsbarkeit ausgestaltet (§§ 132 Abs. 3 S. 1, 99 Abs. 1 AktG), soll es dazu dienen, schnelle und sachkundige Entscheidungen zu erzielen.[1175] Antragsberechtigt ist gemäß § 132 Abs. 2 AktG jeder Aktionär, der eine Auskunft verlangt und nicht erhalten hat.[1176] Ist über den Tagesordnungspunkt, auf den sich die begehrte Auskunft bezogen hat, Beschluss gefasst worden, so ist jeder auf der Hauptversammlung erschienene oder vertretene Aktionär antragsbefugt, der hiergegen Widerspruch zur Niederschrift erklärt hat. Die als materiell-rechtliche Ausschlussfrist konzipierte Antragsfrist beträgt zwei

---

[1174] Nach § 246Abs. 3 AktG-RefE (UMAG) sollen die Landesregierungen zukünftig eine gerichtliche Zuständigkeitskonzentration entsprechend der Regelung in § 132 Abs. 1 S. 2 bis 4 AktG auch für Anfechtungsklagen vorsehen können.

[1175] Begr. RegE zu § 132 AktG, abgedruckt bei *Kropff*, Aktiengesetz 1965, S. 188 f.; vor Einführung dieser Vorschrift war der Aktionär auf die zeitaufwendige Durchsetzung seines Informationsanspruchs im Wege der allgemeinen zivilprozessualen Leistungsklage verwiesen; ob durch die Verweisung zum FGG tatsächlich eine Beschleunigung eingetreten ist, lässt sich durchaus bezweifeln; zur rechtspolitischen Kritik siehe die Nachweise bei *Hüffer*, in Hachenburg, GmbHG, § 51b Rn. 1; *Emde*, ZIP 2001, 820, 821; siehe auch das Negativbeispiel in Fn. 1199.

[1176] Nach bislang überwiegender Ansicht kann dagegen die Richtigkeit einer erhaltenen Auskunft nicht zum Gegenstand des Auskunftsverfahrens gemacht werden; demgegenüber weist eine im Vordringende befindliche Auffassung zutreffend darauf hin, dass die unrichtige Auskunftserteilung wegen ihrer schwereren Erkennbarkeit den Aktionär mindestens genauso beeinträchtige wie die Auskunftsverweigerung; zudem liegt schon begriffslogisch in der Falschauskunft die Verweigerung der richtigen Auskunft; siehe hierzu die überzeugende Argumentation bei *Hellwig*, in FS Budde, S. 265, 275 ff.; ebenso *Kubis*, in Großkomm. AktG, § 132 Rn. 15 m.w.N.; zu beachten ist jedoch, dass das Auskunftserzwingungsverfahren zur Durchsetzung strukturänderungsspezifischer Informationserteilung nur in sehr begrenztem Umfang dienlich ist, da es sich nur auf in der Hauptversammlung verweigerte Auskünfte bezieht, die Erfüllung von vorgängigen Informationspflichten im Wege von Verschmelzungsbericht und Verschmelzungsprüfungsbericht dagegen nicht ermöglicht.

Monate, beginnend mit dem Tag der Hauptversammlung, in der die verlangte Auskunft verweigert wurde, § 132 Abs. 2 S. 2 AktG.[1177]

## 1. Vorrang des Primärrechtsschutzes?

Da auch die Anfechtungsklage darauf gestützt werden kann, dass ein Hauptversammlungsbeschluss unter Verletzung des Auskunftsrechts gefasst worden ist, stellt sich die Frage nach dem Verhältnis von Anfechtungs- und Auskunftserzwingungsverfahren zueinander.

Die früher herrschende Auffassung im Schrifttum ging von einem Vorrang des Primärschutzes dergestalt aus, dass die Durchführung bzw. Einleitung eines Auskunftserzwingungsverfahrens Voraussetzung für die Erhebung einer Anfechtungsklage sei.[1178] Dabei stützte sie sich in erster Linie auf die Gesetzesmaterialien zu § 132 AktG, denen zufolge „über die die Berechtigung der Auskunftsverweigerung [...] *nur* in diesem besonderen Verfahren entschieden werden"[1179] kann. Daneben wurde auch der Wortlaut des § 132 Abs. 1 AktG für ein solches Verständnis der gesetzlichen Konzeption ins Felde geführt, wonach über die Erzwingung der Auskunft „ausschließlich" das Landgericht entscheidet, in dessen Bezirk die Gesellschaft ihren Sitz hat.[1180]

Bei genauer Betrachtung zeigt sich indes, dass dem Gesetzeswortlaut keinerlei Aussage über das Verhältnis des Auskunftserzwingungsverfahrens zur Anfechtungsklage zu entnehmen ist. Ausschließlich zuständig ist das Gericht am Sitz der Gesellschaft nur insoweit, als darüber zu befinden ist, „*ob* der Vorstand die Auskunft zu geben hat". Die Zuständigkeitsregelung des § 132 Abs. 1 S. 1 AktG betrifft folglich nur die Entscheidung über das Bestehen des geltend gemachten Auskunftsanspruchs als solchen. Diesen kann der Aktionär nicht mehr im Wege der zivilprozessualen Leistungsklage bei einem anderen Gericht durchsetzen. Über die Berechtigung des Prozessgerichts, über die Rechtmäßigkeit der Auskunftsverweigerung als Vorfrage in einem Anfechtungsverfahren zu entschei-

---

1177 Zur Antragsfrist siehe nur *Decher*, in Großkomm. AktG, § 132 Rn. 23 ff.

1178 *Barz*, in Großkomm. AktG, 3. Auflage, § 132 Rn. 9; *Eckardt*, in G/H/E/K, § 132 AktG Rn. 8 ff.; *Ebenroth*, Auskunftsrecht, S. 160 ff; *Kollhosser*, AG 1977, 117, 118 f.; *Werner*, in FS Barz, S. 293, 294 ff.; *ders.* in FS Heinsius, S. 911, 918 ff.; *Henn*, Hdb. d. Aktienrechts, Rn. 907 f.

1179 Begr. RegE zu § 132 AktG, abgedruckt bei *Kropff*, Aktiengesetz 1965, S. 189 (Hervorhebung durch den Verf.); eingehend zur Gesetzgebungsgeschichte zuletzt *Werner*, in FS Heinsius, S. 911, 918 f.

1180 *Eckardt*, in G/H/E/K, § 132 AktG Rn. 8; *Werner*, in FS Heinsius, S. 911, 918.

den, enthält § 132 Abs. 1 AktG dagegen keine Aussage.[1181] Eine solche lässt sich auch § 132 Abs. 2 AktG nicht entnehmen. Wenn dort bestimmt ist, dass jeder anfechtungswillige Aktionär unter den genannten Voraussetzungen das Auskunftsverfahren einleiten kann, so zwingt diese Aussage nicht zu dem Umkehrschluss, dass er dieses Verfahren auch betreiben muss, um sich nicht seines Anfechtungsrechts zu begeben.[1182]

In einer Entscheidung aus dem Jahre 1982 hat sich denn auch der Bundesgerichtshof[1183] in Übereinstimmung mit der inzwischen ganz herrschenden Auffassung im Schrifttum[1184] gegen die eingangs dargestellte These vom Vorrang des Auskunftserzwingungsverfahrens ausgesprochen. Den Gesetzesmaterialien konnte das Gericht keine eindeutige Aussage im oben genannten Sinne entnehmen, ein entsprechender gesetzgeberischer Wille habe jedenfalls „im Gesetzestext keinen hinreichenden Ausdruck gefunden."[1185] Entscheidendes Argument gegen die Erforderlichkeit einer vorgeschalteten Auskunftserzwingung dürfte letztlich aber der Umstand sein, dass beide Verfahren eine unterschiedliche Zielrichtung aufweisen. Das Auskunftserzwingungsverfahren dient der einfachen und schnellen Befriedigung des Informationsbedürfnisses des Aktionärs. Demgegenüber bezweckt die Anfechtungsklage nicht nur die Wahrung der Individualinteressen des Klägers. Sie zielt als gesellschaftsrechtliches Instrument einer objektiven Rechtsmäßigkeitskontrolle darauf ab, den unter Verletzung von Aus-

---

[1181] *Godin/Wilhelmi*, AktG, § 132 Rn. 3; *Zöllner*, in Kölner Kommentar, § 131 AktG Rn. 98; *Lüke*, ZGR 1990, 657, 661, unter Hinweis darauf, dass eine ausschließliche Zuständigkeit für in einem anderen Prozess präjudizielle Fragen im deutschen Verfahrenrecht eine seltene Ausnahme darstellt.

[1182] A. A. *Eckardt*, in G/H/E/K, § 132 AktG Rn. 10; *Kollhosser*, AG 1977, 117, 119; wie hier dagegen *Zöllner*, in Kölner Kommentar, § 131 AktG Rn. 98; *Weißhaupt*, Informationsmängel, S. 139.

[1183] BGH, NJW 1983, 878, 879; ebenso jüngst KG, AG 2001, 355, 356; OLG Brandenburg, NZG 2002, 476, 477.

[1184] *Decher*, in Großkomm. AktG, § 132 Rn. 10; *Kubis*, in Münchener Kommentar, § 132 AktG Rn. 60; *Zöllner*, in Kölner Kommentar, § 131 AktG Rn. 98; *Lüke*, ZGR 1990, 657, 659 ff.; *Quack*, in FS Beusch, S. 663, 668; *K. Schmidt*, Informationsrechte, S. 45; abweichend soweit ersichtlich nur *Henn*, Hdb. d. Aktienrechts, Rn. 908; *Werner*, in FS Heinsius, S. 911, 918 f.; für eine Exklusivität des Erzwingungsverfahrens bei Informationspflichtverletzungen *de lege ferenda* jüngst *Krieger*, ZHR 163 (1999), 343, 362; *Schiessl*, in VGR Bd. 2 (2000), S. 57, 68; dies dürfte indes im Hinblick darauf problematisch sein, dass mit dem vollständigen Wegfall des scharfen Straf- und Sanktionscharakters der Beschlussanfechtung der Anreiz für die Unternehmen zur sorgfältigen Informationserteilung entfallen würde.

[1185] BGH, NJW 1983, 878, 879; zu bedenken gilt es in diesem Zusammenhang auch, dass die Gesetzesmaterialien der Ministerialbeamten nicht zwingend das wiedergeben, was erklärter Wille der gesetzgebenden Körperschaft selbst gewesen ist. „Ihre Billigung gilt insoweit dem Text als solchem, nicht einer bestimmten Auslegung einzelner Textstellen", vgl. *Larenz/Canaris*, Methodenlehre, S. 149 ff.; für einen Vorrang der systematisch-teleologischen Auslegung im vorliegenden Zusammenhang daher auch *Weißhaupt*, Informationsmängel, S. 139; zu dieser sogleich im Text.

kunftsrechten zustande gekommenen Hauptversammlungsbeschluss mit der Rechtskrafterstreckung nach § 248 AktG ex tunc für nichtig zu erklären.[1186] Gegenstand des Anfechtungsverfahrens ist somit gerade nicht die Durchsetzung des Auskunftsanspruchs, sondern die Kassation des Beschlusses. Die differierende Zielvorstellung beider Rechtsbehelfe macht deutlich, dass unter teleologischen und gesetzessytematischen Erwägungen ein Stufenverhältnis beider Verfahren im oben beschriebenen Sinne abzulehnen ist.

Überdies hätte die gegenteilige Auffassung zur praktischen Konsequenz, dass sich die Frist, innerhalb derer der anfechtungsgeneigte Aktionär gegen die Gesellschaft vorgehen muss, um nicht seines Anfechtungsrechts verlustig zu gehen, auf zwei Wochen (§ 132 Abs. 2 S. 2 AktG) verkürzt.[1187] Da das Auskunftsverfahren zudem wohl nur in den seltensten Fällen vor Ablauf der Anfechtungsfrist des § 246 Abs. 1 AktG entschieden sein dürfte, wäre der Aktionär regelmäßig gezwungen, daneben „vorsorglich" Anfechtungsklage zu erheben, obwohl er über die Beurteilung seines Auskunftsrechts im Erzwingungsverfahren noch keine Kenntnis haben kann. Wird sein Auskunftsbegehren dort abgelehnt, so müsste auch seine Anfechtungsklage kostenpflichtig abgewiesen werden. Der Aktionär wäre mit einem zusätzlichen Kostenrisiko belastet. Dieses Ergebnis stünde aber kaum im Einklang mit dem erklärten Willen des damaligen Gesetzgebers, durch die Aktienrechtsreform von 1965 insbesondere den Minderheitsaktionären die Wahrung ihrer Rechte zu erleichtern.[1188] Festzuhalten bleibt damit, dass Anfechtung und Auskunftserzwingung dem Aktionär als eigenständige Rechtsinstrumente nebeneinander zur Verfügung stehen.

## 2. Materielle Bindungswirkung einer vorangegangenen Entscheidung im Auskunftserzwingungsverfahren?

Mit dieser Feststellung ist allerdings noch keine Aussage darüber gewonnen, ob das im Wege der Anfechtungsklage angegangene Gericht bei seiner Beurteilung an eine rechtskräftige Entscheidung gebunden ist, die in einem nebenher betriebenen Auskunftserzwingungsverfahren nach § 132 AktG[1189] bezüglich des Bestehens oder Nichtbestehens des Auskunftsrechts ergangen ist.

---

[1186] Vgl. BGH, NJW 1983, 878, 879; *Decher*, in Großkomm. AktG, § 132 Rn. 10.

[1187] Siehe hierzu *Zöllner*, in Kölner Kommentar, § 131 AktG Rn. 98; *Lüke*, ZGR 1990, 657, 662.

[1188] Allgemeine Begründung zum Regierungsentwurf eines Aktiengesetzes, abgedruckt bei *Kropff*, Aktiengesetz 1965, S. 13, 16.

[1189] Das gleichzeitige Betreiben beider Verfahren war bei Einführung des § 132 AktG aufgrund der bezüglich der soeben behandelten Problematik bestehenden Rechtsunsicherheit eine häufige Erscheinung. Durch die höchstrichterliche Klärung dieser Frage hat die Zahl der Auskunftsverfahren in der Praxis deutlich abgenommen, vgl. *Decher*, in Großkomm. AktG, § 132 Rn. 4.

Einer solchen Bindungswirkung gegenüber dem Prozessgericht steht jedenfalls nicht die Ausgestaltung des Auskunftserzwingungsverfahrens als Verfahren der freiwilligen Gerichtsbarkeit entgegen. Denn dass zumindest echte Streitsachen nach dem FGG grundsätzlich der materiellen Rechtskraft fähig sind, ist ganz überwiegend anerkannt.[1190] Zu diesen echten Streitsachen ist auch das aktienrechtliche Auskunftserzwingungsverfahren nach § 132 AktG, bei dem sich die Verfahrensbeteiligten mit entgegengesetzten Interessen gegenüberstehen, zu zählen.[1191] Auch der Umstand, dass § 99 Abs. 5 S. 2 AktG von der Verweisung in § 131 Abs. 3 S. 1 AktG ausgenommen ist, spricht entgegen teilweise vertretener Ansicht[1192] noch nicht zwingend gegen die Rechtskraftfähigkeit der Entscheidung über den Auskunftsanspruch, da auch ohne ausdrückliche gesetzliche Anordnung der Eintritt materieller Rechtskraft in Verfahren der freiwilligen Gerichtsbarkeit analog § 325 ZPO möglich ist.[1193]

Demgemäß geht die wohl überwiegende Auffassung von einer Bindungswirkung der stattgebenden oder ablehnenden Entscheidung im Verfahren nach § 132 AktG für den Anfechtungsprozess aus.[1194] Für ein solches Verständnis kann insbesondere die andernfalls bestehende Gefahr widersprüchlicher Entscheidungen in Auskunftserzwingungs- und Anfechtungsverfahren geltend gemacht werden. Auch die Gesetzesmaterialien nennen ausdrücklich die Gewährleistung einer „einheitliche[n] Rechtsprechung" als gesetzgeberisches Ziel.[1195] Insoweit wird eine materielle Bindungswirkung auch als Gebot von „Rechtssicherheit und Rechtsfrieden" verstanden.[1196]

Dennoch begegnet die These von der Präjudizialität erheblichen Bedenken im Hinblick auf die mit ihr einhergehende Verkürzung des dem Aktionär zur Verfügung stehenden Rechtsschutzes. Das Auskunftserzwingungsverfahren ist im Vergleich zur Anfechtungsklage mit einem deutlich eingeschränkten Instanzenzug ausgestattet. Gegen den Beschluss des Landgerichts ist lediglich das Rechtsmittel der sofortigen Beschwerde zulässig, und auch das nur, wenn das

---

1190 Statt vieler *Zimmermann*, in Keidel/Kuntze/Winkler, FGG, § 31 Rn. 18 m. w. Nachweisen; a. A. RGZ 124, 322, 323 f.

1191 BayObLG, ZIP 1996, 1743, 1744; *Zimmermann*, in Keidel/Kuntze/Winkler, FGG, § 12 Rn. 227.

1192 *Schilling*, in Großkomm. AktG, 3. Aufl., § 243 Rn. 12.

1193 Insoweit noch zutreffend *Kollhosser*, AG 1977, 117, 121; allgemein zur Rechtskraftwirkung auch ohne gesetzliche Anordnung *Zimmermann*, in Keidel/Kuntze/Winkler, FGG, § 31 Rn. 18 m.w.N.

1194 OLG Stuttgart, DB 1992, 1178 f.; *K. Schmidt*, in Großkomm. AktG, § 243 Rn. 34; *Ebenroth/Wilken*, BB 1993, 1818; *Kollhosser*, AG 1977, 117, 121; *Lüke*, ZGR 1990, 657, 660 f.; *Obermüller/Werner/Winden*, Rn. G 93; *Werner*, in FS Barz, S. 293, 298; siehe auch *Henn*, Hdb. d. Aktienrechts, Rn. 907 f.

1195 Begr. RegE zu § 132 AktG, abgedruckt bei *Kropff*, Aktiengesetz 1965, S. 189.

1196 *Lüke*, ZGR 1990, 657, 660.

Gericht sie in der Entscheidung für zulässig erklärt, § 132 Abs. 3 S. 2 AktG. Würde man die Entscheidung im Auskunftsverfahren als bindend ansehen, so wären dem anfechtungswilligen Aktionär, der seine Klage auf eine Auskunftsrechtsverletzung stützt, eine, im Falle der Nichtzulassung der sofortigen Beschwerde sogar zwei Instanzen genommen.[1197] Eine materielle Bindungswirkung für das Anfechtungsverfahren ist daher abzulehnen.[1198] Ob durch sie der von der Gegenauffassung angeführte Beschleunigungseffekt überhaupt zu erreichen ist, lässt sich zudem angesichts der praktischen Erfahrungen[1199] bezweifeln. Die Ablehnung seines Auskunftsanspruchs im Verfahren nach § 132 AktG hindert den Aktionär nach zutreffender Ansicht also nicht daran, den angegriffenen Hauptversammlungsbeschluss wegen Verletzung des Auskunftsrechts im Wege des Anfechtungsverfahrens für nichtig erklären zu lassen.[1200] Andererseits stellt ein stattgebender Beschluss folglich auch keine Garantie einer parallelen Beurteilung dieser (Vor-) Frage in einem nachfolgenden Anfechtungsprozess dar. Um divergierende Entscheidung so weit wie möglich zu vermeiden, kann jedoch das Gericht das Verfahren über die Anfechtung bis zu Entscheidung im Auskunftsverfahren nach § 148 ZPO aussetzen.[1201]

## IV. Der Ausschluss der Anfechtung gemäß §§ 14 Abs. 2, 32 UmwG

Im Rahmen der vorliegenden Arbeit haben die §§ 14 Abs. 2, 32 UmwG bereits mehrfach Erwähnung gefunden. Im Folgenden sollen Gegenstand und Reichweite dieser Vorschriften einer eingehenderen Untersuchung unterzogen werden. Hierbei sind zunächst ihre Auswirkungen auf Verschmelzungskonstellationen zu erörtern, bei denen Umtauschverhältnis und Barabfindung als solche nicht den gesetzlichen Anforderungen einer vollwertigen Entschädigung entsprechen. In einem zweiten Schritt soll sodann untersucht werden, inwieweit Klagen gegen die Wirksamkeit des Verschmelzungsbeschlusses dem Anfechtungsausschluss unterfallen, die auf eine Verletzung kompensationsbezogener Informationspflichten und –rechte gestützt werden.

---

[1197] *Decher*, in Großkomm. AktG, § 132 Rn. 11; *Kubis*, in Münchener Kommentar, § 132 AktG Rn. 61.

[1198] So im Ergebnis auch OLG München, NZG 2002, 187; LG Frankenthal, AG 1989, 253, 255; *Hüffer*, AktG, § 132 Rn. 2; *Henze*, Aktienrecht, Rn. 1234; zweifelnd auch *Goette*, DStR 1993, 733, 734.

[1199] Beispielhaft lässt sich der dem Beschluss des OLG Frankfurt, ZIP 2003, 761 ff. zugrundeliegende Fall anführen, in dem die Antragstellerin in Folge der Überlastung des Gerichts über neun (!) Jahre auf die Entscheidung ihrer sofortigen Beschwerde nach § 132 Abs. 3 AktG warten musste.

[1200] Für diesen Fall ebenso BGH, NJW 1983, 878, 879.

[1201] *Decher*, in Großkomm. AktG, § 132 Rn. 12; dagegen bejahen die Befürworter einer materiellen Bindungswirkung konsequenterweise eine *Pflicht* zur Aussetzung, vgl. nur *Ebenroth/Wilken*, DB 1993, 1818; *Kollhosser*, AG 1977, 117, 121 f.

## 1. Materielle Kompensationsmängel

Im Zusammenhang mit der Darstellung des reformierten Spruchverfahrens wurde bereits der Umstand angesprochen, dass Streitigkeiten hinsichtlich der den Aktionären zu gewährenden Kompensationsleistungen nach der gesetzlichen Konzeption des UmwG der ausschließlichen Entscheidung im Spruchverfahren als exklusivem Rechtsbehelf zugewiesen sind. Eine Blockade des Verschmelzungsvorhabens durch Klagen gegen den Hauptversammlungsbeschluss soll jedenfalls unter diesem Gesichtspunkt ausgeschlossen werden. Zu sehen ist diese Regelung vor dem Hintergrund, dass die Unternehmensbewertung aus den bereits angeführten Gründen regelmäßig mit erheblichen (Prognose-) Unsicherheiten belastet ist. Diese Unwägbarkeiten sollen nach der Entscheidung des Gesetzgebers zugunsten des Bestandsschutzes des Verschmelzungsvorhabens zurücktreten. Das Interesse des Gesellschafters an der auf eine Fehlkompensation gestützten Beschlussvernichtung wird gegenüber dem Vollzugsinteresse der Gesellschaft als nachrangig bewertet. Dementsprechend bestimmt § 14 Abs. 2 UmwG, dass eine

> „Klage gegen die Wirksamkeit des Verschmelzungsbeschlusses eines übertragenden Rechtsträgers [...] nicht darauf gestützt werden [kann], dass das Umtauschverhältnis der Anteile zu niedrig bemessen ist".

Übereinstimmend hiermit enthält § 32 UmwG für den Fall, dass den Aktionären ein Austrittsrechts nach § 29 UmwG zusteht, die Anordnung, dass eine Beschlussmängelklage beim übertragenden Rechtsträger

> „nicht darauf gestützt werden [kann], dass das Angebot nach § 29 zu niedrig bemessen oder dass die Barabfindung im Verschmelzungsvertrag nicht oder nicht ordnungsgemäß angeboten worden ist."

Klagen, die mit dieser Begründung erhoben werden, sind entgegen der wohl überwiegenden Auffassung nicht unzulässig[1202], sondern unbegründet.[1203] Zwar lässt sich dem Wortlaut der genannten Vorschriften keine Aussage für oder gegen eine bestimmte Deutung entnehmen. Die Frage, ob das Anfechtungsrecht

---

[1202] So BGH, ZIP 2001, 199, 200 (MEZ); BG, ZIP 2001, 412, 414 (Aqua Butzke); *Bork*, in Lutter, UmwG, § 14 Rn. 15; *Marsch-Barner*, in Kallmeyer, § 14 Rn. 13, § 32 Rn. 3; *Stratz*, in Schmitt/Hörtnagl/Stratz, § 32 UmwG Rn. 3; zu § 352c AktG a.F. *Grunewald*, in G/H/E/K, § 352c AktG Rn. 3; *Kraft*, in Kölner Kommentar, § 352c AktG Rn. 4.

[1203] Wie hier *Gehling*, in Semler/Stengel, § 14 Rn. 30, § 32 Rn. 6; zu § 352c AktG a. F. *Möller*, Verschmelzungsbeschluß, S. 154; wohl auch *Hirte*, ZHR 167 (2003), 8, 12, der den Anfechtungsausschluss als Fall fehlender Anfechtungsbefugnis (dazu s. o.) ansieht; ebenso zu der parallelen Vorschrift des § 327f Abs. 1 S. 1 AktG wohl auch LG Frankfurt, DB 2003, 1726, 1727, das im Rahmen des Unbedenklichkeitsverfahrens beim Squeeze-Out einen möglichen Anfechtungsausschluss im Zusammenhang mit der Frage nach der offensichtlichen *Unbegründetheit* der erhobenen Anfechtungsklagen erörtert; zu § 210 UmwG wohl auch KG, AG 1999, 126 (Aqua Butzke).

zugunsten eines anderen, für die Frage der Angemessenheit der Kompensation spezielleren Rechtsbehelfs zu versagen ist, ist jedoch als eine Regelung des materiellen Rechts selbst zu qualifizieren. Dem entspricht auch, dass durch die Vorgängervorschrift des § 352 Abs. 1 S. 1 AktG a. F. nicht die Anfechtungs*klage*, sondern die Anfechtung selbst – also die materielle Berechtigung des Aktionärs zur Kontrolle des Verbandshandelns – ausgeschlossen wurde.[1204] Schließlich bestimmt sich, wie noch zu zeigen sein wird, auch die inhaltlichen Reichweite des Anfechtungsausschlusses nach materiellen Wertungen des Minderheitenschutzes. Vor diesem Hintergrund scheint es vorzugswürdig, in § 14 Abs. 2 UmwG – ebenso wie anerkanntermaßen in der Fristbestimmung nach Absatz 1 der Vorschrift – eine Regelung betreffend die Begründetheit der Anfechtungsklage zu sehen.

Die Aktionäre der übernehmenden Gesellschaft können dagegen nach dem eindeutigen Wortlaut und der Entstehungsgeschichte[1205] der gesetzlichen Regelung die Festsetzung einer sie belastenden, weil aus ihrer Sicht zugunsten der Anteilseigner des Übertragers wertmäßig *zu hoch* festgelegten Kompensation weiterhin nur dadurch zu Fall bringen, dass sie gegen den Verschmelzungsbeschluss im Klagewege vorgehen. Die Einleitung eines Spruchverfahrens ist ihnen verwehrt.[1206]

### *a) Die Zuniedrig-Bemessung der Kompensation*

Deckungsgleich sind die genannten Vorschriften, soweit sie sowohl für das Umtauschverhältnis als auch für das Barabfindungsangebot die Rüge der „Zuniedrig-Bemessung“ von der Anfechtung ausnehmen. Angesprochen ist hiermit der in der Praxis wohl häufigste Fall, dass das Umtauschverhältnis zu Lasten der Aktionäre der übertragenden Gesellschaft von der Relation der Unternehmenswerte der beteiligten Rechtsträger zueinander abweicht oder dass die angebotene Barabfindung hinter dem inneren Wert ihrer Beteiligung zurückbleibt.[1207] Auf

---

1204 In diesem Sinne auch *Möller*, Verschmelzungsbeschluß, S. 154.

1205 Siehe die Begr. RegE zu § 14 Abs. 2 UmwG, abgedruckt bei *Schaumburg/Rödder*, S. 67.

1206 Eine (allerdings kostenintensivere, vgl. Fn. 18) Lösung bietet insoweit die Gestaltung der Strukturmaßnahme als Verschmelzung durch Neugründung, da Beteiligungen in diesem Fall nur an den übertragenden Rechtsträgern bestehen; zur rechtspolitischen Kritik an der Beschränkung des Klageauschlusses auf den übertragenden Rechtsträger siehe die Nachweise in Fn. 880.

1207 Erfasst sind nicht nur solche Rügen, die sich unmittelbar auf das Ergebnis der Anteilsbewertung beziehen. Nach Sinn und Zweck des Anfechtungsausschlusses müssen vielmehr auch Zwischenergebnissen und Fehler bei der Durchführung des Bewertungsverfahrens dem Geltungsbereich der betreffenden Vorschriften unterfallen. Als Kompensationsmangel sind damit etwa auch Rügen hinsichtlich der Angemessenheit der konkret angewandten Bewertungsmethode oder des angesetzten Kapitalisierungszinssatzes von der Anfechtung ausgenommen.

das objektive Maß der Abweichung zwischen Ist- und Sollwert kommt es dabei grundsätzlich nicht an.[1208] So ist auch ein krass fehlerhaftes Umtauschverhältnis, durch das eine grob unverhältnismäßige Beteiligung an dem Zielrechtsträger vorgesehen ist, der alleinigen Überprüfung im Spruchverfahren unterworfen. Soweit in der Literatur die Ansicht vertreten wird, in diesen Fällen sei unter restriktiver Auslegung des § 14 Abs. 2 UmwG die Anfechtung weiterhin statthaft[1209], kann dem nicht gefolgt werden. Zum einen lässt sich dem Wortlaut der Vorschrift keinerlei Einschränkung in dem soeben genannten Sinne entnehmen, dieser erfasst vielmehr jegliche Form der (objektiven) Zuniedrig-Bemessung ohne Rücksicht auf das Maß der Abweichung. Zum anderen sprechen auch Rechtssicherheitsgesichtspunkte gegen eine derartige Tatbestandsreduktion. Die Grenzziehung, wann ein Umtauschverhältnis zwar als fehlerhaft, aber noch dem Anfechtungsausschluss unterfallend anzusehen ist, und wann eine derart grobe Fehlkompensation anzunehmen ist, dass gegen sie die Anfechtungsklage offen steht, dürfte zu erheblichen praktischen Problemen führen.

Diese Argumentation steht nur scheinbar im Widerspruch zu der an anderer Stelle[1210] vertretenen Auffassung, dass die Schwere einer Rechtsverletzung – die naturgemäß einer wertenden und damit einer mit einem Rest an Unsicherheit behafteten Betrachtung bedarf – durchaus ein geeignetes Kriterium zur Differenzierung zwischen verschiedenen Rechtsschutzmöglichkeiten sein kann. Entscheidender Unterschied zu der hier in Rede stehenden Problematik war in den dortigen, die Relevanz von Mängeln des Verschmelzungsberichts betreffenden Fällen jedoch, dass sich zumindest die Soll-Größe (namentlich die Ordnungsgemäßheit der Erfüllung der Informationspflichten) hinreichend sicher bestimmen ließ, so dass auch das Maß der Abweichung des Ist-Zustandes einer qualitativen Bemessung zugänglich war. Im Rahmen der hier interessierenden Frage bedarf es jedoch nicht nur einer Bewertung eben dieser Abweichung. Vielmehr ist angesichts der Tatsache, dass die Bewertung des Unternehmens – wie dargestellt - von unterschiedlich wertbaren Faktoren abhängig ist, auch die Sollgröße als Bezugspunkt selbst wiederum fraglich. Aus diesen Gründen ist der unterschiedlosen Erfassung sämtlicher Grade der Zuniedrig-Bemessung durch den Wortlaut des § 14 Abs. 2 UmwG Folge zu leisten und auch eine grob unangemessene Umtauschrelation dem Anfechtungsausschluss zu unterstellen. Gleiches hat auch für § 32 UmwG bei einem offensichtlich fehlerhaften Barabfindungsangebot zu gelten.

---

1208 So im Ergebnis auch OLG Düsseldorf, ZIP 1999, 793, 794 (Thyssen Krupp); *Bork*, in Lutter, UmwG, § 14 Rn. 15; *Marsch-Barner*, in Kallmeyer, § 14 Rn. 13.

1209 So etwa *Laumann*, in Goutier/Knopf/Tulloch, § 195 UmwG Rn. 13 (zum Formwechsel).

1210 Siehe oben § 4 B. I. 3. bb) sowie auch die noch folgenden Ausführungen unter § 4 B. IV. 2. c).

Ob auch diejenigen Fälle von der Anfechtung ausgeschlossen sind, in denen die fehlerhafte Kompensationsbemessung auf ein kollusives Zusammenwirken der Organe der an der Verschmelzung beteiligten Rechtsträger zurückzuführen ist, wird ebenfalls unterschiedlich beurteilt.[1211] Die überwiegende Auffassung im Schrifttum erachtet hier eine Klage gegen den Verschmelzungsbeschluss trotz der §§ 14 Abs. 2, 32 UmwG als weiterhin statthaft.[1212] Zur Begründung – soweit eine solche überhaupt erfolgt - wird angeführt, dass Anfechtungsgrund in diesen Fälle gar nicht der zu niedrig bemessene Ausgleich, sondern der Verstoß gegen das Verbot rechtsmissbräuchlichen Verhaltens sei. Nach anderer Erklärung sollen die Vorschriften über den Klageausschluss „nur für ‚normale' Fälle auf das Spruchverfahren verweisen"[1213].

Ein Anhaltspunkt für eine solche Beschränkung der §§ 14 Abs. 2, 32 UmwG auf „normale" (?) Fälle lässt sich indes weder dem Wortlaut noch der Entstehungsgeschichte des Gesetzes entnehmen. Im Interesse der Bestandserhaltung der Strukturänderung sollten vielmehr sämtliche Fälle unzureichender Kompensation unabhängig von Art und Grund ihres Zustandekommens von der Beschlussmängelklage ausgenommen werden. Zudem macht es letztlich für den betroffenen Aktionär auch keinen Unterschied, ob die für ihn vorgesehene Kompensation vorsätzlich unangemessen festgesetzt wurde oder ob sie das Ergebnis einer unbewussten Fehlbewertung des Unternehmens ist. Das Resultat der Rechtsverletzung ist (ebenso wie der zur Verfügung stehende Rechtsschutz im Spruchverfahren) in beiden Fällen das gleiche, so dass kein sachlicher Grund ersichtlich ist, in dem einem Fall die Anfechtung zuzulassen, sie in dem anderen dagegen zu versagen. Im Interesse der Rechtssicherheit sollte daher auch die kollusive Bemessung der Kompensation dem Anfechtungsausschluss der §§ 14 Abs. 2, 32 UmwG unterstellt werden.

Ins Spruchverfahren verwiesen ist damit die Geltendmachung jeglicher Form einer zu niedrig bemessenen Ausgleichsleistung.. Denn auch mit ihnen wendet sich der Aktionär vom Ergebnis her betrachtet letztlich gegen die festgesetzte Kompensation als solche.

In diesem Zusammenhang stellt sich schließlich die Frage, ob ein Aktionär des *übertragenden* Rechtsträgers den Verschmelzungsbeschluss mit der Begründung anfechten kann, Umtauschverhältnis oder Barabfindung seien zu seinen Gunsten

---

1211 Dafür *Grunewald*, in G/H/E/K, § 352c Rn. 4; *Marsch-Barner*, in Kallmeyer, § 14 UmwG Rn. 13; zum Formwechsel teilweise ebenso *Meister/Klöcker*, in Kallmeyer, § 195 Rn. 24.

1212 *Bork*, in Lutter, UmwG, § 14 Rn. 3; *Heckschen*, in Widmann/Mayer, § 14 UmwG Rn. 44; *Kraft*, in Kölner Kommentar, § 352c AktG Rn. 5; *Schilling/Zutt*, in Hachenburg, GmbHG, 7. Aufl., § 77 Anh. II, § 31a KapErhG Rn. 4; tendenziell auch OLG Düsseldorf, ZIP 1999, 793, 794; zum Formwechsel ebenso *Decher*, in Lutter, UmwG, § 195 Rn. 13.

1213 So *Stratz*, in Schmitt/Hörtnagl/Stratz, § 14 UmwG Rn. 21.

*zu hoch* angesetzt. Dies wird von einigen Autoren unter Hinweis darauf verneint, dass durch die Vorschriften über den Klageschluss sämtliche Streitigkeiten in Bezug auf die Kompensationshöhe erfasst sein sollten und diese folglich auf den Fall der zu hohen Kompensation analog anzuwenden seien.[1214]

Die Anfechtung eines Hauptversammlungsbeschlusses durch einen Aktionär, der durch eben diesen Beschluss begünstigt ist, dürfte in der Praxis wohl einen überaus seltenen Ausnahmenfall darstellen. Zumindest theoretisch ist eine solche Klage jedoch möglich. Gegen ihre Zulässigkeit lässt sich jedenfalls nicht das fehlende Rechtsschutzbedürfnis einwenden. Denn wie bereits erörtert, setzt die Anfechtung als Instrument einer objektiven Rechtskontrolle keine subjektive Beschwer des Anfechtenden voraus.[1215] Entgegen oben genannter Auffassung ist die Klage auch nicht durch die §§ 14 Abs. 2, 32 UmwG ausgeschlossen. Der Gesetzeswortlaut, der ausdrücklich nur auf die „zu niedrig" bemessene Kompensation abstellt, ist insoweit eindeutig. Eine analoge Anwendung dieser Ausnahmevorschriften[1216] ist ebenfalls anzulehnen, da sie zu Widersprüchen gegenüber der Rechtslage bei dem übernehmenden Rechtsträger führen würde. Dessen Anteilseigner sind durch die zugunsten der Aktionäre des Übertragers zu hoch angesetzte Kompensation belastet. Nach der gesetzgeberischen Kompensation steht ihnen gegen den Verschmelzungsbeschluss jedoch die Anfechtungsklage offen, das Spruchverfahren ist ihnen dagegen verwehrt. Es erscheint nicht sinnvoll, ein und dieselbe Fehlkompensation auf der einen Seite als anfechtungsrelevant, auf der anderen Seite dagegen als von dem Anfechtungsausschluss umfasst anzusehen. Von daher ist der klare Gesetzeswortlaut zu respektieren. Entscheidend gegen die Erstreckung der §§ 14 Abs. 2, 32 UmwG auf die Geltendmachung einer zu hoch bemessen Kompensation durch die Anteilseigner des übertragenden Rechtsträgers dürfte jedoch der Umstand sprechen, dass eine Versagung der Anfechtungsklage nach der gesetzlichen Systematik nur dort in Be-

[1214] *Marsch-Barner*, in Kallmeyer, § 14 Rn. 13; § 32 Rn. 3; *Möller*, Verschmelzungsbeschluß, S. 155.

[1215] Soweit noch zutreffend *Möller*, Verschmelzungsbeschluß, S. 155.

[1216] Eine analoge Anwendung ist – entgegen häufig anzutreffender Bemerkung – auch bei Ausnahmevorschriften nicht grundsätzlich ausgeschlossen, sie hat sich nur an dem Ausnahmezweck zu orientieren, vgl. *Larenz/Canaris*, Methodenlehre, S. 175 f. Nach *Weißhaupt*, Informationsmängel, S. 220 soll es sich bei den Vorschriften über den Anfechtungsausschluss gar nicht um Ausnahme-, sondern um Konkurrenzvorschriften zur Anfechtung handeln. Zutreffend ist daran, dass Anfechtung und Spruchverfahren – wie dargelegt - in einem Konkurrenzverhältnis zueinander stehen. Sieht man das Beschlussmängelrecht in seiner Gesamtheit als Bezugsgröße an (für das Strukturänderungsrecht im Speziellen könnte in der Tat etwa anderes gelten), so hindert dies jedoch eine Qualifikation der §§ 14 Abs. 2, 32 UmwG als Ausnahmevorschriften nicht. Diese Normen statuieren für die in ihnen genannten Fälle eine Durchbrechung des allgemein geltenden aktienrechtlichen Grundsatzes, dass ein das Gesetz verletzender Beschluss der Anfechtung unterliegt, § 243 AktG. Dies ist aber gerade das Wesen einer Ausnahmevorschrift, vgl. *Larenz/Canaris*, Methodenlehre, S. 176.

tracht kommt, wo ihnen als Ausgleich das Spruchverfahren zur Verfügung steht. Wie aber bereits gesehen, kommt eine Herabsetzung von Umtauschverhältnis oder Barabfindung im Spruchverfahren nicht in Betracht. Da die Eröffnung dieses Verfahrens mit der hier in Rede stehenden Begründung einer Überkompensation damit ausgeschlossen ist (insoweit dürfte es bereits an einer ordnungsgemäßen Antragsbegründung im Sinne des § 4 Abs. 2 SpruchG fehlen), muss es folglich bei der Berechtigung des Aktionärs zur Anfechtung des Beschlusses bleiben. Praktische Bedeutung dürfte solchen „altruistischen" Klagen letztlich aber wohl kaum zukommen.

#### *b) Das fehlende Barabfindungsangebot*

Weitergehend als § 14 Abs. 2 UmwG ordnet § 32 UmwG den Ausschluss der Anfechtung des Verschmelzungsbeschlusses auch für den Fall an, dass ein Barabfindungsangebot im Verschmelzungsvertrag überhaupt nicht unterbreitet worden ist, obwohl dies nach § 29 UmwG erforderlich gewesen wäre. Dieser Unterschied zwischen den genannten Vorschriften resultiert daraus, dass das Umtauschverhältnis einen essentiellen Bestandteil des Verschmelzungsvertrages darstellt, da eine Verschmelzung ohne die Bestimmung der Umtauschrelation nicht vorstellbar ist. Das gänzliche Fehlen der Bestimmung der Umtauschrelation führt konsequenterweise zur Nichtigkeit des Verschmelzungsvertrages. Eine Heilung durch Eintragung der Verschmelzung ins Handelsregister erfolgt nicht. Folgerichtig kommt auch eine nachträgliche Festlegung des Umtauschverhältnisses durch das Spruchverfahrensgericht nicht in Betracht. Im Gegensatz dazu berührt das fehlende Barabfindungsangebot die Wirksamkeit der Verschmelzung nicht. Den schutzwürdigen Interessen der ausscheidenden Aktionäre wird dadurch Rechnung getragen, dass das Gericht nach den Vorschriften des SpruchG die angemessene Barabfindung selbständig bestimmt, § 34 S. 2 UmwG.

Der Ausschluss der Anfechtungsklage bei fehlendem Barabfindungsangebot hat indes nicht zur Folge, dass der entsprechende Verschmelzungsbeschluss als rechtmäßig anzusehen wäre. § 32 UmwG entfaltet insoweit auch keine Bindungswirkung gegenüber dem Registerrichter, dieser ist nach zutreffender Auffassung berechtigt, die Eintragung abzulehnen.[1217] Demgegenüber vertritt der Bundesgerichtshof in zwei neueren Entscheidungen zum Formwechsel die Ansicht, die Bejahung eines Eintragungshindernisses bei fehlendem Angebot gemäß § 207 UmwG stehe

[1217] *Grunewald*, in Lutter, UmwG, § 32 Rn. 3; *Marsch-Barner*, in Kallmeyer, § 32 Rn. 2; *Vollrath*, in Widmann/Mayer, § 29 UmwG Rn. 44; a. A. dagegen *Gehling*, in Semler/Stengel, § 32 Rn. 6.

> „nicht in Einklang mit den §§ 210, 212 UmwG; denn dadurch würde eine Blockade des Vollzugs der Umwandlung bewirkt, die durch den Ausschluss der Anfechtungsklage in § 210 UmwG gerade verhindert werden soll.“[1218]

Dem kann nach hier vertretener Ansicht[1219] weder für den Formwechsel noch für die Verschmelzung gefolgt werden. Die hier in Rede stehenden Vorschriften über den Anfechtungsausschluss statuieren ein Vorrangverhältnis des Spruchverfahrens ausdrücklich nur gegenüber der klageweisen Beschlussvernichtung. Die Frage nach der registerrechtlichen Pflicht zur Eintragung der Strukturänderung liegt dagegen auf einer anderen rechtlichen Ebene. Eine Eintragung der Umwandlung in diesen Fällen birgt zudem die Gefahr, dass die dissentierenden Gesellschafter mangels Abfindungsangebots überhaupt keine Kenntnis von ihrer Abfindungsberechtigung erlangen und infolgedessen die ihnen gesetzte Frist zur Annahme des Angebots nach den §§ 31, 209 UmwG verstreichen lassen.[1220] Insoweit wird man das vollständige Fehlen eines Barabfindungsangebots als einen derart schwerwiegenden Rechtsverstoß zu qualifizieren haben, dass man den Registerrichter nicht für verpflichtet halten kann, diesen (im Gegensatz zu dem zu niedrigen oder dem nicht ordnungsgemäßen Angebot) offensichtlichen Mangel einfach hinzunehmen und die Umwandlung einzutragen.

#### c) *Das nicht ordnungsgemäße Barabfindungsangebot*

Von dem Klageausschluss des § 32 UmwG erfasst ist schließlich der Fall, dass die Barabfindung „nicht ordnungsgemäß angeboten“ worden ist, wenn also das Angebot seiner Art nach nicht den verschmelzungsrechtlichen Vorgaben entspricht. Bei genauerer Betrachtung stellt sich diese Alternative als Auffangtatbestand dar, welcher die vorstehend erörterten, spezielleren Konstellationen fehlerhafter Kompensationen mit umfasst. So ist etwa im Fall eines fehlenden Angebots die Barabfindung gleichzeitig nicht ordnungsgemäß, weil eben überhaupt nicht angeboten. Fehlende Ordnungsgemäßheit wird man ohne semantische Brüche auch bei der Zuniedrig-Bemessung annehmen können.

Gestützt wird die Qualifikation dieser Normalternative als Auffangtatbestand durch die Systematik der dem § 32 UmwG entsprechenden Vorschrift des § 305 Abs. 5 AktG. Diese bezieht sich für den Zustimmungsbeschluss zum Abschluss eines aktienrechtlichen Unternehmensvertrags zunächst ebenfalls auf diejenigen Konstellationen, in denen der Vertrag „keine angemessene“ (Satz 1) oder „überhaupt keine“ Abfindung vorsieht (Satz 2 Alt. 1). Dies entspricht den hier behan-

---

[1218] BGH, ZIP 2001, 199, 201 (MEZ); gleichsinnig BGH, ZIP 2001, 412, 414 (Aqua Butzke); ebenso *Bärwaldt*, in Semler/Stengel, § 210 Rn. 4; *Meister/Klöcker*, in Kallmeyer, § 210 Rn. 8; ablehnend *Decher*, in Lutter, UmwG, § 210 Rn. 3.

[1219] Siehe hierzu schon unter § 4 B. I. 1. c).

[1220] *Grunewald*, in Lutter, UmwG, § 32 Rn. 32.

delten Alternativen des zu niedrig bemessenen sowie des fehlenden Barabfindungsangebotes in § 32 UmwG. (Lediglich) in der Diktion abweichend konkretisiert § 305 Abs. 5 S. 2 Alt. 2 AktG den dritten Fall des nicht ordnungsgemäßen Abfindungsangebot als eine „den Absätzen 1 bis 3 nicht entsprechende Abfindung". In eben diesen in Bezug genommenen Absätzen des § 305 AktG ist aber auch die grundsätzliche Pflicht zur Unterbreitung des Angebotes sowie das Postulat der Angemessenheit desselben niedergelegt. Ein fehlendes oder nicht angemessenes Angebot entspricht folglich zugleich nicht den Absätzen 1 bis 3. Diese Wertung lässt sich trotz der sprachlichen Abweichung - welche letztlich nur in der Vielgestaltigkeit der denkbaren nicht ordnungsgemäßen Angebote im Sinne des § 305 AktG begründet liegen dürfte – auf das Verhältnis der verschiedenen Alternativen des § 32 UmwG zueinander übertragen.

Mit dieser Erkenntnis ist freilich noch nichts für die Bestimmung gewonnen, in welchen Fällen die Tatbestandsvariante des nicht ordnungsgemäßen Barabfindungsangebotes auch tatsächlich zum Tragen kommt. Lässt man hier die Verletzung abfindungswertbezogener Informationspflichten zunächst einmal außer Acht, so erfasst die Vorschrift diejenigen Fälle, in denen das Angebot unklar, widersprüchlich, unvollständig oder zu unbestimmt formuliert ist.[1221] Letzteres ist insbesondere dann anzunehmen, wenn die konkrete Höhe des Angebotes nicht angegeben ist. Nicht ordnungsgemäß weil unvollständig angeboten ist die Barabfindung auch dann, wenn sie sich lediglich auf einen der Höhe nach beschränkten Teil der Anteile des berechtigten Aktionärs bezieht und damit entgegen der gesetzlichen Regelung nicht die gesamte Beteiligung umfasst. Das Gleiche gilt auch dann, wenn der Vorstand statt einer baren Geldzahlung ein Surrogat, etwa in Form von Gesellschaftsanteilen an einem anderen Unternehmen anbietet. Dieses kann der abfindungsberechtigte Aktionär zwar an Erfüllungs Statt annehmen, ordnungsgemäß angeboten werden kann eine solche Ersatzleistung jedoch nur zusätzlich zu einer gleichzeitig offerierten Barabfindung im Sinne des § 29 Abs. 1 UmwG. Schließlich wird man aus Gründen der Klarheit anzunehmen haben, dass zur Ordnungsgemäßheit des Angebotes auch ein Hinweis darauf gehört, dass die Berechtigung zu seiner Annahme von der Erklärung eines Widerspruchs zur Niederschrift gegen den Hauptversammlungsbeschluss abhängig ist.

Da entsprechend der bereits an anderer Stelle gegebenen Begründung den ausscheidungswilligen Anteilseignern auch das Recht zu einem Teilsaustritt zusteht[1222], ist das Abfindungsgebot ferner dann fehlerhaft, wenn es diese Mög-

---

1221 In diesem Sinne - jeweils mit Abweichungen im Detail - *Gehling*, in Semler/Stengel, § 32 Rn. 4; *Grunewald*, in Lutter, UmwG, § 32 Rn. 4; *Kalss*, in Semler/Stengel, § 34 Rn. 8; *Marsch-Barner*, in Kallmeyer, § 32 Rn. 2.

1222 Siehe hierzu die Ausführungen unter § 3 A. III. 3. c) cc) (3).

lichkeit ausdrücklich ausschließt. Dagegen wird man ein Angebot, welches die nur teilweise Annahme nicht ausdrücklich zulässt, aus den oben genannten Gründen dennoch dahingehend auszulegen haben, dass eine solche unter Wahrung des Rechts zum Teilaustritt möglich sein soll.

Im Zusammenhang mit der zu niedrig bemessenen Kompensation wurde nachgewiesen, dass das Recht der Anteilseigner des übertragenden Rechtsträgers zur Anfechtung des Verschmelzungsbeschlusses bestehen bleibt, soweit die Klage ausnahmsweise auf eine unangemessen hohe Festsetzung des Ausgleichs gestützt wird. Aus denselben Gründen kann eine zu hohe Barabfindung daher folgerichtig auch nicht als eine nicht ordnungsgemäß angebotene Abfindung angesehen werden.

### 2. Die Geltendmachung wertbezogener Informationsdefizite - Gleichbehandlung materieller und informationeller Kompensationsmängel?

Sind entsprechend den vorangegangenen Ausführungen inhaltliche Angriffe gegen die Bemessung von Umtauschverhältnis und Barabfindung in das Spruchverfahren verwiesen, so stellt sich hieran anknüpfend die Frage, wie die Dinge liegen, wenn ein Aktionär die Verletzung solcher Informations- und Auskunftsrechte rügt, die sich ihrem Gegenstand nach auf die Art und Weise der Kompensationsermittlung beziehen. Sind derartige Informationsrügen ebenfalls von dem Anfechtungsausschluss der §§ 14 Abs. 2, 32 UmwG erfasst und damit der Exklusivität des Spruchverfahrens als abschließendem Rechtsbehelf unterstellt, oder können sie weiterhin im Wege einer gegen den Verschmelzungsbeschluss gerichteten Anfechtungsklage geltend gemacht werden?

#### *a) Bisherige Entwicklung*

In der Entscheidung „DAT/Altana II“[1223] aus dem Jahre 1989 hat der Bundesgerichtshof diese Frage in letztgenanntem Sinne beantwortet. Dort hatte das Gericht über eine Anfechtungsklage zu befinden, die auf die Erteilung eines den gesetzlichen Anforderungen nicht genügenden Verschmelzungsberichts gestützt war. Das Gericht gab dem klägerischen Begehren mit der Begründung statt, dass

> „§ 352c AktG [*scil.* § 14 Abs. 2 UmwG] nur dann eingreift, wenn der Aktionär den Verschmelzungsbeschluß mit der Begründung anficht, das Umtauschverhältnis der Aktien sei zu niedrig bemessen. Eine Anfechtungsklage, die mit der Begründung erho-

[1223] BGH, ZIP 1990, 168 (DAT/Altana II).

> ben wird, das Umtauschverhältnis sei rechtlich und wirtschaftlich nicht hinreichend erläutert und begründet worden, schließt diese Vorschrift nicht aus."[1224]

Gleichsinnig entschied der Bundesgerichtshof in Sachen „SSI I"[1225]. Dort hatte ein Aktionär den Hauptversammlungsbeschluss einer abhängigen Aktiengesellschaft über die Zustimmung zu einem Unternehmensvertrag unter Hinweis auf die unzureichende Beantwortung seines Auskunftsverlangens angefochten, dem er zu Recht Bedeutung für die Kontrolle der Angemessenheit des vorgesehenen (festen) Ausgleichs beigemessen hatte. In der Urteilsbegründung führte der Senat aus, eine Anfechtung könne zwar nach der gesetzlichen Regelung des § 304 Abs. 3 S. 2 AktG nicht darauf gestützt werden, der im Vertrag bestimmte Ausgleich sei nicht angemessen. Dies schließe jedoch eine auf die Verletzung kompensationsbezogener Informationspflichten gegründete Beschlussmängelklage nicht aus. Der Aktionär müsse schließlich in der Lage sein

> „zu beurteilen, ob der vereinbarte Ausgleich angemessen ist und der Zustimmung zum Vertrag unter diesem Gesichtspunkt keine Bedenken entgegenstehen."[1226]

In der Entscheidung „SSI II" übertrug der Bundesgerichtshof dieses Ergebnis mit fast wortgleicher Begründung auf die Nichterteilung von Hauptversammlungsauskünften, denen der Anfechtungskläger berechtigterweise Bedeutung für die Prüfung der Angemessenheit der Barabfindung nach § 305 Abs. 1 AktG beigemessen hatte.[1227]

Diese Judikatur, der sich in der Folge auch die instanzgerichtliche Rechtsprechung anschloss[1228], hatte jedoch zur Konsequenz, dass der gesetzlich angeordnete Anfechtungsausschluss für kompensationsbezogene Mängel dadurch „ausgehebelt" werden konnte, dass man in der Klagebegründung von der Rüge mangelhafter Bewertung auf die Rüge unzureichender Information bezüglich dieser Bewertung umstellte. Die Behauptung einer mangelhaften Erläuterung der Kompensation stellte damit oftmals den „Auftakt" für einen gegen die Bewertung selbst gerichteten Angriff dar. In der Literatur wurde es zudem als wertungs- und systemunstimmig kritisiert, auf der einen Seite materielle Kompensationsmängel in das Spruchverfahren zu verweisen, auf der anderen Seite jedoch hinsichtlich der Rüge mangelhafter kompensationsbezogener Information die Beschlussanfechtung zuzulassen. Von daher war es eine der zentralen Forderungen des rechtswissenschaftlichen Schrifttums bei Begleitung der Umwandlungsrechtsreform, *de lege ferenda* - jedenfalls *de lege lata* sah man sich ganz über-

---

[1224] BGH, ZIP 1990, 168, 170 (DAT/Altana II).

[1225] BGH, ZIP 1993, 751 (SSI I).

[1226] BGH, ZIP 1993, 751, 761 (SSI I); kritisch hierzu *Hirte*, ZGR 1994, 644, 659 f.

[1227] BGH, ZIP 1995, 1256, 1258 (SS II).

[1228] Vgl. nur KG, AG 1999, 126; OLG Düsseldorf, ZIP 1999, 793; OLG Hamm, BB 1999, 1234; OLG München, ZIP 1992, 327; AG 1994, 418; LG Heidelberg, AG 1996, 523; LG Nürnberg-Fürth, AG 1995, 141; zuletzt OLG Koblenz, ZIP 2001, 1095.

wiegend an dieses Ergebnis gebunden[1229] - informationelle Defizite, die sich lediglich auf die angebotene Kompensation bezogen, ebenfalls ausdrücklich von der Anfechtungsmöglichkeit auszunehmen und dem Spruchverfahren zu unterstellen.[1230] Dieser Aufforderung an den Gesetzgeber hatte sich schließlich auch die wirtschaftsrechtliche Abteilung des 63. Deutschen Juristentages im Jahre 2000 in Leipzig angeschlossen: Der dort mit großer Mehrheit gefasste Beschluss Nr. 11 b) lautete:

> „In allen Fällen, in denen die Bewertungsrüge in das Spruchverfahren verwiesen ist, sollte die Anfechtungsklage für Rügen unzureichender Information über Bewertungsfragen ausgeschlossen sein."[1231]

Diese Anregungen aufgreifend, hatte der Bundesrat im Zuge des Gesetzgebungsverfahrens zum Umwandlungsgesetz 1994 in seiner Stellungnahme zum Regierungsentwurf vorgeschlagen, den Anfechtungsausschluss nach § 14 Abs. 2 UmwG auch auf den Fall der unzureichenden Erläuterung des Umtauschverhältnisses zu erweitern.[1232] Die Bundesregierung hat sich in ihrer Gegenäußerung jedoch diesem Vorschlag unter Hinweis darauf verschlossen, dass zum einen eine weitere Einschränkung des Anfechtungsrechts nur dann in Betracht komme, wenn der betroffene Anteilseigner sein Anliegen auf andere Weise verfolge könne. Das Spruchverfahren biete hierfür jedoch keine ausreichende Möglichkeit, da nicht sicher sei, ob es in diesem Verfahren tatsächlich zu einer Verbesserung des Umtauschverhältnisses komme. Zum anderen gewähre das in § 16 Abs. 3 UmwG geregelte Unbedenklichkeitsverfahren einen hinreichenden Schutz vor einer Blockade des Verschmelzungsvorhabens durch missbräuchlich erhobene Anfechtungsklagen.[1233]

---

[1229] Siehe nur *Hommelhoff*, ZGR 1993, 452, 471 sowie die Schrifttumsnachweise bei *Kleindiek*, NZG 2001, 552, 553; anders dagegen *Hirte*, ZGR 1994, 644, 659 f. zu § 304 Abs. 3 S. 2 AktG, demzufolge die gesetzliche Regelung eine solche Auslegung nicht verbiete.

[1230] *Arbeitskreis Umwandlungsrecht*, ZGR 1993, 321, 323; *Bork*, ZGR 1993, 343, 354; *Hommelhoff*, ZGR 1993, 452, 471; Handelsrechtsausschuss des DAV, WM 1993, Sonderbeilage 2, Rn. 54; *Röhricht*, in IdW (Hrsg.), Reform des Umwandlungsrechts, S. 64, 68; *ders.*, ZHR 156 (1992), 203, 225; ebenso schon *Boujong*, in FS Kellermann, S. 1, 14; *Heckschen*, WM 1990, 377, 387; *Hommelhoff*, ZGR 1990, 447, 474; abweichend *Bayer*, ZGR 1995, 613, 617 f.; *ders.*, in VGR Bd. 2 (2000), S. 35, 53; *Schindler*, Austrittsrecht, S. 150 f.; *Zeidler*, NZG 1999, 510, 511; wohl auch *Lutter*, in Lutter, UmwG, § 8 Rn. 55.

[1231] Abgedruckt in DB 2000, 2108, 2109.

[1232] Siehe die Stellungnahme des Bundesrates zu § 14 Abs. 2 UmwG-E, abgedruckt bei *Schaumburg/Rödder*, S. 67 f.

[1233] Gegenäußerung der Bundesregierung zur Stellungnahme des Bundesrates, abgedruckt bei *Schaumburg/Rödder*, S. 68 f.

### *b) Die Entscheidungen des Bundesgerichtshofs in Sachen „MEZ" und „Aqua Butzke"*

Unter ausdrücklicher Aufgabe seiner bisherigen Rechtsprechungsrichtlinie hat der Bundesgerichtshof die – in Aussage und Begründung nahezu identischen - Entscheidungen in Sachen „MEZ"[1234] und „Aqua Butzke"[1235] zum Anlass genommen, sich der Kritik der Schrifttums anzuschließen und abfindungswertbezogene Informationsdefizite im Rahmen der formwechselnden Umwandlung nach §§ 190 ff. UmwG ebenfalls dem Anfechtungsausschluss nach § 210 UmwG zu unterstellen. Die Kernaussage dieser Judikate fasst das Gericht in dem amtlichen Leitsatz zusammen:

> „Der in den §§ 210, 212 UmwG für die Fälle des zu niedrigen, des nicht ordnungsgemäßen und des fehlenden Barabfindungsangebotes normierte Ausschluss von Klagen gegen den Umwandlungsbeschluss gilt auch insoweit, als die von der Strukturmaßnahme betroffenen Anteilsinhaber die Verletzung von Informations-, Auskunfts- oder Berichtspflichten im Zusammenhang mit der gem. § 207 UmwG anzubietenden Barabfindung geltend machen. Solche die Abfindung betreffenden abfindungswertbezogenen Informationsmängel können ausschließlich im Spruchverfahren gem. §§ 305 ff. UmwG [*scil.* §§ 1 ff. SpruchG] gerügt werden."

Gleiches soll nach Ansicht des Bundesgerichtshofs – der im Zuge der Urteilsbegründung seine frühere Entscheidung in Sachen „SSI II" ausdrücklich aufgibt - jedenfalls auch für den Ausschluss der Anfechtung im Zusammenhang mit dem bei Abschluss eines Unternehmensvertrages entstehenden Barabfindungsanspruch gemäß § 305 Abs. 5 AktG gelten.[1236]

Im Folgenden sollen zunächst die der neuen Judikatur zugrunde liegenden Ausgangsfälle sowie ihre tragenden Entscheidungsgründe dargestellt werden. In einem weiteren Schritt schließt sich eine kritische Betrachtung dieser Entscheidungen an, in deren Rahmen auch die Frage nach der Übertragbarkeit der für den Formwechsel begründeten Ergebnisse auf die Verschmelzung sowie nach der gegenständlichen Reichweite der – hier dem Grunde nach befürworteten – neuen Rechtsprechungsrichtlinie untersuchen werden soll.

#### *aa) Der zugrundeliegende Sachverhalt*

Im Falle der MEZ-AG hatte die außerordentliche Hauptversammlung im Jahre 1996 die Umwandlung der Aktiengesellschaft in eine Gesellschaft mit beschränkter Haftung beschlossen. Dieser Beschluss wurde in erster Linie wegen des Fehlens eines Prüfungsberichts angefochten, woraufhin die Hauptversamm-

[1234] BGH, ZIP 2001, 199 (MEZ).
[1235] BGH, ZIP 2001, 412 (Aqua Butzke).
[1236] BGH, ZIP 2001, 199, 202 (MEZ); BGH, ZIP 2001, 412, 415 (Aqua Butzke).

lung, der der Prüfungsbericht mittlerweile vorlag, den früheren Umwandlungsbeschluss im Jahre 1997 gemäß § 244 AktG bestätigte und die Entlastung des Vorstandes beschloss. Gegen diesen Bestätigungsbeschluss wurde von einigen ausscheidenden Minderheitsaktionären[1237] wiederum Anfechtungsklage erhoben, mit der die Kläger eine Verletzung ihres Auskunftsrechts im Hinblick auf Herleitung, Plausibilität und Angemessenheit des Barabfindungsangebotes geltend machten, da Fragen hinsichtlich der im Prüfungsbericht erwähnten Dokumentation des Vorstandes über die Ermittlung der angebotenen Abfindung sowie hinsichtlich bewertungsrelevanter Daten, wie etwa der zukünftigen Geschäftentwicklung, des Beteiligungsbuchwertes der MEZ-AG in der Bilanz ihrer Großaktionärin und des betriebsnotwendigen Vermögens, nicht oder nur unzureichend beantwortet worden seien. Ferner rügten sie Informationsdefizite des nach § 192 UmwG zu erstattenden Umwandlungsberichts sowie des Prüfungsberichts nach § 208 UmwG i. V. m. §§ 30 Abs. 2, 12 UmwG hinsichtlich der in ihnen enthaltenen Ausführungen zur Ermittlung der angemessenen Barabfindung. Die Anfechtungskläger blieben ebenso wie in der Vorinstanz[1238] auch vor dem Bundesgerichtshof ohne Erfolg.

Im Fall der Berliner Aqua Butzke-Werke AG bildete ebenfalls ein Hauptversammlungsbeschluss zur Umwandlung der AG in eine GmbH aus dem Jahre 1996 den Gegenstand des Verfahrens. Die klagenden Minderheitsaktionäre rügten, der Umwandlungsbericht sei mangelhaft, da er keine nachvollziehbaren und plausiblen Ausführungen zu der Ermittlung der zu gewährenden Barabfindung enthalte. Zudem habe die Beklagte den von ihr eingeholten Umwandlungsprüfungsbericht den widersprechenden Aktionären weder vor noch in der Hauptversammlung zur Verfügung gestellt und Fragen zu diesem Bericht grundlos verweigert. Der Bundesgerichtshof wies die Anfechtungsklage ab und hob die Entscheidung des *Kammergerichts*[1239], das als Berufungsinstanz in Übereinstimmung mit der bis dahin ständigen höchstrichterlichen Rechtsprechung der Klage stattgegeben hatte, unter Hinweis auf die Vorrangigkeit des Spruchverfahrens auf.

### *bb) Die tragenden Entscheidungsgründe des Bundesgerichtshofs*

Die hier in Rede stehenden Judikate fallen - ihre praktische Bedeutung einmal ausgeblendet – bereits durch den erheblichen argumentativen Aufwand auf, mit dem das Gericht seine Entscheidung zu begründen sucht. Die wesentlichen Argumentationslinien sollen im Folgenden kurz dargestellt werden.

---

[1237] Auch hier waren wieder Personen aus dem Kreis der bereits bekannten „Berufskläger" beteiligt, vgl. die betreffenden Anmerkungen bei *Luttermann*, BB 2001, 382, 383.

[1238] OLG Karlsruhe, NZG 1999, 604, zustimmend *Bungert*, NZG 1999, 605 ff.

[1239] KG, AG 1999, 126, mit zustimmender Anmerkung *Zeidler*, NZG 1999, 510 f.

*(1) Verortung des Ergebnisses im Gesetzeswortlaut*

§ 210 UmwG schließt – in weitgehender sprachlicher Übereinstimmung mit § 32 UmwG – Klagen gegen den Umwandlungsbeschluss aus, soweit diese darauf gestützt werden, dass das nach § 207 UmwG erforderliche Barabfindungsangebot „ zu niedrig bemessen oder dass die Barabfindung im Umwandlungsbeschluss nicht oder nicht ordnungsgemäß angeboten worden ist.“ Die letztgenannte Alternative erfasst nach Ansicht des Senats auch Verletzungen von Informations- und Mitteilungspflichten im Hinblick auf das Abfindungsangebot. Bei derartigen Informationsrechtsverletzungen sei die Abfindung „sowohl im Wort- als auch im Rechtssinne ‚nicht ordnungsgemäß angeboten‘ worden“[1240]. Soweit eine Verletzung des Auskunftsrechts durch unterbliebene oder fehlerhafte Beantwortung abfindungsrelevanter Fragen geltend gemacht werde, stehe dies dem nicht ordnungsgemäßen Angebot im Sinne des § 210 UmwG zumindest gleich.[1241] Die dergestalt vorgenommene Einbindung des Ergebnisses in den Gesetzeswortlaut des § 210 UmwG zählt freilich nicht zu den entscheidungstragenden Argumenten, sondern diente dem Gericht lediglich zur grammatikalischen Abstützung des primär durch teleologische und systematische Erwägungen begründeten Urteilspruchs.

*(2) Normzweckorientierte Argumentation*

In den Vordergrund stellt der Bundesgerichtshof eine teleologische Betrachtung des Zusammenspiels zwischen dem Anfechtungsausschluss des § 210 UmwG für abfindungswertbezogene Streitigkeiten und der durch § 212 UmwG angeordneten Verweisung derartiger Rügen in das Spruchverfahren. Ziel dieser Regelung sei es, das Spannungsfeld zwischen den Interessen der Gesellschaft und der in ihr verbleibenden Anteilseigner einerseits und der im Zuge der Umwandlung ausscheidenden Aktionäre andererseits aufzulösen.[1242] Das berechtigte Unternehmensinteresse an einer zügigen, blockadefreien Durchführung der Strukturmaßnahme schütze das Umwandlungsrecht durch die den Umfang der Eintragungssperre gemäß § 198 Abs. 3 i.V.m. § 16 Abs. 2 und 3 UmwG einschränkende Versagung der Anfechtungsklage nach § 210 UmwG. Den schutzwürdigen Belangen der ausscheidungswilligen Anteilsinhaber an einer vollwertigen Entschädigung trage dagegen § 212 UmwG insofern Rechnung, als diese die ihnen angebotene Barabfindung im Spruchverfahren auf ihre Angemessenheit hin überprüfen und gegebenenfalls heraufsetzen lassen können. Einwendungen,

---

[1240] BGH, ZIP 2001, 199, 201 (MEZ); BGH, ZIP 2001, 412, 414 (Aqua Butzke); in diesem Sinne schon OLG Karlsruhe, NZG 1999, 604.

[1241] BGH, ZIP 2001, 199, 201 (MEZ); diese Qualifikation der Auskunftsrechtsverletzung als bloß mittelbar von § 210 UmwG erfasster Anwendungsfall findet sich in BGH, ZIP 2001, 412, 141 (Aqua Butzke) nicht mehr.

[1242] BGH, ZIP 2001, 199 f. (MEZ); BGH, ZIP 2001, 412, 413 (Aqua Butzke).

die die unzureichende Erläuterung der Barabfindung betreffen, dienten aber – so der Senat weiter – „fast ausschließlich dem Ziel, die ‚Hauptrüge', das Angebot sei zu niedrig, zu begründen." Die Zulassung solcher kompensationsbezogener Rügen zur Anfechtung würde folglich den „Gesetzeszweck, die Durchführung der im Unternehmensinteresse liegenden Umwandlung nicht durch einen bloßen Streit über die Höhe der Abfindung zu blockieren, unterlaufen."[1243] Dass der Bundsgerichtshof in diesem Zusammenhang nicht nach Art und Schwere des konkret in Rede stehenden Informationsmangels differenziert, folgt bereits aus dem allumfassend formulierten Leitsatz, der in seiner Generalität jegliche Form der „Verletzung von Informations-, Auskunfts- oder Berichtspflichten im Zusammenhang mit der gem. § 207 UmwG anzubietenden Barabfindung" unterschiedslos erfasst.

#### (3) *Systematische Auslegung – das argumentum a maiore ad minus*

Nach Auffassung des Bundesgerichtshofs vermögen jedoch die vorstehend erläuterten teleologischen Erwägungen für sich alleine genommen noch nicht den Ausschluss informationsbezogener Anfechtungsklagen zu stützen. Die bloße Bezugnahme auf das zu niedrige Angebot greife für das hier in Rede stehende Problem zu kurz, da – insoweit bestätigt das Gericht seine bisherige Rechtsprechung - die Information über die Abfindung auch dem weitergehenden Ziel diene, dem noch unentschlossenen Gesellschafter die Beurteilung zu ermöglichen, ob die angebotene Kompensation angemessen ist und der Zustimmung zu der Umwandlung unter diesem Gesichtspunkt keine Bedenken entgegenstehen.[1244]

In den Mittelpunkt seines nachfolgenden Begründungsgangs rückt der Senat daher eine Betrachtung des systematischen Zusammenhangs der drei Tatbestandsvarianten des § 210 UmwG, aus dem er den weitergehenden Ausschluss von Anfechtungsklagen für abfindungswertbezogene Informationspflichtverletzungen ableitet. § 210 UmwG schließe die Anfechtung nicht nur bei zu niedriger oder nicht ordnungemäß angebotener Barabfindung, sondern auch für den Fall aus, dass ein Abfindungsangebot im Umwandlungsbeschluss völlig fehlt. Das Fehlen des Barabfindungsangebotes löse aber gleichzeitig das weitestgehende Informationsdefizit des Aktionärs bezüglich der ihm zustehenden Barabfindung aus. Denn soweit ein solches Angebot überhaupt nicht bestehe, könne auch keine Herleitung und Erläuterung desselben im Umwandlungsbericht, keine Angemessenheitsprüfung und keine der verschiedenen umwandlungsspezifischen Mitteilungen im Vorfeld der beschlussfassenden Versammlung erfolgen. Ebenso könne es keine wesentlichen mündlichen Erläuterungen des Umwandlungsbeschlusses auf

---

[1243] BGH, ZIP 2001, 199, 200 (MEZ); BGH, ZIP 2001, 412, 413 (Aqua Butzke).

[1244] Vgl. BGH, ZIP 2001, 199, 200 (MEZ); BGH, ZIP 2001, 412, 413 (Aqua Butzke); ebenso schon BGH, ZIP 1990, 168, 190 (DAT/Altana II); BGH, ZIP 1993, 751, 761 (SSI I); BGH; ZIP 1995, 1256, 1258 (SSI II).

der Hauptversammlung in Bezug auf ein fehlendes Angebot geben. Gleiches gelte, da „die Informationspflicht als Gesamtheit zu sehen ist", auch für abfindungsbezogene Auskünfte nach § 131 Abs. 1 AktG.[1245] Wenn nun aber - so der erkennende Senat im Wege eines *argumentum a maiore ad minus* - das Gesetz sogar für den einen vollständigen Informationsausfall bewirkenden Fall der fehlenden Barabfindung die Anfechtungsklage ausschließt und diesbezügliche Rügen in das Spruchverfahren verweist, so müsse dies erst recht gelten, wenn – als geringerer Mangel im Hinblick auf die Willenbildung der Aktionäre - eine Auskunftsverletzung in Form des nur unvollständig oder mangelhaft begründeten und erläuterten (aber bestehenden) Abfindungsangebotes geltend gemacht wird.[1246] Diese Rechtslage führe zwar dazu, dass die Gesellschaft durch das Unterlassen von Angaben Streitigkeiten ganz oder teilweise in das Spruchverfahren verlagern könne. Sie sei jedoch angesichts der gesetzlichen Rechtsschutzkonzeption hinzunehmen, zumal es denjenigen Aktionären, die nicht gewillt sind, diesen Unsicherheitsfaktor hinzunehmen, frei stehe, die Umwandlung insgesamt abzulehnen.[1247]

#### *(4) Historische Überlegungen*

Der Bundesgerichtshof sieht sich – anders als noch das *Kammergericht* in der Vorinstanz zu „Aqua Butzke"[1248] - an der Erstreckung des Klageausschlusses auf kompensationsbezogene Informationsrügen auch nicht durch den Gang des Gesetzgebungsverfahrens zu § 14 Abs. 2 UmwG gehindert. Wie bereits dargelegt, war der Vorschlag des Bundesrates, Informationsdefizite im Rahmen der Verschmelzung ins Spruchverfahren zu verweisen, nach ablehnender Gegenäußerung der Bundesregierung, nicht Gesetz geworden. Diesem Umstand lassen sich jedoch nach Auffassung des Gerichts keine sicheren Rückschlüsse für die entsprechende Problematik beim Formwechsel entnehmen, zumal ein vergleichbarer Hinweis in die Gesetzesmaterialien zu §§ 210, 212 UmwG nicht aufgenommen worden sei. Unterstützend führt das Gericht die bewusste gesetzgeberische Erweiterung des Klageausschlusses nach § 210 UmwG gegenüber der früheren Regelung in § 375 Abs. 2 S. 2 und 3 AktG a.F., § 13 UmwG 1969 an,

---

[1245] BGH, ZIP 2001, 199, 200 f. (MEZ); BGH, ZIP 2001, 412, 413 f. (Aqua Butzke); die einzig erteilbare (wahrheitsgemäße) Information, die der Vorstand in diesen Fällen geben könne, sei, dass man das Angebot schlicht vergessen oder bewusst unterlassen habe.

[1246] BGH, ZIP 2001, 199, 201 (MEZ); demgegenüber hatte das Kammergericht als Vorinstanz in Sachen „Aqua Butzke" noch betont, die fehlende Erläuterung der Barabfindung sei kein „minderer Fall" bzw. kein „minus", sondern eine andere Fallgestaltung, vgl. KG, AG 1999, 127, 128.

[1247] BGH, ZIP 2001, 199, 201 (MEZ); BGH, ZIP 2001, 412, 414 (Aqua Butzke).

[1248] KG, AG 1999, 127, 128; gleichsinnig auch die Stellungnahme von *Baums*, Gutachten F für den 63. DJT, S. 71: „Wegen der eindeutigen Entscheidung des Gesetzgebers sind aber die Gerichte gehindert, von sich aus ihre Rechtsprechung in dem vorgeschlagenen Sinne zu ändern".

welche für die Fälle des fehlenden und des nicht ordnungsgemäßen Angebotes noch eine bloß subsidiäre Eröffnung des Spruchverfahrens gegenüber der Anfechtungsklage vorsah.[1249]

### *cc) Kritische Würdigung*

Die Resonanz dieser Grundsatzentscheidungen im rechtswissenschaftlichen Schrifttum war angesichts ihrer - im Einzelnen noch nicht genau absehbaren - Auswirkungen auf die Unternehmenspraxis erheblich.[1250] Die Reaktionen reichen, je nach Interessenstandpunkt, von völliger Ablehnung der geänderten Judikatur bis hin zu vorbehaltsloser Zustimmung.[1251] Eine Zwischenposition nehmen dabei diejenigen Autoren ein, die die Entscheidungen zwar vom Ergebnis her begrüßen, ihre dogmatische Abstützung durch den Bundesgerichtshof bzw. ihre Vereinbarkeit mit dem geltenden Recht jedoch als zumindest zweifelhaft ansehen.[1252]

Nach hier vertretener Auffassung ist die neue Rechtsprechung – dies sei an dieser Stelle vorweggenommen – zwar nicht in ihrer Generalität, so doch in ihrer Grundtendenz als rechtpolitisch begrüßenswert und mit der *lex lata* vereinbar anzusehen. Sie zielt indes mit ihrer undifferenzierten Erfassung sämtlicher ab-

---

1249 BGH, ZIP 2001, 199, 201 f. (MEZ); BGH, ZIP 2001, 412, 414 (Aqua Butzke).

1250 Eingehend besprochen werden die Entscheidungen von *Bärwaldt*, GmbHR 2001, 251 f.; *Heckschen*, NotBZ 2001, 206 ff.; *Henze*, in RWS-Forum Gesellschaftsrecht 2001, S. 39, 44 ff.; *ders.*, ZIP 2002, 97, 104 ff.; *Hirte*, ZHR 167 (2003), 8 ff.; *Hoffmann-Becking*, in RWS-Forum Gesellschaftsrecht 2001, S. 55, 60 ff.; *Kallmeyer*, GmbHR 2001, 204; *Kleindiek*, NZG 2001, 552 ff.; *Luttermann*, BB 2001, 382 ff.; *Marsch-Barner*, LM UmwG Nr. 9, 5/2001; *Mülbert*, in FS Ulmer, S. 433, 443 ff.; *Mutter*, BGH-Report 2001, 204; *H. Schmidt*, in FS Ulmer, S. 543, 545 ff.; *Sinewe*, DB 2001, 690 f.; *Vetter*, in FS Wiedemann, S. 1323 ff.; *Wenger*, EWiR § 210 UmwG 1/01, 331 f.; *Witt*, WuB II N. § 210 UmwG 2.01; vgl. auch *Fritzsche/Dreier*, BB 2002, 737 ff.; *Priester*, in JbFfSt 2001/2002, S. 271 ff.

1251 Spricht etwa *Vetter*, in FS Wiedemann, S. 1323 von einem „mutigen Schritt" zur „Verbesserung der Rechtssicherheit", so verurteilt freilich *Wenger*, EWiR § 210 UmwG 1/01, 331 die Entscheidung des BGH als „einen neuen Höhepunkt von Bestrebungen […], die Abwehrrechte von Minderheitsaktionären einzuschränken"; zumindest vom Ergebnis her betrachtet wird die neue Rechtsprechung jedoch von der weit überwiegenden Zahl der Autoren (vgl. vorherige Fußnote) begrüßt; kritisch gegenüber der neuen Rechtsprechung dagegen *Grunewald*, in Lutter, UmwG, 3. Auflage, § 32 Rn. 5 (erscheint demnächst); *dies.*, in Münchener Kommentar, § 327f AktG Rn. 6 (erscheint demnächst); *dies.*, ZIP 2002, 18, 21; *dies./Müller*, JZ 2001, 1120, 1131; *Emmerich*, in Emmerich/Habersack, Aktien- und GmbH-Konzernrecht, § 293 AktG Rn. 38a f.; *Emmerich/Sonnenschein/Habersack*, Konzernrecht, S. 220 f.; zurückhaltend auch *Decher*, in Großkomm. AktG, § 131 Rn. 65b; *Bärwaldt*, GmbHR 2001, 251, 252.

1252 So etwa das Fazit von *Marsch-Barner*, GmbHR 2001, 204, demzufolge die Entscheidung des BGH „einen von der Intention her lobenswerten, aber methodisch gescheiterten Versuch dar[stellt], ein praktisches Problem zu lösen".

findungswertbezogener Informationsmängel über das rechtlich zulässige und vor dem Hintergrund eines effektiven Minderheitenschutzes wünschenswerte Ziel hinaus. Im Folgenden sollen These und Begründung der beiden Urteile einer eingehenden kritischen Betrachtung unterzogen und die Grenzen dieses Ansatzes aufgezeigt werden.

*(1) Das Wortlautargument*

Der Bundesgerichtshof gewinnt sein Ergebnis offenbar nicht aus einer gesetzesübersteigenden Rechtsfortbildung, sondern verortet es im Wege einer extensiven grammatikalischen Auslegung im Wortlaut des § 210 UmwG. Dieses methodische Vorgehen folgt zwar noch nicht aus den eingangs zitierten Leitsätzen, da diese nur die „Geltung" der §§ 210, 210 UmwG für bewertungsbezogene Informationsmängel postulieren, die Herleitung des Geltungsgrundes hier aber im Unklaren bleibt.[1253] Sie lässt sich jedoch recht deutlich den Entscheidungsgründen entnehmen, soweit das Gericht dort, ohne näher auf den semantischen Begriffsinhalt der Norm einzugehen, apodiktisch feststellt, dass im Falle abfindungswertbezogener Informationspflichtverletzungen die Barabfindung nicht nur im Rechts- sondern auch im *Wortsinne* des § 210 UmwG „nicht ordnungsgemäß angeboten" sei.[1254]

Dass eine solche Wortlautauslegung nicht haltbar ist, zeigt ein Blick auf das kontextuelle Zusammenspiel der drei Tatbestandsalternativen des § 210 UmwG. Aus der Gleichsetzung des zu niedrigen und des fehlenden mit dem nicht ordnungsgemäß angebotenen Abfindungsangebot folgt, dass sich letzteres ebenso wie die übrigen Varianten nur auf die inhaltliche Ausgestaltung des Angebotes selbst, nicht dagegen auf die Einhaltung der das Angebot flankierenden Verfahrensvorschriften bezieht.[1255] In diesem Sinne wurde bereits an anderer Stelle aufgezeigt, dass das nicht ordnungsgemäße Angebot als ein der Sache nach die beiden übrigen Alternativen einschließender Auffangtatbestand zu qualifiziert ist. Sehr deutlich tritt diese Schlussfolgerung zudem bei einem Vergleich mit der

---

[1253] Zutreffend *Weißhaupt*, Informationsmängel, S. 219.

[1254] Dagegen könnte die noch in BGH, ZIP 2001, 199, 201 (MEZ) anzutreffende vorsichtige Bemerkung, die Verletzung des Auskunftsrechts hinsichtlich bewertungsrelevanter Fragen stehe dem nicht ordnungsgemäßen Angebot zumindest gleich, zumindest hinsichtlich § 131 AktG auf eine Analogiebildung hindeuten; ebenso wird die analogieverwandte Rechtsfigur des *argumentum a maiore ad minus* eher dem Bereich der Rechtsfortbildung zuzuordnen sein, vgl. *Bydlinski*, Methodenlehre, S. 479 f.

[1255] Vor diesem Hintergrund ebenfalls kritisch gegenüber der Wortlautauslegung des BGH *Kallmeyer*, GmbHR 2001, 251; *Klöhn*, AG 2002, 443, 445; *Weißhaupt*, Informationsmängel, S. 221 f.; *Wilsing/Kruse*, DB 2002, 1539, 1540; ohne nähere Begründung ebenso *Bärwaldt*, GmbHR 2001, 251; zustimmend dagegen *Hirte*, ZHR 167 (2003), 8, 10; *Hüffer*, AktG, § 243 Rn. 18a f.; *Röhricht*, in VGR Bd. 5 (2002), S. 3, 30; wohl auch *Kleindiek*, NZG 2001, 552, 554.

seitens des BGH selbst in Bezug genommen Vorschrift des § 305 Abs. 5 AktG zu Tage. In der Formulierung abweichend, in der Sache jedoch gleichbedeutend wird dort das nicht ordnungsgemäße Angebot als eine „den Absätzen 1 bis 3 nicht entsprechende Abfindung" bezeichnet. Diese Absätze regeln aber ausschließlich die Frage nach der inhaltlichen Ausgestaltung der Abfindung.

Aus eben diesem Grunde stellt schließlich § 210 UmwG auch nur auf den Fall ab, dass die Barabfindung *im Umwandlungsbeschluss* nicht oder nicht ordnungsgemäß angeboten worden ist. In Bezug genommen sind damit auch hier wiederum lediglich Verstöße gegen den notwendigen Inhalt des Zustimmungsbeschlusses (§ 194 Abs. 1 Nr. 6 UmwG). Die ordnungsgemäße Erfüllung abfindungsbezogener Informationspflichten in Umwandlungs- und Prüfungsbericht sowie auf der Hauptversammlung gehört nicht hierzu.[1256] Die vom BGH vorgenommene Extension des Gesetzeswortlautes übersteigt daher die Grenzen einer zulässigen grammatikalischen Auslegung. Ihre rechtstechnische Abstützung können die gewonnen Grundsätze damit nur im Wege der Rechtsfortbildung erlangen.

*(2) Der Erst-Recht-Schluss des Bundesgerichtshofs*

Tragendes Argument der Urteilsbegründung ist der auf dem systematischen Zusammenhang der drei Tatbestandalternativen gründende Erst-Recht-Schluss zu dem Fall des fehlenden Barabfindungsangebotes. Wenn das Gesetz die Anfechtung für die Konstellation des zu niedrigen, des nicht ordnungsgemäßen und – dies ist entscheidend – sogar des gänzlich fehlenden Abfindungsangebotes ausschließt, so könne erst recht die bloß unzureichende Erfüllung von Informationspflichten nicht zu einer weiterreichenden Sanktionierung in Form der Eröffnung der Anfechtungsmöglichkeit führen. Auf den ersten Blick scheint dieser Gedankengang in der Tat zwingend.[1257] Bei genauerer Betrachtung vermag er jedoch aus zwei Gründen nicht zu überzeugen.

Der erste Kritikpunkt gründet auf einer Rechtsfolgenbetrachtung. Sieht man den Erst-Recht-Schluss mit dem Bundesgerichtshof als tragendes Begründungselement für den Ausschluss kompensationsbezogener Informationsmängel an, so

---

[1256] *Kallmeyer*, GmbHR 2001, 204; siehe auch den zutreffend Hinweis von *Weißhaupt*, Informationsmängel, S. 220, dass Auskunftspflichtverletzungen in der Hauptversammlung, die der Entäußerung des Angebotes naturgemäß zeitlich nachfolgen, begriffslogisch kaum dazu führen können, dass die Barabfindung als nicht ordnungsgemäß angeboten anzusehen ist.

[1257] So *Hoffmann-Becking*, in RWS-Forum Gesellschaftsrecht 2001, S. 55, 61; der Argumentation des BGH zustimmend *Henze*, ZIP 2002, 97, 104; *ders.*; BB 2002, 893, 898; *Hirte*, ZHR 167 (2003), 8, 10 f; *Kleindiek*, NZG 2001, 552, 555; *Röhricht*, in VGR Bd. 5 (2002), S. 3, 30; *Vetter*, in FS Wiedemann, S. 1323, 1330; jedenfalls im Hinblick auf das fehlende Angebot auch *Marsch-Barner*, LM UmwG Nr. 9, 5/2001.

lässt sich dieses Ergebnis lediglich für diejenigen strukturänderungsspezifischen Kompensationsansprüche herleiten, bezüglich derer das Gesetz nicht nur die Rüge des zu niedrigen bzw. nicht ordnungsgemäßen, sondern ausdrücklich auch des fehlenden Abfindungsangebotes ausschließt. Neben dem Formwechsel erfasst sein könnte damit jedenfalls die Abfindung bei der Verschmelzung, (§ 32 UmwG), der Spaltung (§§ 125, 32 UmwG), der Vermögensübertragung (§§ 176, 32 UmwG), der Teilvermögensübertragung (§§ 177, 125, 32 UmwG) sowie wohl auch die Abfindung bei Abschluss eines Unternehmensvertrages (§ 305 Abs. 5 AktG).[1258] Dagegen ließe sich eine Erstreckung des Anfechtungsausschlusses auf Informationsmängel im Zusammenhang mit essentiellen[1259] Ausgleichsansprüchen wie dem verschmelzungsrechtlichen Umtauschverhältnis nicht rechtfertigen, da in diesen Fällen lediglich die Rüge des nicht angemessenen Ausgleichs in das Spruchverfahren verwiesen ist. Eine unterschiedliche Behandlung von Informationsdefiziten im Hinblick auf Abfindung auf der einen und Ausgleich auf der anderen Seite vermag aber – wie im Folgenden noch genauer zu zeigen sein wird – angesichts der vergleichbaren Interessenlage nicht zu befriedigen.[1260]

Daneben begegnet das referierte *argumentum a maiore ad minus* auch ernsthaften methodologischen Bedenken. Diese betreffen zum einen die Prämisse des Bundesgerichtshofs, zum anderen und hiermit eng verbunden das von Seiten des Gerichts angenommene Stufenverhältnis zwischen materiellen und informationellen Kompensationsmängeln.

---

1258 Für eine weitgehende Erstreckung der neuen Rechtsprechung auf umwandlungs- und aktienkonzernrechtliche Abfindungsansprüche *Hüffer*, AktG, § 243 Rn. 18b; *ders.*, ZGR 2001, 833, 860; *Gehling*, in Semler/Stengel, § 32 Rn. 5; *Henze*, in RWS-Forum Gesellschaftsrecht 2001, S. 39, 51 ff.; *ders.*; ZIP 2002, 97, 106; *Hoffmann-Becking*, in RWS-Forum Gesellschaftsrecht 2001, S. 55, 63 ff.; *Kleindiek*, NZG 2001, 552, 554; *Mülbert*, in FS Ulmer, S. 433, 444 ff.; *Sinewe*, DB 2001, 690 f.; *Witt*; WuB II N. § 210 UmwG 2.01; im Hinblick auf die fehlende Erwähnung der nicht ordnungsgemäßen Abfindung in § 305 Abs. 2 UmwG für den unternehmensvertraglichen Abfindungsanspruch zweifelnd *Vollrath*, in Widmann/Mayer, § 210 UmwG Rn. 9; da nach hier vertretener Ansicht trotz des abweichenden Gesetzeswortlautes ein Unterschied in der Sache nicht besteht, erscheinen diese Zweifel jedoch unbegründet.

1259 Zu der – als Differenzierungskriterium m. E. nicht tauglichen, siehe unter § 4 B. IV. 2. c) bb) (2) (a) – Unterscheidung von essentiellen Ausgleichs- und bloß akzidentiellen Abfindungsansprüchen siehe *Hoffmann-Becking,* in RWS-Forum Gesellschaftsrecht 2001, S. 55, 64 ff.

1260 Zumindest de lege lata eine Erweiterung des Anfechtungsausschlusses auf ausgleichsrelevante Informationsmängel ablehnend *Hoffmann-Becking*, in RWS-Forum Gesellschaftsrecht 2001, S. 55, 63 ff., der in der ausdrücklichen Aufgabe nur der „SSI II"-Entscheidung einen „versteckten Hinweis" auf eine unterschiedliche Behandlung der wertbezogenen Informationsrüge bei § 304 und § 305 AktG auch durch den BGH sieht.

Ausgangspunkt des Bundesgerichtshofs ist die Überlegung, dass das völlige Fehlen eines Barabfindungsangebots gleichzeitig das „weitest gehende Informationsdefizit des Anteilsinhabers“ im Hinblick auf die ihm angebotene Abfindung bewirke.[1261] Soweit der Senat sich zur Begründung darauf stützt, dass zu einem nicht existenten Angebot auch keinerlei sachlich-inhaltliche Information erteilt werden könne, ist diese Erkenntnis formallogisch in der Tat zutreffend. Indes wurde bereits in anderem Zusammenhang herausgestellt, dass diese Schlussfolgerung einer genaueren Folgenbetrachtung nicht Stand hält. Unter dem Gesichtpunkt eines durch Information zu gewährleistenden Minderheitenschutzes birgt die gänzlich fehlende Informationserteilung aufgrund ihrer leichteren Erkennbarkeit für die Aktionäre häufig ein weitaus geringeres Gefahrenpotential als die unrichtige Information.[1262] Der gänzliche Ausfall von Informationen stellt folglich zwar das quantitativ, nicht unbedingt dagegen das qualitativ weitreichendste Informationsdefizit dar.

Ähnliche Erwägungen lassen den Erst-Recht-Schluss des Bundesgerichtshofs auch in normativer Hinsicht zumindest bedenklich erscheinen. Zulässig wäre er nur dann, wenn zwischen der fehlenden Barabfindung und der unzureichenden abfindungsbezogenen Information ein wertungsmäßiges Stufenverhältnis bestünde. Begründungsansatz eines *argumentum a maiore ad minus* ist ja gerade die Erkenntnis, dass „wenn nach dem Gesetz nicht einmal der gewichtigere Sachverhalt eine bestimmte Rechtsfolge auslöst, so erst recht nicht der weniger gewichtige.“[1263] Der Bundesgerichtshof legt seinen Überlegungen ein solches *maius-minus*-Verhältnis ausdrücklich zugrunde, wenn er ausführt, dass ein bloß informationelles Defizit gegenüber dem Fall des gänzlich fehlenden Abfindungsangebots als „geringerer Mangel im Hinblick auf die Willenbildung des Aktionärs“[1264] anzusehen ist.[1265]

---

[1261] BGH, ZIP 2001, 199, 200 (MEZ); BGH, ZIP 2001, 412, 413 (Aqua Butzke).

[1262] Siehe oben § 4 B. I. 3. b) cc); aus denselben Erwägungen heraus kritisch gegenüber dem Erst-Recht-Schluss des BGH auch *Luttermann*, BB 2001, 382, 383; *Kallmeyer*, GmbHR 2001, 204; *Klöhn*, AG 2002, 443, 445; *Mülbert*, in FS Ulmer, S. 433, 443 ff.; *Weißhaupt*, Informationsmängel, S. 224 ff.

[1263] *Bydlinski*, Methodenlehre, S. 479.

[1264] BGH, ZIP 2001, 199, 201 (MEZ); diese Aussage erscheint vor dem Hintergrund der an anderer Stelle referierten „Sachsenmilch III“-Entscheidung (s. o. § 4 B. I. 3. c) bb)), mit der der Bundesgerichtshof unter Hervorhebung der besonderen Bedeutung der Informationserteilung für die Aktionäre die Anfechtbarkeit wegen Informationsdefiziten erleichtert hatte, zumindest bemerkenswert.

[1265] Noch weitergehend *Witt*, WuB II N. § 210 UmwG 1.01, demzufolge es „der Vorstellung des Gesetzgebers [entspricht], dass der ausscheidungswillige Anteilsinhaber vor der Beschlussfassung über den Formwechsel keinerlei Informationen über die Abfindung benötigt.“ Ein Verfechter dieser Auffassung müsste sich aber wohl auch die begründete Frage gefallen lassen, für wen dann der Gesetzgeber das vielschichtige System umwandlungsspezifischer Vorab-Informationspflichten geschaffen hat.

Diese Sichtweise begegnet in ihrer Verallgemeinerung durchgreifenden Bedenken, wenn man sich die Funktion abfindungswertrelevanter Information noch einmal vor Augen führt. Sie dient auf der einen Seite dem Zweck, die Angemessenheit der angebotenen Kompensation einer Plausibilitätskontrolle durch die Aktionäre zugänglich zu machen. Diese sollen sich ein Bild darüber machen können, ob das unterbreitete Angebot dem Postulat einer sie wirtschaftlich voll entschädigenden Kompensation gerecht wird. Die Entscheidung über die Angemessenheit und damit die Bestimmung des wahren Inhaltes der Abfindung erfolgt jedoch letztlich und ausschließlich im Spruchverfahren. Der Erläuterung und Begründung der Barabfindung kommt vor diesem Hintergrund die weitere Aufgabe zu, dem Aktionär die Entscheidung zu ermöglichen, ob er das Angebot einer Angemessenheitskontrolle im Spruchverfahren unterziehen will bzw. ob ein solches Verfahren aussichtsreich erscheint.

Soweit diese weitergehende Funktion wertbezogener Information von weiten Teilen der Literatur bestritten wird[1266], kann dem insbesondere im Hinblick auf die Neuregelung der Antragsstellung durch das Spruchverfahrensneuordnungsgesetz nicht gefolgt werden. Wie oben dargestellt, statuiert § 4 Abs. 2 SpruchG nunmehr eine Pflicht zur Begründung des Antrags dergestalt, dass der Antragsteller„konkrete Einwendungen“ gegen den vom Antragsgegner als Grundlage der Kompensation ermittelten Unternehmenswert vorbringen muss. Andernfalls kann der Antrag als unzulässig zurückgewiesen werden. Auch wenn dies freilich nur dann gilt, wenn sich die Aktionäre im Besitz der erforderlichen Informationen befinden, so lässt sich dem Gesetz doch zumindest die Wertung entnehmen, dass diesen auch für das „Ob“ eines Spruchverfahrens Bedeutung beizumessen ist, da andernfalls eine sinnvolle Antragstellung nicht möglich ist. Aber auch ungeachtet dieser Substantiierungspflicht scheint es nur folgerichtig, der kompensationsbezogenen Informationserteilung die Funktion einer Entscheidungsgrundlage hinsichtlich der Frage nach den Aussichten einer Überprüfung im Spruchverfahren beizumessen, da im Falle ihrer unzureichenden Erfüllung der betroffene Aktionär gezwungen wäre, das Spruchverfahren gleichsam „ins Blaue hinein“ betreiben zu müssen. Dies stünde aber in einem Wertungswiderspruch zu der Neuregelung der Kostentragungspflicht in § 15 Abs. 4 SpruchG. Hiernach sollen die Antragsteller zukünftig ihre Kosten grundsätzlich selbst tragen, sofern nicht das Gericht aus Gründen der Billigkeit ausdrücklich anordnet, dass diese ganz oder zum Teil vom Antragsgegner zu erstatten sind. Zur Vermeidung von „übereilten oder mutwilligen“ Antragstellungen soll Leit-

---

[1266] *Henze*, ZIP 2002, 97, 106; *Mülbert*, in FS Ulmer, S. 433, 446; *Witt*, WuB II N. § 210 UmwG 1.01; ebenso *Baums*, Gutachten F für den 63. DJT, S. 127 f., der zur Begründung seiner Auffassung u. a. auf den – nunmehr allerdings nur noch eingeschränkt geltenden – Amtsermittlungsgrundsatz im Spruchverfahren abstellt; im Ergebnis wie hier dagegen *Lutter*, in Lutter, UmwG, § 8 Rn. 55; *Kallmeyer*, GmbHR 2001, 204.

linie für die Kostenverteilung ausweislich der Regierungsbegründung der Ausgang des Verfahrens sein. Denn es sei „einleuchtend, dass die Antragsteller ihre Kosten tragen müssen, wenn keine Erhöhung der Leistung des Antragstellers erreicht wird.“[1267] Sinnvoll kann diese gesetzgeberische Vorgabe aber wohl nur dann umzusetzen sein, wenn der Antragsteller irgendeinen Anhaltspunkt hat, anhand dessen er die Erfolgsaussichten eines Spruchverfahrens einzuschätzen vermag. Denn nur in diesem Fall scheint eine Kostentragungspflicht des erfolglosen Antragstellers auch tatsächlich „einleuchtend“. Diesen Anhaltspunkt wird er regelmäßig aber nur durch die gesetzlich vorgeschriebene, kompensationsbezogene Informationserteilung erlangen können. Vor diesem Hintergrund vermag es nicht zu überzeugen, der Erteilung wertbezogener Informationen eine willensbildende Funktion hinsichtlich der Entscheidung über das „Ob“ der Einleitung eines Spruchverfahrens abzusprechen.

Legt man der Betrachtung ein solches funktionales Verständnis wertbezogener Information zugrunde, so ist ein Stufenverhältnis zwischen materiellen und informationellen Kompensationsdefiziten nicht auszumachen. Aufgrund der weitergehenden Kontrollfunktion der Informationspflichten stellen sie nicht lediglich ein *minus*, sondern (zumindest auf diesen Zweck bezogen) ein *aliud* dar.

Dass die These von dem Informationsdefizit als einem Mangel mit vergleichsweise geringerer Auswirkung auf die Willenbildung der Anteilseigner letztlich nicht zwingend ist, erhellt sich letztlich auch bei einem Blick auf die Sachlage bei gänzlich fehlender Abfindung. Ohne dass es irgendeiner Informationserteilung bedarf, können die Aktionäre in diesem Fall die Abweichung zwischen Ist und Soll und damit die Mangelhaftigkeit des gesamten Vorganges erfassen.[1268] Gleichzeitig ist ihnen damit die Erkenntnis gesichert, dass ein Antrag auf gerichtliche Bestimmung der Barabfindung in einem fraglos erfolgreich und ohne eigenes Kostenrisiko verlaufenden Spruchverfahren zu stellen ist. Insoweit lässt sich die fehlende Unterbreitung eines Barabfindungsangebotes nur schwerlich als gewichtigerer Sachverhalt, von dem aus im Wege des Erst-Recht-Schlusses auf eine bestimmte Behandlung kompensationsbezogener Informationsmängel geschlossen werden kann, einordnen.

### *(3) Die gesetzgebungsgeschichtliche Argumentation des Bundesgerichtshofs*

Wie oben dargelegt, hatte bereits der Bundesrat in seiner Stellungnahme zu dem Regierungsentwurf des § 14 Abs. 2 UmwG eine Erstreckung des Anfechtungsausschlusses auf die unzureichende Erläuterung und Begründung des Umtauschverhältnisses vorgeschlagen, die jedoch infolge der ablehnenden Gegen-

---

[1267] Begr. RegE zu § 15 SpruchG, BT-Drucks. 15/371, S. 17 f.
[1268] Zutreffend insoweit *Mülbert*, in FS Ulmer, S. 433, 446.

äußerung der Bundesregierung nicht Gesetz geworden ist. Für den Formwechsel hat der Bundesgerichtshof dieser Gesetzgebungsgeschichte keine Bedeutung beigemessen. Sichere Rückschlüsse für den Anfechtungsausschluss im Zusammenhang mit der Barabfindung gemäß § 210 UmwG lasse sie nicht zu, zumal ein vergleichbarer Hinweis in den Gesetzesmaterialien zu den §§ 210, 212 UmwG fehle.[1269]

Führt man sich noch einmal die Begründung der Bundesregierung gegen die Erweiterung des angeregten Anfechtungsausschlusses vor Augen, so wird man entgegen der Ansicht des Gerichts aber wohl doch auf einen entgegenstehenden generalisierbaren Willen des Gesetzgebers zu schließen haben. Abgelehnt wurde der Vorschlag des Bundesrates unter Hinweis darauf, dass eine Beschränkung des Anfechtungsrechts nur dann in Betracht komme, wenn der betroffene Anteilseigner sein Anliegen auf andere Weise verfolgen kann. Hierfür biete aber weder das Auskunftserzwingungsverfahren nach § 132 AktG noch das Spruchverfahren eine ausreichende Rechtsschutzmöglichkeit. Als geeignetes Instrument zur Überwindung rechtsmissbräuchlicher Anfechtungsklagen stelle das Gesetz zudem das Unbedenklichkeitsverfahren nach § 16 Abs. 3 UmwG zur Verfügung.[1270]

Es lässt sich wohl kaum behaupten, dass sich die vorgebrachten Bedenken in spezifischer Weise nur auf das verschmelzungsrechtliche Umtauschverhältnis beziehen. Wie *Mülbert*[1271] zutreffend aufgezeigt hat, treffen alle genannten Erwägungen vielmehr in gleicher Weise auch auf die unzureichend erläuterte Barabfindung beim Formwechsel zu. Auch in den den Entscheidungen „MEZ und „Aqua Butzke" zugrunde liegenden Konstellationen kann der Aktionär mit der auf Auskunftserteilung gerichteten Klage nach § 132 AktG von vorneherein keine Erhöhung der Barabfindung erreichen. Eine vorgeschaltete gerichtliche Durchsetzung des Primäranspruchs auf Informationserteilung kommt schon in Anbetracht der laufenden Frist für die Einleitung eines Spruchverfahrens gemäß § 4 SpruchG nicht in Betracht, wenn sich der betroffene Aktionär nicht seines

[1269] BGH, ZIP 2001, 199, 201 f. (MEZ); BGH, ZIP 2001, 412, 414 (Aqua Butzke).
[1270] Gegenäußerung der Bundesregierung zu § 14 UmwG, abgedruckt bei *Schaumburg/Rödder*, S. 68.
[1271] *Mülbert*, in FS Ulmer, S. 433, 447 f.; auch *Henze* als Mitglied des erkennenden II. Zivilsenates des Bundesgerichtshofs konzediert, dass die Überlegungen des Gesetzgebers jedenfalls auch auf das Beteiligungsverhältnis beim Formwechsel zu übertragen sind, vgl. *Henze*, in RWS-Forum Gesellschaftsrecht 2001, S. 39, 51 f.

Nachbesserungsanspruchs begeben will.[1272] Zudem ist dem antragstellenden Aktionär ebenso wenig wie eine Erhöhung des Umtauschverhältnisses im Spruchverfahren eine Verbesserung der ihm angebotenen Barabfindung nach § 210 UmwG garantiert. Schließlich trifft auch die Erwägung, dass einer missbräuchlichen Anfechtungsklage durch das Unbedenklichkeitsverfahren nach § 16 Abs. 3 UmwG entgegengetreten werden kann, auf sämtliche umwandlungsrechtlichen Kompensationsansprüche gleichermaßen zu, da es hierbei keinerlei Unterschied macht, ob die Klage – so sie denn überhaupt als rechtsmissbräuchlich zu qualifizieren ist – nun auf die Verletzung von Informationsmängeln hinsichtlich des Umtauschverhältnisses oder aber des Barabfindungsangebotes gestützt ist. Da die gesetzgeberischen Bedenken in sachlicher Hinsicht unterschiedslos für sämtliche hier in Rede stehenden Konstellationen Geltung beanspruchen, kann es auch nicht maßgeblich auf den Umstand ankommen, dass sie in den Gesetzesmaterialien lediglich für das Umtauschverhältnis ihren Niederschlag gefunden haben.[1273]

*(4) Umgehungsgefahr*

Angesprochen wurde die Gefahr einer Umgehung des gesetzlichen Anfechtungsausschlusses durch ein Umstellen der Klagebegründung bereits im Zusammenhang mit der Kritik der Literatur an der bisherigen höchstrichterlichen Rechtsprechung. Diesen Gesichtpunkt nimmt nunmehr auch der Bundesgerichtshof in seinen Argumentationsgang auf. Seiner Auffassung nach dienen Rügen, mit denen abfindungswertbezogene Informationsmängel beanstandet werden, den klagenden Aktionären regelmäßig als Vehikel, um sich in Umgehung des Anfechtungsausschlusses letztlich doch gegen das Kompensationsangebot selbst zu wenden. Hierdurch werde die Intention des Gesetzes, die Durchführung der im Unternehmensinteresse liegenden Strukturmaßnahme nicht durch einen bloßen Streit über die Höhe der Abfindung zu blockieren, unterlaufen.[1274]

Diesem Befund kann angesichts des empirisch nachweisbaren Stellenwerts von Informationsrügen in der Anfechtungspraxis wohl nicht ernsthaft widersprochen

[1272] In Anbetracht der üblichen Dauer vieler Auskunftsverfahren ändert hieran auch die gegenüber § 305 UmwG a. F. um einen Monat verlängerte Frist des § 4 SpruchG nichts; zu dieser Fristproblematik ebenso *Kallmeyer*, GmbHR 2001, 204; siehe auch *Witt*, WuB II N. § 210 UmwG 2.01, demzufolge die Fristen für die Annahme des Barabfindungsangebotes und die Einleitung des Spruchverfahrens nicht vor dem rechtskräftigen Abschluss des Auskunftserzwingungsverfahrens zu laufen beginnen sollen; dieses Ergebnis dürfte aber wohl de lege lata kaum möglich sein.

[1273] Zu der hieran anschließenden Frage, ob die hier referierte Gesetzgebungsgeschichte einer Deutung der lex lata im Sinne der neuen BGH-Linie wirklich entgegensteht, siehe unter § 4 B. IV. 2. c) bb) (2) (b).

[1274] BGH, ZIP 2001, 199, 200 (MEZ); BGH, ZIP 2001, 412, 413 (Aqua Butzke).

werden.[1275] Freilich kann er aber für sich alleine gesehen den Ausschluss informationsbezogener Klagen nicht rechtfertigen. Allein die begründete Gefahr einer missbräuchlichen Ausnutzung eines Rechts kann, sofern dieses tatsächlich besteht, nicht dazu führen, dass den Begünstigten dieses Recht gänzlich versagt wird. Denn eine derartige Vorgehensweise würde eine übermäßige Sanktion darstellen, welche über den konkreten Fall der missbräuchlichen Gesetzesumgehung hinaus auch dort eingreift, wo das Recht in Einklang mit der gesetzlichen Ordnung geltend gemacht wird. Anzusetzen ist demnach bei der Frage, ob und inwieweit nach der gesetzlichen Konzeption überhaupt ein (Anfechtungs-) Recht zu gewähren ist. Im Rahmen dieser Entscheidung kann die Problematik einer nach Möglichkeit zu minimierenden Missbrauchsgefahr lediglich - aber immerhin - ergänzend Berücksichtigung finden.

##### *(5) Abgrenzung von abfindungswertbezogenen und sonstigen umwandlungsrelevanten Informationen*

Auf ein praktisches Folgeproblem der neuen Judikatur hat jüngst *Grunewald*[1276] hingewiesen: Der durch die formal eindeutige Grenzziehung des Bundesgerichtshofs – abfindungsbezogene Informationsmängel unterfallen dem Spruchverfahren, sonstige Informationsmängel können weiterhin zur Anfechtung berechtigen – erweckte Anschein erhöhter Rechtssicherheit trügt. Denn es ist keineswegs klar, welche Informationen als im Sinne der neuen Rechtsprechung abfindungsbezogen einzustufen sind und welche nicht. Da nahezu sämtliche vorgeschriebenen Informationen in irgendeiner Form für die Berechnung der Abfindung von Relevanz seien, steht *Grunewald* zufolge zu befürchten, dass praktisch jede Anfechtung wegen Informationsmängeln „illusorisch“ würde.[1277]

Zuzugeben ist diesem Befund jedenfalls, dass die gebotene Grenzziehung keinesfalls so klar ist, wie es auf den ersten Blick scheint. Sicherlich wird man als abfindungsrelevant diejenigen Angaben einzustufen haben, die sich unmittelbar auf die ertragswert- bzw. cash-flow-gestützte Unternehmensbewertung beziehen wie etwa Informationen zu Gewinnprognose, Kapitalisierungszinssatz, Risikozuschlag oder nicht-betriebsnotwendigem Vermögen. Schwieriger erscheint dagegen schon die Beurteilung einer unterlassenen Auslegung von Jahresabschlüs-

[1275] Vgl. die Untersuchungsergebnisse bei *Baums/Vogel/Tacheva*, ZIP 2000, 1649, 1652 sowie die diesbezügliche Stellungnahme von *Baums*, Gutachten F für den 63. DJT, S. 125.

[1276] *Grunewald*, in Lutter, UmwG, 3. Auflage, § 32 Rn. 5 (erscheint demnächst); *dies.*, in Münchener Kommentar, § 327f AktG Rn. 6 (erscheint demnächst); *dies.*, ZIP 2002, 18, 21; ebenso schon *dies.*, in G/H/E/K, § 352c AktG Rn. 7; a.A. *Weißhaupt*, Informationsmängel, S. 83.

[1277] *Grunewald*, ZIP 2002, 18, 21.

sen oder Lageberichten.[1278] Selbst die Angaben, die der Vorstand bei der Verschmelzung in Bezug auf die unternehmerische Sinn- und Vorteilhaftigkeit der Maßnahme zu erteilen hat, können nicht von vorne herein kategorisch aus dem Kreis kompensationsbezogener Information ausgeschieden werden, da wie bereits aufgezeigt auch in letzterem Zusammenhang beispielsweise die zu prognostizierende Geschäftsentwicklung eine Rolle spielen kann. Ebenso kommt den unechten Verbundeffekten eine solche „Doppelrelevanz" zu, da sie einerseits als Rechnungsgröße Eingang in die Abfindungsbemessung finden[1279], andererseits ihre Realisierung im Rahmen der Frage nach dem „Ob" der Strukturänderung Bedeutung erlangen kann. Vor diesem Hintergrund stellt sich in der Tat die Frage, auf welche Informationsdefizite nach den „MEZ"- und „Aqua Butzke"-Grundsätzen eine Anfechtungsklage überhaupt (noch) gestützt werden kann.

#### *(6) Zwischenergebnis*

Die bisherige Untersuchung hat gezeigt, dass die vorstehende systematische Argumentation des Bundesgerichtshofs die Erstreckung des Anfechtungsausschlusses auf abfindungswertbezogene Informationsdefizite nicht zu stützen vermag. Nichtsdestoweniger sind die normzweckorientierten und pragmatischen Erwägungen, die sich in den Urteilsbegründungen finden, nicht von der Hand zu weisen. Die Auflösung des Spannungsfeldes zwischen dem Vollzugsinteresse der Gesellschaft und den berechtigten Informationsinteressen der betroffenen Aktionäre hat sich damit in erster Linie an der teleologischen Ausrichtung des Gesetzes zu orientieren. Das Hauptaugenmerk wird dabei auf die Frage zu legen sein, inwieweit nach der Wertung von einfachgesetzlichem und höherrangigem Recht eine rechtspolitisch wünschenswerte Zielsetzung zu erreichen ist, ohne hierbei den Minderheitenschutz über Gebühr einzuschränken.

### *c) Eigener Ansatz*

Diesen Leitlinien folgend, soll im Zuge der weiteren Untersuchung ein eigener Lösungsvorschlag unterbreitet werden. Hierbei sind zunächst die dem Ausschluss materieller Kompensationsmängel zugrundeliegende *ratio legis* sowie die für die Behandlung kompensationsbezogener Informationsdefizite zu beachtenden rechtlichen Vorgaben näher zu beleuchten. Daran anschließend soll der hier in teleologischer Extension der gesetzlichen Vorschriften über den Verweis von Kompensationsrügen ins Spruchverfahren zu entwickelnde Ansatz eines gegenüber der neuen BGH-Linie eingeschränkten Anfechtungsausschlusses informationeller Defizite anhand dieser Kriterien überprüft werden. Tragende Über-

---

[1278] Hier eine Abfindungsrelevanz und damit in Übertragung der neuen Judikatur auf den Squeeze-Out einen Anfechtungsausschluss bejahend LG Hamburg, ZIP 2003, 948, 950.

[1279] Siehe hierzu schon unter § 4 B. IV. 2. b) cc) (5).

legung dieses Ansatzes ist, dass das Spannungsfeld zwischen dem Informationsinteresse der betroffenen Aktionäre und dem berechtigten Vollzugsinteresse des Unternehmens nur anhand einer wertenden Differenzierung zwischen einfachen und qualifizierten Informationspflichtverletzungen sachgerecht aufzulösen ist.

### *aa) Vorgaben durch höherrangiges Recht*

Für die Behandlung von Informationsmängeln im Rahmen der Verschmelzung gilt es zunächst die europarechtliche Dimension des verschmelzungsrechtlichen Informationssystems zu beachten.[1280] Hintergrund dieser Informationspflichten ist - wie bereits im Zusammenhang mit den einzelnen Berichts- und Auslagepflichten dargelegt wurde – die Inkorporation der Vorgaben der EU-Verschmelzungsrichtlinie in das deutsche Recht. Zwar lässt sich der Richtlinie selbst keine Äußerung hinsichtlich konkreter Rechtsfolgen einer Verletzung der dort statuierten Pflichten entnehmen. Jedoch muss sich eine Auslegung[1281] der umwandlungsgesetzlichen Bestimmungen auch an dem Gebot des Art. 10 EGV messen lassen, die Einhaltung von im Gemeinschaftsrecht gründenden Pflichten durch eine ausreichende Sanktionierung sicherzustellen.[1282] Ob die neue Rechtsprechungslinie des Bundesgerichtshofs – so sie denn auf europarechtlich koordinierte Strukturmaßnahmen wie die Verschmelzung zu übertragen ist - diesen Vorgaben gerecht wird, erscheint fraglich. Sie hat praktisch zur Konsequenz, dass der Vorstand des Unternehmens bewusst jegliche Erteilung kompensati-

---

1280 Herauf weist *Mülbert*, in FS Ulmer, S. 433, 448 zutreffend hin.

1281 Das Gebot richtlinienkonformer „Auslegung" umfasst entgegen teilweise vertretener Auffassung (vgl. etwa *Ehricke*, RabelsZ 59 (1995), 598, 643) nicht nur die Auslegung i. e. S., also in den Grenzen des möglichen Wortsinnes, sondern auch die – hier interessierende - gesetzesübersteigende Rechtsfortbildung; vgl. hierzu *Canaris*, in FS Bydlinski, S. 47, 81 f.; ihm folgend *Weißhaupt*, Informationsmängel, S. 234.

1282 Siehe hierzu *Hatje*, in Schwarz, EU-Kommentar, Art. 10 EGV Rn. 30; EuGH, Rs. 50/76, Slg. 1977, 137 Rn. 32 – *Amsterdam Bulb*. Zu beachten gilt es hier freilich, dass der deutsche Umwandlungsgesetzgeber weit über die Vorgaben der Verschmelzungsrichtlinie, die lediglich die Verschmelzung unter ausschließlicher Beteiligung von Aktiengesellschaften umfasst, hinausgegangen ist. Eine europarechtliche Pflicht zu richtlinienkonformer Auslegung auch des überschießenden Teils der Umsetzung besteht unstreitig nicht, vgl. EuGH, Rs. C-264/96, Slg. 1998, I-4695, Rn. 34 – *ICI*. Die Frage nach einheitlicher oder gespaltener Auslegung richtet sich daher allein nach nationalem Recht, vgl. *Habersack/Mayer*, JZ 1999, 913, 919. Im vorliegenden Zusammenhang spricht jedoch die Umsetzung der Richtlinienbestimmungen in einem vor die Klammer gezogenen Allgemeinen Teil des die Verschmelzung betreffenden Zweiten Buches des UmwG m. E. für eine richtlinienkonforme Normauslegung auch bei Verschmelzungen unter Beteiligung von Rechtsträgern anderer Rechtsform, vgl. *Schwarz*, in Widmann/Mayer, Einf UmwG Rn. 8.3; *Lutter*, in Lutter, UmwG, Einl. Rn. 30; dagegen ohne eingehendere Begründung ablehnend OLG Stuttgart, AG 1997, 136, 137 (Moto Meter); zum Streitstand siehe *Brause*, Stimmrechtslose Vorzugsaktien, S. 72 ff. m.w.N.

onsbezogener Informationen unterlassen kann, ohne dass eine Beschlussanfechtung droht.

Zuzugeben ist, dass in dem Verzicht auf die Anfechtbarkeit noch nicht per se ein Verstoß gegen das Effektivitätsgebot des Art. 10 EGV zu sehen ist, da die Wahl der konkreten Sanktionsart grundsätzlich der Entscheidung der Mitgliedstaaten obliegt[1283], das Gemeinschaftsrecht folglich nicht unbedingt eine Klagebewehrung fordert. Gleichwohl betont der EuGH in ständiger Rechtsprechung, dass die Sanktion wirksam und abschreckend sein müsse.[1284] Das dem Schutz der Vermögensrechte der betroffenen Aktionäre dienende Spruchverfahren ist aber seiner Intention nach kein auf die Verletzung von Informationspflichten abzielendes Rechtsmittel.[1285] Auch die vorherige Einleitung eines im Erfolgsfall mit einer Kostentragungspflicht der Gesellschaft verbundenen Auskunftserzwingungsverfahrens nach § 132 AktG ist wie gesehen aufgrund seiner zeitlichen Dimension bloße Theorie. Vor diesem Hintergrund erscheint die neue BGH-Linie eines umfassenden Anfechtungsausschlusses nicht unbedenklich, durch welchen das umwandlungsrechtliche Informationssystem– wie *Hoffmann-Becking* zutreffend bemerkt – zu einer *lex imperfecta* degradiert wird.[1286] Denn die Erfüllung von Berichts- und Auskunftspflichten wird letztlich in das Belieben der Gesellschaft gestellt.

Neben den gemeinschaftsrechtlichen Vorgaben sind auch die durch das nationale Verfassungsrecht vorgezeichneten Grenzen zu beachten. In den Entscheidungen „Daimler-Benz“ und „Scheidemantel“ aus dem Jahre 1999 hat das Bundesverfassungsgericht betont, dass sich der Schutz des Eigentums durch Art. 14 Abs. 1 GG auch auf das Recht des Aktionärs, Informationen über die Angelegenheiten seiner Gesellschaft zu erhalten als einen wesentlichen Bestandteil des

---

[1283] *Hatje*, in Schwarz, EU-Kommentar, Art. 10 EGV Rn. 30; *Westermann*, ZHR 156 (1992), 203, 225; EuGH, Rs. 50/76, Slg. 1977, 137 Rn. 32 – *Amsterdam Bulb*: „Art. 5 EWG [*scil.* Art. 10 EGV n.F.]… überlässt dem einzelnen Staat die Wahl der sachgerechten Maßnahmen einschließlich der Wahl der … Sanktionen“.

[1284] Vgl. EuGH, Rs. 68/88, Slg. 1989, 2965, Rn. 23 f. – *Kommission/Griechenland*; EuGH, Rs. 7/90, Slg. 1991, I-4371 Rn. 11 – *Vandevenne*; EuGH, Rs. C-383/92, Slg. 1994, I-2479 Rn. 40 - *Kommission/Vereinigtes Königreich*; EuGH, Rs. C-29/1995, Slg. 1997, I-285 Rn. 24 – *Eckehard Pastoors*.

[1285] *Baums*, Gutachten F für den 63. DJT, S. 128; *Hoffmann-Becking*, in RWS-Forum Gesellschaftsrecht 2001, S. 55, 60; in Betracht kommen dagegen Schadensersatzklagen gegen Vorstandsmitglieder bzw. gegen die Gesellschaft wegen schuldhafter Nicht- bzw. Fehlinformation, die jedoch mit der Problematik eines nur schwerlich zu beziffernden Schadens belastet sind.

[1286] *Hoffmann-Becking*, in RWS-Forum Gesellschaftsrecht 2001, S. 55, 63; gleichsinnig *Decher*, in Großkomm. AktG, § 131 Rn. 65b und *Bayer*, in VGR Bd. 2 (2000), S. 35, 53: „Einladung an die Verwaltung […], es mit der gesetzlich geforderten umfassenden Aktionärs-Information nicht so genau zu nehmen“.

aktienrechtlichen Mitgliedschaftsrechts erstreckt.[1287] Obwohl lediglich für das Auskunftsrecht nach § 131 AktG dezidiert entschieden, dürfte Gleiches jedoch auch für die Vorabinformation im Wege der Berichtserstellung gelten.[1288] Zwar gebietet auch das Verfassungsrecht nicht, dass eine Verkürzung des Grundrechts auf Information zwangsläufig die klageweise Vernichtbarkeit des Beschlusses nach sich ziehen muss. Aus den oben aufgeführten Gründen erscheint es jedoch auch im Lichte des Art. 14 Abs. 1 GG fraglich, ob die Möglichkeit der Kompensationsüberprüfung im Spruchverfahren ein hinreichendes Äquivalent für die Minderheitsaktionäre darstellt.

*bb) Normzweckorientiert erweiterter Anfechtungsausschluss*

Aufgezeigt wurde, dass die Frage nach einem Ausschluss bewertungsbezogener Informationsrügen nicht im Wege eines *argumentum a maiore ad minus* an den Tatbestand der gänzlich fehlenden Kompensation geknüpft werden kann. Als maßgeblich zu erachten ist damit allein die *ratio legis* derjenigen umwandlungsrechtlichen Vorschriften, die die Rüge einer materiellen Fehlkompensation der alleinigen Überprüfung im Spruchverfahren zuweisen. Gemeinsames und entscheidendes Wertungselement dieser Vorschriften ist der Befund, dass unabhängig von der Art der konkreten Umwandlungsmaßnahme jedenfalls die Unangemessenheit des Ausgleichs- bzw. Abfindungsanspruchs der Beschlussanfechtung entzogen sein soll, §§ 14 Abs. 2, 32, 195 Abs. 2, 210 UmwG. Diese aus den Gesetzgebungsmaterialien ersichtliche legislatorische Intention ist in allen Fällen identisch: So nennt die Regierungsbegründung zu der in Anlehnung an die §§ 305, 306, 320 Abs. 5 bis7 AktG, §§ 15, 12, 13, 30 f. UmwG a. F. geschaffenen Vorschrift des § 352c AktG a.F. als Hintergrund des dort angeordneten Anfechtungsausschlusses den Umstand, dass

> „die Ausübung dieses Anfechtungsrechts wiederholt dazu geführt hat, daß wegen der Regelung des § 345 Abs. 2 Satz 1 [*scil.* § 16 Abs. 2 S. 1 UmwG] Verschmelzungen nicht eingetragen werden konnten, deren Durchführung für die beteiligten Unternehmen wirtschaftlich dringend erforderlich war. Die Ersetzung dieser Anfechtungsmöglichkeit durch eine gerichtliche Überprüfung der Angemessenheit des Umtauschverhältnisses [...] beseitigt diese Unzulänglichkeit des geltenden Rechts."[1289]

Unter ausdrücklicher Bezugnahme auf diesen in den genannten Vorschriften zu Tage tretenden „allgemeinen Gedanken"[1290] des Strukturänderungsrechts erklären auch die Gesetzgebungsmaterialien zu den §§ 14 Abs. 2, 195 Abs. 2 UmwG 1994, durch den Anfechtungsausschluss solle einem hinsichtlich der Höhe der Kompensation geführten „Streit über das Wirksamwerden der Verschmelzung

---

1287 BVerfG, ZIP 1999, 1798 (Daimler-Benz); BVerfG, ZIP 1999, 1801 (Scheidemantel).
1288 Ebenso *Hirte*, ZHR 167 (2003), 8, 21.
1289 Begr. RegE zu § 352c AktG, BT-Drucks, 9/1065, S. 20.
1290 So explizit Begr. RegE zu § 14 Abs. 2 UmwG, abgedruckt bei *Schaumburg/Rödder*, S. 65.

[...] der Boden entzogen werden."[1291] Hierauf nehmen schließlich auch die Begründungen des Regierungsentwurfs zu § 32 UmwG und § 210 UmwG Bezug.[1292]

Telos sämtlicher Ausschlussvorschriften ist es damit, durch die Herauslösung der Kompensationsmängel aus dem Kreis der Anfechtungsgründe und ihren Verweis in das Spruchverfahren die Interessen der beteiligten Unternehmen an einer zügigen, blockadefreien Durchführung der Strukturmaßnahme zu sichern und finanzielle Schäden durch eine diesbezügliche Beschränkung der Eintragungssperre gemäß § 16 Abs. 2 und 3 UmwG zu vermeiden.[1293] Hintergrund und sachliche Rechtfertigung findet diese Privilegierung von Unternehmensinteressen in den aufgezeigten praktischen Schwierigkeiten, die sich im Rahmen einer prognosegestützten Unternehmensbewertung stellen. Der Anfechtungsprozess soll nach der gesetzlichen Konzeption von der zeitintensiven Beantwortung von Fragen zu bewertungsrechtlichen Einzelheiten entlastet werden. Im Interesse einer beschleunigten Durchführung der Strukturänderung wird damit in diesem bestimmten Umfang der mitgliedschaftliche Bestandschutz zugunsten eines reinen Vermögensschutzes zurückgedrängt.[1294] Letzterer wird dabei durch die Garantie einer angemessen Festsetzung von Ausgleich oder Abfindung im Spruchverfahren hinreichend gewährleistet.

*(1) „Einfache" und „qualifizierte" Informationsdefizite*

Diese gesetzgeberische Wertung lässt sich auf (einfache[1295]) Defizite kompensationsbezogener Informationserteilung übertragen, da sich die in den Abwä-

---

[1291] Begr. RegE zu § 14 Abs. 2 und gleichsinnig zu § 195 Abs. 2 UmwG, abgedruckt bei *Schaumburg/Rödder*, S. 65 und 336.

[1292] Begr. RegE zu § 32 und § 210 UmwG, abgedruckt bei *Schaumburg/Rödder*, S.98 und 358.

[1293] Zutreffend daher der Befund des BGH, ZIP 2001, 199 f. (MEZ); BGH, ZIP 2001, 412, 413 (Aqua Butzke). Darüber hinausgehend soll nach *Weißhaupt*, Informationsmängel, S. 247 ff. den Vorschriften über den Anfechtungsausschluss die Vorstellung des objektiven Gesetzgebers zugrunde liegen, ein Aktionär handele rechtsmissbräuchlich, wenn er den Hauptversammlungsbeschluss allein mit der Begründung anficht, ihm werde darin keine wirtschaftlich vollwertige Entschädigung angeboten. Auf diese Rechtsmissbrauchsvermutung gründet er auch den von ihm befürworteten generellen Ausschluss informationeller Kompensationsmängel.

[1294] Umfassend zu diesem Paradigmenwechsel von der Betrachtung des Aktionärs als Mitglied eines Verbandes hin zu einer Qualifikation desselben als eines primär vermögensmäßig zu schützenden Kapitalanlegers *Mülbert*, Aktiengesellschaft, Unternehmensgruppe und Kapitalmarkt, S. 55 ff. kritisch zu diesem kapitalmarktrechtlichen Ansatz *Hanau*, NZG 2002, 1040, 1042 ff.

[1295] Zur Abgrenzung gegenüber qualifizierten, nach hier vertretener Ansicht anfechtungsrelevanten Informationsmängeln sogleich im Text.

gungsvorgang[1296] einzustellenden Interessen decken. Soweit die Informationsrechte also lediglich in ihrer Funktion betroffen sind, den Aktionären die konkrete Höhe der Kompensation zu plausibilisieren, dient ihre Erfüllung weitgehend nur dem Zweck, einen ausreichenden Vermögensschutz sicherzustellen. Letzterer wird aber nach der gesetzlichen Konzeption ausschließlich im Spruchverfahren gewährleistet. Vor diesem Hintergrund erscheint es durchaus sachgerecht, materielle und informationelle Kompensationsdefizite einer einheitlichen Behandlung zuzuführen. Eine Schlechterstellung der Aktionäre im Hinblick auf ihre Vermögensrechte ist nicht zu besorgen. Zudem begegnen einem hier wie dort in etwa die gleichen – und damit ebenso langwierig zu klärenden - praktischen Schwierigkeiten, da die Frage nach der „Angemessenheit" der dargebotenen Information häufig nicht viel einfacher zu beantworten ist als die nach der Angemessenheit der angebotenen Entschädigung. Derartige Probleme sollen zugunsten einer beschleunigten Durchführung der Verschmelzung das Anfechtungsverfahren aber gerade nicht belasten. Einfache informationelle Defizite können daher ebenso wenig wie Defizite der Kompensation selbst die Anfechtbarkeit des Umwandlungsbeschlusses begründen.

Dieses Ergebnis kann aus bereits genannten Gründen freilich nicht im Wege einer Wortlautinterpretation der maßgeblichen Vorschriften begründet werden. Da jedoch die hier zu beurteilende Informationsproblematik derselben Wertung untersteht, die in den gesetzlich statuierten Vorschriften über den Anfechtungsausschluss ihren Niederschlag gefunden hat, ist sie zur Durchsetzung des dargelegten Normzweckes im Wege einer teleologischen Extension[1297] in den Anfechtungsausschluss kompensationsbezogener Rügen miteinzubeziehen.

Tragende Säule eines solchen über den Gesetzwortlaut hinausgehenden Anfechtungsausschlusses ist der Befund, dass für eine mögliche Blockade von Umwandlungsbeschlüssen kein rechtlich schützenswertes Bedürfnis besteht, wenn und soweit den Interessen der Aktionäre auf andere Weise hinreichend Rechnung getragen wird, was in den Fällen einfacher Informationsdefizite angesichts der spruchverfahrensrechtlichen Gewährleistungen zu bejahen ist. Ebnet diese Erkenntnis folglich den Weg zu einer rechtsfortbildenden Einschränkung des aktienrechtlichen Anfechtungsrechts, so zeigt er gleichzeitig auch ihre Grenzen auf. Anders gewendet muss dem Aktionär das mitgliedschaftliche Grundrecht der Beschlussanfechtung dort weiterhin zur Verfügung stehen, wo infolge der Verletzung des durch Art. 14 Abs. 1 GG legitimierten Informationsbedürfnisses

---

[1296] Nichts anderes stellt das gesetzliche geregelte Verhältnis von Anfechtungsklage und Spruchverfahren letztlich dar; siehe aber auch *Weißhaupt*, Informationsmängel, S. 246, der den hier zum Ausdruck kommenden Verhältnismäßigkeitsgrundsatz jedenfalls als untaugliches Instrument zur Rechtsfortbildung ansieht.

[1297] Zu der analogieverwandten Figur der teleologischen Extension siehe *Canaris*, Feststellung von Lücken, S. 89 ff.; *Larenz/Canaris*, Methodenlehre, S. 216 ff.

ein gleichwertiger effektiver Rechtsschutz nicht mehr gewährleistet erscheint. Dies wird man dann anzunehmen haben, wenn die Qualität des Informationsdefizits ein solches Maß erreicht, dass eine sinnvolle Entscheidung darüber, ob überhaupt ein Spruchverfahren einzuleiten ist, nicht mehr möglich ist.[1298] Denn nur wenn für den betroffenen Aktionär wenigstens erkennbar wird, dass die angebotene[1299] Kompensation möglicherweise unzulänglich ist und die Antragstellung im Spruchverfahren somit aussichtsreich erscheint, stellt dieses Verfahren einen hinreichenden Ausgleich dar. Ist dies nicht der Fall, liegt also aufgrund einer derart gravierenden Verletzung von Informationspflichten nach der hier vorgeschlagenen Terminologie ein qualifiziertes Informationsdefizit vor, so muss auch die Erhebung einer Anfechtungsklage möglich sein. Abzustellen ist bei der wertenden Einordnung des Informationspflichtverstoßes nicht auf subjektive Einschätzungen oder Fähigkeiten des rügenden Anteilseigners, sondern auf die Sichtweise eines objektiven Durchschnittsaktionärs. Die hier unterbreitete Lösung stellt damit insoweit einen Mittelweg dar, als dass auf der einen Seite nicht jede (kleinere) Verletzung von Informationspflichten die Vernichtbarkeit des Hauptversammlungsbeschlusses zur Konsequenz hat, auf der anderen Seite jedoch die Erfüllung dieser Pflichten nicht gänzlich in das Belieben der Verwaltungsorgane der beteiligten Gesellschaften gestellt wird.

Ich bin mir durchaus bewusst, dass infolge der hier befürworteten Unterscheidung zwischen einfachen und qualifizierten Informationsmängeln ein auf den ersten Blick unscharf erscheinendes Differenzierungskriterium in das strukturänderungsrechtliche Beschlussmängelrecht eingeführt wird, welches sich dem Vorwurf einer verminderten Rechtssicherheit ausgesetzt sehen könnte. Aufzuzeigen sein wird aber, dass solche Problemstellungen dem Aktien- und Umwandlungsrecht nicht fremd und unter Zuhilfenahme bekannter Kriterien durchaus lösbar sind, zumal der hier vorgeschlagene Ansatz im Gegenzug auf einer anderen Ebene bestehende Abgrenzungsschwierigkeiten beseitigt.

*(2) Geltungsbereich des erweiterten Anfechtungsausschlusses*

Waren die vorstehenden Ausführungen hinsichtlich der Behandlung kompensationsbezogener Informationsdefizite bewusst allgemein gehalten, so soll im Folgenden dargestellt werden, welche Kompensationskategorien – Ausgleichsansprüche auf der einen und Abfindungsansprüche auf der anderen Seite - von dem Anfechtungsausschluss erfasst sind. Besondere Beachtung gilt es hierbei dem bereits mehrfach erwähnten Gesetzgebungsverfahren zu § 14 Abs. 2 UmwG zu schenken.

---

[1298] Zu dieser Funktion kompensationsbezogener Informationserteilung siehe bereits unter § 4 B. IV. 2. b) cc) (2).

[1299] Zu den weitaus selteneren Fällen des völlig fehlenden Barabfindungsangebotes siehe noch die Ausführungen unter § 4 B. IV. 2. c) bb) (3) Fn. 1313.

### *(a) Keine Beschränkung auf akzidentielle Abfindungsansprüche*

Wie gesehen, stützte sich der Bundesgerichtshof bei seinen Entscheidungen in Sachen „MEZ“ und „Aqua Butzke“ im Wesentlichen auf das systematische Zusammenspiel der drei Tatbestandsalternativen des § 210 UmwG, welches es ihm erlaubte, die unzureichend erläuterte und begründete Abfindung als eine nicht ordnungsgemäß angebotene anzusehen. Dass diese Argumentation nicht haltbar ist, wurde bereits erörtert. Sie hätte zudem zur Folge, dass sich ein Anfechtungsausschluss informationeller Defizite nur hinsichtlich akzidentieller Abfindungsansprüche begründen ließe, da diejenigen Vorschriften, die Mängel eines essentiellen Ausgleichsangebotes betreffen, durchweg nur die Rüge der zu niedrigen bzw. unangemessenen Kompensation von der Anfechtung ausschließen.[1300]

So einleuchtend die unterschiedliche Behandlung von Ausgleich und Abfindung im Hinblick auf das gänzliche (materielle) Fehlen eines Kompensationsangebotes zumindest bei manchen Strukturänderungsmaßnahmen ist[1301], so wenig vermag ihre unterschiedliche Behandlung im Zusammenhang mit kompensationsbezogenen Informationsmängeln zu überzeugen.[1302] Zum einen kommt beiden Kompensationsformen jedenfalls im Kern dieselbe Funktion zu. Zum anderen richtet sich auch ihre Höhe im Wesentlichen nach denselben, unternehmenswertbezogenen Faktoren. Vor diesem Hintergrund erschiene es völlig unverständlich, die mangelhafte Auskunft auf eine Aktionärsfrage mit bewertungsrechtlichem Bezug als anfechtungsrelevant einzustufen, wenn die Frage zur Plausibilisierung des Ausgleichs gestellt wird, dagegen dieselbe mangelhafte Auskunft aber als nicht zur Anfechtung berechtigend anzusehen, wenn sich die Frage auf die Angemessenheit der Abfindung bezieht. Dasselbe gilt auch für

---

1300 Kritisch zu dieser Konsequenz der Argumentation des BGH auch *Mülbert*, in FS Ulmer, S. 422, 444; *Hoffmann-Becking*, in RWS-Forum Gesellschaftsrecht 2001, S. 55, 63 ff.; *Vetter*, in FS Wiedemann, S. 1323, 1335 ff., ebenso *Heckschen*, in Widmann/Mayer, § 14 UmwG Rn. 7.1; *Gehling*, in Semler/Stengel, § 14 Rn. 29; *Kirchner/Sailer*, NZG 2002, 305, 312.

1301 Bei der Verschmelzung besteht der Differenzierungsgrund wie bereits unter § 4 B. IV. 1. b) erörtert darin, dass das Umtauschverhältnis konstitutiver Bestandteil der Strukturmaßnahme ist, eine Verschmelzung ohne Umtauschverhältnis daher nicht vorstellbar ist. Zumindest zweifelhaft erscheint dagegen die sachliche Berechtigung der gegenüber dem Fehlen des Ausgleichs (§ 304 Abs. 3 S. 1 AktG) unterschiedlichen Regelung der fehlenden Abfindung (§ 305 Abs. 5 S. 2 AktG) bei Abschluss eines Unternehmensvertrages, vgl. hierzu *Koppensteiner*, in Kölner Kommentar, § 304 AktG Rn. 58; *Vetter*, in FS Wiedemann, S. 1323, 1338.

1302 Angesichts der gesetzlichen Regelung im Unternehmensvertragsrecht hält *Hoffmann-Becking*, in RWS-Forum Gesellschaftsrecht 2001, S. 55, 66 eine solche Unterscheidung im Sinne des BGH zwar für „logisch und folgerichtig“, auch er ist jedoch der Auffassung, dass sie in der praktischen Umsetzung „zu einem ganz und gar unvernünftigen Ergebnis“ führt.

Defizite der Berichte, da die in ihnen enthaltenen Informationen über Ausgleich und Barabfindung sachnotwendig in weiten Teilen identisch sind.[1303]

Daneben ist auch zu beachten, dass aufgrund der gesetzlichen Konzeption des Anfechtungsrechts durch eine bloß partielle Verweisung von Informationsrügen der angestrebte Beschleunigungseffekt wohl kaum zu erreichen wäre. Denn das Anfechtungsrecht ist im deutschen Aktienrecht - wie dargelegt - als Instrument einer objektiven Rechtmäßigkeitskontrolle ausgestaltet, so dass der Anfechtungskläger nicht gehalten ist, eine Verletzung eigener Rechte darzutun. Wollte man nur abfindungsbezogene Informationsmängel ins Spruchverfahren verweisen, so brauchte der ausscheidungswillige Aktionär folglich nur den Bezug seiner Informationsrüge auf den Ausgleich umzustellen, um den Anfechtungsausschluss zu umgehen. Dass ein solches Ergebnis sinnwidrig wäre, liegt auf der Hand. Aus diesen Gründen kann man der oben dargelegten Intention der Ausschlussnormen nur dann gerecht werden, wenn man Informationsdefizite hinsichtlich Ausgleich und Abfindung einheitlich behandelt, was in rechtstechnischer Hinsicht jedenfalls im Wege der hier befürworteten Rechtsfortbildung ohne dogmatische Schwierigkeiten zu bewerkstelligen ist.

*(b) Begründbarkeit des Ergebnisses für die Verschmelzung – Maßgeblichkeit der Entscheidung des historischen Normgebers?*

Für die Frage nach der Geltung des erweiterten Anfechtungsausschlusses für die Verschmelzung sind hier noch einmal zwei Ergebnisse der bisherigen Untersuchung ins Gedächtnis zu rufen. Zum einen, dass, wie soeben gesehen, eine unterschiedliche Behandlung von Ausgleich und Abfindung hinsichtlich informationeller Defizite zu sinnwidrigen Ergebnissen führt. Zum anderen, dass sich infolge der Gegenäußerung der Bundesregierung der historische Gesetzgeber des UmwG 1994 gegen eine Einbeziehung von Informationsrügen in den das Umtauschverhältnis betreffenden Anfechtungsausschluss nach § 14 Abs. 2 UmwG entschieden hat, sich diese Wertung aber auf sämtliche Arten umwandlungsrechtlicher Kompensation übertragen lässt. Sollte dieser gesetzgeberische Wille tatsächlich als entscheidungsmaßgeblich zu erachten sein, so hätte dies folglich zur Konsequenz, dass eine Erweiterung des Anfechtungsausschlusses als Rechtsfortbildung *contra legem* wohl nicht nur für die Verschmelzung abzulehnen wäre. Hiergegen sprechen allerdings folgende Erwägungen:

Soweit es gilt, den Wortsinn einer Regelung zu ermitteln, stellt die Regelungsabsicht des historischen Normgebers ein nicht unerhebliches Auslegungskriterium dar. Wie aber schon aufgezeigt wurde, geht es vorliegend nicht um die In-

---

1303 Vgl. *Hoffmann-Becking*, in RWS-Forum Gesellschaftsrecht 2001, S. 55, 63 ff.; *Vetter*, in FS Wiedemann, S. 1323, 1335 ff.

terpretation des Wortlautes einer bestimmten Norm, sondern - auf anderem Wege lässt sich eine Erweiterung des Anfechtungsausschlusses rechtstechnisch nicht begründen – um die Frage nach einer rechtsfortbildenden Extension der Ausschlussvorschriften. Freilich kann auch hierbei auf die Normvorstellung der Mitglieder der an dem Gesetzgebungsverfahren beteiligten Körperschaften zurückgegriffen werden. Indes gilt es zu beachten, dass jedenfalls dann, wenn diese Vorstellungen wie hier keinen eindeutigen Niederschlag im Gesetzestext gefunden haben, einer objektiv-teleologischen Interpretation in vorstehendem Sinne der Vorrang einzuräumen ist.[1304]

Dies gilt umso mehr, als sich die in der Gesetzesgründung zu findenden Vorstellungen des historischen Gesetzgebers nicht bestätigt haben. So ging die Gegenäußerung der Bundesregierung davon aus, durch das neu eingeführte Unbedenklichkeitsverfahren nach § 16 Abs. 3 UmwG sei ein Rechtsbehelf geschaffen, mit dem sich einer missbräuchlichen Blockade von Verschmelzungsbeschlüssen effektiv entgegentreten lasse. Die Praxis hat indes gezeigt, dass sich gerade in den Fällen, in denen eine unzureichende Erteilung (angeblich) bewertungsrelevanter Informationen geltend gemacht wird, das Freigabeverfahren als weitgehend untaugliches Instrument erwiesen hat, da die Frage nach der Berechtigung dieser Rügen häufig erhebliche Probleme bereitet. Eine schnelle Unbedenklichkeitsentscheidung ergeht aufgrund der zu beobachtenden Zurückhaltung vieler Gerichte nur in seltenen Ausnahmefällen. Aus diesem Grunde lässt sich wohl bezweifeln, ob der moderne Gesetzgeber die diesbezügliche Einschätzung noch teilen würde.

Dass die Sichtweise des heutigen Gesetzgebers auf das hier in Rede stehende Problem in der Tat eine andere ist als bei Erlass des UmwG 1994, lässt sich meines Erachtens in recht deutlicher Form durch einen Blick in die Gesetzgebungsmaterialien zum Spruchverfahrensneuordnungsgesetz konstatieren. Dort wird in der Allgemeinen Begründung der Reform zunächst die erhebliche Praxisrelevanz des Spruchverfahrens gewürdigt. Unter Hinweis auf die neue Rechtsprechungsrichtlinie des BGH in Sachen „MEZ" und „Aqua Butzke" betont die Regierungsbegründung in diesem Zusammenhang, dass sich diese Bedeutung des Spruchverfahrens in Zukunft noch weiter steigern werde.[1305] Nennt damit der Gesetzeber selbst die neue Judikatur als einen Beweggrund der Reformge-

---

[1304] Eingehend zu Methode und Stellenwert der historischen Auslegung *Larenz/Canaris*, Methodenlehre, S. 149 ff.; *Bydlinski*, Methodenlehre, S. 449 ff.; daneben soll nach *Steindorff*, in FS Larenz, S. 217 ff. insbesondere im wirtschaftsrechtlichen Bereich der „Politik des Gesetzes" besondere Bedeutung im Rahmen der Gesetzesinterpretation zukommen. Für den vorliegenden Fall führt auch dieses Kriterium zu demselben Ergebnis, da eine (eingeschränkte) Einbeziehung von Informationsmängeln aus den dargelegten Erwägungen der wirtschaftspolitischen Zielsetzung des Umwandlungsgesetzes entspricht; wie hier *Kleindiek*, NZG 2001, 552, 554; *Röhricht*, in VGR Bd. 5 (2002) S. 3, 31; im Ergebnis auch *Weißhaupt*, Informationsmängel, S. 229 f.

[1305] Allgemeine Begr. RegE, BT-Drucks. 15/371, S. 11.

setzgebung, so wird man dies wohl im Sinne einer grundsätzlichen Zustimmung zu werten haben.

Stellt man die vorstehend angeführten Erwägungen in eine Gesamtbetrachtung ein, so wird man zu dem Ergebnis gelangen müssen, dass der gesetzgebungsgeschichtliche Hintergrund einer normzweckorientierten Erstreckung des Anfechtungsausschlusses auf kompensationsrelevante Informationsdefizite nicht entgegensteht.

### *(c) Zwischenergebnis*

Festzuhalten ist damit, dass der erweiterte Anfechtungsausschluss sowohl im Rahmen des Formwechsels als auch der Verschmelzung Geltung beansprucht, und zwar unabhängig davon, ob sich das gerügte Informationsdefizit auf das Umtauschverhältnis oder die Barabfindung bezieht. Dass nur ein solcher Gleichlauf in der Behandlung der unterschiedlichen Umwandlungsvorgänge zu befriedigen vermag, unterstreicht auch ein Blick auf die dem UmwG 1994 zugrundeliegende Regelungssystematik. Diese ist maßgeblich durch eine konsequente Verweisungstechnik geprägt. So gilt insbesondere § 14 Abs. 2 UmwG über die §§ 36 Abs. 1 S. 1, 125 S. 1, 178 Abs. 1, 179 Abs. 1 UmwG auch für die Verschmelzung durch Neugründung, die Spaltung (mit Ausnahme der Ausgliederung) sowie die Vermögensübertragung.[1306] Für den Formwechsel statuiert § 195 UmwG eine hierzu identische Vorschrift. Die gleiche Tragweite kommt auch den §§ 32, 210 UmwG zu. Insoweit lässt sich eine deutliche Grundtendenz des UmwG 1994 erkennen, die Möglichkeit von beschlussvernichtenden Maßnahmen für alle Umwandlungsvorgänge *einheitlichen* Grenzen zu unterwerfen. Hierzu stünde es in Widerspruch, diese Einheitlichkeit durch eine Aufsplitterung der Rechtsschutzmöglichkeiten im Hinblick auf Informationsmängel auszuhebeln.[1307]

### *(3) Zur Abgrenzung von einfachen und qualifizierten Informationsdefiziten*

Die hier befürwortete Unterscheidung von einfachen und qualifizierten Informationsmängeln läuft letztlich auf eine Differenzierung nach der Schwere der gel-

---

[1306] Vgl. *Wirth*, Spaltungen einer eG, S. 66, der die Vorschriften über die Verschmelzung als „Allgemeinen Teil" des Umwandlungsrechts bezeichnet; gleichsinnig auch *Kort*, Bestandsschutz fehlerhafter Strukturänderungen, S. 1, 250 f.

[1307] Ohne dies an dieser Stelle eingehend ausführen zu wollen, sprechen in Anbetracht des Umstandes, dass auch Verschmelzung und Unternehmensvertrag letztlich austauschbare rechtliche Instrumente zur Erreichung wirtschaftlich vergleichbarer Zielsetzungen sind (vgl. Begr. RegE zum UmwG 1994, BT-Drucks. 12/6699, S. 178; *Altmeppen*, ZIP 1998, 1853; kritisch aber *Bungert*, DB 1995, 1384 f.), ähnliche Erwägungen auch für eine Übertragung dieser Anfechtungsgrundsätze auf die §§ 304, 305 AktG. Die abweichende Fassung dieser Vorschriften steht dem meines Erachtens jedenfalls nicht entgegen.

tend gemachten Rechtverletzung hinaus. Leitlinie für diese Entscheidung, dies wurde bereits an anderer Stelle dargelegt, ist die Frage, inwieweit die tatsächlich erteilte Information dem Aktionär eine sach- und interessengerechte Entscheidung über die Aussichten einer Überprüfung der angebotenen Kompensation im Spruchverfahren ermöglicht. Zuzugeben ist an dieser Stelle, dass eine sämtliche Fallgestaltungen erschöpfende grenzscharfe Zuweisung aller denkbaren Mängel „ex ante" hier nicht geleistet werden kann. Eine solche Beurteilung wird man letztlich nur anhand der konkreten Umstände des jeweils in Frage stehenden Einzelfalles vornehmen können.

Dass auf diesem Wege ein wertendes Element in die Entscheidung über die Anfechtbarkeit des Verschmelzungsbeschlusses einfließt, wird man jedoch hinnehmen können, zumal das Kriterium der Schwere des gerügten Rechtsverstoßes dem Aktien- bzw. Umwandlungsrecht auch in anderen Zusammenhängen durchaus nicht fremd ist.

Wie im Laufe dieser Untersuchung aufgezeigt, kommt ihm beispielsweise im Kontext des allgemeinen Beschlussmängelrechts eine bedeutende Rolle bei der Bestimmung der Frage nach der Relevanz eines Normverstoßes zu. Auch hier haben die Gerichte anhand einer an dem Zweck der verletzen Norm orientierten wertenden Betrachtung nach der Schwere des formellen Beschlussmangels zu differenzieren und damit über den Erfolg der Anfechtungsklage zu entscheiden. Insoweit kann an dieser Stelle auf die obigen Ausführungen verweisen werden.[1308]

Maßgebliche Bedeutung kommt der Erheblichkeit der Rechtsverletzung insbesondere auch im Rahmen des Unbedenklichkeitsverfahrens gemäß § 16 Abs. 3 UmwG zu.[1309] Nach § 16 Abs. 3 S. 2 UmwG kann ein Freigabebeschluss nämlich nicht nur dann ergehen, wenn die gegen den Beschluss erhobene Klage unzulässig oder offensichtlich unbegründet ist, sondern auch, wenn bei Abwägung des Aufschubinteresses des Klägers mit den Interessen der beteiligten Rechtsträger und ihrer Gesellschafter an der alsbaldigen Eintragung der Verschmelzung letztere nach freier Überzeugung des Prozessgerichts überwiegen. Gegenüber dem Vollzugsinteresse hat das Gericht namentlich die Schwere der mit der Klage geltend gemachten Rechtsverletzung zu berücksichtigen. Hierbei ist die

---

[1308] Zur Bedeutung der Relevanz des Verfahrensverstoßes für die Beschlussanfechtung ausführlich unter § 4 B. I. 3. c); letztlich handelt es sich auch bei der hier entwickelten Lösung im weiteren Sinne um eine Relevanzbetrachtung, da sie an die funktionsbezogene Bedeutung der verletzten Informationspflicht anknüpft.

[1309] Vgl. hierzu *Bork*, in Lutter, UmwG, § 16 Rn. 22 f.; *Grunewald*, in Münchener Kommentar, § 319 AktG Rn. 33; *Volhard*, in Semler/Stengel, § 16 Rn. 35 ff.; *Decher*, AG 1997, 388, 391 ff.; *Keul*, ZIP 2003, 566, 568; ausführlich *Rettmann*, Rechtmäßigkeitskontrolle, S. 135 ff.

Bedeutung der verletzten Norm ebenso wie das Ausmaß der Normverletzung in den Abwägungsvorgang miteinzustellen. Soweit dieser zu einem vorrangigen Aufschubinteresse des klagenden Aktionärs führt, hat ein Unbedenklichkeitsbeschluss zu unterblieben. Ganz bewusst hat der Gesetzgeber auch hier darauf verzichtet, einen Katalog generell als geringfügig bzw. schwerwiegend einzustufender Rechtsverletzungen zu normieren. Diese Beurteilung soll ausweislich der Gesetzesmaterialien „der Einzelfallentscheidung der Rechtsprechung überlassen bleiben“[1310].

Durch die (entsprechend modifizierte) Übertragung dieser Grundsätze in das materielle Recht lässt sich ein Ausgleich zwischen den Informationsinteressen der Anteilseigner und den Vollzugsinteressen der beteiligten Rechtsträger erreichen. Denn nur so kann dem Umstand ausreichend Rechnung tragen, dass sich Schwere und Bedeutung möglicher Informationspflichtverletzungen innerhalb einer großen Bandbreite bewegen, welche von leichten „Bagatellfehlern“ bis hin zu gravierenden Mängel reicht. So erscheint es sachgerecht, der bloß unvollständigen Auskunft zu bestimmten Bewertungsverfahren eine andere Qualität – und Rechtsfolge - zuzumessen als etwa dem gänzlichen Fehlenden des Verschmelzungsberichts, zumal beiden Fällen auch unterschiedliche Auswirkungen auf die Willensbildung der Aktionäre zukommen kann. Das Gebot einer solchen differenzierten Bewertung einzelner Informationsmängel im Hinblick auf ihre Intensität liegt denn auch der Wertung des Gesetzgebers des UmwG 1994

[1310] Begr. RegE zu § 16 UmwG, abgedruckt bei *Schaumburg/Rödder*, S. 74.

zugrunde, wonach die unzureichende Begründung und Erläuterung des Umtauschverhältnisses „*im Einzelfall* als geringfügig angesehen werden“ kann.[1311]

Die damit vorzunehmende wertende Betrachtung kann sich daneben auch auf den in der Gesetzesbegründung zu § 16 UmwG zum Ausdruck kommenden Grundgedanken stützen, dass im Rahmen der Gewichtung der Rechtsverletzung insbesondere zu berücksichtigen ist, inwieweit eine andere Kompensationsmöglichkeit für die Wahrung der Aktionärsrechte besteht.[1312] Wie bereits ausgeführt, wird eine solche Bewertung regelmäßig dazu führen wird, dass infolge der vermögensschützenden Gewährleistung des Spruchverfahrens die Anfechtungsklage zu versagen ist. Denn in der Praxis wird es in der Tat eher den Ausnahmefall darstellen, dass die zur Verfügung zu stellende Information gänzlich fehlt oder aber derart lückenhaft ist, dass ein in dem hier verwendeten Sinne qualifiziertes Informationsdefizit zu beklagen ist, welches dem Aktionär nicht einmal mehr eine Prognose über die Sinnhaftigkeit eines Spruchverfahrens ermöglicht. Soweit dies aber doch einmal der Fall ist, erscheint es – auch im Hinblick auf den hiermit regelmäßig einhergehenden Vorwurf eines schwerwiegenderen Sorgfaltspflichtverstoßes - interessengerecht, das Vollzugsinteresse des Unternehmens grundsätzlich zurücktreten zu lassen und die Anfechtungsklage als statthaft anzusehen. Anfechtbar ist der Hauptversammlungsbeschluss damit insbesondere dann, wenn der kompensationsrelevante Teil des Verschmelzungsberichts oder des Verschmelzungsprüfungsberichts entweder vollständig fehlt oder aber nur völlig rudimentäre Erläuterungen zu dem Umtauschverhältnis bzw. zu

[1311] Begr. RegE zu § 16 UmwG, abgedruckt bei *Schaumburg/Rödder*, S. 74 (Hervorhebung d. Verf.); eine Differenzierung nach der Intensität des Informationsmangels liegt wohl auch dem jüngst vorgelegten Referentenentwurf des Gesetzes zur Unternehmensintegrität und Modernisierung des Anfechtungsrechts (UMAG) zugrunde. § 243 Abs. 4 S. 2 AktG-E lautet: „Auf unrichtige, unvollständige oder unzureichende Informationen über die Ermittlung, Höhe oder Angemessenheit von Leistungen, Abfindungen, Zuzahlungen oder über sonstige Bewertungsfragen kann eine Anfechtung nicht gestützt werden, wenn das Gesetz für Bewertungsrügen die Durchführung eines Spruchverfahrens vorsieht.“ Die vollständige Verweigerung bewertungsbezogener Informationserteilung soll also auch weiterhin zur Anfechtung berechtigen. Man wird diese Vorgabe wohl nicht ernsthaft dahingehend interpretieren können, dass die Gesellschaft durch eine völlig rudimentäre – aber eben nicht gänzlich fehlende – Unterrichtung die Beschlussanfechtbarkeit abwenden kann. Vielmehr wird man auch hier im Rahmen einer wertenden Betrachtung die konkret in Rede stehende Informationspflichtverletzung anhand ihrer Schwere entweder der „unrichtigen, unvollständigen oder unzureichenden“ Information zuzuordnen, oder aber der vollständig fehlenden Unterrichtung gleichzustellen haben; allgemein zum Referentenentwurf siehe *Kuthe*, BB 2004, 449; *Schütz*, DB 2004, 419 ff.; *Seibert/Schütz*, ZIP 2004, 252 ff; *Wilsing*, ZIP 2004, 1082 ff.; anders als die Vorgenannten stehen *Meilicke/Heidel*, DB 2004, 1479 ff. dem Entwurf äußerst kritisch gegenüber. Ihrer Auffassung nach ist in weiten Teilen des Gesetzesentwurfs eine „gravierende Einschränkung der Rechte aller Anleger“ zu erblicken, welche zu einer „kaum verhüllten Abschaffung des Rechtsschutzes gegen rechtwidrige Maßnahmen im Aktienrecht“ führe.

[1312] Begr. RegE zu § 16 UmwG, abgedruckt bei *Schaumburg/Rödder*, S. 74.

der angebotenen[1313] Barabfindung enthält. In diesem Fall kann aus den bereits genannten Gründen auch eine Auskunftserteilung in der Hauptversammlung diesen Mangel grundsätzlich nicht mehr beheben und so die Anfechtbarkeit abwenden. Auf der anderen Seite wird eine auf die Verletzung des Auskunftsrechts nach § 131 Abs. 1 AktG gestützte Anfechtungsklage aber regelmäßig ausgeschlossen sein, wenn die Leitungsorgane ihrer Berichtspflicht ordnungsgemäß nachgekommen sind, da der Hauptversammlungsauskunft – wie gesehen - in dieser Konstellation lediglich eine (verständnis-) ergänzende Funktion zukommt. Der alleinige Verstoß gegen die Pflicht zur Erteilung von Hauptversammlungsauskünften nach § 131 Abs.1 AktG wird hier folglich in aller Regel kein qualifiziertes Informationsdefizit begründen können.

Durch den Verzicht auf die vollständige Abschaffung der anfechtungsimmanenten Sanktionswirkung verhindert eine solche Lösung gleichzeitig, dass die Informationserteilung zur Gänze in das Belieben der Verwaltungsorgane gestellt und das verschmelzungsrechtliche Informationssystem damit letztlich zu einer bloßen Ordnungsvorschrift degradiert wird. Dieses Resultat würde der Bedeutung, die der Gesetzgeber des Umwandlungsgesetzes der Unterrichtung der Aktionäre über das Verschmelzungsvorhaben beigemessen hat, nicht gerecht. Es erschiene in der Tat fraglich, warum das Gesetz ein ausdifferenziertes System verschiedener umwandlungsspezifischer Informationspflichten aufstellt, wenn selbst eine eklatante Verletzung ebendieser Pflichten keinerlei Rechtsfolgen zeitigen sollte. Nach der hier entwickelten Konzeption wird dagegen die Disziplinierungsfunktion der den Vorstand treffenden Informationspflichten zumindest in ihrem Kernbereich nicht angetastet.

---

[1313] Erfasst ist damit die in der Praxis ganz überwiegende Anzahl der Fallgestaltungen, in denen eine Barabfindung entsprechend der gesetzlichen Anordnung des § 29 UmwG tatsächlich angeboten ist und allenfalls die Angemessenheit derselben in Frage steht. Soweit dagegen auch gar kein Abfindungsangebot im Verschmelzungsvertrag unterbreitet sein sollte, muss die Verweigerung der abfindungswertbezogenen Information *erst recht* zur Anfechtbarkeit des Verschmelzungsbeschlusses führen. Denn nicht einsehbar wäre, dass ein Vorstand, der entsprechend den umwandlungsrechtlichen Vorschriften ein solches Angebot in den Vertrag aufnimmt, dieses aber nicht oder nur rudimentär erläutert, sich einer Beschlussanfechtung ausgesetzt sehen, ein Vorstand dagegen, der zusätzlich zu der qualifiziert unzureichenden Informationserteilung auch seiner Pflicht zur Unterbreitung eines Barabfindungsangebotes nicht nachkommt, eine Anfechtung nicht zu fürchten brauchen sollte. Diese Wertung entspricht letztlich auch der Regelung des § 243 Abs. 4 S. 2 AktG-E, welcher auch für die Fälle des fehlenden Abfindungsangebots an die völlige Informationsverweigerung ein Anfechtungsrecht knüpft. Dieses Ergebnis mag zwar zu Friktionen mit § 32 UmwG führen, der die Rüge des – regelmäßig mit einem entsprechenden gänzlichen Informationsausfall verbundenen - fehlenden Angebotes in das Spruchverfahren verweist. Es ist indes angesichts der aufgezeigten Vorteile des hier entwickelten Ansatzes dennoch als vorzugswürdig zu erachten. Eine gesetzgeberische Anpassung der umwandlungsgesetzlichen Vorschrift wäre gleichwohl zu begrüßen.

Der hier vorgeschlagene Ansatz führt auch nicht etwa zu weitergehenden Beeinträchtigungen für die rechtsuchenden Aktionäre, die sich vor die Frage nach dem richtigen Rechtsmittel gestellt sehen. Denn soweit ein Anteilseigner mit der Anfechtungsklage die Verletzung von abfindungswertbezogenen Informationspflichten gelten macht, geht das Maß der Unsicherheit über Erfolg oder Misserfolg seiner Klage nicht über dasjenige hinaus, was er auch sonst bei der Rüge formeller Rechtsverstöße infolge der hierbei notwenigen Relevanzbetrachtung hinzunehmen hat. Sofern er dagegen von vorneherein nur die Überprüfung der angebotenen Kompensation im Spruchverfahren anstrebt, stellt sich die Frage nach der Beurteilung der Rechtsverletzung als einfaches oder qualifiziertes Informationsdefizit erst gar nicht, da hier lediglich die Angemessenheit von Umtauschverhältnis oder Kompensation in Prüfung steht. Von daher lassen sich auch nicht Aspekte der Rechts(mittel)sicherheit entscheidend gegen das hier vorgeschlagene Anfechtungskonzept in Stellung bringen.

*(4) Kompatibilität mit den Wertungen des reformierten Spruchverfahrens*

Dieses Konzept stellt zudem auch eine Wertungsübereinstimmung mit den Vorgaben des Spruchverfahrensneuordnungsgesetzes her, die bereits im Rahmen der hier geübten Kritik an dem Erst-Recht-Schluss des Bundesgerichtshofs angesprochen wurden. Denn nur wenn eine Informationsdichte sichergestellt wird, die dem Anteilseigner eine Einschätzung der Erfolgsaussichten eines anzustrengenden Spruchverfahrens erlaubt, wird man von ihm eine substantiierte Begründung seiner Einwände gegen die angebotene Kompensation gemäß § 4 Abs. 2 SpruchG verlangen können. Ebenso wird man auch nur dann eine mit den Grundsätzen des Minderheitenschutzes zu vereinbarende Anwendung der reformierten Kostentragungsvorschrift des § 15 Abs. 4 SpruchG im Sinne des Gesetzgebers vornehmen können. Denn eine grundsätzliche Kostentragungslast des erfolglosen Antragstellers entsprechend der Vorgabe der Regierungsbegründung kann nur dann zu rechtfertigen sein, wenn der Anteilseigner nicht gezwungen ist, das Spruchverfahren „ins Blaue hinein" zu betreiben. Das hierzu notwendige Maß an Information wird durch den hier befürworteten Ansatz gewährleistet. Insoweit, aber auch nur dann, erscheint eine Überbürdung des Kostenrisikos auf den Antragsteller – um es mit den Worten des Gesetzgebers auszudrücken – auch tatsächlich „einleuchtend".

*(5) Verminderung von Abgrenzungsproblemen*

Angesprochen wurde bereits der Gesichtpunkt, dass die neue Judikatur des Bundesgerichtshofs den Rechtsanwender zu einer bisweilen äußerst schwierigen Abgrenzung von kompensationsbezogenen und sonstigen Informationsmängeln zwingt. Bestimmte Angaben können aber entsprechend den obigen Ausführungen durchaus für die Bemessung der Kompensationshöhe sowie gleichzeitig auch für die wirtschaftliche Zweckmäßigkeit, also für das „Ob“ der Verschmelzung maßgeblich sein. Legt man die neue Rechtsprechung zugrunde, so müsste dennoch eine Abgrenzung erfolgen, da abfindungswertbezogene Informationsrügen ex lege unzulässig, andere dagegen durchaus noch anfechtungsrelevant sein sollen. Diese, im Einzelnen mit nicht unerheblichen Unsicherheiten behaftete Differenzierung wäre dagegen bei Anwendung der hier vertretenen Grundsätze weitgehend obsolet. Denn maßgeblich ist damit nicht mehr die Frage, ob eine bestimmte Angabe nun einen Kompensationsbezug aufweist oder nicht, sondern ob eine zweckorientierte Gesamtbetrachtung der feststellbaren Informationslücken zu der Annahme eines qualifizierten Informationsdefizits führt. Ist dies der Fall, so kommt es auf die „Eingruppierung“ von bestimmten Einzelangaben nicht mehr an. Da zudem nach hier vertretener Auffassung die Vorschriften über den Anfechtungsausschluss als materielle Regelungen nicht der Zulässigkeit, sondern der Begründetheit der Klage zuzuordnen sind, spielt im Rahmen der Zulässigkeitsprüfung die Unterscheidung zwischen den einzelnen Mangelkategorien je nach ihrem Bezugsgegenstand – anders als nach der Konzeption des Bundesgerichtshofs[1314] - keinerlei Rolle.

Knüpft die hier im Wege einer teleologischen Extension der Vorschriften über den Anfechtungsausschuss erzielte Lösung damit zwar dem Grunde nach nicht an das *Recht* zur Anfechtung, sondern gerade an dessen Versagung an, so zeigen doch die vorstehenden Ausführungen recht deutlich, dass der hier entwickelte Ansatz jedenfalls der Sache nach einer verschärften Relevanzprüfung sehr nahe kommt.

*(6) Abstützung des Ergebnisses in europa- und verfassungsrechtlicher Hinsicht*

Sowohl im Hinblick auf die – jedenfalls für die europarechtlich koordinierten Strukturänderungsmaßnahmen[1315] – zu beachtenden Vorgaben des Gemeinschaftsrechts als auch vor dem Hintergrund der verfassungsrechtlichen Dimension des Informationsrechts stehen dem hier befürworteten Ansatz keine Bedenken entgegen.

---

[1314] Rügt der Aktionär mit seiner Klage Mängel im Hinblick auf die Erläuterung sowohl der Wirtschaftlichkeit der Verschmelzung als auch bezüglich der Kompensationsbemessung, so muss dies in der Konsequenz der neuen Rechtsprechung dazu führen, dass für den erstgenannten Fall bei fehlender Relevanz die Begründetheit, im zweiten Fall dagegen bereits die Zulässigkeit der Klage zu verneinen ist. Führt man sich jedoch noch einmal vor Augen, dass bestimmte Angaben durchaus „doppelrelevant“ sein können, macht ihre unterschiedliche Behandlung kaum Sinn.

[1315] Zu der Frage einer gemeinschaftsrechtskonformen Auslegung bei überschießender Richtlinienumsetzung siehe bereits die Ausführungen in Fn. 1282.

Er beschreitet insoweit einen Mittelweg, als dass auf der einen Seite jedenfalls eine gravierende Verletzung von Informationsrechten nicht ohne wirksame Sanktion bleibt, auf der anderen Seite aber dort eine Beschlussvernichtung ausgeschlossen ist, wo sie aus Gründen des Minderheitenschutzes nicht geboten erscheint. Eine darüber hinausgehende Sanktionsandrohung fordert weder die Verschmelzungsrichtlinie noch das primärrechtliche Effektivitätsgebot des Art. 10 EGV. Vielmehr sieht die Richtlinie selbst die Bestandserhaltung der Verschmelzung als zentrales Regelungsanliegen an. Die Vernichtung des Verschmelzungsbeschlusses soll ausweislich ihres 9. Erwägungsgrundes im Interesse der „Rechtssicherheit in den Beziehungen zwischen den beteiligten Gesellschaften, zwischen diesen und Dritten sowie unter den Aktionären“[1316] eine auf Ausnahmefälle beschränkte Rechtsfolge sein. Diese Grundentscheidung gilt es auch im Rahmen des Art. 10 EGV zu berücksichtigen. Da nach der hier vorgeschlagenen Konzeption die Anfechtbarkeit des Umwandlungsbeschlusses wegen abfindungswertbezogener Informationsdefizite nicht völlig ausgeschlossen ist, aber auf diejenigen Fälle beschränkt bleibt, in denen sie als Sanktion einer völlig unzureichenden Erfüllung der statuierten Informationspflichten geboten erscheint, wird man die Europarechtskonformität dieses Ansatz zu bejahen haben.

In verfassungsrechtlicher Hinsicht ist zunächst festzuhalten, dass der hier befürworteter erweiterte Anfechtungsausschluss den grundrechtlichen Schutzbereich des Art. 14 Abs. 1 GG berührt, welcher auch das Recht des Aktionärs auf Informationserteilung umfasst. Zu berücksichtigen ist jedoch, dass die Informationsrechte dem Anteilseigner nicht um ihrer selbst willen gegeben sind. Als Ausfluss des aktienrechtlichen Mitgliedschaftsrechts können sie nicht in weiterem Umfang geschützt sein als dieses selbst. Nach der Rechtsprechung des Bundesverfassungsgerichts können aber Eingriffe in die mitgliedschaftliche Stellung des Aktionärs weitgehend durch kompensatorische Geldleistungen ausgeglichen werden. Der Schutz des Aktionärs kann sich hier auf die vermögensrechtliche Komponente der Mitgliedschaft konzentrieren.[1317] Soweit damit ein hinreichender Vermögensschutz sichergestellt ist, können Verletzungen des Informationsrechts aufgrund seiner Verknüpfung mit der Mitgliedschaft ebenso wie materielle Kompensationsrügen dem Spruchverfahren übergeben werden. Soweit dagegen aufgrund eines qualifizierten Informationsdefizits eine solche Sicherung nicht gewährleistet erscheint, bleibt nach hier vertretener Auffassung die Anfechtungsmöglichkeit als Sanktion für die (Grund-) Rechtsverletzung bestehen. Der hier befürwortete erweiterte Anfechtungsausschluss für einfache kompensati-

---

[1316] Abgedruckt bei *Lutter*, UmwG, S. 2816; der Umsetzung dieser Regelungsabsicht dient Art. 22 der Richtlinie, der die Geltendmachung der Nichtigkeit des Beschlusses nur unter engen Beschränkungen zulässig erklärt; siehe hierzu auch *Grundmann*, Europäisches Gesellschaftsrecht, Rn. 885; *Riesenhuber*, NZG 2004, 15, 18.

[1317] BVerfG, ZIP 2000, 1670, 1671 (Moto Meter).

onsbezogene Informationsmängel stellt damit eine verfassungskonforme Inhalts- und Schrankenbestimmung im Sinne des Art. 14 Abs. 1 S. 2 GG dar.

# § 5 Zusammenfassung der Ergebnisse in Thesen

## I. Thesen zu den einzelnen informationellen Bausteinen

1. Die im Verschmelzungsvertrag nach § 5 Abs. 1 Nr. 9 UmwG erforderlichen Angaben über die Folgen der Verschmelzung für die Arbeitnehmer und ihre Vertretungen sowie die insoweit vorgesehenen Maßnahmen dienen nicht nur der Unterrichtung der Arbeitnehmer der beteiligten Rechtsträger, sondern auch der Aktionäre. Sind diese Angaben unvollständig oder fehlerhaft, so kann dies zur Anfechtbarkeit des Verschmelzungsbeschlusses führen.

2. Der Verschmelzungsvertrag kann für den Fall der Zustimmung sämtlicher betroffener Aktionäre auch ein nicht-verhältniswahrendes Umtauschverhältnis vorsehen. Die Vorschriften über die Nachgründungsprüfung stehen dem aufgrund ihrer unterschiedlichen Zielrichtung nicht entgegen.

3. Das Umtauschverhältnis ist grundsätzlich unter Anwendung der gleichen Bewertungsverfahren für alle an der Verschmelzung beteiligten Rechtsträger zu ermitteln. Ausnahmen können jedoch durch eine unterschiedliche Unternehmensstruktur gerechtfertigt sein. Echte Synergieeffekte sind weder bei der Berechnung des Umtauschverhältnisses noch der Barabfindung zu berücksichtigen. Folglich bedarf es auch im Rahmen der Erläuterung und Begründung der Kompensation im Verschmelzungsbericht keiner Darlegung der erwarteten Verbundvorteile. Ihre Darstellung spielt lediglich bei der Begründung der wirtschaftlichen Zweckmäßigkeit des Verschmelzungsvorhabens eine Rolle.

4. Bei der Verschmelzung voneinander unabhängiger börsennotierter Aktiengesellschaften stehen der Ermittlung der Verschmelzungswertrelation unter beiderseitiger Zugrundelegung der jeweiligen Ertragswerte keine verfassungsrechtlichen Bedenken entgegen. In Fällen der Konzernverschmelzung sind dagegen die Grundsätze der „DAT/Altana"-Entscheidung des Bundesverfassungsgerichts als maßgeblich zu erachten, sodass für die Berechnung des Umtauschverhältnisses der Börsenkurs als Untergrenze der Unternehmensbewertung zu beachten ist. Eine solche Korrekturbedürftigkeit der ertragswertorientierten Wertermittlung von Verfassungs wegen wird man allerdings nur dann zu bejahen haben, wenn sich die Abweichung von dem vereinbarten Umtauschverhältnis in einer Größenordnung von über zehn Prozent bewegt.

5. Voraussetzung des Rechts zum Austritt gegen Barabfindung ist bei rechtformhomogenen Verschmelzungen das Bestehen von Verfügungsbeschränkungen bei dem übernehmenden Rechtsträger. Angesichts der rechtstechnischen Anknüpfung an § 137 S. 1 BGB ist ein restriktives Begriffsverständnis geboten, so dass nur dingliche Verfügungsbeschränkungen eine Barabfindungspflicht auslösen. Eine teleologische Reduktion des § 29 Abs. 1 S. 2 UmwG ist grundsätzlich auch dann abzulehnen, wenn bei dem übertragenden Rechtsträger ebenfalls Verfügungsbeschränkungen bestehen. Soweit für die Barabfindungsberechtigung noch die Erhebung eines Widerspruchs zur Niederschrift gegen den Verschmelzungsbeschluss erforderlich ist, ist notwendige Voraussetzung hierfür, dass der Aktionär in der Hauptversammlung gegen den Verschmelzungsbeschluss stimmt.

6. Dem dissentierenden Aktionär steht im Rahmen des § 29 Abs. 1 UmwG ein Recht zur Annahme des Barabfindungsangebotes auch nur hinsichtlich einzelner Anteile (Teilaustrittsrecht) zu. Hiergegen lässt sich weder die Gesetzgebungsgeschichte noch die Bestimmung des § 150 Abs. 2 BGB anführen.

7. Die Vorschrift des § 8 UmwG lässt sich nicht als Normierung einer materiellen Beschlusskontrolle verstehen. Eine solche ist jedenfalls für den Verschmelzungsbeschluss angesichts des ausdifferenzierten Schutzinstrumentariums des UmwG abzulehnen.

8. Der Verschmelzungsbericht hat Umtauschverhältnis und Barabfindung ausführlich zu erläutern und zu begründen. In diesem Rahmen bedarf es grundsätzlich der Offenlegung konkreter Einzelplanzahlen, Wertansätze und sonstigen Rechnungsfaktoren. Eine Beschränkung der Berichtspflicht kann auch nicht unter Hinweis auf das Bestehen anderweitiger Schutz- und Kontrollinstrumente befürwortet werden.

9. Die gemeinschaftsrechtlichen Vorgaben der Dritten Verschmelzungsrichtlinie stehen der Zulassung eines Verzichts der Anteilseigner auf Verschmelzungsbericht und Verschmelzungsprüfungsbericht durch das deutsche Umwandlungsrecht nicht entgegen.

10. Der Verschmelzungsprüfer hat Vollständigkeit und Richtigkeit des Verschmelzungsvertrages zu prüfen. Das wirksame Zustandekommen des Vertrages unterliegt dagegen nicht seiner Kontrollpflicht. Eine Rechtmäßigkeitsprüfung hat er nur insoweit durchzuführen, als sich die wirtschaftswissenschaftlich fundierte Anteilswertermittlung gleichzeitig als Rechtsfrage darstellt. Eine darüber hinausgehende Kontrolle der Rechtmäßigkeit der vertraglichen Vereinbarungen obliegt ihm nicht.

11 Der Verschmelzungsprüfungsbericht hat anzugeben, nach welchen Methoden Umtauschverhältnis und Barabfindung ermittelt wurden. Ist bei der Unternehmensbewertung ein anerkanntes Verfahren (z.B. Ertragswertverfahren, DCF-Verfahren) zum Tragen gekommen, so reicht ein einfacher Hinweis hierauf aus, da § 12 Abs. 2 S. 2 UmwG keine Darstellung der fachwissenschaftlichen Untermethoden fordert. Inwieweit der Verschmelzungsprüfungsbericht konkrete Tatsachen und Unternehmenszahlen enthalten muss, hängt von dem bereits durch andere Instrumente, insbesondere durch den Vorstandsbericht verwirklichten Informationsniveau ab.

12. Bei Einberufung der beschlussfassenden Hauptversammlung ist in entsprechender Anwendung von § 124 Abs. 2 S. 2 AktG auch die Satzung des übernehmenden bzw. des neu gegründeten Rechtsträgers in den Geschäftsblättern bekannt zu machen.

13. Dem Aktionär steht in der Hauptversammlung das individuelle Auskunftsrecht nach § 131 Abs. 1 AktG zu. Ein tatbestandlicher Ausschluss dieses Anspruchs kommt auch im Rahmen von Strukturänderungsbeschlüssen nicht in Betracht. Die gegenständliche Reichweite des allgemeinen Auskunftsrechts wird durch die spezialgesetzliche Regelung des § 64 Abs. 2 UmwG nicht erweitert. Letztgenannte Vorschrift stellt sowohl für Verschmelzungen bislang unabhängiger Unternehmen als auch für die Konzernverschmelzung lediglich eine Konkretisierung des bereits nach § 131 Abs. 1 AktG bestehenden Auskunftsanspruchs dar. Neben den Grenzen des § 131 Abs. 3 AktG findet das Auskunftsrecht des Aktionärs eine immanente Schranke auch in der gesellschaftsrechtlichen Treuepflicht. Eine Verweigerung der begehrten Auskunft ist entsprechend der gesetzlichen Wertung der §§ 8 Abs. 2 S. 2, 12 Abs. 3 UmwG durch den Vorstand zu begründen. Sind anlässlich einer konzerninternen Verschmelzung im Zuge der Vertragsverhandlungen dem an der Gesellschaft beteiligten (Mutter-) Unternehmen Auskünfte gegeben worden, so können die übrigen Aktionäre nicht über § 131 Abs. 4 AktG die Erteilung dieser Auskünfte an sich verlangen.

14. Das Recht auf Erteilung von Abschriften gemäß § 13 Abs. 3 S. 3 UmwG ist nicht Bestandteil des verschmelzungsrechtlichen Informationssystems, durch das dem Aktionär eine sinnvolle Vorbereitung auf die Beschlussfassung ermöglicht werden soll. Seine Verletzung kann damit die Anfechtbarkeit des Verschmelzungsbeschlusses nicht begründen.

## II. Thesen zu dem verschmelzungsrechtlichen Informationssystem

15. Die verschmelzungsspezifischen Informationspflichten und Informationsrechte stellen in ihrer Gesamtheit ein einheitliches Schutzsystem dar. Es reicht von der Zusammenstellung und Erläuterung der Information in Verschmelzungsvertrag und Verschmelzungsbericht über die Kontrolle der Information durch die Verschmelzungsprüfer sowie ihre Zugänglichmachung durch Auslegung und Erteilung von Abschriften bis hin zu der Unterrichtung der beschlussfassenden Hauptversammlung. Primäres Ziel dieses Systems ist die Ermöglichung einer eigenverantwortlichen, den Grundsätzen der Privatautonomie gerecht werdenden Entscheidungsfindung der betroffenen Anteilseigner durch Übermittlung sämtlicher verschmelzungsrelevanter Tatsachen, wodurch dem Grundlagencharakter der Strukturänderung Rechnung getragen wird. Da bei bestehenden Konzernstrukturen der Großaktionär regelmäßig kraft seines Einflusses auf die Leitungsorgane bereits über die notwendigen Kenntnisse verfügen wird, stellt sich die Informationserteilung in erster Linie als Instrument des Minderheitenschutzes dar.

16. Dieser Systemcharakter des Informationsschutzes führt dazu, dass im Bereich der Vorabunterrichtung vor der beschlussfassenden Hauptversammlung Wechselwirkungen zwischen den einzelnen Informationsträgern dergestalt bestehen, dass Lücken des einen durch Zuverfügungstellung der Information in dem anderem in weitgehendem Umfang „geheilt" werden können. Insbesondere kann der Verschmelzungsprüfungsbericht Unvollständigkeiten des Verschmelzungsberichts ausgleichen, da infolge des zeitlichen und räumlichen Gleichlaufs beider Berichte eine Beeinträchtigung der Aktionärsinteressen nicht zu befürchten steht. Hierbei handelt es sich genauso genommen nicht um eine Heilung im eigentlichen Sinne, da es in Anbetracht der hinreichenden Gesamtinformation erst gar nicht zu einer – heilungsbedürftigen - Verletzung der rechtlich geschützten Informationsinteressen der Anteilseigner kommt.

17. Die Ausdehnung des Informationsniveaus durch die Normierung strukturänderungsveranlasster Berichtspflichten hat auf der einen Seite zu einer gegenständlichen Erweiterung des allgemeinen Auskunftsrechts gemäß § 131 AktG geführt. Auf der anderen Seite kann jedoch eine ordnungsgemäße Erfüllung der Berichtspflichten beschränkende Wirkung hinsichtlich der Entscheidung haben, ob ein Auskunftsbegehren zur sachgemäßen Beurteilung des Gegenstandes der Tagesordnung erforderlich ist.

18. Informationelle Mängeln des Vorstandsbericht können grundsätzlich nicht durch mündliche Auskunftserteilung in der Hauptversammlung geheilt

werden, da das Gesetz durch die Anordnung der Berichtspflichten eine Vorbereitung der Aktionäre bereits im Vorfeld der Hauptversammlung ermöglichen will. In diesem Zusammenhang ist auch nicht zwischen schwerwiegenden und geringfügigen Mängeln zu unterscheiden. Allenfalls im Einzelfall kann die Berufung auf einen Berichtsmangel aufgrund der gesellschaftlichen Treuebindungen verwehrt sein. Abzugrenzen ist die Frage nach der Heilung mangelbehafteter Berichte von der grundsätzlich zulässigen fristgerechten Nachberichterstattung.

## III. Thesen zu dem verschmelzungsrechtlichen Rechtsschutzsystem

19. Streitigkeiten über die Höhe von Ausgleich und Barabfindung sind durch das Umwandlungsgesetz von der Anfechtungsklage ausgeschlossen und dem Spruchverfahren unterstellt, dessen praktische Bedeutung angesichts der jüngeren Entwicklung in Rechtsprechung und Gesetzgebung in Zukunft weiter zunehmen wird.

20. Die Reform des Spruchverfahrens durch das am 01.09.2003 in Kraft getretene Spruchverfahrensneuordnungsgesetz zielt in erster Linie auf eine Verkürzung der allgemein als überlang empfundenen Verfahrensdauer ab. Kernelement der Neuregelungen sind die Einschränkung des Amtsermittlungsgrundsatzes, die Aufwertung der Verfahrensstellung des Verschmelzungsprüfers sowie die Neugestaltung der Kostentragungsregeln. Bei einer Bestellung des Verschmelzungsprüfers zum gerichtlichen Sachverständigen wird man jedoch auch in Zukunft wohl nicht auf die Beauftragung eines weiteren Sachverständigen verzichten können.

21. Für die Antragsberechtigung stellt § 3 S. 2 SpruchG (bedauerlicherweise) auf den Aktienbesitz im Zeitpunkt der Antragstellung ab. Der Gefahr einer erneuten Antragstellung durch den Rechtsnachfolger, der die Aktien nach einer Antragstellung des Veräußerers und innerhalb der Antragsfrist erwirbt, kann jedoch durch eine entsprechende Anwendung des § 265 Abs. 2 ZPO begegnet werden.

22. Die Nichtigkeit von Verschmelzungsbeschlüssen im Sinne von § 241 AktG spielt in der Praxis eine lediglich untergeordnete Rolle. In Betracht kommt sie insbesondere, wenn der Beschluss unter Verstoß gegen wesentliche Einberufungsvorschriften gefasst wurde, wobei jedoch marginale Fehler im Wege einer teleologischen Reduktion von der Nichtigkeitsfolge auszunehmen sind. Daneben wird man den Beschluss auch dann als nichtig zu erachten haben, wenn er auf die Zustimmung zu einem Verschmelzungsvertrag gerichtet ist, der die notwendigen Essentialia des § 5 Abs. 1

Nr. 1 bis 3 UmwG nicht enthält. Die Verletzung von Informationspflichten kann dagegen nie zur Nichtigkeit des Verschmelzungsbeschlusses führen.

23. Verstößt der Verschmelzungsbeschluss gegen Gesetz oder Satzung, so steht den Aktionären grundsätzlich das Recht zur Beschlussanfechtung zu. Soweit formelle Beschlussmängel in Rede stehen, begründen diese die Anfechtbarkeit allerdings nur dann, wenn ihnen bei objektiver Betrachtung Relevanz für die Beschlussfassung zuzumessen ist. Die teilweise befürwortete Rückkehr zu einer verstärkten Kausalitätsbetrachtung ist zumindest auf der Grundlage des geltenden Rechts abzulehnen. In rechtstatsächlicher Hinsicht kommt die größte Bedeutung der (behaupteten) Verletzung von Berichtspflichten zu. Deren Beschlussrelevanz ist grundsätzlich zu bejahen. Eine genauere normzweckorientierte Betrachtung des notwendigen Berichtsinhaltes zeigt, dass eine Kategorie anfechtungsirrelevanter Informationspflichtverletzungen nicht existiert.

24. Dem Vorstand steht hinsichtlich der inhaltlichen Ausgestaltung des Verschmelzungsberichts kein gerichtlich nur beschränkt überprüfbarer Gestaltungsspielraum zu. Eine solche eingeschränkte Justitiabilität der Berichterstattung ist mit der gesetzlichen Konzeption des verschmelzungsspezifischen Beschlussmängelrechts nicht zu vereinbaren, so dass auch der Verschmelzungsbericht der vollen richterlichen Kontrolle unterliegt.

25. Die Anfechtungsbefugnis setzt grundsätzlich voraus, dass der Aktionär in der Hauptversammlung Widerspruch zur Niederschrift gegen den Verschmelzungsbeschluss erhoben hat. Da dieses Erfordernis seinen Geltungsgrund in dem Verbot des venire contra factum proprium findet, ist es im Wege einer teleologischen Reduktion des § 245 Nr. 1 AktG auf diejenigen Fälle zu beschränken, in denen der Aktionär den Beschlussmangel erkennen konnte. Soweit dieser in einem Informationsdefizit begründet liegt, stehen damit insbesondere die Kategorien der unvollständigen und der unrichtigen Informationserteilung in Rede.

26. Das Auskunftserzwingungsverfahren nach § 132 AktG stellt einen selbständigen Rechtsbehelf zur Durchsetzung von Informationsansprüchen dar. Es ist weder Voraussetzung für die Einleitung eines Anfechtungsverfahrens noch entfaltet eine in ihm getroffene Entscheidung materielle Bindungswirkung für das mit der Anfechtungsklage befasste Gericht.

27. Der Ausschluss der Anfechtungsklage wegen materieller Kompensationsdefizite greift auch in denjenigen Fällen, in denen sich die festgesetzte Kompensation als grob unangemessen oder als Ergebnis eines kollusiven Zusammenwirkens der Leitungsorgane der an der Verschmelzung betei-

ligten Rechtsträger darstellt. Nicht ausgeschlossen ist dagegen eine Klage, die ein Anteilseigner des übertragenden Unternehmens mit der Begründung erhebt, Umtauschverhältnis oder Barabfindung seien zu hoch bemessen. Die Tatbestandsalternative der nicht ordnungsgemäß angebotenen Barabfindung in § 32 UmwG ist als Auffangtatbestand zu qualifizieren, der auch die Varianten der zu niedrig bemessenen und der fehlenden Anfindung umschließt.

28. Den kompensationsbezogenen Informationspflichten des Verschmelzungsrechts kommt zum einen die Funktion zu, den Aktionären eine Plausibilitätskontrolle hinsichtlich der Angemessenheit von Umtauschverhältnis und Barabfindung zu ermöglichen. Daneben dienen sie den Anteilseignern als Grundlage für die Entscheidung, ob ein Antrag auf Überprüfung der Kompensation in einem Spruchverfahren Erfolg versprechend ist. Nur durch die Zubilligung einer solchen Entscheidungsfunktion wertbezogener Informationserteilung hinsichtlich des „Ob" einer Antragstellung lässt sich eine Übereinstimmung mit den Wertungen des Spruchverfahrensneuordnungsgesetzes herbeiführen.

29. Der Bundesgerichtshof hat unter Abwendung von seiner bisherigen Rechtsprechung in den Urteilen „MEZ" und „Aqua Butzke" den Anfechtungsausschluss beim Formwechsel nach § 210 UmwG *de lege lata* auf abfindungswertbezogene Informationsdefizite erstreckt. Die Grundtendenz der neuen Rechtsprechungslinie ist begrüßenswert, die pragmatischen Erwägungen des Gerichts zutreffend. Die Verortung dieses Ergebnisses im Gesetzeswortlaut sowie seine dogmatische Herleitung durch den Bundesgerichtshof überzeugen dagegen nicht. Die Urteilsgründe vermögen zudem weder eine Erstreckung dieser Judikatur auf die Festlegung der Beteiligung der Anteilsinhaber nach dem Formwechsel zu rechtfertigen noch eine sachgerechte Gleichbehandlung von Formwechsel und Verschmelzung zu begründen.

30. Vorgeschlagen wird hier eine an der Teleologie des verschmelzungsrechtlichen Kompensationsmängelrechts orientierte Erweiterung der Vorschriften über den Anfechtungsausschluss auf einfache wertbezogene Informationsdefizite. Qualifizierte Informationsmängel berechtigen dagegen weiterhin zur Anfechtung des Verschmelzungsbeschlusses. Die Abgrenzung von einfachen und qualifizierten Informationsmängeln hat anhand der Schwere der Rechtsverletzung im Hinblick auf ihre Auswirkungen auf die Funktionserfüllung der kompensationsbezogenen Informationspflichten zu erfolgen. Ist lediglich die Funktion betroffen, den Aktionären die konkrete Höhe des Ausgleichs zu plausibilisieren, so können diesbezügliche Informationsrügen ins Spruchverfahren verwiesen werden. Erreicht dage-

gen die Abweichung zwischen der tatsächlich erfolgten Unterrichtung und dem gesetzlich vorgeschriebenen Informations-Soll ein solches Ausmaß, dass dem betroffenen Aktionär nicht einmal mehr eine Einschätzung der Sinnhaftigkeit eines etwaig anzustrengenden Spruchverfahrens möglich ist, so berechtigt dieses - qualifizierte Informationsdefizit zur Anfechtung. Durch den damit einhergehenden Verzicht auf eine vollständige Beseitigung der Anfechtungssanktion wird vermieden, dass das verschmelzungsspezifische Informationssystem zu einer in das Belieben des Verwaltungsorgans gestellten Ordnungsvorschrift degradiert wird.

31. Rechtstechnisch begründet wird der hier entwickelte Ansatz durch eine teleologische Extension der Vorschriften über den Ausschluss materieller Kompensationsrügen im Umwandlungsgesetz. Knüpft er damit dem Grunde nach zwar nicht an das *Recht* zur Anfechtung, sondern gerade an dessen Versagung an, so kommt er doch jedenfalls der Sache nach einer verschärften Relevanzprüfung sehr nahe.

32. Gegenüber der sachlich nicht zu rechtfertigenden Differenzierung des Bundesgerichtshofs bietet der hier beschrittene Weg die Möglichkeit einer einheitlichen Behandlung von Verschmelzung und Formwechsel auf der einen, sowie von Ausgleich und Abfindung auf der anderen Seite. In verfassungs- und gemeinschaftsrechtlicher Hinsicht begegnet die vorgeschlagene Lösung keinen Bedenken.

Frank Weißhaupt

# Kompensationsbezogene Informationsmängel in der Aktiengesellschaft

## Anfechtungsklage oder Spruchverfahren?

Frankfurt am Main, Berlin, Bern, Bruxelles, New York, Oxford, Wien, 2003. 268 S.
Europäische Hochschulschriften: Reihe 2, Rechtswissenschaft. Bd. 3767
ISBN 3-631-51523-5 · br. € 45.50*

Aktionäre können Hauptversammlungsbeschlüsse bereits wegen mangelhafter Information durch die Verwaltung anfechten. Das betrifft auch Strukturänderungsbeschlüsse, die nach dem UmwG bzw. dem AktG zum Schutz der Aktionäre von Ausgleichs- und/oder Abfindungsangeboten zu flankieren sind, und bei denen sich die Informationsvorgaben an die beschlußvorbereitenden Berichte und an die Auskünfte in der Hauptversammlung auch auf diese Kompensationsangebote beziehen. In seiner MEZ/Aqua Butzke-Judikatur verneint der BGH die Möglichkeit der Anfechtung für den Fall einer mangelhaften Erläuterung des Barabfindungsangebots beim Formwechsel und gestattet darauf bezogene Informationsrügen nur noch im Spruchverfahren. Veranlaßt durch diese Rechtsprechungswende untersucht die Arbeit die Einzelsysteme des Kompensations(mängel)- und des Informations(mängel)rechts in der Aktiengesellschaft, um daraus ein Gesamtsystem zu entwerfen, welches einen Ausschluß der Anfechtungsklage bei Rüge kompensationsbezogener Informationsmängel für alle Umstrukturierungsvorgänge einheitlich zu begründen vermag.

*Aus dem Inhalt*: Grundüberlegungen und Untersuchungsprämissen · Analyse der Ausgangslage: Kompensationsbezogene Information; Der Informationsmangel; Der Kompensationsmangel; Zwischenergebnis · Kompensationsbezogene Informationsmängel in der Aktiengesellschaft: Das Problem · Anfechtungsimmanente Lösungsansätze; Partieller Anfechtungsausschluß secundum legem (BGH); Genereller Anfechtungsausschluß praeter legem (eigener Vorschlag) · Fazit

Kolibri 360 GmbH
Ferdinand-Jühlke-Straße 7
99095 Erfurt, Deutschland
produktsicherheit@kolibri360.de

Druck:
CPI Druckdienstleistungen GmbH
im Auftrag der
Kolibri 360 GmbH
Ferdinand-Jühlke-Str. 7
99095 Erfurt